와이어샤크를 활용한 실전 패킷 분석 3/e

상황별 시나리오에 따른
해킹 탐지와 네트워크 모니터링

와이어샤크를 활용한 실전 패킷 분석 3/e

상황별 시나리오에 따른
해킹 탐지와 네트워크 모니터링

크리스 샌더즈 지음 | 이재광 옮김

에이콘

이 책에 대한 찬사

"풍부한 정보와 더불어 매우 읽기 쉽게 돼 있어서 이해하기 쉬웠다. 패킷 분석에 대해 읽게 된 것을 기쁘게 생각한다."

- TechRepublic

"나는 이 책을 초급 네트워크 분석가, 소프트웨어 개발자, 그리고 새롭게 네트워크 및 보안 문제를 해결하고자 하는 CSE, CISSP 등에게 추천하고 싶다."

- 군터 올만Gunter Ollmann, IOActive의 최고 기술 책임자

"다음에 속도가 느려진 네트워크를 조사할 때는 반드시 이 책을 읽어볼 것이다. 이것은 기술 도서로서 내가 할 수 있는 최고의 찬사일 것이다."

- 마이클 루카스Michael W. Lucas, 『Absolute FreeBSD』와 『네트워크 흐름 분석』 저자

"네트워크 관리에 책임을 맡고 있다면 이 책은 필수 도서다."

- Linux Pro 매거진

"이 책은 훌륭하고 사용하기 쉽고 잘 정리된 가이드다."

- ArsGeek.com

"기본적인 패킷 분석을 확실하게 배우고자 할 때에 시작하기에 매우 좋은 책이다."

- StateofSecurity.com

"매우 유익하고 실전이라는 제목의 핵심 단어가 좋다. 또한 독자들이 패킷 분석을 위해 알아야 할 생생한 예제들이 잘 설명돼 있다."

- LinuxSecurity.com

"알 수 없는 호스트가 서로 채팅하고 있습니까? 내 기계가 누군가와 대화하고 있는 거야? 이 질문에 대한 답을 찾으려면 패킷 스니퍼가 필요하다. 와이어샤크는 이 일을 수행하는 데 가장 좋은 도구 중 하나며, 이 책은 이 도구에 대해 배울 수 있는 가장 좋은 방법 중 하나다."

– Free Software Magazine

"이 책은 초보자부터 중급자까지 배우기에 적합하다."

– 대몬 뉴스

놀라운 은혜며 얼마나 달콤한 소리인가?

이게 나를 구해줬다.

나는 길을 잃었었지만 지금은 찾았다.

앞이 안 보였지만 지금은 볼 수 있다.

지은이 소개

크리스 샌더스 Chris Sanders

컴퓨터 보안 컨설턴트이자 연구원이며 교육자다. 『Applied Network Security Monitoring』(Syngress, 2013)의 저자이며, ChrisSanders.org 블로그의 운영자다. 패킷 분석을 통해 매일 악을 행하는 나쁜 사람을 찾는다.

이 책의 인세는 Rural Technology Fund(http://ruraltechfund.org/)에 기부될 것이다.

감사의 글

이 책의 발전과 나를 지지해 준 모든 사람에게 진심으로 감사드린다.

엘렌, 너의 무조건적인 사랑으로 참아줘서 고마워, 네가 있어서 밤새 책상에 앉아 키보드로 밤을 보낼 수 있었어.

엄마, 당신의 사랑이 나에게 계속적인 동기를 부여해줬어요.

아빠, 당신을 통해 열심히 일하는 법을 배웠습니다.

제이슨 스미스, 너는 나한테 형제 같아, 너에게 항상 고마워.

과거와 현재의 동료들에 대해 나는 매우 운이 좋다고 생각한다. 나를 더 똑똑하고 더 나은 사람으로 만든 사람들이 많다. 모두에게 감사드리지만 특히 더스틴에게 진심으로 감사드린다. 매일 나를 도와 준 알렉, 마틴, 패트릭, 크리스, 마이크, 그래디는 봉사하는 지도자가 되는 것이 무엇인지를 알게 해줬다.

주요 기술 편집자를 맡아준 타일러 레귤리Tyler Reguly에게 감사드린다. 나는 가끔 어리석은 실수를 하지만, 늘 모든 일에 협력해준 데이비드 본David Vaughan에게 감사드린다. IPv6 콘텐츠 편집을 위해 브래드 덩컨Brad Duncan이 캡처 기능을 제공해줬다. QA Café 팀이 '보안' 관련 장에서 필요한 파일을 제공해줬다.

제럴드 콤즈Gerald Combs와 수백 명에 달하는 개발자들의 헌신으로 와이어샤크를 훌륭한 분석 플랫폼으로 만들었다. 이들의 노력이 없었다면 정보 기술 및 네트워크 보안이 상당히 악화됐을 것이다.

마지막으로 빌, 세레나, 안나, 얀, 아만다, 앨리슨, 그리고 『Practical Packet Analysis 3rd Edition』이 나오기까지 편집과 제작을 담당한 노스타치출판사No Starch Press 직원들에게 감사드린다.

옮긴이 소개

이재광 (jklee@hnu.kr)

한남대학교 컴퓨터공학과에 정교수로 재직 중이며, 컴퓨터 통신과 정보보호 분야를 연구하고, 데이터 통신, 컴퓨터 네트워크, 정보통신 보안, C 프로그래밍 등을 강의하고 있다. 한국정보처리학회 이사, 한국정보보호학회 부회장을 맡고 있다.

옮긴이의 말

일상생활에서 거의 매일 인터넷을 이용하고 있지만, 웹 서핑, 메일, 메신저, 파일 다운로드 등이 실제로 인터넷에서 어떤 형태로 전달되는지 확인해본 적이 거의 없을 것이다. 특히 대부분의 학생들은 대학에서 인터넷, TCP/IP, 컴퓨터 네트워크 등에 대해 공부를 하고 활용하지만, 실제 통신상에서 주고받는 내용(패킷)을 살펴본 학생들은 많지 않을 것이다. 그렇지만 실제 네트워크상에서 전송되는 트래픽이 어떻게 이뤄지는지 궁금한 생각을 많이 갖고 있을 것이다.

와이어샤크는 sectools.org의 TOP 100 네트워크 보안 툴에서 부동의 1위를 차지하고 있는 아주 유명한 네트워크 분석 툴이다. 네트워크 분석은 모든 IT 엔지니어가 갖춰야 할 핵심 기술이며, 와이어샤크를 이용하면 유/무선 트래픽을 캡처해 네트워크를 분석할 수 있다.

『와이어샤크를 활용한 실전 패킷 분석 3/e』은 실제 현장에서 일어날 수 있는 상황에 대한 패킷 분석을 통해 문제점을 분석하고 해결책을 찾을 수 있는 훌륭한 가이드를 제공한다. 또한 막연하게만 생각하던 네트워크 이론들을 실제 눈으로 확인하면 학생들이 배운 내용을 좀 더 잘 이해할 수 있다.

이 책은 IT 전문가들이 문제점 해결, 보안과 네트워크 최적화를 위해 사용하는 필수 도구인 와이어샤크를 배우는 데 가장 좋은 책이며, 대부분의 독자는 IT업계에 종사하겠지만, 컴퓨터 네트워크를 공부하는 학생들과 직장인들에게 많은 도움이 될 것이다.

이 책을 통해 유/무선 트래픽, 웹 브라우저 속도가 느린 이유, 네트워크에서 느린 애플리케이션 식별, VoIP 신호 품질, 무선 LAN 속도가 느린 이유 등을 배울 수 있을 것이다.

이 책은 2012년 2판이 출간된 후에 와이어샤크도 버전 1.xx에서 2.xx대로 업그레이드돼 개선된 내용을 중심으로 5년 만에 3판이 나와 나름대로 번역 작업을 무리 없이 마무리했다. 이 책이 많은 독자들에게 와이어샤크를 통해 패킷 분석을 이해하는 데 큰 도움이 될 수 있기를 기대해본다.

끝으로 이 책이 출간돼 나오는데 많은 도움을 주신 에이콘출판사 권성준 사장님께 감사를 드린다. 또한 책의 편집을 맡아 애써주신 박창기 이사님께도 감사를 드린다. 책의 내용 중에 잘못된 부분이 있는 경우에는 좀 더 좋은 책이 될 수 있게 옮긴이의 메일로 보내주시기를 기대한다.

차례

『와이어샤크를 활용한 실전 패킷 분석 3/e』은 2판 발간 후 약 6년, 초판 출판 후 10년이 지난 2015년 후반부터 2017년 초반까지 1년 반에 걸쳐 작성 및 편집됐다. 이 책에는 TShark와 tcpdump를 사용해 완전히 새로운 캡처 파일과 시나리오, 그리고 커맨드라인으로 패킷 분석을 다루는 새로운 장을 비롯해 상당한 양의 내용이 추가됐다. 처음 초판과 2판을 좋아했다면 이 3판도 마음에 들 것이다. 3판은 이전 판과 같은 스타일로 쓰여졌고, 간단하고 이해하기 쉬운 방식으로 설명돼 있다. 이전 판에 최신 정보가 없어서 읽기를 주저한다면, 네트워킹이나 와이어샤크 업데이트 정보가 있고 와이어샤크 2.x에 대한 새로운 네트워크 프로토콜과 업데이트된 정보가 있는 이 책을 읽기 바란다.

왜 이 책인가?

패킷 분석을 위해 왜 이 책을 사야 하는지 궁금할 것이다. 그 답은 제목의 '실전 패킷 분석'에 있다. 현실 세계 경험을 뛰어 넘는 것은 아무것도 없다. 이 책에서 현실과 가장 가까운 경험을 할 수 있도록 실세계 시나리오가 들어있는 실용적인 예제로 설명한다.

이 책의 전반부는 패킷 분석 이해와 와이어샤크에 필요한 지식을 제공한다. 이 책의 후반부는 일반적인 네트워크 관리에서 쉽게 접할 수 있는 실제 사례를 중점적으로 설명한다.

네트워크 기술자, 네트워크 관리자, CIO[chief information officer], 데스크톱 기술자 또는 네트워크 보안 분석가라면 이 책에서 설명하는 패킷 분석 기술을 이해하고 사용하면 많은 도움을 받을 것이다.

개념과 접근 방법

나는 매우 느긋한 사람이다. 그래서 개념을 가르칠 때 느긋한 방식으로 하려고 한다. 이 책에서 사용된 언어도 마찬가지다. 기술적인 전문 용어가 많지만, 가능한한 쉽게 설명하려고 최선을 다했다. 모든 용어와 개념을 명확하게 정의하고자 했다.

처음 몇 장은 이 책을 전체적으로 이해하는 데 꼭 필요한 내용이므로 먼저 이 개념을 마스터하는 것이 중요한다. 이 책의 후반부는 매우 실제적이다. 기관에서 똑같은 시나리오를 보지 못할 수도 있지만, 일어나는 상황에 따라 개념을 적용할 수 있다.

이 책의 내용을 간단히 요약하면 다음과 같다.

1장, 패킷 분석과 네트워크 기초

"패킷 분석이란 무엇인가? 어떻게 동작하는가? 어떻게 이용할 것인가?"에 대해 살펴보며, 네트워크 통신 및 패킷 분석의 기초적인 사항을 설명한다.

2장, 회선 태핑

네트워크에 패킷 스니퍼를 배치하는 다양한 기술을 설명한다.

3장, 와이어샤크 소개

와이어샤크의 기본 개요를 살펴본다. 와이어샤크를 어디서 구할 수 있는지, 어떻게 사용하는지, 그것으로 무엇을 하는지, 왜 중요한지, 그리고 어떤 좋은 점이 있는지를 설명한다. 또한 구성 프로파일을 사용해 와이어샤크를 사용자가 정의하는 방법을 새롭게 포함했다.

4장, 캡처한 패킷 작업

와이어샤크를 설치해서 실행한 후에 캡처한 패킷과 상호작용하는 방법을 배운다. 여기서는 계속되는 패킷 스트림 및 이름 해석에 대한 새롭고 자세한 절을 추가해 기본 사항을 배운다.

5장, 와이어샤크 고급 기능

기본 기능을 배웠다면 이제는 고급 기능도 배워야 한다. 와이어샤크의 고급 기능을 설명하고 사용자가 복잡하지 않고 쉽게 작업할 수 있는 방법을 설명한다. 또한 계속적인 패킷 스트림 및 이름 해석에 대한 새롭고 자세한 절을 추가했다.

6장, 커맨드라인을 이용한 패킷 분석

와이어샤크는 매우 훌륭하지만 때로는 그래픽 인터페이스의 편의성을 유지하면서 커맨드라인에서 패킷과 상호작용해야 한다. 새롭게 추가된 이 장에서는 TShark와 tcpdump를 사용하는 방법을 보여준다. 이 도구들은 작업에 가장 적합한 커맨드라인 패킷 분석 도구다.

7장, 네트워크 계층 프로토콜

ARP, IPv4, IPv6 및 ICMP를 패킷 레벨에서 살펴봄으로써 일반적인 네트워크 계층 통신에 대해 설명한다. 실제 시나리오에서 이들 프로토콜의 문제를 해결하려면 먼저 이 프로토콜들이 어떻게 동작하는지 이해해야 한다.

8장, 전송 계층 프로토콜

가장 일반적인 두 가지 전송 프로토콜인 TCP 및 UDP를 설명한다. 대부분의 패킷은 이 두 프로토콜 중 하나를 사용하므로 패킷 레벨에서 어떻게 생겼는지, 패킷 레벨에서 어떻게 다른지 이해하는 것이 중요하다.

9장, 일반 상위 계층 프로토콜

가장 일반적인 상위 계층 프로토콜인 HTTP, DNS, DHCP, SMTP를 패킷 레벨에서 살펴본다.

10장, 기본 실세계 시나리오

일반적인 트래픽 및 실제 시나리오를 이용해 설명한다. 각 시나리오는 문제, 분석 및 솔루션을 제공하기 쉬운 형식으로 제공된다. 이러한 기본 시나리오는 소수의 컴퓨터만을 다루며, 제한된 분석량을 필요로 한다.

11장, 속도가 느려진 네트워크와 씨름

네트워크 기술자가 접하는 가장 일반적인 문제는 속도가 느려진 네트워크 성능과 관련된 것이다. 11장에서는 이러한 유형의 문제를 해결하는 방법을 알려준다.

12장, 보안을 위한 패킷 분석

네트워크 보안은 정보에서 가장 중요한 기술 분야다. 12장에서는 패킷 분석 기술을 사용해 보안과 관련된 문제를 해결하는 몇 가지 시나리오를 보여준다.

13장, 무선 패킷 분석

이무선 패킷 분석에 대한 입문서다. 무선 분석과 유선 분석의 차이점에 대해 설명하고 무선 네트워크 트래픽의 몇 가지 예제가 포함돼 있다.

부록 A, 추가적으로 읽어야 할 내용

앞에서 배운 패킷 분석 기술을 계속 사용할 때 유용한 참조 도구와 웹사이트를 소개한다.

부록 B, 패킷 탐색

개별 패킷 해석을 좀 더 깊이 알고 싶은 사람을 위해 패킷 정보를 바이너리로 저장하는 방법과 바이너리를 16진수로 변환하는 방법에 대한 개요를 제공한다. 그런 다음 패킷 다이어그램을 사용해 16진수로 표시된 패킷을 분석하는 방법을 보여준다. 사용자 지정 프로토콜을 분석하거나 커맨드라인 분석 도구를 사용하는데 많은 시간을 소비하는 경우에 편리하다.

이 책을 이용하는 방법

이 책은 다음과 같은 두 가지 방식으로 사용하기를 권장한다.

- **교육용 텍스트** 패킷 분석에 대한 이해를 돕기 위해, 특히 실제 시나리오를 중심으로 각 장을 읽는다.
- **참고 자료** 자주 사용하지 않는 와이어샤크의 기능들은 동작 방식을 잊어버릴 수 있다. 이 책은 특정 기능을 사용하는 방법을 빠르게 이해하고자 할 때 매우 좋은 책이다. 패킷 분석을 할 때에 독특한 차트, 다이어그램, 방법론을 참조할 수 있다.

예제 캡처 파일 정보

이 책에서 사용된 모든 캡처 파일은 노스타치출판사 홈페이지 (https://www.nostarch.com/packetanalysis3/)에서 구할 수 있다. 좀 더 효율적으로 배우기 위해서는 이 파일을 다운로드해서 예제와 함께 사용하기 바란다.

한국어판은 에이콘출판사의 도서정보 페이지 http://www.acornpub.co.kr/book/wireshark-packet-analysis-3e에서 찾아볼 수 있다.

농촌 기술 기금

이 책에서 꼭 소개하고 싶은 내용이 있다. 이 책의 초판이 발간되자마자 501(c)(3) 비영리 단체인 농촌 기술 기금RTF, Rural Technology Fund를 설립했다.

농촌 지역 학생들 중 우수한 성적을 가진 학생들에게 기술을 배울 수 있는 기회를 주고 싶다. 2008년에 설립된 RTF는 나의 가장 큰 꿈 중 하나다. 이는 농촌 공동체와 도시 및 교외 지역 간의 디지털 격차를 줄이기 위해 노력한다. RTF의 목표는 장학금 프로그램, 지역 사회 참여, 교실에 대한 교육 기술 자원 기부 및 일반 홍보와 농촌 및 빈곤 지역의 기술 지원을 통해 수행한다. 2016년에 RTF는 미국의 농촌 및 빈곤 지역의 기술 교육 자원을 10,000명 이상의 학생들에게 제공할 수 있었다. 이 책의 저자 수익금 전부를 RTF에 지원해서 이 목표를 이룰 수 있었다는 것을 발표하게 돼 기쁘다. 농촌 기술 기금이나 기부 방법에 대해 더 자세히 알고 싶으면 웹사이트 http://www.ruraltechfund.org/를 방문하거나 트위터 @RuralTechFund를 방문하기 바란다.

저자에게 연락하기

나는 항상 내 글을 읽은 사람들로부터 피드백을 받기를 원한다. 어떤 이유든 나에게 연락하고 싶다면 모든 질문, 의견, 제안 등을 chris@chrissanders.org로 직접 보내주기 바란다. 또한 http://www.chrissanders.org/에서 정기적으로 블로그를 올리거나 @chrissanders88의 트위터를 팔로우할 수 있다.

1장
패킷 분석과 네트워크 기초

단순한 스파이웨어 감염에서부터 복잡한 라우터 구성 오류에 이르기까지 수백 가지의 서로 다른 일이 컴퓨터 네트워크에 문제를 일으킬 수 있으며, 모든 문제를 즉시 해결하는 것은 불가능하다. 할 수 있는 최선의 방법은 이러한 유형의 문제에 대응하는 데 필요한 지식과 도구를 완벽하게 준비하는 것이다.

네트워크 문제를 잘 이해하려면 패킷 레벨packet level을 잘 알아야 한다. 모든 네트워크 문제는 패킷 레벨에서 일어난다. 잘 개발된 애플리케이션의 구현이 잘못되거나 프로토콜이 잘못된 것을 파악할 수 있다. 우리에게 숨겨진 것은 아무 것도 없다.

네트워크 문제를 잘 해결하려면 아무것도 숨기지 않은 단계인 패킷 레벨을 살펴봐야 한다. 암호화된 것 말고 진정한 비밀은 없다. 우리가 패킷 레벨에서 할 수 있는 것이 많을수록 네트워크를 제어하고 문제를 해결할 수 있다. 이것이 패킷 분석의 세계다.

이 책은 패킷 레벨 세계에 뛰어 드는 것이다. 실제 시나리오를 통해 속도가 느려진 네트워크 통신을 다루고, 애플리케이션 병목현상을 파악하며, 해커를 추적하는 방법을 배운다. 이 책을 읽는 동안 패킷 분석 기술을 익히면 네트워크에서 가장 어려운 문제도 해결할 수 있다.

1장에서는 네트워크 통신에 중점을 둔 기본 사항부터 살펴본다. 여기에 있는 자료는 다양한 시나리오를 살펴보는 데 필요한 도구를 얻는 데 도움이 된다.

패킷 분석 및 패킷 스니퍼

패킷 스니핑packet sniffing 또는 프로토콜 분석protocol analysis이라는 패킷 분석은 실제 데이터가 네트워크를 통과할 때 캡처 및 해석해서 해당 네트워크에서 발생하는 상황을 좀 더 잘 이해할 수 있는 프로세스를 말한다. 패킷 분석은 일반적으로 패킷 스니퍼packet sniffer로 수행된다. 이 도구는 통신 회선을 따라 전송되는 원시 네트워크 데이터를 캡처하는 데 사용된다.

패킷 분석은 다음과 같은 일에 도움을 준다.

- 네트워크 특성 이해하기
- 네트워크를 누가 사용하고 있는지
- 사용 가능한 대역폭을 누가 또는 무엇에 사용하는지
- 네트워크 사용 피크타임이 언제인지
- 공격 가능성이나 악의적인 활동 알아내기
- 안전하지 않은 애플리케이션 찾아내기

패킷 스니퍼 프로그램에는 무료 배포용과 상용이 있으며, 각 프로그램은 설계된 목적이 다르다. 많이 알려진 패킷 분석 프로그램으로 tcpdump, OmniPeek, 와이어샤크wireshark(이 책에서 독점적으로 사용한다) 등이 있다. tcpdump은 커맨드라인 프로그램이다. OmniPeek와 와이어샤크는 그래픽 사용자 인터페이스GUI 프로그램이다.

패킷 스니퍼 평가

패킷 스니퍼를 선택할 때 다음과 같은 여러 가지 요소를 고려해야 한다.

지원되는 프로토콜 모든 패킷 스니퍼는 다양한 프로토콜을 해석할 수 있다. 대부분의 패킷 스니퍼는 공통 네트워크 프로토콜(IPv4와 ICMP 같은), 전송 계층 프로토콜(TCP와 UDP 같은), 응용 계층 프로토콜(DNS와 HTTP 같은)을 해석할 수 있지만, 공통적이지 않은 새로운 프로토콜(IPv6, SMBv2과 SIP 같은)에 대해서는 지원하지 않을 수도 있다. 그렇기 때문에 패킷 스니퍼를 선택할 때 분석하고자 하는 프로토콜을 지원하는지 확인해야 한다.

사용자 편리성 패킷 스니퍼 프로그램을 선택할 때 패킷 스니퍼의 구성과 설치의 편리성, 사용의 편리성을 고려해야 하며, 사용자의 전문성과 수준에 맞는 것을 선택해야 한다. 패킷 분석 경험이 적다면 기능이 복잡하고 사용하기 어려운 tcpdump 같은 커맨드라인 패킷 스니퍼를 선택하는 것은 좋지 않다. 반면 패킷 분석에 대한 경험이 풍부하다면 발전되고 다양한 기능을 제공하는 프로그램이 더 매력적일 수 있다. 패킷 분석을 경험하면서 특정 시나리오에 맞게 다중 패킷 스니핑 프로그램을 결합하는 것이 유용하다는 것을 알게 될 것이다.

비용 패킷 스니퍼 프로그램은 상용 못지않게 무료 배포용이 많다는 것이 큰 장점이다. 상용 제품과 무료 배포용 사이의 가장 큰 차이점은 보고 엔진reporting engine이다. 상용 제품은 통상 무료 제품에서는 부족하거나 기능이 없는 화려한 보고 생성 모듈을 일반적으로 포함하고 있다.

프로그램 지원 패킷 스니퍼 프로그램을 사용하기 위한 기본 지식을 모두 배웠더라도 프로그램을 사용하다 보면 새로운 문제가 발생하고, 이런 문제를 해결하기 위해 추가적인 도움이 필요할 것이다. 개발 문서와 공개된 포럼, 메일링리스트 같은 것들이 이런 문제를 해결하는 데 도움을 준다. 예를 들어 와이어샤크 패킷 스니퍼 도구를 사용하다가 어려움이 발생하면 이 프로그램을 사용하는 커뮤니티 그룹에서 해결책을 찾을 수 있다. 이와 같이 사용자와 배포자의 커뮤니케이션은 패킷 스니퍼를 활용하는 데 더 많은 도움을 줄 수 있으며, 인터넷상에는 커뮤니케이션을 위해 많은 게시판과 토론 정보, 위키, 블로그가 있다.

소스코드 액세스 일부 패킷 스니퍼는 오픈소스 소프트웨어다. 즉, 프로그램의 소스코드를 볼 수 있으며, 경우에 따라 해당 소스코드를 제안하고 변경할 수도 있다. 스니핑 애플리케이션에 대해 매우 구체적이거나 고급 사용 사례가 있는 경우 이 기능이 매력적일 수 있다. 대부분의 상용 애플리케이션은 소스코드 액세스를 제공하지 않는다.

운영체제 지원 패킷 스니퍼는 모든 종류의 운영체제를 지원하지는 않는다. 따라서 패킷 스니퍼 프로그램을 선택할 때는 사용할 운영체제를 지원하는지 확인해봐야 한다. 사용자가 컨설턴트라면 다양한 운영체제에서 패킷을 캡처하고 분석할 것이다. 그래서 사용자는 모든 운영체제에서 실행되는 도구가 필요할 것이다. 때로는 어떤 시스템에서 패킷을 캡처해 다른 시스템에서 그것을 검토할 수도 있다. 운영체제가 다르므로 사용자는 각 장치에 대해 다른 애플리케이션을 사용하게 될 것이다.

패킷 스니퍼 동작 방식

패킷 스니핑 프로세스는 소프트웨어와 하드웨어 간의 협업을 필요로 한다. 이 프로세스는 다음과 같은 세 단계로 나눌 수 있다.

1. **수집:** 먼저 패킷 스니퍼는 유선으로부터 원시 2진 데이터를 수집한다. 일반적으로 이 작업은 선택한 네트워크 인터페이스를 무차별 모드promiscuous mode로 전환해 수행한다. 이 모드에서 네트워크 카드는 주소가 지정된 트래픽뿐만 아니라 네트워크 세그먼트의 모든 트래픽을 수신할 수 있다.
2. **변환:** 다음으로 캡처된 2진 데이터를 읽을 수 있는 형식으로 변환한다. 대부분 커맨드라인으로 동작하는 패킷 스니퍼는 변환 단계까지만 수행한다. 이 시점에서 네트워크 데이터는 매우 기본적인 수준으로만 해석될 수 있으므로 대부분의 분석은 최종 사용자에게 맡긴다.
3. **분석:** 마지막으로 패킷 스니퍼는 캡처되고 변환된 데이터를 분석한다. 스니퍼는 추출된 정보를 기반으로 캡처된 네트워크 데이터의 프로토콜을 확인하고 해당 프로토콜의 특정 기능에 대한 분석을 시작한다.

컴퓨터 통신 방식

패킷 분석을 완전히 이해하려면 컴퓨터가 서로 어떻게 통신하는지 정확하게 알아야 한다. 이 절에서는 네트워크 프로토콜, 개방 시스템 상호연결[OSI] 모델, 네트워크 데이터 프레임 및 이를 지원하는 하드웨어의 기본 사항에 대해 살펴본다.

프로토콜

최신 네트워크는 다양한 플랫폼에서 실행되는 다양한 시스템으로 구성된다. 시스템 간에 의사소통을 위해 프로토콜[protocol]이라는 공통 언어를 사용한다. 일반적인 프로토콜로는 TCP[Transmission Control Protocol], IP[Internet Protocol], ARP[Address Resolution Protocol] 및 DHCP[Dynamic Host Configuration Protocol]를 지원한다. 함께 동작하는 논리적인 프로토콜 그룹을 프로토콜 스택[protocol stack]이라고 한다.

프로토콜을 이해하는 가장 좋은 방법 중 하나는 프로토콜이 인간의 언어를 제어하는 규칙과 비슷하다고 생각하는 것이다. 모든 언어에는 동사를 활용하는 방법, 사람을 맞이하는 방법, 누군가에게 감사를 표시하는 방법 같은 규칙이 있다. 프로토콜은 거의 동일한 방식으로 동작해 패킷 라우팅 방법, 연결 시작 방법 및 데이터 수신 확인 방법을 정의할 수 있다.

프로토콜은 기능에 따라 매우 간단하거나 매우 복잡할 수 있다. 다양한 프로토콜이 서로 다를 수 있지만, 많은 프로토콜이 다음과 같은 문제를 해결한다.

연결 초기화 연결을 시작하는 것은 클라이언트인가 서버인가? 통신하기 전에 어떤 정보를 교환하는가?

연결 특성 협상 프로토콜의 통신은 암호화할 것인가? 통신하는 호스트 간에 암호화 키는 어떻게 전송되는가?

데이터 형식 패킷에 포함된 데이터는 어떻게 구성되는가? 어떤 순서로 데이터를 수신하는 장치가 처리하는가?

오류 감지 및 수정 패킷이 목적지까지 도달하는 데 너무 오래 걸리는가? 짧은 기간 동안 서버와 통신을 설정할 수 없는 경우 클라이언트는 어떻게 복구할 것인가?

연결 종료 어떤 호스트가 통신이 끝났음을 다른 호스트에게 어떻게 알리는가? 정상적으로 통신을 종료하기 위해 마지막으로 어떤 정보가 전송돼야 하는가?

7계층 OSI 모델

프로토콜은 산업 표준 OSI 참조 모델을 기반으로 기능에 따라 분리된다. 이 계층적 모델은 7개의 서로 다른 계층이 있어 네트워크 통신을 이해하는 데 매우 유용하다. 그림 1-1에는 OSI 모델의 계층이 오른쪽에 있고 각 계층의 데이터에 대한 적절한 용어가 왼쪽에 있다. 맨 위에 있는 애플리케이션 계층은 네트워크 자원을 액세스하는 데 사용되는 프로그램을 나타낸다. 최하위 계층은 네트워크 데이터가 이동하는 물리 계층이다. 각 계층의 프로토콜은 데이터를 바로 위와 아래의 계층에서 프로토콜로 올바르게 처리하기 위해 함께 동작한다.

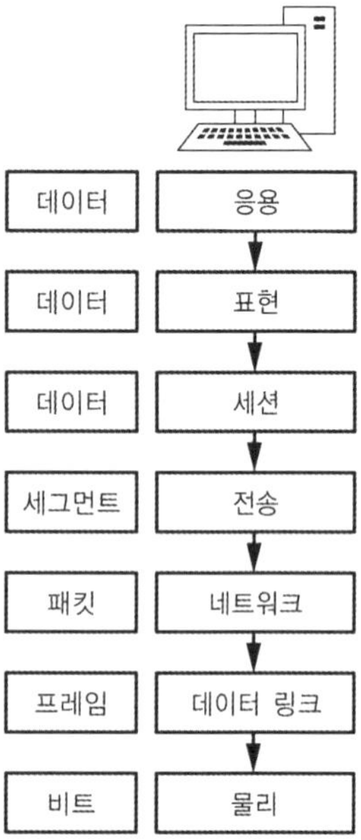

▲ **그림 1-1** OSI 모델 7 계층의 계층적인 구조

> **참고** OSI 모델은 원래 ISO 7498이라는 문서로 1983년에 ISO(International Organization for Standardization)에서 출판됐다. OSI 모델은 업계에서 권장하는 표준에 불과하다. 프로토콜 개발자는 이를 정확히 따르지 않아도 된다. 실제로 OSI 모델만이 유일한 네트워킹 모델은 아니다. 예를 들어 많은 사람들은 TCP/IP 모델이라는 미국 국방성(DoD) 모델을 선호한다.

각 OSI 모델 계층은 다음과 같은 특정 기능을 갖고 있다.

응용 계층application layer**(계층 7)** OSI 모델의 최상위 계층은 사용자가 네트워크 자원에 접근하는 방법을 제공한다. 이는 최종 사용자가 볼 수 있는 유일한 계층으로, 모든 네트워크 활동의 기반이 되는 인터페이스를 제공한다.

표현 계층presentation layer**(계층 6)** 표현 계층은 응용 계층으로부터 전달받은 데이터를 읽을 수 있는 형식으로 변환한다. 응용 계층으로부터 전송받거나 전달되는 데이터의 인코딩과 디코딩은 이 계층에서 이뤄진다. 또한 표현 계층은 데이터를 안전하게 사용하기 위해 몇 가지 암호화와 복호화 형식도 갖고 있다.

세션 계층session layer**(계층 5)** 이 계층은 두 컴퓨터 간의 대화dialogue나 세션을 관리한다. 모든 통신 장치 간에 연결을 설정, 관리 및 종료한다. 또한 세션 계층은 연결이 전이중(양방향) 또는 반이중(단방향)인지 여부를 확인하고 호스트가 갑자기 중지되지 않고 정상적으로 호스트를 연결하는 데 책임이 있다.

전송 계층transport layer**(계층 4)** 전송 계층의 주목적은 하위 계층에 신뢰할 수 있는 데이터 전송 서비스를 제공하는 것이다. 흐름 제어, 분할/분리 및 오류 제어를 통해 전송 계층은 데이터가 오류 없이 점-대-점으로 전달되게 한다. 신뢰할 수 있는 데이터 전송을 보장하는 것은 매우 번거롭기 때문에 OSI 모델은 전체 계층을 사용한다. 전송 계층은 연결형 프로토콜과 비연결형 프로토콜을 모두 사용한다. 특정 방화벽 및 프록시 서버는 이 계층에서 동작한다.

네트워크 계층network layer**(계층 3)** 가장 복잡한 OSI 계층 중 하나로서 실제 네트워크 간에 데이터 라우팅을 담당한다. 네트워크 계층은 네트워크 호스트의 논리 주소 지정(예: IP 주소 사용)을 확인한다. 또한 데이터 스트림을 더 작은 단위로 분할하고 경우에 따라 오류를 감지해 처리한다. 라우터는 이 계층에서 동작한다.

데이터 링크 계층data link layer**(계층 2)** 이 계층은 물리적인 네트워크를 통해 데이터를 전송하는 수단을 제공한다. 주요 목적은 물리적인 장치(예: MAC 주소)를 식별하는 데 사용할 수 있는 주소 지정 체계를 제공하는 것이다. 브리지 및 스위치는 데이터 링크 계층에서 동작하는 물리 장치다.

물리 계층physical layer**(계층 1)** OSI 모델의 맨 밑에 있는 물리 계층은 네트워크 데이터가 전송되는 물리적인 매체다. 이 계층은 전압, 허브, 네트워크 어댑터, 중계기 및 케이블 사양을 비롯해 사용된 모든 하드웨어의 물리적 및 전기적 특성을 정의한다. 물리 계층은 연결을 설정 및 종료하고 통신 자원을 공유하는 수단을 제공하며, 디지털에서 아날로그로 또는 그 반대로 신호를 변환한다.

> **참고** OSI 모델의 계층을 기억하는 일반적인 기억 방법은 "Please Do Not Throw Sausage, Pizza Away"다. 각 단어의 첫 글자는 첫 번째 계층부터 시작해 OSI 모델의 각 계층을 나타낸다.

표 1-1은 OSI 모델의 각 계층에서 사용되는 대표적인 프로토콜을 보여준다.

▼ **표 1-1** OSI 모델의 각 계층에서 사용되는 대표적인 프로토콜

계층	프로토콜
응용	HTTP, SMTP, FTP, Telnet
표현	ASCII, MPEG, JPEG, MIDI
세션	NetBIOS, SAP, SDP, NWLink
전송	TCP, UDP, SPX
네트워크	IP, IPX
데이터 링크	Ethernet, Token Ring, FDDI, AppleTalk
물리	wired, wireless

OSI 모델은 권장 표준에 불과하지만 네트워크 문제를 생각하고 설명하는 데 유용한 개념을 제공한다. 이 책을 계속 공부하면서 라우터 문제는 '계층 3 문제'가 되고, 소프트웨어 문제는 '계층 7 문제'로 쉽게 인식할 수 있다.

> **참고** 한 동료가 네트워크 자원에 접속할 수 없다는 불만을 제기한 사용자에 대해 말했다. 문제는 사용자가 잘못된 비밀번호를 입력한 결과다. 동료는 이 문제를 8계층 문제라고 말했다. 계층 8은 비공식적으로 사용자 계층을 의미한다. 이 용어는 일반적으로 패킷 레벨에서 사는 사람들에게 사용된다.

OSI 모델을 통한 데이터 흐름

네트워크상의 초기 데이터 전송은 전송 시스템의 응용 계층에서 시작된다. 데이터는 물리 계층에 도달할 때까지 OSI 모델의 7개 계층을 따라 내려가서 전송 시스템의 물리 계층이 수신 시스템으로 데이터를 전송한다. 수신 시스템은 물리 계층에서 데이터를 가져오고, 데이터는 수신 시스템의 계층 위로 올라가서 맨 위에 있는 애플리케이션 계층으로 이동한다.

OSI 모델의 각 계층은 그 위와 아래의 계층과만 통신할 수 있다. 예를 들어 계층 2는 계층 1과 계층 3하고만 데이터를 보내고 받을 수 있다.

OSI의 각 계층에서 제공되는 다양한 프로토콜 서비스는 상호 의존적이 아니다. 예를 들어 한 계층의 프로토콜이 특정 서비스를 제공하는 경우 다른 계층의 다른 프로토콜이 동일한 서비스를 제공하지 않는다. 서로 다른 레벨의 프로토콜은 비슷한 목표를 가진 기능이 있을 수 있지만, 조금 다르게 동작한다.

송수신 장치의 해당 계층에 있는 프로토콜은 서로 보완적이다. 예를 들어 전송 장치의 계층 7에 있는 프로토콜이 전송 중인 데이터 형식을 지정하는 경우 수신 장치의 계층 7에서 해당 응답 프로토콜이 해당 형식의 데이터를 읽어야 한다.

그림 1-2는 두 개의 통신 장치와 관련된 OSI 모델을 보여준다. 하나의 장치에서 위에서 아래로 향한 통신은 다음 두 번째 장치에 도달하면 반대 방향으로 이동하는 것을 볼 수 있다.

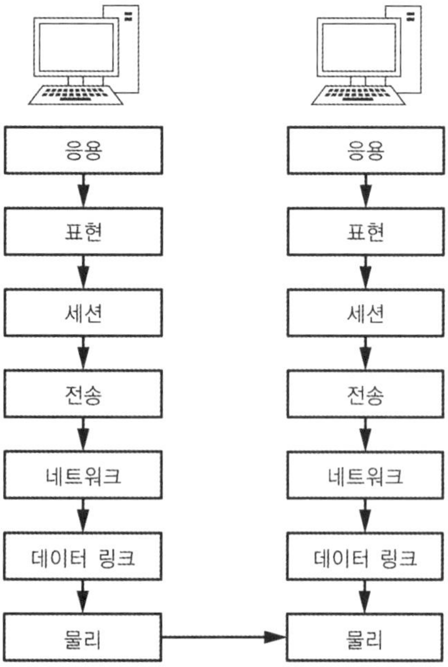

▲ **그림 1-2** 프로토콜은 양쪽 송수신 시스템에 있는 같은 계층에서 동작한다.

데이터 캡슐화

OSI 모델의 서로 다른 계층에 있는 프로토콜은 데이터 캡슐화Data Encapsulation를 통해 서로 간에 데이터를 전달한다. 스택의 각 계층은 서로 통신할 수 있게 정보의 머리말header, 또는 헤더 또는 꼬리말trailer 또는 트레일러을 전송되는 데이터에 추가하는 역할을 한다. 예를 들어 전송 계층이 세션 계층에서 데이터를 수신하면 전송 계층은 네트워크 계층으로 전달하기 전에 자체 헤더 정보를 해당 데이터에 추가한다.

캡슐화 프로세스는 전송되는 데이터와 추가된 모든 머리말 또는 꼬리말 정보를 포함하는 프로토콜 데이터 단위PDU, Protocol Data Unit를 만든다. 데이터가 OSI 모델로 이동하고 다양한 프로토콜이 머리말과 꼬리말 정보가 추가하면 PDU가 변경되고 크기가 커진다. PDU는 물리 계층에 도달하면 최종 형태가 돼 목적지 장치로 전송된다. 수신 장치는 데이터가 추가된 순서의 역순으로 OSI 계층을 올라갈 때 PDU의 머리말과 꼬리말을 분석한다. PDU가 OSI 모델의 최상위 계층에 도달하면 원래 애플리케이션 계층 데이터만 남는다.

> **참고** OSI 모델은 특정 용어를 사용해 각 계층에서 패키지화된 데이터를 설명한다. 물리 계층은 비트를 포함하고, 데이터 링크 계층은 프레임을 포함하고, 네트워크 계층은 패킷을 포함하고, 전송 계층은 세그먼트를 포함한다. 상위 3개의 계층은 단순히 데이터라는 용어를 사용한다. 이 명명법은 실제로 사용되지 않으므로 일반적으로 패킷이라는 용어를 사용해 OSI 모델의 몇 개 또는 여러 계층의 머리말과 꼬리말 정보를 포함하는 전체 또는 부분 PDU를 나타낸다.

데이터 캡슐화가 어떻게 동작하는지를 설명하기 위해 OSI 모델과 관련해 생성, 전송 및 수신되는 패킷의 간단한 실용적인 예를 살펴본다. 분석가는 세션 계층이나 표현 계층에 대해 자주 얘기하지 않으므로, 이 책의 나머지에는 이러한 사례 정보가 없다.

이 시나리오에서는 http://www.google.com/으로 탐색하려고 시도하고 있다. 먼저 발신지 클라이언트 컴퓨터에서 목적지 서버 컴퓨터로 전송되는 요청 패킷을 생성해야 한다. 이 시나리오에서는 TCP/IP 통신 세션이 이미 시작됐다고 가정한다. 그림 1-3은 이 예제에서 데이터 캡슐화 프로세스를 보여준다.

클라이언트 컴퓨터의 응용 계층에서 시작한다. 웹사이트를 탐색하는 것으로 사용되는 응용 계층 프로토콜은 HTTP다. HTTP 프로토콜은 google.com에서 index.html 파일을 다운로드하라는 명령을 내린다.

> **참고** 실제로 브라우저는 슬래시(/)로 표현되는 웹사이트 문서 루트를 먼저 요구한다. 웹서버가 요청을 수신하면 브라우저는 문서 루트 요청을 수신할 때 제공하게 구성된 파일을 브라우저에게 보낸다. 이것은 일반적으로 index.html 또는 index.php다. HTTP에 대해서는 9장에서 자세히 다룬다.

응용 계층 프로토콜이 명령을 보내면 패킷을 목적지로 전달하는 것이 중요하다. 패킷 데이터는 OSI 스택에서 전송 계층으로 전달된다. HTTP는 TCP를 사용하는 응용 계층 프로토콜이므로 TCP는 패킷의 안정적인 전달을 보장하는 데 사용되는 전송 계층 프로토콜로 사용된다. 그림 1-3의 전송 계층에 나타난 것처럼 TCP 헤더가 생성돼 PDU에 추가된다. 이 TCP 헤더에는 패킷에 추가되는 순서번호 및 기타 데이터가 포함돼 패킷이 올바르게 전달되게 한다.

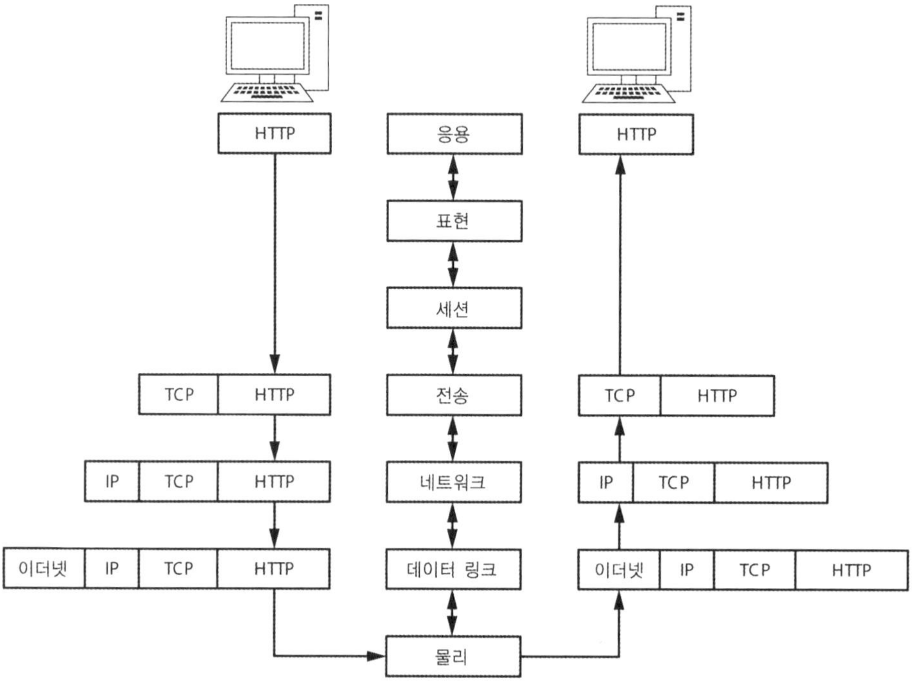

▲ **그림 1-3** 클라이언트와 서버 간의 데이터 캡슐화

> **참고** OSI 모델의 하향식 설계로 인해 하나의 프로토콜이 다른 프로토콜에 "앉아있다"라고 말한다. HTTP와 같은 응용 프로토콜은 특정 서비스를 제공하기 위해 TCP를 사용해 안정적인 서비스 전달을 보장한다. 이들 서비스는 모두 데이터를 처리하고 전달하기 위해 네트워크 레벨의 IP 프로토콜을 사용한다. 따라서 HTTP는 IP 위에 앉아있는 TCP 위에 앉아있다.

TCP가 작업을 마친 후 IP로 패킷을 전달한다. 계층 3 프로토콜은 패킷의 논리 주소 지정을 담당한다. IP는 논리 주소 정보를 포함하는 헤더를 생성해 PDU에 추가하고, 데이터 링크 계층의 이더넷으로 패킷을 전달한다. 물리 이더넷 주소는 이더넷 헤더에 저장된다. 이제 패킷은 완전히 조립돼 물리 계층으로 전달되며, 네트워크를 통해 0과 1로 전송된다.

완성된 패킷은 네트워크 케이블링 시스템을 통해 Google 웹서버에 도달한다. 웹서버는 아래에서 위로 패킷을 읽음으로써 시작한다. 즉, 네트워크 카드가 패킷이 특정 서버로 가는 것인지 파악하기 위해 물리 이더넷 주소 정보가 들어있는 데이터

링크 계층을 먼저 읽는다. 이 정보가 처리되면 계층 2 정보가 제거되고 계층 3 정보가 처리된다. 계층 3 IP 주소 정보는 패킷이 올바르게 주소 지정되고 단편화되지 않았는지 확인하기 위해 읽는다. 이 데이터 또한 제거돼 다음 계층을 처리할 수 있다.

계층 4 TCP 정보는 이제 패킷이 순서대로 도착했는지 확인하기 위해 읽는다. 그런 다음 계층 4 헤더 정보가 제거돼 응용 계층 데이터만 남게 된다. 응용 계층 데이터는 웹사이트를 호스팅하는 웹서버 애플리케이션에 전달될 수 있다. 클라이언트로부터 온 이 패킷에 대한 응답으로 서버는 TCP 확인 응답 패킷을 전송해 요청을 수신했음을 클라이언트에게 알리고 index.html 파일을 전송해야 한다.

모든 패킷은 사용된 프로토콜에 관계없이 이 예에서 설명한 대로 작성되고 처리된다. 그러나 동시에 네트워크의 모든 패킷이 응용 계층 프로토콜에서 생성되는 것은 아니므로, 계층 2, 3 또는 4 프로토콜의 정보만 포함하는 패킷을 볼 수 있다.

네트워크 하드웨어

이제 네트워크 하드웨어를 살펴볼 차례다. 일반적인 네트워크 하드웨어인 허브, 스위치 및 라우터에 초점을 맞출 것이다.

허브

허브hub는 일반적으로 그림 1-4에 표시된 NETGEAR 허브와 같이 여러 개의 RJ-45 포트가 있는 상자다. 허브는 매우 작은 4 포트 장치에서 기업 환경의 랙 마운팅을 위해 설계된 커다란 48 포트 장치에 이르기까지 다양하다.

▲ **그림 1-4** 전형적인 4 포트 허브

허브는 불필요한 많은 네트워크 트래픽을 생성할 수 있고, 반이중 모드half-duplex mode에서만 작동할 수 있기 때문에 (대개 동시에 데이터를 보내고 받을 수 없음) 대부분의 최신 네트워크나 고밀도 네트워크에서는 허브가 사용되는 것을 볼 수 없다. 대신 스위치가 사용된다(다음 절에서 설명). 그러나 2장에서 설명할 '허빙 아웃hubbing out' 기술을 사용할 때 패킷 분석에 매우 중요하기 때문에 허브의 동작 방식을 알아야 한다.

허브는 OSI 모델의 물리 계층에서 동작하는 중계 장치repeating device에 불과하다. 한 포트에서 보낸 패킷을 받아 장치의 모든 포트로 전송하지만, 각 패킷을 수락하거나 거부하는 것은 수신 장치에 달려 있다. 예를 들어 4 포트 허브의 포트 1에 있는 컴퓨터가 포트 2의 컴퓨터로 데이터를 보내야 하는 경우 허브는 해당 패킷을 포트 2, 3, 4로 보낸다.

포트 3과 4에 연결된 클라이언트는 패킷의 이더넷 헤더에 있는 목적지 매체 접근 제어MAC, Media Access Control 주소 필드를 검사해 해당 패킷이 자기 것인지 아닌지를 확인해 패킷을 삭제(폐기)한다. 그림 1-5는 컴퓨터 A가 컴퓨터 B에 데이터를 전송하는 예를 보여준다. 컴퓨터 A가 데이터를 보내면 허브에 연결된 모든 컴퓨터가 데이터를 수신한다. 그러나 컴퓨터 B만 실제로 데이터를 받아들인다. 다른 컴퓨터는 이를 버린다.

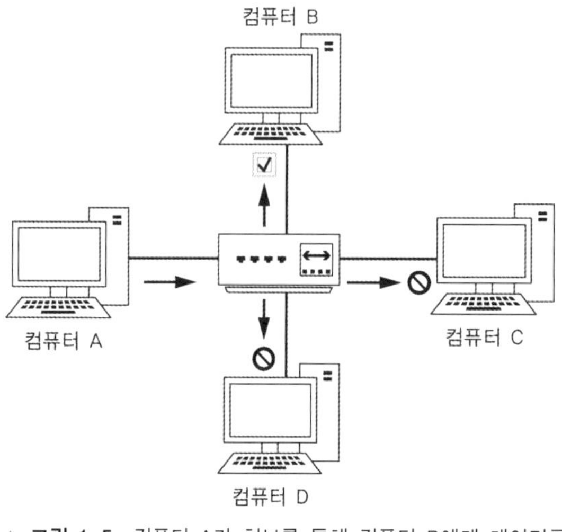

▲ **그림 1-5** 컴퓨터 A가 허브를 통해 컴퓨터 B에게 데이터를 전송할 때에 트래픽 흐름

예를 들어 "모든 마케팅 직원은 주목하세요!"라는 제목의 이메일을 마케팅 부서에 있는 직원들에게만 보내려고 하는데, 마케팅 부서에 있는 직원뿐만 아니라 회사에 있는 모든 직원에게 보냈다고 가정해보자. 마케팅 부서의 직원들은 이 이메일이 자기들 것이라는 걸 알고 확인하지만, 다른 직원은 이메일을 보고 자신들에게 온 것이 아님을 알기 때문에 그냥 무시하게 된다. 보다시피 이 과정은 많은 불필요한 통신을 만들어내고 시간을 낭비하게 된다. 하지만 이것이 바로 앞에서 설명했던 대로 허브가 하는 일이다.

고밀도 네트워크에서 허브에 대한 가장 최고의 대안은 스위치switch다. 이것은 동시에 데이터를 전달하고 수신할 수 있는 전이중 방식full-duplex 장치다.

스위치

허브와 마찬가지로 스위치도 패킷을 전송하게 설계됐다. 그러나 허브와 달리 모든 포트에 데이터를 브로드캐스팅하지 않고, 스위치는 데이터를 의도한 컴퓨터에게만 보낸다. 스위치는 그림 1-6과 같이 허브와 비슷하다.

▲ **그림 1-6** 랙 마운트형 48 포트 이더넷 스위치

시스코 제품과 같이 시장에 출시된 대형 스위치는 벤더가 제공한 전문화된 소프트웨어나 웹 인터페이스를 통해 관리된다. 이러한 스위치는 일반적으로 '관리형 스위치managed switch'라고 한다. 이러한 관리형 스위치는 특정 포트를 활성화하거나 비활성화하고, 포트 통계 보고, 구성 변경 등을 수행하고, 원격으로 재부팅하는 기능을 비롯해 네트워크 관리에 유용한 기능을 제공한다.

스위치는 패킷 전송 처리에 뛰어난 기능을 제공한다. 특정 장치와 직접 통신하려면 스위치가 MAC 주소를 기반으로 장치를 고유하게 식별할 수 있어야 한다. 즉, 장치는 OSI 모델의 데이터 링크 계층에서 동작해야 한다.

스위치는 일종의 교통 경찰관 역할을 하는 CAM[Content Addressable Memory] 테이블에 연결된 모든 장치의 계층 2 주소를 저장한다. 패킷이 전송되면 스위치는 패킷의 계층 2 헤더 정보를 읽고 CAM 테이블을 참조해 패킷을 전송할 포트를 결정한다. 스위치는 특정 포트로만 패킷을 전송하므로 네트워크 트래픽이 크게 감소한다.

그림 1-7은 스위치를 통한 트래픽 흐름을 보여준다. 이 그림에서 컴퓨터 A는 의도된 수신자인 컴퓨터 B로만 데이터를 전송한다. 네트워크에서 동시에 여러 대화가 발생할 수 있지만, 정보는 스위치와 연결된 모든 컴퓨터 간이 아닌 스위치와 의도된 수신자 간에 직접 전달된다.

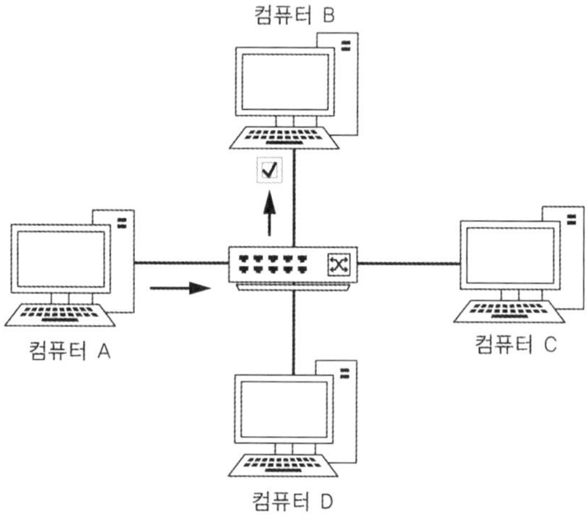

▲ **그림 1-7** 컴퓨터 A가 스위치를 통해 컴퓨터 B에게 데이터를 전송할 때에 트래픽 흐름

라우터

라우터[router]는 스위치나 허브보다 훨씬 높은 수준의 기능을 갖춘 네트워크 장치다. 라우터는 모양과 형태가 다양하지만, 대부분의 장치는 네트워크의 크기에 따라 전면에 여러 개의 LED 표시등이 있으며 후면에는 몇 개의 네트워크 포트가 있다. 그림 1-8은 작은 라우터의 예다.

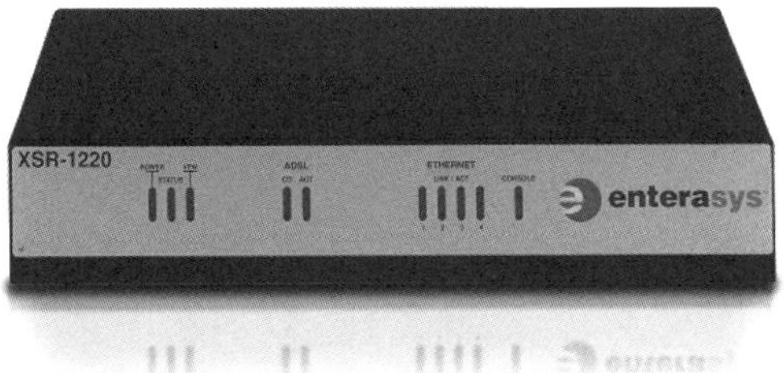

▲ **그림 1-8** 소형에서 중형 네트워크에 사용하기에 적합한 저급 Enterasys 라우터

라우터는 OSI 모델의 계층 3에서 동작하며, 두 개 이상의 네트워크 간에 패킷을 전달한다. 네트워크 간에 트래픽 흐름을 지시하기 위해 라우터에서 사용하는 프로세스를 라우팅routing이라고 한다. 몇 가지 유형의 라우팅 프로토콜은 서로 다른 유형의 패킷이 서로 다른 네트워크로 라우팅되는 방법을 나타낸다. 라우터는 일반적으로 계층 3 주소(예: IP 주소)를 사용해 네트워크의 장치를 유일하게 식별한다.

라우팅 개념을 설명하는 좋은 방법은 여러 거리가 있는 이웃에 대한 비유를 사용하는 것이다.

컴퓨터처럼 자신의 주소를 갖는 집을 생각하라. 그런 다음 각 거리를 네트워크 세그먼트로 생각하라. 그림 1-8은 이 비교를 보여준다. 당신의 집에서 같은 거리에 있는 다른 이웃의 집은 쉽게 방문 할 수 있다. 스위치는 네트워크 세그먼트의 모든 컴퓨터 간에 통신을 허용한다.

그러나 다른 거리에 사는 이웃과 의사소통하는 것은 같은 세그먼트에 있지 않은 컴퓨터와 통신하는 것과 같다. 그림 1-9를 보면 내가 502 Vine Street에 있고 206 Dogwood Lane에 도착해야 한다고 가정해보자. 이를 위해 먼저 Oak Street으로 가다가 Dogwood Lane으로 진입해야 한다. 이것을 교차 네트워크 세그먼트라고 생각하라. 192.168.0.3의 장치가 192.168.0.54의 장치와 통신해야하는 경우 10.100.1.x 네트워크로 가기 위해 라우터를 통과해야 한다. 그런 다음 목적지 네트워크 세그먼트에 도달하기 전에 목적지 네트워크 세그먼트의 라우터를 지나가야 한다.

네트워크상의 라우터 크기와 수는 일반적으로 네트워크의 크기와 기능에 따라 정해진다. 개인 및 홈오피스 네트워크에는 네트워크 경계에 작은 라우터만 있을 수 있다. 대기업 네트워크에는 여러 부서에 걸쳐 여러 대의 라우터가 분산돼 있으며 하나는 대형 중앙 라우터 또는 3 계층 스위치(라우터 역할을 하는 기본 기능을 갖는 고급 유형의 스위치)에 연결된다.

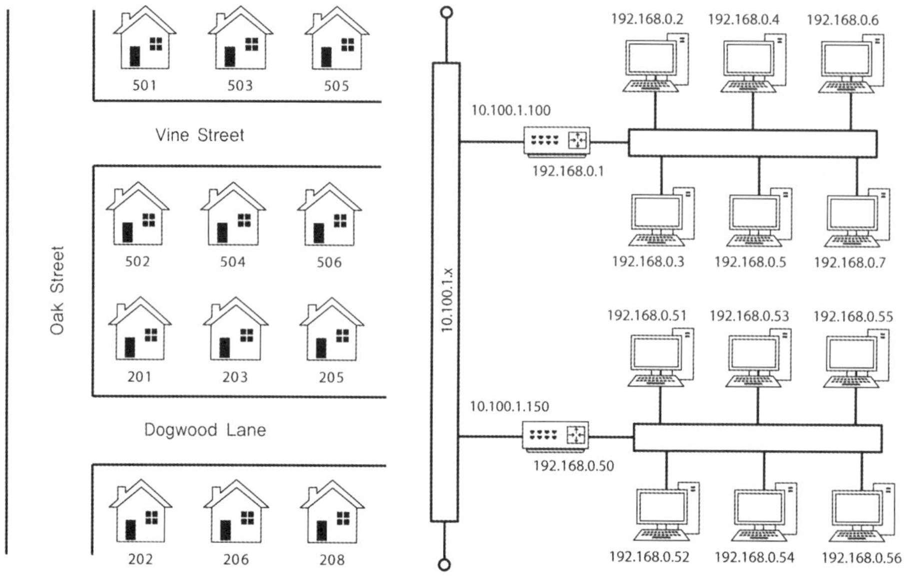

▲ **그림 1-9** 이웃 거리와 라우팅되는 네트워크 비교

네트워크 구성을 자세히 살펴보면 데이터가 이런 다양한 네트워크 장비를 통해 어떻게 전달되는지 이해하게 될 것이다. 그림 1-10은 라우팅된 네트워크의 매우 일반적인 형태의 구성을 보여준다. 이 예에서는 두 개의 개별 네트워크가 단일 라우터를 통해 연결된다. 네트워크 A의 컴퓨터가 네트워크 B의 컴퓨터와 통신하려면 전송된 데이터가 라우터를 통과해야 한다.

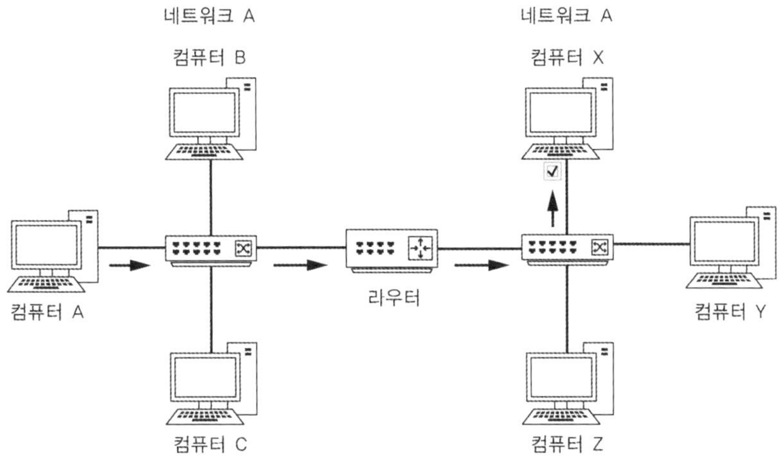

▲ **그림 1-10** 한 네트워크의 컴퓨터 A가 라우터를 통해 다른 네트워크의 컴퓨터 X로 데이터를 전송할 때의 트래픽 흐름

트래픽 분류

네트워크 트래픽은 브로드캐스트broadcast, 멀티캐스트multicast, 유니캐스트unicast라는 세 가지로 분류된다. 각 분류는 패킷이 네트워크 하드웨어에 의해 처리하는 방식을 결정하는 고유한 특징을 가진다.

브로드캐스트 트래픽

브로드캐스트 패킷은 지정된 포트가 허브나 스위치인지 여부에 관계없이 네트워크 세그먼트의 모든 포트로 전송되는 패킷이다.

계층 2와 계층 3은 브로드캐스트 형식의 트래픽이다. 계층 2에서 MAC 주소 ff:ff:ff:ff:ff:ff는 예약된 브로드캐스트 주소며, 이 주소로 보낸 트래픽은 전체 네트워크 세그먼트로 브로드캐스트된다. 계층 3에는 특정 브로드캐스트 주소가 있지만, 사용 중인 네트워크 주소 범위에 따라 다르다.

IP 네트워크 범위에서 가능한 가장 높은 IP 주소는 브로드캐스트 주소로 사용하기 위해 예약돼 있다. 예를 들어 컴퓨터의 주소가 192.168.0.20이고 서브넷 마스크가 255.255.255.0인 경우 192.168.0.255는 브로드캐스트 주소다(7장의 'IP 주소 지정' 절에서 자세히 설명).

브로드캐스트 패킷이 이동할 수 있는 범위를 브로드캐스트 도메인broadcast domain이라고 한다. 브로드캐스트 도메인은 모든 컴퓨터가 라우터를 거치지 않고 다른 컴퓨터로 직접 전송할 수 있는 네트워크 세그먼트다. 서로 다른 매체를 통해 연결된 여러 허브나 스위치가 있는 대규모 네트워크에서는 패킷이 스위치에서 스위치로 전달되기 때문에 한 스위치에서 전송된 브로드캐스트 패킷이 네트워크의 다른 모든 스위치의 모든 포트에 도달한다.

그림 1-11은 소규모 네트워크에 있는 두 개의 브로드캐스트 도메인의 예를 보여준다. 각 브로드캐스트 도메인은 라우터에 도달할 때까지 확장되므로 브로드캐스트 패킷은 이 지정된 브로드캐스트 도메인 내에서만 순환한다.

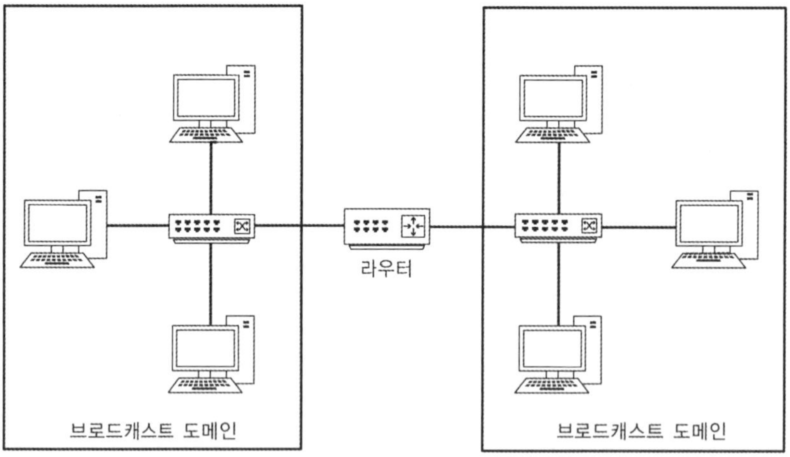

▲ **그림 1-11** 브로드캐스트 도메인은 현재 라우팅된 세그먼트 뒤의 모든 영역으로 확장된다.

위의 예는 어떻게 라우팅이 이웃과 관계하는지를 설명하고, 또한 브로드캐스트 도메인이 어떻게 동작하는지에 대한 좋은 이해력을 제공한다. 동네 거리처럼 브로드캐스트 도메인을 생각하면 된다. 당신이 현관 앞에서 소리를 지른다면 같은 거리에 있는 사람들은 그 소리를 들을 수 있을 것이다. 다른 거리에 있는 사람에게 말하고 싶다면 현관 앞에서 브로드캐스트(고함지르는)하는 방법이 아닌 그 사람에게 직접 말할 수 있는 방법을 찾아야 한다.

멀티캐스트 트래픽

멀티캐스트multicast는 단일 발신지에서 여러 목적지로 동시에 패킷을 전송하는 수단이다. 멀티캐스팅의 목적은 가능한 한 적은 대역폭을 사용하는 것이다. 이 트래픽의 최적화는 데이터 스트림이 해당 경로를 따라 몇 번 복제되면서 제공된다. 멀티캐스트 트래픽의 정확한 처리는 개별 프로토콜의 구현에 따라 크게 달라진다.

멀티캐스트 트래픽을 구현하는 주요 방법은 패킷 수신자를 멀티캐스트 그룹에 포함시키는 주소 지정 체계를 이용하는 것이다. 이것은 IP 멀티캐스트가 동작하는 방법이다. 이 주소 지정 체계는 패킷이 지정되지 않은 컴퓨터로 패킷을 전송할 수 없게 한다. 실제로 IP는 멀티캐스트에 전체 주소 범위를 사용한다. 224.0.0.0 ~ 239.255.255.255 범위의 IP 주소를 보면 이러한 범위가 해당 용도로 예약돼 있기 때문에 대부분 멀티캐스트 트래픽을 처리한다.

유니캐스트 트래픽

유니캐스트 패킷unicast packet은 한 컴퓨터에서 다른 컴퓨터로 직접 전송된다. 유니캐스트 기능이 이를 사용하는 프로토콜에 어떻게 의존하는지 자세히 설명한다. 예를 들어 웹서버와 통신하고자하는 장치를 생각해보라.

이것은 일대일 연결이므로 이 통신 프로세스는 클라이언트 장치가 웹서버에게만 패킷을 전송하는 것으로 시작된다.

결론

1장에서는 패킷 분석의 기초로서 필요한 네트워킹의 기본 사항에 대해 설명했다. 네트워크 문제를 해결하기 전에 네트워크 통신 레벨에서 진행되는 작업을 이해해야 한다. 2장에서는 분석하고자 하는 패킷을 캡처하는 여러 가지 기술을 살펴본다.

2장
회선 태핑

효과적인 패킷 분석을 위한 중요한 결정은 데이터를 잘 캡처하기 위해 패킷 스니퍼를 물리적으로 어느 위치에 배치할지 결정하는 것이다. 패킷 분석가는 보통 패킷 스니퍼를 '회선 스니핑sniffing the wire', '네트워크 태핑tapping the network', '회선 태핑tapping into the wire'이라고 말한다.

패킷을 스니핑하는 것은 노트북을 네트워크 포트에 연결하고 트래픽을 캡처하는 것처럼 간단하지 않다. 패킷을 실제로 분석하는 것보다 네트워크에 패킷 스니퍼를 배치하는 것이 더 어려운 경우가 있다. 스니퍼를 어디에 설치해야 하는지 결정하기 위한 방법은 네트워크 하드웨어 장비들을 서로 연결하기 위해 사용되는 방법만큼이나 다양하다. 그림 2-1은 일반적인 상황을 보여준다. 최신 네트워크 장치(스위치와 라우터)는 트래픽을 서로 다르게 처리하기 때문에 분석할 네트워크 장비의 물리적인 속성을 고려해야 한다.

2장의 목적은 다양한 네트워크 접속 형태에서 패킷 스니퍼를 설치하기 위한 장소를 결정하기 위한 지식과 이해를 돕는 것이다. 일단 태핑하고자 하는 회선을 따라 전달되는 모든 패킷을 어떻게 실제로 볼 수 있는지를 살펴보자.

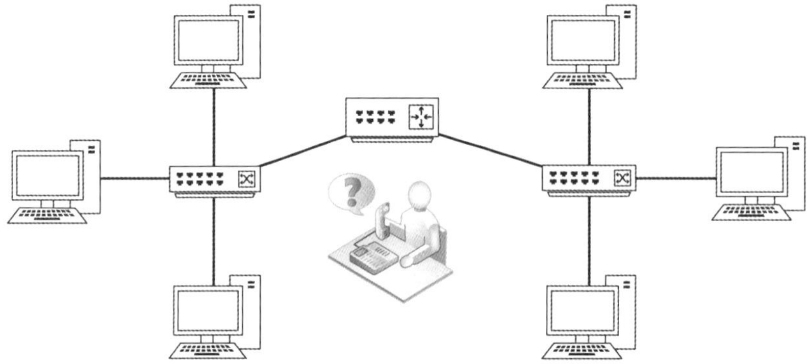

▲ **그림 2-1** 네트워크상에 스니퍼의 위치를 정하는 것은 매우 중요한 문제다.

무차별 모드

네트워크에서 패킷을 스니핑하기 위해서는 무차별 모드promiscuous mode 드라이버를 지원하는 네트워크 인터페이스 카드NIC, Network Interface Card가 필요하다. 무차별 모드는 NIC이 회선을 통과하는 모든 패킷을 볼 수 있게 한다.

1장에서 살펴본 바와 같이 클라이언트는 네트워크 브로드캐스트 트래픽을 통해 자신들이 실제 목적지가 아닌 패킷을 수신한다. 예를 들어 특정 IP 주소에 해당하는 MAC 주소를 아는 데 사용되는 ARPAddress Resolution Protocol는 네트워크에 있어서 필수적인 프로토콜이고, 의도한 수신자가 아닌 다른 호스트들에게 트래픽을 전송하는 좋은 예다.

브로드캐스트 도메인(모든 컴퓨터가 라우터를 거치지 않고 다른 컴퓨터로 직접 전송할 수 있는 네트워크 세그먼트)은 여러 장치로 구성될 수 있지만, 해당 도메인에서 정확한 수신 장치에게만 전송되는 ARP 브로드캐스트 패킷에 관심을 가져야 한다. 네트워크상의 모든 장치가 ARP 브로드캐스트 패킷을 처리하는 것은 대단히 비효율적이다. 대신 패킷의 목적지가 자신의 것이 아니면 장치의 NIC은 패킷을 CPU로 전달하지 않고 그냥 버린다. 수신 호스트가 타겟이 아닌 패킷을 폐기하면 처리 효율은 향상되지만, 패킷 분석가에게는 그다지 좋지 않다. 패킷 분석가는 일반적으로 회선을 따라 전송되는 모든 패킷을 캡처해 중요한 정보를 누락시키는 위험이 없어야 한다.

NIC의 무차별 모드를 사용해 모든 트래픽을 캡처할 수 있다. 무차별 모드로 동작할 때 NIC는 주소 지정에 관계없이 호스트의 프로세서에 모든 패킷을 전달한다. 패킷이 CPU에 전달되면 분석을 위해 패킷 스니핑 애플리케이션으로 넘겨진다.

대부분의 최신 NIC은 무차별 모드를 지원하며 와이어샤크[Wireshark]는 와이어샤크 GUI에서 NIC를 무차별 모드로 직접 전환할 수 있는 libpcap/WinPcap 드라이버를 포함하고 있다(3장에서 libpcap/WinPcap에 대해 자세히 설명한다).

이 책의 목적을 위해서는 무차별 모드의 사용을 지원하는 NIC과 운영체제가 있어야 한다. 무차별 모드로 스니핑할 필요가 없는 유일한 경우는 스니핑 중인 인터페이스의 MAC 주소로 직접 전송된 트래픽만 보고 싶을 때다.

> **참고** 대부분의 운영체제(윈도우 포함)는 관리자 권한 없이 무차별 모드로 NIC을 사용할 수 없다. 관리자 권한이 아닌 일반 사용자 권한으로는 네트워크상에서 패킷 스니핑을 할 수 없다.

허브에서 스니핑

허브가 설치돼 있는 네트워크에서 스니핑하는 것은 패킷 분석가의 꿈이다. 1장에서 살펴봤듯이 허브를 통해 전송되는 트래픽은 해당 허브에 연결된 모든 포트를 통과한다. 따라서 허브에 연결된 컴퓨터를 통해 실행되는 트래픽을 분석하려면 패킷 스니퍼를 허브의 빈 포트에 연결하기만 하면 된다. 해당 컴퓨터와의 모든 통신은 물론 해당 허브에 연결된 다른 모든 장치 간의 통신을 전부 볼 수 있다. 그림 2-2에서 설명한 것처럼 스니퍼가 허브 기반 네트워크에 연결돼 있을 때 스니퍼가 패킷을 수집할 수 있는 범위는 모든 컴퓨터가 대상이 된다.

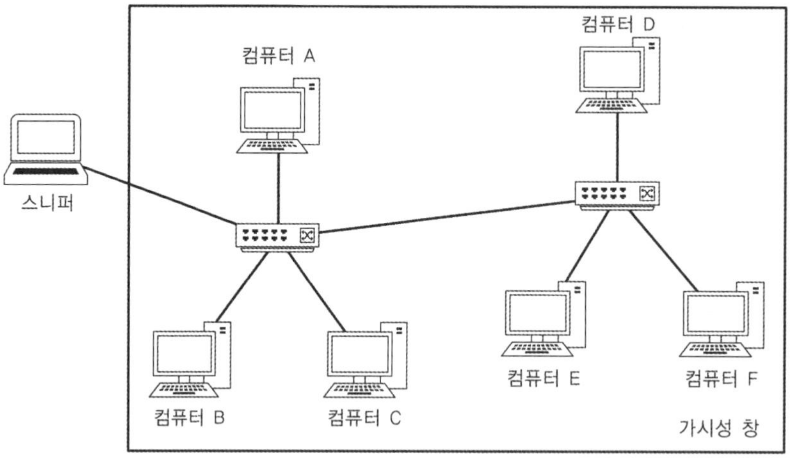

▲ **그림 2-2** 허브 네트워크에서 스니핑하면 모든 컴퓨터가 대상이 된다.

> **참고** 이 책의 여러 그림에서 보여주는 가시성 창(visibility window: 패킷 스니퍼가 패킷을 수집할 수 있는 범위)은 패킷 스니퍼로 트래픽을 볼 수 있는 네트워크상의 장치를 나타낸다.

아쉽게도 허브 기반 네트워크는 네트워크 관리자가 힘들어서 요즘에는 좀처럼 보기 힘들다. 한 번에 하나의 장치만 허브를 통해 통신할 수 있어서 허브에 연결된 장치는 대역폭을 사용하기 위해 다른 모든 장치와 서로 경쟁해야 한다. 두 개 이상의 장치가 동시에 통신하는 경우 그림 2-3과 같이 패킷이 충돌한다. 그 결과로 패킷은 손실될 수 있으며, 이를 위해 통신 장치는 패킷을 재전송함으로써 네트워크 혼잡과 충돌을 가중시킬 수 있다. 트래픽 레벨에서 충돌 횟수가 증가함에 따라 장치에서 패킷을 3 ~ 4회 전송해야 할 수 있으며, 이로 인해 네트워크 성능이 크게 저하될 수 있다. 따라서 최근에는 모든 네트워크에서 규모와 상관없이 스위치를 많이 사용한다. 최신 네트워크에서 허브를 사용하는 경우는 드물지만 산업 제어 시스템ICS, Industrial Control System 네트워크와 같은 레거시 하드웨어나 특수 장치를 지원하는 네트워크에서는 허브를 사용한다.

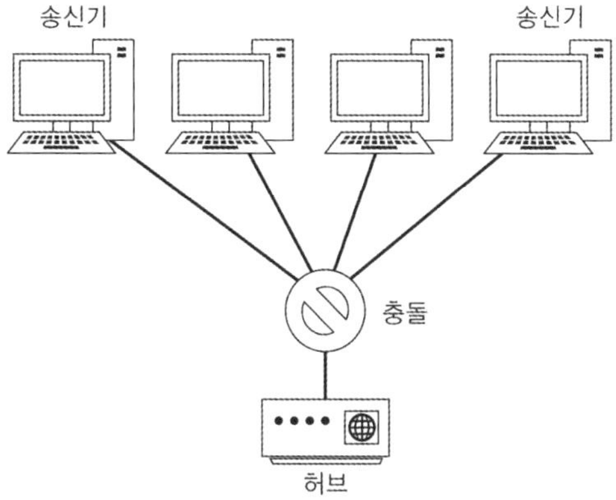

▲ **그림 2-3** 두 개 이상의 장치가 동시에 패킷을 전송할 때 허브 네트워크에서 충돌이 발생한다.

허브가 네트워크에서 사용 중인지를 확인하는 가장 쉬운 방법은 서버실이나 네트워크 캐비닛을 보는 것이다. 대부분의 허브에는 레이블이 붙어 있다. 다른 모든 문제가 해결되지 않으면 서버 캐비닛의 가장 어두운 부분을 살펴보고 먼지가 많은 네트워크 하드웨어를 찾아라.

스위치 환경에서 스니핑

스위치는 최신 네트워크 환경에서 사용되는 가장 일반적인 유형의 연결 장치다. 스위치는 브로드캐스트, 유니캐스트, 멀티캐스트 트래픽을 통해 데이터를 전송하는 효율적인 방법을 제공한다. 스위치를 사용하면 전이중 통신이 가능하므로 컴퓨터가 동시에 데이터를 보내고 받을 수 있다.

그렇지만 이러한 스위치 환경은 패킷 분석가에게 패킷 분석 작업을 더 어렵고 복잡하게 만든다. 스위치의 포트에 스니퍼를 연결하면 그림 2-4와 같이 스니퍼가 설치된 장치에서 전송 및 수신하는 브로드캐스트 트래픽만 볼 수 있다. 스위치 네트워크의 타겟 장치에서 트래픽을 캡처하려면 추가 단계를 수행해야 한다.

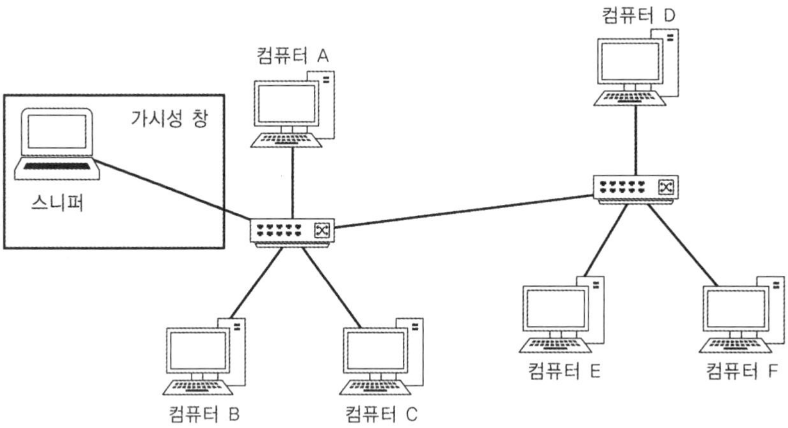

▲ **그림 2-4** 스위치 환경에서 가시성 창은 자신이 연결된 포트로 제한된다.

스위치 환경에서 다른 컴퓨터를 스니핑하기 위한 방법으로는 포트 미러링port mirroring, 허빙 아웃hubbing out, 탭tap 사용, ARP 캐시 포이즈닝ARP cache poisoning이라는 네 가지 방법이 있다.

포트 미러링

포트 미러링 또는 포트 스패닝port spanning으로 알려진 방법으로, 스위치 환경에서 타겟 장치에 대해 트래픽을 캡처하는 가장 쉬운 방법 중 하나다. 이 유형의 설치에서는 타겟 컴퓨터가 있는 스위치의 커맨드라인이나 웹 관리 인터페이스에 액세스할 수 있어야 한다. 또한 스위치는 포트 미러링을 지원해야 하고 스니퍼를 연결할 수 있는 빈 포트가 있어야 한다.

포트 미러링을 사용하려면 스위치가 한 포트의 모든 트래픽을 강제로 다른 포트에 복사하게 하는 명령을 실행해야 한다. 예를 들어 스위치의 포트 3에 있는 장치에서 전송되거나 수신되는 모든 트래픽을 캡처하려면 분석기를 포트 4에 연결하고 포트 3으로부터 포트 4로 미러링하는 명령을 실행하면 된다. 그림 2-5는 포트 미러링을 보여준다.

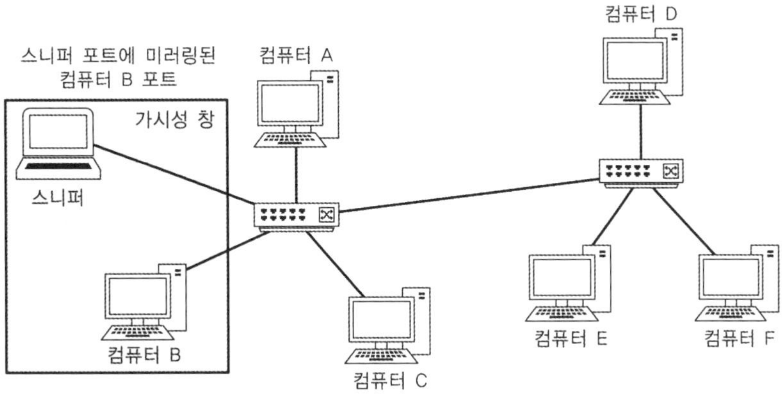

▲ **그림 2-5** 포트 미러링을 통해 스위치 네트워크에서 가시성 창을 확장 할 수 있다.

포트 미러링을 설정하는 방법은 스위치 제조업체에 따라 서로 다르다. 대부분의 스위치들은 커맨드라인 인터페이스에 로그인해 특정 미러링 명령을 사용할 수 있다. 표 2-1에는 일반적인 포트 미러링 명령 목록이 있다.

▼ **표 2-1** 포트 미러링을 위한 명령

제조업체	미러링 명령
Cisco	set span <source port> <destination port>
Enterasys	set port mirroring create <source port> <destination port>
Nortel	port-mirroring mode mirror-port <source port> monitor-port <destination port>

참고 일부 스위치는 옵션으로 포트 미러링을 제공하는 웹 기반 GUI를 제공하고 있지만, 일반적이거나 표준은 아니다. 그러나 스위치가 GUI를 통해 포트 미러링을 구성하는 효과적인 방법을 제공한다면 그 방법을 사용하라. 또한 소규모 사무실과 홈 오피스(SOHO)용 스위치도 포트 미러링 기능을 제공하는 GUI를 제공한다.

포트 미러링을 수행할 때 미러링하는 포트의 처리율throughput을 알아야 한다. 일부 스위치 제조업체는 여러 개의 포트를 하나의 포트로 미러링할 수 있으므로 단일 스위치에서 둘 이상의 장치 간 통신을 분석할 때 유용하다. 그러면 몇 가지 기본 수학적인 지식을 이용해 발생할 수 있는 일을 고려해보자. 24 포트 스위치가 있고

23개의 전이중full-duplex 100Mbps 포트를 하나의 포트로 미러링하면 해당 포트로 4,600Mbps까지 전송될 수 있다. 단일 포트의 트래픽이 임계값 수준을 넘게 되면 패킷 손실이나 네트워크 속도 저하가 생길 수 있다. 이를 보통 과다 신청oversubscription 이라고 한다. 이러한 상황에서 스위치는 초과된 패킷을 전부 삭제하거나 내부 회로를 '일시 중지'하게 해서 통신을 완전히 차단하는 일이 생기게 된다. 캡처를 수행할 때 이러한 문제가 발생하지 않게 해야 한다.

포트 미러링은 네트워크 보안 모니터링과 같이 특정 네트워크 세그먼트를 지속적으로 모니터링하는 좋으면서 저렴한 솔루션처럼 보일 수 있다. 그러나 이 기술은 일반적으로 그러한 애플리케이션을 충분히 신뢰할 수 없다. 특히 높은 처리량 수준에서 포트 미러링은 일관성 없는 결과를 제공하고 추적하기 어려운 데이터 손실을 유발할 수 있다. 이러한 경우에는 '탭 사용' 절에서 설명하는 탭을 사용하는 것이 좋다.

허빙 아웃

스위치 네트워크에서 대상 장치를 통해 트래픽을 캡처하는 또 다른 방법으로 허빙 아웃hubbing out 방법이 있다. 이 기술을 사용하면 타겟 장치와 분석 시스템을 모두 허브에 직접 연결해 동일한 네트워크 세그먼트에 배치할 수 있다. 많은 사람들이 허브 필터링을 '부정행위'라고 생각하지만 포트 미러링을 수행할 수 없고 타겟 장치가 연결된 스위치에 물리적으로 액세스할 수 있는 경우에는 실제로 유효한 솔루션이다.

허빙 아웃을 위해서는 허브와 네트워크 케이블만 있으면 된다. 하드웨어를 갖고 있으면 다음과 같이 연결하면 된다.

1. 목표로 하는 타겟 장치가 연결된 스위치를 찾아 타겟 장치의 연결을 해제한다.
2. 타겟 장치의 네트워크 케이블을 허브에 연결한다.
3. 분석기에 연결된 또 다른 케이블을 허브에 연결한다.
4. 허브와 네트워크 스위치를 케이블로 연결해 허브를 네트워크와 연결한다.

이제 타겟 장치와 패킷 분석기가 동일한 브로드캐스트 도메인에 있게 돼서 타겟 장치로부터 브로드캐스트되는 모든 트래픽을 그림 2-6처럼 캡처할 수 있다.

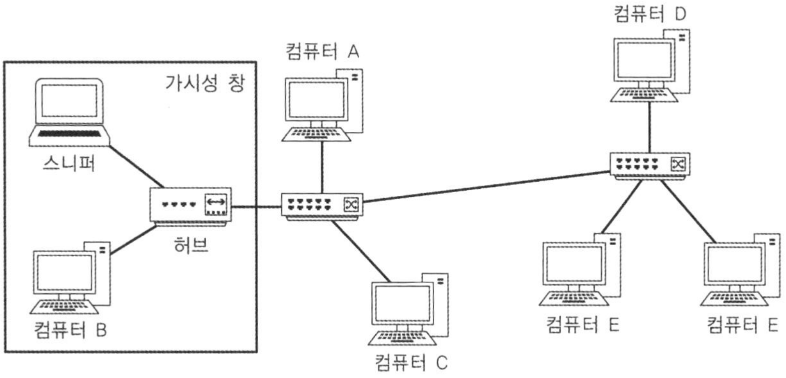

▲ **그림 2-6** 허빙 아웃은 목표로 하는 타겟 장치와 분석기를 분리한다.

대부분의 경우 허빙 아웃은 대상 장치의 전이중(양방향) 통신을 반(단방향)으로 줄이게 된다. 이 방법은 패킷을 캡처하는 가장 좋은 방법은 아니지만 스위치가 포트 미러링을 지원하지 않는 경우에는 유용한 방법이 될 수 있다. 그러나 허브에는 찾기 어려운 전원 연결이 필요하다.

> **참고** 명심할 것은 회사의 CEO라면 이러한 현상이 일어나면 해당 사용자에게 바로 경고를 보내는 게 좋다는 점이다.

'진짜' 허브 찾기

허빙 아웃을 할 때 유의해야 점은, 네트워크 장비는 스위치인데 레이블을 잘못 붙여 허브로 표시된 장비가 있을 수 있기 때문에 진짜 허브를 사용해야 한다는 것이다. 네트워킹 하드웨어 벤더 중에는 실제로 하위 레벨 스위치 기능을 가진 스위치를 허브라는 장비로 판매하고 홍보하는 잘못된 버릇을 갖고 있는 업체도 있다. 앞에서 설명한 허빙 아웃이 잘 동작하지 않으면 허브만 갖고 다시 테스트해보길 바란다. 분명 목표하는 장비의 트래픽은 보이지 않고 오직 자신의 컴퓨터 트래픽만 보일 것이다. 즉, 허브가 아닌 스위치를 갖고 테스트하는 경우다.

허브를 찾았으면 그것이 정말 허브인지 테스트를 통해 확인해야 한다. 찾은 장비가 허브인지 아닌지 구별하기 위한 가장 좋은 방법은 두 대의 컴퓨터를 허브라는 장비에 연결해 한 컴퓨터에서 네트워크에 있는 다른 컴퓨터와 다양한 다른 장치들(또 다른 컴퓨터 또는 프린터) 간의 트래픽을 스니핑할 수 있는지 확인해보면 된다. 다른 컴퓨터의 트래픽이 보이면 제대로 된 허브를 찾은 것이다.

허브는 너무 오래돼 최근에는 실제로 대량 생산을 하지 않는다. 매장에서 허브를 산다는 것은 거의 불가능하다. 그래서 이를 구하기 위해 독자적인 노력이 필요하다. 가장 좋은 방법은 동네 학교에서 여분의 제품을 경매하기도 한다. 공립학교에서는 오래된 하드웨어를 폐기하기 전에 여분의 제품을 경매하기도 한다. 작은 비용으로 여분의 허브를 구한 사람들을 본 적도 있다. 또 다른 대안으로 이베이(eBay) 같은 인터넷 쇼핑몰을 이용할 수 있지만, 스위치인데 허브라고 레이블을 잘못 붙여 허브로 표시된 장비를 살 수도 있으니 조심하기 바란다.

탭 사용

모든 사람은 "스테이크를 먹을 수 있는데 왜 닭고기를 먹는가"(또는 남부 출신이라면 "튀긴 볼로냐 소시지를 먹을 수 있는데 왜 햄을 먹는가")라는 문장의 의미를 안다. 이 선택을 허빙 아웃과 탭 사용에 적용할 수 있다.

네트워크 탭tap은 케이블링 시스템의 두 지점 사이에 배치해서 두 지점 사이의 패킷을 캡처할 수 있는 하드웨어 장치다. 허빙 아웃과 마찬가지로 네트워크에 하드웨어를 배치해 필요한 패킷을 캡처할 수 있다. 차이점은 허브를 사용하는 대신 네트워크 분석용으로 설계된 특수 하드웨어를 사용한다는 점이다.

두 가지 유형의 네트워크 탭이 있는데, 이는 집계aggregated와 비집계nonaggregated 탭이다. 두 가지 유형의 탭은 통신을 스니핑하기 위해 두 장치 사이에 둔다. 집계 탭과 비집계 탭의 차이점은 그림 2-7처럼 비집계 탭에는 4개의 포트가 있고 별도의 인터페이스가 필요하다는 점이다. 집계 탭에는 3개의 포트만 있고 단일 인터페이스로 양방향으로 모니터링할 수 있다.

▲ **그림 2-7** 바라쿠다(Barracuda) 비집계 탭

탭은 짧은 시간동안 패킷 스니핑을 허용하는 배터리를 포함하고 있지만, 일반적으로 전원 연결이 필요하다.

집계 탭

집계 탭은 사용하기가 가장 간단하다. 집계 탭은 양방향 트래픽을 스니핑하기 위한 물리적 모니터 포트를 하나만 갖고 있다.

집계 탭을 사용해 한 대의 컴퓨터에서 들어오고 나가는 모든 트래픽을 캡처하려면 다음과 같은 단계를 따르면 된다.

1. 스위치에서 컴퓨터의 플러그를 뽑아서 분리한다.
2. 네트워크 케이블의 한쪽 끝을 컴퓨터에 꽂고 다른 쪽 끝을 탭의 'in' 포트에 연결한다.
3. 다른 네트워크 케이블의 한쪽 끝을 탭의 '출력' 포트에 연결하고 다른 쪽 끝을 네트워크 스위치에 연결한다.
4. 최종 케이블의 한쪽 끝을 탭의 '모니터' 포트에 연결하고 다른 쪽 끝을 스니퍼 역할을 하는 컴퓨터에 연결한다.

집계 탭은 그림 2-8처럼 연결해야 한다. 이제 스니퍼는 탭에 연결된 컴퓨터로 들어오고 나가는 모든 트래픽을 캡처하게 된다.

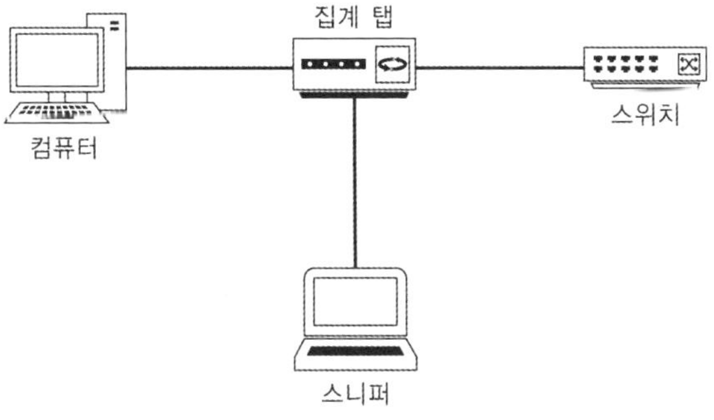

▲ **그림 2-8** 집계 탭을 사용해 네트워크 트래픽 캡처하기

비집계 탭

비집계 탭은 집계 탭보다 덜 복잡하지만 트래픽을 캡처할 때 좀 더 유연하게 사용할 수 있다. 양방향 통신을 수신하는 데 사용할 수 있는 단일 모니터 포트를 갖는 대신 비집계 유형에는 두 개의 모니터 포트가 있다. 하나의 모니터 포트는 한 방향(트래픽에 연결된 컴퓨터에서)으로 트래픽을 스니핑하는 데 사용되며, 다른 모니터 포트는 다른 방향(트래픽에 연결된 컴퓨터)에서 트래픽을 스니핑하는 데 사용된다.

스위치에 연결된 한 대의 컴퓨터로 들어오고 나가는 모든 트래픽을 캡처하려면 다음과 같은 단계를 따르면 된다.

1. 스위치에서 컴퓨터의 플러그를 뽑아 분리한다.
2. 네트워크 케이블의 한쪽 끝을 컴퓨터에 꽂고 다른 쪽 끝을 탭의 'in' 포트에 연결한다.
3. 다른 네트워크 케이블의 한쪽 끝을 탭의 '출력' 포트에 연결하고 다른 쪽 끝을 네트워크 스위치에 연결한다.
4. 세 번째 네트워크 케이블의 한쪽 끝을 탭의 '모니터 A' 포트에 꽂고 다른 쪽 끝을 스니퍼로 작동하는 컴퓨터의 한 NIC에 연결한다.
5. 최종 케이블의 한쪽 끝을 탭의 '모니터 B' 포트에 연결하고 다른 쪽 끝을 스니퍼로 작동하는 컴퓨터의 두 번째 NIC에 연결한다.

비집계 탭은 그림 2-9와 같이 연결해야 한다.

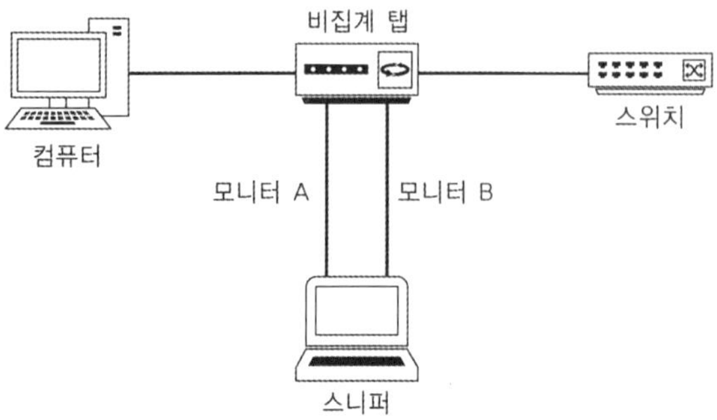

▲ **그림 2-9** 비집계 탭을 사용해 네트워크 트래픽 캡처하기

앞의 예에서 탭을 사용해 하나의 장치만 모니터링할 수 있는 것처럼 보이지만 실제로는 탭 배치로 인해 많은 장치를 모니터링할 수 있다. 예를 들어 전체 네트워크 세그먼트와 인터넷 사이의 모든 통신을 모니터링하는 경우 다른 모든 장치가 연결된 스위치와 네트워크의 업스트림 라우터 사이에 탭을 배치할 수 있다. 네트워크 초크 포인트에 배치하면 원하는 트래픽을 수집할 수 있다. 이 전략은 일반적으로 보안 모니터링에 사용된다.

네트워크 탭 선택

어떤 유형의 탭이 더 좋을까? 대부분의 경우 집계 탭은 케이블이 덜 필요하고 스니퍼 컴퓨터에 두 개의 NIC가 필요하지 않으므로 선호된다. 그러나 많은 양의 트래픽을 캡처해야 하거나 한 방향으로만 가는 트래픽을 살펴보는 경우 비집계 탭을 선택하는 것이 좋다.

약 150달러짜리 단일 이더넷 탭에서부터 6자리 숫자 범위의 기업용 광섬유 탭에 이르기까지 다양한 크기의 탭을 구입할 수 있다.

나는 Ixia(이전의 Net Optics), Dualcomm 및 Fluke Networks의 엔터프라이즈급 탭을 사용해 매우 만족했지만 다른 많은 탭을 사용할 수 있다. 엔터프라이즈 애플리케이션에 탭을 사용하는 경우 탭에 페일-오픈^fail-open^ 기능이 있는지 확인해야 한다. 즉, 탭이 오작동하거나 동작하지 않으면 패킷은 여전히 통과하게 되고, 네트워크를 통과하는 탭된 링크에 대한 연결이 중단되지 않는다.

ARP 캐시 포이즈닝

회선을 태핑하는 가장 좋은 방법 중 하나가 ARP 캐시 포이즈닝^cache poisoning^이다. 7장에서 ARP 프로토콜을 자세히 다루겠지만, 이 기술의 동작 방식을 이해하기 위한 설명이 필요하다.

ARP 프로세스

1장에서 OSI 모델의 계층 2와 계층 3에는 두 가지 중요한 패킷 주소 지정 체계가 있다고 설명했다. 계층 2 주소나 MAC 주소는 계층 3 주소 체계와 연관돼 있다. 이 책에서 산업 표준 용어에 따라 계층 3 주소 체계를 IP 주소 체계addressing system라고 표현한다.

네트워크상의 모든 장치는 IP 주소를 사용해 계층 3에서 서로 통신한다. 스위치는 OSI 모델의 계층 2에서 동작하기 때문에 계층 2 MAC 주소만 인식하므로 모든 장치는 패킷에 이 정보를 포함해야 한다. MAC 주소를 모르는 경우 트래픽을 해당 장치로 전달하기 위해 계층 3 IP 주소를 사용해 MAC 주소를 알아야 한다. 이 변환 프로세스는 계층 2 프로토콜 ARP를 통해 수행된다.

이더넷 네트워크에 연결된 컴퓨터를 위한 ARP 프로세스는 한 컴퓨터가 다른 컴퓨터와 통신하기를 원할 때 시작된다. 전송 컴퓨터는 먼저 해당 ARP 캐시를 검사해 이미 타겟 컴퓨터의 IP 주소와 연관된 MAC 주소가 있는지 확인한다. 연관된 주소가 없으면 1장에서 설명한 대로 데이터 링크 계층 브로드캐스트 주소 ff:ff:ff:ff:ff:ff로 ARP 요청을 보낸다. 이 브로드캐스트 패킷은 특정 이더넷 세그먼트의 모든 컴퓨터가 수신한다. 패킷은 기본적으로 "이 IP 주소를 가진 컴퓨터의 MAC 주소(xx:xx:xx:xx:xx:xx)는 무엇입니까?"라고 묻는다.

해당 IP 주소가 아닌 장치는 이 ARP 요청을 무시한다. 해당 IP 주소를 가진 컴퓨터는 ARP 응답을 통해 MAC 주소를 회신한다. 이때 원래의 전송 컴퓨터는 원격 컴퓨터와 통신해야 하는 데이터 링크 계층 주소 지정 정보를 갖고 있으며, 빠른 검색을 위해 해당 정보를 ARP 캐시에 저장한다.

ARP 캐시 포이즈닝 동작 방법

ARP 스푸핑spoofing이라고도 하는 ARP 캐시 포이즈닝은 스위치에 연결된 네트워크에서 회선을 태핑하는 고급 방법이다. 다른 컴퓨터의 트래픽을 가로 채기 위해 ARP 메시지를 이더넷 스위치나 가짜 MAC(계층 2) 주소가 있는 라우터로 전송한다. 그림 2-10은 이 설정을 보여준다.

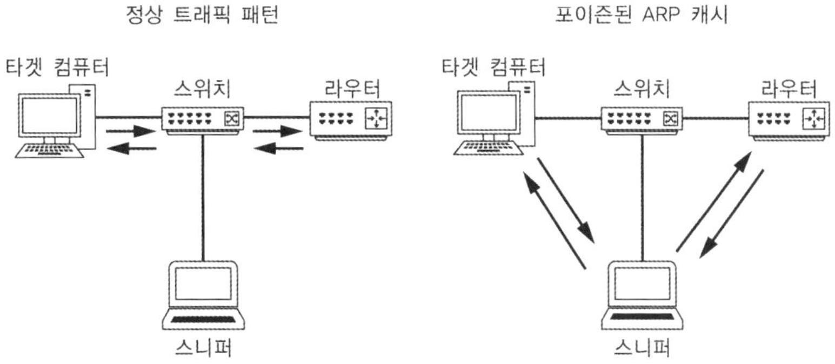

▲ **그림 2-10** ARP 캐시 포이즈닝을 통해 대상 컴퓨터의 트래픽을 가로챌 수 있다.

이 기술은 일반적으로 공격자가 특정 트래픽을 가로 채거나 목표로 하는 타겟 시스템에 서비스 거부[DoS] 공격을 유발하기 위해 잘못 지정된 패킷을 클라이언트 시스템에 보내는 데 사용된다. 그러나 스위치 네트워크에서 타겟 시스템의 패킷을 캡처하는 정당한 방법으로 사용되고 있다.

Cain & Abel 사용

ARP 캐시 포이즈닝 공격을 시도할 때 가장 먼저 해야 할 작업은 필요한 도구를 확보하고 몇 가지 정보를 수집하는 것이다. 실습을 위해서 유명한 보안 툴인 Cain & Abel을 사용한다. Cain & Abel은 http://www.oxid.it에서 다운로드할 수 있고 윈도우를 지원한다. 웹사이트의 지시에 따라 지금 접속해서 설치해보자.

> **참고** Cain & Abel을 다운로드하려고 하면 바이러스 백신 소프트웨어나 브라우저가 소프트웨어를 악성 또는 '해커 도구'로 표시할 가능성이 있다. 이 도구는 여러 가지 용도로 사용되며 악의적인 경우도 있다. 우리의 목적을 위해서는 시스템에 위협이 되지 않는다.

Cain & Abel을 사용하기 전에 분석 시스템의 IP 주소, 트래픽을 캡처하려는 원격 시스템 및 원격 시스템이 다운스트림되는 라우터와 같은 특정 정보를 수집해야 한다.

Cain & Abel을 처음 열면 창 위쪽에 여러 가지 탭이 있음을 알 수 있다(ARP 캐시 포이즈닝은 Cain & Abel의 다양한 기능 중 한 가지일 뿐이다). 우리의 목적을 위해 Sniffer

탭에서 작업할 것이다. 이 탭을 클릭하면 그림 2-11과 같이 빈 테이블이 나타난다.

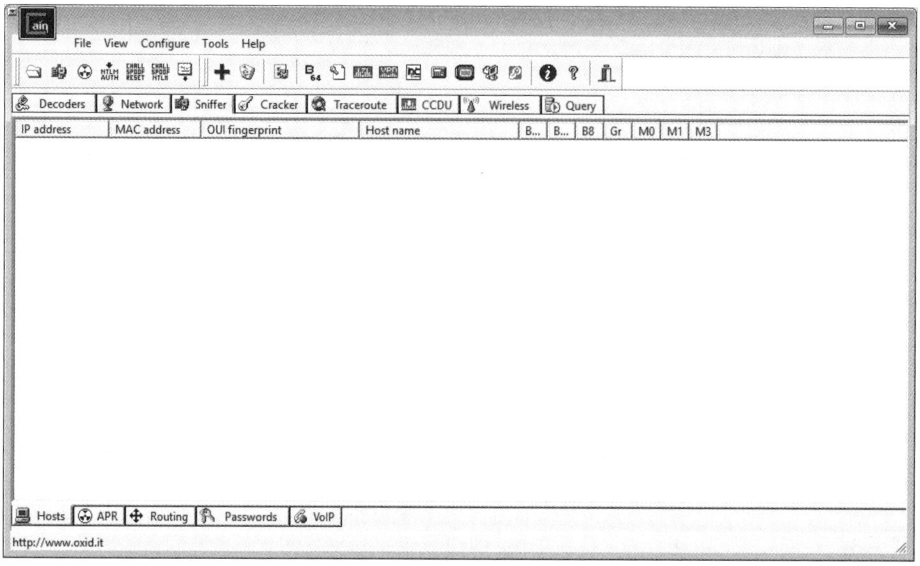

▲ 그림 2-11 Cain & Abel 메인 창의 Sniffer 탭

이 테이블을 완성하기 위해 프로그램의 내장 스니퍼를 활성화하고 네트워크에서 호스트를 검색해야 한다. 이렇게 하려면 다음과 같이 하면 된다.

1. 툴바에서 NIC와 비슷한 두 번째 아이콘을 클릭한다.
2. 스니핑하고자 하는 인터페이스를 선택하라는 메시지가 나타난다. ARP 캐시 포이즈닝을 수행할 네트워크에 연결된 것을 선택한다. Cain & Abel을 처음 사용하는 경우 이 인터페이스를 선택하고 OK를 클릭한다. 그렇지 않으면 이전에 Cain & Abel에서 인터페이스를 선택한 경우 선택 사항이 저장되고 두 번째로 NIC 아이콘을 눌러 인터페이스를 선택해야 한다(Cain & Abel의 내장 스니퍼를 활성화하려면 이 버튼을 눌러야 한다).
3. 네트워크에서 사용 가능한 호스트 목록을 작성하려면 더하기(+) 버튼을 클릭한다. 그림 2-12와 같이 MAC 주소 스캐너 대화상자가 나타난다. All hosts in my subnet 라디오 버튼이 선택돼야 한다(또는 필요하다면 주소 범위를 지정할 수 있다). 계속하려면 OK를 클릭한다.

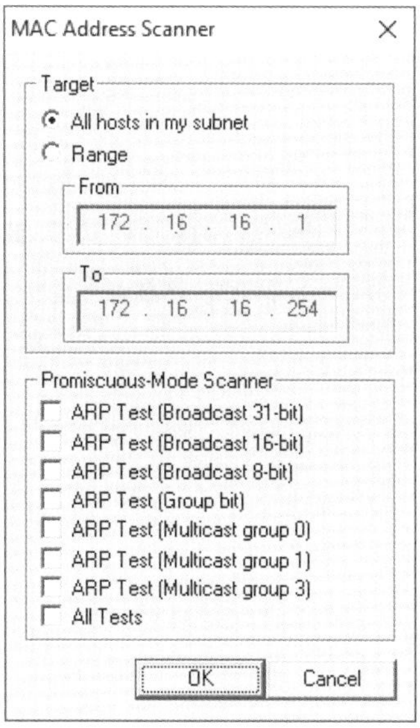

▲ **그림 2-12** Cain & Abel 네트워크 발견 도구를 이용한 MAC 주소 스캐닝

일부 윈도우 10 사용자는 Cain & Abel이 네트워크 인터페이스의 IP 주소를 확인할 수 없으므로 이 프로세스가 완료되지 못한다고 보고한다. 이 문제가 발생하면 네트워크 인터페이스를 구성할 때 인터페이스의 IP 주소가 0.0.0.0임을 알 수 있다. 이 문제를 해결하려면 다음과 같은 단계를 수행하면 된다.

1. Cain & Abel이 열려있으면 닫는다.
2. 바탕 화면 검색 줄에 ncpa.cpl을 입력해 Network Connection 대화상자를 연다.
3. 스니핑할 네트워크 인터페이스를 마우스 오른쪽 단추로 클릭하고 Properties를 클릭한다.
4. Internet Protocol Version 4(TCP/IPv4)를 더블 클릭한다.
5. Advanced 버튼을 클릭하고 DNS 탭을 선택한다.
6. Use this connection's DNS suffix in DNS registration 옆에 있는 확인란(체크박스)을 선택해 활성화한다.
7. 대화상자를 빠져나오기 위해 OK를 클릭하고 Cain & Abel을 다시 실행한다.

빈칸들은 현재 자신의 MAC 주소, IP 주소, 그리고 공급업체 정보와 함께 연결된 네트워크에 있는 모든 호스트 목록으로 채워진다. 이 목록에 있는 호스트들은 ARP 캐시 포이즈닝을 설정할 때 사용될 목록이다.

프로그램 창 하단의 Sniffer 제목 아래에 있는 다른 창으로 이동할 수 있는 탭 집합이 나타난다. 이제 호스트 목록을 작성했으므로 APR(ARP 포이즌 라우팅을 위한) 탭에서 작업하게 된다. 탭을 클릭해 APR 창으로 전환한다.

APR 창에 일단 두 개의 빈 테이블이 나타난다. 설정 단계를 완료하면 상단 테이블에 ARP 캐시 포이즈닝과 관련된 장치가 나타나고, 하단에는 포이즈닝된 컴퓨터 간의 모든 통신이 나타난다.

포이즈닝을 설정하려면 다음과 같은 단계를 따르면 된다.

1. 화면 상단의 빈 영역을 클릭한다. 그런 다음 프로그램의 표준 도구 모음에서 더하기(+) 버튼을 클릭한다.
2. 두 개의 선택 패널이 있는 창이 나타난다. 왼쪽 창에는 네트워크에서 사용 가능한 모든 호스트 목록이 나타난다. 스니핑하고자 하는 컴퓨터의 IP 주소를 클릭하면 타겟 컴퓨터의 IP 주소를 제외한 네트워크의 모든 호스트 목록이 오른쪽의 창에 나타난다.
3. 오른쪽 창에서 직접 라우터의 IP 주소를 클릭한다. 그림 2-13과 같이 타겟 시스템의 업스트림을 선택하고 OK를 클릭한다. 이제 두 장치의 IP 주소가 메인 애플리케이션 창의 위쪽 테이블에 나타난다.
4. 프로세스를 완료하려면 표준 도구 모음에서 노란색 및 검은색 방사선 아이콘을 클릭한다. 이렇게 하면 Cain & Abel의 ARP 캐시 포이즈닝 기능이 활성화되고 분석 시스템이 타겟 시스템과 업스트림 라우터 간의 모든 통신 트래픽을 캡처할 수 있다.

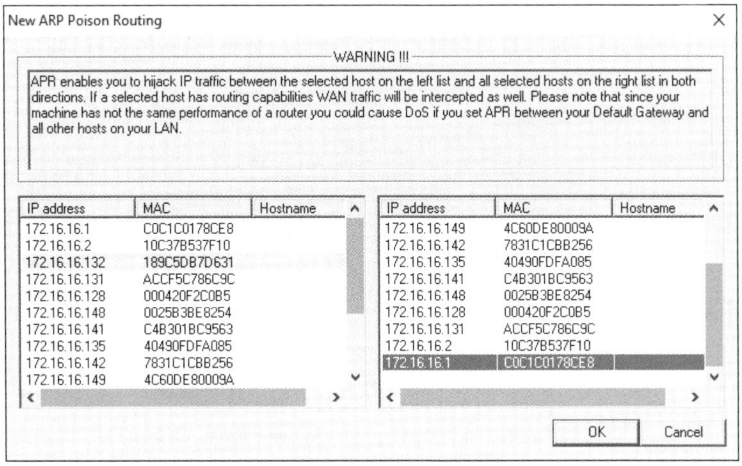

▲ **그림 2-13** ARP 캐시 포이즈닝하고자 하는 장치 선택

이제 패킷 스니퍼를 시작하고 패킷 분석을 할 수 있는 준비가 됐다. 트래픽 캡처를 끝내려면 노란색 및 검은색 방사선 기호를 다시 한 번 클릭해서 ARP 캐시 포이즈닝을 중지하면 된다.

ARP 캐시 포이즈닝에 대한 주의 사항

ARP 캐시 포이즈닝에 대한 마지막 참고 사항으로 이 프로세스를 구현하는 시스템의 역할을 잘 알고 있어야 한다. 예를 들어 목표로 하는 타겟 장치가 네트워크에 대해 1Gbps 링크를 갖는 파일 서버(특히 패킷 분석 시스템이 100Mbps 링크만 제공하는 경우)와 같이 네트워크 이용률이 매우 높은 경우에는 이 기술을 사용하지 않는 편이 좋다.

이 예에서 보여준 기술을 사용해 트래픽을 다시 라우팅하면 타겟 시스템에서 송수신되는 모든 트래픽이 먼저 패킷 분석 시스템을 거쳐야 하므로 통신 과정에서 병목 현상을 일으킬 수 있다. 이 경로 재설정은 분석 중인 시스템에 서비스 거부DoS, Denial of Service 공격과 같은 현상을 가져올 수 있으며, 이로 인해 네트워크 성능이 저하되고 분석 데이터가 잘못될 수 있다. 트래픽 정체로 인해 SSL 기반 통신이 예상대로 동작하지 않을 수도 있다.

참고 비대칭 라우팅 기능을 사용해 모든 트래픽이 패킷 분석 시스템을 통과하는 것을 피할 수 있다. 이 기술에 대한 자세한 내용은 oxid.it 사용자 매뉴얼(http://www.oxid.it/ca_um/topics/apr.htm)을 참조하라.

라우팅 환경에서 스니핑

스위치 환경에서 이용 가능한 모든 기술은 라우터 환경에서도 마찬가지로 적용할 수 있다. 다양한 네트워크 세그먼트에서 발생하는 문제를 해결할 때 라우팅 환경에서는 스니퍼를 어디에 설치해야 하는지가 중요한 고려 사항이다.

이미 배운 것처럼 장치의 브로드캐스트 도메인은 라우터에 도달할 때까지 확장이 가능하다. 어느 시점에서 트래픽은 다음 업스트림 라우터로 전달된다. 데이터가 여러 라우터를 통해 전송되는 경우에 라우터의 모든 부분에서 트래픽을 분석하는 것이 중요하다.

예를 들어 여러 라우터를 통해 연결된 여러 세그먼트가 있는 네트워크에서 발생할 수 있는 문제를 고려해보자. 이 네트워크에서 각 세그먼트는 업스트림 세그먼트와 통신해 데이터를 저장 및 검색한다. 그림 2-14에서 우리가 해결하고자 하는 문제는 다운스트림 서브넷인 네트워크 D가 네트워크 A의 어떤 장치와도 통신할 수 없다는 것이다.

네트워크 D에서 문제가 있는 장치의 트래픽을 탐지하면 다른 네트워크의 장치와 통신할 때 데이터가 다른 세그먼트로 전송되는 것을 분명히 볼 수 있지만 데이터가 다시 나타나지 않을 수 있다. 스니퍼의 위치를 다시 생각하고 다음 업스트림 네트워크 세그먼트(네트워크 B)에서 트래픽을 스니핑하기 시작하면 어떤 일이 일어나는지 명확하게 파악할 수 있다. 이 시점에서 네트워크 B의 라우터에 의해 트래픽이 삭제되거나 잘못 라우팅될 수 있다. 결국 라우터 구성 문제로 귀결돼 이 문제가 해결되면 큰 딜레마를 해결할 수 있다. 이 시나리오는 다소 광범위하지만 여러 개의 라우터와 네트워크 세그먼트를 다룰 때 문제를 찾아내기 위해 스니퍼를 약간 이동할 필요가 있다는 것을 알려준다.

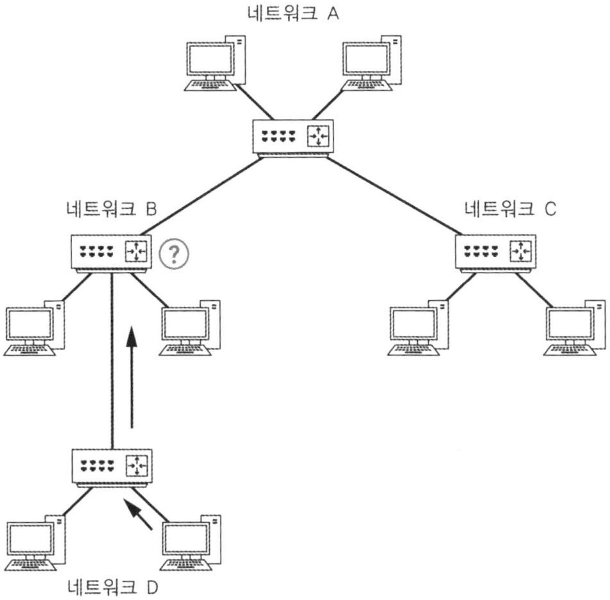

▲ **그림 2-14** 네트워크 D의 컴퓨터가 네트워크 A의 컴퓨터와 통신할 수 없다.

네트워크 지도

네트워크상에 스니퍼 위치를 결정하는 설명에서 몇 가지 네트워크 지도(map)를 살펴봤다. 네트워크 지도나 네트워크 다이어그램은 네트워크상의 모든 기술 자원과 이들을 연결하는 방법을 보여준다.

네트워크에 대한 구성도를 갖는 것은 패킷 스니퍼의 위치를 결정하는 좋은 방법이다. 네트워크 지도를 사용하면 문제 해결 및 분석 과정에서 중요한 자산이 되므로 편리하게 사용할 수 있다. 자신의 네트워크에 대한 상세한 지도를 만들고 싶을 수도 있다. 올바른 데이터를 수집하는 것이 문제 해결의 절반 이상을 차지한다.

스니퍼 배치 실습

스위치 환경에서 네트워크 트래픽을 캡처하는 네 가지 방법을 살펴봤다. 트래픽을 캡처하려는 단일 장치(직접 설치 방법[direct install method])에 패킷 스니핑 애플리케이션을 설치하는 것을 고려한 경우에는 하나만 더 추가할 수 있다. 이 5가지 방법을 감안할 때 어느 것이 가장 적합한지 판단하기가 다소 혼란스러울 수 있다. 표 2-2는 각 방법에 대한 몇 가지 일반적인 지침을 제공한다.

우리는 분석자로서 가능한 한 조심스럽게 행동해야 한다. 가장 완벽한 것은 흔적을 남기지 않고 필요한 데이터를 수집하는 것이다. 포렌식 수사관이 범죄 현장을 훼손시키지 않는 것처럼 캡처된 네트워크 트래픽을 훼손시키지 말아야 한다.

▼ **표 2-2** 스위치 네트워크 환경에 있는 패킷 스니핑을 위한 지침서

기법	지침
포트 미러링	• 네트워크 흔적을 남기지 않고 추가적인 패킷을 생성하지 않기 때문에 선호한다. • 클라이언트를 오프라인 절차 없이 구성할 수 있어서 라우터나 서버 포트를 미러링할 때 편리하다. • 스위치로부터 자원 처리가 필요하며, 높은 처리량 수준과 일치하지 않을 수 있다.
허빙 아웃	• 일시적으로 호스트를 오프라인 상태로 만들지 않아도 되는 경우에 이상적이다. • 여러 호스트에서 트래픽을 캡처해야 하는 경우에 충돌 및 패킷 손실 가능성이 있어서 비효율적이다. • 대부분의 허브가 10Mbps이기 때문에 최신 100/1000Mbps 호스트에서는 패킷 손실이 발생할 수 있다.
탭 사용하기	• 일시적으로 호스트를 오프라인 상태로 만들지 않아도 되는 경우에 이상적이다. • 광섬유 연결에서 트래픽을 스니핑하고자 할 때에 유일한 방법이다. • 탭이 안정적이고 높은 처리량 링크로 확장될 수 있으므로 엔터프라이즈 패킷 캡처 및 지속적인 모니터링에 적합한 솔루션이다. • 탭은 수작업으로 이뤄지고 최신 네트워크 속도와 동등하기 때문에 이 방법은 허빙 아웃보다 우수하다. • 특히 구축 비용이 많이들 수 있다.
ARP 캐시 포이즈닝	• 네트워크가 스니퍼를 통해 트래픽을 다시 라우팅하기 위해 패킷을 삽입해야 하므로 적절치 않다. • 포트 미러링이 옵션이 아닌 경우에 장치를 오프라인으로 전환하지 않고 트래픽을 신속하게 캡처할 수 있어 효과적이다. • 네트워크 기능에 영향을 미치지 않게 세심한 주의가 필요하다.
직접 설치	• 호스트가 정확하게 표현되지 않아 패킷이 삭제되거나 조작될 수 있으므로 일반적으로 권장하지 않는다. 그것들은 정확하게 표현되지 않는다. • 호스트의 NIC가 무차별 모드일 필요는 없다. • 테스트 환경, 성능 검사 및 기준 설정, 다른 곳에서 생성된 캡처 파일 검사에 적합하다.

이 후의 장에서 실용적인 시나리오를 단계별로 살펴보면서 필요한 경우에 원하는 데이터를 캡처하는 가장 좋은 방법에 대해 설명하겠다. 그림 2-15의 순서도는 주어

진 상황에서 트래픽을 캡처하는 가장 좋은 방법을 선택하는 데 도움이 될 것이다. 순서도는 집이나 직장에서 패킷을 캡처하는지 여부에 따라 여러 가지 요소를 고려한다. 이 순서도는 일반적인 참조일 뿐이며, 가능한 모든 시나리오를 다루지는 않았다.

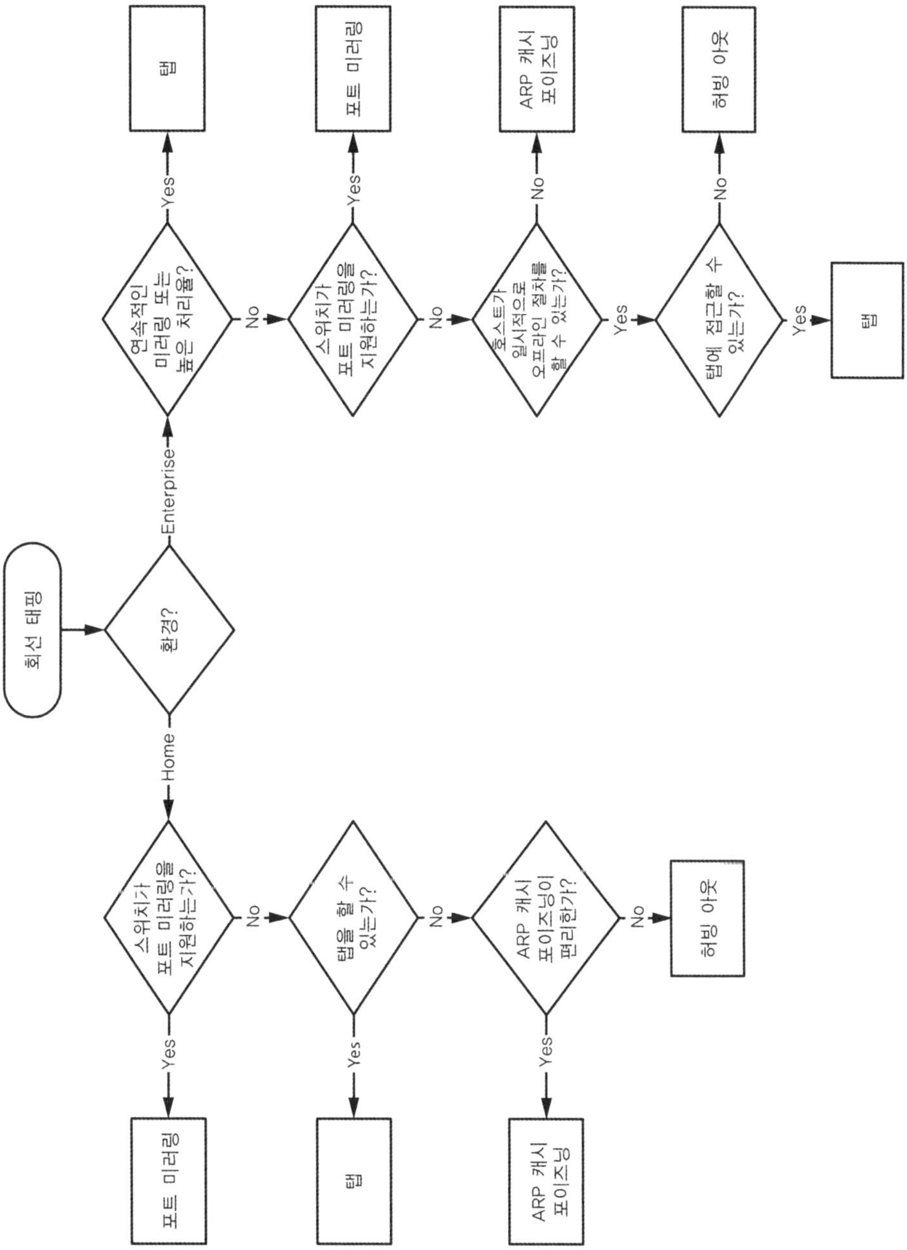

▲ **그림 2-15** 회선을 태핑하기 위해 가장 좋은 방법을 결정하는 데 도움이 되는 다이어그램

3장
와이어샤크 소개

1장에서 언급했듯이 네트워크 분석을 수행하기 위해 여러 가지 패킷 스니핑 애플리케이션을 사용할 수 있지만, 이 책에서는 와이어샤크를 중심으로 살펴본다. 3장에서는 와이어샤크를 소개한다.

와이어샤크의 역사

와이어샤크는 매우 풍부한 역사를 갖고 있다. 와이어샤크는 캔자스시티에 있는 미주리 대학의 컴퓨터과학과 졸업생인 제럴드 콤즈Gerald Combs에 의해 처음 개발됐다. 콤즈가 개발한 이더리얼Ethereal이라는 애플리케이션의 첫 번째 버전은 GPLGNU Public License에 따라 1998년에 발표됐다.

이더리얼을 발표한 지 8년 후 콤즈는 좀 더 나은 직장을 얻기 위해 개발 그룹을

떠났다. 불행히도 당시 그의 고용주는 이더리얼 상표에 대한 모든 권리를 갖고 있어서 콤즈는 이더리얼 상표를 쓸 수 있는 권한을 갖지 못했다. 대신 콤즈와 함께한 개발 팀은 2006년 중반에 프로젝트 이름을 와이어샤크Wireshark로 변경했다.

와이어샤크는 인기가 급격히 증가했으며, 공동 개발 팀은 현재 500명이 넘는 인원으로 커졌다. 이제 이더리얼이라는 이름으로 더 이상 개발되지 않고 있다.

와이어샤크의 장점

와이어샤크는 일상적인 사용에 많은 장점을 제공하고 있다. 와이어샤크는 전문 분석가들이 지속적으로 사용할 수 있는 다양한 기능을 제공하고 있다. 1장에서 설명한 패킷 스니핑 도구를 선택하는 기준에 따라 와이어샤크를 살펴보자.

지원되는 프로토콜 와이어샤크는 다양한 프로토콜(이 글을 쓰는 시점에서 1,000개 이상)을 지원한다. IP와 DHCP 같은 일반적인 프로토콜부터 DNP3 및 비트토런트BitTorrent 같은 최신 프로토콜에 이르기까지 다양하다. 와이어샤크는 오픈소스 모델로 개발됐기 때문에 각 업데이트마다 새로운 프로토콜 지원이 추가됐다.

> **참고** 와이어샤크가 필요한 프로토콜을 지원하지 않는 경우에는 직접 지원할 수 있다. 그런 다음 애플리케이션에 포함시키기 위해 와이어샤크 개발자에게 코드를 제출할 수 있다. https://www.wireshark.org/develop.html에서 코드를 와이어샤크 프로젝트에 기여하는 데 필요한 것이 무엇인지 배울 수 있다.

사용자 편의성 와이어샤크 인터페이스는 패킷 스니핑 애플리케이션을 가장 쉽게 이해할 수 있는 인터페이스 중 하나다. GUI그래픽 사용자 인터페이스 기반으로 이해하기 쉬운 메뉴와 간단한 레이아웃을 제공한다. 또한 프로토콜 기반의 색상 코딩과 원시 데이터의 자세한 그래픽 표현과 같은 유용한 여러 기능을 제공한다. tcpdump 같이 복잡한 커맨드라인 위주 도구와 달리 패킷 분석을 시작하는 사람들에게 제공하는 GUI는 좋은 환경을 제공해준다.

비용 와이어샤크는 GPL^GNU Public License^의 원칙에 따라 오픈소스 프로그램으로 출시됐기 때문에 비용은 걱정할 것이 없다. 와이어샤크는 무료로 제공된다. 와이어샤크는 개인용이든 상용이든 누구나 다운로드해서 사용할 수 있다.

> **참고** 와이어샤크가 무료이지만 일부 사람은 비용을 지불하는 실수를 했다. 이베이(eBay)에서 패킷 스니퍼를 검색하면 많은 사람들이 와이어샤크에 대한 '전문 기업 라이선스'라면서 39.95달러라는 낮은 가격으로 판매하는 것을 보고 놀랄 것이다. 당신이 정말로 사기로 결심했다면 나에게 연락주기 바란다. 그러면 나는 켄터키에 있는 해변을 아주 싸게 팔겠다!!!

프로그램 지원 소프트웨어 패키지의 지원 레벨은 이를 활성화하거나 망칠 수 있다. 와이어샤크 같이 무료로 배포되는 소프트웨어는 공식 지원을 하지 않으므로 오픈소스 커뮤니티가 사용자 기반으로 지원을 제공하는 경우가 많다. 다행히도 와이어샤크 커뮤니티는 모든 오픈소스 프로젝트 중 가장 활발한 커뮤니티 중 하나다. 와이어샤크 웹사이트는 온라인 문서를 비롯한 여러 형태의 지원에 직접 연결된다(위키, FAQs 등). 그리고 프로그램 개발자들이 모니터링하는 와이어샤크 메일링리스트에 가입할 수도 있다. 와이어샤크에 대한 유료 지원은 리버베드 테크놀로지 사에서도 제공된다.

소스코드 액세스 와이어샤크는 오픈소스 소프트웨어라서 언제든지 코드에 액세스할 수 있다. 이것은 애플리케이션 문제를 해결하고, 프로토콜 분석기가 작동하는 방식을 이해하거나, 직접 기여할 때 유용할 수 있다.

운영체제 지원 와이어샤크는 윈도우, 리눅스 기반 및 OS X 플랫폼을 포함한 모든 최신 운영체제를 지원한다. 와이어샤크 홈 페이지에서 지원되는 운영체제의 전체 목록을 볼 수 있다.

와이어샤크 설치

와이어샤크 설치 과정은 아주 간단하다. 그러나 와이어샤크를 설치하기 전에 시스템이 다음 요구 사항을 충족하는지 확인해야 한다.

- 최신 32비트 x86 또는 64비트 CPU
- 400MB의 사용 가능한 RAM, 그러나 좀 더 큰 캡처 파일용
- 300MB 이상의 사용 가능한 저장 공간과 파일 캡처 공간
- 무차별 모드를 지원하는 NIC
- WinPcap/libpcap 캡처 드라이버

WinPcap 캡처 드라이버는 pcap 패킷 캡처 API[Application Programming Interface]의 윈도우 구현이다. 간단히 말해 이 드라이버는 NIC가 무차별 모드에서 운영체제와 상호작용해 원시 패킷 데이터를 캡처하고 필터를 적용한다.

WinPcap을 http://www.winpcap.org/에서 개별적으로 다운로드할 수 있지만, 설치 패키지에 WinPcap이 와이어샤크와 잘 동작되게 구현됐으므로 일반적으로 와이어샤크 설치 패키지에서 WinPcap을 설치하는 것이 좋다.

윈도우 시스템에 설치

현재 버전의 와이어샤크는 확장된 윈도우 버전을 지원하게 돼 있다. 이 책의 집필 시점에는 윈도우 7, 윈도우 8, 윈도우 10, 윈도우 서버 2003, 2008 및 2012, 윈도우 비스타가 포함돼 있다. 와이어샤크는 윈도우 XP에서도 자주 사용되지만, 현재 이 버전은 공식적으로 지원되지 않는다.

윈도우에 와이어샤크를 설치하는 첫 번째 단계는 공식 와이어샤크 웹 페이지인 http://www.wireshark.org/에서 최신 설치 빌드를 다운로드하는 것이다. 웹사이트의 Download 섹션으로 가서 배포 사이트를 선택한다. 패키지를 다운로드한 후 다음과 같은 단계를 따라하면 된다.

1. .exe 파일을 더블 클릭해 설치를 시작한 다음 소개 창에서 Next를 클릭한다.

2. 라이선스 계약을 읽고 동의하면 I Agree를 클릭한다.
3. 그림 3-1과 같이 설치할 와이어샤크의 컴포넌트component를 선택한다. 기본 설정을 따르려면 Next를 클릭하면 된다.

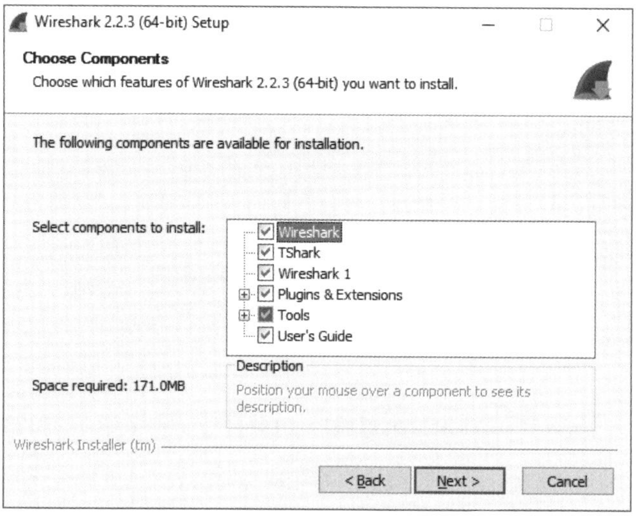

▲ **그림 3-1** 설치하고자 하는 와이어샤크 컴포넌트 선택하기

4. Additional Tasks 창에서 Next를 클릭한다.
5. 와이어샤크를 설치할 위치를 선택하고 Next를 클릭한다.
6. 대화상자에서 WinPcap의 설치 여부를 묻는 메시지가 표시되면 그림 3-2와 같이 Install WinPcap 상자가 선택돼 있는지 확인한다. 그런 다음 Install을 클릭한다. 설치 과정이 시작된다.

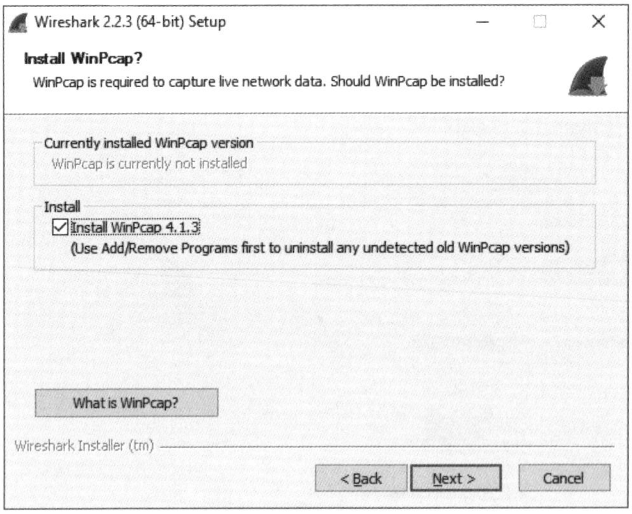

▲ **그림 3-2** WinPcap 드라이버 설치 옵션 선택

7. 와이어샤크 설치 중간에 WinPcap 설치가 시작된다. 설치 창이 나타나면 도입 창에서 Next를 클릭하고 라이선스 계약을 읽은 후 I Agree를 클릭한다.
8. USB 장치에서 데이터를 수집하는 유틸리티인 USBPcap을 설치하는 옵션이 제공된다. 원하는 경우 해당 확인란을 선택하고 Next를 클릭한다.
9. WinPcap을 선택하고 USBPcap을 컴퓨터에 설치한다. 이 설치가 완료되면 Finish를 클릭한다.
10. 와이어샤크가 설치를 완료된다. 완료되면 Next를 클릭한다.
11. 설치 확인 창에서 Finish를 클릭한다.

리눅스 시스템에 설치

와이어샤크는 최신 유닉스 기반 플랫폼에서 동작한다. 이 패키지는 원하는 배포 패키지 관리자를 사용하거나 배포에 적합한 패키지를 다운로드해 설치할 수 있다. 모든 사람에게 해당하는 설치 절차를 다루는 것은 현실적이지 않으므로 몇 가지만 살펴본다.

일반적으로 시스템 전체 소프트웨어의 경우 루트 접근이 필요하다. 그러나 소스로부터 컴파일된 로컬 소프트웨어 설치는 일반적으로 루트 접근 없이 설치할 수 있다.

RPM 기반 시스템

CentOS와 같은 레드햇 리눅스나 그 기반의 배포판을 사용하고 있다면 OS에 기본적으로 Yum 패키지 관리 도구가 설치돼 있다. 이 경우에 배포판 소프트웨어 저장소로부터 와이어샤크를 가져와서 빠르게 설치할 수 있다. 이를 위해서는 콘솔 창을 열고 다음 명령을 입력하면 된다.

```
$ sudo yum install wireshark
```

설치를 종료하기 위해 필요한 것들을 설치하라는 메시지가 나타난다. 모든 것이 성공적으로 완료되면 커맨드라인에서 와이어샤크를 실행하고 GUI를 통해 액세스할 수 있다.

DEB 기반 시스템

데비안이나 우분투 같은 대부분의 DEB 기반 배포판에는 OS 소프트웨어 저장소에서 와이어샤크를 설치할 수 있는 APT 패키지 관리 도구가 포함돼 있다. 이 도구로 와이어샤크를 설치하려면 콘솔 창을 열고 다음을 입력하면 된다.

```
$ sudo apt-get install wireshark wireshark-qt
```

설치를 완료하기 위해 필요한 것들을 설치하라는 메시지가 다시 나타난다.

소스로부터 컴파일

운영체제 아키텍처와 와이어샤크 기능의 변경으로 인해 와이어샤크 소스를 컴파일하는 지침이 시간이 지남에 따라 변경될 수 있다. 이것이 설치를 수행하기 위해 운영체제 패키지 관리자 사용을 권장하는 이유다. 그러나 리눅스 배포판이 자동 패키지 관리 소프트웨어를 사용하지 않거나 특수 설치가 필요한 경우에는 와이어샤크를 수동으로 설치할 수 있다.

소스에서 컴파일하려면 다음과 같은 단계를 수행한다.

1. 와이어샤크 웹 페이지에서 소스 패키지를 다운로드한다.
2. 다음을 입력해 아카이브를 추출한다(다운로드한 패키지의 파일 이름을 적절히 대체한다).

```
$ tar -jxvf <file_name_here> .tar.bz2
```

3. 와이어샤크를 설정하고 설치하기 전에 선택한 리눅스에 따라 약간의 종속성이 필요할 수 있다. 예를 들어 우분투 14.04는 와이어샤크가 동작하기 위한 몇 가지 패키지를 설치해야 한다. 이는 다음 명령을 실행해 설치할 수 있다(이 작업은 루트 레벨 사용자로 수행하거나 명령 앞에 sudo를 호출해 수행해야 한다).

```
$ sudo apt-get install pkg-config bison flex qt5-default libgtk-3-dev
libpcap-dev qttools5-dev-tools
```

4. 필수 구성 요소를 설치한 후에 와이어샤크 파일을 추출한 디렉토리로 이동한다.
5. ./configure 명령을 사용해 소스가 리눅스 배포에 맞게 소스 구성을 설정한다. 기본 설치 옵션에서 벗어나려면 설치 중 이 시점에서 옵션을 지정할 수 있다. 종속성이 없는 경우 오류가 발생할 가능성이 크다. 계속 진행하기 전에 이러한 종속성을 설치하고 구성해야 한다. 구성이 성공하면 그림 3-3과 같이 성공을 알리는 메시지가 나타난다.

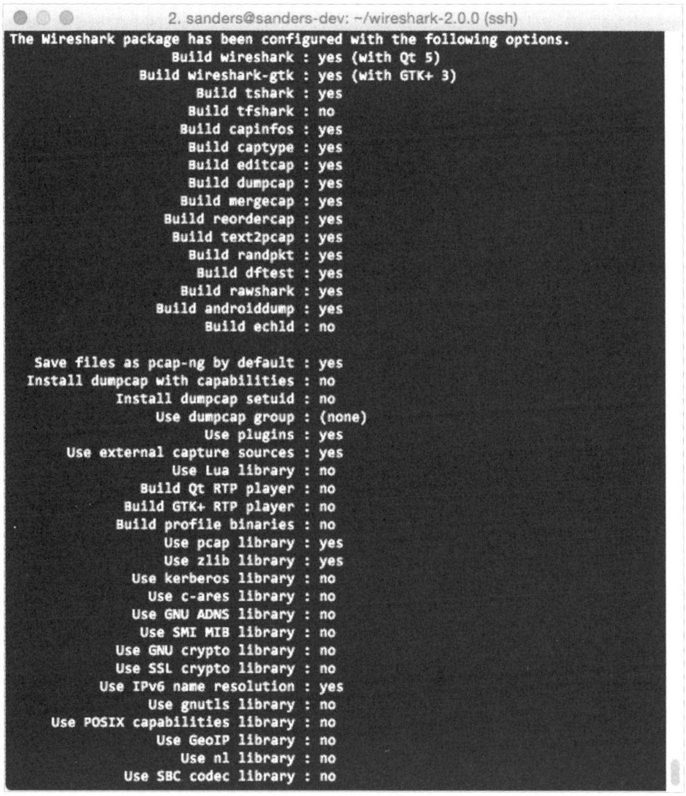

```
2. sanders@sanders-dev: ~/wireshark-2.0.0 (ssh)
The Wireshark package has been configured with the following options.
                    Build wireshark : yes (with Qt 5)
                Build wireshark-gtk : yes (with GTK+ 3)
                       Build tshark : yes
                      Build tfshark : no
                     Build capinfos : yes
                      Build captype : yes
                      Build editcap : yes
                      Build dumpcap : yes
                     Build mergecap : yes
                   Build reordercap : yes
                    Build text2pcap : yes
                      Build randpkt : yes
                       Build dftest : yes
                     Build rawshark : yes
                  Build androiddump : yes
                        Build echld : no

   Save files as pcap-ng by default : yes
  Install dumpcap with capabilities : no
            Install dumpcap setuid : no
                 Use dumpcap group : (none)
                       Use plugins : yes
       Use external capture sources : yes
                   Use Lua library : no
                Build Qt RTP player : no
               Build GTK+ RTP player : no
            Build profile binaries : no
                  Use pcap library : yes
                  Use zlib library : yes
              Use kerberos library : no
                Use c-ares library : no
              Use GNU ADNS library : no
               Use SMI MIB library : no
            Use GNU crypto library : no
            Use SSL crypto library : no
          Use IPv6 name resolution : yes
                Use gnutls library : no
     Use POSIX capabilities library : no
                 Use GeoIP library : no
                    Use nl library : no
              Use SBC codec library : no
```

▲ **그림 3-3** ./configure 명령이 성공하면 선택된 구성과 함께 메시지가 나타난다.

6. make 명령을 입력해 소스를 2진으로 빌드한다.
7. sudo make install을 사용해 최종 설치를 시작한다.
8. sudo /sbin/ldconfig를 실행해 설치를 완료한다.

> **참고** 이 단계를 따르는 중에 오류가 발생하면 추가 패키지를 설치해야 할 수 있다.

OS X 시스템에 설치

OS X에 와이어샤크를 설치하려면 다음과 같은 단계를 따른다.

1. 와이어샤크 웹 페이지에서 OS X 패키지를 다운로드한다.

2. 설치 유틸리티를 실행하고 각 단계를 진행한다. 필요한 최종 사용자 라이선스 동의를 수락하면 설치 위치를 선택할 수 있다.
3. 설치 마법사를 완료한다.

와이어샤크 기초

와이어샤크가 성공적으로 설치되면 이제 와이어샤크와 친해질 차례다. 이제 완전하게 동작하는 패킷 스니퍼를 열어보면 아무것도 없다! 와이어샤크는 처음 열어보면 별것이 없다. 좀 더 재미있으려면 데이터가 있어야 한다.

첫 번째 패킷 캡처

패킷 데이터를 와이어샤크로 가져오려면 첫 번째 패킷 캡처를 수행해야 한다. “네트워크에 아무 문제가 없는데 어떻게 패킷을 캡처하지?”라고 생각할 수 있다.

첫째, 네트워크에는 항상 잘못이 있다고 믿는 것이다. 믿지 않으면 모든 네트워크 사용자에게 이메일을 보내서 모든 것이 완벽하게 잘 동작하고 있다고 알려라.

둘째, 패킷 분석은 무언가 잘못이 있을 때만 하는 것이 아니다. 실제로 대부분의 패킷 분석가는 문제가 있는 트래픽을 분석하기보다는 문제가 없는 트래픽 분석에 더 많은 시간을 소비한다. 이러한 과정을 통해서 네트워크 트래픽 문제를 효과적으로 해결할 수 있는 기준이 생기기 때문이다. 예를 들어 트래픽 분석을 통해 DHCP 문제를 해결하려면 동작하는 DHCP 트래픽 흐름을 이해해야 한다.

좀 더 광범위하게 일상적인 네트워크 활동에서 이상을 발견하려면 일상적인 네트워크 활동이 어떤지를 알아야 한다. 네트워크가 원활하게 동작할 때의 관측치가 정상 상태에서 어떤 트래픽이 발생했는지를 나타내는 기준선이 된다.

이제, 몇 개의 패킷을 캡처해보자!

1. 와이어샤크를 실행한다.
2. 기본 드롭다운 메뉴에서 Capture를 선택한 다음 Options를 선택한다. 패킷을

캡처하는 데 사용할 수 있는 다양한 인터페이스와 각 인터페이스에 대한 기본 정보가 나열된 대화상자가 나타난다(그림 3-4 참조). 현재 인터페이스를 통과하는 트래픽의 양을 나타내는 선 그래프를 보여준다. 라인의 피크는 실제로 패킷을 캡처하고 있음을 알려준다. 그렇지 않은 경우 라인이 평평하다. 왼쪽의 화살표를 클릭해 각 인터페이스를 확장해 MAC 주소나 IP 주소와 같은 주소 정보를 확인할 수도 있다.

3. 사용할 인터페이스를 클릭하고 Start를 클릭한다. 데이터가 창에 채워지기 시작한다.
4. 약 1분 정도 기다렸다가 캡처를 중지하고 데이터를 살펴볼 준비가 되면 캡처 드롭다운 메뉴에서 Stop 버튼을 클릭한다.

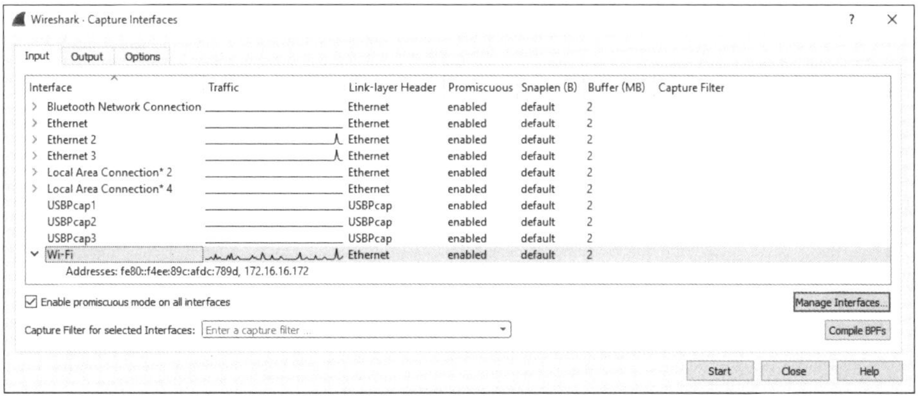

▲ **그림 3-4** 패킷 캡처를 수행할 인터페이스 선택

이 단계를 완료하고 패킷 캡처 과정을 마치면 와이어샤크 기본 창은 수집된 데이터로 꽉 차게 된다. 사실 데이터의 양에 압도 당할 수도 있지만, 와이어샤크의 기본 창을 한 번에 하나씩 분석해보면 금방 이해가 갈 것이다.

와이어샤크의 메인 창

대부분의 작업은 와이어샤크 메인 창에서 이뤄진다. 여기서 캡처한 모든 패킷이 나타나고 좀 더 이해하기 쉬운 형식으로 나뉜다. 조금 전에 만들어진 패킷 캡처를 사용해 그림 3-5에 나타난 와이어샤크의 기본 창을 살펴보자.

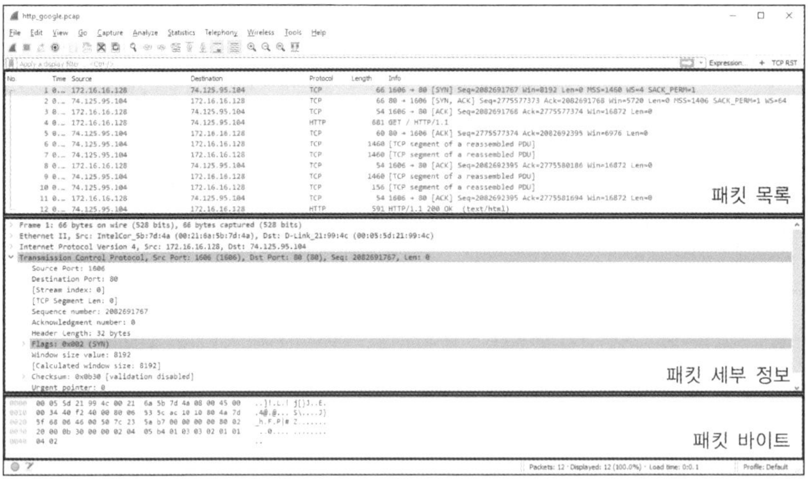

▲ **그림 3-5** 와이어샤크 메인 창은 세 개의 창으로 나눠져 있다.

메인 창에 있는 세 개의 창은 패킷 목록Packet List, 패킷 세부 정보Packet Details, 패킷 바이트Packet Bytes 영역Pane으로 나눠져 있다. 패킷 세부 정보 창에서 개별 패킷의 세부 정보를 보려면 먼저 패킷 목록 창에서 패킷을 선택해야 한다. 패킷 세부 정보 창에서 패킷을 선택하면 패킷 바이트 창에 해당하는 바이트 정보가 나타난다.

> **참고** 그림 3-5는 패킷 목록 창에 몇 가지 프로토콜이 나열돼 있다. 서로 다른 계층에 있는 프로토콜을 시각적으로 구분하지 않는다(색상 코딩을 제외하고는). 모든 패킷은 회선에서 수신되는 대로 보여준다.

각 창에 들어있는 내용은 다음과 같다.

패킷 목록 Packet List 맨 위쪽 창에는 현재 캡처 파일의 모든 패킷을 포함하는 테이블이 나타난다. 여기에는 패킷 번호, 패킷을 캡처한 상대 시간, 패킷의 발신지와 목적지, 패킷의 프로토콜 및 패킷에서 발견된 일반 정보가 포함된 열이 있다.

> **참고** 트래픽을 참조할 때 패킷 목록 창에 나타난 모든 패킷을 참조한다. 특히 DNS 트래픽을 참조한다는 것은 패킷 목록 창에서 DNS 프로토콜 패킷을 의미한다.

패킷 세부 정보 Packet Details 중간 창에는 단일 패킷에 대한 정보를 계층적으로 보여준다. 개별 패킷에 대해 수집된 모든 정보를 보여주기 위해 축소되거나 확장될 수 있다.

패킷 바이트 Packet Bytes 맨 하위 창(아마도 가장 이해하기 어려운 영역)은 처리되지 않은 원시 형식의 패킷을 보여준다. 즉, 패킷이 회선을 통해 전달되는 있는 그대로의 원시 정보다. 이 유형의 데이터를 해석하는 방법은 부록 B에서 다룬다.

와이어샤크 환경 설정

와이어샤크는 사용자의 필요에 맞게 다양한 환경 설정Preferences을 제공한다. 와이어샤크에서 환경 설정을 하려면 기본 드롭다운 메뉴에서 Edit를 선택하고 Preferences를 클릭한다. 그림 3-6과 같이 몇 가지 사용자 정의 옵션을 포함한 Preferences 대화상자가 나타난다.

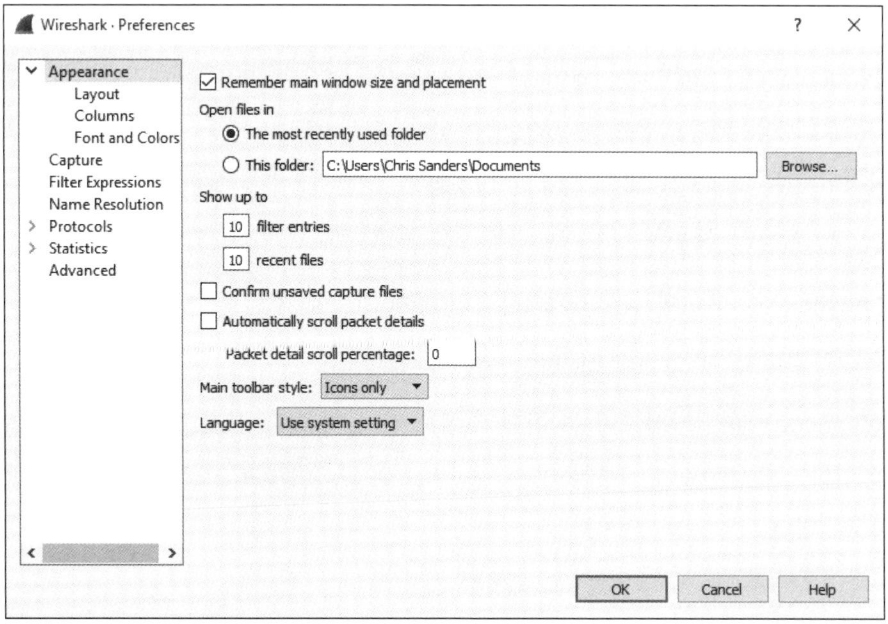

▲ **그림 3-6** Preferences 대화상자 옵션을 사용해 와이어샤크를 사용자에 맞게 바꿀 수 있다.

와이어샤크의 Preferences는 6개의 주요 섹션과 고급 섹션으로 나눠져 있다.

Preferences 이 Preferences는 와이어샤크가 데이터를 보여주는 방법을 지정한다. 여기서 대부분의 옵션을 개인 취향에 따라 변경할 수 있다. 여기에는 창 위치를 저장할지 여부, 세 개의 기본 창의 레이아웃, 스크롤 바의 위치, 패킷 목록 창 열의 위치, 캡처된 내용을 보여주는 데 사용되는 글꼴 데이터 및 배경색과 전경색 등을 설정할 수 있다.

Capture 이 기본 설정을 사용하면 기본 캡처 인터페이스, 기본적인 무차별 모드 사용 여부, 실시간으로 패킷 목록 창을 업데이트할지 여부 등 패킷 캡처 방식과 관련된 옵션을 지정할 수 있다.

Filter Expressions 나중에 와이어샤크가 특정 기준에 따라 트래픽을 필터링하는 방법을 설명한다. 이 설정 대화상자에서는 해당 필터를 지정하고 관리할 수 있다.

Name Resolution 이 기본 설정을 통해 주소를 MAC, 네트워크 및 전송 이름 해석을 포함해 더 쉽게 인식할 수 있는 이름으로 확인하고, 동시 이름 해석 요청의 최대 수를 지정할 수 있는 와이어샤크의 기능을 활성화할 수 있다.

Protocols 이 섹션에서는 와이어샤크가 해석할 수 있는 다양한 패킷의 캡처 및 디스플레이와 관련된 옵션을 조작할 수 있다. 모든 프로토콜에 구성 가능한 환경 설정이 있는 것은 아니지만, 일부는 변경할 수 있는 몇 가지 옵션이 있다. 이러한 옵션은 특별한 이유가 없는 한 기본 값으로 남겨두는 것이 가장 좋다.

Statistics 이 섹션에서는 와이어샤크의 통계 기능에 대해 몇 가지 구성 가능한 옵션을 제공한다. 자세한 내용은 5장에서 다룬다.

Advanced 이전 카테고리 중 어떤 것에도 잘 맞지 않는 설정은 여기에서 찾을 수 있다. 이 설정을 편집하는 것은 일반적으로 와이어샤크 고급 사용자만 수행할 수 있다.

패킷 색상 코딩

누구든지 반짝이는 물건과 예쁜 색을 좋아할 수 있다. 그렇다면 그림 3-7의 예와 같이 패킷 목록 창에서 서로 다른 색상을 보면 매우 흥분될 것이다(이 책의 그림은 흑백으로 나타난다). 이 색상은 각 패킷에 무작위로 할당된 것이 아니다.

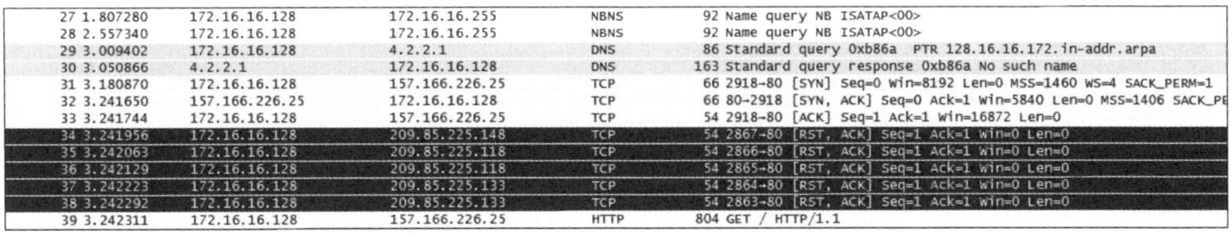

27	1.807280	172.16.16.128	172.16.16.255	NBNS	92	Name query NB ISATAP<00>
28	2.557340	172.16.16.128	172.16.16.255	NBNS	92	Name query NB ISATAP<00>
29	3.009402	172.16.16.128	4.2.2.1	DNS	86	Standard query 0xb86a PTR 128.16.16.172.in-addr.arpa
30	3.050866	4.2.2.1	172.16.16.128	DNS	163	Standard query response 0xb86a No such name
31	3.180870	172.16.16.128	157.166.226.25	TCP	66	2918→80 [SYN] Seq=0 Win=8192 Len=0 MSS=1460 WS=4 SACK_PERM=1
32	3.241650	157.166.226.25	172.16.16.128	TCP	66	80→2918 [SYN, ACK] Seq=0 Ack=1 Win=5840 Len=0 MSS=1406 SACK_PE
33	3.241744	172.16.16.128	157.166.226.25	TCP	54	2918→80 [ACK] Seq=1 Ack=1 Win=16872 Len=0
34	3.241956	172.16.16.128	209.85.225.148	TCP	54	2867→80 [RST, ACK] Seq=1 Ack=1 Win=0 Len=0
35	3.242063	172.16.16.128	209.85.225.118	TCP	54	2866→80 [RST, ACK] Seq=1 Ack=1 Win=0 Len=0
36	3.242129	172.16.16.128	209.85.225.118	TCP	54	2865→80 [RST, ACK] Seq=1 Ack=1 Win=0 Len=0
37	3.242223	172.16.16.128	209.85.225.133	TCP	54	2864→80 [RST, ACK] Seq=1 Ack=1 Win=0 Len=0
38	3.242292	172.16.16.128	209.85.225.133	TCP	54	2863→80 [RST, ACK] Seq=1 Ack=1 Win=0 Len=0
39	3.242311	172.16.16.128	157.166.226.25	HTTP	804	GET / HTTP/1.1

▲ **그림 3-7** 와이어샤크의 색상 코딩은 신속한 프로토콜 식별을 가능하게 한다.

각 패킷마다 색상이 다른 이유가 있다. 이 색상들은 패킷의 해당 프로토콜을 나타낸다. 예를 들어 모든 UDP 트래픽은 파란색이고 모든 HTTP 트래픽은 녹색이다. 컬러 코딩을 사용하면 다양한 프로토콜을 신속하게 구별할 수 있어서 모든 패킷에 대해 패킷 목록 창에서 프로토콜 필드를 읽을 필요가 없다. 대용량 캡처 파일을 탐색하는 데 걸리는 시간이 크게 단축된다. 와이어샤크를 사용하면 그림 3-8과 같이 Coloring Rules색상 규칙 창을 통해 각 프로토콜에 할당된 색상을 쉽게 확인할 수 있다. 이 창을 열려면 기본 드롭다운 메뉴에서 View를 선택하고 Coloring Rules를 클릭하면 된다.

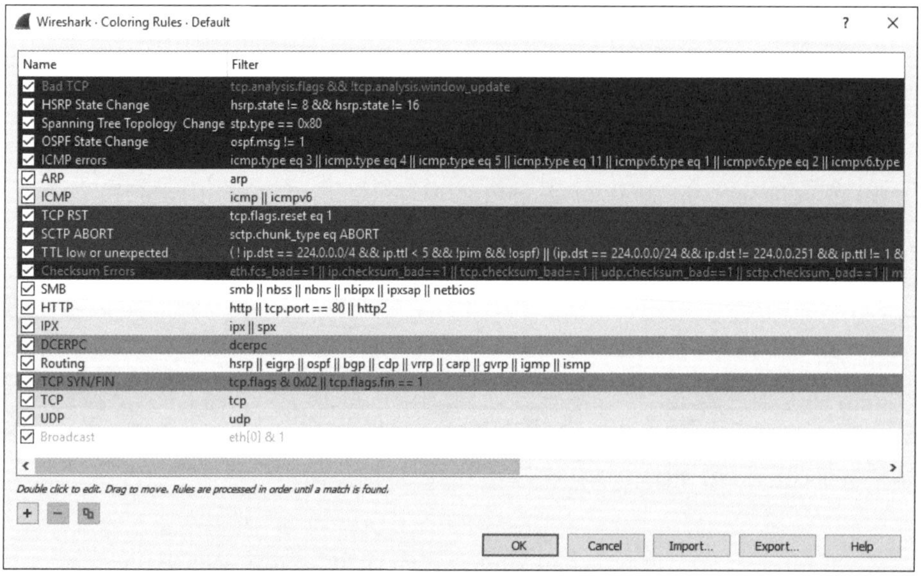

▲ **그림 3-8** Coloring Rules 창에서 패킷의 색상을 보고 수정할 수 있다.

Coloring Rules는 4장에서 살펴볼 와이어샤크 필터를 기반으로 한다. 이 필터를 사용해 고유한 Coloring Rules를 정의하고 기존 색상 규칙을 수정할 수 있다. 예를 들어 HTTP 트래픽에 사용되는 배경색을 기본 녹색에서 라벤더로 변경하려면 다음과 같은 단계를 수행하면 된다.

1. 와이어샤크를 열고 Coloring Rules 창에 접근한다(View ▶ Coloring Rules).
2. 색상 규칙 목록에서 HTTP 색상 규칙을 찾아 한 번 클릭해서 선택한다.
3. 그림 3-9와 같이 화면 아래쪽에 전경색과 배경색이 나타난다.

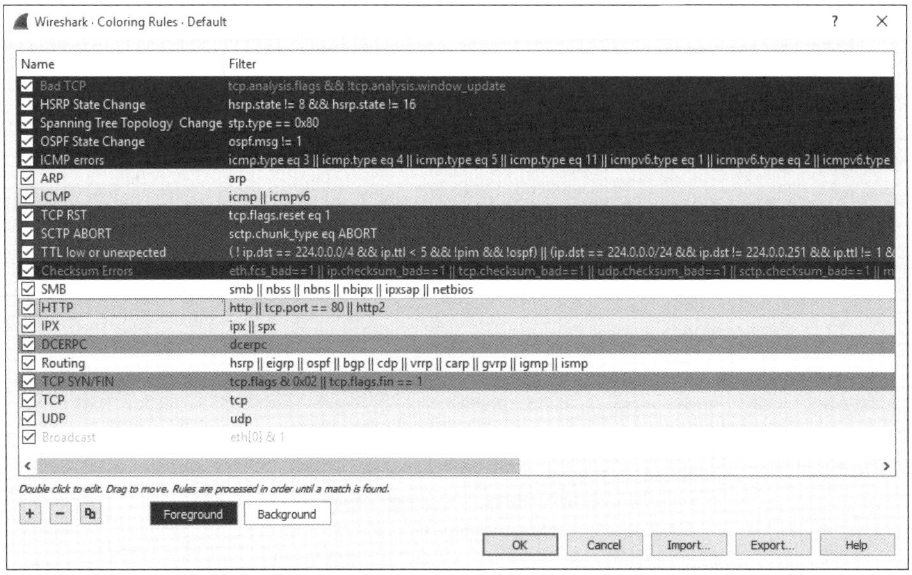

▲ **그림 3-9** 색상 필터를 편집 할 때 전경색(background color)과 배경색(foreground color)을 모두 수정할 수 있다.

4. Background 버튼을 클릭한다.
5. 색상 휠에서 원하는 색상을 선택하고 OK 버튼을 클릭한다.
6. OK를 한 번 더 클릭해 변경 내용을 적용하고 메인 창으로 돌아간다. 사용자 인터페이스는 업데이트된 색 구성표를 반영하기 위해 다시 로드해야 한다.

네트워크에서 와이어샤크로 작업할 때 다른 프로토콜보다 특정 프로토콜을 더 많이 처리한다는 것을 알게 된다. 여기에 색으로 구분된 패킷을 사용하면 작업이 훨씬 쉬워진다. 예를 들어 IP 임대를 배분하는 네트워크에 불량 DHCP 서버가 있다고 생각되면 DHCP 프로토콜의 색상 규칙을 수정해 밝은 노란색(또는 쉽게 식별 할 수 있는 다른 색)으로 표시할 수 있다. 이렇게 하면 모든 DHCP 트래픽을 훨씬 더 신속하게 선택해 패킷 분석을 좀 더 효율적으로 수행할 수 있다.

> **참고** 아주 오래 전에 지역 학생들에게 와이어샤크 색상 규칙에 대해 설명한 적이 있다. 한 학생은 색맹이어서 기본 색상을 기반으로 특정 프로토콜을 구별하는 데 어려움이 있었다. 그래서 기본 색상 규칙을 수정, 편집할 수 있다는 것을 알려줘서 학생을 안심시킨 적이 있다.

구성 파일

와이어샤크가 파일을 직접 수정해야 하는 경우 와이어샤크가 다양한 구성Configuration 설정을 저장하는 위치를 이해하는 것이 좋다. 메인 드롭다운 메뉴에서 Help를 선택하고 About Wireshark를 선택한 다음 Folders 탭을 클릭해서 와이어샤크 구성 파일의 위치를 찾을 수 있다. 이 창은 그림 3-10과 같다.

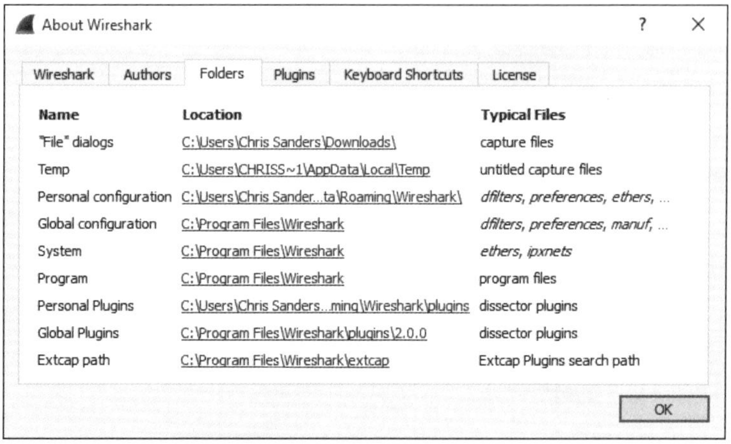

▲ **그림 3-10** 와이어샤크 구성 파일 위치 찾기

와이어샤크 사용자 정의 측면에서 가장 중요한 두 가지 위치는 개인personal 및 전역global 구성 디렉토리다. 전역 구성 디렉토리에는 와이어샤크의 모든 기본 설정이 들어 있으며, 기본 프로파일에 설정이 저장된다. 개인 구성 폴더에는 사용자 정의 설정과 계정 고유의 프로파일이 포함된다. 작성한 새 프로파일은 사용자가 제공한 이름을 사용해 개인 구성 폴더의 서브디렉토리에 저장된다.

전역 구성 파일에 대한 변경 사항은 시스템의 모든 와이어샤크 사용자에게 영향을 줄 수 있으므로 전역 구성 디렉토리와 개인 구성 디렉토리의 차이점은 중요하다.

구성 프로파일

와이어샤크의 기본 설정에 대해 배우고 나면 때로는 한 세트의 기본 설정을 사용하고 다른 시나리오로 신속하게 전환해 다른 세트로 전환할 수 있다. 이러한 상황이 발생할 때마다 수동으로 환경 설정을 재구성하는 대신, 와이어샤크는 사용자가 저장된 기본 설정 세트를 작성할 수 있는 구성 프로파일[Configuration Profile]을 도입했다.

구성 프로파일은 다음 내용을 저장한다.

- 환경 설정
- 캡처 필터
- 디스플레이 필터
- 색상 규칙
- 비활성화된 프로토콜
- 강제 디코드
- 창 크기, 보기 메뉴 설정 및 열 너비와 같은 최근 설정
- SNMP 사용자 및 사용자 지정 HTTP 헤더와 같은 프로토콜 관련 테이블

프로파일 목록을 보려면 기본 드롭다운 메뉴에서 Edit를 클릭하고 Configuration Profiles 옵션을 선택한다. 또는 화면의 오른쪽 하단에 있는 **프로파일** 섹션을 마우스 오른쪽 단추로 클릭하고 Manage Profiles 옵션을 선택할 수 있다. Configuration Profiles 창에 가면 그림 3-11에 나타난 것과 같이 Default, Bluetooth, Classic 프로파일이 포함된 몇 가지 표준 프로파일이 와이어샤크에 제공된다는 것을 알 수 있다. 대기 시간 조사 프로파일은 내가 추가한 일반 프로파일이며, 전체 프로파일과 기본 프로파일은 이탤릭체로 나타난다.

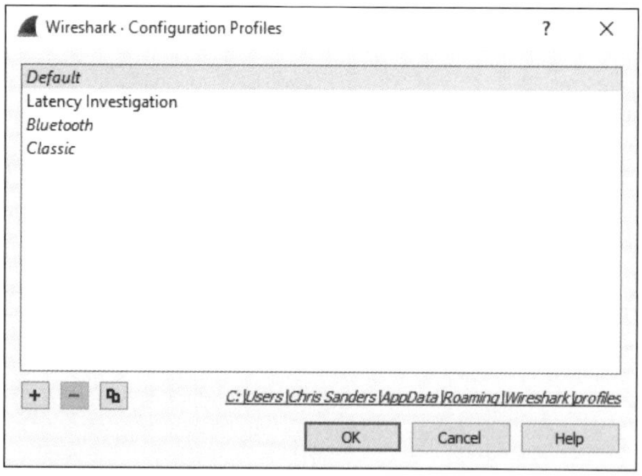

▲ **그림 3-11** 구성 프로파일 보기

구성 프로파일 창에서는 구성 프로파일을 생성create, 복사copy, 삭제delete, 구성 파일 적용apply을 할 수 있다. 새 프로파일을 만드는 과정은 매우 간단하다.

1. 프로파일에 저장할 설정으로 와이어샤크를 구성한다.
2. 기본 드롭다운 메뉴에서 Edit를 클릭해 구성 프로파일 창으로 이동한다. Configuration Profiles 옵션을 선택한다.
3. 더하기(+) 버튼을 클릭하고 프로파일에 설명이 포함된 이름을 지정한다.
4. OK를 클릭한다.

프로파일을 전환하려면 구성으로 이동한다. 프로파일 창에서 프로파일 이름을 클릭하고 OK를 클릭한다. 그림 3-12와 같이 와이어샤크 창의 오른쪽 하단에 있는 Profile(프로파일) 제목을 클릭하고 사용하려는 프로파일을 선택하면 작업을 빠르게 수행할 수 있다.

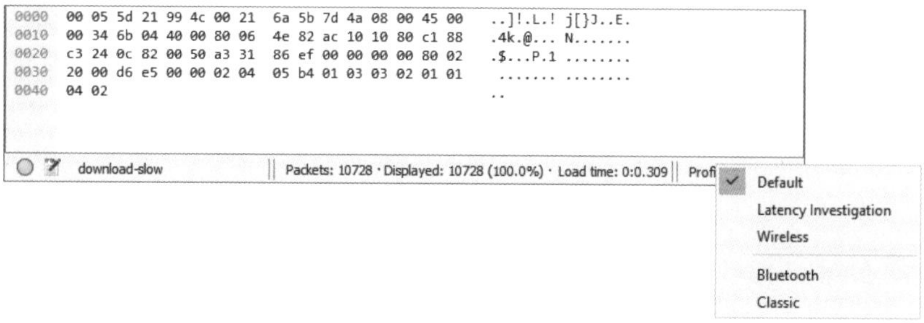

▲ **그림 3-12** 프로파일 제목을 통해 프로파일 간에 신속하게 전환한다.

구성 프로파일의 가장 유용한 측면 중 하나는 각 프로파일은 일련의 구성 파일과 함께 고유한 디렉토리에 저장된다. 즉, 프로파일을 백업하고 다른 사람들과 공유할 수 있다. 그림 3-10에 나타난 **폴더** 탭은 개인 및 전역 구성 파일 디렉토리에 대한 경로를 제공한다. 다른 컴퓨터의 사용자와 프로파일을 공유하려면 공유하려는 프로파일의 이름과 일치하는 폴더를 복사해 다른 컴퓨터의 해당 사용자와 동일한 디렉터리에 붙여넣기만 하면 된다.

이 책을 읽는 동안에 일반 문제 해결, 네트워크 대기 시간 원인 찾기 및 보안 문제 조사를 위한 몇 가지 고급 프로파일을 자유롭게 사용하는 것을 두려워하지 마라. 신속하게 몇 가지 기본 설정 옵션을 켜거나 끌 때 실시간으로 보호해준다. 나는 수십 개의 프로파일을 사용해 서로 다른 시나리오를 성공적으로 다루는 사람들을 알고 있다.

와이어샤크를 설치하고 실행했으므로 이제 패킷 분석할 준비가 됐다. 4장에서는 캡처한 패킷을 사용해 작업하는 방법에 대해 설명한다.

4장
캡처한 패킷 작업

이제 와이어샤크를 소개했으므로 패킷 캡처 및 분석을 시작할 준비가 됐다. 4장에서는 캡처 파일, 패킷 및 시간 표시 형식에 대한 작업 방법을 배운다. 또한 패킷 캡처 및 필터에 대한 유용한 옵션을 다룬다.

캡처 파일 작업

패킷을 분석할 때 패킷을 분석한 후 캡처한 패킷을 나중에 다시 사용할 때가 있다. 가끔 여러 번에 걸쳐 패킷을 캡처하고 그것을 저장한 후 한꺼번에 분석할 때도 있다. 그렇기 때문에 와이어샤크는 나중에 분석하기 위해 캡처한 패킷을 파일로 저장하는 기능을 제공한다. 여러 캡처 파일을 병합할 수도 있다.

캡처한 파일 저장과 내보내기

캡처한 패킷을 저장하려면 File ❯ Save As를 선택하라. 그림 4-1과 같이 파일 저장 대화상자가 나타난다. 패킷 캡처를 저장할 위치와 사용할 파일 형식을 묻는 메시지가 나타난다. 파일 형식을 지정하지 않으면 와이어샤크는 기본으로 설정된 .pcapng 파일 형식을 사용한다.

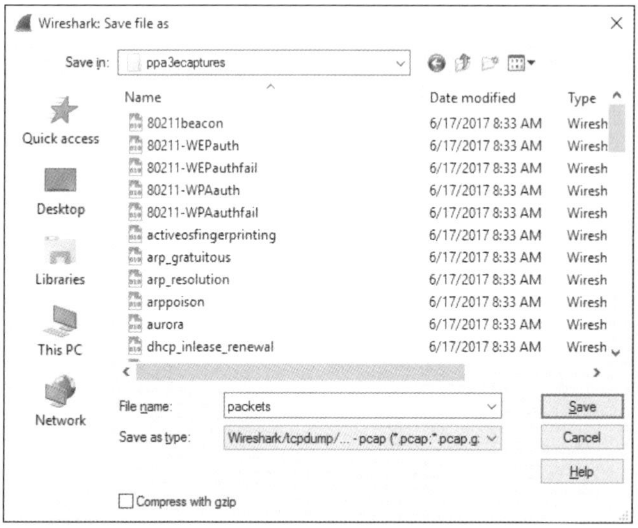

▲ **그림 4-1** Save File As 대화상자를 이용해 캡처된 패킷을 저장할 수 있다

대부분의 경우 캡처된 패킷의 서브셋만 저장하기를 원할 수 있다. 그렇게 하려면 File ❯ Export Specified Packets를 선택하라. 그림 4-2와 같이 대화상자가 나타난다. 이것은 패킷 캡처 파일을 작게 만들 수 있는 좋은 방법이다. 특정 숫자 범위의 패킷, 마크된 패킷이나 디스플레이 필터의 결과로 나타난 패킷만 저장할 수 있다(마크된 패킷과 필터는 4장의 뒷부분에서 설명).

다른 미디어에서 보거나 다른 패킷 분석 도구로 보내기 위해 와이어샤크 캡처 데이터를 여러 가지 형식으로 내보낼export 수 있다. 형식에는 일반 텍스트, 포스트스크립트, 쉼표로 구분된 값CSV, Comma-Separated Values과 XML이 포함된다. 이러한 형식 중 하나로 캡처된 패킷을 내보내려면 File ❯ Export Packet Dissections를 선택한 다음 내보내는 파일의 형식을 선택한다. 선택한 형식과 관련된 옵션이 포함된 Save As 상자가 나타난다.

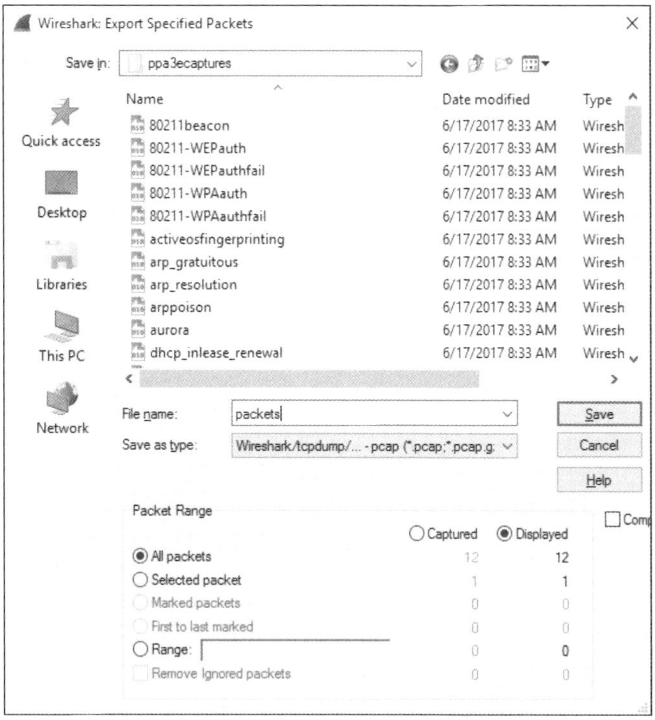

▲ **그림 4-2** Export Specified Packets 대화상자를 사용하면 저장할 패킷을 세부적으로 제어할 수 있다.

캡처 파일 병합

특정 유형의 분석에는 여러 캡처 파일을 병합merge할 수 있는 기능이 필요하다. 이는 일반적으로 두 데이터 스트림을 비교하거나 별도로 캡처된 동일한 트래픽의 스트림을 결합할 때 사용된다.

캡처 파일을 병합하려면 병합할 파일 중 하나를 열고 File ▶ Merge를 선택해 그림 4-3과 같이 **캡처 파일과 병합** 대화상자를 불러온다. 이미 열려있는 파일에 병합하려는 새 파일을 선택한 다음 파일 병합에 사용할 방법을 선택한다. 선택한 파일을 현재 열려있는 파일 앞에 추가하거나, 첨부하거나, 타임스탬프를 기반으로 파일을 시간 순으로 병합할 수 있다.

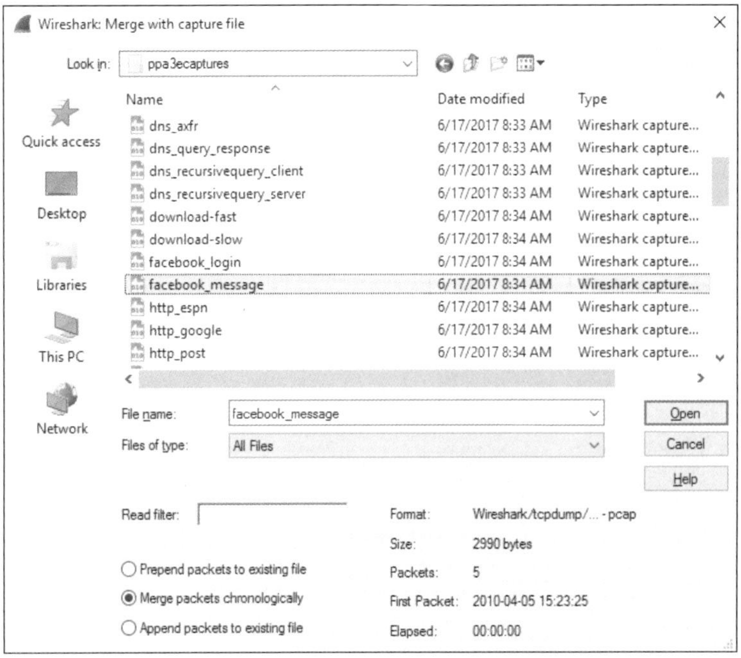

▲ **그림 4-3** 병합 대화상자를 이용해 두 개의 캡처 파일을 병합할 수 있다.

패킷 작업

사용자는 엄청나게 많은 수의 패킷을 다루는 상황이 발생한다. 패킷 수는 수천, 심지어 수백만으로 증가하므로 패킷을 효율적으로 탐색해야 한다. 이를 위해 와이어샤크는 특정 기준과 일치하는 패킷을 찾아 표시할 수 있다. 쉽게 참조할 수 있게 패킷을 인쇄할 수도 있다.

패킷 검색

특정 기준에 맞는 패킷을 찾으려면 그림 4-4와 같이 ctrl-F를 눌러 Find Packet 바를 연다. 이 바는 필터 바와 패킷 목록 창 사이에 나타난다.

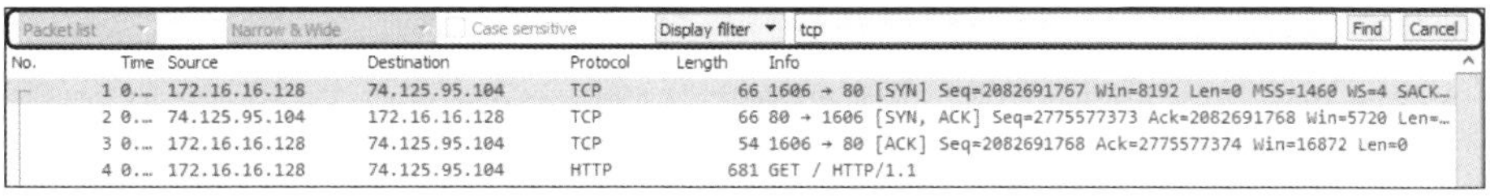

▲ **그림 4-4** 지정된 기준에 따라 와이어샤크에서 패킷 검색 – 이 경우 디스플레이 필터 표현식 tcp와 일치하는 패킷

이 창에는 패킷을 찾는 세 가지 옵션을 제공한다.

- Display Filter 옵션을 사용하면 해당 표현식을 충족하는 패킷만 찾을 수 있는 표현식 기반 필터를 입력할 수 있다. 이 옵션은 그림 4-4에서 사용됐다.
- Hex value 옵션은 지정한 16진수 값을 가진 패킷을 검색한다.
- String 옵션은 지정한 텍스트 문자열을 가진 패킷을 검색한다. 검색이 수행되는 창을 지정하거나 검색 문자열에서 대소문자를 구분할 수 있다.

표 4-1은 이러한 검색 유형의 예를 보여준다.

▼ **표 4-1** 패킷을 찾기 위한 검색 유형

탐색 유형	예

Display filter(디스플레이 필터)	`not ip`
	`ip.addr==192.168.0.1`
	`arp`

Hex value(16진 값)	`00ff`
	`ffff`
	`00ABB1f0`

String(문자열)	`Workstation1`
	`UserB`
	`domain`

사용할 검색 유형을 결정했으면 텍스트 상자에 검색 기준을 입력하고 Find를 클릭해 기준에 맞는 첫 번째 패킷을 찾는다. 일치하는 다음 패킷을 찾으려면 Find를 다시 클릭하거나 ctrl-N을 누른다. ctrl-B를 눌러 이전에 일치하는 패킷을 찾는다.

패킷 마킹

사용자가 기준과 일치하는 패킷을 찾은 후에 그것을 관심 있는 패킷으로 마크mark할 수 있다. 예를 들어 패킷을 마킹marking하면 이러한 패킷만 저장할 수 있다. 또한 그림 4-5와 같이 검은색 배경과 흰색 텍스트로 나타난 패킷을 빠르게 찾을 수 있다.

21 0.836373 69.63.190.22 172.16.0.122 TCP 1434 [TCP segment of a reassembled PDU]
22 0.836382 172.16.0.122 69.63.190.22 TCP 66 58637→80 [ACK] Seq=628 Ack=3878 Win=491 Len=0 TSval=301989922

▲ **그림 4-5** 마크된 패킷은 화면에 강조해서 나타난다. 이 예에서는 두 번째 패킷이 마크돼 강조해서 나타난다.

패킷을 마킹하려면 패킷 목록 창에서 패킷을 마우스 오른쪽 단추로 클릭하거나 팝업에서 Mark Packet을 선택하거나 패킷 목록 창에서 패킷을 클릭하고 ctrl-M을 누른다. 패킷 마크를 해제하려면 ctrl-M을 다시 누르면 된다. 캡처할 때 원하는 만큼 많은 패킷을 마크할 수 있다. 마크된 패킷 사이를 앞뒤로 이동하려면 각각 shift-ctrl-N과 shift-ctrl-B를 누른다.

패킷 인쇄

대부분의 분석은 컴퓨터 화면에서 이뤄지지만 캡처한 데이터를 인쇄print할 수 있다. 가끔 패킷을 출력해 책상에 테이프로 붙여 놓으면 다른 분석을 하면서 내용을 빠르게 참조할 수 있다. 보고서를 준비할 때 특히 PDF 파일로 패킷을 인쇄할 수 있다는 것이 매우 편리하다. 캡처된 패킷을 인쇄하려면 그림 4-6과 같이 메인 메뉴에서 File ❯ Print를 선택해 인쇄 대화상자를 연다.

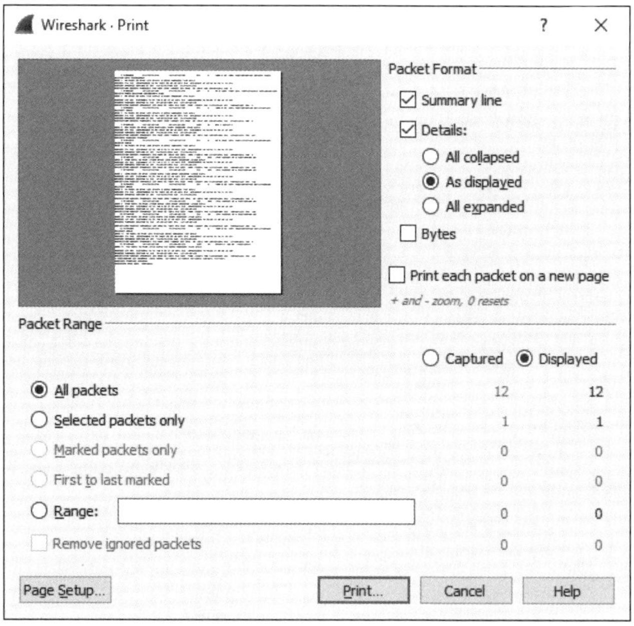

▲ **그림 4-6** 인쇄 대화상자에서 패킷을 지정해서 인쇄할 수 있다.

Export Specified Packets 대화상자와 마찬가지로 특정 패킷 범위, 마크된 패킷만 또는 필터의 결과로 나타난 패킷을 인쇄할 수 있다. 각 패킷에 인쇄할 세부 정보 수준을 선택할 수도 있다. 옵션을 선택했으면 Print를 클릭하라.

시간 표시 형식 및 참조 설정

특히 패킷 분석에서 시간은 핵심이다. 네트워크에서 일어나는 모든 일은 시간에 민감하므로 캡처 파일에서 추세와 네트워크 대기 시간을 자주 검사해야 한다. 와이어샤크는 시간과 관련된 몇 가지 구성 가능한 옵션을 제공한다. 이 절에서는 시간 표시 형식과 참조를 살펴본다.

시간 디스플레이 형식

와이어샤크가 캡처한 각 패킷은 운영체제가 패킷에 적용한 타임스탬프가 제공된다. 와이어샤크는 패킷이 캡처된 정확한 시간을 나타내는 절대 타임스탬프와 마지막으로 캡처된 패킷 및 캡처의 시작과 끝과 관련된 시간을 보여줄 수 있다.

시간 디스플레이와 관련된 옵션은 메인 메뉴의 보기View 제목 아래에 있다. 그림 4-7에 나와 있는 시간 디스플레이 형식 섹션을 사용하면 시간 디스플레이의 정밀도는 물론 표시 형식을 구성할 수 있다.

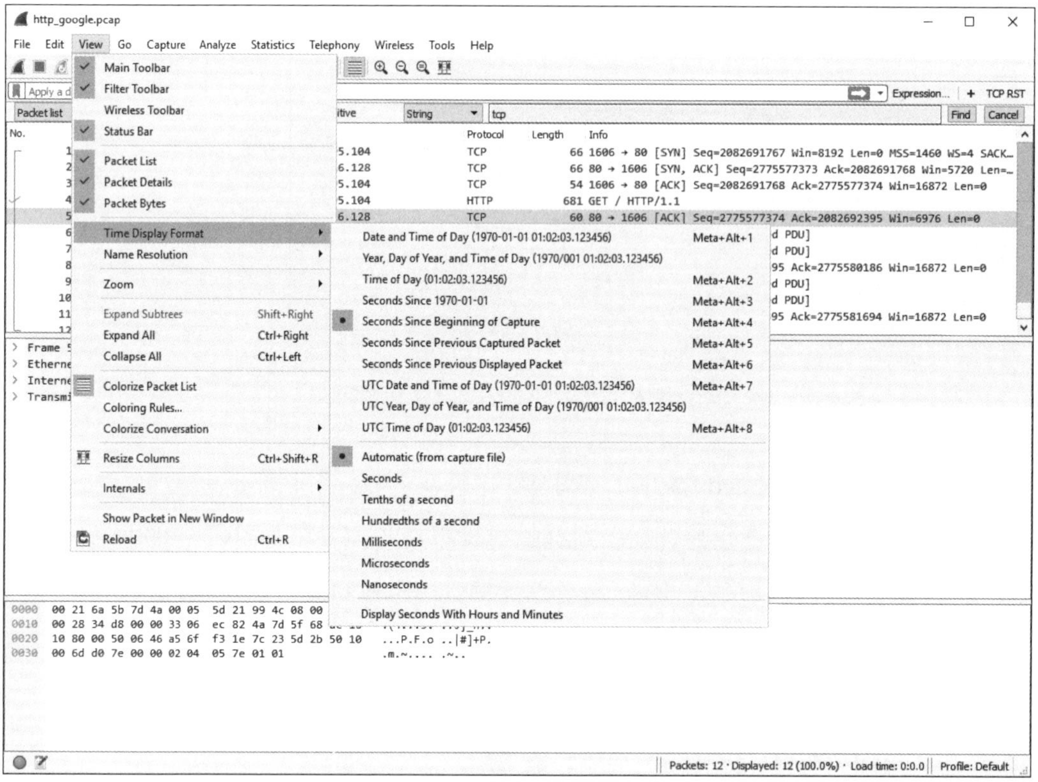

▲ **그림 4-7** 여러 시간 디스플레이 형식을 사용할 수 있다.

표시 형식 옵션을 사용하면 시간 디스플레이를 위한 다양한 설정을 선택할 수 있다. 여기에는 날짜와 시간, UTC 날짜와 시간, 기본 이후 경과 시간, 캡처 시작 후 초(기본 설정), 이전 캡처된 패킷 이후 경과 시간 등이 포함된다.

정밀도 옵션을 사용하면 시간 디스플레이 정밀도를 자동 설정(캡처 파일의 형식 또는 초, 밀리초, 마이크로초 등과 같은 수동 설정)으로 설정할 수 있다. 나중에 이 옵션을 변경할 예정이므로 지금 익숙해져야 한다.

> **참고** 여러 장치의 패킷 데이터를 비교할 때 특히 포렌식 분석이나 문제 해결을 수행하는 경우에 장치가 동일한 시간으로 동기화돼 있는지 확인해야 한다. NTP(Network Time Protocol)를 사용해 네트워크 장치가 동기화되게 할 수 있다. 두 개 이상의 시간대를 가진 장치의 패킷을 검사할 때는 결과를 보고할 때 혼동을 피하기 위해 현지 시간 대신 UTC(Universal Time Coordinated, 협정세계시)로 패킷을 분석하는 것이 좋다.

패킷 시간 참조

패킷 시간 참조를 사용하면 특정 패킷을 구성해 모든 후속 시간 계산이 해당 패킷과 관련해 수행되게 할 수 있다. 이 기능은 특히 캡처 파일의 시작 지점이 아닌 다른 지점에서 트리거되는 일련의 순차적 이벤트를 검사할 때 유용하다.

패킷에 시간 참조를 설정하려면 패킷 목록 창에서 참조 패킷을 마우스 오른쪽 단추로 클릭하고 Set/Unset Time Reference를 선택한다. 이 참조를 해제하려면 같은 작업을 반복한다. 패킷 목록 창에서 참조하려는 패킷을 선택하고 ctrl-T를 눌러 시간 참조로 패킷을 토글할 수도 있다.

패킷에서 시간 참조를 활성화하면 그림 4-8과 같이 패킷 목록 창에 있는 시간 열에 *REF*가 나타난다.

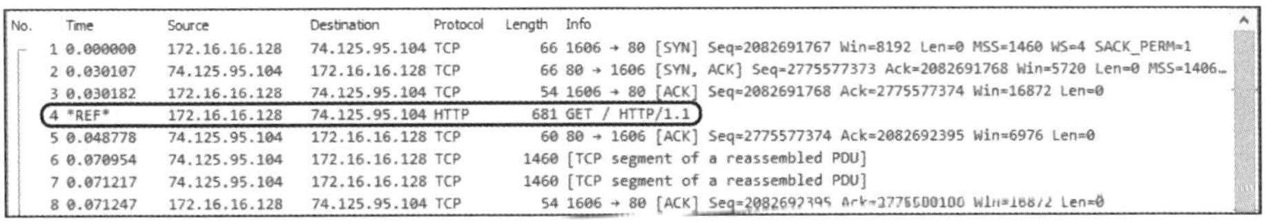

No.	Time	Source	Destination	Protocol	Length	Info
1	0.000000	172.16.16.128	74.125.95.104	TCP	66	1606 → 80 [SYN] Seq=2082691767 Win=8192 Len=0 MSS=1460 WS=4 SACK_PERM=1
2	0.030107	74.125.95.104	172.16.16.128	TCP	66	80 → 1606 [SYN, ACK] Seq=2775577373 Ack=2082691768 Win=5720 Len=0 MSS=1406…
3	0.030182	172.16.16.128	74.125.95.104	TCP	54	1606 → 80 [ACK] Seq=2082691768 Ack=2775577374 Win=16872 Len=0
4	*REF*	172.16.16.128	74.125.95.104	HTTP	681	GET / HTTP/1.1
5	0.048778	74.125.95.104	172.16.16.128	TCP	60	80 → 1606 [ACK] Seq=2775577374 Ack=2082692395 Win=6976 Len=0
6	0.070954	74.125.95.104	172.16.16.128	TCP	1460	[TCP segment of a reassembled PDU]
7	0.071217	74.125.95.104	172.16.16.128	TCP	1460	[TCP segment of a reassembled PDU]
8	0.071247	172.16.16.128	74.125.95.104	TCP	54	1606 → 80 [ACK] Seq=2082692395 Ack=[illegible] Win=16872 Len=0

▲ **그림 4-8** 패킷 시간 참조 토글이 활성화된 4번 패킷

패킷 시간 참조를 설정하면 캡처의 시간 디스플레이 형식이 캡처 시작과 관련해 시간을 나타내게 설정한 경우에만 유용하다. 다른 설정은 사용할 수 있는 결과를 생성하지 않으며, 실제로 혼란을 야기할 수 있는 시간을 생성한다.

시간 이동

어떤 경우에는 동일한 소스에 시간이 동기화되지 않은 여러 소스의 패킷이 발생할 수 있다. 이는 동일한 데이터 스트림이 포함된 두 위치에서 가져온 캡처 파일을 검사할 때 특히 일반적이다. 대부분의 관리자는 네트워크상의 모든 장치가 동기화되는 상태를 원하지만 일부 장치 유형 간에는 몇 초의 시간 차이가 있을 수 있다. 와이어샤크는 분석 중에 이 문제를 완화하기 위해 패킷의 타임스탬프를 전환하는 기능을 제공한다.

하나 이상의 패킷에서 타임스탬프를 이동하려면 Edit ▶ Time Shift를 선택하거나 ctrl-shift-T를 누른다. 시간 이동 화면이 열리면 전체 캡처 파일을 이동하는 시간 범위를 지정하거나 개별 패킷을 설정할 시간을 지정할 수 있다. 그림 4-9의 예에서는 각 패킷에 2분 5초를 추가해 캡처 시에 모든 패킷의 타임스탬프를 이동하게 선택했다.

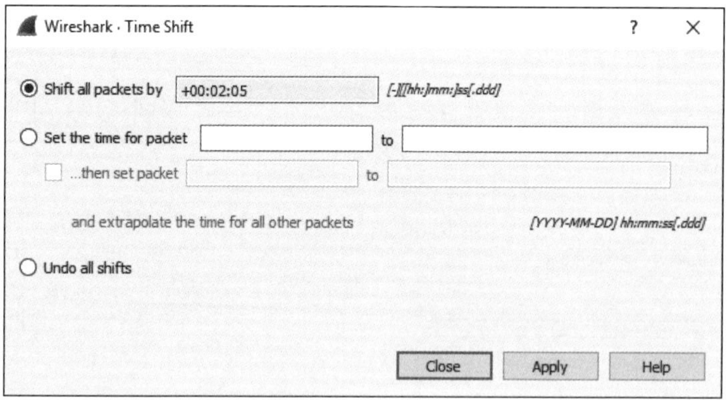

▲ **그림 4-9** 시간 이동 대화상자

캡처 옵션 설정

3장에서 매우 기본적인 패킷 캡처를 살펴보면서 Capture Interfaces 대화상자를 살펴봤다. 와이어샤크는 우리가 해결하지 못한 몇 가지 추가 캡처 옵션을 제공한다. 이 옵션에 액세스하려면 Capture ▶ Options를 선택한다.

Capture Interfaces 대화상자에는 많은 부가적인 기능이 있다. 패킷을 캡처하면서 더 많은 유연성을 제공하게 설계됐다. 입력, 출력, 옵션이라는 세 가지 탭으로 나뉜다. 각기 따로 살펴보자.

입력 탭

입력[Input] 탭(그림 4-10 참조)의 주목적은 패킷 캡처에 사용할 수 있는 모든 인터페이스와 각 인터페이스에 대한 기본 정보를 디스플레이하는 것이다. 여기에는 운영체제에서 제공하는 인터페이스의 친숙한 이름, 인터페이스의 처리량을 보여주는 트래픽 그래프 및 무차별 모드 상태 및 버퍼 크기와 같은 추가 구성 옵션이 포함된다. 맨 오른쪽(그림에는 나타나지 않음)에는 적용된 캡처 필터에 대한 열이 있다. 이 열은 '캡처 필터' 절에서 설명한다.

이러한 옵션의 대부분은 클릭해 인라인으로 편집할 수 있다. 예를 들어 인터페이스에서 무차별 모드를 사용하지 않으려면 해당 필드를 클릭하고 제공된 드롭다운 메뉴를 통해 사용 가능에서 사용 불가능으로 변경할 수 있다.

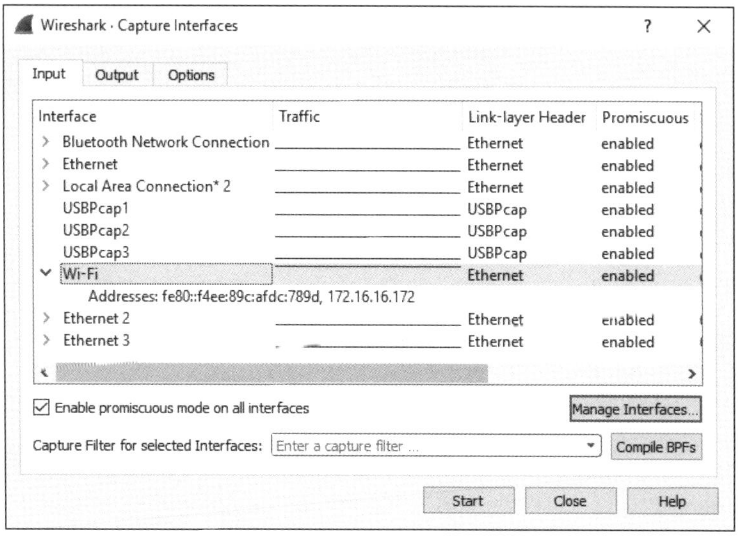

▲ **그림 4-10** 캡처 인터페이스 입력 옵션 탭

출력 탭

출력Output 탭(그림 4-11 참조)을 사용하면 패킷을 먼저 캡처한 다음 파일에 저장하는 대신 캡처한 패킷을 파일에 자동으로 저장할 수 있다. 이렇게 하면 패킷 저장 방법을 좀 더 융통성 있게 관리할 수 있다. 단일 파일이나 파일 셋으로 저장하거나 링 버퍼ring buffer(잠시 후에 다룬다)를 사용해 생성된 파일 수를 관리할 수도 있다. 이 옵션을 사용하려면 파일 텍스트 상자에 전체 파일 경로와 이름을 입력하면 된다. 또는 Browse... 버튼을 사용해 디렉토리를 선택하고 파일 이름을 제공하면 된다.

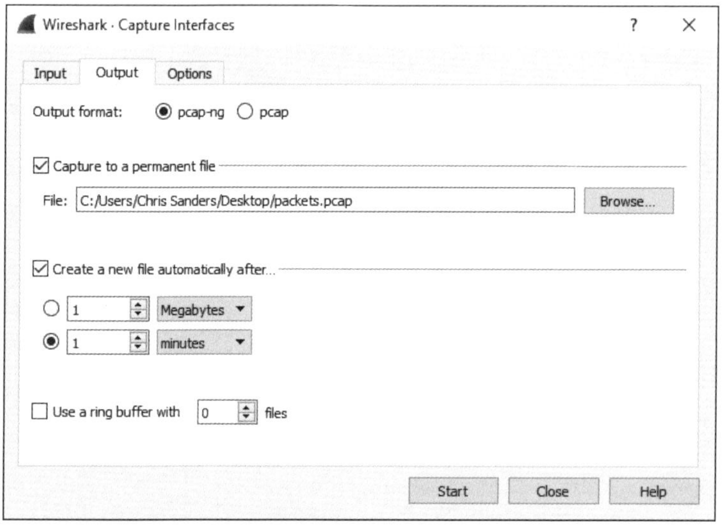

▲ **그림 4-11** 캡처 인터페이스 출력 옵션 탭

많은 양의 트래픽을 캡처하거나 장기간 캡처를 수행할 때 파일 셋이 특히 유용할 수 있다. 파일 셋file set은 특정 조건에 따라 구분된 여러 파일을 그룹화한 것이다. 파일 셋에 저장하려면 Create a new file automatically after... 옵션을 선택한다.

와이어샤크는 다양한 트리거trigger를 사용해 파일 크기나 시간 조건에 따라 파일 셋에 저장하는 것을 관리한다. 이러한 트리거 중 하나를 활성화하려면 크기 또는 시간 기반 옵션 옆에 있는 라디오 단추를 선택한 다음 트리거할 값과 단위를 지정한다. 예를 들어 캡처된 1MB의 트래픽이 발생할 때마다 새 파일을 생성하는 트리거를 설정하거나 그림 4-12와 같이 캡처한 트래픽이 1분마다 캡처된 후에 트리거를 설정할 수 있다.

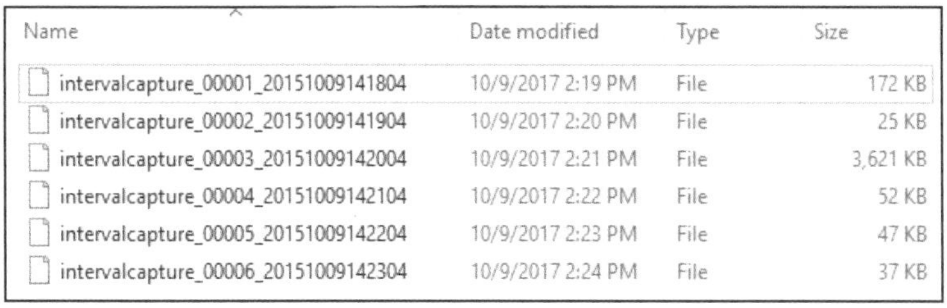

Name	Date modified	Type	Size
intervalcapture_00001_20151009141804	10/9/2017 2:19 PM	File	172 KB
intervalcapture_00002_20151009141904	10/9/2017 2:20 PM	File	25 KB
intervalcapture_00003_20151009142004	10/9/2017 2:21 PM	File	3,621 KB
intervalcapture_00004_20151009142104	10/9/2017 2:22 PM	File	52 KB
intervalcapture_00005_20151009142204	10/9/2017 2:23 PM	File	47 KB
intervalcapture_00006_20151009142304	10/9/2017 2:24 PM	File	37 KB

▲ **그림 4-12** 와이어샤크가 1분 간격으로 생성한 파일 셋

Use a ring buffer 옵션을 사용하면 와이어샤크가 파일을 덮어 쓰기 전에 파일 셋이 보유할 특정 개수의 파일을 지정할 수 있다. 링 버퍼ring buffer라는 용어는 여러 가지 의미를 갖지만, 본질적으로 더 이상 데이터를 저장하지 않으면 첫 번째 파일을 덮어 쓰게 지정하는 파일 셋이다. 즉, 파일을 쓰는 FIFOFirst In First Out, 선입선출 방식을 설정한다. 이 옵션을 선택하고 순환할 최대 파일 수를 지정할 수 있다. 예를 들어 매 시간마다 생성된 새 파일을 이용해 캡처한 다중 파일을 사용하기 위해 링 버퍼를 6으로 설정했다고 가정해보자. 여섯 번째 파일이 만들어지면 일곱 번째 파일을 만드는 것이 아니라 링 버퍼가 순환해 첫 번째 파일에 덮어 쓴다. 이렇게 하면 새로운 데이터를 쓸 수 있으면서 하드 드라이브에 6개 이하의 파일(또는 이 경우에는 수 시간)만 남게 된다.

마지막으로 **출력** 탭에서 .pcapng 파일 형식을 사용할지 여부를 지정할 수도 있다. .pcapng를 분석할 수 없는 도구를 사용해 저장된 패킷과 상호작용하려는 경우 기존 .pcap 형식을 선택할 수 있다.

옵션 탭

옵션Options 탭에는 그림 4-13과 같이 디스플레이, 이름 해석과 캡처 종료 옵션을 비롯한 다양한 패킷 캡처 선택 항목이 포함돼 있다.

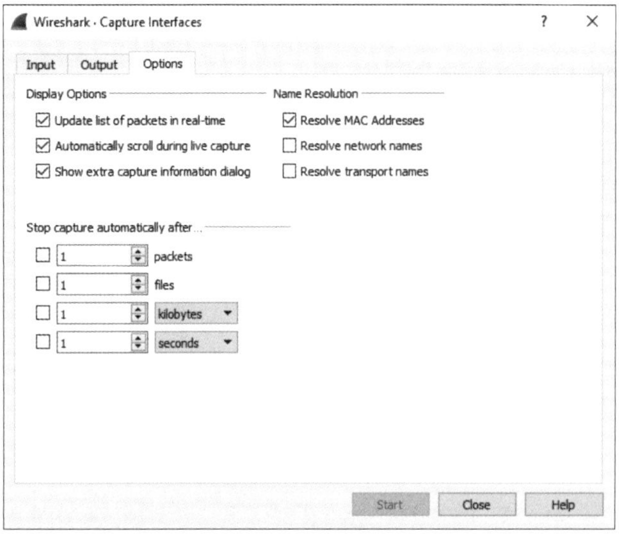

▲ **그림 4-13** 캡처 인터페이스 옵션 탭

디스플레이 옵션

디스플레이[Display] 옵션 섹션은 캡처된 패킷을 보여주는 방법을 제어한다. Update list of packets in real-time 옵션은 자동 실행이며, Automatically scroll during live capture 옵션과 함께 사용할 수 있다. 이 두 옵션을 모두 사용하면 캡처한 모든 패킷이 화면에 나타나고 가장 최근에 캡처된 패킷을 즉시 보여준다.

> **경고** Update list of packets in real-time과 Automatically scroll during live capture 옵션을 사용하면 상당한 양의 데이터를 캡처하는 경우에도 프로세서가 많이 사용될 수 있다. 실시간으로 패킷을 볼 필요가 없다면 두 옵션을 모두 선택 취소하는 것이 가장 좋다.

Show extra capture information 대화상자 옵션을 사용하면 수집된 패킷의 수와 백분율을 프로토콜별로 정렬한 작은 창을 보여주거나 보여주지 않을 수 있다. capture info 대화상자는 캡처 중에 라이브 스크롤을 허용하지 않기 때문에 보여주고 싶다.

이름 해석 설정

이름 해석Name Resolution 섹션 옵션을 사용하면 자동 MAC(계층 2), 네트워크(계층 3) 및 전송(계층 4) 이름 해석을 캡처에 사용할 수 있다. 5장에서 이름 해석의 단점을 포함해 더 많은 일반적인 주제로 설명할 것이다.

캡처 설정 중지

캡처 설정 중지Stop capture automatically after... 섹션에서는 특정 조건이 충족될 때 실행 중인 캡처를 중지할 수 있다. 여러 파일 셋과 마찬가지로 파일 크기 및 시간 간격에 따라 캡처가 중지되게 트리거할 수 있지만 패킷 수에 따라 트리거할 수도 있다. 이 옵션은 출력 탭의 다중 파일 옵션과 함께 사용할 수 있다.

필터 사용

필터를 사용하면 분석할 패킷을 지정할 수 있다. 간단히 말해 필터는 패킷 포함 또는 제외에 대한 기준을 정의하는 표현식이다. 보고 싶지 않은 패킷이 있는 경우 이를 제거하는 필터를 작성할 수 있다. 독점적으로 보려는 패킷이 있는 경우 해당 패킷만 보여주는 필터를 작성할 수 있다.

와이어샤크는 다음과 같은 두 가지 주요 유형의 필터를 제공한다.

- 캡처 필터Capture filters는 패킷이 캡처될 때 지정되며, 지정된 표현식에 포함/제외되게 지정된 패킷만 캡처한다.
- 디스플레이 필터Display filters는 원하지 않는 패킷을 숨기거나 지정된 표현식을 기반으로 원하는 패킷을 보여주기 위해 캡처된 패킷 집합에 적용된다.

먼저 캡처 필터를 살펴보자.

캡처 필터

캡처 필터는 패킷 캡처 과정에서 분석가에게 처음부터 전달되는 패킷을 제한하기 위해 적용된다. 캡처 필터를 사용하는 주된 이유 중 하나는 성능이다. 특정 트래픽 형태를 분석할 필요가 없다는 것을 알고 있다면 캡처 필터를 사용해 필터를 필터링하고 일반적으로 해당 패킷을 캡처하는 데 사용되는 처리 성능을 절약할 수 있다.

사용자 정의 캡처 필터를 만드는 기능은 대량의 데이터를 다룰 때 유용하다. 현재 분석 중인 문제와 관련된 패킷만 보고 있는지 확인해 분석 속도를 높일 수 있다.

예를 들어 포트 262에서 실행 중인 서비스 문제를 해결한다고 가정하지만 분석 중인 서버가 다양한 포트에서 여러 가지 다른 서비스를 실행한다. 한 포트의 트래픽만 찾아서 분석하면 그 자체로는 상당한 일이 될 것이다. 특정 포트의 트래픽만 캡처하려면 캡처 필터를 사용할 수 있다. 이렇게 하려면 다음과 같이 Capture Interface 대화상자를 사용하면 된다.

1. 패킷을 캡처할 인터페이스 옆에 있는 Capture ▶ Options 버튼을 선택한다. Capture Interface 대화상자가 열린다.
2. 사용할 인터페이스를 찾고 맨 오른쪽 열의 Capture Filter 옵션으로 스크롤한다.
3. 이 열을 클릭해 표현식을 입력해 캡처 필터를 적용할 수 있다. 필터가 인바운드 및 아웃바운드 트래픽만 **포트 262**에 디스플레이하게 하려면 그림 4-14와 같이 **포트 262**를 입력한다(다음 절에서 표현에 대해 더 자세히 설명한다). 셀의 색상이 녹색으로 바뀌어 유효한 표현식을 입력했음을 나타낸다. 표현식이 유효하지 않으면 빨간색으로 변한다.

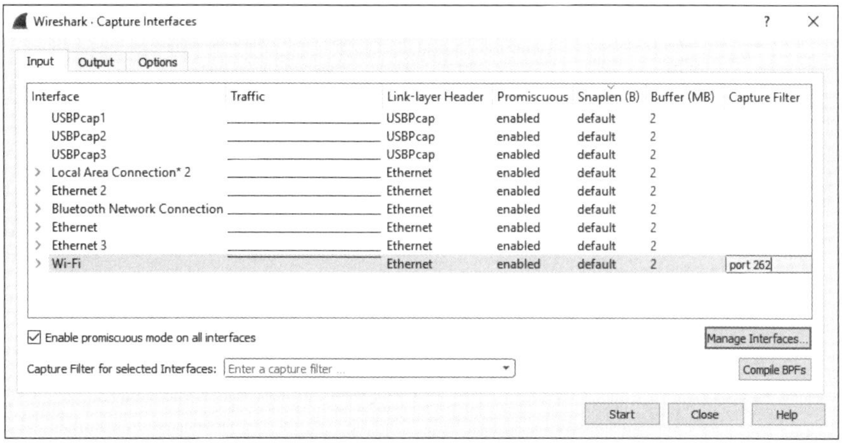

▲ **그림 4-14** Capture Interface 대화상자에서 캡처 필터 만들기

4. 필터를 설정했으면 Start를 클릭해 캡처를 시작한다.

이제 포트 262 트래픽만 디스플레이돼 이 특정 데이터를 좀 더 효율적으로 분석할 수 있다.

캡처/BPF 구문

캡처 필터는 libpcap/WinPcap에 의해 적용되며, BPF[Berkeley Packet Filter] 구문을 사용한다. 이 구문은 여러 패킷 스니핑 프로그램에서 일반적으로 발생한다. 주로 패킷 스니핑 프로그램이 BPF를 사용할 수 있는 libpcap/WinPcap 라이브러리에 의존하는 경향이 있기 때문이다. BPF 구문에 대한 지식은 패킷 레벨에서 네트워크를 좀 더 깊이 있게 분석할 때 중요하다.

BPF 구문을 사용해 작성된 필터를 표현식[expression]이라 하며, 각 표현식은 하나 이상의 프리미티브[primitive]로 구성된다. 프리미티브는 그림 4-15와 같이 하나 이상의 한정자[qualifiers]와 ID 이름이나 숫자로 구성된다(표 4-2 참조).

▼ **표 4-2** BPF 한정자

한정자	설명	예제
Type	ID 이름이나 번호가 참조하는 것을 식별한다.	host, net, port
Dir	ID 이름이나 번호에 대한 전송 방향을 지정한다.	src, dst
Proto	특정 프로토콜에 대해 일치하는 것을 제한한다.	ether, ip, tcp, udp, http, ftp

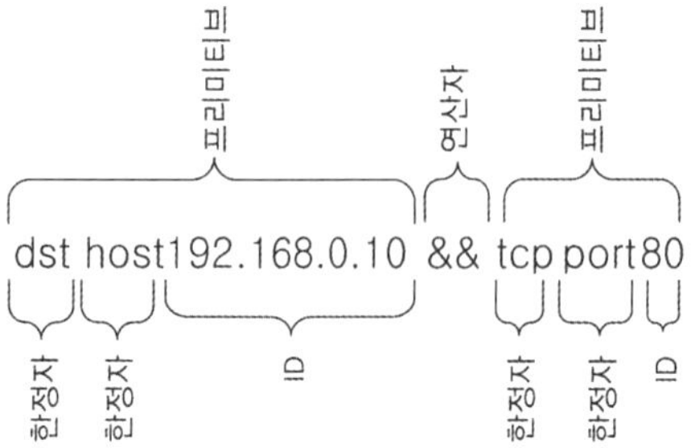

▲ **그림 4-15** 예제 캡처 필터

구성 요소인 표현식, 한정자 dst host와 ID 192.168.0.10이 주어지면 결합해 프리미티브를 형성한다. 이 프리미티브만으로도 대상 IP 주소 192.168.0.10으로 트래픽을 캡처하는 표현식이 된다.

논리 연산자를 사용해 프리미티브를 결합해 더 많은 것을 생성할 수 있다. 다음과 같은 세 가지 논리 연산자를 사용할 수 있다.

- 연결 연산자 AND(&&)
- 대체 연산자 OR(||)
- 부정 연산자 NOT(!)

예를 들어 다음 표현식은 발신지 IP 주소가 192.168.0.10이고, 발신지 또는 목적지 포트가 80인 트래픽만 캡처한다.

```
src host 192.168.0.10 && port 80
```

호스트 이름 및 주소 지정 필터

대부분의 필터는 특정 네트워크 장치나 장치 그룹을 중심으로 만든다. 상황에 따라 필터링은 장치의 MAC 주소, IPv4 주소, IPv6 주소 또는 DNS 호스트 이름을 기반으로 할 수 있다.

예를 들어 네트워크의 서버와 상호작용하는 특정 호스트의 트래픽에 대해 궁금한 점이 있다고 가정해보자. 서버에서 해당 호스트의 IPv4 주소와 관련된 모든 트래픽을 캡처하는 호스트 한정자를 사용해 필터를 만들 수 있다.

```
host 172.16.16.149
```

IPv6 네트워크를 사용하는 경우 IPv6 기반으로 필터링한다. 주소는 다음과 같이 호스트 한정자를 사용한다.

```
host 2001 : db8 : 85a3 :: 8a2e : 370 : 7334
```

다음과 같이 호스트 한정자를 사용해 장치의 호스트 이름을 기준으로 필터링할 수도 있다.

```
host testserver2
```

또는 호스트의 IP 주소가 변경될 우려가 있는 경우 이더넷 프로토콜 한정자를 추가해 MAC 주소를 기반으로 필터링할 수도 있다.

```
ether host 00-1a-a0-52-e2-a0
```

전송 방향 한정자는 이전 예제와 같은 필터와 함께 사용돼 트래픽이 호스트로 전송되는지 호스트에서 전송되는지에 따라 캡처된다. 예를 들어 특정 호스트에서 오는 트래픽만 캡처하려면 src 한정자를 추가하면 된다.

```
src host 172.16.16.149
```

172.16.16.149로 지정된 데이터만 캡처하려면 dst 한정자를 사용한다.

```
dst host 172.16.16.149
```

프리미티브와 함께 유형type 한정자(host, net, 또는 port)를 사용하지 않으면 host 한정자로 간주된다. 따라서 해당 한정식을 제외한 이 표현식은 앞의 예와 같다.

```
dst 172.16.16.149
```

포트 필터

호스트에 대해 필터링하는 것 외에도 각 패킷에 사용된 포트port를 기준으로 필터링할 수 있다. 포트 필터링은 알려진 서비스 포트를 사용하는 서비스 및 애플리케이션을 필터링하는 데 사용할 수 있다. 예를 들어 다음은 포트 8080으로, 또는 포트 8080에서만 트래픽을 캡처하는 간단한 필터다.

```
port 8080
```

포트 8080에서 제외한 모든 트래픽을 캡처하려면 다음과 같이 하면 된다.

```
! port 8080
```

포트 필터는 전송 방향 한정자와 결합될 수 있다. 예를 들어 표준 HTTP 포트 80에서 수신 대기 중인 웹서버로 가는 트래픽만 캡처하려면 dst 한정자를 사용한다.

```
dst port 80
```

프로토콜 필터

프로토콜protocol 필터를 사용하면 특정 프로토콜을 기반으로 패킷을 필터링할 수 있다. 이들은 단순히 특정 포트의 사용으로 지정할 수 없는 비응용 계층 프로토콜을 일치시키는 데 사용된다. 따라서 ICMP 트래픽만 보려는 경우 이 필터를 사용할 수 있다.

```
icmp
```

IPv6 트래픽 이외의 모든 것을 보려면 다음과 같이 하면 된다.

```
! ip6
```

프로토콜 필드 필터

BPF 구문의 강점 중 하나는 프로토콜 헤더의 모든 바이트를 검사해 해당 데이터를 기반으로 매우 구체적인 필터를 만들 수 있다는 점이다. 이 절에서 설명할 고급 필터를 사용하면 특정 위치에서 시작하는 패킷에서 특정 바이트 수를 검색할 수 있다.

예를 들어 ICMP 헤더의 유형type 필드를 기반으로 필터링하려고 한다고 가정해보자. type 필드는 패킷의 맨 처음에 위치하며, 0으로 놓는다. 패킷 내에서 검사할 위치를 식별하기 위해 프로토콜 한정자 옆의 대괄호 안에 바이트 오프셋을 지정한다.

이 예제에서는 `icmp [0]`이다. 이 사양은 1바이트 정수 값을 반환한다. 우리가 비교할 수 있는 예를 들어 목적지에 도달할 수 없는(유형 3) 메시지를 나타내는 ICMP 패킷만 얻으려면 필터 표현식에 `equal` 연산자를 사용한다.

```
icmp [0] == 3
```

에코 요청(유형 8)을 나타내는 ICMP 패킷만 검사하려면 또는 에코 응답(유형 0)을 사용하려면 OR 연산자에 두 개의 프리미티브를 사용하면 된다.

```
icmp [0] == 8 || icmp [0] == 0
```

이러한 필터는 잘 작동하지만 패킷 헤더의 1바이트 정보만을 기반으로 필터링한다. 대괄호 안의 오프셋 번호 뒤에 바이트 길이를 추가하고 콜론으로 구분해 필터식에서 반환할 데이터의 길이를 지정할 수도 있다.

예를 들어 유형 3, 코드 1로 식별되는 모든 ICMP 목적지 도달 불가능, 호스트 도달 불가능 패킷을 캡처하는 필터를 생성한다고 가정해보자. 이들은 패킷 헤더의 오프셋 0에서 서로 옆에 위치한 1- 바이트 필드다. 이를 위해 패킷 헤더의 오프셋 0에서 시작하는 2바이트의 데이터를 확인하는 필터를 만들고 이 데이터를 다음과 같이 16진수 값 0301(유형 3, 코드 1)과 비교한다.

```
icmp [0 : 2] == 0x0301
```

일반적인 시나리오는 RST 플래그가 설정된 TCP 패킷만 캡처하는 것이다. TCP에 대해서는 8장에서 자세하게 다룬다. 지금은 TCP 패킷의 플래그가 오프셋 13에 위치한다는 것을 알아야 한다. 이는 플래그 필드로서 전체적으로 1바이트 길이다. 특정 플래그는 이 바이트 내의 단일 비트에 의해 나타낸다. 부록 B에서 더 자세히 설명하겠지만, 한 바이트의 각 비트는 기본 2진 숫자를 나타낸다.

플래그 비트는 비트가 나타내는 숫자로 지정되므로 첫 번째 비트는 1, 두 번째 비트는 2, 세 번째 비트는 4를 나타낸다. TCP 패킷에 여러 플래그를 동시에 설정할 수 있다. 따라서 여러 값이 RST 비트를 나타낼 수 있기 때문에 단일 `tcp[13]` 값을 사용해 효율적으로 필터링할 수 없다.

대신 원하는 바이트 내의 위치를 지정해야 한다. 하나의 앰퍼샌드(&)를 추가하고 플래그가 저장된 위치를 나타내는 숫자를 추가하면 된다. RST 플래그는 이 바이트 내에서 4를 나타내는 비트에 있으며, 이 비트가 4로 설정된다는 사실은 RST 플래그가 설정됐음을 알려준다. 필터는 다음과 같다.

```
tcp [13] & 4 == 4
```

오프셋 13의 TCP 플래그에서 숫자 8을 나타내는 비트 위치로 식별되는 PSH 플래그가 설정된 모든 패킷을 보려면 필터가 대신 해당 위치를 사용한다.

```
tcp [13] & 8 == 8
```

예제 캡처 필터 표현식

분석의 성공이나 실패는 현재 상황에 적합한 필터를 만드는 능력에 달려 있다는 것을 알게 될 것이다. 표 4-3은 자주 사용할 수 있는 몇 가지 일반적인 캡처 필터를 보여준다.

▼ **표 4-3** 일반적으로 사용되는 캡처 필터

필터	설명
tcp [13] & 32 == 32	URG 플래그가 설정된 TCP 패킷
tcp [13] & 16 == 16	ACK 플래그가 설정된 TCP 패킷
tcp [13] & 8 == 8	PSH 플래그가 설정된 TCP 패킷
tcp [13] & 4 == 4	RST 플래그가 설정된 TCP 패킷
tcp [13] & 2 == 2	SYN 플래그가 설정된 TCP 패킷
tcp [13] & 1 == 1	FIN 플래그가 설정된 TCP 패킷
tcp [13] == 18	TCP SYN-ACK 패킷
ethernet host 00:00:00:00:00	MAC 주소로 또는 MAC 주소로부터 오는 트래픽
! ether host 00:00:00:00:00:00	MAC 주소로 또는 MAC 주소에서 들어오지 않는 트래픽
broadcast	브로드캐스트 트래픽만
icmp	ICMP 트래픽
icmp [0 : 2] == 0x0301	ICMP 목적지 도달 불가능, 호스트 도달 불가능
ip	IPv4 트래픽만
ip6	IPv6 트래픽만
udp	UDP 트래픽만

디스플레이 필터

디스플레이 필터는 캡처 파일에 적용될 때 와이어샤크에 해당 필터와 일치하는 패킷만 디스플레이하게 지시하는 필터다. 패킷 목록 창 위의 필터 텍스트 상자에 디스플레이 필터를 입력할 수 있다.

디스플레이 필터는 캡처 필터보다 더 자주 사용된다. 캡처 파일의 나머지 데이터를 실제로 생략하지 않고도 볼 수 있는 패킷 데이터를 필터링할 수 있다. 이렇게 하면 원본 캡처로 되돌리려면 필터 식을 지울 수 있다. 와이어샤크의 방대한 패킷 해독기 라이브러리 덕분에 더욱 강력해졌다.

예를 들어 일부 상황에서는 디스플레이 필터를 사용해 패킷이 현재 분석 중인 문제와 관련이 없는 경우 패킷 목록 창에서 ARP 브로드캐스트를 필터링해 캡처 파일에서 관련 없는 브로드캐스트 트래픽을 제거한다. 그러나 ARP 브로드캐스트 패킷은 나중에 유용할 수 있으므로 삭제하는 것보다 일시적으로 필터링하는 것이 좋다.

캡처 창에서 모든 ARP 패킷을 필터링하려면 패킷 목록 창의 맨 위에 있는 필터 텍스트 상자에 커서를 두고 !arp를 입력해 목록에서 모든 ARP 패킷을 제거한다(그림 4-16 참조). 필터를 제거하려면 X 버튼을 클릭하고 나중에 사용할 수 있게 필터를 저장하려면 더하기(+) 버튼을 클릭한다.

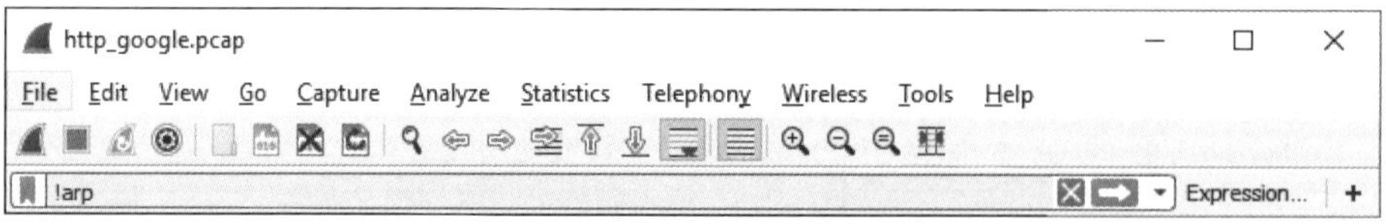

▲ **그림 4-16** 패킷 목록 창 위에 있는 필터 텍스트 상자를 사용해 디스플레이 필터 만들기

디스플레이 필터를 적용하는 데는 두 가지 방법이 있다. 하나는 이 예제에서와 같이 적절한 구문을 사용해 직접 적용하는 것이다. 또 다른 방법은 Display Filter Expression 대화상자를 사용해 반복적으로 필터를 작성하는 것이다. 이것은 필터를 처음 사용하기 시작할 때 더 쉬운 방법이다. 더 쉬운 방법부터 시작해 두 가지 방법을 살펴보자.

디스플레이 필터 표현식 대화상자

그림 4-17에 나타난 Display Filter Expression 대화상자를 사용하면 초보자 와이어샤크 사용자가 캡처 및 디스플레이 필터를 쉽게 만들 수 있다. 이 대화상자에 액세스하려면 필터 툴바에서 Expression 버튼을 클릭하면 된다.

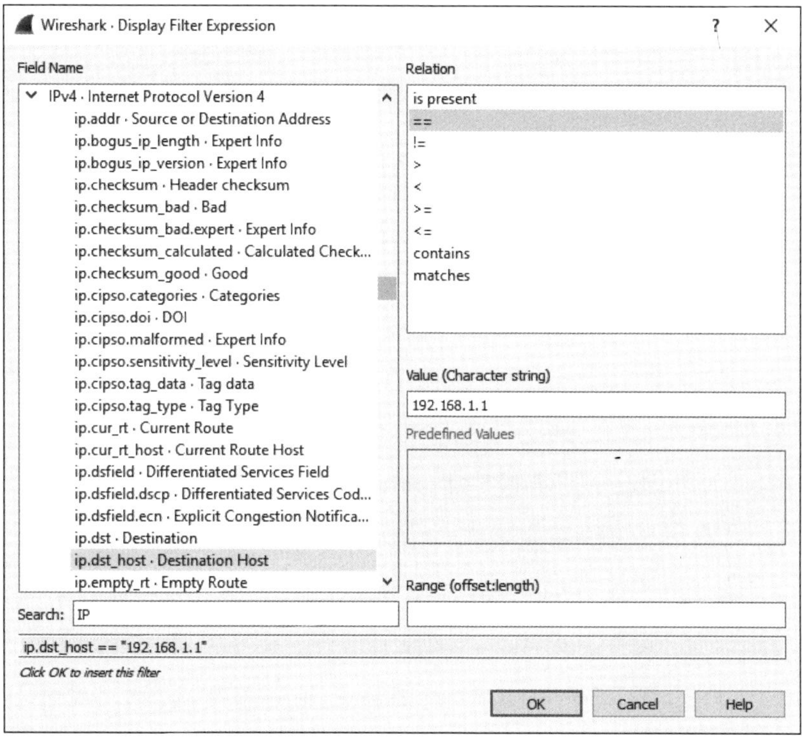

▲ **그림 4-17** Display Filter Expression 대화상자에서는 와이어샤크에서 필터를 쉽게 만들 수 있다.

대화상자의 왼쪽에 가능한 모든 프로토콜 필드가 나열되고, 이 필드는 가능한 모든 필터 기준을 지정한다. 필터를 만들려면 다음과 같이 하면 된다.

1. 프로토콜과 관련된 조건 필드를 보려면 옆에 있는 화살표 기호를 눌러 해당 프로토콜을 확장한다. 필터의 기준으로 삼을 기준을 찾았으면 클릭해 선택한다.
2. 선택한 필드가 사용자가 제공한 기준 값과 관련되는 방식을 선택한다. 이 관계는 같음, 보다 큼, 보다 작음 등과 같이 지정된다.

3. 선택한 필드와 관련된 기준 값을 지정해 필터 표현식을 작성한다. 이 값을 정의하거나 와이어샤크에 프로그래밍된 사전 정의된 값에서 이 값을 선택할 수 있다.
4. 전체 필터가 화면 아래쪽에 나타난다. 작업이 끝나면 OK를 클릭해 필터 바에 삽입하면 된다.

초보자용 Display Filter Expression 대화상자는 초보 사용자에게 적합하지만 익숙해진 후 수동으로 필터 표현식을 입력하면 효율성이 크게 향상된다. 디스플레이 필터 표현 구문 구조는 간단하면서도 매우 강력하다.

필터 표현식 구문 구조

와이어샤크를 더 많이 사용하기 시작하면 메인 창에서 직접 디스플레이 필터 구문을 사용해 시간을 절약할 수 있다. 다행히도 디스플레이 필터에 사용되는 구문은 표준 체계를 따르고 탐색하기 쉽다. 대부분의 경우 이 스키마는 프로토콜 중심이며 Display Filter Expression 대화상자를 볼 때 봤듯이 `protocol.feature.subfeature` 형식을 따른다. 이제 몇 가지 예를 살펴보자.

특정 프로토콜을 기반으로 패킷을 보려면 캡처 또는 디스플레이 필터를 사용하는 것이 가장 일반적이다. 예를 들어 TCP 문제를 해결하는 중이고 캡처 파일의 TCP 트래픽만 보고 싶다고 가정해보자. 그렇다면 간단한 tcp 필터가 작업을 수행한다.

이제 또 다른 예를 살펴보자. TCP 문제를 해결하는 과정에서 ping 유틸리티를 많이 사용해 많은 ICMP 트래픽을 생성했다고 상상해보자. 필터 표현식 `!icmp`를 사용해 캡처 파일에서 이 ICMP 트래픽을 제거할 수 있다.

비교 연산자를 사용하면 값을 비교할 수 있다. 예를 들어 TCP/IP 네트워크의 문제를 해결할 때 종종 모든 패킷을 볼 필요가 있다

특정 IP 주소를 참조한다. 비교 연산자(==)를 사용하면 IP 주소가 192.168.0.1인 모든 패킷을 보여주는 필터를 만들 수 있다.

```
ip.addr == 192.168.0.1
```

이제 128바이트보다 작은 패킷만 보고 싶다고 가정해보자. 작거나 같음 연산자(<=)를 사용해 해결할 수 있다.

```
frame.len <= 128
```

표 4-4는 와이어샤크의 비교 연산자를 보여준다.

▼ **표 4-4** 와이어샤크 필터 표현식 비교 연산자

연산자	설명
==	같음
!=	같지 않음
>	보다 큼
<	보다 작음
>=	크거나 같음
<=	작거나 같음

논리 연산자를 사용하면 여러 필터 표현식을 하나의 명령문으로 결합해 필터의 효율성을 크게 높일 수 있다. 예를 들어 두 개의 IP 주소에 패킷만 표시하는 데 관심이 있다고 가정해보자. 또는 연산자를 사용해 다음과 같이 IP 주소가 포함된 패킷을 보여주는 하나의 표현식을 작성할 수 있다.

```
ip.addr == 192.168.0.1 또는 ip.addr == 192.168.0.2
```

표 4-5는 와이어샤크의 논리 연산자를 보여준다.

▼ **표 4-5** 와이어샤크 필터 표현식 논리 연산자

연산자	설명
and	두 조건이 모두 참이어야 한다.
or	조건 중 하나가 참이어야 한다.

(이어짐)

연산자	설명
xor	하나 또는 그 이상의 조건이 충족돼야 한다.
not	조건 중 어느 것도 참이 아니다.

예제 디스플레이 필터 표현식

필터 표현식 작성과 관련된 개념은 매우 간단하지만 다양한 문제점에 대한 새로운 필터를 작성할 때 몇 가지 특정 키워드와 연산자를 사용해야 한다. 표 4-6은 가장 자주 사용하는 일부 디스플레이 필터를 보여준다. 전체 목록은 http://www.wireshark.org/docs/dfref/에서 와이어샤크 디스플레이 필터 참조를 참조하라.

▼ **표 4-6** 일반적으로 사용되는 디스플레이 필터

필터	설명
!tcp.port == 3389	RDP 트래픽을 필터링한다.
tcp.flags.syn == 1	SYN 플래그가 설정된 TCP 패킷
tcp.flags.reset == 1	RST 플래그가 설정된 TCP 패킷
!arp	ARP 트래픽 지우기
http	모든 HTTP 트래픽
tcp.port == 23 || tcp.port == 21	telnet 또는 FTP 트래픽
smtp || pop || imap	이메일 트래픽(SMTP, POP 또는 IMAP)

필터 저장

캡처 및 디스플레이 필터를 많이 만들면 특정 필터를 자주 사용하게 된다. 다행스럽게도 와이어샤크는 나중에 사용할 수 있게 필터를 저장할 수 있어서 사용할 때마다 이 값을 입력할 필요가 없다. 사용자 지정 캡처 필터를 저장하려면 다음과 같은 단계를 수행하면 된다.

1. Capture ❯ Capture Filters를 선택해 Capture Filter 대화상자를 연다.
2. 대화상자 왼쪽 하단에 있는 더하기(+) 단추를 클릭해 새 필터를 만든다.
3. Filter Name 상자에 필터 이름을 입력한다.
4. Filter String 상자에 실제 필터 표현식을 입력한다.
5. 필터 표현식을 목록에 저장하려면 OK 버튼을 클릭한다.

사용자 지정 디스플레이 필터를 저장하려면 다음과 같이 하면 된다.

1. 기본 창의 패킷 목록 창 위에 있는 필터 바에 필터를 입력하고 바의 왼쪽에 있는 ribbon 버튼을 클릭한다.
2. Save this Filter 옵션을 클릭하면 저장된 디스플레이 필터 목록이 별도의 대화상자에 나타난다. 필터를 저장하기 위해 OK를 클릭하기 전에 필터의 이름을 입력할 수 있다(그림 4-18 참조).

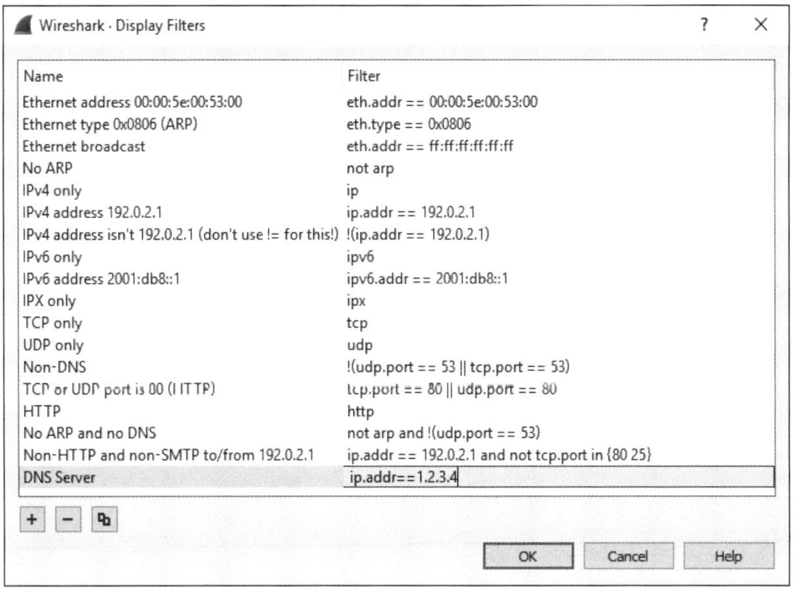

▲ **그림 4-18** 기본 도구 모음에서 직접 디스플레이 필터를 저장할 수 있다.

툴바에 디스플레이 필터 추가

자주 열리고 튀는 필터를 사용하는 경우 가장 쉬운 방법 중 하나는 필터 목록 창 바로 위에 있는 필터 바에 필터 토글을 추가하는 것이다. 이렇게 하려면 다음과 같은 단계를 수행하면 된다.

1. 기본 창의 패킷 목록 창 위에 있는 필터 바에 필터를 입력하고 바의 오른쪽에 있는 더하기(+) 단추를 클릭한다.
2. Label 필드(그림 4-19 참조)에 필터의 이름을 입력할 수 있는 필터 바 아래에 새로운 바가 나타난다. 이것은 도구 모음의 필터를 나타내는 데 사용되는 레이블이다. 이 필드에 무엇인가를 입력했으면 OK를 클릭해 필터 도구 모음에 이 표현식에 대한 바로 가기를 만든다.

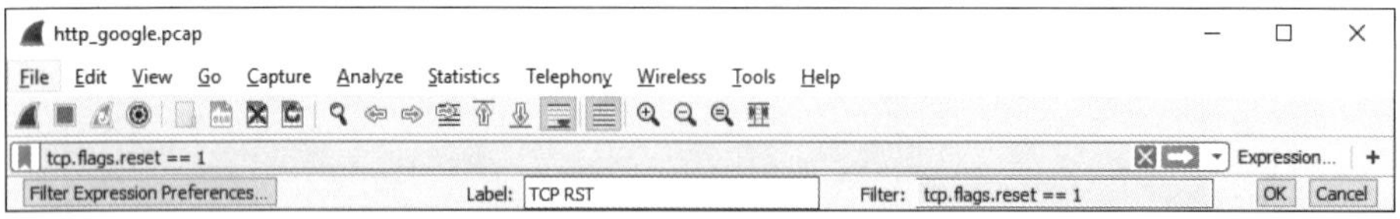

▲ **그림 4-19** 필터 도구 모음에 필터 표현식 바로 가기 추가

그림 4-20에서 알 수 있듯이 RST 플래그가 활성화된 모든 TCP 패킷을 빠르게 보여주는 필터에 대한 바로 가기를 만들었다. 필터링 툴바의 추가 사항은 구성 프로파일에 저장되므로(3장 참조) 다양한 시나리오에서 패킷 캡처의 문제점을 식별할 수 있는 능력을 향상시키는 강력한 방법이다.

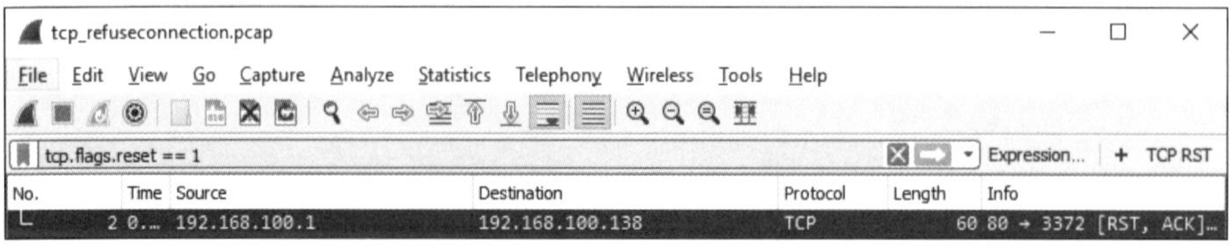

▲ **그림 4-20** 툴 바로 가기를 이용한 필터링

와이어샤크에는 여러 가지 기본 필터가 포함돼 있다. 필터가 어떤 모습이어야 하는지 자체 필터를 만들 때 (와이어샤크 도움말help 페이지와 함께) 사용하고 싶을 것이다. 따라서 책의 모든 예제에서 필터를 사용할 것이다.

5장
와이어샤크 고급 기능

이제 와이어샤크의 기초를 익혔으므로 다음 단계는 분석과 그래프 작성 기능을 배울 차례다. 5장에서는 종단점과 대화 창, 이름 해석, 프로토콜 분석, 스트림 해석, IO 그래프 작성 등과 같은 강력한 기능을 살펴본다.

와이어샤크가 갖는 그래픽 분석 도구 기능은 여러 단계의 분석 과정에서 유용하다. 계속 진행하기 전에 여기에 나열된 모든 기능을 살펴보고자 한다. 책의 전반에 걸쳐 실용적인 분석 시나리오를 살펴보고자 한다.

종단점과 네트워크 대화

네트워크 통신을 수행하려면 적어도 두 장치 간에 데이터 전달이 이뤄져야 한다. 와이어샤크에서는 네트워크상의 데이터를 보내고 받는 각 장치를 종단점endpoint이라고 한다. 두 개의 종단점 간의 통신을 대화conversation라고 한다. 와이어샤크는 다양한 프로토콜에서 사용되는 주소와 관련한 통신 특성을 기반으로 종단점과 대화를 설명한다.

종단점은 OSI 모델의 서로 다른 계층에서 할당된 여러 가지 주소로 식별된다. 예를 들어 데이터 링크 계층에서 종단점은 장치에 내장된 고유 주소인 MAC 주소가 있다(MAC 주소는 수정할 수 있지만 더 이상 필요하지 않게 할 수 있음). 그러나 네트워크 계층에서 종단점은 언제든지 변경할 수 있는 IP 주소가 있다. 다음 몇 장에서 이러한 주소 유형을 사용하는 방법에 대해 설명한다.

그림 5-1은 주소가 대화의 종단점을 식별하는 데 사용되는 방법의 두 가지 예를 보여준다. 그림에서 대화 A는 데이터 링크(MAC) 계층에서 통신하는 두 개의 종단점으로 구성된다. 종단점 A의 MAC 주소는 00:ff:ac:ce:0b:de이고, 종단점 B의 MAC 주소는 00:ff:ac:e0:dc:0f다. 대화 B는 네트워크(IP) 계층에서 통신하는 두 장치로 정의된다. 종단점 A의 IP 주소는 192.168.1.25이고 종단점 B의 주소는 192.168.1.30이다.

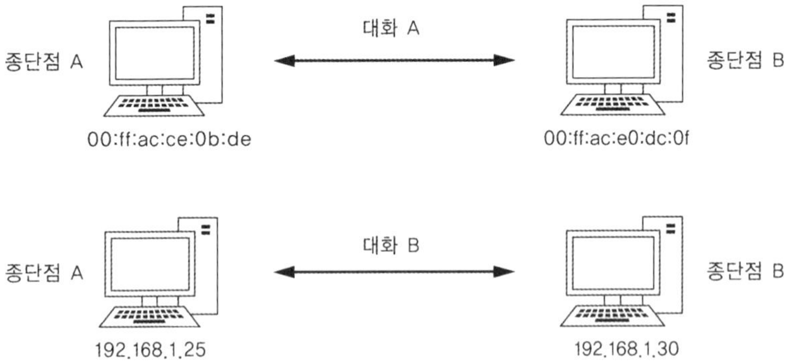

▲ **그림 5-1** 네트워크에서 종단점과 대화

와이어샤크에서 종단점과 대화 단위로 네트워크 통신에 대한 정보를 제공하는 방법을 살펴보자.

종단점 통계 보기

lotsofweb .pcapng

트래픽을 분석할 때 네트워크의 특정 종단점에서 생기는 문제를 찾을 수 있다. 예를 들어 lotsofweb.pcapng 캡처 파일을 열고 와이어샤크의 종단점 창을 연다(Statistics › Endpoints). 이 창은 주소, 패킷 수 및 송/수신된 바이트를 포함해 그림 5-2에 나타난 것처럼 각 종단점에 대한 유용한 통계를 보여준다.

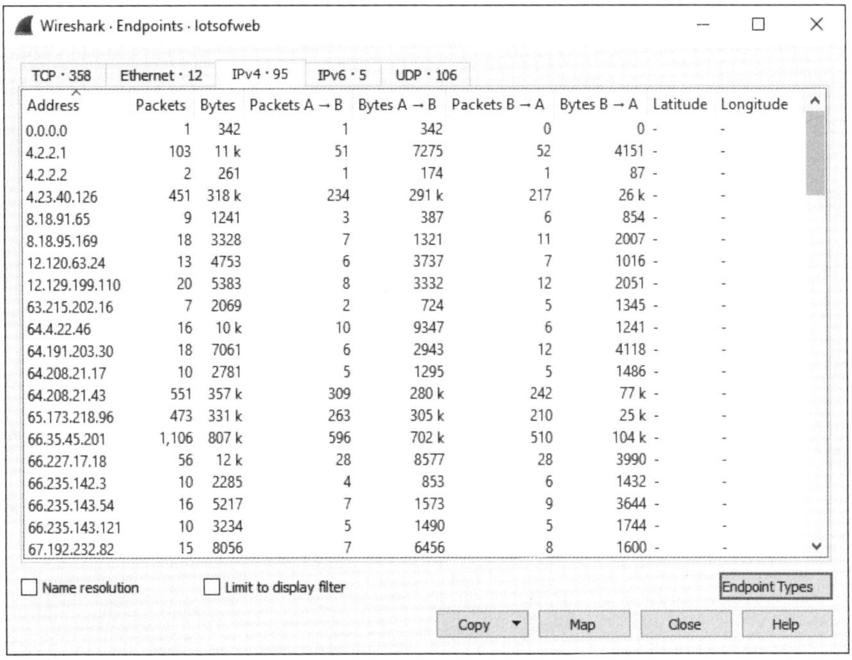

Wireshark · Endpoints · lotsofweb
TCP · 358
Ethernet · 12
IPv4 · 95
IPv6 · 5
UDP · 106

Address	Packets	Bytes	Packets A → B	Bytes A → B	Packets B → A	Bytes B → A	Latitude	Longitude
0.0.0.0	1	342	1	342	0	0	-	-
4.2.2.1	103	11 k	51	7275	52	4151	-	-
4.2.2.2	2	261	1	174	1	87	-	-
4.23.40.126	451	318 k	234	291 k	217	26 k	-	-
8.18.91.65	9	1241	3	387	6	854	-	-
8.18.95.169	18	3328	7	1321	11	2007	-	-
12.120.63.24	13	4753	6	3737	7	1016	-	-
12.129.199.110	20	5383	8	3332	12	2051	-	-
63.215.202.16	7	2069	2	724	5	1345	-	-
64.4.22.46	16	10 k	10	9347	6	1241	-	-
64.191.203.30	18	7061	6	2943	12	4118	-	-
64.208.21.17	10	2781	5	1295	5	1486	-	-
64.208.21.43	551	357 k	309	280 k	242	77 k	-	-
65.173.218.96	473	331 k	263	305 k	210	25 k	-	-
66.35.45.201	1,106	807 k	596	702 k	510	104 k	-	-
66.227.17.18	56	12 k	28	8577	28	3990	-	-
66.235.142.3	10	2285	4	853	6	1432	-	-
66.235.143.54	16	5217	7	1573	9	3644	-	-
66.235.143.121	10	3234	5	1490	5	1744	-	-
67.192.232.82	15	8056	7	6456	8	1600	-	-

Name resolution
Limit to display filter
Endpoint Types
Copy
Map
Close
Help

▲ **그림 5-2** Endpoints 창에서 캡처 파일의 각 종단점을 볼 수 있다.

창 상단의 탭(TCP, Ethernet, IPv4, IPv6, UDP)은 프로토콜별로 구성된 종단점 수를 나타낸다. 특정 프로토콜에 대한 종단점만 보려면 이 탭 중 하나를 클릭하면 된다. 화면 오른쪽 하단에 있는 종단점 유형Endpoint Types 상자를 클릭하고 추가할 프로토콜을 선택해 프로토콜 필터링 탭을 추가할 수 있다. 종단점 주소를 보기 위해 이름 해석을 사용하려면('이름 해석' 절 참조), 이름 해석Name Resolution 선택 상자를 선택하라. 큰 캡처를 처리하고 디스플레이되는 종단점을 필터링하는 경우 메인 와이어샤크 창에 디스플레이 필터를 적용하고 종단점 창에서 Limit to display filter 옵션을 선택한다. 이 옵션을 사용하면 창에 디스플레이 필터와 일치하는 종단점만 나타난다.

종단점Endpoints 창의 또 다른 편리한 기능은 필터 기능이다. 패킷 목록 창에 디스플레이할 특정 패킷을 추출한다. 이는 개별 종단점의 패킷을 빠르게 탐색하는 방법이다. 종단점을 마우스 오른쪽 단추로 클릭해 사용 가능한 필터링 옵션을 선택한다. 나타나는 대화상자에서 선택한 입력과 관련된 패킷을 디스플레이하거나 제외할 수 있다. 이 대화상자에서 색상Colorize 옵션을 선택해 종단점 주소를 색상 규칙으로 직접 내보낼 수도 있다(색상 규칙은 4장에서 설명했다). 이러한 방식으로 주어진 종단점과 관련된 패킷을 신속하게 강조 표시할 수 있으므로 분석 중에 신속하게 발견할 수 있다.

네트워크 대화 보기

lotsofweb.pcapng

lotsofweb.pcapng이 아직 열려있는 경우 캡처 파일에 모든 대화를 디스플레이하려면 와이어샤크 대화 창(Statistics ▶ Conversations)에 접속한다(그림 5-3 참조). 대화Conversation 창은 종단점 창과 비슷하지만 대화 창에는 회선당 한 줄씩 두 개의 주소와 각 장치가 주고받는 패킷과 바이트가 나타난다. 열 Address A는 발신지 종단점이고 Address B는 목적지 종단점이다.

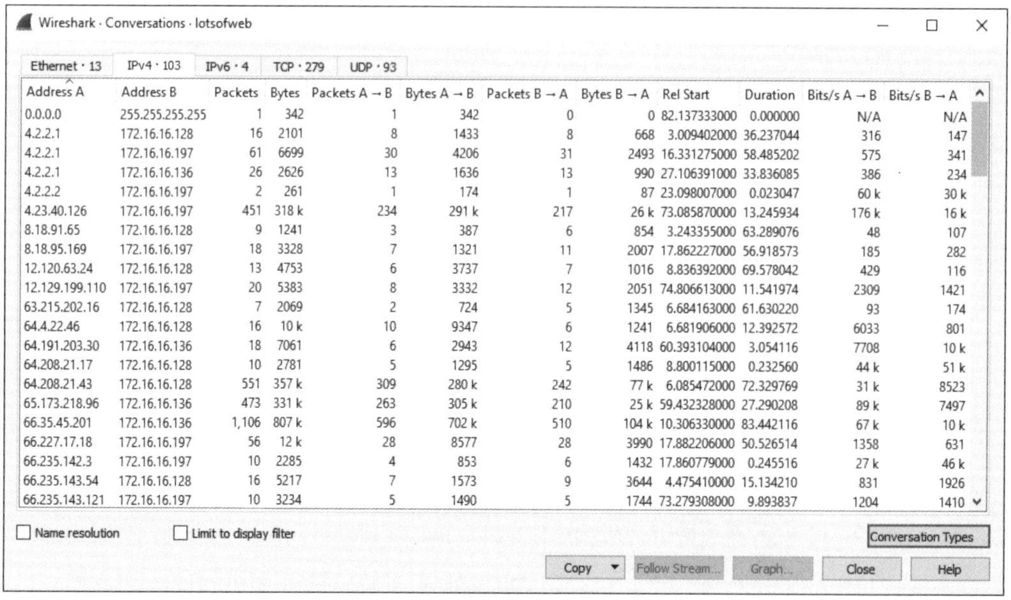

Address A	Address B	Packets	Bytes	Packets A → B	Bytes A → B	Packets B → A	Bytes B → A	Rel Start	Duration	Bits/s A → B	Bits/s B → A
0.0.0.0	255.255.255.255	1	342	1	342	0	0	82.137333000	0.000000	N/A	N/A
4.2.2.1	172.16.16.128	16	2101	8	1433	8	668	3.009402000	36.237044	316	147
4.2.2.1	172.16.16.197	61	6699	30	4206	31	2493	16.331275000	58.485202	575	341
4.2.2.1	172.16.16.136	26	2626	13	1636	13	990	27.106391000	33.836085	386	234
4.2.2.2	172.16.16.197	2	261	1	174	1	87	23.098007000	0.023047	60 k	30 k
4.23.40.126	172.16.16.197	451	318 k	234	291 k	217	26 k	73.085870000	13.245934	176 k	16 k
8.18.91.65	172.16.16.128	9	1241	3	387	6	854	3.243355000	63.289076	48	107
8.18.95.169	172.16.16.197	18	3328	7	1321	11	2007	17.862227000	56.918573	185	282
12.120.63.24	172.16.16.128	13	4753	6	3737	7	1016	8.836392000	69.578042	429	116
12.129.199.110	172.16.16.197	20	5383	8	3332	12	2051	74.806613000	11.541974	2309	1421
63.215.202.16	172.16.16.128	7	2069	2	724	5	1345	6.684163000	61.630220	93	174
64.4.22.46	172.16.16.128	16	10 k	10	9347	6	1241	6.681906000	12.392572	6033	801
64.191.203.30	172.16.16.136	18	7061	6	2943	12	4118	60.393104000	3.054116	7708	10 k
64.208.21.17	172.16.16.128	10	2781	5	1295	5	1486	8.800115000	0.232560	44 k	51 k
64.208.21.43	172.16.16.128	551	357 k	309	280 k	242	77 k	6.085472000	72.329769	31 k	8523
65.173.218.96	172.16.16.136	473	331 k	263	305 k	210	25 k	59.432328000	27.290208	89 k	7497
66.35.45.201	172.16.16.136	1,106	807 k	596	702 k	510	104 k	10.306330000	83.442116	67 k	10 k
66.227.17.18	172.16.16.197	56	12 k	28	8577	28	3990	17.882206000	50.526514	1358	631
66.235.142.3	172.16.16.197	10	2285	4	853	6	1432	17.860779000	0.245516	27 k	46 k
66.235.143.54	172.16.16.128	16	5217	7	1573	9	3644	4.475410000	15.134210	831	1926
66.235.143.121	172.16.16.197	10	3234	5	1490	5	1744	73.279308000	9.893837	1204	1410

▲ **그림 5-3** 대화 창에서는 캡처 파일의 각 대화를 분석할 수 있다.

대화 창은 프로토콜별로 구성된다. 특정 프로토콜을 사용하는 대화만 보려면 창 상단의 탭 중 하나(예, 종단점 창)를 클릭하거나 오른쪽 하단의 Conversation Types 단추를 클릭해 다른 프로토콜 유형을 추가하면 된다. 종단점 창에서와 마찬가지로 이름 해석을 사용하고 디스플레이 필터를 사용해 디스플레이된 대화를 제한하고 특정 대화를 마우스 오른쪽 단추로 클릭해 특정 대화를 기반으로 필터를 만들 수 있다. 대화-기반 필터는 관심 있는 통신 순서의 세부 내용을 파악하는 데 유용하다.

종단점과 대화로 상위 대화자 파악

lotsofweb.pcapng

종단점과 대화 창은 네트워크 문제점 해결에 유용하다. 특히 네트워크에서 많은 양의 트래픽 발신지의 위치를 찾고자 할 때 매우 유용하다.

예를 들어 lotsofweb.pcapng을 다시 살펴보자. 이름에서 알 수 있듯이 이 캡처 파일에는 인터넷을 검색하는 여러 클라이언트가 생성한 HTTP 트래픽이 포함돼 있다. 그림 5-4는 이 캡처 파일의 종단점 목록을 바이트 수로 정렬한 것이다.

대부분의 트래픽을 발생한 종단점(바이트 단위)의 주소는 172.16.16.128이다. 이것은 내부 네트워크 주소다(7장에서 어떻게 아는지 설명한다). 그리고 이 캡처에는 대부분의 통신을 발생한 장치인 상위 대화자top talker로 지정돼 있다.

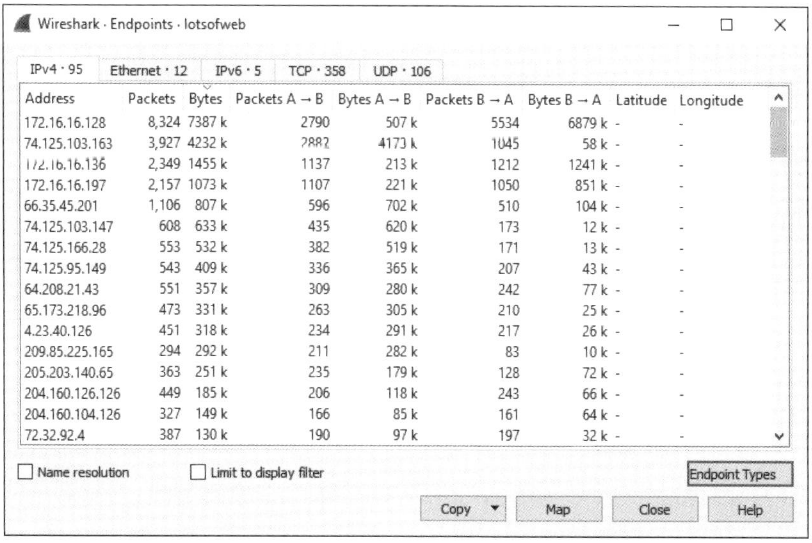

Address	Packets	Bytes	Packets A → B	Bytes A → B	Packets B → A	Bytes B → A	Latitude	Longitude
172.16.16.128	8,324	7387 k	2790	507 k	5534	6879 k	-	-
74.125.103.163	3,927	4232 k	2882	4173 k	1045	58 k	-	-
172.16.16.136	2,349	1455 k	1137	213 k	1212	1241 k	-	-
172.16.16.197	2,157	1073 k	1107	221 k	1050	851 k	-	-
66.35.45.201	1,106	807 k	596	702 k	510	104 k	-	-
74.125.103.147	608	633 k	435	620 k	173	12 k	-	-
74.125.166.28	553	532 k	382	519 k	171	13 k	-	-
74.125.95.149	543	409 k	336	365 k	207	43 k	-	-
64.208.21.43	551	357 k	309	280 k	242	77 k	-	-
65.173.218.96	473	331 k	263	305 k	210	25 k	-	-
4.23.40.126	451	318 k	234	291 k	217	26 k	-	-
209.85.225.165	294	292 k	211	282 k	83	10 k	-	-
205.203.140.65	363	251 k	235	179 k	128	72 k	-	-
204.160.126.126	449	185 k	206	118 k	243	66 k	-	-
204.160.104.126	327	149 k	166	85 k	161	64 k	-	-
72.32.92.4	387	130 k	190	97 k	197	32 k	-	-

▲ **그림 5-4** Endpoints 창은 어떤 호스트가 가장 많이 대화하는지 보여준다.

트래픽 양이 두 번째로 많은 주소는 외부(인터넷) 주소인 74.125.103.163이다. 잘 모르는 외부 주소를 발견하면 WHOIS 레지스트리를 검색해 등록된 소유자를 찾을 수 있다. 이 경우 미국 인터넷 번호 레지스트리(https://whois.arin.net/ui/)는 이 IP 주소를 Google이 소유하고 있음을 보여준다(그림 5-5 참조).

Network	
Net Range	74.125.0.0 - 74.125.255.255
CIDR	74.125.0.0/16
Name	GOOGLE
Handle	NET-74-125-0-0-1
Parent	NET74 (NET-74-0-0-0-0)
Net Type	Direct Allocation
Origin AS	
Organization	Google Inc. (GOGL)
Registration Date	2007-03-13
Last Updated	2012-02-24
Comments	
RESTful Link	https://whois.arin.net/rest/net/NET-74-125-0-0-1
See Also	Related organization's POC records.
See Also	Related delegations.

▲ **그림 5-5** 74.125.103.163에 대한 WHOIS 결과가 Google IP라는 것을 보기

WHOIS를 이용한 IP 주소 소유권 결정

IP 주소 지정은 지리적인 위치에 따라 서로 다른 개체에서 관리한다. ARIN은 미국 및 일부 주변 지역의 IP 주소 할당을 담당하며, AfriNIC은 아프리카, RIPE는 유럽, 그리고 APNIC은 아시아 태평양 지역을 관리한다. 일반적으로 IP를 책임지고 있는 레지스트리의 웹사이트에서 IP에 대한 WHOIS를 수행하게 된다. 물론 주소를 살펴보면 어떤 지역 레지스트리가 해당 주소를 담당하는지 알 수 없다. Robtex(http://robtex.com/) 같은 웹사이트는 사용자를 위해 노력하고 결과를 제공하기 위해 올바른 레지스트리를 조회해준다. 그러나 처음에 잘못된 레지스트리를 조회하는 경우 일반적으로 올바른 레지스트리를 알려준다.

이 정보가 주어지면 172.16.16.128과 74.125.103.163은 그 자체로 여러 다른 장치와 많은 통신을 하고 있거나 두 종단점이 서로 통신하고 있다. 실제로 최상위 대화자 종단점 쌍이 있는 경우는 종단점이 서로 통신하고 있는 경우다. 이를 확인하려면 대화 창을 열고 IPv4 탭을 선택한 다음 목록을 바이트 단위로 정렬하라. 그러

면 두 종단점은 전송된 바이트 수가 가장 많은 대화를 보여준다. 그림 5-6과 같이 외부 주소 A(74.125.103.163)에서 전송된 바이트 수가 내부 주소 B(172.16.16.128)에서 전송된 바이트 수보다 훨씬 크기 때문에 전송 패턴이 큰 다운로드로 생각된다.

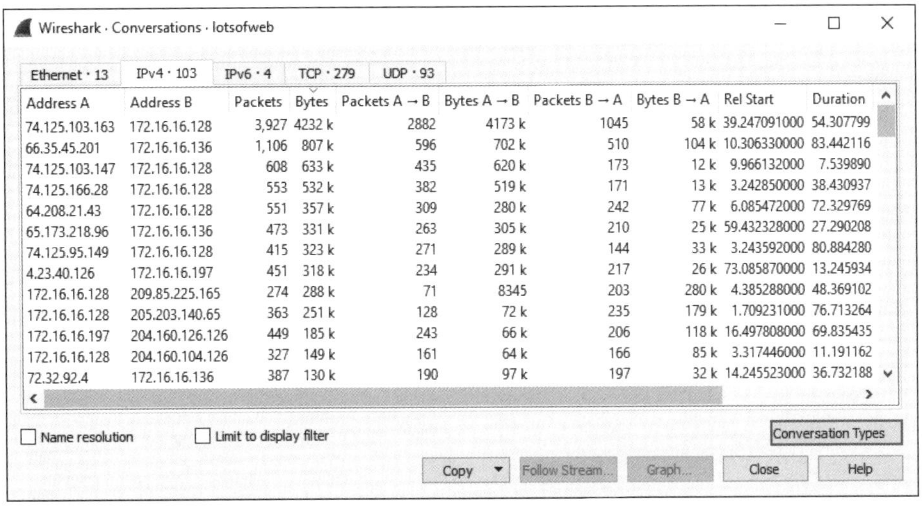

Address A	Address B	Packets	Bytes	Packets A → B	Bytes A → B	Packets B → A	Bytes B → A	Rel Start	Duration
74.125.103.163	172.16.16.128	3,927	4232 k	2882	4173 k	1045	58 k	39.247091000	54.307799
66.35.45.201	172.16.16.136	1,106	807 k	596	702 k	510	104 k	10.306330000	83.442116
74.125.103.147	172.16.16.128	608	633 k	435	620 k	173	12 k	9.966132000	7.539890
74.125.166.28	172.16.16.128	553	532 k	382	519 k	171	13 k	3.242850000	38.430937
64.208.21.43	172.16.16.128	551	357 k	309	280 k	242	77 k	6.085472000	72.329769
65.173.218.96	172.16.16.136	473	331 k	263	305 k	210	25 k	59.432328000	27.290208
74.125.95.149	172.16.16.128	415	323 k	271	289 k	144	33 k	3.243592000	80.884280
4.23.40.126	172.16.16.197	451	318 k	234	291 k	217	26 k	73.085870000	13.245934
172.16.16.128	209.85.225.165	274	288 k	71	8345	203	280 k	4.385288000	48.369102
172.16.16.128	205.203.140.65	363	251 k	128	72 k	235	179 k	1.709231000	76.713264
172.16.16.197	204.160.126.126	449	185 k	243	66 k	206	118 k	16.497808000	69.835435
172.16.16.128	204.160.104.126	327	149 k	161	64 k	166	85 k	3.317446000	11.191162
72.32.92.4	172.16.16.136	387	130 k	190	97 k	197	32 k	14.245523000	36.732188

▲ **그림 5-6** 대화 창은 두 명의 상위 대화자가 서로 통신하고 있음을 확인한다.

이 디스플레이 필터를 적용해 대화를 살펴볼 수 있다.

```
ip.addr == 74.125.103.163 && ip.addr == 172.16.16.128
```

패킷 목록을 스크롤하면 youtube.com 도메인에 대한 여러 DNS 요청이 패킷 목록 창의 정보 열에 나타난다.

이것은 Google이 소유하고 있기 때문에 74.125.103.163이 Google 소유의 IP 주소라는 사실과 일치한다.

실제 시나리오에서는 이 책의 나머지 장 전체에서 종단점 및 대화 창을 사용하는 방법을 볼 수 있다.

프로토콜 계층 구조 통계

lotsofweb.pcapng

익숙하지 않은 캡처 파일을 다룰 때 프로토콜을 사용한 트래픽 분포를 파악하는 경우가 있다. 즉, TCP, IP, DHCP 등의 캡처 비율은 어느 정도인가? 패킷 수를 계산하고 결과를 합산하는 대신 와이어샤크의 Protocol Hierarchy Statistics프로토콜 계층 구조 통계 창에서 이 정보를 제공할 수 있다.

예를 들어 lotsofweb.pcapng 파일이 여전히 열려 있고 이전에 적용된 필터가 해제된 상태에서 그림 5-7과 같이 Statistics ❯ Protocol Hierarchy를 선택해 Protocol Hierarchy Statistics 창을 연다.

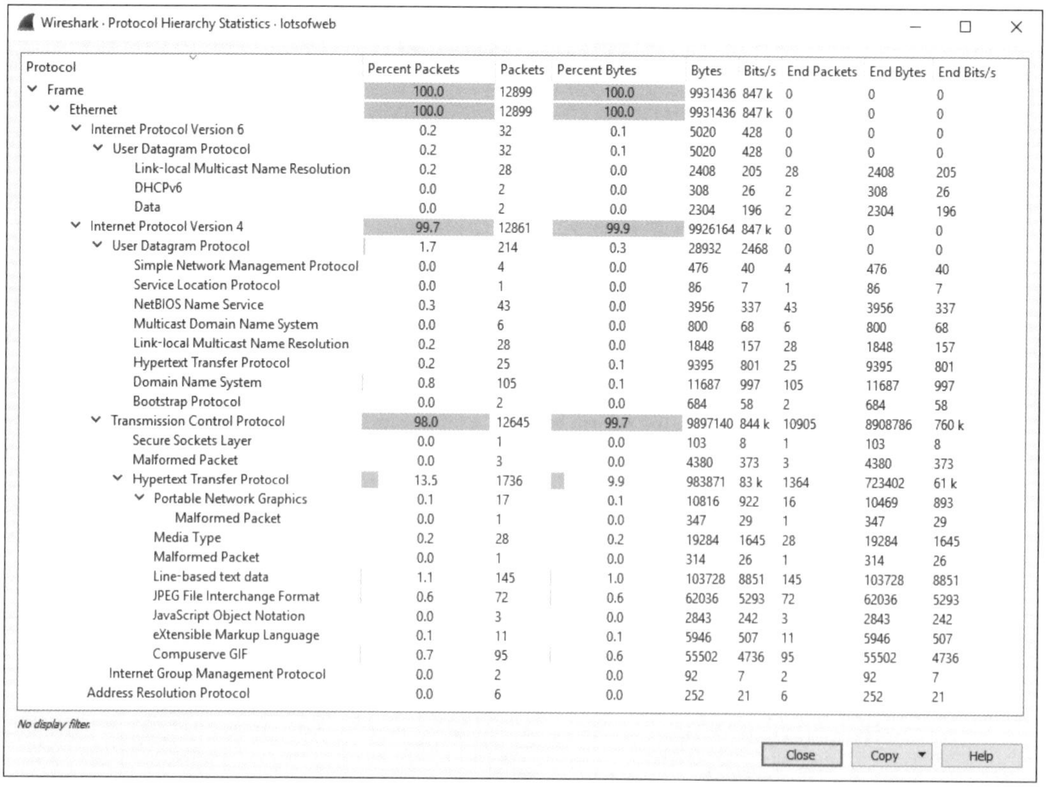
Wireshark · Protocol Hierarchy Statistics · lotsofweb

Protocol	Percent Packets	Packets	Percent Bytes	Bytes	Bits/s	End Packets	End Bytes	End Bits/s
Frame	100.0	12899	100.0	9931436	847 k	0	0	0
Ethernet	100.0	12899	100.0	9931436	847 k	0	0	0
Internet Protocol Version 6	0.2	32	0.1	5020	428	0	0	0
User Datagram Protocol	0.2	32	0.1	5020	428	0	0	0
Link-local Multicast Name Resolution	0.2	28	0.0	2408	205	28	2408	205
DHCPv6	0.0	2	0.0	308	26	2	308	26
Data	0.0	2	0.0	2304	196	2	2304	196
Internet Protocol Version 4	99.7	12861	99.9	9926164	847 k	0	0	0
User Datagram Protocol	1.7	214	0.3	28932	2468	0	0	0
Simple Network Management Protocol	0.0	4	0.0	476	40	4	476	40
Service Location Protocol	0.0	1	0.0	86	7	1	86	7
NetBIOS Name Service	0.3	43	0.0	3956	337	43	3956	337
Multicast Domain Name System	0.0	6	0.0	800	68	6	800	68
Link-local Multicast Name Resolution	0.2	28	0.0	1848	157	28	1848	157
Hypertext Transfer Protocol	0.2	25	0.1	9395	801	25	9395	801
Domain Name System	0.8	105	0.1	11687	997	105	11687	997
Bootstrap Protocol	0.0	2	0.0	684	58	2	684	58
Transmission Control Protocol	98.0	12645	99.7	9897140	844 k	10905	8908786	760 k
Secure Sockets Layer	0.0	1	0.0	103	8	1	103	8
Malformed Packet	0.0	3	0.0	4380	373	3	4380	373
Hypertext Transfer Protocol	13.5	1736	9.9	983871	83 k	1364	723402	61 k
Portable Network Graphics	0.1	17	0.1	10816	922	16	10469	893
Malformed Packet	0.0	1	0.0	347	29	1	347	29
Media Type	0.2	28	0.2	19284	1645	28	19284	1645
Malformed Packet	0.0	1	0.0	314	26	1	314	26
Line-based text data	1.1	145	1.0	103728	8851	145	103728	8851
JPEG File Interchange Format	0.6	72	0.6	62036	5293	72	62036	5293
JavaScript Object Notation	0.0	3	0.0	2843	242	3	2843	242
eXtensible Markup Language	0.1	11	0.1	5946	507	11	5946	507
Compuserve GIF	0.7	95	0.6	55502	4736	95	55502	4736
Internet Group Management Protocol	0.0	2	0.0	92	7	2	92	7
Address Resolution Protocol	0.0	6	0.0	252	21	6	252	21

No display filter.

Close | Copy | Help

▲ **그림 5-7** Protocol Hierarchy Statistics 창은 프로토콜별로 트래픽 분포를 보여준다.

Protocol Hierarchy Statistics 창은 네트워크에서 발생하는 활동 유형의 스냅 샷을 제공한다. 그림 5-7에서 100%는 이더넷 트래픽, 99.7%는 IPv4, 98%는 TCP, 13.5%는 웹 탐색에 사용된 HTTP 트래픽이다. 이 정보는 네트워크를 벤치마킹할 수 있는 좋은 정보를 제공한다. 특히 네트워크 트래픽이 일반적으로 어떻게 나타나는지를 파악할 수 있다. 예를 들어 네트워크 트래픽의 10%가 ARP 트래픽인데, 최근 캡처에서는 50% ARP 트래픽이 있다면 잘못된 것일 수 있다. 어떤 경우에는 프로토콜의 단순한 존재가 중요할 수 있다. 스패닝 트리 프로토콜STP, Spanning Tree Protocol을 사용하게 설정된 장치가 없는 경우 프로토콜 계층에서 장치를 보게 되면 설정이 잘못된 것일 수 있다.

시간이 지나 익숙해지면 Protocol Hierarchy Statistics 창을 사용해 사용 중인 프로토콜의 분포를 살펴보고 네트워크의 사용자와 장치를 프로파일링할 수 있다. 예를 들어 HTTP 트래픽이 많을수록 웹 탐색이 많이 진행되고 있음을 알 수 있다. 네트워크 세그먼트의 트래픽을 살펴봄으로써 네트워크상 특정 장치의 비즈니스 단위를 파악할 수 있다. 예를 들어 IT 부서에서는 ICMP 또는 SNMP 같은 관리 프로토콜을 더 많이 사용할 수 있다. 고객 서비스가 대량의 SMTP(이메일) 트래픽을 담당할 수 있으며, 인턴사원의 World of Warcraft 트래픽으로 네트워크가 넘칠 수 있다!

이름 해석

MAC 주소 00:16:ce:6e:8b:24, IPv4 주소 192.168.47.122 또는 IPv6 주소 2001:db8:a0b:12f0::1과 같이 주소가 너무 길거나 복잡하기 때문에 다양한 영숫자 주소 지정 시스템을 사용해 종단점 간에 네트워크 데이터가 전송된다. 이름 해석(이름 조회name lookup라고도 함)은 주소를 쉽게 기억할 수 있게 대부분 하나의 식별 주소를 다른 주소로 변환한다. 예를 들어 216.58.217.238을 기억하는 것보다 google.com을 기억하는 것이 훨씬 쉽다. 읽기 쉬운 이름을 이러한 비밀스러운 주소와 연관시킴으로써 더 쉽게 기억하고 구분할 수 있다.

이름 해석 사용

와이어샤크는 분석을 쉽게 하기 위해 패킷 데이터를 표시할 때 이름 해석name resolution을 사용할 수 있다. 와이어샤크에서 이름 해석을 사용하려면 Edit ▶ Preferences

❯ Name Resolution을 선택하라. 이 창은 그림 5-8과 같다. 이름 해석을 위해 와이어샤크에서 사용할 수 있는 기본 옵션은 다음과 같다.

MAC 주소 해석[Resolve MAC addresses] ARP 프로토콜을 사용해 00:09:5b:01 :02:03과 같은 계층 2 MAC 주소를 10.100.12.1과 같은 계층 3 주소로 변환하려고 시도한다. 이러한 변환 시도가 실패하면 와이어샤크는 프로그램 디렉토리에 ethers 파일을 사용해 변환을 시도한다. 와이어샤크의 마지막 과정은 MAC 주소의 처음 3바이트를 장치의 IEEE 지정 제조업체 이름(예, Netgear_01:02:03)으로 변환하는 것이다.

전송 이름 해석[Resolve transport names] 포트 번호를 연관된 이름으로 해석하는 것이다(예, 포트 80을 http로 표시). 일반적이지 않은 포트가 있고 어떤 서비스가 연결돼 있는지 모를 때 편리하다.

네트워크(IP) 주소 해석[Resolve network(IP) addresses] 192.168.1.50과 같은 계층 3 주소를 쉽게 읽을 수 있는 DNS 이름(예, MarketingPC1.domain.com)으로 변환하는 것이다. 이는 시스템의 목적이나 소유자를 파악하는 데 도움이 된다.

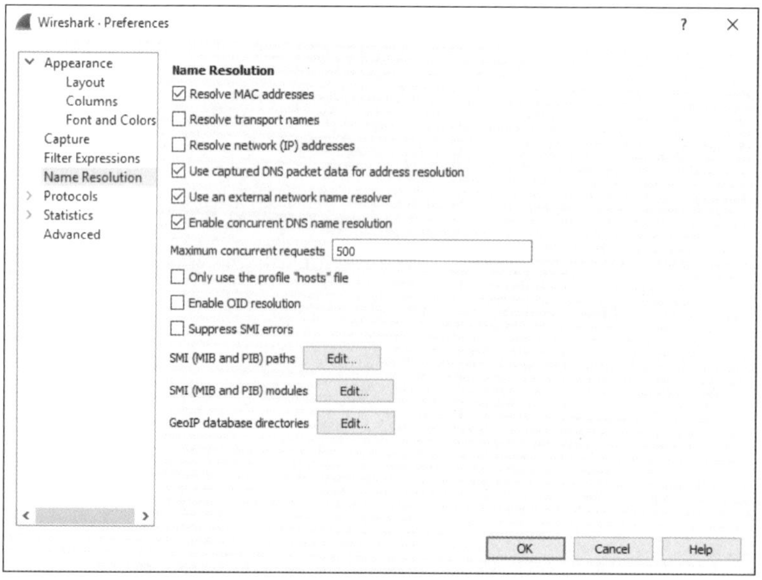

▲ **그림 5-8** Preferences 대화상자에서 name resolution 활성화하기. name resolution 유형과 관련된 처음 세 개의 체크박스 중 Resolve MAC addresses만 선택했다.

그림 5-8의 Name Resolution preferences 대화상자에는 몇 가지 유용한 옵션이 있다.

캡처된 DNS 패킷 데이터를 사용해 주소 해석 Use captured DNS packet data for address resolution 캡처된 DNS 패킷에서 DNS 데이터를 파싱해 IP 주소를 DNS 이름으로 변환한다.

외부 네트워크 이름 해석자 사용 Use an external network name resolver 와이어샤크가 IP 주소를 DNS 이름으로 변환하기 위해 분석 컴퓨터에서 사용하는 DNS 서버에 조회를 생성할 수 있다. 이는 DNS 이름 해석을 사용하지만 분석 중인 캡처와 관련 DNS 패킷이 포함돼 있지 않은 경우 유용하다.

최대 동시 요청 수 Maximum concurrent requests Rate는 한 번에 해결되지 않을 수 있는 동시 DNS 조회 수를 제한한다. 캡처가 많은 DNS 요청을 생성하고 네트워크 또는 DNS 서버에서 너무 많은 대역폭을 차지하는 것을 우려하는 경우 이 옵션을 사용하라.

프로파일 "호스트" 파일만 사용 Only use the profile "hosts" file DNS 확인을 활성 와이어샤크 프로파일과 관련된 호스트 파일로 제한한다. 이 절의 뒷부분에서 이 파일을 사용하는 방법을 설명한다.

Preferences 화면의 변경 사항은 와이어샤크를 닫았다가 다시 열면 유지된다. 영구적이지 않은 상태에서 이름 해석 변경을 수행하려면 기본 드롭다운 메뉴에서 View ➤ Name Resolution을 클릭해 이름 해석 설정을 설정 또는 해제로 전환하라. 물리, 전송 및 네트워크 주소에 대한 이름 해석을 활성화 또는 비활성화할 수 있다.

다양한 이름 해석 도구를 활용해 캡처 파일을 좀 더 읽기 쉽게 만들어 특정 상황에서 시간을 절약할 수 있다. 예를 들어 DNS 이름 해석 기능을 사용하면 특정 패킷의 발신지로 지정된 컴퓨터의 이름을 쉽게 알 수 있다.

이름 해석의 잠재적인 단점

이름 해석의 이점을 감안할 때 사용이 아주 쉬워 보일 수 있지만, 잠재적인 단점이 있다. 첫째, IP 주소와 관련된 이름을 제공할 수 있는 DNS 서버가 없으면 네트워크 이름 해석을 할 수 없다. 이름 해석 정보는 캡처 파일과 함께 저장되지 않으므로 파일을 열 때마다 해석 프로세스를 수행해야 한다. 한 네트워크에서 패킷을 캡처한 다음 다른 네트워크에서 캡처를 열면 시스템이 발신지 네트워크에서 DNS 서버에 접속하지 못하고 이름 해석을 할 수 없게 된다.

또한 이름 해석에는 추가적인 처리 오버헤드가 필요하다. 매우 큰 캡처 파일을 다룰 때 시스템 자원을 절약하기 위해 이름 해석을 포기하고 싶을 것이다. 대용량 캡처를 열거나 시스템을 로드할 때 와이어샤크가 충돌하는 경우 이름 해석을 사용하지 않으면 도움이 될 수 있다.

추가적인 문제는 DNS에 대한 네트워크 이름 해석의 의존성으로 인해 주소를 해석하기 위해 트래픽이 DNS 서버로 전송될 때 캡처 파일에 원하지 않는 패킷이 생성될 수 있다는 점이다. 더 복잡한 점은 분석 중인 캡처 파일에 악성 IP 주소가 들어있는 경우 이를 해결하려고 시도하면 공격자가 이를 알고 공격자에게 도움을 줄 수 있는 조회가 생성돼 타겟이 될 수 있다는 점이다. 패킷 파일의 위험을 줄이려면 무의식적으로 공격자와 통신하는 경우 **이름 해석 설정**Name Resolution Preferences 대화상자에서 외부 네트워크 이름 해석자 사용 옵션을 해제하라.

사용자 정의 호스트 파일 사용

대용량 캡처 파일에서 여러 호스트의 트래픽을 추적하는 일은 지루할 수 있다. 특히 외부 호스트 확인을 사용할 수 없는 경우에는 더욱 그렇다. 도움이 되는 한 가지 방법은 IP 주소와 이름 매핑의 목록이 있는 텍스트 파일인 와이어샤크 hosts 파일을 사용해 IP 주소를 기반으로 시스템에 수동으로 레이블을 붙이는 것이다. hosts 파일을 사용해 빠른 참조를 위해 이름이 있는 와이어샤크의 주소에 레이블을 지정할 수 있다.

이 이름들은 패킷 목록Packet List 창에 나타난다.

hosts 파일을 사용하려면 다음과 같은 단계를 수행한다.

1. Edit ▶ Preferences ▶ Name Resolution을 선택하고 Only use the profile "hosts" file을 선택한다.

2. 윈도우 메모장이나 텍스트 편집기를 사용해 새 파일을 만든다. 그림 5-9와 같이 파일에는 IP 주소와 해석할 이름이 한 줄에 하나씩 있어야 한다. 와이어샤크가 왼쪽의 IP 주소를 만날 때마다 오른쪽에서 선택한 이름이 패킷 목록 창에 나타난다.

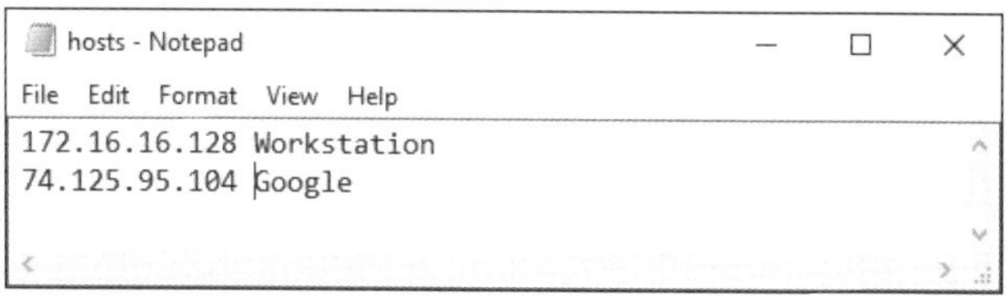

▲ **그림 5-9** 와이어샤크 hosts 파일 만들기

3. 아래에 나열된 대로 hosts라는 이름의 일반 텍스트 파일을 해당 디렉토리에 저장한다. 파일에 확장자가 없는지 확인하라!
   - **윈도우:** <USERPROFILE>\Application Data\Wireshark\hosts
   - **OS X:** /Users/<username>/.wireshark/hosts
   - **리눅스:** /home/<username>/.wireshark/hosts

이제 캡처를 열면 그림 5-10과 같이 hosts 파일의 모든 IP 주소가 지정된 이름으로 된 것을 확인할 수 있다. 패킷 목록 창의 발신지와 목적지 열에 IP 주소 대신 더 의미 있는 이름이 나타난다.

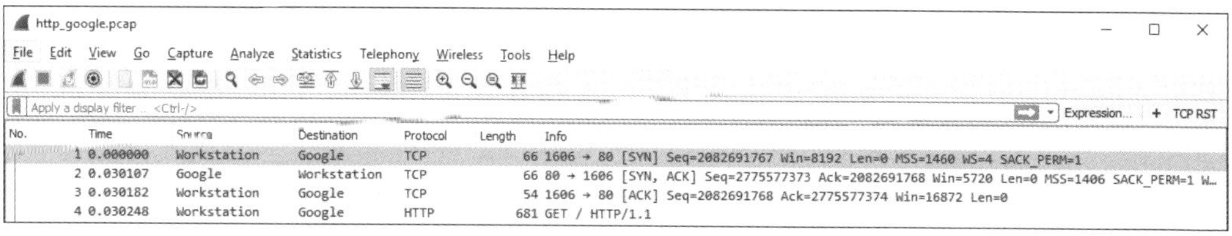

▲ **그림 5-10** 와이어샤크의 hosts 파일에서 이름 해석

이런 식으로 hosts 파일을 사용하면 분석 중에 특정 호스트를 파악하는 능력이 크게 향상된다. 분석 팀과 함께 작업할 때는 네트워크 담당자 간에 알려진 hosts 파일을 공유하는 것이 좋다. 이렇게 하면 팀이 서버와 라우터와 같은 정적 주소가 있는 시스템을 신속하게 파악하는 데 도움이 된다.

> **참고** hosts 파일이 동작하지 않으면 실수로 파일 이름에 파일 확장명을 추가하지 않았는지 확인하라. 파일의 이름은 단순히 hosts여야 한다.

수동으로 시작된 이름 해석

또한 와이어샤크는 이름 지정을 임시 주문형으로 강요할 수 있다. 이는 패킷 목록 창에서 패킷을 마우스 오른쪽 단추로 클릭하고 Edit Resolved Name option을 선택해 수행할 수 있다. 창이 열리면 레이블과 같은 주소의 이름을 지정할 수 있다. 이는 캡처 파일을 닫으면 이 해결이 손실되므로 나중에 다시 되돌릴 수 있는 영구적인 변경 없이 주소에 레이블을 지정하는 방법이다. 내가 보기엔 모든 패킷 캡처를 위해 hosts 파일을 수동으로 편집하는 것보다 쉽기 때문에 이 기술을 자주 사용한다.

프로토콜 분석

와이어샤크의 가장 큰 강점 중 하나는 수천 가지 프로토콜에 대한 분석 지원이다. 와이어샤크는 오픈소스이기 때문에 이 기능을 제공하므로 프로토콜 분석기protocol dissectors를 생성하기 위한 프레임워크를 제공한다. 이를 통해 와이어샤크는 프로토콜을 인식하고 여러 필드로 해석해 프로토콜을 사용자 인터페이스에 보여줄 수 있다. 와이어샤크는 여러 개의 분석기를 사용해 각 패킷을 해석한다. 예를 들어 ICMP 프로토콜 분석기는 와이어샤크가 IP 패킷에 ICMP 데이터가 포함돼 있음을 인식하고 ICMP 유형 및 코드를 추출한 다음 해당 필드를 패킷 목록 창의 Info 열에 보여주는 것이다.

분석기를 원시 데이터와 와이어샤크 프로그램 사이의 변환기로 생각할 수 있다. 와이어샤크가 지원하는 프로토콜의 경우 분석기가 있어야 한다(또는 직접 작성할 수도 있다).

분석기 변경

wrongdissector.pcapng

와이어샤크는 개별 프로토콜을 탐지하고 네트워크 정보를 보여주는 방법을 결정하기 위해 분석기를 사용한다. 그렇지만 와이어샤크는 패킷에서 사용하기 위해 분석기를 선택할 때 항상 올바른 선택을 하지는 않는다. 이는 네트워크의 프로토콜이 기본 지정이 아닌 포트(네트워크 관리자가 보안 예방 조치로 구성하거나 직원이 접근 제어를 피하려고 시도하는 경우가 많음)와 같은 비표준 구성을 사용하는 경우 특히 그렇다.

와이어샤크가 분석기를 잘못 적용하면 이 선택을 무시할 수 있다. 예를 들어 추적 파일 wrongdissector.pcapng을 연다. 이 파일에는 두 대의 컴퓨터 사이에 SSL 통신이 포함돼 있다. SSL은 호스트 간에 암호화된 통신에 사용되는 SSL Secure Socket Layer 프로토콜이다. 대부분의 정상적인 상황에서 와이어샤크로 SSL 트래픽을 보는 것은 암호화된 특성으로 인해 유용한 정보를 많이 얻을 수 없다. 그러나 여기에는 분명히 잘못된 것이 있다. 이러한 패킷 중 일부를 클릭하고 패킷 바이트 Packet Bytes 창을 검사해 내용을 살펴보면 일반 텍스트 트래픽을 찾을 수 있다. 사실 패킷 4를 보면 FileZilla FTP 서버 애플리케이션에 대한 설명을 찾을 수 있다. 다음 몇 개의 패킷은 사용자 이름과 암호에 대한 요청 및 응답을 명확하게 보여준다.

이것이 실제로 SSL 트래픽이라면 패킷에 포함된 데이터를 읽을 수 없으며, 그림 5-11처럼 일반 텍스트로 전송된 모든 사용자 이름과 비밀번호를 볼 수 없다. 여기에 나타난 정보를 감안할 때 이것은 SSL 트래픽이 아닌 FTP 트래픽이라고 생각하는 것이 맞을 것이다. 와이어샤크는 이 트래픽을 Info 열 아래에 나타난 것처럼 포트 443을 사용하고 SSL(HTTP over SSL)에 사용되는 표준 포트 443을 사용하기 때문에 이 트래픽을 SSL로 해석한다.

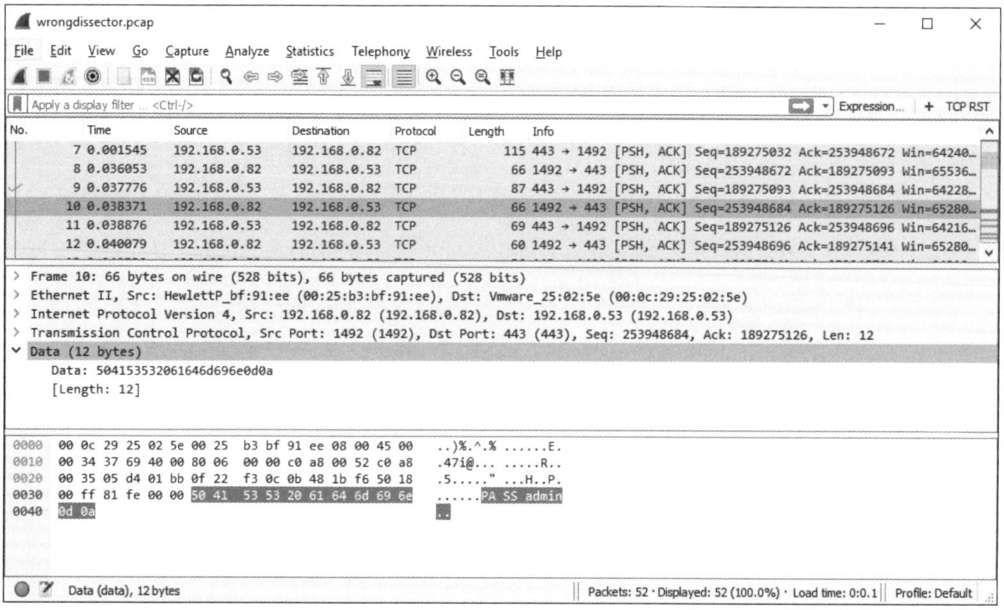

▲ **그림 5-11** 평문 사용자 이름과 암호? 이것은 SSL이 아닌 FTP처럼 보인다!

이 문제를 해결하기 위해 와이어샤크에 강제 디코드forced decode를 적용해 이 패킷에 FTP 프로토콜 분석기를 사용할 수 있다. 그 과정은 다음과 같다.

1. Protocol 열에서 SSL 패킷(예, 패킷 30)을 마우스 오른쪽 단추로 클릭하고 Decode As를 선택해 새로운 대화상자를 연다.
2. Field 열에서 TCP 포트를 선택하고, Value 열에 443을 입력하고, 그림 5-12와 같이 Current 열의 드롭다운 메뉴에서 FTP를 선택해 모든 TCP 포트 443 트래픽을 FTP로 해석하게 와이어샤크에 지시한다.

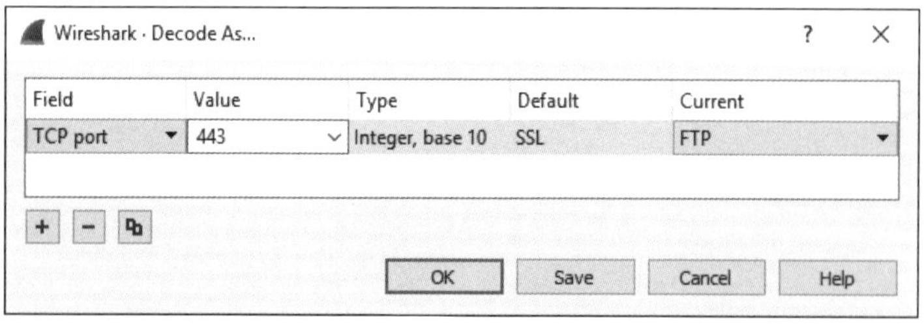

▲ **그림 5-12** Decode As... 대화상자에서 강제 해석을 지정할 수 있다.

3. OK를 클릭해 캡처 파일에 즉시 적용된 변경 내용을 확인한다.

데이터는 FTP 트래픽으로 해석돼 개별 바이트를 패킷 목록 창에서 분석할 수 있다(그림 5-13 참조).

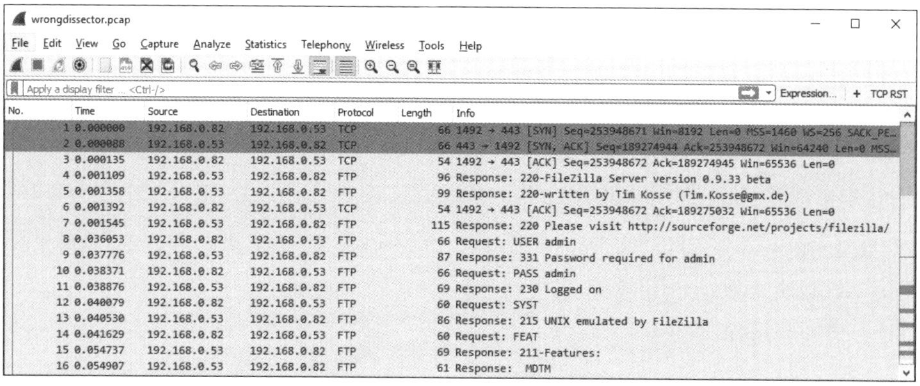

▲ **그림 5-13** 제대로 해석된 FTP 트래픽 보기

강제 해석 기능은 동일한 캡처 파일에서 여러 번 사용할 수 있다. 와이어샤크는 Decode As... 대화상자에서 강제 해석을 추적해 지금까지 작성한 모든 강제 해석을 보고 편집할 수 있다.

기본적으로 강제 해석은 캡처를 닫을 때 저장되지 않는다. Decode As... 대화상자에서 Save 버튼을 클릭해 수정할 수 있다. 그러면 프로토콜 해석 규칙이 현재 와이어샤크 사용자 프로파일에 저장된다. 해당 프로파일을 사용해 캡처를 열 때 적용된다. 저장된 해석 규칙은 대화상자에서 마이너스 버튼을 클릭해 제거할 수 있다.

해석 규칙을 저장하고 잊어버리기 쉽다. 이것은 준비돼 않았을 때 많은 혼란을 가져올 수 있으므로 강제 해석에 주의하라. 이러한 경우를 막기 위해 나는 주로 와이어샤크의 기본 프로파일에 강제 해석을 저장하지 않는다.

분석기 소스코드 보기

오픈소스 애플리케이션으로 작업하는 장점은 왜 이런 일이 일어나고 있는지 혼란스러울 때 소스코드를 보고 이유를 찾을 수 있다는 점이다. 이것은 개별 프로토콜 분석기를 검사할 수 있기 때문에 특정 프로토콜이 왜 잘못 해석됐는지 이유를 파악할 때 유용하다.

프로토콜 분석기의 소스코드를 살펴보는 것은 개발 링크를 클릭하고 **코드 찾아보기**를 클릭해 와이어샤크 웹사이트에서 직접 수행할 수 있다. 이 링크를 클릭하면 최신 와이어샤크 버전의 릴리스 코드를 볼 수 있는 와이어샤크 코드 저장소로 이동한다. 프로토콜 분석기는 epan/dissectors 폴더에 있으며 각 분석기는 packets-<프로토콜 이름>.c로 표시된다.

이 파일은 다소 복잡하지만 표준 템플릿을 따르며 주석 처리가 잘 돼 있다. 각 분석기의 기본 기능을 이해하려면 전문 C 프로그래머일 필요는 없다. 와이어샤크에서 보고 있는 것을 깊이 이해하고 싶다면 더 간단한 프로토콜 분석기를 살펴보는 것이 좋다.

스트림 따라가기

http_google.pcapng

와이어샤크에서 가장 만족스러운 분석 기능 중 하나는 여러 패킷의 데이터를 통합해 쉽게 읽을 수 있는 형식으로 재구성할 수 있다는 점이다. 이 형식을 패킷 사본packet transcript이라고 한다. 따라서 패킷에서 패킷으로 클릭하는 동안 작은 묶음으로 클라이언트에서 서버로 전송되는 데이터를 볼 필요가 없다. 스트림 따라가기stream following는 데이터를 좀 더 쉽게 볼 수 있게 정렬해준다.

다음과 같은 4가지 유형의 스트림을 사용할 수 있다.

TCP stream HTTP와 FTP와 같은 TCP를 사용하는 프로토콜의 데이터를 조립한다.

UDP stream DNS와 같은 UDP를 사용하는 프로토콜의 데이터를 조립한다.

SSL stream HTTPS와 같이 암호화된 프로토콜의 데이터를 조립한다. 트래픽을 복호하기 위해 키를 제공해야 한다.

HTTP stream HTTP 프로토콜의 데이터를 조립 및 압축 해제한다. 이것은 TCP 스트림을 통한 HTTP 데이터를 따라가는 것이 HTTP 페이로드가 완전히 해석되지 않을 때 유용하다.

예를 들어 http_google.pcapng 파일의 간단한 HTTP 트랜잭션을 살펴보자. 파일에서 TCP 또는 HTTP 패킷 중 하나를 클릭하고 패킷을 마우스 오른쪽 단추로 클릭한 다음 Follow TCP Stream을 선택한다. 이렇게 하면 그림 5-14와 같이 TCP 스트림이 통합되고 대화 내용이 별도의 창에 열린다.

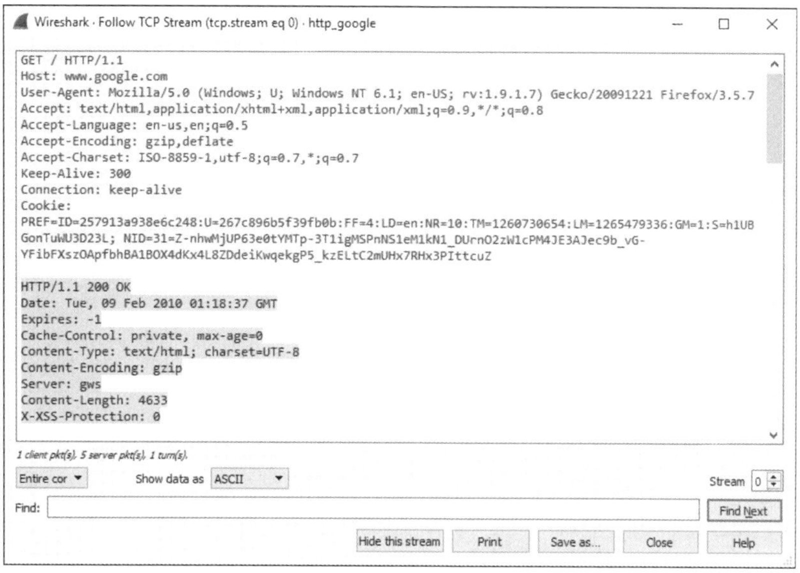

▲ **그림 5-14** Follow TCP Stream 창은 통신을 쉽게 읽을 수 있는 형식으로 재구성한다.

이 창에 나타난 텍스트는 목적지에서 발신지로 가는 트래픽을 나타내는 파란색 텍스트(이 책에서는 어두운 회색 음영으로 나타남)와 발신지에서 목적지로 가는 트래픽을 나타내는 빨간색 텍스트(이 책에서는 밝은 회색 음영으로 나타남)가 나타난다. 색상은 어느 쪽이 통신을 시작했는지와 관련이 있다. 이 예에서 클라이언트는 웹서버에 대한 연결을 시작했으므로 빨간색으로 나타난다.

TCP 스트림 통신은 웹 루트 디렉토리(/)에 대한 초기 GET 요청과 요청이 HTTP/1.1 200 OK 형태로 성공한 서버의 응답으로 시작된다. 클라이언트가 개별 파일을 요청하고 서버가 응답할 때 비슷한 패턴이 패킷 캡처의 다른 스트림에서 반복된다. 사용자가 Google 홈 페이지를 탐색하는 것을 보고 있지만, 모든 패킷을 단계별로 진행하지 않아도 쉽게 스크립트를 스크롤할 수 있다. 실제로 당신은 종단 사용자가 보고 있는 내용을 볼 수 있다.

이 창에서 원시 데이터를 보는 것 외에도 텍스트에서 검색할 수 있다. 또 파일로 저장, 인쇄, ASCII, EBCDIC, 16진수 또는 C 배열 형식으로 데이터 보기도 선택할 수 있다. 더 많은 양의 데이터를 쉽게 볼 수 있는 이 옵션은 스트림 따라가기 창 하단에 있다.

SSL 스트림 따라가기

TCP와 UDP 스트림 따라가기는 간단한 두 번의 클릭으로 수행할 수 있지만, 읽을 수 있는 형식으로 SSL 스트림을 보려면 몇 가지 추가 단계가 필요하다. 트래픽이 암호화되기 때문에 암호화된 트래픽을 담당하는 서버와 관련된 개인 키를 제공해야 한다. 이 키를 가져오는 데 사용되는 방법은 사용 중인 서버 기술에 따라 다르며, 이 책의 범위를 벗어나지만 다음과 같은 프로세스를 사용해 와이어샤크에 로드해야 한다.

1. Edit ➤ Preferences를 클릭해 와이어샤크 환경 설정에 접속한다.
2. Protocols 섹션을 확장하고 SSL 프로토콜 제목을 클릭한다(그림 5-15 참조). RSA 키 목록 레이블 옆에 있는 Edit 버튼을 클릭한다.

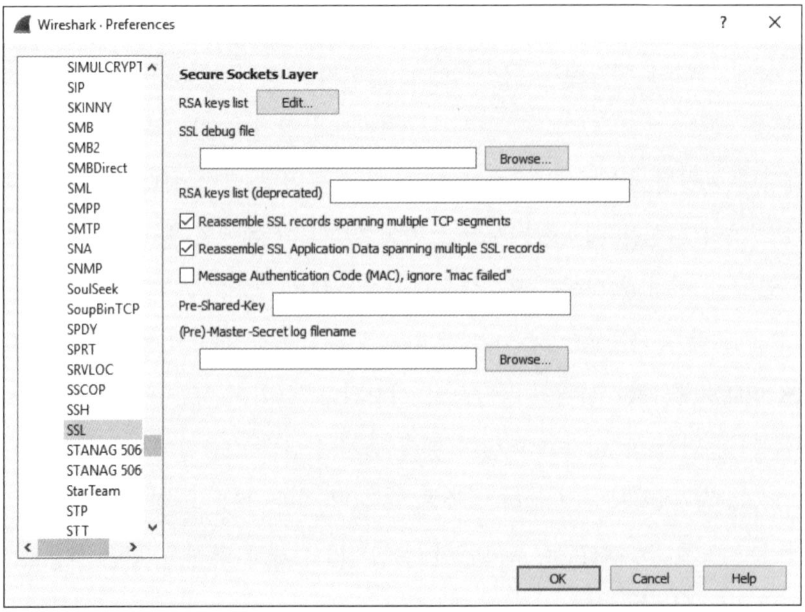

▲ **그림 5-15** SSL 복호화 정보 추가하기

3. 플러스(+) 버튼을 클릭한다.
4. 필요한 정보를 입력한다. 여기에는 암호화를 담당하는 서버의 IP 주소, 포트, 프로토콜, 키 파일의 위치와 키 파일의 암호(사용된 경우)가 포함된다.
5. 와이어샤크를 다시 시작한다.

이 프로세스가 완료되면 클라이언트와 서버 간에 암호화된 트래픽을 캡처할 수 있다. HTTPS 패킷을 마우스 오른쪽 단추로 클릭하고 Follow SSL Stream을 클릭해 일반 텍스트 사본을 보라.

패킷 트랜스크립트를 볼 수 있는 기능은 가장 일반적으로 사용되는 기능 중 하나다. 와이어샤크의 분석 기능을 사용했기 때문에 어떤 프로토콜이 사용됐는지 신속하게 파악할 수 있다. 패킷 스크립트를 보는 데 의존하는 6장에서 몇 가지 추가 시나리오를 다룬다.

패킷 길이

download-slow.pcapng

단일 패킷이나 패킷 그룹의 크기는 많은 상황을 말해준다. 정상적인 상황에서 이더넷 네트워크의 프레임 최대 크기는 1,518바이트다. 이 숫자에서 이더넷, IP와 TCP 헤더를 빼면 계층 7 프로토콜 헤더나 데이터 전송에 사용할 수 있는 1,460바이트가 남는다. 패킷 전송을 위한 최소 요구 사항을 알고 있다면 캡처에서 패킷 길이의 분포를 보고 트래픽 구성을 알게 된다. 이것은 대용량 캡처 파일의 구성을 이해하고자 할 때 매우 유용하다. 와이어샤크는 길이에 따라 페킷의 분포를 볼 수 있게 패킷 길이Packet Lengths 대화상자를 제공한다.

download-slow.pcapng 파일을 열어 예제를 살펴보자. 파일이 열리면 Statistics ▶ Packet Lengths를 선택한다. 결과는 그림 5-16에 나타난 패킷 길이 대화상자다.

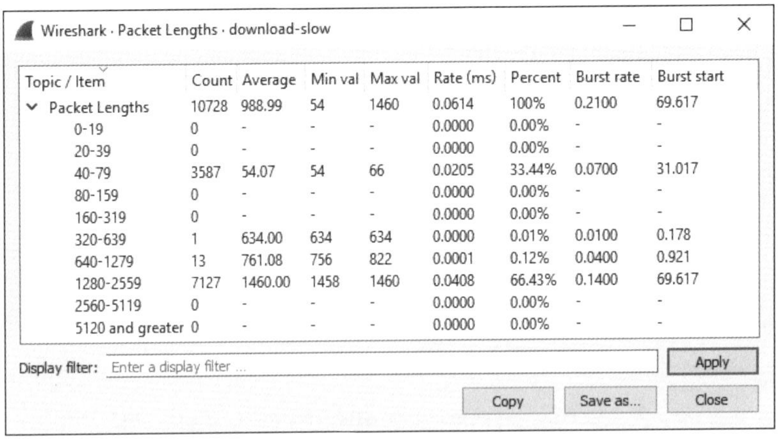
Wireshark · Packet Lengths · download-slow

Topic / Item	Count	Average	Min val	Max val	Rate (ms)	Percent	Burst rate	Burst start
Packet Lengths	10728	988.99	54	1460	0.0614	100%	0.2100	69.617
0-19	0	-	-	-	0.0000	0.00%	-	-
20-39	0	-	-	-	0.0000	0.00%	-	-
40-79	3587	54.07	54	66	0.0205	33.44%	0.0700	31.017
80-159	0	-	-	-	0.0000	0.00%	-	-
160-319	0	-	-	-	0.0000	0.00%	-	-
320-639	1	634.00	634	634	0.0000	0.01%	0.0100	0.178
640-1279	13	761.08	756	822	0.0001	0.12%	0.0400	0.921
1280-2559	7127	1460.00	1458	1460	0.0408	66.43%	0.1400	69.617
2560-5119	0	-	-	-	0.0000	0.00%	-	-
5120 and greater	0	-	-	-	0.0000	0.00%	-	-

Display filter: Enter a display filter ...
Apply
Copy
Save as...
Close

▲ **그림 5-16** Packet Lengths 대화상자는 캡처 파일의 트래픽에 대해 숙련된 추측을 가능하게 한다.

특히 1,280에서 2,559바이트 범위의 패킷에 대한 통계를 보여주는 행에 주목하라. 일반적으로 길이가 긴 패킷은 데이터 전송을 나타내지만 길이가 짧은 패킷은 프로토콜 제어 순서를 나타낸다. 이 경우에 길이가 긴 패킷이 큰 비율을 차지한다(66.43%). 파일에서 패킷을 자세히 보지 않아도 캡처에 하나 이상의 데이터 전송이 포함돼 있다고 추측할 수 있다. 이것은 HTTP 다운로드, FTP 업로드 또는 호스트 간에 데이터가 전송되는 서로 다른 유형의 네트워크 통신 유형일 수 있다.

나머지 패킷의 대부분은 40-79바이트 범위다(33.44%). 이 범위의 패킷은 대개 데이터를 전달하지 않는 TCP 제어 패킷이다. 프로토콜 헤더의 일반적인 크기를 생각해보자. 이더넷 헤더는 14바이트(4바이트 CRC 포함)며, IP 헤더는 최소 20바이트고, 데이터나 옵션이 없는 TCP 패킷도 20바이트다. 즉, 표준 TCP 제어 패킷(예, SYN, ACK, RST, FIN 패킷)은 약 54바이트가 돼야 한다. 물론 IP 또는 TCP 옵션을 추가하면 이 크기가 커진다. 7장과 8장에서 IP와 TCP를 자세히 살펴본다.

패킷 길이를 검사하는 것은 길이가 긴 캡처의 전체적인 개요를 얻는 좋은 방법이다. 긴 패킷이 많으면 데이터가 전송되고 있다고 가정할 수 있다. 대부분의 패킷이 작아서 데이터가 전달되지 않는다면 캡처가 프로토콜 제어 명령으로 구성돼 있다고 가정할 수 있다. 이것들은 어렵고 빠른 규칙은 아니지만, 그러한 가정을 하는 것이 분석하기 전에 도움이 된다.

그래프 작업

그래프Graph는 분석에서 꼭 필요한 기능이며, 데이터 집합의 요약 개요를 얻는 가장 좋은 방법이다. 와이어샤크에는 캡처 데이터를 이해하는 데 도움이 되는 몇 가지 그래프 기능이 포함돼 있는데, 그중 첫 번째는 IO 그래프 기능이다.

IO Graphs 보기

download-fast.pcapng
download-slow.pcapng
http_espn.pcapng

와이어샤크의 IO 그래프 창에서 네트워크의 데이터 처리량을 그래프로 나타낼 수 있다. 이 그래프를 이용해 데이터 처리량의 급상승과 지연을 찾아내고, 개별 프로토콜의 성능 지연을 발견하고, 동시에 데이터 스트림을 비교할 수 있다.

인터넷에서 파일을 다운로드할 때 컴퓨터의 IO 그래프의 예를 보려면 download-fast.pcapng 파일을 연다. TCP 패킷을 클릭해 강조 표시한 다음 Statistics ❯ IO Graph를 선택한다.

IO 그래프 창은 시간 경과에 따른 데이터 흐름을 그래픽으로 보여준다. 그림 5-17의 예에서 이 그래프의 다운로드는 초당 평균 약 500 패킷을 나타내며, 끝부분이 가늘어지기 전에 일정 기간 동안 어느 정도 일관되게 유지된다는 것을 알 수 있다.

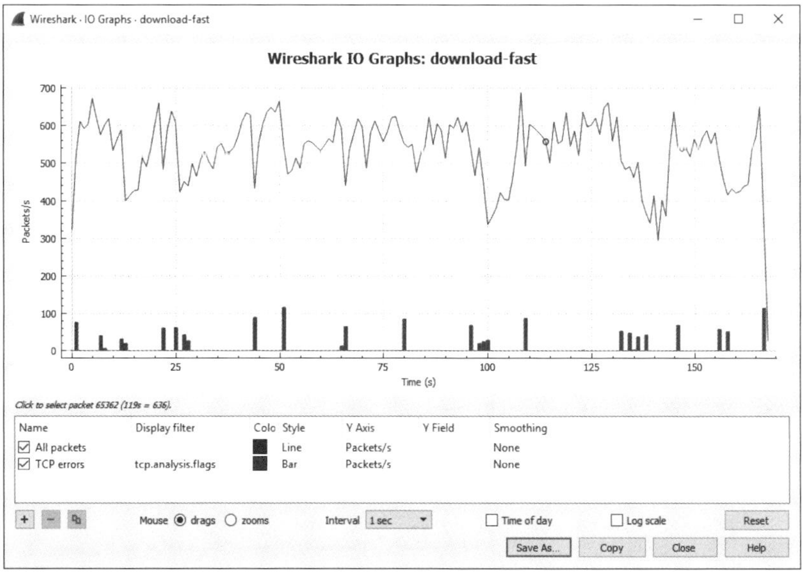

▲ **그림 5-17** 빠른 다운로드의 IO 그래프는 대부분 일관성이 있다.

이를 다운로드 속도가 느린 예제와 비교해보자. 현재 파일을 열어두고 와이어샤크의 다른 인스턴스에서 download-slow.pcapng을 연다. 이 다운로드의 IO 그래프를 가져오면 그림 5-18과 같이 훨씬 다른 이야기를 볼 수 있다.

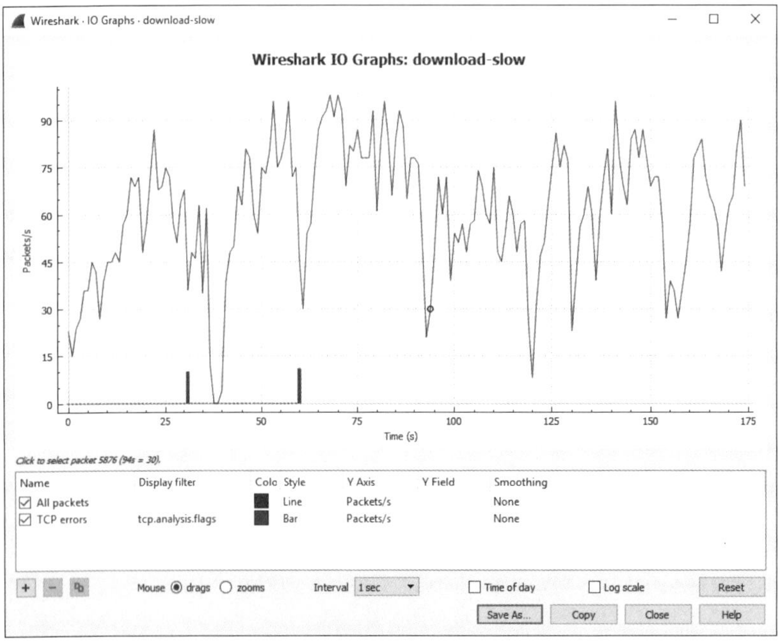

▲ **그림 5-18** 속도가 느린 다운로드의 IO 그래프는 일관성이 없다.

이 다운로드에는 0에서 100 패킷/초 사이의 전송 속도가 있으며, 속도는 일관성이 없고 때로는 초당 0 패킷에 근접한 때도 있다. 두 파일의 IO 그래프를 나란히 배치하면 서로 다른 점을 좀 더 명확하게 볼 수 있다(그림 5-19 참조). 두 그래프를 비교할 때 x축 및 y축 값에 주의를 기울여 비교를 확인하라. 스케일은 전송된 패킷 및/또는 데이터의 수에 따라 자동으로 조정된다. 이는 그림 5-19에 나타난 두 그래프 사이의 주요 차이점이다. 속도가 느린 다운로드는 초당 0에서 100 패킷 사이의 스케일을 보여주지만, 속도가 빠른 다운로드의 스케일은 초당 0에서 700 패킷의 범위를 갖는다.

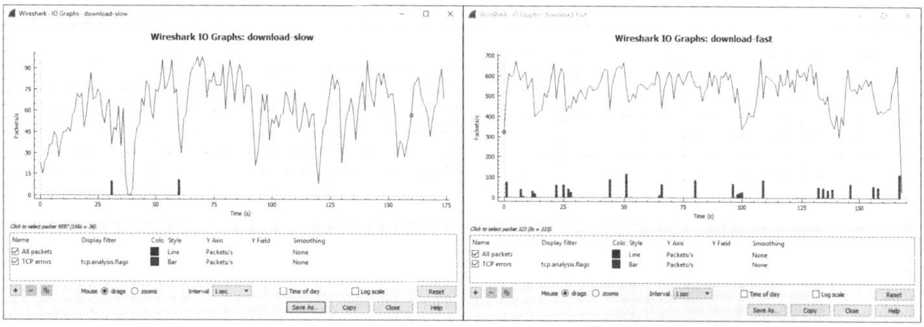

▲ **그림 5-19** 여러 IO 그래프를 나란히 보면 서로 다른 점을 발견하는 데 도움이 된다.

이 창 하단의 구성 옵션을 사용해 디스플레이 또는 캡처 필터와 동일한 구문을 사용해 여러 개의 고유 필터를 사용하고 해당 필터의 디스플레이 색을 지정할 수 있다. 예를 들어 특정 IP 주소에 대한 필터를 만들고 고유한 색을 지정해 각 장치의 처리량 차이를 볼 수 있다. 이것을 시험해보자.

장치가 ESPN 홈 페이지를 방문하는 동안 캡처된 http_espn.pcapng을 연다. Conversations 창을 보면 가장 먼저 대화하는 외부 IP 주소가 205.234.218.129임을 알 수 있다. 이것으로 이 호스트가 espn.com을 방문했을 때 데이터를 수신하는 주요 콘텐츠 제공자임을 추론할 수 있다. 그러나 외부 콘텐츠 제공업체와 광고주로부터 추가 콘텐츠가 다운로드되고 있기 때문에 대화에 참여하는 다른 IP도 여러 개 있다. 그림 5-20의 IO 그래프를 보면 직접과 제3자 콘텐츠 제공 간의 불일치를 볼 수 있다.

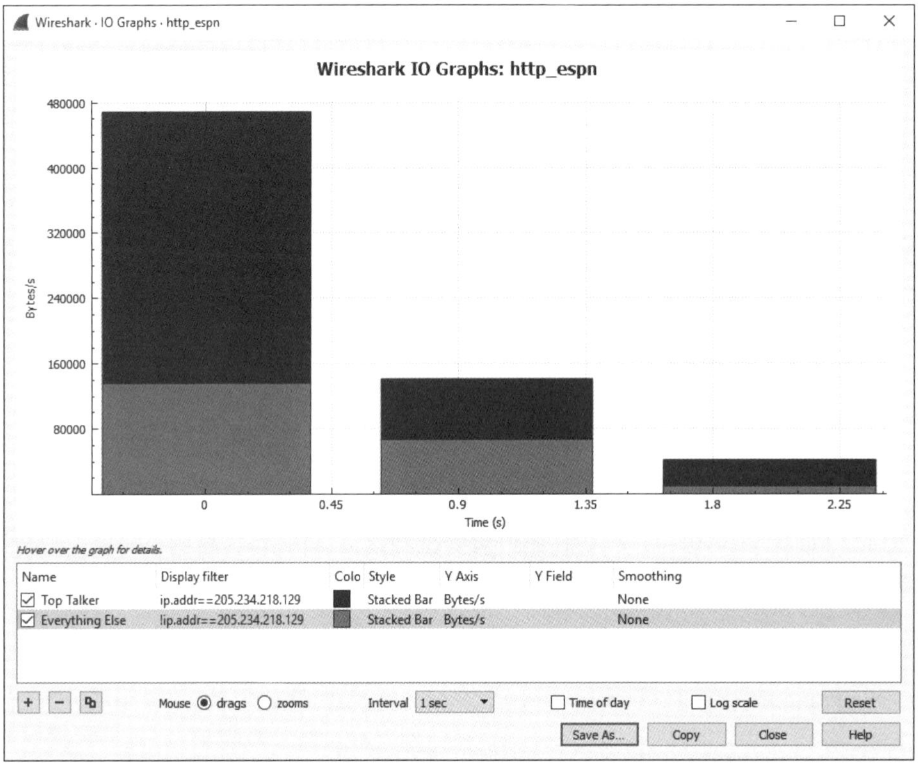

▲ **그림 5-20** 두 개의 개별 장치의 IO를 보여주는 IO 그래프

이 차트에 적용된 두 필터는 IO 그래프 창의 아래쪽에 있는 행으로 나타난다. Top Talker라는 필터는 주요 콘텐츠 제공업체인 IP 주소 205.234.218.129에 대해서만 IO를 보여준다.

누적-막대 스타일을 사용해 이 값을 검은색 그래프로 나타낸다. 두 번째 필터인 Everything Else는 205.234.218.129 주소를 제외하고 캡처 파일의 모든 항목에 대해 IO를 나타내므로 모든 타사 콘텐츠 공급자를 포함한다. 이 값은 누적-막대를 사용해 빨간색으로 나타낸다(책에서는 더 밝은 회색으로 표시됨). y축 단위를 초당 바이트 수로 변경했다. 이 변경 사항을 적용하면 주요 공급업체와 제3자 콘텐츠 공급업체의 차이점과 실제로 제3자 발신지의 콘텐츠 양을 쉽게 알 수 있다. 이것은 자주 방문한 웹사이트에 대해 반복해서 할 수 있는 재미있는 연습이며, 서로 다른 네트워크 호스트의 IO를 비교하는 유용한 방법이다.

왕복 시간 그래프

download-fast.pcapng

와이어샤크의 또 다른 그래프 기능은 주어진 캡처 파일의 왕복 시간을 볼 수 있는 기능이다. 왕복 시간RTT, Round-Trip Time은 패킷에 대한 확인 응답을 수신하는 데 걸리는 시간이다. 사실상 패킷이 목적지에 도착한 시간과 그 패킷의 확인 응답이 다시 보내는 시간이다. RTT 분석은 통신의 속도가 느린 지점이나 병목 현상을 찾아 대기 시간이 있는지 확인하기 위해 수행된다.

이 기능을 살펴보자. download-fast.pcapng 파일을 연다. TCP 패킷을 선택하고 Statistics ▶ TCP Stream Graphs ▶ Round Trip Time Graph를 선택해 이 파일의 RTT 그래프를 볼 수 있다. 그림 5-21은 download-fast.pcapng에 대한 RTT 그래프다.

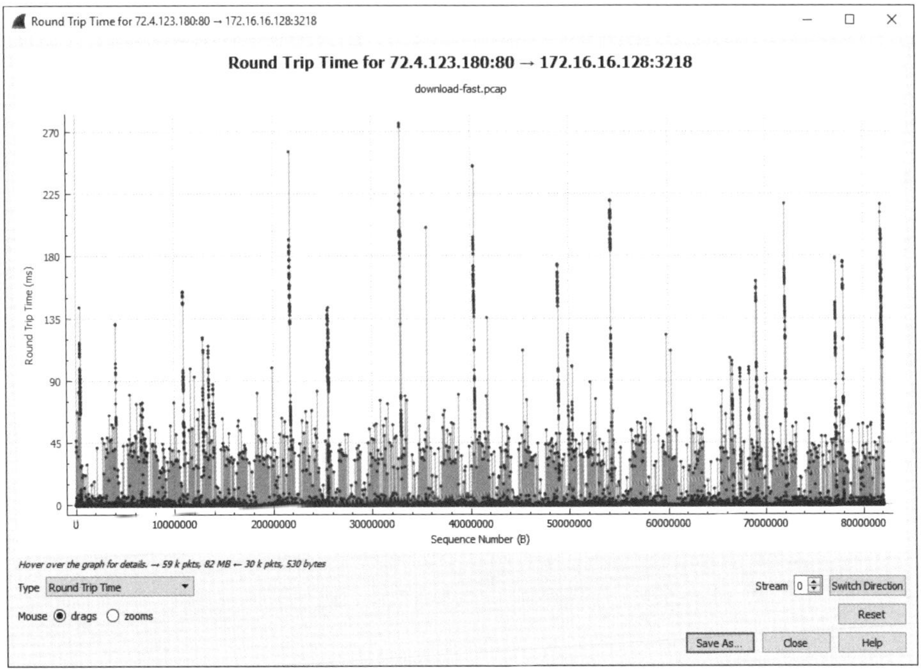

▲ **그림 5-21** 빠른 다운로드의 RTT 그래프는 대부분 일관성이 있으며, 일부 누락 값만 표시된다.

그래프의 각 점은 패킷의 RTT를 나타낸다. 기본 보기는 이러한 값을 순서번호별로 정렬해서 보여준다. 그래프 내의 플롯된 점을 클릭하면 패킷 목록 창에서 해당 패킷으로 바로 이동할 수 있다.

참고 RTT 그래프는 단방향이므로 분석하려는 트래픽의 적절한 방향을 선택하는 것이 중요하다. 그래프가 그림 5-21과 같지 않은 경우 Switch Direction 버튼을 두 번 클릭해야 한다.

빠른 다운로드를 위한 RTT 그래프는 대부분 0.05초 미만의 RTT 값을 가지며, 0.10에서 0.25초 사이가 몇 번 있는 것처럼 보인다. 상당히 높은 값이 있지만 대부분의 RTT 값은 정상이므로 이 값은 파일 다운로드에 적합한 RTT로 간주된다. 처리량 문제에 대한 RTT 그래프를 검사할 때 높은 대기 시간을 찾게 된다. 높은 대기 시간은 높은 y축 값에서 플롯된 여러 지점이 나타난다.

흐름 그래프

dns_recursivequery_server.pcapng

흐름 그래프flow graph 기능은 연결을 시각화하고 시간 경과에 따른 데이터 흐름을 보여 주며, 장치가 통신하는 방식을 좀 더 쉽게 이해할 수 있게 해준다. 흐름 그래프는 호스트 간의 연결에 대한 열-기반 보기를 포함하며, 시각적으로 해석할 수 있게 트래픽이 구성된다.

흐름 그래프를 생성하려면 dns_recursivequery_server.pcapng 파일을 열고 Statistics ➤ Flow Graph를 선택한다. 결과 그래프는 그림 5-22와 같다.

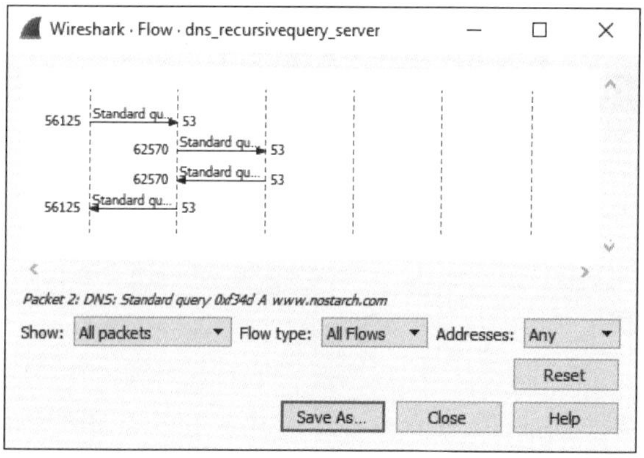

▲ **그림 5-22** TCP 흐름 그래프를 사용하면 연결을 훨씬 더 잘 시각화할 수 있다.

이 흐름 그래프는 하나의 호스트에 의해 수신돼 다른 호스트에 전달되는 DNS 조회인 재귀 DNS 조회다(9장의 DNS에서 다룬다). 그래프의 각 수직선은 개별 호스트를 나타낸다. 흐름 그래프는 두 장치 사이의 앞뒤 통신을 시각화하거나 이 예제와 같이 여러 장치의 통신 간 관계를 시각화하는 좋은 방법이다. 또한 경험이 적은 프로토콜의 일반적인 통신 흐름을 이해하는 데 유용하다.

전문가 정보

download-slow.pcapng

와이어샤크의 각 프로토콜 분석기는 해당 프로토콜 패킷 내의 특정 상태에 대해 경고하는 데 사용할 수 있는 전문가 정보expert info를 나타낸다. 이러한 상태는 다음과 같은 4가지 범주로 구분된다.

Chat 통신에 대한 기본 정보

Note 정상적인 통신의 일부일 수 있는 비정상적인 패킷

Warning 대부분 정상 통신이 아닌 비정상적인 패킷이다

Error 패킷 또는 분석기가 해석하는 중 오류가 발생했다.

예를 들어 download-slow.pcapng 파일을 연다. 그런 다음 Analyze를 클릭하고 Expert Information을 선택해 Expert Information 창을 연다.

그런 다음 요약별로 그룹화를 선택 해제해 심각도별로 출력을 구성한다(그림 5-23 참조).

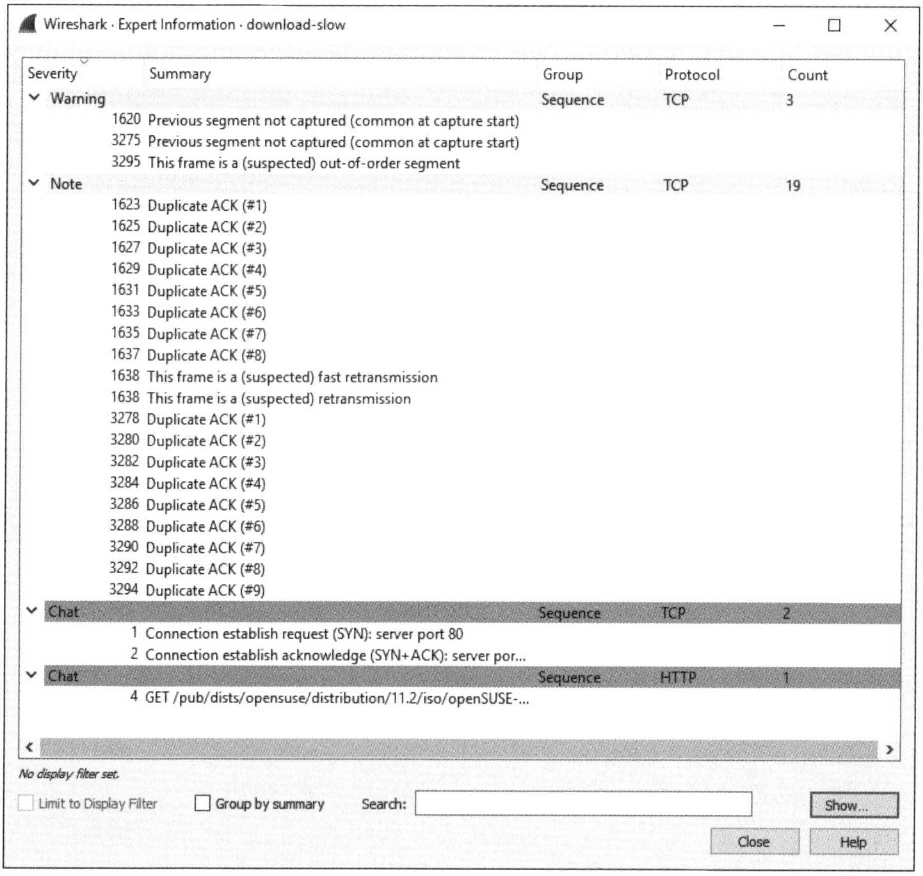

▲ **그림 5-23** Expert Information 창에는 프로토콜 분석기에서 프로그래밍된 전문가 시스템 정보가 나타난다.

창에는 정보 분류마다 섹션이 있다. 여기에는 errors 없음, Warning 3개, Note 19개, Chat 3개가 있다.

이 캡처 파일 내의 대부분 메시지는 TCP와 관련이 있다. 전문가 정보 시스템은 주로 TCP 프로토콜에서 가장 많이 사용됐기 때문이다. 현재 TCP에 대해 구성된 29개의 전문가 정보 메시지가 있으며, 캡처 파일 문제를 해결할 때 유용하다. 이 메시지는 아래에 나열된 대로 특정 와이어샤크 고급 기능 기준을 충족할 때 개별 패킷에 플래그를 지정한다(이 메시지의 의미는 8장에서 TCP를 살펴보고, 11장에서 속도가 느린 네트워크를 해결할 때 더 명확해질 것이다).

Chat 메시지

Window Update 창 업데이트 수신자가 보낸 사람에게 TCP 수신 창 크기가 변경됐음을 알리기 위해 보낸다.

Note 메시지

TCP Retransmission TCP 재전송 패킷 손실의 결과. 중복 ACK가 수신되거나 패킷의 재전송 타이머가 만료될 때 발생한다.

Duplicate ACK 중복 ACK 호스트가 기대하고 있는 다음 순서번호를 받지 못하면 수신한 마지막 데이터의 중복 ACK를 생성한다.

Zero Window Probe 제로 창 프로브 Zero Window 패킷이 전송된 후 TCP 수신 창 상태를 모니터한다(11장에서 다룬다).

Keep Alive ACK 킵 얼라이브 ACK Keep-alive 패킷에 대한 확인 응답으로 보낸다.

Zero Window Probe ACK 제로 창 프로브 ACK zero-window-probe 패킷에 대한 확인 응답으로 전송된다.

Window Is Full 창이 가득 찼다 전송 호스트에게 수신자의 TCP 수신 창이 가득 찼음을 알린다.

Warning 메시지

Previous Segment Lost 이전 세그먼트 분실 패킷 손실을 나타낸다. 데이터 스트림의 예상된 순서번호를 건너뛸 때 발생한다.

ACKed Lost Packet ACK 패킷으로 보이지만 확인 응답 패킷이 아닌 경우에 발생한다.

Keep Alive Keep Alive 패킷이 나타나면 트리거된다.

Zero Window TCP 수신 창 크기에 도달하고 발신자가 데이터 전송을 중단하게 요청하는 제로 창 통지가 전송될 때 나타난다.

Out-of-Order 순서가 맞지 않는 순서번호를 활용해 패킷 수신 순서를 감지한다.

Fast Retransmission[빠른 재전송] 중복 ACK의 20밀리초 내에 발생하는 재전송이다.

Error 메시지

No Error Messages 오류 없음 메시지다.

5장에서 설명하는 기능 중 일부는 애매한 상황에서 사용되는 것처럼 보이지만 예상보다 더 많이 사용될 것이다. 이러한 창과 옵션을 잘 숙지하는 것이 중요하다. 다음 몇 장에서 이것들을 많이 참조할 것이다.

6장
커맨드라인을 이용한 패킷 분석

GUI를 이용해 많은 시나리오를 해결할 수 있지만 경우에 따라서는 커맨드라인 도구(예, TShark 또는 tcpdump)를 사용해야 한다. 다음은 와이어샤크 대신 커맨드라인 도구를 사용할 수 있는 몇 가지 상황이다.

- 와이어샤크는 많은 정보를 한 번에 제공한다. 커맨드라인 도구를 사용하면 IP 주소를 한 줄에 나타내는 것과 같이 디스플레이된 정보를 관련 데이터만으로 제한할 수 있다.
- 커맨드라인 도구는 패킷 캡처 파일을 필터링하고 유닉스 파이프를 이용해 다른 도구에 직접 결과를 제공하는 데 가장 적합하다.

- 대량의 캡처 파일을 다루는 것은 전체 파일을 RAM에 로드해야 하기 때문에 와이어샤크에서 힘들 수 있다. 커맨드라인 도구를 사용해 대량의 캡처 파일을 처리하면 해당 파일에서 관련 패킷을 신속하게 필터링할 수 있다.
- 서버를 다루고 있고 그래픽 도구를 사용할 수 없는 경우 커맨드라인 도구를 사용해야 한다.

6장에서는 두 가지 커맨드라인 패킷 분석 도구인 TShark와 tcpdump의 기능을 살펴본다. 두 가지 모두 잘 알고 있으면 많은 도움이 되겠지만, 일반적으로 윈도우 시스템에서는 TShark를 사용하고 유닉스 시스템에서는 tcpdump를 사용한다. 개인적으로 윈도우를 사용하고 있으면 tcpdump 부분은 건너뛰어도 좋다.

TShark 설치

터미널 기반 와이어샤크 또는 TShark는 와이어샤크와 동일한 많은 기능을 제공하지만 GUI가 없는 커맨드라인 인터페이스만 제공하는 패킷 분석 애플리케이션이다. 와이어샤크를 설치했다면 와이어샤크를 설치할 때 명시적으로 TShark도 설치된다. 다음과 같은 단계를 따라하면 TShark이 설치됐는지 확인할 수 있다.

1. 명령 프롬프트를 연다. Start Menu를 클릭하고 cmd를 입력한 다음 Command Prompt를 클릭한다.
2. 와이어샤크가 설치된 디렉토리를 찾는다. 기본 위치에 설치됐다면 명령 프롬프트에서 cd C:\Program Files\Wireshark를 입력해 이동할 수 있다.
3. TShark를 실행하고 tshark -v를 입력해 버전 정보를 출력한다. TShark가 설치돼 있지 않으면 명령이 인식되지 않는다는 오류 메시지가 나타난다. TShark가 시스템에 설치돼 있다면 TShark 버전 정보에 대한 출력을 얻을 수 있다.

```
C:\Program Files\Wireshark>tshark -v
TShark (Wireshark) 2.0.0 (v2.0.0-0-g9a73b82 from master-2.0
--중략--
```

TShark가 설치되지 않았는데 지금 사용하고 싶다면 간단히 와이어샤크 설치를 다시 실행하고 TShark가 선택돼 있는지 확인하면 된다. 기본적으로 설정돼 있다.

TShark의 기능에 대해 더 자세히 배우고 싶다면 -h 인수를 사용해 사용 가능한 명령을 인쇄할 수 있다. 6장에서 이 명령 중 일부를 다룬다.

```
C:\Program Files\Wireshark>tshark -h
```

와이어샤크와 마찬가지로 TShark는 여러 운영체제에서 실행할 수 있지만, OS별로 그래픽 라이브러리를 의존하지 않기 때문에 다른 OS 플랫폼보다 일관성이 있다. 이 때문에 TShark는 윈도우, 리눅스와 OS X에서 매우 유사하게 동작한다. 그러나 TShark가 각 플랫폼에서 실행되는 방식에는 몇 가지 차이점이 있다. 이 책에서는 TShark가 동작하게 설계된 기본 운영체제이기 때문에 윈도우에서 TShark를 실행하는 데 중점을 둘 것이다.

tcpdump 설치

와이어샤크가 세계에서 가장 널리 사용되는 그래픽 패킷 분석 애플리케이션이지만 tcpdump는 가장 인기 있는 커맨드라인 패킷 분석 애플리케이션이다. 유닉스 기반 운영체제에서 작동하게 설계된 tcpdump는 널리 사용되는 패키지 관리 애플리케이션을 통해 설치하기가 쉽고 많은 리눅스 버전에 미리 설치돼 있다.

이 책의 대부분은 윈도우에 중점을 두고 있지만 유닉스 사용자를 위해 tcpdump에 대한 절이 포함돼 있다. 특히 우분투Ubuntu 14.04 LTS를 사용한다. 윈도우 시스템에서 tcpdump를 사용하려면 http://www.winpcap.org/windump/에서 윈도우용 프로그램인 WinDump를 다운로드해 설치할 수 있다. tcpdump와 WinDump가 완전히 똑같지는 않지만 패킷 분석기 기능은 유사하다. 그러나 WinDump는 tcpdump 만큼 기능이 많지 않다. 결과적으로 몇 가지 새로운 기능이 누락될 수 있다. 따라서 보안 취약점이 존재할 수 있다(이 책에서는 WinDump는 다루지 않는다).

우분투에는 tcpdump가 미리 설치돼 있지 않지만 APT 패키지 관리 시스템 덕분에 설치가 매우 쉽다. tcpdump를 설치하려면 다음과 같은 단계를 수행하면 된다.

1. 터미널 창을 열고 sudo apt-get update 명령을 실행해 패키지 저장소가 최신 패키지 버전인지 확인한다.
2. sudo apt-get install tcpdump 명령을 실행한다.
3. tcpdump를 실행하는 데 필요한 여러 가지 전제 조건을 설치하라는 메시지가 나타난다. Y를 입력하고 프롬프트가 표시되면 엔터 키를 눌러 설치를 허용한다.
4. 설치가 완료되면 tcpdump -h 명령을 실행해 tcpdump를 실행하고 버전 정보를 인쇄한다. 명령이 성공하고 터미널 창에 다음과 같은 텍스트가 나타나면 tcpdump를 사용할 준비가 된 것이다.

```
sanders@ppa:~$ tcpdump -h
tcpdump version 4.5.1
libpcap version 1.5.3
Usage: tcpdump [-aAbdDefhHIJKlLnNOpqRStuUvxX#] [ -B size ] [ -c count ]
            [ -C file_size ] [ -E algo:secret ] [ -F file ] [ -G seconds ]
            [ -i interface ] [ -j tstamptype ] [ -M secret ]
            [ -Q metadata-filter-expression ]
            [ -r file ] [ -s snaplen ] [ -T type ] [ --version ] [ -V file ]
            [ -w file ] [ -W filecount ] [ -y datalinktype ] [ -z command ]
            [ -Z user ] [ expression ]
```

다음과 같이 man tcpdump 명령을 호출해 tcpdump에서 사용할 수 있는 모든 명령을 인쇄할 수 있다.

```
sanders@ppa:~$ man tcpdump
```

몇 가지 명령을 사용하는 방법을 알아보자.

패킷 캡처와 저장

작업의 첫 번째 순서는 유선에서 패킷을 캡처해 화면에 디스플레이하는 것이다. TShark에서 캡처를 시작하려면 tshark 명령을 실행하기만 하면 된다. 이 명령은 다음과 같이 네트워크 인터페이스에서 패킷을 캡처하고 터미널 창에서 화면에 덤프하는 과정을 시작한다.

```
C:\Program Files\Wireshark>tshark
    1   0.000000 172.16.16.128 -> 74.125.95.104 TCP 66 1606       80 [SYN]
Seq=0 Win=8192 Len=0 MSS=1460 WS=4 SACK_PERM=1
    2   0.030107 74.125.95.104 -> 172.16.16.128 TCP 66 80       1606 [SYN, ACK]
Seq=0 Ack=1 Win=5720 Len=0 MSS=1406 SACK_PERM=1 WS=64
    3   0.030182 172.16.16.128 -> 74.125.95.104 TCP 54 1606       80 [ACK]
Seq=1 Ack=1 Win=16872 Len=0
    4   0.030248 172.16.16.128 -> 74.125.95.104 HTTP 681 GET / HTTP/1.1
    5   0.079026 74.125.95.104 -> 172.16.16.128 TCP 60 80       1606 [ACK]
Seq=1 Ack=628 Win=6976 Len=0
```

tcpdump에서 캡처를 시작하려면 tcpdump 명령을 실행한다. 이 명령을 실행하면 터미널 창에 다음과 같이 나타난다.

```
sanders@ppa:~$ tcpdump
tcpdump: verbose output suppressed, use -v or -vv for full protocol decode
listening on eth0, link-type EN10MB (Ethernet), capture size 65535 bytes
21:18:39.618072 IP 172.16.16.128.slm-api > 74.125.95.104.http: Flags [S],
seq 2082691767, win 8192, options [mss 1460,nop,wscale 2,nop,nop,sackOK],
length 0
21:18:39.648179 IP 74.125.95.104.http > 172.16.16.128.slm-api:
Flags [S.], seq 2775577373, ack 2082691768, win 5720, options [mss
1406,nop,nop,sackOK,nop,wscale 6], length 0
21:18:39.648254 IP 172.16.16.128.slm-api > 74.125.95.104.http: Flags [.],
ack 1, win 4218, length 0
21:18:39.648320 IP 172.16.16.128.slm-api > 74.125.95.104.http: Flags [P.],
seq 1:628, ack 1, win 4218, length 627: HTTP: GET / HTTP/1.1
21:18:39.697098 IP 74.125.95.104.http > 172.16.16.128.slm-api: Flags [.],
ack 628, win 109, length 0
```

> **참고** 유닉스 시스템에서 패킷을 캡처하기 위해서는 관리 권한이 필요하므로 루트 사용자로서 tcpdump를 실행하거나이 책에 나열된 명령 앞에 sudo 명령을 사용해야 한다. 대부분의 경우 유닉스 기반 시스템에 제한된 권한을 가진 사용자로 접근할 수 있다. 권한 오류가 발생한다면 아마도 이런 이유 때문일 것이다.

시스템 구성 방법에 따라 TShark 또는 tcpdump가 트래픽을 캡처하려는 네트워크 인터페이스에 기본 값이 아닐 수도 있다. 이 경우에는 -D 인수를 사용해 TShark에서 사용할 수 있는 인터페이스를 나열할 수 있다. 이 인수는 다음과 같이 인터페이스를 번호가 부여된 목록으로 출력한다.

```
C:\Program Files\Wireshark>tshark -D
1. \Device\NPF_{1DE095C2-346D-47E6-B855-11917B74603A} (Local Area Connection*2)
2. \Device\NPF_{1A494418-97D3-42E8-8C0B-78D79A1F7545} (Ethernet 2)
```

특정 인터페이스를 사용하려면 다음과 같이 인터페이스 목록에서 지정된 인터페이스 번호와 함께 -i 인수를 사용한다.

```
C:\Program Files\Wireshark>tshark -i 1
```

이 명령은 인터페이스 목록의 번호 1이 할당된 로컬 영역 연결 2라는 인터페이스에서 패킷을 독점적으로 캡처한다. 캡처할 인터페이스를 항상 지정하는 것이 좋다. 가상 머신 도구나 VPN이 인터페이스를 추가하는 것은 흔한 일이며, 캡처 중인 패킷이 정확한 소스에서 왔는지 확인하고 싶을 때가 있다.

tcpdump를 실행하는 리눅스나 OS X 시스템에서 ifconfig 명령을 사용해 사용 가능한 인터페이스를 나열한다.

```
sanders@ppa:~$ ifconfig
eth0      Link encap:Ethernet HWaddr 00:0c:29:1f:a7:55
          inet addr:172.16.16.139 Bcast:172.16.16.255 Mask:255.255.255.0
          inet6 addr: fe80::20c:29ff:fe1f:a755/64 Scope:Link
          UP BROADCAST RUNNING MULTICAST MTU:1500 Metric:1
```

```
RX packets:5119 errors:0 dropped:0 overruns:0 frame:0
TX packets:3088 errors:0 dropped:0 overruns:0 carrier:0
collisions:0 txqueuelen:1000
RX bytes:876746 (876.7 KB) TX bytes:538083 (538.0 KB)
```

인터페이스 지정은 -i 인수를 사용해 수행할 수도 있다.

```
sanders@ppa:~$ tcpdump -i eth0
```

이 명령은 eth0 인터페이스에서만 패킷을 캡처한다. 모든 것이 올바르게 구성되면 패킷 캡처를 시작할 수 있다. 트래픽을 캡처하는 장치가 네트워크에서 원격으로 사용 중이면 개별 패킷을 나타내는 줄이 너무 빨리 지나갈 수 있으므로, 잠재적으로 빨리 읽을 수 없다. 패킷을 파일에 저장한 다음 해당 파일에서 일부만 읽음으로써 이를 해결할 수 있다.

수집된 패킷을 두 도구의 파일에 저장하려면 파일 이름과 함께 -w 인수를 사용한다. ctrl-C를 눌러 중지할 때까지 캡처가 계속 실행된다. 별도로 명시하지 않는 한 파일은 프로그램이 실행된 디렉토리에 저장된다.

TShark에서 명령은 다음과 같다.

```
C:\Program Files\Wireshark>tshark -i 1 -w packets.pcap
```

이 명령은 인터페이스 목록의 첫 번째 인터페이스에서 캡처한 모든 패킷을 packets.pcap에 기록한다.

tcpdump에서 명령은 다음과 같다.

```
sanders@ppa : ~ $ tcpdump -i eth0 -w packets.pcap
```

저장된 파일에서 패킷을 다시 읽으려면 파일 이름과 함께 -r 인수를 사용한다.

```
C:\Program Files\Wireshark>tshark -r packets.pcap
```

이 명령은 packets.pcap의 모든 패킷을 화면에 나타낸다.

tcpdump 명령은 거의 동일하다.

```
sanders@ppa : ~ $ tcpdump -r packets.pcap
```

읽으려는 파일에 많은 패킷이 포함돼 있는 경우 방금 설명한 화면과 비슷한 상황이 발생해 읽는 데 너무 빨리 화면이 스크롤될 수 있다. -c 인수를 사용해 파일에서 읽을 때 보여주는 패킷 수를 제한할 수 있다.

예를 들어 다음 명령은 TShark에 있는 캡처 파일의 처음 10개 패킷만 보여준다.

```
C:\Program Files\Wireshark>tshark -r packets.pcap -c10
```

tcpdump에서 같은 인수를 사용할 수 있다.

```
sanders@ ppa : ~ $ tcpdump -r packets.pcap -c10
```

캡처 시 -c 인수를 사용할 수도 있다. 이 명령을 실행하면 처음 10개 패킷만 캡처한다. -c를 -w 인수와 결합하면 저장할 수도 있다.

다음은 이 명령을 TShark에서 사용한 것이다.

```
C:\Program Files\Wireshark>tshark -i 1 -w packets.pcap -c10
```

그리고 tcpdump에서는 다음과 같다.

```
sanders@ppa : ~ $ tcpdump -i eth0 -w packets.pcap -c10
```

출력 조작

커맨드라인 도구를 사용하면 출력을 더 신중하게 하는 이점이 있다. 일반적으로 GUI는 모든 것을 보여주므로 원하는 것을 찾을 수 있다. 커맨드라인 도구는 일반적으로 최소한의 정보만 보여주므로 추가 명령을 사용해 더 깊이 파악할 수 있다. TShark와 tcpdump는 다르다. 둘 다 각 패킷에 대해 한 줄짜리 출력을 보여주므로 추가 명령을 사용해 프로토콜 세부 정보나 개별 바이트 같은 정보를 볼 수 있다.

TShark 출력에서 각 줄은 단일 패킷을 나타내며, 줄 형식은 해당 패킷에 사용된 프로토콜에 따라 다르다. TShark는 와이어샤크와 동일한 분석기를 사용해 동일한 방식으로 패킷 데이터를 분석하므로 TShark 출력은 두 개가 나란히 실행될 때 와이어샤크의 패킷 목록 창을 미러링한다. TShark는 7계층 프로토콜에 대한 분석기를 갖고 있기 때문에 헤더가 포함된 패킷에 대한 정보를 tcpdump보다 훨씬 많이 제공할 수 있다.

tcpdump에서 각 라인은 하나의 패킷을 나타내며, 사용되는 프로토콜에 따라 다르게 형식이 지정된다. tcpdump는 와이어샤크의 프로토콜 분석기를 사용하지 않기 때문에 계층 7 프로토콜 정보는 이 도구로 해석되지 않는다. 이것은 tcpdump의 가장 큰 한계 중 하나다. 대신 단일 행 패킷은 TCP나 UDP 중 하나인 전송 계층 프로토콜을 기반으로 형식이 지정된다(이에 대해서는 8장에서 자세히 설명한다).

TCP 패킷은 다음 형식을 사용한다.

```
[Timestamp] [Layer 3 Protocol] [Source IP].[Source Port] > [Destination IP].
[Destination Port] : [TCP Flags], [TCP Sequence Number], [TCP Acknowledgement number],
[TCP Windows Size], [Data Length]
```

UDP 패킷은 다음 형식을 사용한다.

```
[Timestamp] [Layer 3 Protocol] [Source IP].[Source Port] > [Destination IP].
[Destination Port]: [Layer 4 Protocol], [Data Length]
```

이 기본 한 줄 요약은 신속한 분석을 위해 유용하지만 결국에는 패킷에 대한 심층적인 분석을 수행해야 한다. 와이어샤크에서는 패킷 목록 창에서 패킷 세부 정보와 패킷 바이트 창에 정보가 나타난 패킷을 클릭하면 된다. 몇 가지 옵션을 사용해 커맨드라인에서 동일한 정보에 액세스할 수 있다.

각 패킷에 대한 추가 정보를 얻는 가장 간단한 방법은 출력의 자세한 정보를 증가시키는 것이다.

TShark에서 대문자 V는 자세한 표시를 높이는 데 사용된다.

```
C:\Program Files\Wireshark>tshark -r packets.pcap -V
```

이렇게 하면 packets.pcap 캡처 파일에서 읽은 패킷에 대한 와이어샤크의 패킷 세부 정보 창과 유사한 출력이 제공된다. 정상적인 자세한 표시(기본 요약)와 확장된 자세한 표시(-V 인수를 통해 얻은 자세한 요약)의 패킷 예가 여기에 나타난다.

첫 번째 표준 출력은 다음과 같다.

```
C:\Program Files\Wireshark>tshark -r packets.pcap -c1
    1   0.000000 172.16.16.172 -> 4.2.2.1       ICMP Echo (ping) request
id=0x0001, seq=17/4352, ttl=128
```

확장된 자세한 정보를 사용해 생성된 더 자세한 정보의 일부는 다음과 같다.

```
C:\Program Files\Wireshark>tshark -r packets.pcap -V -c1
Frame 1: 74 bytes on wire (592 bits), 74 bytes captured (592 bits) on
interface 0
    Interface id: 0 (\Device\NPF_{C30671C1-579D-4F33-9CC0-73EFFFE85A54})
    Encapsulation type: Ethernet (1)
    Arrival Time: Dec 21, 2015 12:52:43.116551000 Eastern Standard Time
    [Time shift for this packet: 0.000000000 seconds]
--snip--
```

tcpdump에서 소문자 v는 자세한 정보를 나타내는 데 사용된다. TShark와 달리 tcpdump는 각 패킷에 대해 다중 레벨의 디스플레이를 볼 수 있다. 다음과 같이 vs를 추가해 최대 3단계의 자세한 표시를 추가할 수 있다.

```
sanders@ppa:~$ tcpdump -r packets.pcap -vvv
```

정상적인 자세한 표시 및 확장된 자세한 표시 수준으로 보여주는 동일한 패킷의 예는 다음과 같다. 충분히 자세한 정보를 제공하더라도 이 출력은 TShark가 생성하는 것만큼이나 간결하다.

```
sanders@ppa:~$ tcpdump -r packets.pcap -c1
reading from file packets.pcap, link-type EN10MB (Ethernet)
13:26:25.265937 IP 172.16.16.139 > a.resolvers.level3.net: ICMP echo request,
id 1759, seq 150, length 64
sanders@ppa:~$ tcpdump -r packets.pcap -c1 -v
reading from file packets.pcap, link-type EN10MB (Ethernet)
13:26:25.265937 IP (tos 0x0, ttl 64, id 37322, offset 0, flags [DF], proto
ICMP (1), length 84)
    172.16.16.139 > a.resolvers.level3.net: ICMP echo request, id 1759, seq
150, length 64
```

사용 가능한 자세한 정보 수준은 검사 중인 패킷의 프로토콜에 따라 다르다. 확장된 자세한 정보가 유용하지만 여전히 볼 수 있는 모든 것을 보여주지는 못한다. TShark 및 tcpdump는 각 패킷의 전체 내용을 저장하며, 16진수나 ASCII 형식으로 볼 수도 있다.

TShark에서는 -x 인수를 사용해 패킷의 16진수와 ASCII 표현을 볼 수 있다. 이 인수는 r 인수와 결합해 파일의 패킷을 읽고 표시할 수 있다.

```
C:\Program Files\Wireshark>tshark -xr packets.pcap
```

와이어샤크의 패킷 바이트 창과 비슷한 이 보기가 그림 6-1에 나와 있다.

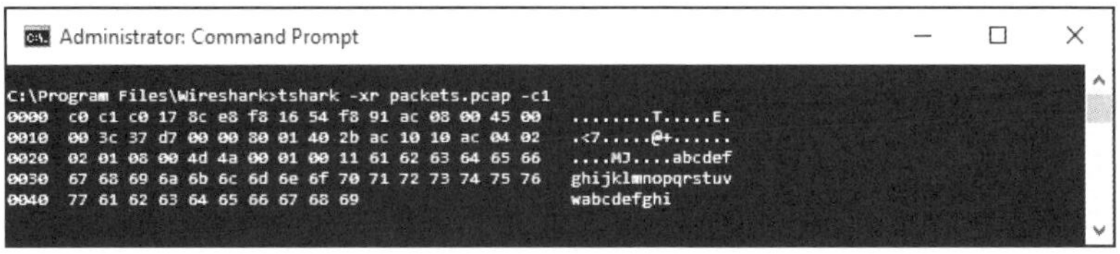

▲ **그림 6-1** TShark에서 16진수와 ASCII로 원시 패킷 보기

tcpdump에서 -X 스위치를 사용해 16진수와 ASCII 표현을 볼 수 있다. 다음과 같이 -X를 r 인수와 결합해 패킷 파일에서 읽을 수도 있다.

```
sanders@ppa : ~ $ tcpdump -Xr packets.pcap
```

이 명령의 출력은 그림 6-2에 나와 있다.

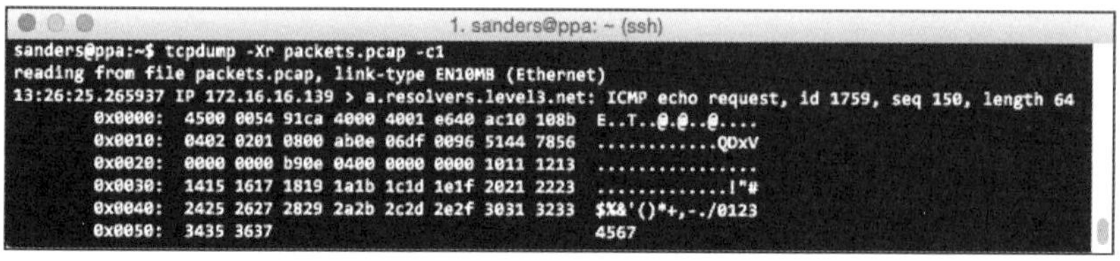

1. sanders@ppa: ~ (ssh)
sanders@ppa:~$ tcpdump -Xr packets.pcap -c1
reading from file packets.pcap, link-type EN10MB (Ethernet)
13:26:25.265937 IP 172.16.16.139 > a.resolvers.level3.net: ICMP echo request, id 1759, seq 150, length 64
0x0000: 4500 0054 91ca 4000 4001 e640 ac10 108b E..T..@.@..@....
0x0010: 0402 0201 0800 ab0e 06df 0096 5144 7856 ....QDxV
0x0020: 0000 0000 b90e 0400 0000 0000 1011 1213 ....
0x0030: 1415 1617 1819 1a1b 1c1d 1e1f 2021 2223 ....!"#
0x0040: 2425 2627 2829 2a2b 2c2d 2e2f 3031 3233 $%&'()*+,-./0123
0x0050: 3435 3637 4567

▲ **그림 6-2** tcpdump에서 16진수와 ASCII로 원시 패킷 보기

필요한 경우 tcpdump를 좀 더 세부적으로 사용할 수 있다. -x 인수(소문자)를 사용해 16진수 출력만 보거나 -A 인수(대문자)를 사용해 ASCII 출력만 볼 수 있다.

이러한 데이터 출력 옵션을 사용하면 데이터에 압도 당하기 쉽다. 커맨드라인에서 분석할 때 필요한 최소한의 정보만 사용하는 것이 가장 효율적이다. 우선 기본 목록 보기에서 패킷을 보고 몇 개의 관심 있는 패킷으로 축소해 자세한 출력 보기를 사용한다. 이 방법을 사용하면 데이터에 압도 당하지 않게 된다.

이름 해석

와이어샤크와 마찬가지로 TShark와 tcpdump는 주소와 포트 번호를 이름으로 변환하기 위해 이름 해석name resolution을 사용한다. 이전 예제 중 하나를 따라해 봤다면 이 문제가 기본적으로 일어난다는 것을 알 수 있다. 이전에 언급했듯이 나는 분석을 통해 더 많은 패킷이 생성되지 않게 이 기능을 비활성화하는 것을 선호한다.

-n 인수를 사용해 TShark에서 이름 해석을 사용하지 않을 수 있다. 이 인수는 다른 많은 명령과 마찬가지로 가독성을 높이기 위해 다른 명령과 결합할 수 있다.

```
C : \ Program Files \ Wireshark> tshark -ni 1
```

-N 인수를 사용해 이름 해석의 특정 측면을 활성화하거나 비활성화할 수 있다. -N 인수를 사용하면 명시적으로 적절한 값을 사용해 활성화하는 경우를 제외하고는 모든 이름 해석이 비활성화된다. 예를 들어 다음 명령은 전송 계층(포트 이름) 해석만 활성화된다.

```
C : \ Program Files \ Wireshark> tshark -i 1 -Nt
```

여러 값을 결합할 수 있다. 이 명령은 전송 계층과 MAC 분석을 활성화한다.

```
C : \ Program Files \ Wireshark> tshark -i 1 -Ntm
```

이 옵션을 사용할 때 다음 값을 사용할 수 있다.

m MAC 주소 해석

n 네트워크 주소 해석

t 전송 계층(포트 이름) 해석

N 외부 해석기 사용

C 동시 DNS 조회

tcpdump에서 -n을 사용하면 IP 이름 해석이 비활성화되고, -nn을 사용하면 포트 이름 해석이 비활성화된다.

이 인수는 다음과 같이 다른 명령과 결합할 수도 있다.

```
sanders@ ppa : ~ $ tcpdump -nni eth1
```

다음 예는 포트 해석을 사용 가능으로 설정한 후 사용 불가능하게 한(-n) 패킷 캡처를 보여준다.

```
sanders@ppa:~$ tcpdump -r tcp_ports.pcap -c1
reading from file tcp_ports.pcap, link-type EN10MB (Ethernet)
14:38:34.341715 IP 172.16.16.128.2826 > 212.58.226.142. ❶http: Flags [S], seq
3691127924, win 8192, options [mss 1460,nop,wscale 2,nop,nop,sackOK], length 0
sanders@ppa:~$ tcpdump -nr tcp_ports.pcap -c1
reading from file tcp_ports.pcap, link-type EN10MB (Ethernet)
14:38:34.341715 IP 172.16.16.128.2826 > 212.58.226.142. ❷80: Flags [S], seq
3691127924, win 8192, options [mss 1460,nop,wscale 2,nop,nop,sackOK], length 0
```

이 두 명령은 캡처 파일 tcp_ports.pcap에서 첫 번째 패킷만 읽는다. 첫 번째 명령을 사용하면 포트 이름 해석이 켜지고 포트 80이 http❶로 해석되지만, 두 번째 명령을 사용하면 포트 번호가 숫자❷로 나타난다.

필터 적용

TShark 및 tcpdump의 필터링은 BPF 캡처 필터를 사용할 수 있으므로 매우 유연하다. TShark는 또한 와이어샤크 디스플레이 필터를 사용할 수 있다. 와이어샤크와 마찬가지로 TShark의 캡처 필터는 캡처 시에만 사용할 수 있으며, 캡처 필터를 캡처할 때나 이미 캡처한 패킷을 보여줄 때 사용할 수 있다. 먼저 TShark 필터를 살펴본다. 캡처 필터는 -f 인수 다음에 따옴표로 묶어 사용할 BPF 구문을 사용해 적용할 수 있다. 이 명령은 포트 80의 목적지와 TCP 프로토콜을 사용해 패킷을 캡처하고 저장한다.

```
C:\Program Files\Wireshark>tshark -ni 1 -w packets.pcap -f "tcp port 80"
```

디스플레이 필터는 -Y 인수 다음에 따옴표로 묶을 와이어샤크 필터 구문을 사용해 적용할 수 있다. 다음과 같이 캡처할 때 적용할 수 있다.

```
C:\Program Files\Wireshark>tshark -ni 1 -w packets.pcap -Y "tcp.dstport == 80"
```

디스플레이 필터는 동일한 인수를 사용해 이미 캡처된 패킷에 적용될 수 있다. 이 명령은 filters.pcap의 필터와 일치하는 패킷만 보여준다.

```
C:\Program Files\Wireshark>tshark -r packets.pcap -Y "tcp.dstport == 80"
```

tcpdump를 사용하면 작은따옴표로 묶은 명령의 끝에서 필터를 인라인으로 지정할 수 있다. 이 명령은 또한 TCP 포트 80을 대상으로 하는 패킷만 캡처해 저장한다.

```
sanders@ppa:~$ tcpdump -nni eth0 -w packets.pcap 'tcp dst port 80'
```

패킷을 읽을 때도 필터를 지정할 수 있다. 이 명령은 filters.pcap의 필터와 일치하는 패킷만 보여준다.

```
sanders@ppa:~$ tcpdump -r packets.pcap 'tcp dst port 80'
```

원본 캡처 파일이 필터 없이 만들어지면 여전히 다른 패킷이 포함돼 있다는 점을 명심해야 한다. 기존 파일에서 읽을 때 화면에 나타난 내용만 제한하고 있다. 매우 다양한 패킷을 포함하는 캡처 파일이 있지만, 그 부분집합을 필터링해 그 부분집합을 별도의 파일에 저장하려면 어떻게 해야 하는가? -w 및 -r 인수를 결합해 이 작업을 수행할 수 있다.

```
sanders@ppa:~$ tcpdump -r packets.pcap 'tcp dst port 80' -w http_packets.pcap
```

이 명령은 파일 packets.pcap을 읽고 TCP 포트 80(http용으로 사용)으로 향하는 트래픽만을 필터링하고 해당 패킷을 http_packets.pcap이라는 새로운 파일에 쓴다. 이는 큰 소스 .pcap 파일을 유지하면서 한 번에 그중 일부만 분석하는 경우에 사용하는 매우 일반적인 기술이다. 나는 종종 이 기술을 사용해 tcpdump로 매우 큰 캡처 파일을 정리해 와이어샤크에서 패킷의 부분집합을 분석한다. 작은 캡처 파일은 분석하기가 훨씬 쉽다.

필터를 인라인으로 지정하는 것 외에도 tcpdump를 사용하면 일련의 필터가 포함된 BPF 파일을 참조할 수 있다. tcpdump 명령을 사용해 인라인으로 편집하고 관리하기가 어려울 수 있는 매우 크거나 복잡한 필터를 적용하고자 할 때 유용하다. 다음과 같이 -F 인수를 사용해 필터 파일을 지정할 수 있다.

```
sanders@ppa:~$ tcpdump -nni eth0 -F dns_servers.bpf
```

파일이 너무 커지면 필터의 각 부분에서 수행하는 작업을 추적하기 위해 메모나 주석을 추가하고 싶을 때가 있다. BPF 필터 파일은 주석을 허용하지 않고 필터링 문장 이외의 것이 있으면 오류를 생성한다. 주석은 큰 필터 파일을 해석하는 데 매우 유용하므로, 대개 모든 파일에 대해 두 개의 복사본을 유지한다. 하나는 주석이 포함되지 않은 tcpdump와 함께 사용하고, 다른 하나는 참조용으로 주석이 들어 있는 파일이다.

TShark의 시간 디스플레이 형식

TShark가 사용하는 기본 타임스탬프는 종종 새로운 분석을 혼란스럽게 한다. 패킷 캡처의 시작과 관련된 패킷 타임스탬프를 보여준다. 타임스탬프가 좋은 경우도 있지만 대부분의 경우 tcpdump 타임스탬프의 기본 값처럼 패킷이 캡처된 시간을 보고 싶을 수 있다. TShark로부터 -t 인수를 절대 날짜에 대한 값 ad와 함께 사용해 이 동일한 결과를 얻을 수 있다 :

```
C:\Program Files\Wireshark>tshark -r packets.pcap -t ad
```

다음은 이전과 동일한 패킷과 기본 상대 타임스탬프❶ 및 절대 타임스탬프❷를 비교한 것이다.

```
❶C:\Program Files\Wireshark>tshark -r packets.pcap -c2
    1   0.000000 172.16.16.172 -> 4.2.2.1       ICMP Echo (ping)
request id=0x0001, seq=17/4352, ttl=128
    2   0.024500 4.2.2.1 -> 172.16.16.172       ICMP Echo (ping)
```

```
reply   id=0x0001, seq=17/4352, ttl=54 (request in 1)

❷C:\Program Files\Wireshark>tshark -r packets.pcap -t ad -c2
    1   2015-12-21 12:52:43.116551 172.16.16.172 -> 4.2.2.1    ICMP Echo (ping)
request id=0x0001, seq=17/4352, ttl=128
    2   2015-12-21 12:52:43.141051 4.2.2.1 -> 172.16.16.172    ICMP Echo (ping)
reply   id=0x0001, seq=17/4352, ttl=54 (request in 1)
```

-t 인수를 사용하면 와이어샤크에서 찾을 수 있는 시간 디스플레이 형식을 지정할 수 있다. 이러한 형식은 표 6-1에서 보여준다.

▼ **표 6-1** TShark에서 이용 가능한 시간 디스플레이 형식

값	타임스탬프	예제
a	패킷이 캡처된 절대 시간(사용자 시간대 기준)	15:47:58.004669
ad	패킷이 날짜와 함께 캡처된 절대 시간(사용자 시간대 기준)	2015-10-09 15:47:58.004669
d	이전 캡처 패킷 이후의 델타(시차)	0.000140
dd	델타 이전에 디스플레이된 패킷	0.000140
e	특정 시간(1970년 1월 1일 이후의 초)	1444420078.004669
r	첫 번째 패킷과 현재 패킷 사이의 경과 시간	0.000140
u	패킷이 캡처된 절대 시간(UTC)	19:47:58.004669
ud	패킷이 날짜와 함께 수집된 절대 시간(UTC)	2015-10-09 19:47:58.004669

안타깝게도 tcpdump는 타임스탬프 디스플레이 방법을 조정할 수 있는 제어 방식을 제공하지 않는다.

TShark 요약 통계

또 다른 유용한 TShark 기능(그리고 tcpdump와 별도로 설정하는 기능)은 캡처 파일에서 통계를 생성하는 기능이다. 이 통계는 와이어샤크에 있는 많은 기능을 반영하지만 쉬운 커맨드라인 액세스를 제공한다. 통계는 -z 인수를 사용하고 생성하고자

하는 출력 이름을 지정해 생성된다. 다음 명령을 사용해 사용 가능한 통계의 전체 목록을 볼 수 있다.

```
C:\Program Files\Wireshark>tshark -z help
```

이미 다른 기능 중 대부분은 -z 인수를 사용해 사용할 수 있다. 다음 명령을 사용해 종단점과 대화 통계를 출력하는 기능을 포함한다.

```
C:\Program Files\Wireshark>tshark -r packets.pcap -z conv,ip
```

이 명령은 그림 6-3과 같이 packets.pcap 파일의 IP 대화 정보가 있는 통계표를 인쇄한다.

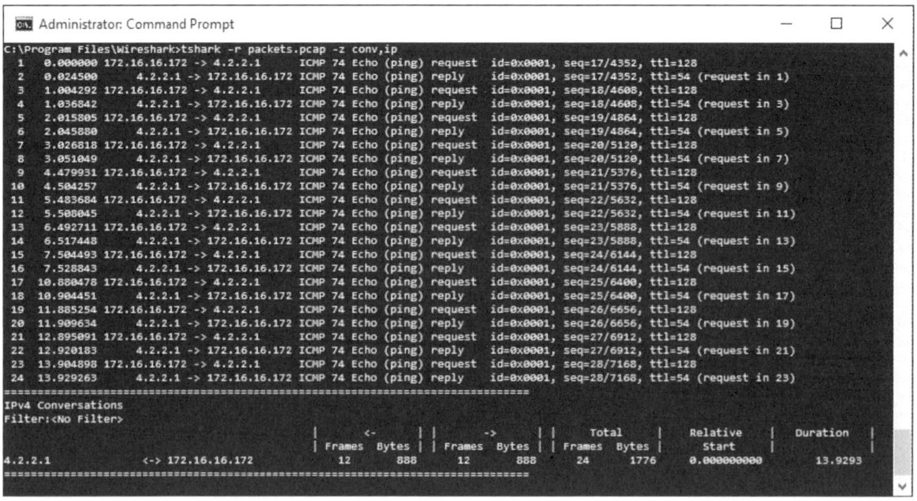

▲ **그림 6-3** TShark를 사용해 대화 통계 보기

이 인수를 사용해 프로토콜 특정 정보를 볼 수도 있다. 그림 6-4과 같이 http,tree 옵션을 사용해 HTTP 요청과 응답을 테이블 형식으로 분석할 수 있다.

```
C:\Program Files\Wireshark>tshark -r packets.pcap -z http,tree
```

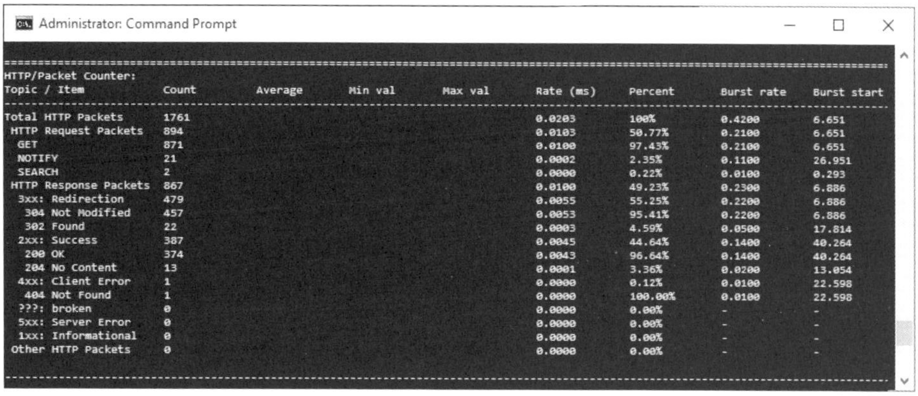

Administrator: Command Prompt

HTTP/Packet Counter:

Topic / Item	Count	Average	Min val	Max val	Rate (ms)	Percent	Burst rate	Burst start
Total HTTP Packets	1761				0.0203	100%	0.4200	6.651
HTTP Request Packets	894				0.0103	50.77%	0.2100	6.651
GET	871				0.0100	97.43%	0.2100	6.651
NOTIFY	21				0.0002	2.35%	0.1100	26.951
SEARCH	2				0.0000	0.22%	0.0100	0.293
HTTP Response Packets	867				0.0100	49.23%	0.2300	6.886
3xx: Redirection	479				0.0055	55.25%	0.2200	6.886
304 Not Modified	457				0.0053	95.41%	0.2200	6.886
302 Found	22				0.0003	4.59%	0.0500	17.814
2xx: Success	387				0.0045	44.64%	0.1400	40.264
200 OK	374				0.0043	96.64%	0.1400	40.264
204 No Content	13				0.0001	3.36%	0.0200	13.054
4xx: Client Error	1				0.0000	0.12%	0.0100	22.598
404 Not Found	1				0.0000	100.00%	0.0100	22.598
???: broken	0				0.0000	0.00%	-	-
5xx: Server Error	0				0.0000	0.00%	-	-
1xx: Informational	0				0.0000	0.00%	-	-
Other HTTP Packets	0				0.0000	0.00%	-	-

▲ **그림 6-4** TShark를 사용해서 HTTP 요청과 응답 통계 보기

또 다른 유용한 기능은 와이어샤크에서 패킷을 마우스 오른쪽 단추로 클릭하고 Follow TCP Stream 옵션을 선택해 이전에 했던 것과 비슷한 재조립 스트림 출력을 볼 수 있는 기능이다. 이 출력을 얻으려면 follow 옵션을 사용하고 스트림 유형, 출력 모드와 디스플레이할 스트림을 지정해야 한다. 대화 통계를 출력할 때 가장 왼쪽 열에 할당된 번호가 있는 스트림을 식별할 수 있다(그림 6-3 참조). 명령은 다음과 같다.

```
C:\Program Files\Wireshark>tshark -r http_google.pcap -z follow,tcp,ascii,0
```

이 명령은 http_google.pcap 파일에서 TCP 스트림 0을 ASCII 형식으로 화면에 인쇄한다. 이 명령의 출력은 다음과 같다.

```
C:\Proglam Files\Wireshark>tshark -r http_google.pcap -z
--생략--
===================================================================
Follow: tcp,ascii
Filter: tcp.stream eq 0
Node 0: 172.16.16.128:1606
Node 1: 74.125.95.104:80
627
GET / HTTP/1.1
Host: www.google.com
User-Agent: Mozilla/5.0 (Windows; U; Windows NT 6.1; en-US; rv:1.9.1.7)
```

```
Gecko/20091221 Firefox/3.5.7
Accept: text/html,application/xhtml+xml,application/xml;q=0.9,*/*;q=0.8
Accept-Language: en-us,en;q=0.5
Accept-Encoding: gzip,deflate
Accept-Charset: ISO-8859-1,utf-8;q=0.7,*;q=0.7
Keep-Alive: 300
Connection: keep-alive
Cookie: PREF=ID=257913a938e6c248:U=267c896b5f39fb0b:FF=4:LD=e
n:NR=10:TM=1260730654:LM=1265479336:GM=1:S=h1UBGonTuWU3D23L;
NID=31=Z-nhwMjUP63e0tYMTp-3T1igMSPnNS1eM1kN1_DUrnO2zW1cPM4JE3AJec9b_
vG-YFibFXszOApfbhBA1BOX4dKx4L8ZDdeiKwqekgP5_kzELtC2mUHx7RHx3PIttcuZ

        1406
HTTP/1.1 200 OK
Date: Tue, 09 Feb 2010 01:18:37 GMT
Expires: -1
Cache-Control: private, max-age=0
Content-Type: text/html; charset=UTF-8
Content-Encoding: gzip
Server: gws
Content-Length: 4633
X-XSS-Protection: 0
```

주소 세부 정보를 제공해보고자 하는 스트림을 지정할 수도 있다. 예를 들어 다음 명령은 지정된 종단점과 포트에 대한 UDP 스트림을 검색한다.

```
C:\Program Files\Wireshark>tshark -r packets.pcap -z follow,udp,ascii,192.168.
1.5:23429❶,4.2.2.1:53❷
```

이 명령은 packets.pcap에서 종단점 192.168.1.5에 있는 포트 23429❶과 4.2.2.1에 있는 포트 53❷에 대한 UDP 스트림을 인쇄한다.

다음은 내가 좋아하는 통계 옵션 중 일부다.

ip_hosts, tree 캡처한 모든 IP 주소와 각 주소가 담당하는 트래픽율과 비율을 보여준다.

io, phs 캡처 파일 내에 있는 모든 프로토콜을 보여주는 프로토콜 계층 구조를 보여준다.

http, tree HTTP 요청 및 응답과 관련된 통계를 보여준다.

http_req, tree 모든 HTTP 요청에 대한 통계를 보여준다.

smb, srt 윈도우 통신을 분석하기 위한 SMB 명령과 관련된 통계를 보여준다.

endpoints, wlan 무선 종단점을 보여준다.

expert 캡처에서 전문가 정보(chats, errors 등)를 보여준다.

-z 인수를 사용하는 많은 유용한 옵션이 있다. 모든 것을 다루기에는 미흡하지만 TShark를 자주 사용하는 경우 공식 문서를 검토해 가능한 모든 것에 대해 자세히 알아보라. 이 설명서는 https://www.chats.wireshark.org/docs/man-pages/tshark.html에서 찾을 수 있다.

TShark와 tcpdump 비교

6장에서 살펴본 두 가지 커맨드라인 패킷 분석 프로그램은 작업에 매우 적합하며, 둘 중 하나를 선택하면 다양한 수준으로 현재 수행 중인 작업을 모두 수행할 수 있다. 강조할 만한 몇 가지 차이점이 있으므로 작업에 가장 적합한 도구를 선택할 수 있다.

운영체제 tcpdump는 유닉스 기반 운영체제에서만 사용할 수 있는 반면 TShark는 윈도우와 유닉스 기반 시스템에서 동작할 수 있다.

프로토콜 지원 두 가지 모두 공통 계층 3과 4 프로토콜을 지원하지만 tcpdump는 계층 7 프로토콜 지원이 제한돼 있다. TShark는 와이어샤크의 프로토콜 분석기에 액세스할 수 있으므로 풍부한 수준의 계층 7 프로토콜 지원을 제공한다.

분석 기능 두 가지 모두 의미 있는 결과를 내기 위해 사람이 하는 분석에 크게 의존하지만 TShark는 GUI가 없을 때 분석을 지원할 수 있는 와이어샤크의 분석 및 통계 기능과 유사한 강력한 기능들을 제공한다.

도구 가용성과 개인 선호도는 일반적으로 어떤 애플리케이션을 사용해야 하는지에 대한 궁극적인 결정 요소다. 다행스럽게도 두 가지 도구는 서로 유사해 하나를 배우면 다른 것도 쉽게 배울 수 있기 때문에 용도에 따라 두 가지 도구를 잘 활용하면 좋다.

7장
네트워크 계층 프로토콜

비정상적인 트래픽을 찾아내기 위해 대기 시간 문제를 해결하거나, 오동작하는 애플리케이션을 식별하거나, 보안 위협을 없게 하려면 먼저 정상적인 트래픽을 이해해야 한다. 다음 몇 장에서는 OSI 모델의 가장 낮은 계층부터 상위 계층까지 정상적인 네트워크 트래픽이 패킷 레벨에서 어떻게 동작하는지를 배우게 된다. 각 프로토콜 절에는 최소한 하나의 관련 캡처 파일이 있으며, 다운로드해 직접 사용할 수 있다.

7장에서는 특히 ARP, IPv4, IPv6, ICMP, ICMPv6 같은 네트워크 통신의 핵심 네트워크 계층 프로토콜을 설명한다.

네트워크 프로토콜에 대한 다음 세 장은 이 책에서 가장 중요한 장이다. 이 주제를 건너뛰는 것은 오븐을 예열하지 않고 추수 감사절 저녁을 만드는 것과 같다. 각 프로토콜이 어떻게 동작하는지 이미 잘 알고 있는 경우에도 각 패킷 구조를 검토하기 위해 7장을 빨리 읽어야 한다.

주소 해석 프로토콜(ARP)

논리 주소와 물리 주소는 모두 네트워크 통신에 사용된다. 논리 주소는 여러 네트워크와 간접적으로 연결된 장치 간의 통신을 허용한다. 물리 주소는 스위치를 통해 서로 직접 연결된 장치의 단일 네트워크 세그먼트에서 통신을 원활하게 한다. 대부분의 경우 이러한 두 가지 유형의 주소 지정은 통신을 위해 함께 동작해야 한다.

네트워크의 장치와 통신하는 시나리오를 생각해보자. 이 장치는 일종의 서버일 수도 있고 파일을 공유하는 워크스테이션일 수도 있다. 통신을 시작하기 위해 사용하는 애플리케이션은 이미 원격 호스트의 IP 주소(9장에서 다룰 DNS를 통해)를 인식하고 있다. 즉, 전송하기 원하는 패킷의 계층 3에서 7까지의 정보를 시스템에 구축해야 한다. 이 시점에서 필요한 유일한 정보는 대상 호스트의 MAC 주소를 포함하는 계층 2 데이터 링크 정보다.

네트워크의 장치를 상호 연결하는 스위치는 각 포트에 연결된 모든 장치의 MAC 주소가 나열된 CAM(Content Addressable Memory) 테이블을 사용하기 때문에 MAC 주소가 필요하다. 스위치가 특정 MAC 주소로 가는 트래픽을 수신하면 이 테이블을 사용해 트래픽을 보낼 포트를 알 수 있다. 목적지 MAC 주소를 모르는 경우 전송 장치는 먼저 캐시에서 주소를 확인한다. 캐시에 주소가 없으면 네트워크에서 추가적인 통신을 통해 해결해야 한다.

TCP/IP 네트워킹(IPv4 사용)에서 사용하는 해석 프로세스인 IP 주소를 MAC 주소로 해석하는 것은 RFC 826에 정의된 ARP(Address Resolution Protocol)라고 한다. ARP 해석 프로세스에서는 ARP 요청과 ARP 응답(그림 7-1 참조)이라는 두 패킷만 사용한다.

> **참고** RFC 또는 Request for Comments는 IETF(Internet Engineering Task Force)와 ISOC(Internet Society Task Force)의 기술 자료며, 프로토콜의 구현 표준을 정의하는 데 사용되는 메커니즘이다. RFC 문서는 RFC Editor 홈 페이지(http://www.rfc-editor.org/)에서 검색할 수 있다.

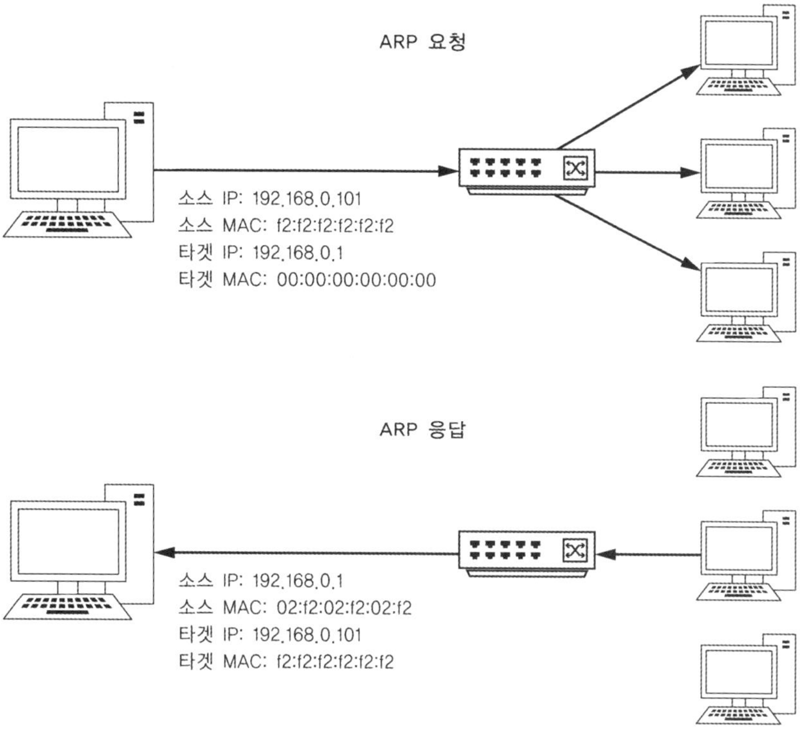

▲ **그림 7-1** ARP 해석 과정

전송 컴퓨터는 기본적으로 ARP 요청을 전송한다. "모두들 안녕, 내 IP 주소는 192.168.0.101이고 내 MAC 주소는 f2:f2:f2:f2:f2:f2야. IP 주소가 192.168.0.1인 사람에게 보낼 건데 하드웨어 주소를 모르겠어. 이 IP 주소를 가진 사람의 MAC 주소를 응답해줄래?"

이 패킷은 네트워크 세그먼트의 모든 장치로 브로드캐스트된다. 자신의 IP 주소가 아닌 장치는 단순히 패킷을 버린다. 자신의 주소인 장치는 "헤이, 전송 장치, 내 IP 주소는 192.168.0.1으로 네가 찾고 있는 장치다. 내 MAC 주소는 02:f2:02:f2:02:f2다."와 같은 응답과 함께 ARP 응답을 보낸다.

이 해석 프로세스가 완료되면 전송 장치는 수신 장치의 MAC-IP 주소 연관을 사용해 캐시를 업데이트하고 데이터 전송을 시작할 수 있다.

> **참고** 명령 프롬프트에서 arp -a를 입력해서 윈도우 호스트의 ARP 테이블을 볼 수 있다.

이 프로세스가 실제로 어떻게 동작하는지 이해하면 도움이 된다. 그러나 몇 가지 예를 살펴보기 전에 ARP 패킷 헤더를 살펴보자.

ARP 패킷 구조

그림 7-2에서 보여주는 것처럼 ARP 헤더에는 다음과 같은 필드가 포함된다.

주소 해석 프로토콜(ARP)					
오프셋	옥텟	0	1	3	4
옥텟	비트	0-7	8-15	0-7	8-15
0	0	하드웨어 유형		프로토콜 유형	
4	32	하드웨어 주소 길이	프로토콜 주소 길이	동작	
8	64	송신자 하드웨어 주소			
12	96	송신자 하드웨어 주소		송신자 프로토콜 주소	
16	128	송신자 프로토콜 주소			
20	160	타겟 하드웨어 주소			
24+	192+	타겟 프로토콜 주소			

▲ **그림 7-2** ARP 패킷 구조

하드웨어 유형 Hardware Type 계층 2 유형이 사용된다. 대부분의 경우 이 유형은 이더넷(유형 1)이다.

프로토콜 유형 Protocol Type ARP 요청이 사용되는 상위 계층 프로토콜이다.

하드웨어 주소 길이 Hardware Address Length 사용 중인 하드웨어 주소의 길이다(옥텟/바이트 단위)(이더넷의 경우 6).

프로토콜 주소 길이 Protocol Address Length 지정된 프로토콜 유형의 논리 주소 길이다(8진수/바이트 단위).

동작Operation ARP 패킷의 기능으로 요청의 경우 1, 응답의 경우 2다.

송신자 하드웨어 주소 Sender Hardware Address 송신자 하드웨어 주소다.

송신자 프로토콜 주소 Sender Protocol Address 송신자의 상위 계층 프로토콜 주소다.

타겟 하드웨어 주소[Target Hardware Address] 의도하는 수신자의 하드웨어 주소다(ARP 요청에서는 모두 0).

타겟 프로토콜 주소[Target Protocol Address] 의도하는 수신자의 상위 계층 프로토콜 주소다.

arp_resolution.pcapng 파일을 열면 이 해석 프로세스가 실제로 동작하는지 확인할 수 있다. 이 과정을 진행하면서 각 패킷에 개별적으로 초점을 맞춘다.

패킷 1: ARP 요청

arp_resolution.pcapng

첫 번째 패킷은 그림 7-3에 나타난 ARP 요청이다. 와이어샤크의 패킷 세부 정보 창에서 이더넷 헤더를 검사해 이 패킷이 실제 브로드캐스트 패킷인지 확인할 수 있다. 패킷의 목적지 주소는 ff:ff:ff:ff:ff:ff다❶. 이것은 이더넷 브로드캐스트 주소며, 전송된 항목은 현재 네트워크 세그먼트의 모든 장치로 브로드캐스트된다. 이더넷 헤더에 있는 이 패킷의 발신지 주소는 MAC 주소❷로 나열된다.

이 구조가 주어지면 이것이 실제로 IPv4를 사용하는 이더넷 네트워크에서 ARP 요청이라는 것을 알 수 있다. 타겟 IP 주소(192.168.0.1)❺와 마찬가지로 송신자의 IP 주소(192.168.0.114)와 MAC 주소(00:16:ce:6e:8b:24)가 나열돼 있다❸. 타겟 MAC 주소(얻으려는 정보)는 알 수 없으므로 타겟 MAC은 00:00:00:00:00:00❹로 돼 있다.

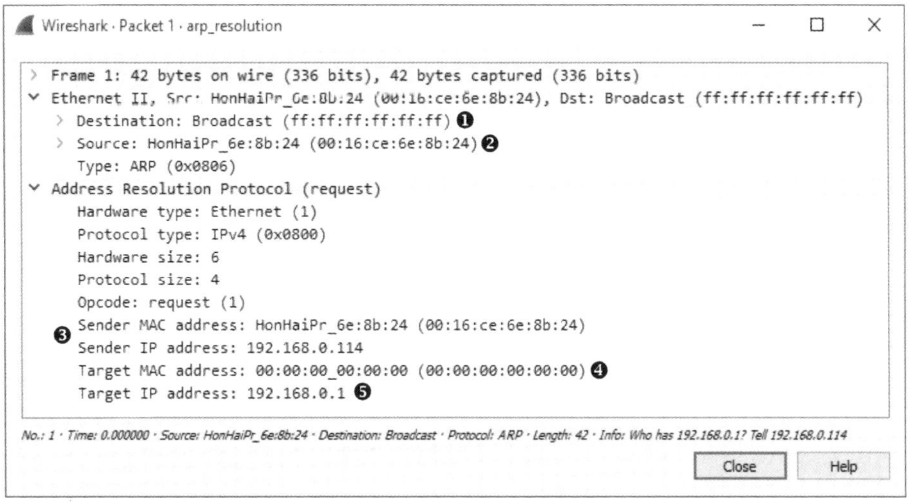

▲ **그림 7-3** ARP 요청 패킷

패킷 2: ARP 응답

초기 요청에 대한 응답(그림 7-4 참조)에서 이더넷 헤더에는 첫 번째 패킷의 발신지 MAC 주소의 목적지 주소가 있다. ARP 헤더는 ARP 요청의 헤더와 비슷하지만 몇 가지 변경 사항이 있다.

- 패킷의 동작 코드[opcode]가 이제 0x0002❶이며 요청이 아닌 응답을 나타낸다.
- 주소 지정 정보가 반전된다. 이제 송신자 MAC 주소와 IP 주소가 타겟 MAC 주소와 IP 주소가 된다❸.
- 가장 중요한 것은 모든 정보가 있다는 것이다. 즉 호스트 192.168.0.1의 MAC 주소(00:13:46:0b:22:ba)❷가 있다는 것을 의미한다.

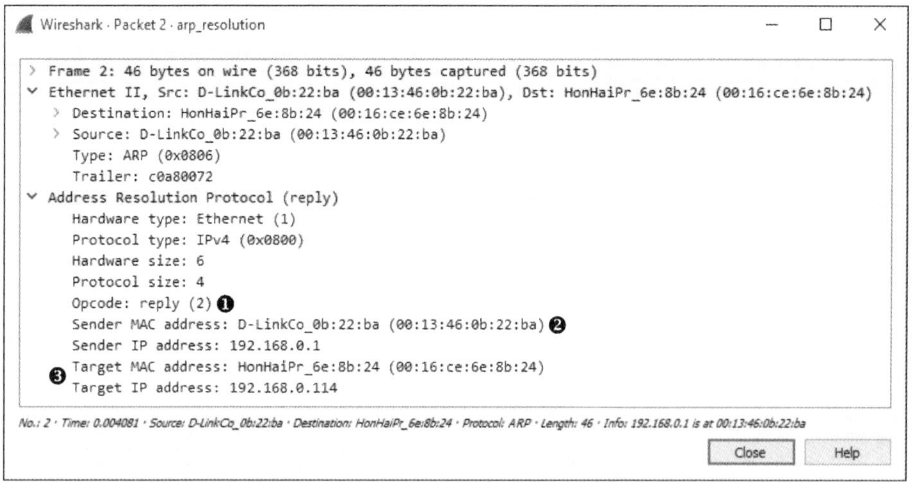

▲ **그림 7-4** ARP 응답 패킷

의미 없는 ARP

arp_gratuitous.pcapng

내가 어디서 왔는지, 무언가가 '의미 없다고'할 때 이 단어는 일반적으로 부정적인 의미를 갖는다. 그러나 의미 없는[gratuitous] ARP는 좋은 것이다.

대부분의 경우 장치의 IP 주소가 변경될 수 있다. 이 경우 네트워크에서 호스트하는 IP 대 MAC 주소 매핑이 캐시에서 유효하지 않게 된다. 이로 인해 통신 오류가 발생하지 않게 네트워크에서 무의미한 ARP 패킷이 전송돼 이를 수신하는 모든 장치가 캐시를 새로운 IP-MAC 주소 매핑으로 갱신하게 한다(그림 7-5 참조).

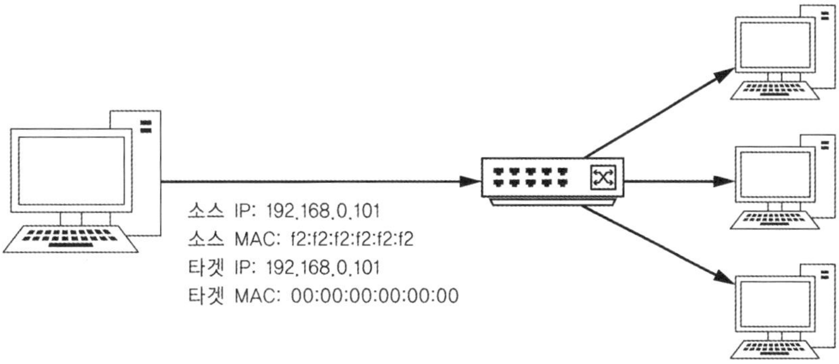

▲ **그림 7-5** 의미 없는 ARP 프로세스

몇 가지 시나리오가 무의미한 ARP 패킷을 생성할 수 있다. 가장 일반적인 것 중 하나는 IP 주소를 변경하는 것이다. 캡처 파일 arp_gratuitous.pcapng를 열면 실제 상황을 볼 수 있다. 이 파일은 무의미한 ARP와 관련이 있기 때문에 하나의 패킷만 포함한다(그림 7-6 참조).

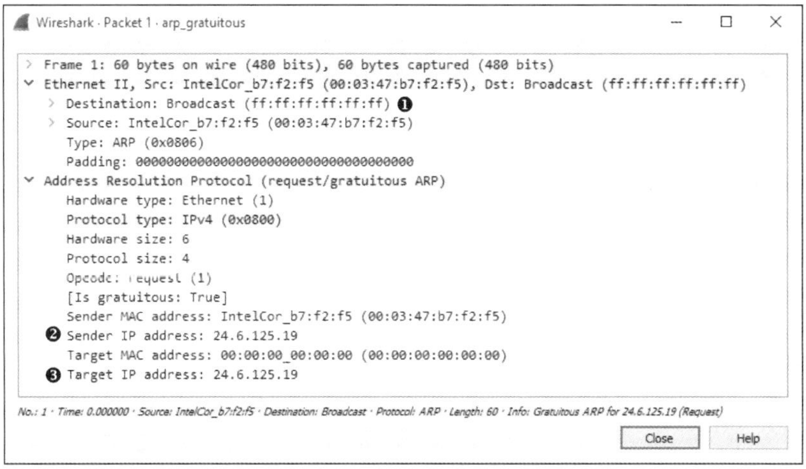

▲ **그림 7-6** 의미 없는 ARP 패킷

이더넷 헤더를 살펴보면 이 패킷이 브로드캐스트로 보내져 네트워크의 모든 호스트가 브로드캐스트 패킷을 수신한다는 것을 알 수 있다❶. 송신자 IP 주소❷와 타겟 IP 주소❸가 동일하다는 점을 제외하면 ARP 헤더는 ARP 요청과 유사하다. 네트워크의 다른 호스트에서 이 패킷을 받으면 ARP 테이블을 새로운 IP-MAC 주소 연결로 갱신한다. 이 ARP 패킷은 원하지 않지만 클라이언트가 ARP 캐시를 갱신하면 패킷이 무의미한 것으로 간주된다.

몇 가지 상황에서 의미 없는 ARP 패킷을 알 수 있다. 앞서 언급했듯이 장치의 IP 주소를 변경하면 의미 없는 패킷이 생성된다. 또한 일부 운영체제는 시작할 때 의미 없는 ARP를 수행한다. 또한 일부 시스템에서는 로드 밸런스 조정을 지원하기 위해 의미 없는 ARP 패킷을 사용한다.

인터넷 프로토콜(IP)

OSI 모델의 3계층 프로토콜의 주요 목적은 네트워크 간의 통신을 허용하는 것이다. 방금 본 것처럼 MAC 주소는 계층 2의 단일 네트워크 통신에 사용된다. 거의 동일한 방식으로 계층 3은 인터넷 네트워크 통신에 사용되는 주소를 담당한다. 몇 가지 프로토콜이 이를 수행할 수 있지만 가장 일반적인 것은 인터넷 프로토콜IP, Internet Protocol이다. 현재 IP 버전 4와 IP 버전 6라는 두 가지 버전을 사용하고 있다. 여기서는 RFC 791에 정의된 IP 버전 4(IPv4)를 살펴본다.

인터넷 프로토콜 버전 4(IPv4)

IPv4의 기능을 이해하려면 네트워크 간 트래픽 흐름을 알아야 한다. IPv4는 통신 프로세스의 핵심 요소며, 통신 종단점의 위치와 관계없이 궁극적으로 장치 간 데이터 전송에 대한 책임이 있다.

모든 장치가 허브나 스위치를 통해 연결된 단순한 네트워크를 LANLocal Area Network이라고 한다. 두 개의 LAN을 연결하려면 라우터를 사용한다. 복잡한 네트워크는 전 세계 수천 개의 라우터를 통해 연결된 수천 개의 LAN으로 구성될 수 있다. 인터넷 자체는 수백만 개의 LAN과 라우터의 모음이다.

IPv4 주소

IPv4 주소는 네트워크에 연결된 장치를 고유하게 식별하는 데 사용되는 32비트 할당 번호다. 누군가가 길이가 32자인 0과 1의 순서를 기억할 것으로 예상하는 것이기 때문에 IP 주소는 점으로 구분된 쿼드(또는 점으로 구분된 10진수) 표기법dotted-quad(또는 dotted-decimal) notation으로 작성된다.

점으로 구분된 쿼드 표기법에서 IP 주소를 구성하는 4개의 1과 0의 집합은 각각 10진수로 변환되고 A.B.C.D 형식으로 0과 255 사이의 숫자로 나타난다(그림 7-7 참조). 예를 들어 IP 주소 11000000 10101000 00000000 00000001을 생각해보자. 이 값은 분명히 기억하거나 표기하기 약간 길다. 다행히 점으로 된 쿼드 표기법을 사용하면 이를 192.168.0.1로 나타낼 수 있다.

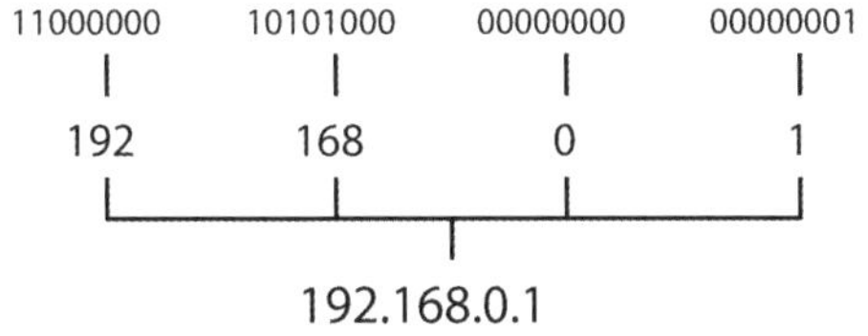

▲ **그림 7-7** 점으로 구분된 IPv4 주소 표기법

IP 주소는 네트워크 부분network portion과 호스트 부분host portion으로 구성된다. 네트워크 부분은 장치가 연결된 LAN을 식별하고, 호스트 부분은 해당 네트워크에서 장치 자체를 식별한다. IP 주소의 어느 부분이 네트워크 부분이나 호스트 부분에 속하는지 결정하는 것이 항상 같지는 않다. 이 정보는 네트워크 마스크(넷 마스크netmask)라는 또 다른 주소 지정 정보 집합으로 전달되거나 때로는 서브넷 마스크subnet mask라고도 한다.

> **참고** 이 책에서는 IP 주소를 참조할 때 항상 IPv4 주소를 참조한다. 7장의 뒷부분에서는 IP 버전 6을 살펴보고 주소 지정에 다른 규칙 집합을 사용한다. IPv6 주소를 참조할 때마다 명시적으로 표시된다.

넷 마스크는 IP 주소의 네트워크 부분과 호스트 부분에 속하는 부분을 포함한다. 넷 마스크 번호는 32비트 길이며, 1로 설정된 모든 비트는 네트워크 부분에 예약된 IP 주소 부분을 나타낸다. 나머지 비트는 0으로 설정돼 호스트 부분을 나타낸다.

예를 들어 00001010 00001010 00000001 00010110과 같이 2진수로 표시된 IP 주소 10.10.1.22를 생각해보자. IP 주소의 각 섹션 할당을 결정하기 위해 넷마스크를 적용할 수 있다. 이 경우 넷 마스크는 11111111 11111111 00000000 00000000이다. 즉, IP 주소의 첫 번째 절반(10.10 또는 00001010 00001010)은 네트워크 부분으로 예약되고, IP 주소의 마지막 절반(.1.22 또는 00000001 00010110)은 그림 7-8과 같이 이 네트워크에서 개별 호스트를 식별한다.

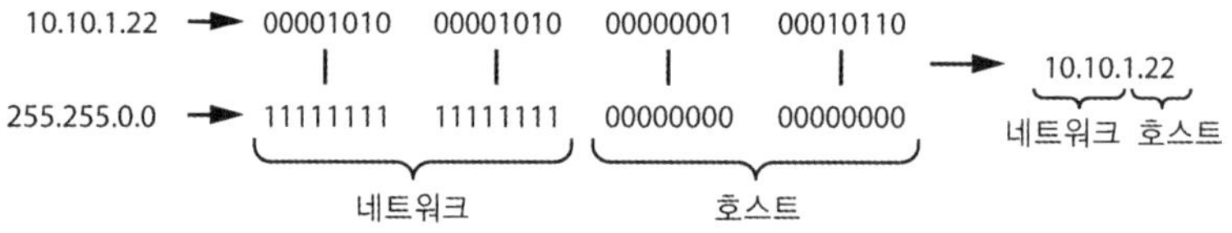

▲ **그림 7-8** 넷마스크는 IP 주소의 비트 할당을 결정한다.

그림 7-8에 나타난 것처럼 넷마스크는 점으로 구분된 쿼드 표기법으로도 쓸 수 있다. 예를 들어 11111111 11111111 00000000 00000000의 넷 마스크는 255.255.0.0으로 쓸 수 있다.

IP 주소와 넷마스크는 일반적으로 CIDR(Classless Inter-Domain Routing) 표기법으로 작성된다. 이 양식에서 IP 주소는 전체가 써지고, 그 뒤에 슬래시(/)와 IP 주소의 네트워크 부분을 나타내는 비트 수가 따라온다. 예를 들어 10.10.1.22의 IP 주소와 255.255.0.0의 넷마스크는 CIDR 표기법으로 10.10.1.22/16으로 작성된다.

IPv4 패킷 구조

발신지와 목적지 IP 주소는 IPv4 패킷 헤더의 중요한 구성 요소지만, 패킷에서 찾을 수 있는 IP 정보의 전부는 아니다. IP 헤더는 앞에서 검토한 ARP 패킷과 비교하면 꽤 복잡하게 돼 있다. IP가 작업을 수행하는 데 도움이 되는 많은 추가 기능을 포함하고 있다.

그림 7-9처럼 IPv4 헤더에는 다음과 같은 필드가 있다.

버전Version 사용 중인 IP 버전이다(IPv4의 경우 항상 4).

헤더 길이 Header Length IP 헤더의 길이다.

서비스 유형 Type of Service 라우터가 트래픽의 우선순위를 지정하는 데 사용하는 우선순위 플래그 및 서비스 플래그 유형이다.

총 길이 Total Length IP 헤더의 길이와 패킷에 포함된 데이터다.

식별Identification 패킷이나 단편화된 패킷의 순서를 식별하는 데 사용되는 고유 식별 번호ID다.

플래그Flags 패킷이 단편화된 패킷 순서의 일부인지를 식별하는 데 사용된다.

단편 오프셋 Fragment Offset 패킷이 단편화됐으면 이 필드의 값을 사용해 올바른 순서로 패킷을 재구성한다.

패킷 수명 Time to Live 라우터를 통해 홉 단위나 초 단위로 측정된 패킷의 수명을 나타낸다.

프로토콜Protocol IPv4 헤더를 캡슐화하는 전송 계층 헤더를 나타낸다.

헤더 검사합 Header Checksum IP 헤더의 내용이 손상되지 않았음을 확인하는 데 사용되는 오류 감지 메커니즘이다.

발신지 IP 주소 Source IP Address 패킷을 보낸 호스트의 IP 주소다.

목적지 IP 주소 Destination IP Address 패킷의 목적지 IP 주소다.

옵션Options 추가 IP 옵션을 위해 예약돼 있다. 발신지 라우팅과 타임스탬프 옵션을 포함한다.

데이터Data IP로 전송되는 실제 데이터다.

인터넷 프로토콜 버전4(IPv4)							
오프셋	옥텟	0		1	2		3
옥텟	비트	0-3	4-7	8-15	16-18	19-23	24-31
0	0	버전	헤더 길이	서비스 유형	총 길이		
4	32	식별			플래그	단편 오프셋	
8	64	패킷 수명		프로토콜	헤더 검사합		
12	96	발신지 IP 주소					
16	128	목적지 IP 주소					
20	160	옵션					
24+	192+	데이터					

▲ **그림 7-9** IPv4 패킷 구조

패킷 수명

ip_ttl_source.pcapng
ip_ttl_dest.pcapng

TTL Time to Live 값은 패킷이 IPv4용으로 폐기 전에 패킷이 통과할 수 있는 라우터의 최대 수 또는 경과할 수 있는 기간을 정의한다. TTL은 패킷이 생성될 때 정의되며, 일반적으로 패킷이 라우터에 의해 전달될 때마다 1씩 감소한다. 예를 들어 패킷의 TTL이 2인 경우 도달하는 첫 번째 라우터는 TTL을 1로 줄이고 두 번째 라우터로 전달한다. 이 라우터는 TTL을 0으로 감소시키고 패킷의 최종 목적지가 해당 네트워크상에 없다면 패킷은 폐기될 것이다(그림 7-10 참조).

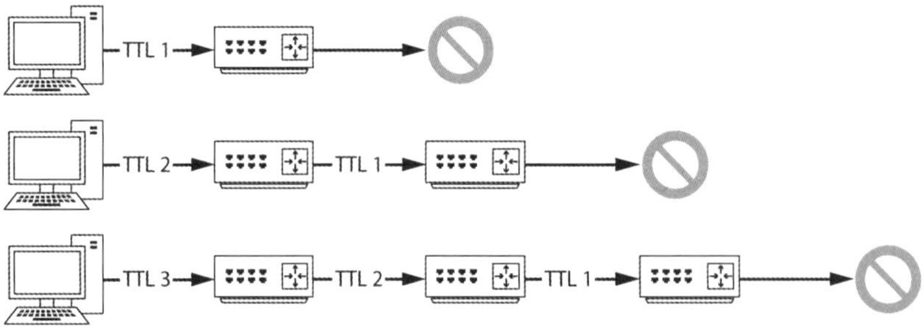

▲ **그림 7-10** 패킷을 통과할 때마다 패킷의 TTL이 감소한다.

TTL 값이 왜 중요한가? 일반적으로 발신지에서 목적지까지 이동하는 데 소요되는 시간만 패킷의 수명에 대해 고려하고 있다. 그러나 수십 개의 라우터를 통과하면서 인터넷을 통해 호스트로 이동해야 하는 패킷을 생각해보자. 패킷 경로의 어느 시점에서 잘못 구성된 라우터로 인해 최종 목적지까지의 경로가 손실될 수 있다. 이 경우 라우터는 여러 가지 작업을 수행할 수 있는데, 그중 하나가 네트워크를 통해 패킷을 끊임없이 반복하는 루프 상태로 전달될 수 있다.

무한 루프는 여러 가지 많은 문제를 일으킬 수 있지만 일반적으로 프로그램이나 전체 운영체제가 중단된다. 이론적으로 네트워크상의 패킷에서도 동일한 문제가 발생할 수 있다. 패킷은 라우터 간에 루핑이 생길 수 있다. 루핑되는 패킷 수의 증가로 서비스 거부 상태가 발생될 때까지 네트워크에서 사용 가능한 대역폭이 고갈될 것이다. 이를 방지하기 위해 TTL이 만들어졌다.

와이어샤크에서 이 예를 살펴보자. ip_ttl_source.pcapng 파일에는 두 개의 ICMP 패킷이 들어 있다. 패킷 세부 정보 창(그림 7-11 참조)에서 IP 헤더 섹션을 확장해볼 수 있듯이 ICMP(7장의 뒷부분에서 설명)는 IP를 사용해 패킷을 전달한다.

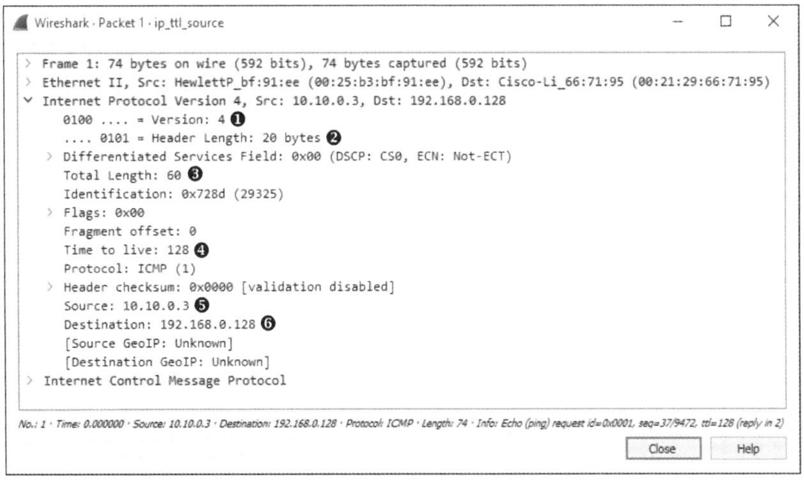

▲ **그림 7-11** 발신지 패킷의 IP 헤더

사용 중인 IP 버전은 버전 4❹, IP 헤더 길이는 20바이트❷이고, 헤더와 페이로드를 합한 총 길이는 60바이트❸이고, TTL 필드의 값은 128❹이다.

ICMP 핑ping의 주요 목적은 장치 간의 통신을 시험하는 것이다. 데이터는 한 호스트에서 다른 호스트로 요청을 전송하며, 수신 호스트는 해당 데이터를 응답으로 다시 보내야 한다. 이 파일에는 주소가 192.168.0.128❻인 장치에 ICMP 요청을 보내는 10.10.0.3❺의 주소를 가진 장치가 하나 있다. 이 초기 캡처 파일은 발신지 호스트인 10.10.0.3에서 생성됐다.

이제 ip_ttl_dest.pcapng 파일을 연다. 이 파일에서 데이터는 목적지 호스트인 192.168.0.128에서 캡처됐다. 이 캡처에서 첫 번째 패킷의 IP 헤더를 확장해 TTL 값을 검사한다(그림 7-12 참조).

TTL 값은 원래의 TTL 값인 128보다 1 작은 127❶이다. 네트워크의 구조를 알지 못하면 하나의 라우터가 이들 장치를 분리하고 라우터를 통과하면 1에 의해 TTL 값이 감소했다고 결론을 내릴 수 있다.

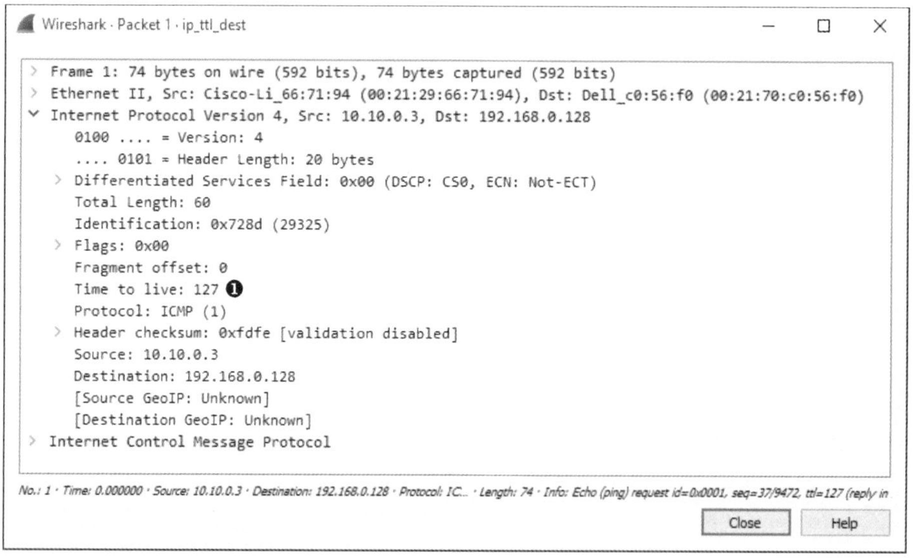

▲ **그림 7-12** IP 헤더는 TTL이 1 감소됐음을 보여준다.

IP 단편화

ip_frag_source.pcapng

패킷 단편화Packet fragmentation는 데이터 스트림을 더 작은 단편으로 분할해 다양한 유형의 네트워크에서 안정적으로 데이터를 전달할 수 있는 IP의 기능이다.

패킷의 단편화는 사용 중인 계층 2 데이터 링크 프로토콜의 최대 전송 단위MTU, Maximum Transmission Unit 크기와 이 계층 2 프로토콜을 사용하는 장치의 구성을 기반으로 한다. 대부분의 경우 사용 중인 계층 2 데이터 링크 프로토콜은 이더넷이다. 이더넷의 기본 MTU는 1,500이므로 이더넷 네트워크를 통해 전송할 수 있는 최대 패킷 크기는 1,500바이트(14바이트 이더넷 헤더는 제외)다.

참고 표준 MTU 설정이 있지만 장치의 MTU는 대부분의 경우 수동으로 조정할 수 있다. MTU 설정은 인터페이스 단위로 할당되며, 윈도우와 리눅스 시스템은 물론 관리 대상 라우터의 인터페이스에서도 수정할 수 있다.

장치가 IP 패킷을 전송할 준비가 되면 패킷의 데이터 크기를 패킷이 전송될 네트워크 인터페이스의 MTU와 비교해 패킷을 단편화해야하는지 여부를 결정한다. 데이터 크기가 MTU보다 크면 패킷이 단편화된다. 패킷 단편화에는 다음과 같은 단계가 포함된다.

1. 장치는 성공적인 데이터 전송에 필요한 패킷 수로 데이터를 분할한다.
2. 각 IP 헤더의 총 길이 필드는 각 단편의 세그먼트 크기로 설정된다.
3. More fragments 플래그는 데이터 스트림의 모든 패킷에서 1로 설정된다(마지막 패킷 제외).
4. Fragment offset 필드가 단편의 IP 헤더에 설정된다.
5. 패킷이 전송된다.

ip_frag_source.pcapng 파일은 주소가 10.10.0.3인 컴퓨터에서 주소가 192.168.0.128인 장치로 ping 요청을 전송한다. 패킷 목록 창에 있는 정보 열에는 두 개의 단편화된 IP 패킷이 나열되고, 그다음에 ICMP(ping) 요청이 나열된다.

패킷 1의 IP 헤더 검사를 시작해보자(그림 7-13 참조).

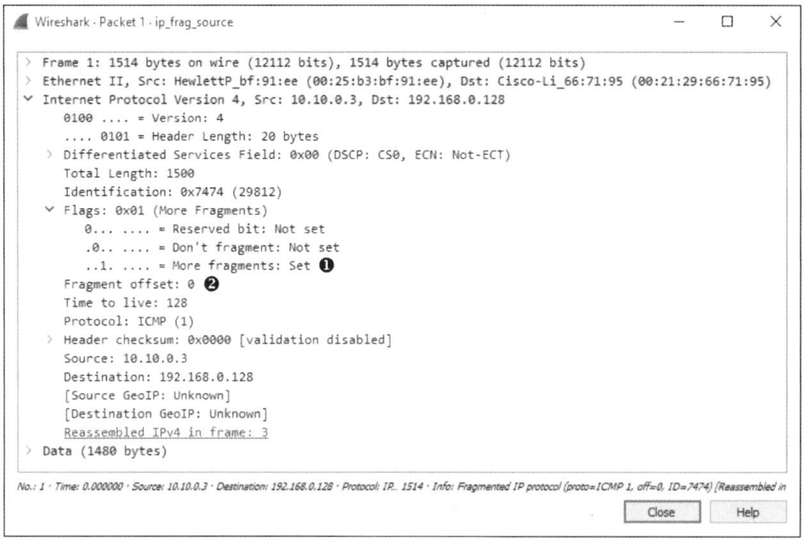
Wireshark · Packet 1 · ip_frag_source
Frame 1: 1514 bytes on wire (12112 bits), 1514 bytes captured (12112 bits)
Ethernet II, Src: HewlettP_bf:91:ee (00:25:b3:bf:91:ee), Dst: Cisco-Li_66:71:95 (00:21:29:66:71:95)
Internet Protocol Version 4, Src: 10.10.0.3, Dst: 192.168.0.128
0100 .... = Version: 4
.... 0101 = Header Length: 20 bytes
Differentiated Services Field: 0x00 (DSCP: CS0, ECN: Not-ECT)
Total Length: 1500
Identification: 0x7474 (29812)
Flags: 0x01 (More Fragments)
0... .... = Reserved bit: Not set
.0.. .... = Don't fragment: Not set
..1. .... = More fragments: Set ❶
Fragment offset: 0 ❷
Time to live: 128
Protocol: ICMP (1)
Header checksum: 0x0000 [validation disabled]
Source: 10.10.0.3
Destination: 192.168.0.128
[Source GeoIP: Unknown]
[Destination GeoIP: Unknown]
Reassembled IPv4 in frame: 3
Data (1480 bytes)
No.: 1 · Time: 0.000000 · Source: 10.10.0.3 · Destination: 192.168.0.128 · Protocol: IP.. 1514 · Info: Fragmented IP protocol (proto=ICMP 1, off=0, ID=7474) [Reassembled in
Close
Help

▲ **그림 7-13** More fragments와 Fragment offset 값은 단편화된 패킷을 나타낸다.

이 패킷은 More fragments와 Fragment Offset 필드를 기반으로 하는 단편의 일부임을 알 수 있다. 단편인 패킷에는 양의 단편 오프셋 값이 있거나 More fragments 플래그가 설정돼 있다. 첫 번째 패킷에서 More fragments가 설정❶돼 수신 장치가 이 순서에서 또 다른 패킷을 수신할 것으로 예상한다는 것을 나타낸다. 단편 오프셋offset은 0으로 설정❷돼 이 패킷이 단편 중에서 첫 번째임을 나타낸다.

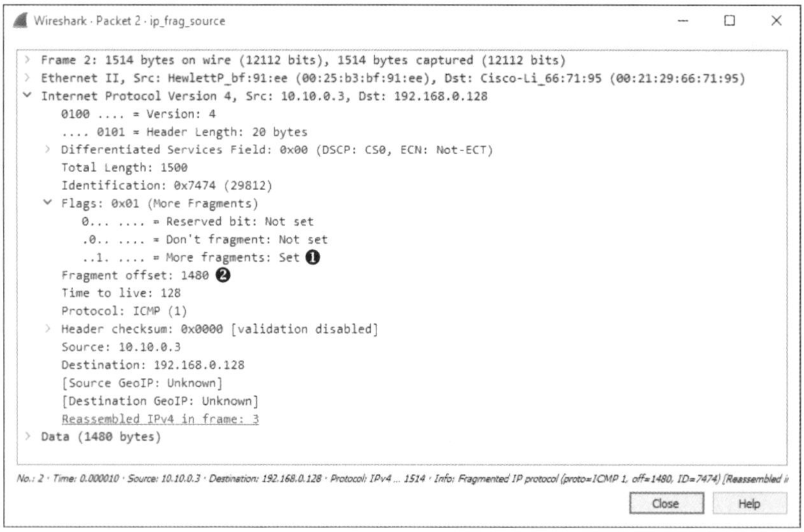
Wireshark · Packet 2 · ip_frag_source
Frame 2: 1514 bytes on wire (12112 bits), 1514 bytes captured (12112 bits)
Ethernet II, Src: HewlettP_bf:91:ee (00:25:b3:bf:91:ee), Dst: Cisco-Li_66:71:95 (00:21:29:66:71:95)
Internet Protocol Version 4, Src: 10.10.0.3, Dst: 192.168.0.128
0100 .... = Version: 4
.... 0101 = Header Length: 20 bytes
Differentiated Services Field: 0x00 (DSCP: CS0, ECN: Not-ECT)
Total Length: 1500
Identification: 0x7474 (29812)
Flags: 0x01 (More Fragments)
0... .... = Reserved bit: Not set
.0.. .... = Don't fragment: Not set
..1. .... = More fragments: Set ❶
Fragment offset: 1480 ❷
Time to live: 128
Protocol: ICMP (1)
Header checksum: 0x0000 [validation disabled]
Source: 10.10.0.3
Destination: 192.168.0.128
[Source GeoIP: Unknown]
[Destination GeoIP: Unknown]
Reassembled IPv4 in frame: 3
Data (1480 bytes)
No.: 2 · Time: 0.000010 · Source: 10.10.0.3 · Destination: 192.168.0.128 · Protocol: IPv4 ... 1514 · Info: Fragmented IP protocol (proto=ICMP 1, off=1480, ID=7474) [Reassembled i
Close
Help

▲ **그림 7-14** Fragment offset 값은 패킷 크기에 따라 증가한다.

두 번째 패킷의 IP 헤더(그림 7-14 참조)에도 More fragments가 설정돼 있지만, 이 경우 Fragment Offset 값은 1,480❷이다. 이것은 IP 헤더용으로 20바이트를 뺀 1,500바이트 MTU를 나타낸다.

세 번째 패킷(그림 7-15 참조)에는 데이터 스트림의 마지막 단편을 나타내는 More fragments 플래그가 설정돼 있지 않으며❷, Fragment offset이 2,960❸로 설정돼 있다(1,480 + (1,500 - 20)). 이 단편들은 IP 헤더❶의 식별 필드에 동일한 값을 갖기 때문에 동일한 데이터의 일부로 식별될 수 있다.

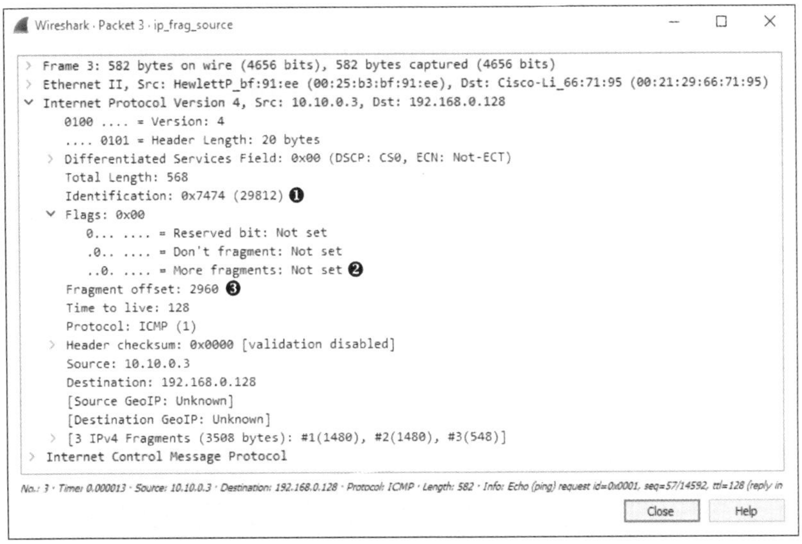

▲ **그림 7-15** More fragments가 설정돼 있지 않아서 마지막 단편을 나타낸다.

이전에는 네트워크에서 단편화된 패킷을 보는 것이 일반적이지 않지만, 패킷이 단편화된 이유를 이해하면 유용할 수 있으므로 문제가 발생할 때 문제를 진단하거나 누락된 단편을 찾을 수 있다.

IPv6(인터넷 프로토콜 버전 6)

IPv4 규격이 작성됐을 때 오늘날 인터넷에 연결된 엄청나게 많은 장치를 갖게 될 것이라는 생각을 아무도 하지 못했다. 최대 IPv4 주소 공간은 43억 개의 주소로 제한됐다. 주소 지정 가능한 실제 공간은 시험, 브로드캐스트 트래픽과 RFC 1918

내부 주소 같은 특수 용도로 예약된 범위를 빼면 훨씬 줄어든다. IPv4 주소가 고갈되는 것을 막기 위해 몇 가지 노력이 있었지만, 궁극적으로 이 제한 사항을 해결할 수 있는 유일한 방법은 새로운 버전의 IP 규격을 개발하는 것이었다.

따라서 1998년 첫 번째 버전이 RFC 2460으로 발표된 IPv6 규격이 만들어졌다. 이 버전에서는 훨씬 큰 주소 공간을 포함해 여러 가지 성능이 향상됐다. 이 절에서는 IPv6 패킷 구조를 살펴보고 IPv6 통신이 이전 버전과 어떻게 다른지에 대해 설명한다.

IPv6 주소

IPv4 주소는 수십억 단위로 측정할 수 있는 주소 공간을 제공하는 길이인 32비트로 제한됐다. IPv6 주소는 128비트며, 무한대의 주소 공간(조 조 조)으로 측정된다. 이것은 상당히 업그레이드된 것이다!

IPv6 주소는 128비트이기 때문에 바이너리 형태로 관리하기가 쉽지 않다. 대부분의 경우 IPv6 주소는 2바이트의 8개 그룹으로 16진수로 표기되며, 각 그룹은 콜론으로 구분된다. 예를 들어 매우 간단한 IPv6 주소는 다음과 같다.

```
1111:aaaa:2222:bbbb:3333:cccc:4444:dddd
```

아마도 첫 번째 드는 생각은 IPv4 주소를 기억하는 데 익숙해진 많은 사람들과 같을 것이다. IPv6 주소는 암기하는 것이 사실상 불가능하다. 이것은 훨씬 더 큰 주소 공간에 대한 안타까운 상충 관계다.

경우에 따라 도움이 되는 IPv6 주소 표기법의 기능 중 일부는 0 그룹이 축소될 수 있다는 것이다. 예를 들어 다음 IPv6 주소를 생각해보자.

```
1111:0000:2222:0000:3333:4444:5555:6666
```

다음과 같이 0이 포함된 그룹을 완전히 축소해서 볼 수 있다.

```
1111::2222:0000:3333:4444:5555:6666
```

그러나 단일 그룹의 0만 접을 수 있으므로 다음 주소는 유효하지 않다.

```
1111::2222::3333:4444:5555:6666
```

또 다른 고려 사항은 IPv6 주소에서 선행 0을 제거할 수 있다는 것이다. 네 번째, 다섯 번째 및 여섯 그룹 앞에 0이 있는 다음 예를 고려해보자.

```
1111:0000:2222:0333:0044:0005:ffff:ffff
```

다음과 같이 주소를 좀더 효율적으로 나타낼 수 있다.

```
1111::2222:333:44:5:ffff:ffff
```

이것은 IPv4 주소처럼 사용하기 쉽지는 않지만, 긴 표기법보다 다루기가 훨씬 쉽다. IPv6 주소는 각각 네트워크 접두사network prefix와 인터페이스 식별자Interface Identifier라는 네트워크 부분과 호스트 부분을 갖고 있다. 이 필드의 분포는 IPv6 통신의 분류에 따라 다르다. IPv6 트래픽은 유니캐스트, 멀티캐스트, 애니캐스트라는 세 가지로 분류된다. 대부분의 경우 네트워크 내의 한 장치에서 다른 장치로의 통신인 링크 로컬 유니캐스트 트래픽을 사용한다. 그림 7-16은 링크 로컬 유니캐스트 IPv6 주소의 형식을 보여준다.

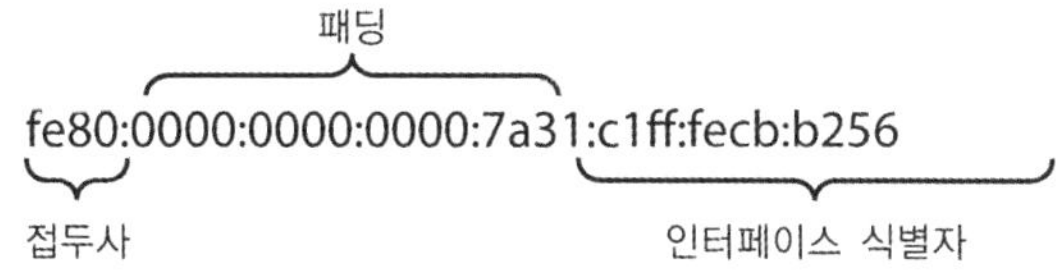

▲ **그림 7-16** IPv6 링크 로컬 유니캐스트 주소의 일부

링크 로컬 주소는 동일한 네트워크 내의 다른 장치와 통신을 위해 사용된다. 링크 로컬 주소는 최상위 10비트가 1111111010으로 설정되고, 다음 54비트가 모두 0으로 설정됨으로써 식별될 수 있다. 따라서 처음 절반이 fe80:0000:0000:0000일 때 링크 로컬 주소를 알 수 있다.

링크 로컬 IPv6 주소의 두 번째 절반은 종단점 호스트에서 네트워크 인터페이스를 고유하게 식별하는 인터페이스 ID 부분이다. 이더넷 네트워크에서 이것은 인터페이스의 MAC 주소를 기반으로 할 수 있다. 그러나 MAC 주소는 48비트다. 전체 64비트 공간을 채우려면 MAC 주소가 절반으로 잘리고 0xfffe 값이 패딩으로 각 식별자 사이에 추가돼 고유 식별자를 만든다. 마지막으로 첫 번째 바이트의 7번째 비트가 반전된다. 다소 복잡하지만 그림 7-17의 인터페이스 ID를 고려해보자. 이 ID에 의해 나타내는 장치의 원래 MAC 주소는 78:31:c1:cb:b2:56이었다. 바이트 0xfffe가 중간에 추가됐으며, 첫 번째 바이트의 일곱 번째 비트를 뒤집으면 8이 a로 변경됐다.

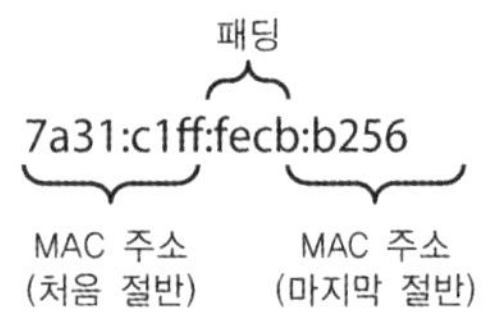

▲ **그림 7-17** 인터페이스 ID는 인터페이스 MAC 주소와 패딩을 사용한다.

IPv6 주소는 IPv4 주소와 마찬가지로 CIDR 표기법으로 나타낼 수 있다. 이 예에서 64비트의 주소 지정 공간은 링크 로컬 주소를 나타낸다.

```
fe80:0000:0000:0000:/64
```

IPv6 주소의 구성은 공용 인터넷을 통해 라우팅되는 전역 유니캐스트 트래픽과 함께 사용될 때 변경된다(그림 7-18 참조). 이러한 방식으로 사용될 때 전역 유니캐스트는 처음 3비트를 001로 설정하고 45비트 전역 라우팅 접두사를 지정해 식별한다. IANA(Internet Assigned Numbers Authority)에 의해 할당된 전역 라우팅 접두사는 조직의 IP 공간을 식별하는 데 사용된다. 다음 16비트는 계층적인 주소 지정에 사용할 수 있는 서브넷 ID며, IPv4 주소의 넷마스크 부분과 유사하다. 마지막 64비트는 링크 로컬 유니캐스트 주소와 마찬가지로 인터페이스 ID로 사용된다. 라우팅 접두사 및 서브넷 ID는 크기가 다를 수 있다.

▲ **그림 7-18** IPv6 전역 유니캐스트 주소의 일부

IPv6는 패킷을 대상으로 라우팅하고 주소 공간을 효과적으로 사용하는 측면에서 IPv4보다 훨씬 더 높은 효율성을 제공한다. 이 효율성은 사용 가능한 주소의 범위가 더 넓고 고유한 호스트 식별자와 함께 링크 로컬 및 전역 주소 지정을 사용하기 때문에 생긴다.

> **참고** IPv6와 IPv4 주소를 시각적으로 차별화하는 것은 쉽지만, 많은 프로그램에서는 IPv6 주소와 IPv4 주소를 구별하지 못한다. IPv6 주소를 지정하는 경우 브라우저 또는 커맨드라인 유틸리티와 같은 일부 애플리케이션에서는 [1111::2222:333:44:5:ffff]와 같이 주소를 대괄호로 묶어야 한다. 이 요구 사항은 잘 문서화돼 있지 않아서 IPv6를 배우면서 많은 사람들을 어렵게 한다.

IPv6 패킷 구조

http_ip4and6.pcapng

IPv6 헤더의 구조는 더 많은 기능을 지원하게 증가했지만 분석하기가 더 쉽게 설계됐다. 헤더를 분석하기 위해 검사하는 헤더 길이 필드가 가변적이 아니라 헤더는 고정된 40바이트다. 확장 헤더를 통해 추가 옵션이 제공된다. 이 구조의 이점은 대부분의 라우터가 패킷을 선달하기 위해 40바이트 헤더만 처리하면 된다는 점이다.

그림 7-19와 같이 IPv6 헤더에는 다음과 같은 필드가 있다.

버전Version 사용 중인 IP 버전이다(IPv6의 경우 항상 6).

트래픽 클래스 Traffic Class 특정 트래픽 클래스의 우선순위를 지정하는 데 사용된다.

인터넷 프로토콜 버전 6(IPv6)							
오프셋	옥텟	0		1		2	3
옥텟	비트	0-3	4-7	8-11	12-15	16-23	24-31
0	0	버전	트래픽 클래스		흐름 레이블		
4	32	페이로드 길이				다음 헤더	홉 제한
8	64	발신지 IP 주소					
12	96						
16	128						
20	160						
24	192	목적지 IP 주소					
28	224						
32	256						
36	288						

▲ **그림 7-19** IPv6 패킷 구조

흐름 레이블 Flow Label 동일한 흐름에 속한 패킷 집합에 레이블을 지정하기 위해 발신지에서 사용된다. 이 필드는 일반적으로 QoSQuality of Service 관리에 사용되며, 동일한 흐름의 일부인 패킷이 동일한 경로를 사용하는지 확인하기 위해 사용된다.

페이로드 길이 Payload Length IPv6 헤더 다음에 오는 데이터 페이로드의 길이다.

다음 헤더 Next Header IPv6 헤더를 캡슐화하는 계층 4 헤더를 식별한다. 이 필드는 IPv4의 프로토콜 필드를 대체한다.

홉 제한 Hop Limit 라우터를 통해 홉 단위로 측정된 패킷의 수명을 정의한다. 이 필드는 IPv4의 TTL 필드를 대체한다.

발신지 IP 주소 Source IP Address 패킷을 보낸 호스트의 IP 주소다.

목적지 IP 주소 Destination IP Address 패킷의 목적지 IP 주소다.

IPv4와 IPv6 패킷을 비교해 http_ip4and6.pcapng를 보고 차이점을 살펴본다. 이 캡처에서 웹서버는 동일한 물리 호스트에서 IPv4 및 IPv6 연결을 수신 대기하게 구성됐다. IPv4와 IPv6 주소로 구성된 단일 클라이언트는 각 주소를 독립적으로 사용해 서버를 탐색하고 애플리케이션을 통해 HTTP를 사용해서 index.php 페이지를 다운로드한다(그림 7-20 참조).

캡처를 열면 패킷 목록 영역의 발신지와 목적지 열의 주소를 기반으로 어떤 패킷이 어떤 대화에 속하는지 쉽게 파악할 수 있다. 패킷 1 ~ 10은 IPv4 스트림(스트림 0)을 나타내며, 패킷 11 ~ 20은 IPv6 스트림(스트림 1)을 나타낸다. Conversations 창에서 이러한 각 스트림을 필터링하거나 필터 바에 `tcp.stream == 0` 또는 `tcp.stream == 1`을 입력해 필터링할 수 있다.

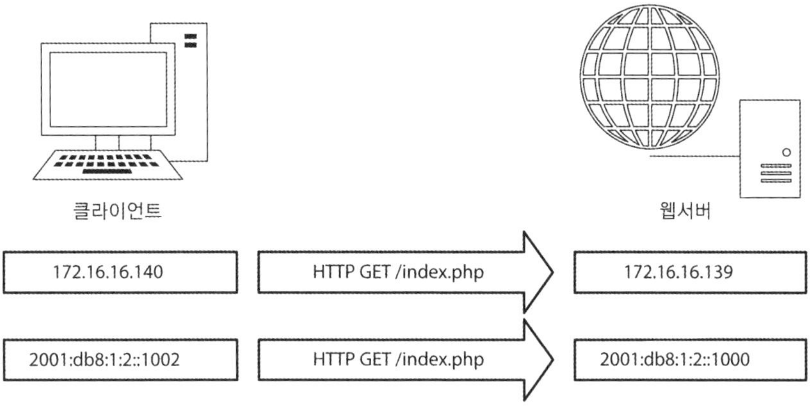

▲ **그림 7-20** 서로 다른 IP 버전을 사용하는 동일한 물리 호스트 간의 연결

8장에서는 인터넷에서 웹 페이지를 제공하는 프로토콜인 HTTP를 다룬다. 이 예에서 웹 페이지를 제공하는 비즈니스는 어떤 하위 계층 네트워크 프로토콜이 사용됐는지에 관계없이 일관성을 유지한다. 일관된 방식으로 동작하는 TCP에 대해서도 마찬가지다. 이는 캡슐화가 작동하는 대표적인 예다.

IPv4와 IPv6는 다르게 동작하지만, 서로 다른 계층에서 작동하는 프로토콜은 영향을 받지 않는다.

그림 7-21은 두 개의 패킷을 동일한 기능(패킷 1과 11)으로 비교한 것이다. 두 패킷은 모두 클라이언트에서 서버로의 연결을 시작하게 설계된 TCP SYN 패킷이다. 이러한 패킷의 이더넷과 TCP 섹션은 거의 동일하다. 그러나 IP 섹션은 완전히 다르다.

- 발신지와 목적지 주소 형식이 서로 다르다❻❿.
- IPv4 패킷은 IPv4 헤더와 페이로드 60바이트와 14바이트 이더넷 헤더를 포함해 총 길이가 74바이트다❶. IPv6 패킷은 40바이트 IPv6 페이로드❼가 있는 96바이트며, 14바이트 이더넷 헤더와 함께 별도의 40바이트 IPv6 헤더다. IPv6 헤더는 큰 주소 크기를 수용하기 위해 IPv4 헤더 20바이트의 두 배인 40바이트다.

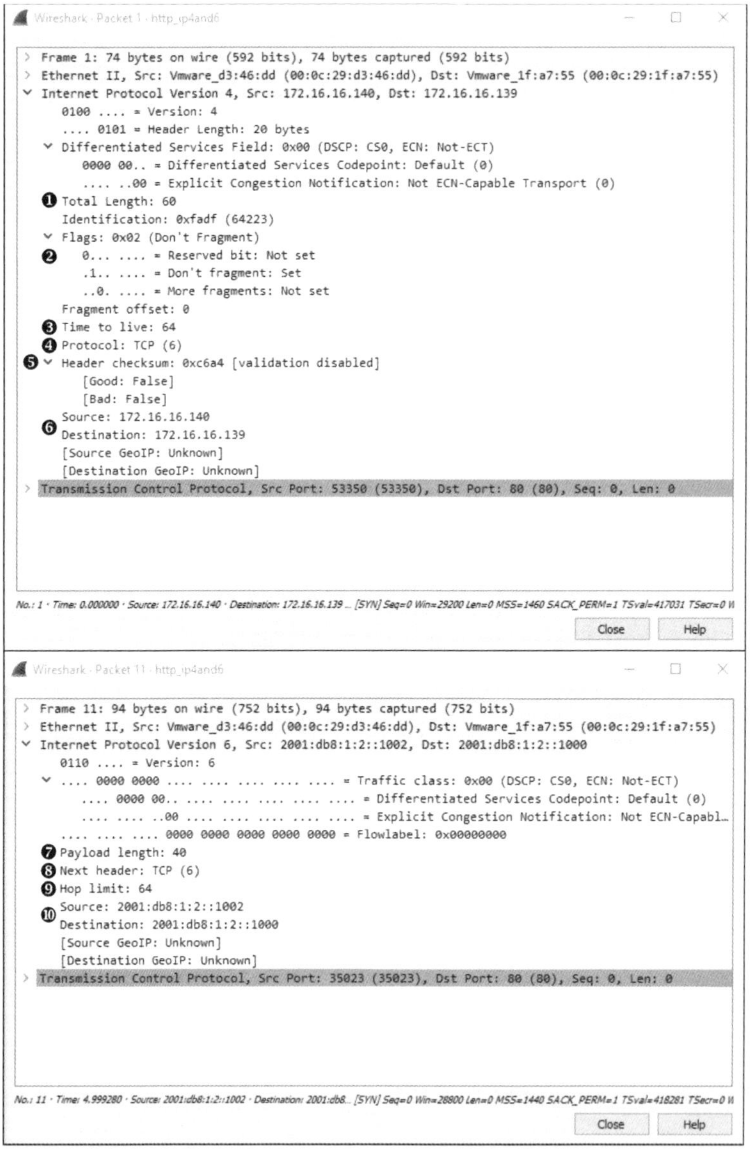
Wireshark · Packet 1 · http_ip4and6
Frame 1: 74 bytes on wire (592 bits), 74 bytes captured (592 bits)
Ethernet II, Src: Vmware_d3:46:dd (00:0c:29:d3:46:dd), Dst: Vmware_1f:a7:55 (00:0c:29:1f:a7:55)
Internet Protocol Version 4, Src: 172.16.16.140, Dst: 172.16.16.139
0100 .... = Version: 4
.... 0101 = Header Length: 20 bytes
Differentiated Services Field: 0x00 (DSCP: CS0, ECN: Not-ECT)
0000 00.. = Differentiated Services Codepoint: Default (0)
.... ..00 = Explicit Congestion Notification: Not ECN-Capable Transport (0)
❶ Total Length: 60
Identification: 0xfadf (64223)
Flags: 0x02 (Don't Fragment)
❷ 0... .... = Reserved bit: Not set
.1.. .... = Don't fragment: Set
..0. .... = More fragments: Not set
Fragment offset: 0
❸ Time to live: 64
❹ Protocol: TCP (6)
❺ Header checksum: 0xc6a4 [validation disabled]
[Good: False]
[Bad: False]
❻ Source: 172.16.16.140
Destination: 172.16.16.139
[Source GeoIP: Unknown]
[Destination GeoIP: Unknown]
Transmission Control Protocol, Src Port: 53350 (53350), Dst Port: 80 (80), Seq: 0, Len: 0
No.: 1 · Time: 0.000000 · Source: 172.16.16.140 · Destination: 172.16.16.139 ... [SYN] Seq=0 Win=29200 Len=0 MSS=1460 SACK_PERM=1 TSval=417031 TSecr=0 W
Close
Help
Wireshark · Packet 11 · http_ip4and6
Frame 11: 94 bytes on wire (752 bits), 94 bytes captured (752 bits)
Ethernet II, Src: Vmware_d3:46:dd (00:0c:29:d3:46:dd), Dst: Vmware_1f:a7:55 (00:0c:29:1f:a7:55)
Internet Protocol Version 6, Src: 2001:db8:1:2::1002, Dst: 2001:db8:1:2::1000
0110 .... = Version: 6
.... 0000 0000 .... = Traffic class: 0x00 (DSCP: CS0, ECN: Not-ECT)
.... 0000 00.. .... = Differentiated Services Codepoint: Default (0)
....00 .... = Explicit Congestion Notification: Not ECN-Capabl…
.... 0000 0000 0000 0000 0000 = Flowlabel: 0x00000000
❼ Payload length: 40
❽ Next header: TCP (6)
❾ Hop limit: 64
❿ Source: 2001:db8:1:2::1002
Destination: 2001:db8:1:2::1000
[Source GeoIP: Unknown]
[Destination GeoIP: Unknown]
Transmission Control Protocol, Src Port: 35023 (35023), Dst Port: 80 (80), Seq: 0, Len: 0
No.: 11 · Time: 4.999280 · Source: 2001:db8:1:2::1002 · Destination: 2001:db8... [SYN] Seq=0 Win=28800 Len=0 MSS=1440 SACK_PERM=1 TSval=418281 TSecr=0 W
Close
Help

▲ **그림 7-21** 동일한 기능을 수행하는 IPv4(상단)와 IPv6(하단) 패킷의 비교

- IPv4는 프로토콜 필드로 프로토콜을 식별하지만❹, IPv6는 다음 헤더 필드(확장 헤더를 지정하는 데도 사용할 수 있음)로 식별한다❽.
- IPv4에는 TTL 필드가 있고 IPv6는 홉 제한 필드를 사용해 동일한 기능을 수행한다.
- IPv4에는 헤더 검사합 값이 포함돼 있지만❺ IPv6에는 포함되지 않는다❾.

- IPv4 패킷은 단편화되지 않지만❺ 여전히 옵션에 대한 값을 포함한다❷. IPv6 헤더에는 단편화가 필요한 경우 확장 헤더에 구현되므로 이 정보가 포함되지 않는다.

IPv4와 IPv6 트래픽을 나란히 비교하면 두 프로토콜의 동작 방식을 완전히 이해하는 데 도움이 된다.

이웃 간청과 ARP

icmpv6_neighbor_solicitation.pcapng

이전에 트래픽의 분류에 대해 설명할 때 유니캐스트, 멀티캐스트, 애니캐스트를 나열했지만 브로드캐스트 트래픽을 나열하지 않았다. 브로드캐스트는 비효율적인 전송 메커니즘으로 간주되기 때문에 IPv6는 브로드캐스트 트래픽을 지원하지 않는다. 브로드캐스트가 없기 때문에 호스트에서 네트워크에서 서로를 찾을 수 있는 ARP를 사용할 수 없다. 그렇다면 IPv6 장치는 어떻게 서로를 찾을까?

해답은 NDP(Neighbor Discovery Protocol)의 기능인 이웃 간청(Neighbor Solicitation)이라는 새로운 기능이다. 이 기능은 ICMPv6(7장의 마지막 절에서 설명)를 사용해 작업을 수행한다. 이 작업을 수행하기 위해 ICMPv6는 데이터 스트림을 구독하는 호스트만 수신하고 처리하는 통신 유형인 멀티캐스트를 사용한다. 멀티캐스트 트래픽은 고유한 예약된 IP 공간(ff00::/8)을 갖고 있기 때문에 신속하게 식별할 수 있다.

주소 해석 프로세스는 다른 프로토콜을 사용하지만 여전히 매우 간단한 요청/응답 작업 흐름을 사용한다. 예를 들어 IPv6 주소가 2001:db8:1:2::1003인 호스트가 2001:db8:1:2::1000 주소로 식별되는 다른 호스트와 통신하기를 원한다. IPv4와 마찬가지로 발신지 장치는 네트워크 간 통신이기 때문에 통신하려는 호스트의 링크 계층(MAC) 주소를 결정할 수 있어야 한다. 이 프로세스는 그림 7-22에서 보여준다.

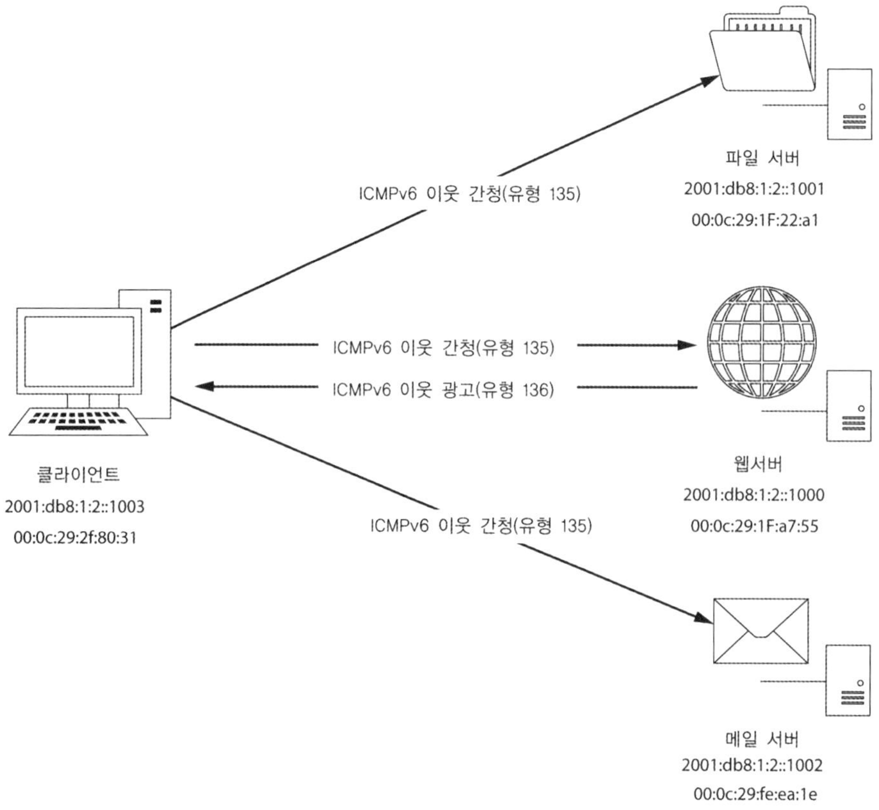

▲ **그림 7-22** 주소 해석을 위한 이웃 간청 프로세스

이 프로세스에서 호스트 2001:db8:1:2::1003은 멀티캐스트를 통해 네트워크상의 모든 장치에 "IP 주소가 2001:db8:1:2::1000인 장치의 MAC 주소는 무엇입니까? 내 MAC 주소는 00:0C:29:2f:80:31입니다."라는 이웃 간청(ICMPv6 유형 135) 패킷을 보낸다.

해당 IPv6 주소가 할당된 장치는 이 멀티캐스트 전송을 수신하고 이웃 광고Neighbor advertisement(ICMPv6 유형 136) 패킷을 사용해 원래 호스트에 응답한다. 이 패킷은 "안녕하세요, 내 네트워크 주소는 2001:db8:1:2::1000이고 MAC 주소는 00:0c:29:1f:a7:55다."로 돼 있다. 이 메시지를 받으면 통신이 시작될 수 있다.

캡처 파일 icmpv6_neighbor_solicitation.pcapng에서 이 프로세스가 실제로 동작하는지 확인할 수 있다. 이 캡처는 2001:db8:1:2::1003이 2001:db8:1:2::1000과 통신하기를 원했던 예제를 구현했다. 첫 번째 패킷을 보고 패킷 세부 정보 창(그림

7-23)에서 ICMPv6 부분을 확장해 패킷이 ICMP 유형 135❷이고 2001:db8:1:2::1003에서 멀티캐스트 주소 ff02::1:ff00:1000❶으로 전송됐는지 확인한다. 발신지 호스트는 자신의 계층 2 MAC 주소❹와 함께 통신❸하려는 타겟 IPv6 주소를 제공했다.

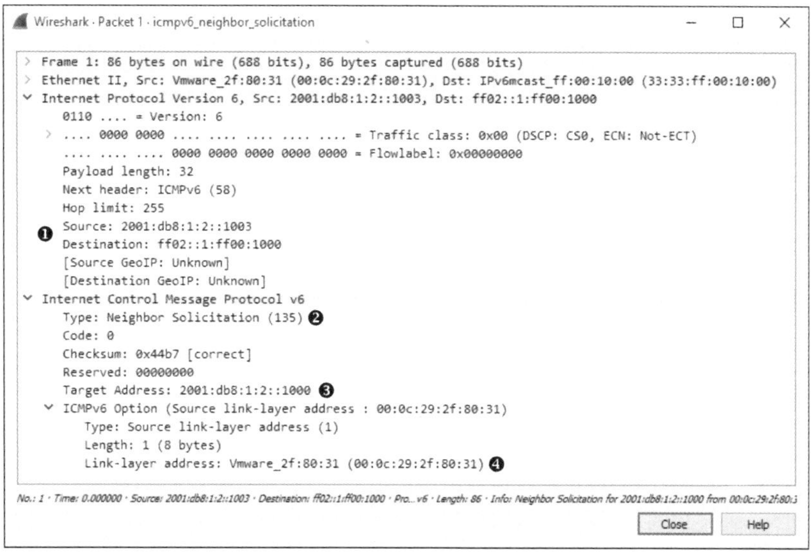

▲ **그림 7-23** 이웃 간청 패킷

간청에 대한 응답은 캡처 파일에서 두 번째 패킷에 있다. 캡처 파일 패킷 세부 정보 창(그림 7-24 참조)의 ICMPv6 부분을 확장하면 이 패킷이 ICMP 유형 136❷임을 나타낸다. 2001:db8:1:2::1000이 2001:db8:1:2::1003❶으로 보냈다. 2001:db8:1:2::1000❸과 연관된 MAC 주소 00:0c:29:1f:a7:55를 포함하고 있다.

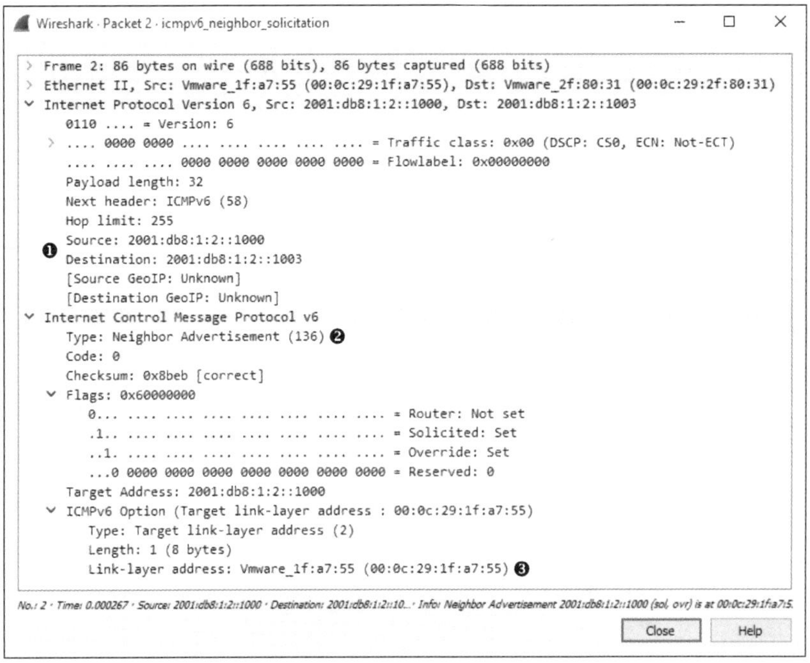

▲ **그림 7-24** 이웃 광고 패킷

이 프로세스가 완료되면 2001:db8:1:2::1003과 2001:db8:1:2::1000이 ICMPv6 에코 요청 및 응답 패킷과 정상적으로 통신을 시작한다. 이웃 간청과 링크 계층 주소 해석이 성공했음을 나타낸다.

IPv6 단편화

ipv6_fragments.pcapng

단편화 지원은 네트워크 MTU가 변할 때 패킷이 모든 종류의 네트워크를 통과할 수 있기 때문에 IPv4 헤더에 내장됐다. IPv6에서는 단편화가 덜 사용되므로 IPv6 헤더를 지원하는 옵션이 IPv6 헤더에 포함되지 않는다. IPv6 패킷을 전송하는 장치는 실제로 전송하기 전에 보낼 수 있는 패킷의 최대 크기를 결정하기 위해 MTU 검색이라는 프로세스를 수행해야 한다. 라우터가 전달할 네트워크의 MTU에 비해 너무 큰 패킷을 라우터가 수신하면 패킷을 삭제하고 ICMPv6 패킷이 너무 큼(유형 2) 패킷을 원래 호스트로 반환한다. 수신 시 발신 호스트는 상위 계층 프로토콜에 의해 지원되는 경우 작은 MTU로 패킷을 다시 보내려고 시도한다. 이 프로세스는 MTU가 충분히 작거나 페이로드가 더 이상 단편화되지 않을 때까지 반복된다(그림 7-25 참조).

라우터는 패킷 단편화를 담당하지 않는다. 발신지 장치는 전송 경로에 대한 적절한 MTU를 결정하고 적절히 단편화를 책임진다.

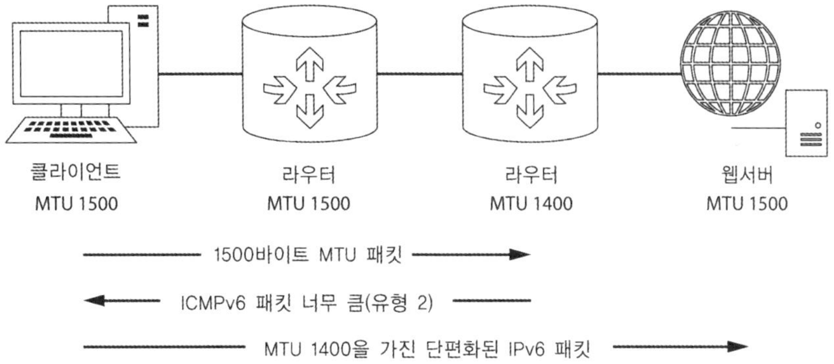

▲ **그림 7-25** IPv6 MTU 경로 검색

IPv6와 함께 사용되는 상위 계층 프로토콜이 패킷 페이로드의 크기를 제한할 수 없는 경우에는 단편화를 계속 사용해야 한다. 이 시나리오를 지원하기 위해 단편화 확장 헤더를 IPv6 패킷에 추가할 수 있다. ipv6_fragments.pcapng라는 파일에서 IPv6 단편화를 보여주는 샘플 캡처를 찾을 수 있다.

수신 장치에는 송신 장치보다 작은 MTU가 있으므로 캡처 파일에서 각 ICMPv6 에코 요청과 응답을 나타내는 두 개의 단편화된 패킷이 있다. 첫 번째 패킷의 단편화 헤더가 그림 7-26에 나와 있다.

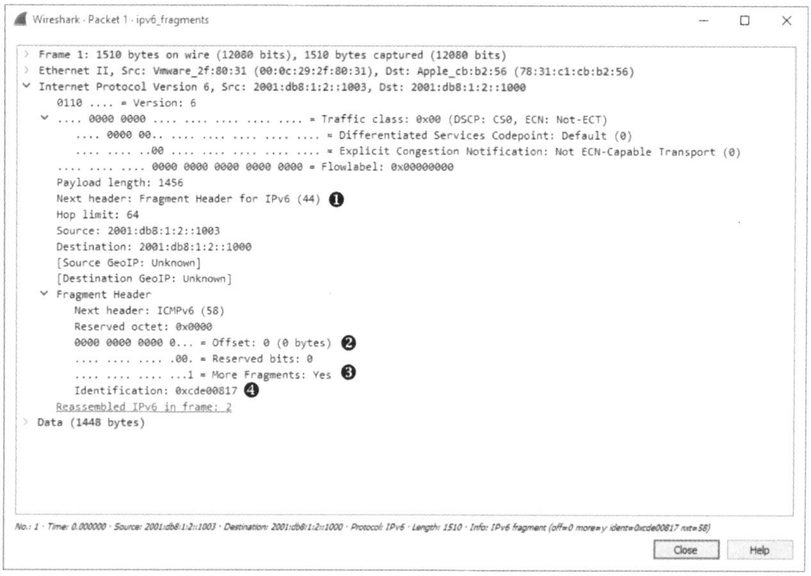

▲ **그림 7-26** IPv6 단편 헤더 확장

8바이트 확장 헤더는 Fragment offset❷, More Fragments 플래그❸와 Identification 필드❹ 같은 IPv4 패킷에서 보는 것과 동일한 단편화 속성을 포함한다. 모든 패킷에 있는 대신에 단편화가 필요한 패킷의 끝에 추가된다. 이보다 효율적인 프로세스는 수신 시스템이 단편화를 적절하게 재조합할 수 있게 한다. 또한 이 확장 헤더가 있는 경우 다음 헤더 필드는 캡슐화 프로토콜이 아닌 확장 헤더를 가리킨다❶.

IPv6 전환 프로토콜

IPv6은 매우 실질적인 문제를 해결하지만 네트워크 인프라를 전환하기 위해 필요한 노력으로 인해 채택이 느리다. 이러한 전환을 쉽게 하기 위해 여러 프로토콜을 사용하면 IPv4 통신만 지원하는 네트워크에서 IPv6 통신을 터널링할 수 있다. 이 점에서 터널링은 IPv6 통신이 다른 프로토콜을 캡슐화할 수 있는 것처럼 IPv4 통신 내에 캡슐화된다는 것을 의미한다. 캡슐화는 대개 다음 3가지 방법 중 하나로 수행된다.

라우터 대 라우터 IPv4 네트워크를 통해 네트워크의 송신과 수신 호스트에서 IPv6 트래픽을 캡슐화하기 위해 터널을 사용한다. 이 방법을 사용하면 전체 네트워크가 중간 IPv4 링크를 통해 IPv6에서 통신할 수 있다.

라우터 대 호스트 라우터 수준에서 캡슐화를 사용해 IPv6 네트워크에서 IPv4 네트워크를 통해 트래픽을 전송한다. 이 방법을 사용하면 호스트가 IPv4 전용 네트워크에 있을 때 개별 호스트가 IPv6에서 IPv6 네트워크와 통신할 수 있다.

호스트 대 호스트 두 종단점 사이의 터널을 사용해 IPv4 또는 IPv6 가능 호스트 간에 IPv6 트래픽을 캡슐화한다. 이 방법을 사용하면 IPv6 종단점이 IPv4 네트워크에서 직접 통신할 수 있다.

이 책에서는 과도기적인 프로토콜을 다루지는 않지만 패킷 레벨에서 분석을 수행하는 동안 조사해야 할 경우에 대비해 해당 존재를 인식하는 것이 유용하다. 다음은 몇 가지 일반적인 프로토콜이다.

6to4 IPv4를 통한 IPv6^IPv6 over IPv4^라고도 하는 이 전환 프로토콜을 사용하면 IPv4 네트워크에서 전송할 IPv6 패킷을 허용한다. 이 프로토콜은 라우터 대 라우터, 호스트 대 라우터 및 호스트 대 호스트 IPv6 통신을 제공하는 중계 및 라우터를 지원한다.

Teredo 이 프로토콜은 IPv6 유니캐스트 통신에 사용된다. IPv4 네트워크는 NAT^네트워크 주소 변환^를 사용해 UDP 전송 프로토콜로 캡슐화된 IPv4를 통해 IPv6 패킷을 전송함으로써 동작한다.

ISATAP 이 인트라 사이트 프로토콜을 사용하면 호스트-호스트 방식으로 네트워크 내의 IPv4 및 IPv6 전용 장치 간에 통신할 수 있다.

인터넷 제어 메시지 프로토콜(ICMP)

ICMP^Internet Control Message Protocol^는 TCP/IP 네트워크의 장치, 서비스 또는 경로 지정 가용성에 관한 정보를 제공하는 TCP/IP의 유틸리티 프로토콜이다. 대부분의 네트워크 문제 해결 기술과 도구는 일반적인 ICMP 메시지 유형을 중심으로 한다. ICMP는 RFC 792에 정의돼 있다.

ICMP 패킷 구조

ICMP는 IP의 일부며, 메시지를 전송하기 위해 IP에 의존한다. ICMP는 용도에 따라 상대적으로 작은 헤더를 포함한다. 그림 7-27의 ICMP 헤더에는 다음과 같은 필드가 있다.

유형Type RFC 규격을 기반으로 한 ICMP 메시지 유형 또는 분류다.

코드Code RFC 규격을 기반으로 한 ICMP 메시지의 하위 분류다.

검사합Checksum 도착 시 ICMP 헤더 및 데이터의 내용이 손상되지 않게 보장한다.

가변 길이 Variable 유형 및 코드 필드에 따라 달라지는 부분이다.

인터넷 제어 메시지 프로토콜(ICMP)					
오프셋	옥텟	0	1	2	3
옥텟	Bit	0-7	8-15	16-23	24-31
0	0	유형	코드	검사합	
4+	32+	가변 길이			

▲ **그림 7-27** ICMP 헤더

ICMP 유형과 메시지

앞에서 설명한 것처럼 ICMP 패킷의 구조는 유형과 코드 필드의 값에 따라 목적이 다르다.

ICMP 유형 필드는 패킷의 분류를 나타낸다. Code 필드는 서브클래스다. 예를 들어 Type 필드 값 3은 '도달할 수 없는 목적지'를 나타낸다. 이 정보만으로는 문제를 전부 해결할 수 없지만 해당 패킷이 '포트 도달 불가능'을 나타내는 Code 필드 값 3을 지정하는 경우 통신을 시도하는 포트에 문제가 있다고 결론을 내린다.

참고 사용 가능한 ICMP 유형과 코드의 전체 목록을 보려면 http://www.iana.org/assignments/icmp-parameters/를 참조하라.

에코 요청 및 응답

dicmp_echo .pcapng

ICMP의 가장 큰 용도는 ping 유틸리티다. ping은 장치에 대한 연결을 시험하는 데 사용된다. ping 자체는 ICMP 규격의 일부는 아니지만 ICMP를 사용해 핵심 기능을 구현한다.

ping을 사용하려면 명령 프롬프트에서 `ping ipaddress`를 입력하면 `ipaddress`를 네트워크의 실제 IP 주소로 바꾼다. 타겟 장치가 켜져 있고 컴퓨터에 통신 경로가 있고 해당 통신을 차단하는 방화벽이 없으면 `ping` 명령에 대한 응답이 나타난다.

그림 7-28의 예는 패킷이 도착하고 응답이 수신되기까지 걸리는 왕복 시간(또는 RTT)과 TTL을 보여주는 4개의 성공적인 회신을 보여준다. 또한 윈도우 유틸리티는 전송, 수신 및 손실된 패킷 수를 요약해 제공한다. 통신이 실패하면 그 이유를 알리는 메시지가 나타난다.

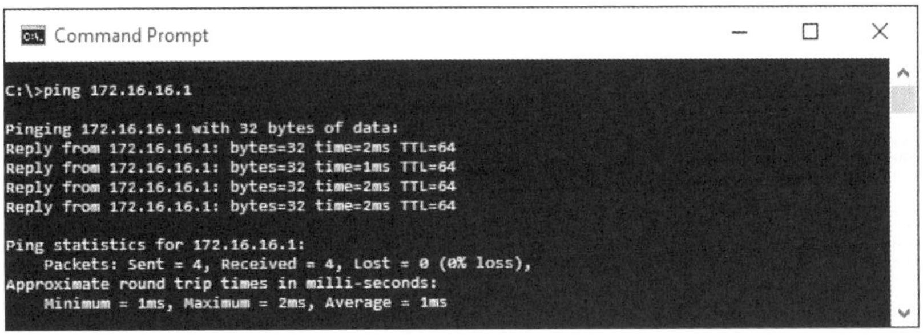

▲ **그림 7-28** 연결 시험에 사용되는 ping 명령

기본적으로 `ping` 명령은 한 번에 하나의 패킷을 장치로 보내고 응답을 수신해 그림 7-29와 같이 해당 장치에 대한 연결이 있는지 여부를 결정한다.

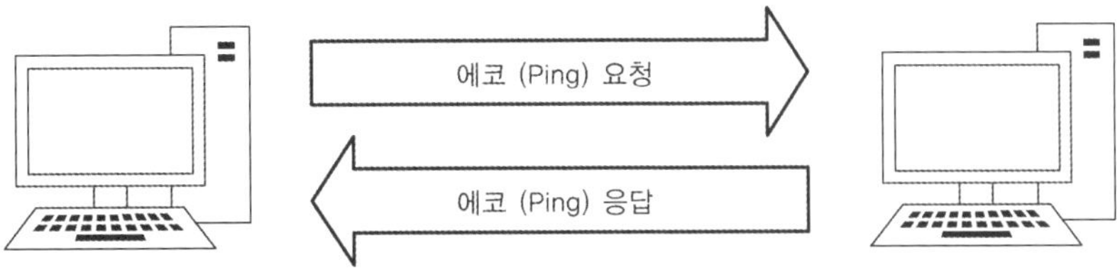

▲ **그림 7-29** ping 명령에는 두 단계만 있다.

참고 ping은 오랫동안 유용하게 사용하고 있지만, 호스트 기반 방화벽을 배치할 때 그 결과는 조금 달라질 수 있다. 오늘날의 대부분의 방화벽은 장치가 ICMP 패킷에 응답하는 기능을 제한한다. 호스트에 액세스할 수 있는지 여부를 확인하기 위해 핑(ping)을 사용하는 잠재적 인 공격자를 억제할 수 있기 때문에 보안상 매우 유용하다. 그러나 이러한 경우에 문제 해결이 어려워 장치를 핑(ping)해 연결을 시험해서 응답을 받지 못할 수 있지만, 그 장치와 통신할 수 있다.

실제 동작 중인 ping 유틸리티는 간단한 ICMP 통신의 좋은 예다. icmp_echo.pcapng 파일의 패킷은 ping을 실행할 때 어떤 일이 일어나는지 보여준다.

첫 번째 패킷(그림 7-30 참조)은 호스트 192.168.100.138이 192.168.100.1❶로 패킷을 전송하고 있음을 보여준다. 이 패킷의 ICMP 부분을 확장하면 유형과 코드 필드를 보고 ICMP 패킷 유형을 알 수 있다. 이 경우 패킷은 유형 8❷이고, 코드는 에코 요청을 나타내는 0❸이다(와이어샤크는 표시된 유형/코드가 실제로 무엇인지 말해준다). 이 에코 (핑) 요청은 방정식의 첫 번째 절반이다. IP를 사용해 보내지는 간단한 ICMP 패킷에는 소량의 데이터가 들어 있다. 유형, 코드 지정 및 검사합과 함께 요청을 응답과 연결하는 데 사용되는 일련번호가 있으며, ICMP 패킷의 가변 부분에 임의의 텍스트 문자열이 있다.

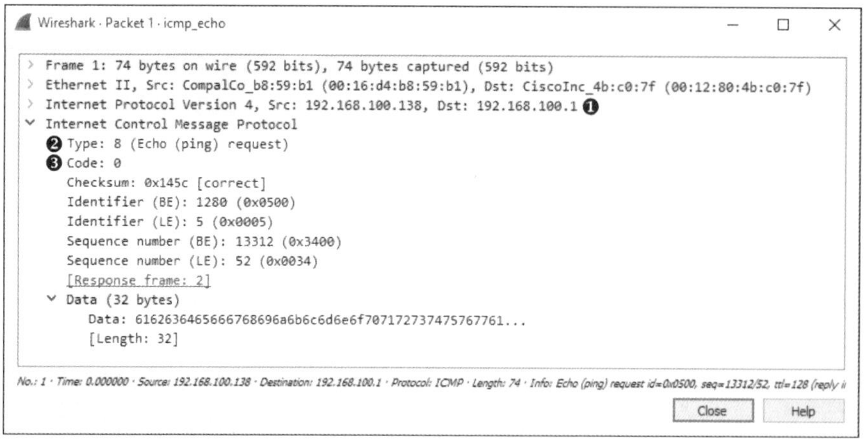

▲ **그림 7-30** ICMP 에코 요청 패킷

참고 echo와 ping이라는 용어는 종종 같은 의미로 사용되지만, ping은 실제로는 도구 이름이라는 것을 기억하라. ping 도구는 ICMP 에코 요청 패킷을 보내는 데 사용된다.

이 순서의 두 번째 패킷은 요청에 대한 응답이다(그림 7-31 참조). 패킷의 ICMP 부분은 유형 0❶과 코드 0❷이며, 이것이 에코 응답임을 나타낸다. 두 번째 패킷의 순서번호와 식별자가 첫 번째 패킷의 순서번호❸와 식별자가 일치하기 때문에 이 에코 응답이 이전 패킷의 에코 요청과 일치함을 알 수 있다. 와이어샤크는 이 필드의 값을 빅 엔디안BE과 리틀 엔디안LE 형식으로 나타낸다. 즉, 특정 종단점이 데이터를 처리하는 방법에 따라 서로 다른 순서로 데이터를 나타낸다. 이 응답 패킷에는 초기 요청❹과 함께 전송된 것과 동일한 32바이트 문자열이 포함된다. 이 두 번째 패킷이 192.168.100.138에 의해 수신되면 ping은 성공을 보고한다.

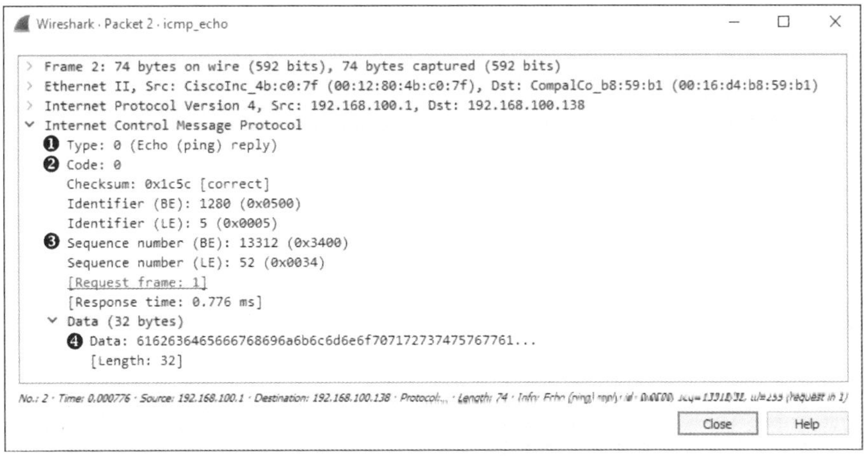

▲ **그림 7-31** ICMP 에코 응답 패킷

ping 명령의 변형을 사용해 에코 요청에서 데이터 패딩의 크기를 늘릴 수 있으므로 다양한 유형의 네트워크 문제 해결을 위해 패킷을 단편화할 수 있다. 작은 단편 크기가 필요한 네트워크 문제를 해결할 때 필요할 수 있다.

> **참고** ICMP 에코 요청에 사용되는 임의의 텍스트는 잠재적인 공격자에게 큰 관심사가 될 수 있다. 공격자는 이 패딩 정보를 사용해 장치에서 사용되는 운영체제를 알 수 있다. 또한 공격자는 이 필드에서 작은 정보 비트를 은밀한 통신 방법으로 사용할 수 있다.

traceroute

icmp_traceroute.pcapng

traceroute 유틸리티는 한 장치에서 다른 장치로 가는 경로를 파악하는 데 사용된다. 간단한 네트워크에서 경로는 하나의 라우터만 통과하거나 전혀 라우터를 통과하지 않을 수 있다. 그러나 복잡한 네트워크에서는 패킷을 최종 목적지에 도달하기 위해 수십 개의 라우터를 통과해야 한다. 따라서 통신 문제를 해결하려면 패킷이 한 목적지에서 다른 목적지까지 가는 정확한 경로를 추적할 수 있어야 한다.

traceroute는 IP의 도움을 받아 ICMP를 사용해 패킷의 경로를 파악할 수 있다. 예를 들어 icmp_traceroute.pcapng 파일의 첫 번째 패킷은 앞 절에서 살펴본 echo 요청과 매우 유사하다(그림 7-32 참조).

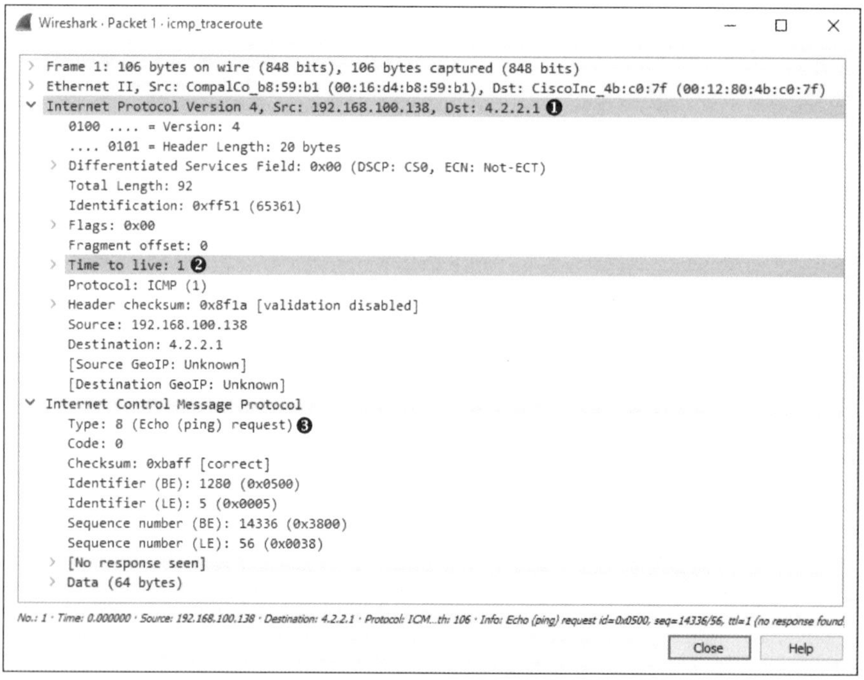

▲ **그림 7-32** TTL 값이 1인 ICMP 에코 요청 패킷

이 캡처에서 tracert 4.2.2.1 명령을 실행해 패킷을 생성했다. 윈도우에서 traceroute를 사용할 경우 명령 프롬프트에 tracert ipaddress를 입력하면 경로를 검색하려는 장치의 실제 IP 주소로 ipaddress를 바꾼다. 리눅스나 맥에서 traceroute를 사용하려면 traceroute ipaddress 명령을 사용하라.

처음에 이 패킷은 192.168.100.138에서 4.2.2.1❶로 가는 간단한 에코 요청❸이 나타나며, 패킷의 ICMP 부분은 에코 요청 패킷 형식과 동일하다. 그러나 이 패킷의 IP 헤더를 확장하면 이상한 것을 알 수 있다. 패킷의 TTL 값이 1로 설정돼 있다❷. 즉, 패킷이 수신되는 첫 번째 라우터에서 삭제된다. 목적지 4.2.2.1 주소는 인터넷 주소이기 때문에 발신지 장치와 목적지 장치 사이에 적어도 하나의 라우터가 있어야 하므로 이 패킷이 목적지에 도달할 방법이 없다. traceroute는 이 패킷을 첫 번째 라우터에만 전송한다는 사실에 도움을 얻는다.

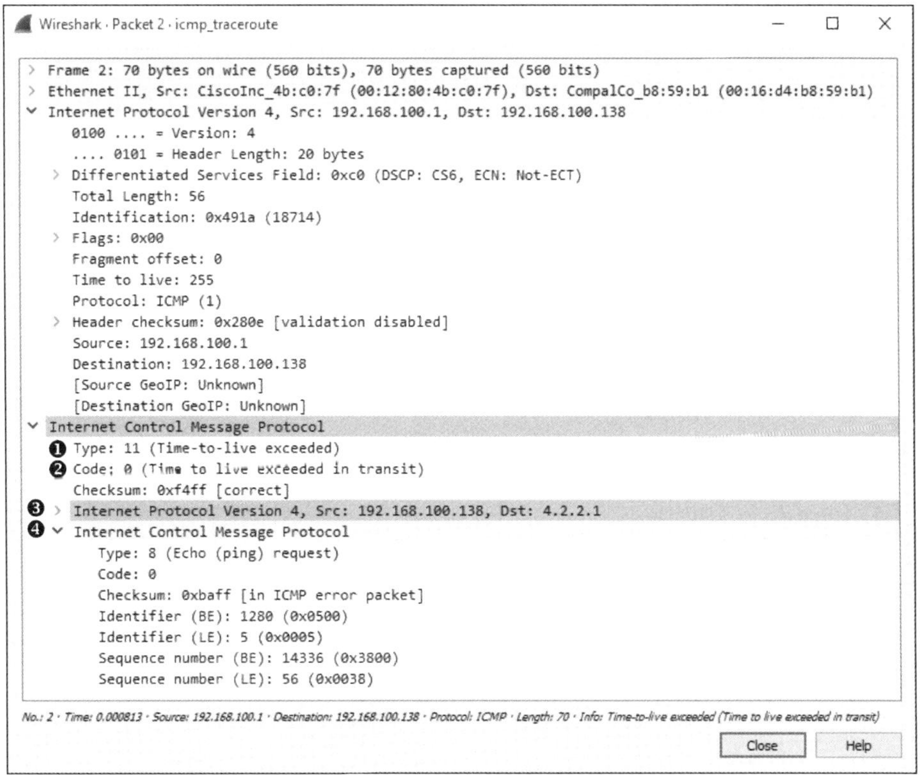

▲ **그림 7-33** 경로를 따라 첫 번째 라우터의 ICMP 응답

두 번째 패킷은 예상대로 첫 번째 라우터의 응답이다. 목적지에 이르는 경로를 따라 도착했다(그림 7-33 참조). 이 패킷은 192.168.100.1인 장치에 도달했으며 TTL이 0으로 감소했으며 패킷을 더 전송할 수 없어 라우터에서 ICMP 응답으로 응답했다. 이 패킷은 유형 11❶과 코드 0❷이므로 전송 중에 패킷의 TTL이 초과돼 목적지에 도달할 수 없음을 알리는 데이터다.

이 ICMP 패킷은 때로 양방향 패킷double-headed packet이라고도 하는데, ICMP 끝부분에는 원래의 에코 요청에서 보낸 IP 헤더❸와 ICMP 데이터❹ 사본이 포함돼 있기 때문이다. 이 정보는 문제 해결에 매우 유용할 수 있다.

TTL 값이 1인 패킷을 보내는 과정은 패킷 7에 도달하기 전에 두 번 더 발생한다. 첫 번째 패킷에서 본 것과 같이 IP 헤더의 TTL 값이 2로 설정되면 패킷이 폐기되기 전에 두 번째 홉 라우터까지 전달된다. 예상한 대로 다음 홉 라우터(12.180.241.1)로부터 ICMP 목적지에 도달할 수 없고, TTL 초과라는 메시지를 통해 같은 응답을 받는다.

이 프로세스는 목적지 4.2.2.1에 도달할 때까지 TTL 값이 1씩 증가하면서 계속된다. 그러나 그 직전에 그림 7-34에서 8행의 요청이 시간 초과됐음을 알 수 있다. 경로상의 요청이 어떻게 시간 초과되고 프로세스가 성공적으로 완료될 수 있는가? 일반적으로 이것은 라우터가 ICMP 요청에 응답하지 않게 구성돼 있을 때 발생한다. 라우터는 여전히 요청을 수신하고 다음 라우터로 데이터를 전달하므로 그림 7-34의 9행에서 다음 홉을 볼 수 있다. 다른 홉처럼 패킷을 시간 초과할 수 있는 ICMP 시간을 생성하지 않았다. 응답이 없으면 tracert는 요청 시간이 초과됐다고 가정하고 다음 요청으로 이동한다.

정리하자면 이 traceroute 프로세스는 경로를 따라 각 라우터와 통신해 목적지까지 경로 맵을 작성한다. 예제는 그림 7-34에 나와 있다.

참고 traceroute에 대한 설명은 일반적으로 이 유틸리티가 ICMP를 독점적으로 사용하기 때문에 윈도우 중심이다. 리눅스에서 traceroute 유틸리티는 좀 더 다목적이며, 경로 추적을 수행하기 위해 다른 프로토콜을 사용할 수 있다.

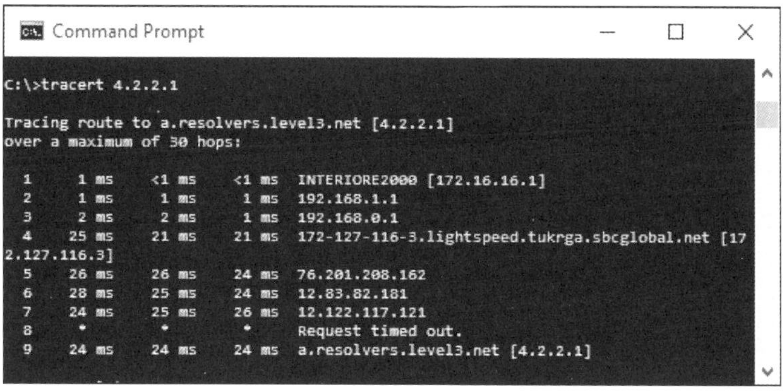

▲ **그림 7-34** traceroute 유틸리티의 출력 예

ICMP 버전 6(ICMPv6)

업데이트된 IP 버전은 이전 예제에서 설명한 것처럼 이웃 요청 및 경로 검색과 같은 기능에 대해 ICMP에 크게 의존한다. ICMPv6는 IPv6에 필요한 기능 집합을 지원하기 위해 RFC 4443과 함께 추가로 개선됐다. ICMPv6는 ICMP 패킷과 동일한 패킷 구조를 사용하기 때문에 이 책에서는 별도로 다루지 않는다.

ICMPv6 패킷은 일반적으로 오류 메시지나 정보 메시지로 분류된다. 사용 가능한 유형과 전체 코드 목록은 IANA에서 찾을 수 있다(http://www.iana.org/assignments/icmpv6-parameters/icmpv6-parameters.xhtml).

7장에서는 패킷 분석 과정에서 검토할 몇 가지 가장 중요한 프로토콜에 대해 소개했다. ARP, IP 및 ICMP는 모든 네트워크 통신의 기초가 되며, 수행하는 모든 업무에 필수적이다. 8장에서는 일반적인 전송 계층 프로토콜인 TCP와 UDP에 대해 살펴본다.

8장
전송 계층 프로토콜

8장에서는 패킷 레벨에서 나타나는 개별 프로토콜과 이들이 어떻게 동작하는지 살펴본다. OSI 모델을 살펴보면서 전송 계층과 가장 일반적인 두 가지 전송 프로토콜인 TCP와 UDP를 살펴본다.

전송 제어 프로토콜(TCP)

TCP[Transmission Control Protocol]의 궁극적인 목표는 데이터 전달에 종단-대-종단 신뢰성을 제공하는 것이다. RFC 793에 정의된 TCP는 데이터 순서와 오류 복구를 처리하고 궁극적으로 데이터가 어디로 가야 하는지를 보장한다. TCP는 데이터를 전송하기 전에 공식 연결을 설정하기 때문에 연결 지향 프로토콜[connection-oriented protocol]로 간주된다.

패킷 전달을 추적하며, 일반적으로 전송이 완료되면 공식적으로 통신 채널을 닫는다. 일반적으로 많이 사용되는 응용 계층 프로토콜은 패킷을 최종 목적지에 전달하기 위해 TCP와 IP에 의존한다.

TCP 패킷 구조

TCP는 헤더의 복잡성에 따라 많은 기능을 제공하다. 그림 8-1에 나타난 것처럼 다음은 TCP 헤더 필드다.

발신지 포트 Source Port 패킷을 전송하는 데 사용되는 포트다.

목적지 포트 Destination Port 패킷이 전송될 포트다.

순서번호Sequence Number TCP 세그먼트를 식별하는 데 사용되는 번호다. 이 필드는 데이터 스트림의 일부가 누락되지 않게 한다.

확인 응답 번호 Acknowledgment Number 통신하는 상대 장치가 보낸 예상되는 다음 패킷의 순서번호다.

플래그Flags 전송되는 TCP 패킷 유형을 식별하기 위한 URG, ACK, PSH, RST, SYN 및 FIN 플래그다.

창 크기 Window Size TCP 수신자 버퍼의 크기(바이트)다.

검사합Checksum TCP 헤더와 데이터 내용이 도착 시 변경되지 않았는지 확인하는 데 사용된다.

긴급 포인터 Urgent Pointer URG 플래그가 설정된 경우 이 필드는 CPU가 패킷 내에서 데이터를 읽어야 하는 위치에 대한 추가 지침이 있는지 검사된다.

옵션Options TCP 패킷에 지정할 수 있는 다양한 선택 필드다.

전송 제어 프로토콜(TCP)							
오프셋	옥텟	0		1	2	3
옥텟	비트	0-3	4-7	8-15	16-23	24-31
0	0	발신지 포트			목적지 포트	
4	32	순서번호				
8	64	확인 응답 번호				
12	96	데이터 오프셋	예약됨	플래그	창 크기	
16	128	검사합			긴급 포인터	
20+	160+	옵션				

▲ **그림 8-1** TCP 헤더

TCP 포트

tcp_ports.pcapng

모든 TCP 통신은 TCP 헤더에 있는 발신지와 목적지 포트를 사용해 수행된다. 포트는 오래된 전화 교환대에 있는 잭과 같다. 배전반 운영자는 조명과 플러그 보드를 모니터링한다. 빛이 켜지면 발신자와 연결해 말하고 싶은 사람을 물어본 다음 케이블을 연결해 상대방과 연결한다. 모든 호출에는 발신지 포트(발신자)와 수신 포트(수신자)가 있어야 한다. TCP 포트는 동일한 방식으로 동작한다.

원격 서버나 장치의 특정 애플리케이션으로 데이터를 전송하려면 TCP 패킷은 원격 서비스가 수신 대기 중인 포트를 알아야 한다. 사용하게 구성된 포트 이외의 포트에서 애플리케이션에 액세스하려면 통신이 실패한다.

이 순서에서 발신지 포트는 그다지 중요하지 않으며 무작위로 선택할 수 있다. 원격 서버는 전송된 원본 패킷과 통신할 포트를 간단히 결정한다(그림 8-2 참조).

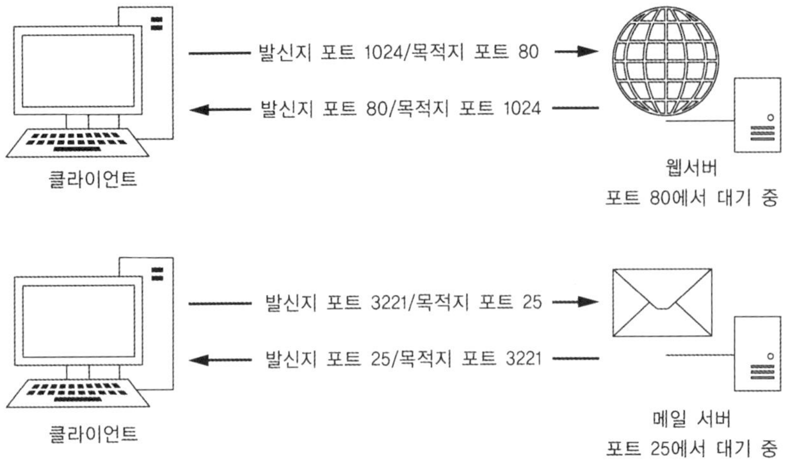

▲ **그림 8-2** TCP는 포트를 사용해 데이터를 전송한다.

TCP 통신에 사용할 수 있는 포트는 65,535개다. 일반적으로 이것을 다음과 같이 두 그룹으로 나눈다.

- 시스템 포트 그룹system port group(표준 포트 또는 잘 알려진 포트 그룹이라고도 함)은 1 ~ 1023 사이다(예약돼 있기 때문에 0은 무시). 잘 알려진 기존 서비스는 일반적으로 시스템 포트 그룹 내에 있는 포트를 사용한다.
- 임시 포트 그룹ephemeral port group은 1024에서 65535 사이다(일부 운영체제는 이에 대한 정의가 다르다). 한 번에 한 포트에서 하나의 서비스만 통신할 수 있으므로 최신 운영체제는 통신을 고유하게 만들기 위해 발신지 포트를 임의로 선택하다. 이 발신지 포트는 일반적으로 임시 번호 범위에 있다.

tcp_ports.pcapng 파일을 열어 두 개의 TCP 패킷을 살펴보고, 사용 중인 포트 번호를 확인해보자. 이 파일에는 두 개의 웹사이트를 탐색하는 클라이언트의 HTTP 통신이 있다. 이전에 언급했듯이 HTTP는 통신에 TCP를 사용하므로 표준 TCP 트래픽의 좋은 예다.

이 파일의 첫 번째 패킷(그림 8-3 참조)에서 처음 두 값은 패킷의 발신지 포트와 목적지 포트를 나타낸다. 이 패킷은 172.16.16.128에서 212.58.226.142로 전송된다. 발신지 포트는 임시 포트인 2826❶이다(발신지 포트는 운영체제에 의해 임의로 선택되지만 임의 선택에서 증가할 수 있음을 기억하라). 목적지 포트는 HTTP를 사용하는 웹서버에 사용되는 표준 포트 80❷인 시스템 포트다.

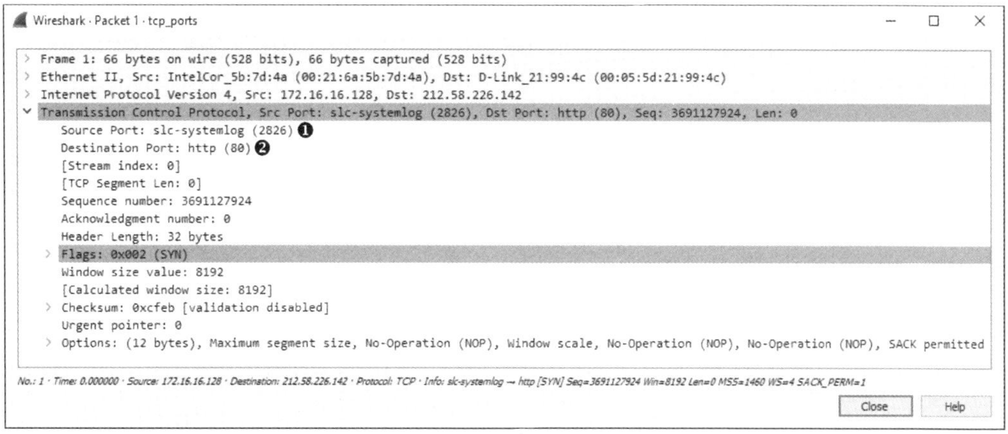

▲ **그림 8-3** 발신지와 목적지 포트는 TCP 헤더에서 찾을 수 있다.

와이어샤크는 이 포트를 slc-systemlog(2826)와 http(80)로 보여준다. 와이어샤크는 포트 목록과 가장 일반적인 용도를 유지한다. 시스템 포트는 기본적으로 레이블을 가진 공통 용도로 사용되지만, 많은 임시 포트는 일반적으로 관련 서비스를 사용한다. 이러한 포트의 레이블은 혼동을 줄 수 있으므로 일반적으로 전송 이름 해석을 해제해 포트를 사용하지 않게 설정하는 것이 가장 좋다. 이렇게 하려면 Edit ❯ Preferences ❯ Name Resolution으로 이동해 Enable Transport Name Resolution의 선택을 해제하라. 이 옵션을 활성화된 채로 두고 와이어샤크가 특정 포트를 식별하는 방법을 변경하려면 와이어샤크 시스템 디렉토리에 있는 서비스 파일을 수정하면 된다. 이 파일의 내용은 IANA 공통 포트 목록을 기반으로 한다(이름 해석 파일을 편집하는 방법에 대한 예제는 '사용자 정의 호스트 파일 사용' 절을 참조하라).

두 번째 패킷은 212.58.226.142에서 172.16.16.128로 다시 전송된다(그림 8-4 참조). IP 주소와 마찬가지로 발신지와 목적지 포트도 이제 전환된다❶.

대부분의 경우 TCP 기반 통신은 동일한 방식으로 동작한다. 임의의 발신지 포트가 알려진 목적지 포트와 통신하기 위해 선택된다. 이 초기 패킷이 보내지면 원격 장치는 설정된 포트를 사용해 발신 장치와 통신하다.

이 예제 캡처 파일에는 하나 이상의 통신 스트림이 포함된다. 통신에 사용하는 포트 번호를 찾을 수 있는지 확인하라.

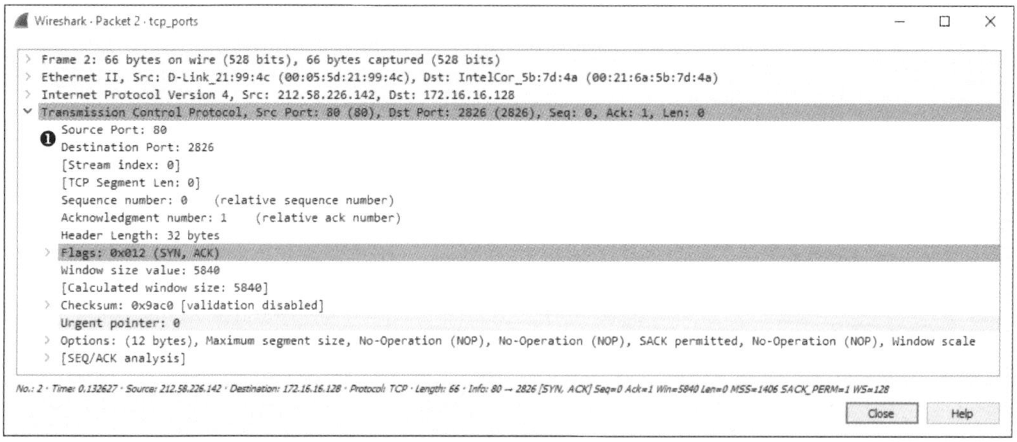

▲ **그림 8-4** 역방향 통신을 위한 발신지와 목적지 포트 번호 전환

> **참고** 이 책을 계속 진행하면서 일반 프로토콜 및 서비스와 관련된 포트에 대해 알 수 있다. 즉, 서비스와 장치를 사용하는 포트를 통해 프로파일링할 수 있다. 일반적인 포트 목록을 보려면 와이어샤크 시스템 디렉토리에 있는 서비스 파일을 살펴보라.

TCP 3방향 핸드셰이크

tcp_handshake.pcapng

모든 TCP 기반 통신은 두 호스트 간의 핸드셰이크로 시작해야 한다. 이 핸드셰이크 프로세스는 다음과 같은 용도로 사용된다.

- 전송 호스트가 수신 호스트와 통신할 수 있는지 확인한다.
- 전송 호스트가 전송 호스트와 통신을 시도하는 포트에서 수신자가 수신 대기 중인지 확인한다.
- 전송 호스트가 시작 순서번호를 수신자에게 전송해 두 호스트가 올바른 순서로 패킷 스트림을 유지할 수 있게 한다.

TCP 핸드셰이크는 그림 8-5와 같이 세 단계로 진행된다. 첫 번째 단계에서 통신하려는 장치(호스트 A)는 타겟(호스트 B)에 TCP 패킷을 보낸다. 이 초기 패킷에는 하위 계층 프로토콜 헤더 이외의 데이터가 없다. 이 패킷의 TCP 헤더에는 SYN 플래그가 설정돼 있으며, 통신 프로세스에 사용될 초기 순서번호와 최대 세그먼트 크기MSS가 포함된다. 호스트 B는 SYN와 ACK와 함께 유사한 패킷을 보내 이 패킷에 응답한다.

플래그는 초기 순서번호와 함께 설정된다. 마지막으로 호스트 A는 마지막 패킷을 ACK 플래그가 설정된 호스트 B로 보낸다. 이 프로세스가 완료되면 두 장치 모두 올바르게 통신을 시작하는 데 필요한 모든 정보가 있어야 한다.

> **참고** TCP 패킷은 설정된 플래그로 참조한다. 예를 들어 패킷이 SYN 플래그가 설정된 TCP 패킷으로 참조하기보다 해당 패킷을 SYN 패킷이라고 한다. 이와 같이 TCP 핸드셰이크 프로세스에서 사용되는 패킷은 SYN, SYN/ACK 및 ACK라고 한다.

이 프로세스에 대한 실제 동작을 보려면 tcp_handshake.pcapng를 연다. 와이어샤크에는 TCP 패킷의 순서번호를 상대 번호로 대체해 좀 더 쉽게 분석할 수 있는 기능이 포함돼 있다. 우리는 실제 순서번호를 보기 위해 이 기능을 비활성화할 것이다. 이 기능을 사용하지 않으려면 Edit▶ Preferences를 선택하고 Protocols 제목을 확장한 다음 TCP를 선택한다. 창에서 Relative Sequence Numbers 옆의 상자를 선택 해제하고 OK를 클릭한다.

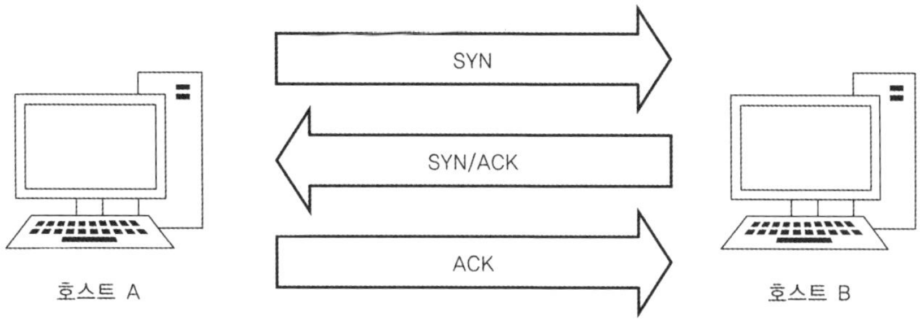

▲ **그림 8-5** TCP 3방향 핸드셰이크

이 캡처의 첫 번째 패킷은 초기 SYN 패킷을 나타낸다❷(그림 8-6 참조). 패킷은 172.16.16.128의 포트 2826에서 212.58.226.142의 포트 80으로 전송된다. 전송된 순서번호는 3691127924❶다.

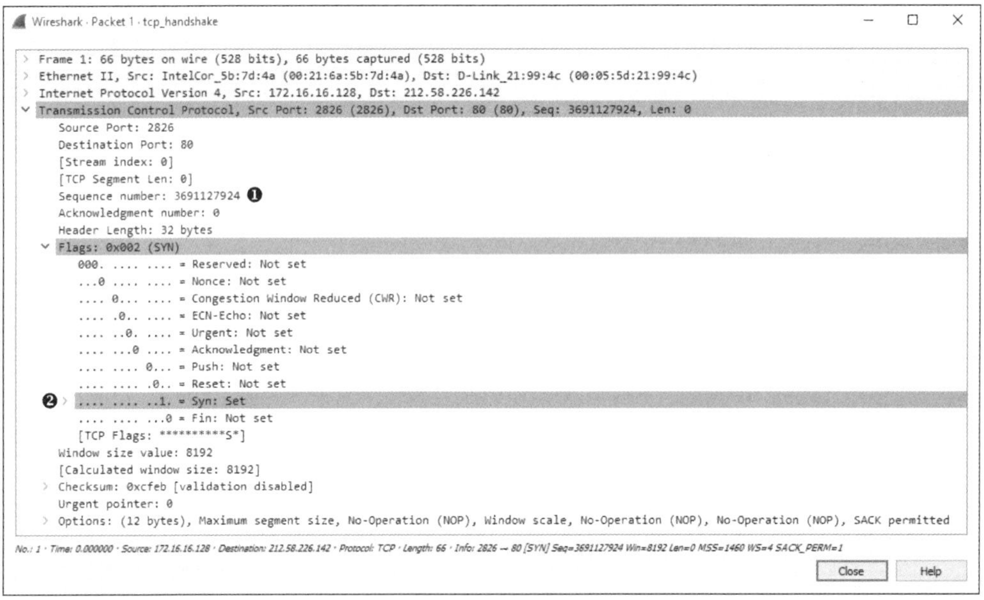

▲ **그림 8-6** 초기 SYN 패킷

핸드셰이크의 두 번째 패킷은 212.58.226.142로부터 온 SYN/ACK 응답❸이다(그림 8-7 참조). 이 패킷은 또한 이 호스트의 초기 순서번호(233779340)❶와 확인 응답 번호(3691127925)❷를 포함한다. 여기에 나타난 응답 번호는 이전 패킷에 포함된 순서번호보다 1이 크다. 이 필드는 다음 순서를 지정하는 데 사용되므로 호스트가 수신하기를 기대하는 번호다.

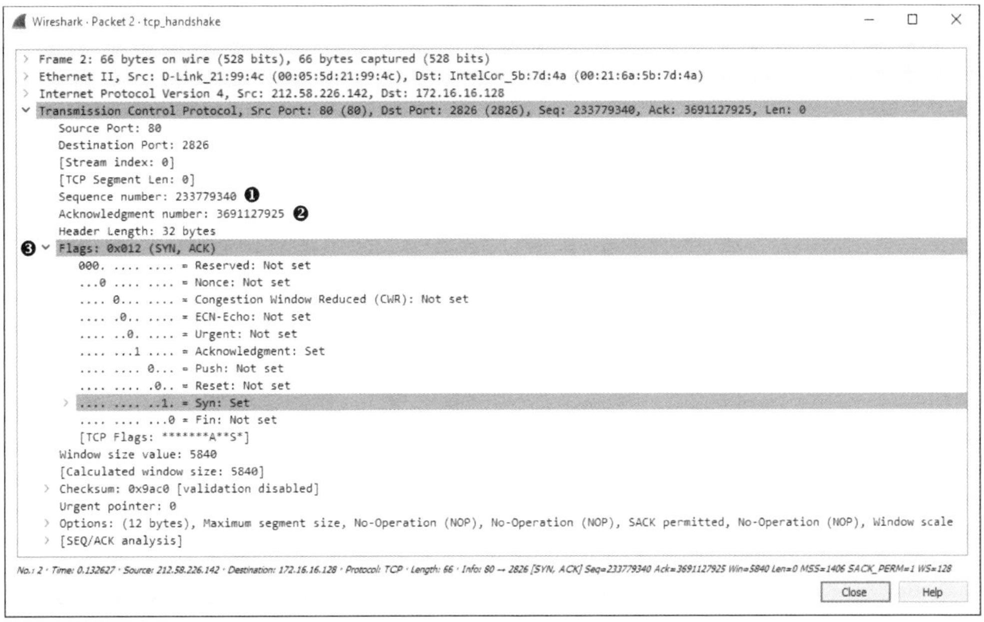

▲ **그림 8-7** SYN/ACK 응답

마지막 패킷은 172.16.16.128에서 보낸 ACK❷ 패킷이다(그림 8-8 참조). 이 패킷은 예상대로 이전 패킷의 확인 응답 번호 필드에 지정된 순서번호 3691127925❶를 포함한다.

모든 TCP 통신 순서 앞에 핸드셰이크가 발생한다. 통신 순서의 시작을 찾아 캡처 파일을 정렬할 때 SYN-SYN/ACK-ACK 순서는 훌륭한 마커다.

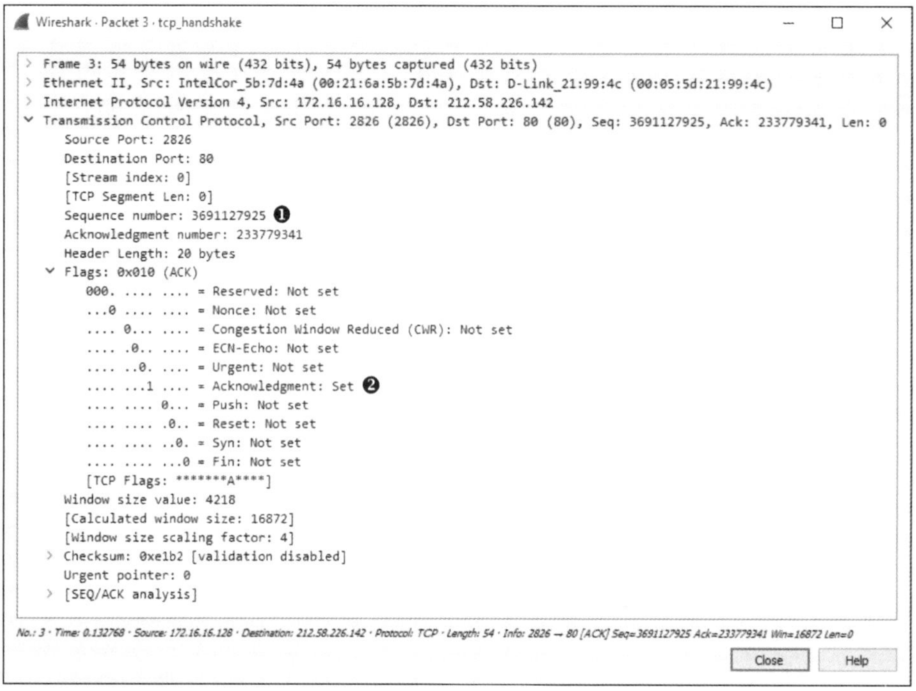

▲ **그림 8-8** 마지막 ACK

TCP 연결 해제

tcp_teardown.pcapng

대부분의 인사말에 작별 인사가 있듯이 TCP의 경우 모든 핸드셰이크에는 연결 해제가 있다. TCP 연결 해제[teardown]는 통신이 완료된 후 두 장치 간의 연결을 정상적으로 종료하는 데 사용된다. 이 프로세스는 4개의 패킷을 포함하며, FIN 플래그를 사용해 연결의 끝을 나타낸다.

연결 해제 순서에서 호스트 A는 호스트 B에게 FIN과 ACK 플래그가 설정된 TCP 패킷을 전송해 통신이 완료됐음을 알린다. 호스트 B는 ACK 패킷으로 응답하고 자체 FIN/ACK 패킷을 전송한다. 호스트 A는 ACK 패킷으로 응답하고 통신을 종료한다. 이 프로세스는 그림 8-9에 나와 있다.

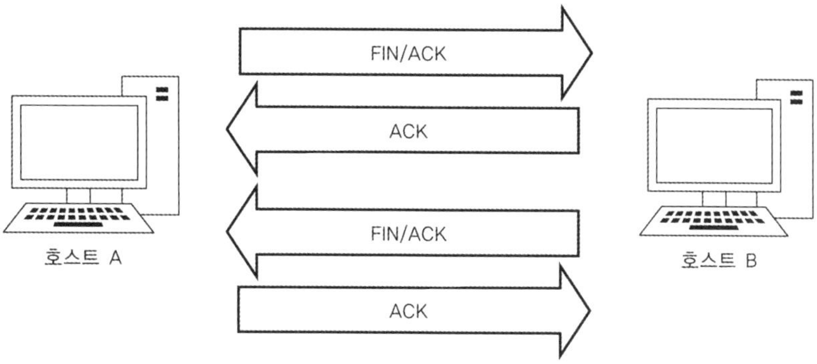

▲ **그림 8-9** TCP 연결 해제 처리 과정

와이어샤크에서 이 프로세스를 보려면 tcp_teardown.pcapng 파일을 연다. 순서의 첫 번째 패킷(그림 8-10 참조)부터 67.228.110.120의 장치는 FIN과 ACK 플래그가 설정된 패킷을 보내 연결 해제를 시작한다❶.

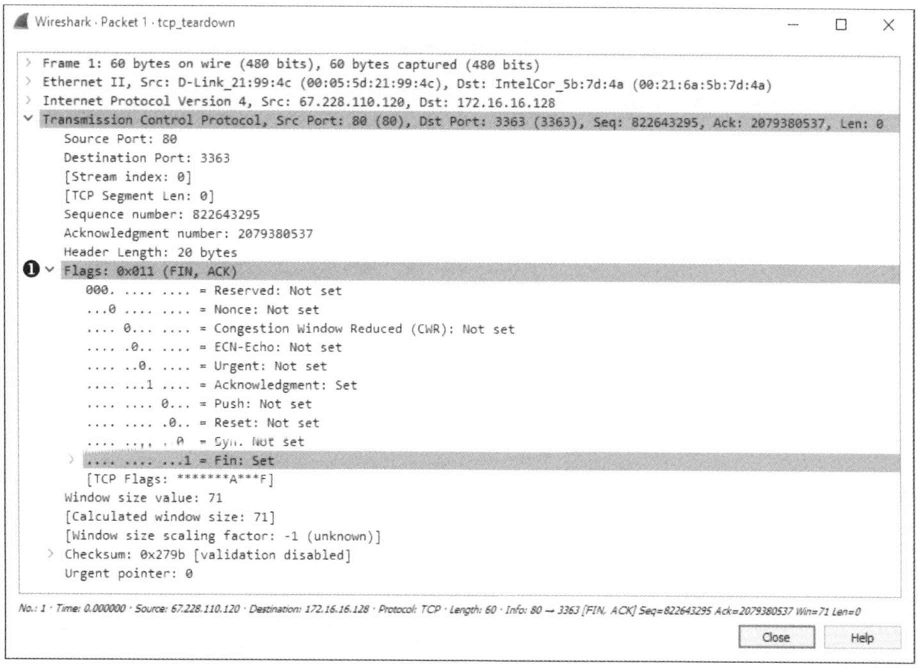

▲ **그림 8-10** FIN/ACK 패킷은 연결 해제 프로세스를 시작한다.

이 패킷이 보내지면 172.16.16.128은 ACK 패킷으로 응답해 첫 번째 패킷의 수신을 확인하고 FIN/ACK 패킷을 보낸다. 67.228.110.120이 최종 ACK를 전송하면 프로세스가 완료된다. 이 시점에서 두 장치 간의 통신이 종료된다. 다시 통신을 시작하려면 새로운 TCP 핸드셰이크를 완료해야 한다.

TCP 재설정

tcp_refuseconnection.pcapng

이상적으로 모든 연결은 TCP 연결 해제로 끝난다. 실제로 연결은 갑자기 끝나는 경우가 있다. 예를 들어 호스트가 잘못 구성됐거나 잠재적인 공격자가 포트 검사를 수행할 수 있다. 이러한 경우 패킷을 받아들이지 않는 장치로 패킷이 보내지면 RST 플래그가 설정된 TCP 패킷이 전송될 수 있다. RST 플래그는 연결이 갑자기 종료되거나 연결 시도를 거부하는 데 사용된다.

tcp_refuseconnection.pcapng 파일은 RST 패킷을 포함하는 네트워크 트래픽의 예를 보여준다. 이 파일의 첫 번째 패킷은 호스트 192.168.100.138의 포트 80에서 192.168.100.1과 통신하려고 시도한다. 이 호스트가 모르는 것은 웹 인터페이스가 구성되지 않은 시스코Cisco 라우터인 192.168.100.1이 포트 80에서 수신 대기하지 않는다는 것이다. 해당 포트에서 연결을 수락하게 구성된 서비스가 없다. 이 시도된 통신에 대한 응답으로 192.168.100.1은 192.168.100.138에 패킷을 전송해 포트 80에서 통신이 가능하지 않음을 알린다. 그림 8-11은 두 번째 패킷의 TCP 헤더에서 이 시도된 통신에 대한 갑작스런 종료를 보여준다. RST 패킷에는 RST와 ACK 플래그 이외의 것이 없으므로 더 이상 통신이 이뤄지지 않는다.

RST 패킷은 이 예와 같이 시도된 통신 순서의 시작이든 또는 호스트 사이의 통신 중간에 전송되든 통신을 종료한다.

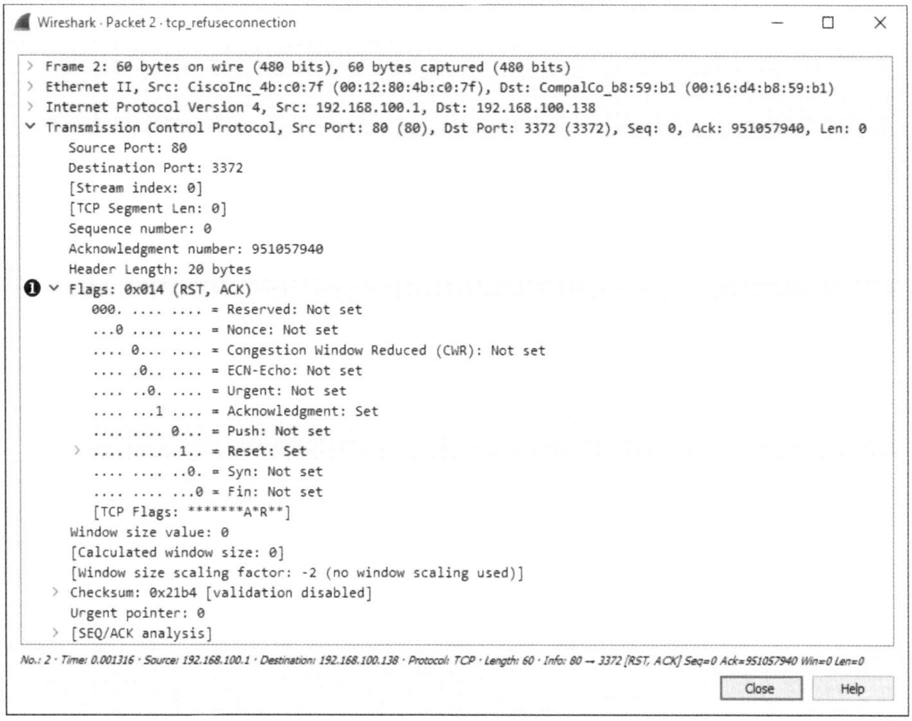

▲ **그림 8-11** RST와 ACK 플래그는 통신의 끝을 나타낸다.

사용자 데이터그램 프로토콜(UDP)

udp_dnsrequest.pcapng

사용자 데이터그램 프로토콜UDP, User Datagram Protocol는 현대 네트워크에서 일반적으로 사용되는 또 다른 계층 4 프로토콜이다. TCP는 내장된 오류 검사를 통해 안정적으로 데이터를 전달하게 설계됐지만, UDP는 신속한 전송 제공을 목표로 한다. 이러한 이유로 UDP는 최선의 노력을 기울이는 서비스로서 일반적으로 비연결형 프로토콜connectionless protocol이라고 한다. 비연결형 프로토콜은 핸드셰이크와 연결 해제 프로세스를 사용하는 TCP와 달리 호스트 간의 연결을 공식적으로 설정하고 종료하지 않는다.

신뢰할 수 없는 서비스를 제공하는 비연결형 프로토콜을 사용하면 UDP 트래픽이 최선인 것처럼 보일 것이다. 이는 UDP에 의존하는 프로토콜이 일반적으로 자체 신뢰성 서비스를 내장하거나 ICMP의 특정 기능을 사용해 연결을 좀 더 안정적으로 만드는 것 외에는 사실이다. 예를 들어 네트워크를 통한 패킷 전송 속도에 크게 의존하는 응용 계층 프로토콜인 DNS와 DHCP는 전송 계층 프로토콜로 UDP를 사용하지만, 오류 검사 및 재전송 타이머 자체를 처리한다.

UDP 패킷 구조

udp_dnsrequest.pcapng

UDP 헤더는 TCP 헤더보다 훨씬 작고 단순하다. 그림 8-12와 같이 UDP 헤더 필드는 다음과 같다.

발신지 포트 Source Port 패킷을 전송하는 데 사용되는 포트다.

목적지 포트 Destination Port 패킷이 전송될 포트다.

패킷 길이 Packet Length 패킷의 길이(바이트 단위)다.

검사합Checksum UDP 헤더와 데이터 내용이 도착 시 변경되지 않았는지 확인하는 데 사용된다.

사용자 데이터그램 프로토콜(UDP)					
오프셋	옥텟	0	1	2	3
옥텟	비트	0-7	8-15	16-23	24-31
0	0	발신지 포트		패킷 길이	
4	32	목적지 포트		검사합	

▲ **그림 8-12** UDP 헤더

udp_dnsrequest.pcapng 파일에 패킷이 하나 있다. 이 패킷은 UDP를 사용하는 DNS 요청을 나타낸다. 패킷의 UDP 헤더를 확장하면 4개의 필드가 나타난다(그림 8-13 참조).

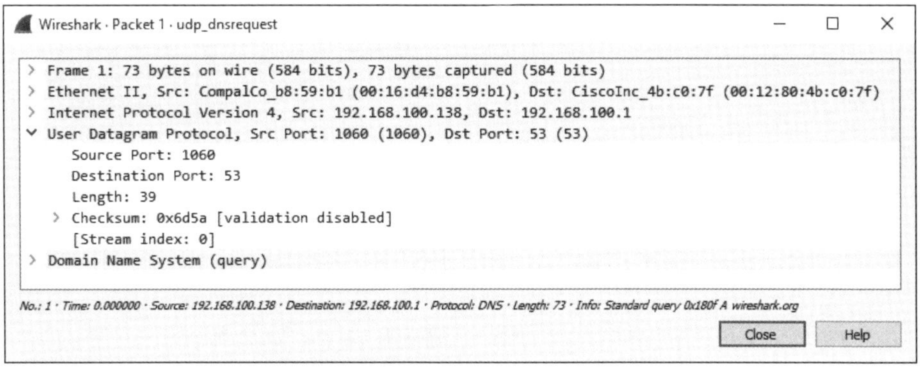

▲ **그림 8-13** UDP 패킷의 내용은 매우 간단하다.

기억해야 할 요점은 UDP가 안정적인 전달에 신경 쓰지 않는다는 점이다. 따라서 필요한 경우 UDP를 사용하는 모든 애플리케이션은 안정적인 전달을 보장하기 위해 특별한 조치를 취해야 한다. 이것은 정식 연결 설정과 연결 해제를 사용하는 TCP와는 달리 패킷이 성공적으로 전송됐는지 확인하는 기능이 없다.

8장에서는 TCP와 UDP 전송 계층 프로토콜을 소개했다. 네트워크 프로토콜과 달리 TCP와 UDP는 대부분의 일상적인 통신의 핵심이며, 패킷 분석 전문가가 되기 위해서는 TCP와 UDP를 효과적으로 분석하는 것이 중요하다. 9장에서는 일반적인 응용 계층 프로토콜을 살펴본다.

9장
일반 상위 계층 프로토콜

9장에서는 와이어샤크로 봤을 때 보이는 개별 프로토콜의 기능을 계속 살펴본다. DHCP, DNS, HTTP, SMTP 등의 가장 일반적인 상위 계층(계층 7) 프로토콜 중 다섯 가지를 설명한다.

동적 호스트 구성 프로토콜(DHCP)

초기 네트워킹에서는 장치가 네트워크를 통해 통신하고자 할 때 직접 주소를 할당해야 했다. 네트워크 규모가 커짐에 따라 이 수동 작업은 매우 번거로운 작업이 됐다. 이런 문제를 해결하기 위해 BOOTP(Bootstrap Protocol)가 네트워크 연결 장치에 주소를 자동으로 할당하기 위해 만들어졌다. BOOTP는 나중에 좀 더 정교한 동적 호스트 구성 프로토콜(DHCP, Dynamic Host Configuration Protocol)로 대체됐다.

DHCP는 장치가 IP 주소(그리고 DNS 서버와 라우터와 같은 중요한 네트워크 장치의 주소)를 자동으로 얻을 수 있는 응용 계층 프로토콜이다. 오늘날 대부분의 DHCP 서버는 기본 게이트웨이의 주소와 네트워크에서 사용 중인 DNS 서버 같은 매개변수도 클라이언트에게 제공한다.

DHCP 패킷 구조

DHCP 패킷은 많은 양의 정보를 클라이언트에 전달할 수 있다. 그림 9-1에 나타난 것처럼 DHCP 패킷에는 다음과 같은 필드가 있다.

동작 코드 OpCode 패킷이 DHCP 요청인지 DHCP 응답인지를 나타낸다.

하드웨어 유형 Hardware Type 하드웨어 주소 유형(10MB 이더넷, IEEE 802, ATM 등)이다.

동적 호스트 구성 프로토콜(DHCP)					
오프셋	옥텟	0	1	2	3
옥텟	비트	0–7	8–15	16–23	24–31
0	0	동작 코드	하드웨어 유형	하드웨어 길이	홉
4	32	트랜잭션 ID			
8	64	경과된 초		플래그	
12	96	클라이언트 IP 주소			
16	128	사용자 IP 주소			
20	160	서버 IP 주소			
24	192	게이트웨이 IP 주소			
28	224	클라이언트 IP 주소			
32	256	클라이언트 하드웨어 주소(16바이트)			
36	288				
40	320				
44	352				
48+	384+	서버 호스트 이름(64바이트)			
		부트 파일(128바이트)			
		옵션			

▲ **그림 9-1** DHCP 패킷 구조

하드웨어 길이 Hardware Length 하드웨어 주소의 길이다.

홉Hops DHCP 서버를 찾는 데 도움을 주기 위해 중계 에이전트가 사용한다.

트랜잭션 ID Transaction ID 요청과 응답에 사용되는 난수다.

경과된 초 Seconds Elapsed 클라이언트가 맨 처음 DHCP 서버에게 주소를 요청한 이후의 시간(초)이다.

플래그Flags DHCP 클라이언트가 수용할 수 있는 트래픽 유형(유니캐스트, 브로드캐스트 등)이다.

클라이언트 IP 주소 Client IP Address 클라이언트의 IP 주소(사용자의 IP Address 필드에서 만들어짐)다.

사용자 IP 주소 Your IP Address DHCP 서버에서 제공한 IP 주소(궁극적으로 클라이언트 IP 주소 필드 값이 됨)다.

서버 IP 주소 Server IP Address DHCP 서버의 IP 주소다.

게이트웨이 IP 주소 Gateway IP Address 네트워크의 기본 게이트웨이 IP 주소다.

클라이언트 하드웨어 주소 Client Hardware Address 클라이언트의 MAC 주소다.

서버 호스트 이름 Server Host Name 서버의 호스트 이름(선택 사항)이다.

부트 파일 Boot File DHCP에 의해 사용되는 부팅 파일(선택 사항)이다.

옵션Options 더 많은 기능을 제공하기 위해 DHCP 패킷의 구조를 확장하는 데 사용된다.

DHCP 초기화 프로세스

dhcp_nolease_initialization.pcapng

DHCP의 기본 목표는 초기화 프로세스 도중 클라이언트에 주소를 할당하는 것이다. 갱신 프로세스는 dhcp_nolease_initialization.pcapng 파일에 나타난 것처럼 단일 클라이언트와 DHCP 서버 사이에 수행된다.

DHCP 초기화 프로세스는 그림 9-2와 같이 4가지 유형의 DHCP 패킷(Discover, Offer, Request, Acknowledgement)을 사용하기 때문에 DORA 프로세스라고도 한다. 여기서는 DORA 패킷의 각 유형을 살펴보자.

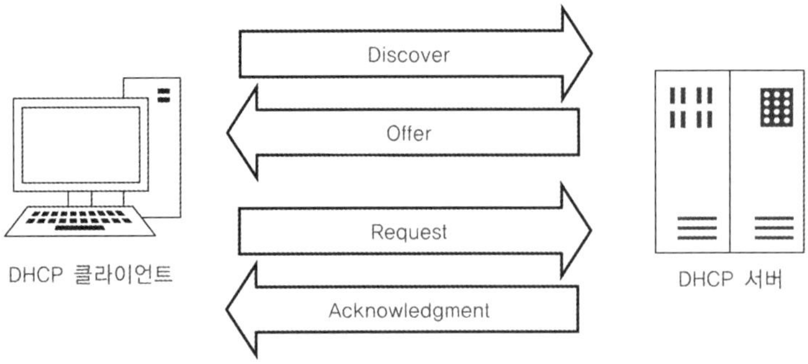

▲ **그림 9-2** DHCP DORA 프로세스

Discover 패킷

참조된 캡처 파일에서 볼 수 있듯이 첫 번째 패킷은 0.0.0.0의 포트 68에서 255.255.255.255의 포트 67로 전송된다. 클라이언트는 아직 IP 주소가 없으므로 0.0.0.0을 사용한다. 이 패킷은 네트워크 브로드캐스트 주소인 255.255.255.255로 전송돼 네트워크의 모든 장치에 전송된다. 장치는 DHCP 서버의 주소를 모르기 때문에 이 첫 번째 패킷은 수신 대기할 DHCP 서버를 찾기 위해 전송된다.

패킷 세부 정보 창을 살펴보면 먼저 주의해야 할 점은, DHCP는 전송 계층 프로토콜인 UDP를 사용한다. DHCP는 클라이언트가 요청하는 정보를 받는 속도와 매우 관련이 있다. DHCP에는 자체적으로 내장된 신뢰성 측정 수단이 있다. 즉, UDP는 완벽한 적합성을 의미한다. 그림 9-3과 같이 패킷 세부 정보 창에서 첫 번째 패킷의 DHCP 부분을 검사해 검색 프로세스의 세부 정보를 볼 수 있다.

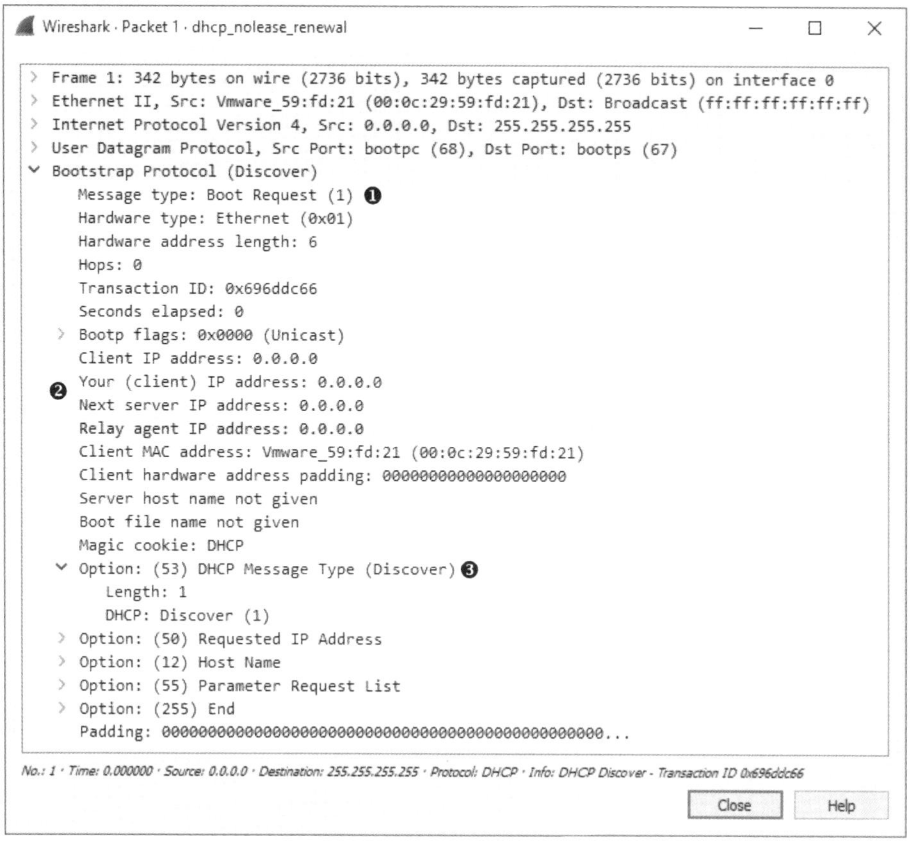

▲ **그림 9-3** DHCP discover 패킷

> **참고** DHCP를 처리할 때 와이어샤크가 여전히 BOOTP를 참조하기 때문에 DHCP 섹션이 아닌 패킷 세부 정보 창의 부트스트랩 프로토콜 섹션에 나타난다. 그럼에도 불구하고, 나는 이것을 이 책에서 패킷의 DHCP 부분으로 언급할 것이다.

이 패킷은 메시지 유형 필드❶가 (1)이므로 요청이다. 이 검색 패킷의 대부분의 필드는 앞 절의 DHCP 필드 목록을 기반으로 모두 0(IP 주소 필드❷에서 볼 수 있는 것처럼)이다. 이 패킷의 핵심은 4개의 옵션 필드❸에 있다.

DHCP 메시지 유형DHCP Message Type 이것은 길이가 1이고 값이 `Discover (1)`인 옵션 유형 53이다. 이 값은 DHCP 검색 패킷임을 나타낸다.

클라이언트 식별자 Client Identifier IP 주소를 요청하는 클라이언트에 대한 추가 정보를 제공한다.

요청된 IP 주소 Requested IP Address 이것은 클라이언트가 받기를 원하는 IP 주소를 제공한다. 이것은 이전에 사용된 IP 주소 또는 0.0.0.0일 수 있다.

매개변수 요청 목록 Parameter Request List 여기에는 클라이언트가 DHCP 서버로부터 수신하고자 하는 다른 구성 항목(다른 중요한 네트워크 장치 및 기타 비IP 항목의 IP 주소)이 나열된다.

Offer 패킷

이 파일의 두 번째 패킷은 그림 9-4에 나타난 것처럼 IP 헤더에 유효한 IP 주소를 나열하고, 192.168.1.5에서 192.168.1.10으로 이동하는 패킷을 보여준다. 클라이언트는 실제로 192.168.1.10 주소를 갖고 있지 않지만, 서버는 먼저 ARP에서 제공하는 하드웨어 주소를 이용해 클라이언트와 통신을 시도한다. 통신이 불가능한 경우 서버는 단순히 통신하기 위한 offer를 브로드캐스트한다.

이 두 번째 패킷의 DHCP 부분(offer 패킷이라고 함)은 메시지 유형이 응답❶이다. 이 패킷에는 이전의 패킷❷과 같은 트랜잭션Transaction ID가 들어있는 것은 이 응답이 실제로 원래 요청에 대한 응답이라는 것이다.

offer 패킷은 DHCP 서버가 클라이언트에게 서비스를 제공하기 위해 전송한다. 자체에 대한 정보와 주소 지정을 제공해 클라이언트에게 제공한다. 그림 9-4에서 클라이언트 IP 주소 필드에 있는 IP 주소 192.168.1.10은 다음 서버 IP 주소 필드❹에 의해 알게 된 192.168.1.5로부터 클라이언트❸에게 제공된다.

나열된 첫 번째 옵션은 패킷을 `DHCP Offer`❺를 구분한다. 서버에 의해 제공되는 다음 옵션은 클라이언트의 IP 주소와 함께 제공할 수 있는 정보인 추가 옵션을 나타낸다. 이제 제공하는 다음 내용을 볼 수 있다.

- IP 주소 임대 시간이 10분
- 서브넷 마스크 255.255.255.0
- 브로드캐스트 주소 192.168.1.255

- 라우터 주소 192.168.1.254
- mydomain.example의 도메인 이름
- 도메인 이름 서버 주소 192.168.1.1과 192.168.1.2

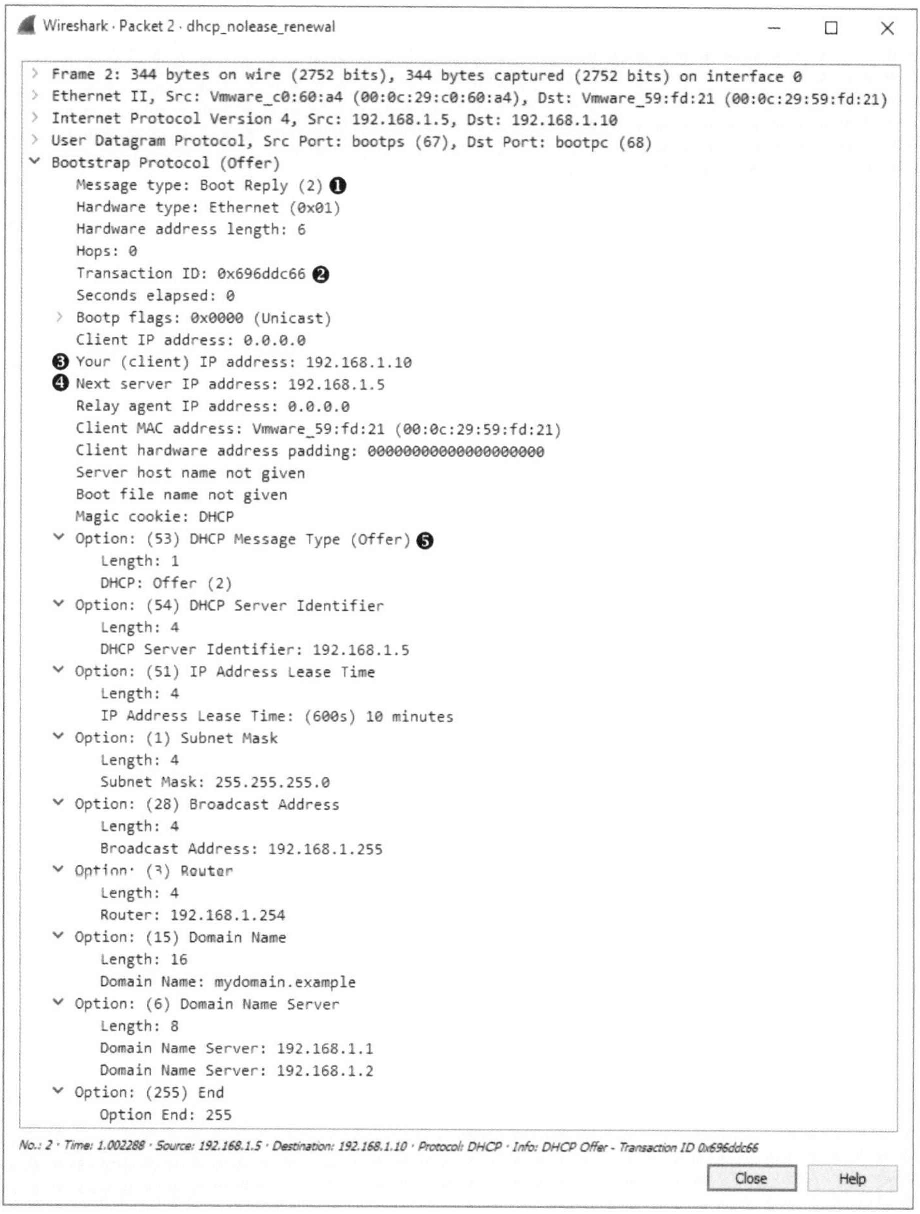

▲ **그림 9-4** DHCP Offer 패킷

Request 패킷

클라이언트가 DHCP 서버로부터 offer를 받으면 DHCP request 패킷을 받는다(그림 9-5 참조).

IP 주소를 얻는 과정❶이 아직 완료되지 않았기 때문에 이 캡처의 세 번째 패킷은 여전히 IP 주소 0.0.0.0에서 온다. 패킷은 이제 통신하고 있는 DHCP 서버를 알게 된다.

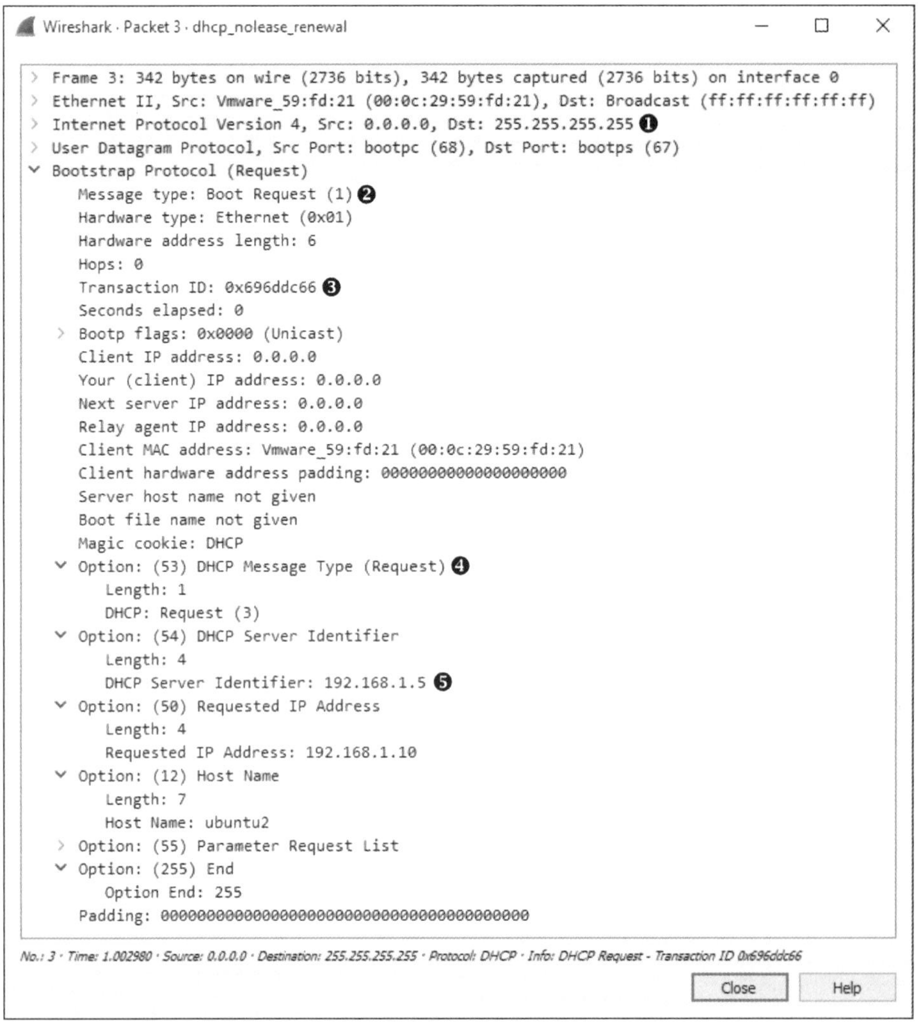

▲ **그림 9-5** DHCP request 패킷

메시지 유형 필드는 이 패킷이 request❷임을 나타내고 트랜잭션 ID 필드는 처음 두 패킷❷에서 동일한 프로세스의 일부임을 나타낸다. 이 패킷은 모든 IP 주소 지정 정보가 0이 된다는 점에서 discover 패킷과 유사하다.

마지막으로 옵션 필드에서 DHCP request❹임을 알 수 있다. 요청된 IP 주소가 더 이상 공백이 아니며, DHCP 서버 ID 필드에도 주소가 포함돼 있다❺.

Acknowledgement 패킷

이 프로세스의 마지막 단계에서 DHCP 서버는 요청된 IP 주소를 확인 패킷으로 클라이언트에 전송하고 그 정보를 데이터베이스에 기록한다(그림 9-6 참조). 클라이언트는 이제 IP 주소를 가지며 이를 사용해 네트워크에서 통신을 시작할 수 있다.

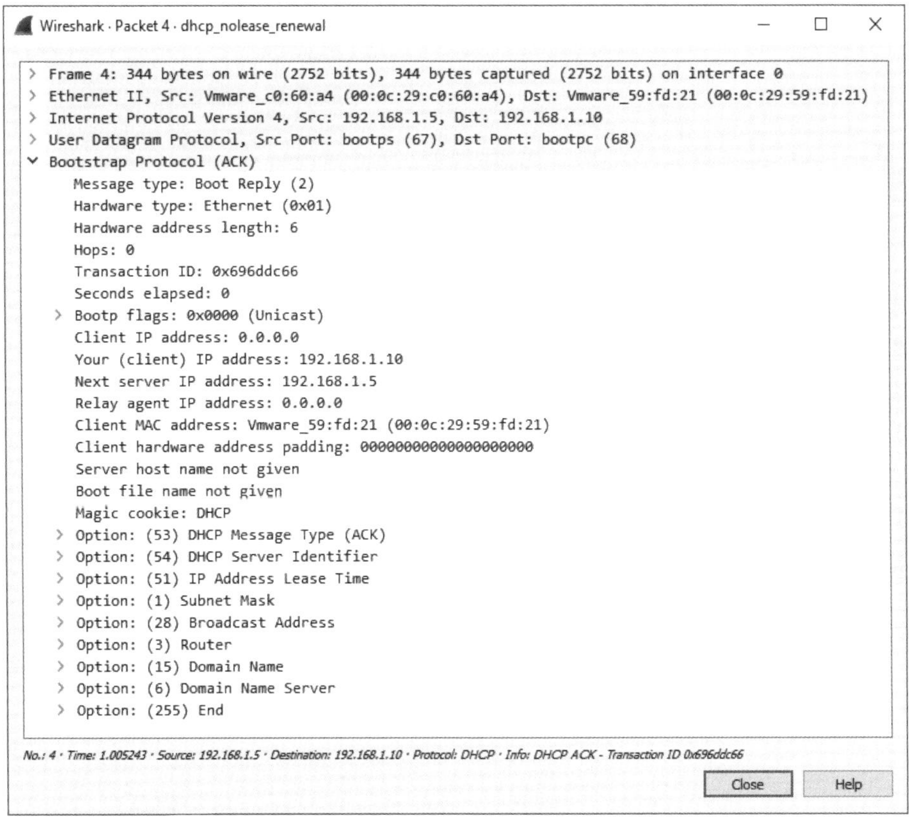

▲ **그림 9-6** DHCP Acknowledgement 패킷

DHCP 임대 갱신

dhcp_inlease_renewal.pcapng

DHCP 서버가 장치에 IP 주소를 할당하면 장치에 IP 주소를 임대한다. 즉, 클라이언트는 임대 기간을 갱신해야만 제한된 시간 동안 IP 주소를 사용할 수 있다. 방금 설명한 DORA 프로세스는 클라이언트가 IP 주소를 처음 얻거나 임대 시간이 만료됐을 때 발생한다. 두 경우 모두 기기가 임대 중out of lease으로 간주된다.

IP 주소가 임대된 클라이언트가 재부팅되면 IP 주소를 다시 확보하기 위해 잘린 버전의 DORA 프로세스를 수행해야 한다. 이 프로세스를 임대 계약 갱신In-lease renewal이라고 한다.

임대 갱신의 경우 doscovery와 offer 패킷은 필요 없다. 임대 갱신은 임대 중 갱신에서 사용된 것과 동일한 DORA 프로세스로 생각되지만, 임대 갱신은 그만큼 요청을 수행할 필요가 없으며, request와 acknowledgement 단계만 남겨둔다. dhcp_inlease_renewal.pcapng 파일에서 임대 계약 갱신 예제 캡처를 찾을 수 있다.

DHCP 옵션과 메시지 유형

DHCP의 진정한 유연성은 사용 가능한 옵션에 있다. 보시다시피 패킷의 DHCP 옵션은 크기와 내용이 다를 수 있다. 패킷의 전체 크기는 사용된 옵션의 조합에 따라 다르다. http://www.iana.org/assignments/bootp-dhcp-parameters/에서 다양한 DHCP 옵션의 전체 목록을 볼 수 있다.

모든 DHCP 패킷에서 필요한 유일한 옵션은 메시지 유형 옵션(옵션 53)이다. 이 옵션은 DHCP 클라이언트나 서버가 패킷에 포함된 정보를 처리하는 방법을 구분한다. 표 9-1에 정의된 대로 8가지 메시지 유형이 있다.

▼ **표 9-1** DHCP 메시지 유형

유형 번호	메시지 유형	설명
1	Discover	사용 가능한 DHCP 서버를 찾기 위해 클라이언트에서 사용한다.
2	Offer	검색 패킷에 대한 응답으로 서버에서 클라이언트로 전송한다.
3	Request	클라이언트가 서버에서 제공된 매개변수를 요청하기 위해 보낸다.

(이어짐)

유형 번호	메시지 유형	설명
4	Decline	패킷에 잘못된 매개변수를 표시하기 위해 클라이언트가 서버에 보낸다.
5	ACK	요청된 구성 매개변수로 서버에서 클라이언트로 보낸다.
6	NAK	구성 매개변수에 대한 요청을 거부하기 위해 클라이언트가 서버에게 보낸다.
7	Release	구성 매개변수를 해제해 클라이언트에서 서버로 임대를 취소한다.
8	Inform	클라이언트가 이미 IP 주소를 갖고 있을 때 클라이언트가 서버에 보내 구성 매개변수를 요청한다.

DHCP 버전 6(DHCPv6)

dhcp6_outlease_acquisition.pcapng

그림 9-1에 나타난 DHCP 패킷에 대한 패킷 구조를 살펴보면 IPv6 주소 할당에 필요한 길이를 지원할 충분한 공간이 제공되지 않는다는 것을 알 수 있다. 이러한 목적으로 DHCP를 개조하는 대신 DHCPv6가 RFC3315에서 고안됐다. DHCPv6는 BOOTP의 개념으로 구축되지 않았으므로 패킷 형식은 훨씬 간단하다(그림 9-7 참조).

DHCP 버전 6(DHCPv6)					
오프셋	옥텟	0	1	2	3
옥텟	Bit	0-7	8-15	16-23	24-31
0	0	메시지 유형	트랜잭션 ID		
4+	32+	옵션			

▲ **그림 9-7** DHCPv6 패킷 구조

여기에 나타난 패킷 구조에는 두 개의 고정 값만 포함되며, DHCP 값과 동일한 방식으로 동작한다. 나머지 패킷 구조는 첫 번째 바이트에서 식별된 메시지 유형에 따라 다르다. 옵션 섹션에서 각 옵션은 2바이트 옵션 코드와 2바이트 길이 필드로 식별된다. 이 필드에 나타날 수 있는 메시지 유형과 옵션 코드의 전체 목록은 http://www.iana.org/assignments/dhcpv6-parameters/dhcpv6-parameters.xhtml에서 확인할 수 있다.

DHCPv6는 DHCP와 동일한 목표를 달성하지만 DHCPv6 통신 흐름을 이해하려면 DORA라는 약어를 새로이 SARR로 대체해야 한다. 이 프로세스는 그림 9-8에 나타나 있으며, 현재 임대가 없는 클라이언트를 나타낸다.

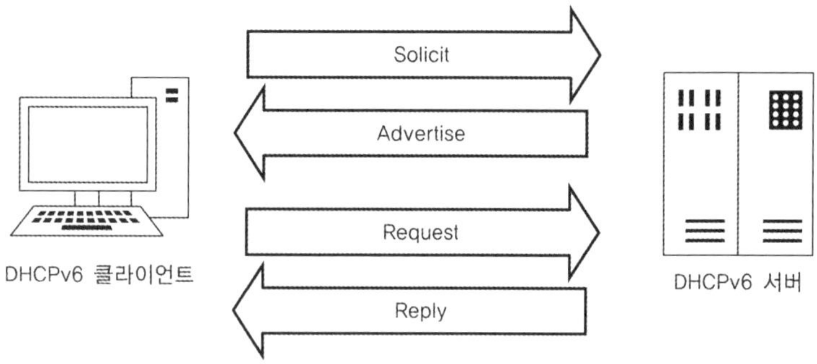

▲ **그림 9-8** DHCPv6 SARR 임대 기간 갱신 프로세스

SARR 프로세스는 다음과 같은 4개의 단계를 거친다.

1. **Solicit:** 네트워크에서 사용 가능한 DHCPv6 서버의 위치를 찾으려고 초기 패킷이 클라이언트에서 특수 멀티캐스트 주소(ff02::1:2)로 전송한다.
2. **Advertise:** 사용 가능한 서버가 클라이언트에 직접 응답해 주소 지정 및 구성 정보를 제공할 수 있음을 나타낸다.
3. **Request:** 클라이언트는 구성 정보에 대한 공식적인 요청을 멀티캐스트를 통해 서버에 전송한다.
4. **Reply:** 서버는 사용 가능한 모든 요청된 구성 정보를 클라이언트에 직접 보내 프로세스가 완료된다.

이 프로세스의 요약은 dhcp6_outlease_acquisition.pcapng 파일에서 가져온 그림 9-9에 나타나 있다. 이 예에서 DHCPv6 서버(fe80::20c:29ff:fe1f:a755)로부터 구성 정보를 수신하는 네트워크상의 새로운 호스트(fe80::20c:29ff:fe5e:7744)로서 SARR 프로세스를 봤다.

각 패킷은 SARR 프로세스의 한 단계를 나타내며, 트랜잭션 ID 0x9de03f와 트랜잭션 ID 0x2d1603에 연관된 요청과 응답 패킷을 사용해 초기 요청과 패킷을 함께 연결한다. 그림에 나타나 있지는 않지만 이 통신은 DHCPv6에서 사용하는 표준 포트인 포트 546과 547을 통해 이뤄진다.

No	Time	Source	Destination	Protocol	Length	Info
1	0.…	fe80::20c:29ff:fe5e:7744	ff02::1:2	DHCPv6	118	Solicit XID: 0x9de03f CID: 000100011def69bd000c295e7744
2	0.…	fe80::20c:29ff:fe1f:a755	fe80::20c:29ff:fe5e:7744	DHCPv6	166	Advertise XID: 0x9de03f CID: 000100011def69bd000c295e7744 IAA: 2001:db8:1:2::1002
3	1.…	fe80::20c:29ff:fe5e:7744	ff02::1:2	DHCPv6	164	Request XID: 0x2d1603 CID: 000100011def69bd000c295e7744 IAA: 2001:db8:1:2::1002
4	1.…	fe80::20c:29ff:fe1f:a755	fe80::20c:29ff:fe5e:7744	DHCPv6	166	Reply XID: 0x2d1603 CID: 000100011def69bd000c295e7744 IAA: 2001:db8:1:2::1002

▲ **그림 9-9** DHCPv6를 통해 IPv6 주소를 얻는 클라이언트

전반적으로 DHCPv6 트래픽의 패킷 구조는 많이 달라 보인다. 그러나 대부분 같은 개념이 적용된다. 프로세스에는 여전히 DHCP 서버 검색과 구성 정보의 공식 검색이 필요하다. 이러한 트랜잭션은 모두 클라이언트와 서버 간에 교환되는 각 패킷 쌍의 트랜잭션 식별자를 통해 함께 연결된다. IPv6 주소 지정은 기존 DHCP 메커니즘에서 지원할 수 없으므로 네트워크의 서버에서 IPv6 주소를 자동으로 가져오는 장치가 있는 경우 네트워크에서 이미 DHCPv6 서비스를 실행하고 있는 것일 수 있다. DHCP와 DHCPv6를 더 비교하고 싶다면 9장에서 설명한 패킷 캡처를 나란히 열고 단계별로 실행하는 것이 좋다.

도메인 이름 시스템(DNS)

도메인 이름 시스템DNS, Domain Name System은 가장 중요한 인터넷 프로토콜 중 하나다. DNS는 www. google.com 같은 도메인 이름을 IP 주소(예, 74.125.159.99)와 연결한다. 우리가 네트워크로 연결된 장치와 통신하기고자 할 때 IP 주소를 모른다. 우리는 그 장치에 DNS 이름을 통해 접근한다.

DNS 서버는 클라이언트 및 다른 DNS 서버와 공유하는 IP 주소-대-DNS 이름 매핑의 자원 레코드resource record 데이터베이스를 저장한다.

> **참고** DNS 서버의 구조가 복잡하기 때문에 일반적인 유형의 DNS 트래픽을 살펴볼 것이다. https://www.isc.org/community/rfcs/dns/에서 다양한 DNS 관련 RFC를 검토할 수 있다.

DNS 패킷 구조

그림 9-10에서 볼 수 있듯이 DNS 패킷 구조는 앞에서 설명한 패킷 유형과 약간 다르다. 다음과 같은 필드가 DNS 패킷 내에 있을 수 있다.

DNS ID Number DNS 조회를 DNS 응답과 연결하는 데 사용된다.

Query/Response(QR) 패킷이 DNS 조회 또는 응답인지 여부를 나타낸다.

OpCode 메시지에 포함된 조회 유형을 정의한다.

Authoritative Answers(AA) 이 값이 응답 패킷에 설정되면 응답은 도메인에 대한 권한을 가진 이름 서버에서 발생함을 나타낸다.

Truncation(TC) 응답이 패킷 내에 들어가기에는 너무 커서 응답이 잘렸다는 것을 나타낸다.

Recursion Desired(RD) 이 값이 조회에 설정되면 타겟 이름 서버에 요청된 정보가 포함돼 있지 않으면 DNS 클라이언트에서 재귀 조회를 요청함을 나타낸다.

Recursion Available(RA) 이 값이 응답에 설정되면 이름 서버가 재귀 조회를 지원함을 나타낸다.

Reserved(Z) 모두 0으로 설정되게 RFC 1035에 정의돼 있다. 그러나 때로는 RCode 필드의 확장으로 사용된다.

Response Code(RCode) 오류가 있음을 나타내는 DNS 응답에 사용된다.

Question Count Questions 섹션의 엔트리 개수다.

Answer Count Answers 섹션의 엔트리 개수다.

Name Server(Authority) Record Count Authority 섹션에서 이름 서버 자원 레코드의 개수다.

Additional Records Count Additional Information 섹션에 있는 다른 자원 레코드의 개수다.

도메인 이름 시스템(DNS)					
오프셋	옥텟	0	1	2	3
옥텟	비트	0-7	8-15	16-23	24-31
0	0	DNS ID Number		QR 동작 코드 AA TC RD	RA Z RCode
4	32	Question Count		Answer Count	
8	64	Name Server(Authority) Record Count		Additional Records Count	
12+	96+	Questions Section		Answers Section	
		Authority Section		Additional Information Section	

▲ **그림 9-10** DNS 패킷 구조

Questions Section DNS 서버에 보낼 정보에 대한 하나 이상의 조회를 포함하는 가변 길이 섹션이다.

Answers Section 조회에 응답하는 하나 이상의 자원 레코드를 전달하는 가변 길이 섹션이다.

Authority Section 해석 프로세스를 계속 진행하는 데 사용할 수 있는 권한 있는 이름 서버를 가리키는 자원 레코드가 포함된 가변 길이 섹션이다.

Additional Information Section 조회에 절대적으로 필요한 것은 아니지만 조회와 관련된 추가 정보를 보유하고 있는 자원 레코드가 포함된 가변 길이 섹션이다.

간단한 DNS 조회

dns_query_response.pcapng

DNS는 조회-응답 형식으로 동작한다. DNS 이름을 IP 주소로 확인하려는 클라이언트는 DNS 서버에 조회query를 보내고 서버는 요청된 정보를 응답response으로 답한다. 가장 간단한 형태로 이 프로세스는 캡처 파일 dns_query_response.pcapng에서 볼 수 있듯이 두 개의 패킷을 사용한다.

그림 9-11에 나오는 첫 번째 패킷은 DNS에서 사용하는 표준 포트인 포트 53으로 클라이언트 192.168.0.114에서 서버 205.152.37.23으로 보낸 DNS 조회다.

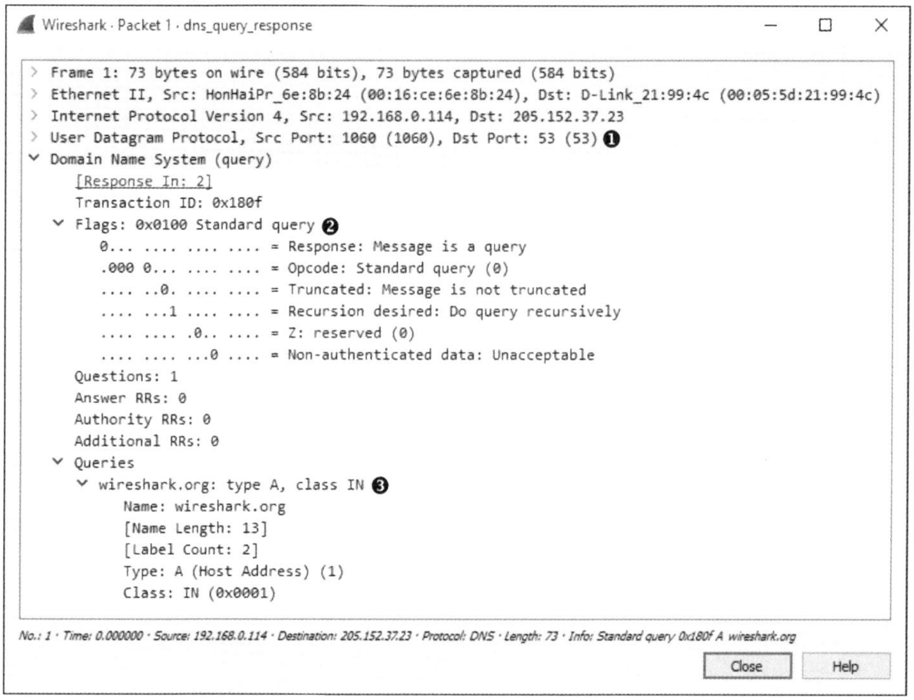

▲ **그림 9-11** DNS 조회 패킷

이 패킷의 헤더를 검사해보면 DNS가 UDP에 의존한다는 것을 알 수 있다❶. 패킷의 DNS 부분에서 패킷 시작부분에 있는 더 작은 필드가 와이어샤크에 의해 단일 플래그 섹션에 압축된다는 것을 알 수 있다. 이 섹션을 확장하면 메시지가 실제로 표준 조회❷이고 잘리지 않으며 재귀가 필요하다는 것을 알 수 있다(곧 재귀를 다룰 예정이다). Queries 섹션을 확장하면 하나의 질문만 식별된다. 여기서 조회는 호스트(유형 A) 인터넷(IN) 주소❸에 대해 wireshark.org라는 이름을 볼 수 있다. 이 패킷은 기본적으로 "어떤 IP 주소가 wireshark.org 도메인과 연결돼 있습니까?"라고 묻는다.

이 요청에 대한 응답은 그림 9-12와 같이 패킷 2에 있다. 이 패킷에는 식별 번호❶가 동일하기 때문에 원본 조회에 대한 올바른 응답이 포함돼 있음을 알 수 있다. Flags 섹션은 이것이 응답이고 필요한 경우❷ 재귀를 사용할 수 있음을 확인한다. 이 패킷에는 원래 질문과 대답이 함께 포함돼 있기 때문에 질문과 자원 레코드❸가 하나만 포함된다. Answers 섹션을 확장하면 조회에 대한 응답이 제공된다.

wireshark.org의 IP 주소는 128.121.50.122❹다. 이 정보로 클라이언트는 이제 IP 패킷을 구성하고 wireshark.org와의 통신을 시작할 수 있다.

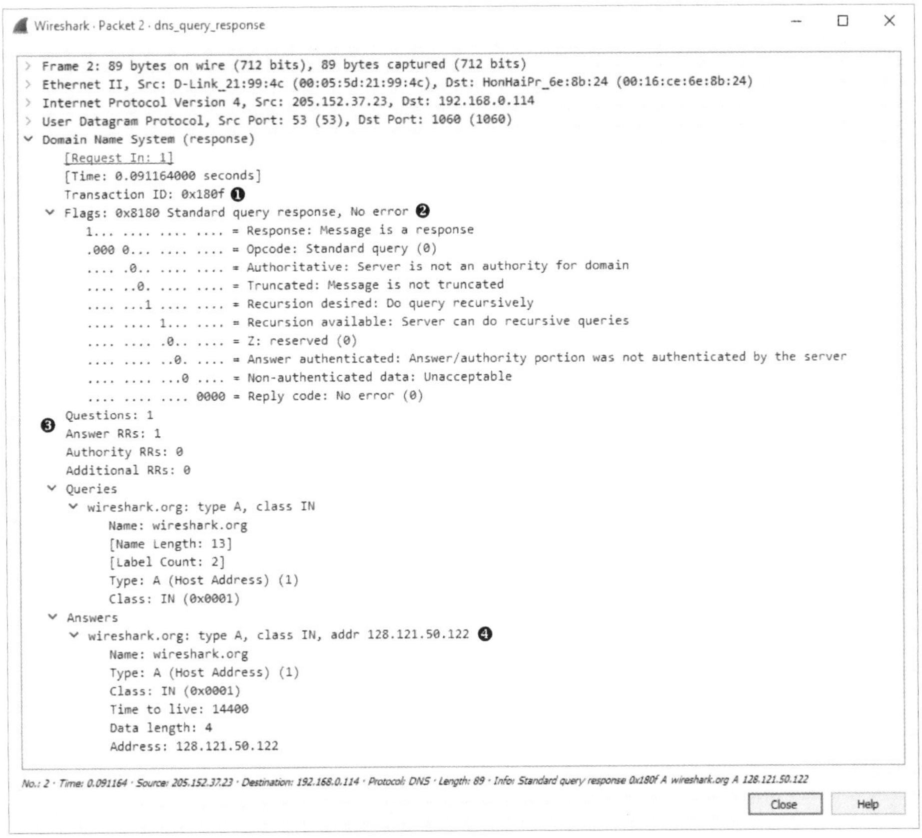

▲ **그림 9-12** DNS 응답 패킷

DNS Question 유형

DNS 조회 및 응답에 사용되는 유형 필드는 조회나 응답이 필요한 자원 레코드 유형을 나타낸다. 좀 더 일반적인 메시지/자원 레코드 유형 중 일부는 표 9-2에 나열돼 있다. 일반 트래픽과 이 책을 통해 이러한 유형들을 볼 수 있다(표 9-2의 목록은 간단하며 모든 것을 포함하고 있지 않다. 모든 DNS 자원 레코드 유형을 살펴보려면 http://www.iana.org/assignments/dns-parameters/를 방문하라).

▼ **표 9-2** 일반 자원 레코드 유형

값	유형	설명
1	A	IPv4 호스트 주소
2	NS	신뢰할 수 있는 이름 서버
5	CNAME	별칭의 정식 이름
15	MX	메일 교환
16	TXT	텍스트 문자열
28	AAAA	IPv6 호스트 주소
251	IXFR	증분 영역 전송
252	AXER	전체 영역 전송

DNS 재귀

dns_recursivequery_client.pcapng
dns_recursivequery_server.pcapng

인터넷에서 DNS 구조의 계층적 특성으로 인해 DNS 서버는 클라이언트가 제출한 조회에 응답하기 위해 서로 통신할 수 있어야 한다. 내부 DNS 서버가 로컬 인트라넷 서버의 이름과 IP 주소 매핑을 알기를 기대하지만 Google이나 Dell과 관련된 IP 주소를 알 수는 없다.

DNS 서버가 IP 주소를 찾아야 할 때 클라이언트를 대신해 다른 DNS 서버를 조회해 사실상 클라이언트처럼 동작한다. 이 과정을 재귀recursion라고 한다.

DNS 클라이언트와 서버 관점에서 재귀 프로세스를 보려면 파일 dns_recursivequery_client.pcapng를 연다. 이 파일은 클라이언트의 DNS 트래픽 파일을 두 개의 패킷으로 포착한다. 첫 번째 패킷은 그림 9-13과 같이 DNS 클라이언트 172.16.0.8에서 DNS 서버 172.16.0.102로 보낸 초기 조회다.

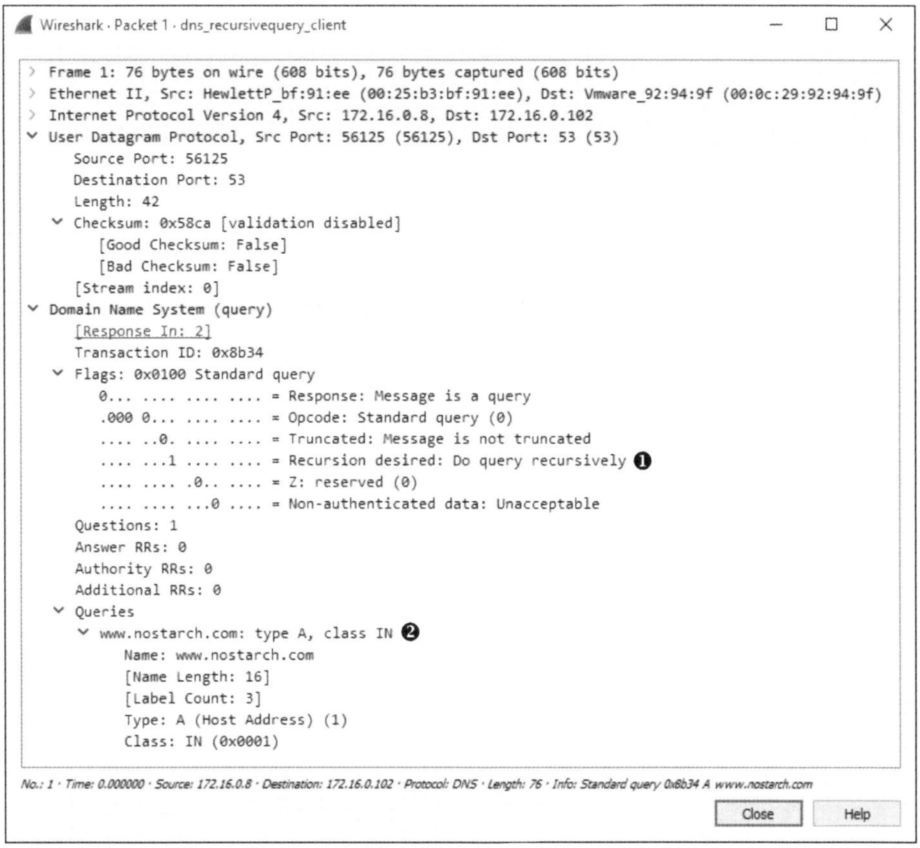

▲ **그림 9-13** 재귀를 원하는 비트가 설정된 DNS 조회

이 패킷의 DNS 부분을 확장하면 DNS 이름 www.nostarch.com❷에 대한 A 유형 레코드에 대한 표준 조회라는 것을 알 수 있다. 이 패킷에 대한 자세한 내용을 보려면 플래그 섹션을 확장해 재귀가 필요하다는 것을 알 수 있다❶.

두 번째 패킷은 그림 9-14와 같이 초기 조회에 대한 응답으로 볼 수 있다.

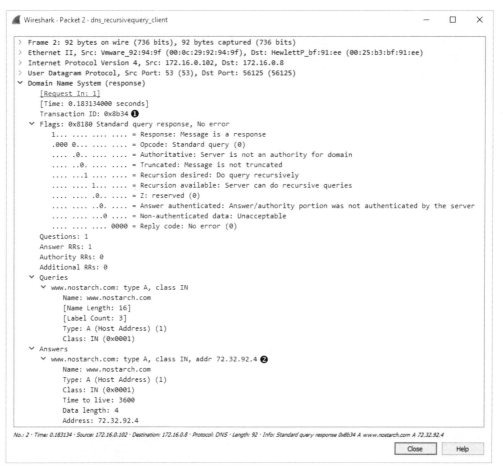

Wireshark · Packet 2 · dns_recursivequery_client

```
> Frame 2: 92 bytes on wire (736 bits), 92 bytes captured (736 bits)
> Ethernet II, Src: Vmware_92:94:9f (00:0c:29:92:94:9f), Dst: HewlettP_bf:91:ee (00:25:b3:bf:91:ee)
> Internet Protocol Version 4, Src: 172.16.0.102, Dst: 172.16.0.8
> User Datagram Protocol, Src Port: 53 (53), Dst Port: 56125 (56125)
v Domain Name System (response)
    [Request In: 1]
    [Time: 0.183134000 seconds]
    Transaction ID: 0x8b34 ❶
  v Flags: 0x8180 Standard query response, No error
      1... .... .... .... = Response: Message is a response
      .000 0... .... .... = Opcode: Standard query (0)
      .... .0.. .... .... = Authoritative: Server is not an authority for domain
      .... ..0. .... .... = Truncated: Message is not truncated
      .... ...1 .... .... = Recursion desired: Do query recursively
      .... .... 1... .... = Recursion available: Server can do recursive queries
      .... .... .0.. .... = Z: reserved (0)
      .... .... ..0. .... = Answer authenticated: Answer/authority portion was not authenticated by the server
      .... .... ...0 .... = Non-authenticated data: Unacceptable
      .... .... .... 0000 = Reply code: No error (0)
    Questions: 1
    Answer RRs: 1
    Authority RRs: 0
    Additional RRs: 0
  v Queries
    v www.nostarch.com: type A, class IN
        Name: www.nostarch.com
        [Name Length: 16]
        [Label Count: 3]
        Type: A (Host Address) (1)
        Class: IN (0x0001)
  v Answers
    v www.nostarch.com: type A, class IN, addr 72.32.92.4 ❷
        Name: www.nostarch.com
        Type: A (Host Address) (1)
        Class: IN (0x0001)
        Time to live: 3600
        Data length: 4
        Address: 72.32.92.4
```

No.: 2 · Time: 0.183134 · Source: 172.16.0.102 · Destination: 172.16.0.8 · Protocol: DNS · Length: 92 · Info: Standard query response 0x8b34 A www.nostarch.com A 72.32.92.4

Close Help

▲ **그림 9-14** DNS 조회 응답

이 패킷의 트랜잭션 ID는 조회의 트랜잭션 ID와 일치하며❶, 오류가 없고 www.nostarch.com❷과 관련된 A 유형 자원 레코드가 수신된다.

이 조회는 파일 dns_recursivequery_server.pcapng에서 보여주듯이 재귀가 발생했을 때 DNS 서버의 트래픽을 수신해 재귀에 의해 응답됐음을 알 수 있다. 이 파일은 조회가 시작될 때 로컬 DNS 서버에서 트래픽을 캡처하는 것을 보여준다(그림 9-15 참조).

No.	Time	Source	Destination	Protocol	Length	Info
1	0.…	172.16.0.8	172.16.0.102	DNS	76	Standard query 0x8b34 A www.nostarch.com
2	0.…	172.16.0.102	4.2.2.1	DNS	76	Standard query 0xf34d A www.nostarch.com
3	0.…	4.2.2.1	172.16.0.102	DNS	92	Standard query response 0xf34d A www.nostarch.com A 72.32.92.4
4	0.…	172.16.0.102	172.16.0.8	DNS	92	Standard query response 0x8b34 A www.nostarch.com A 72.32.92.4

▲ **그림 9-15** 서버의 관점에서 본 DNS 재귀

첫 번째 패킷은 이전 캡처 파일에서 본 것과 같은 초기 조회다. 이 시점에서 DNS 서버는 조회를 수신하고 로컬 데이터베이스를 확인한 다음 어떤 IP 주소가 DNS 이름(www.nostarch.com)과 함께 사용되는지에 대한 대답을 알지 못한다는 것을 알게 된다. 패킷이 재귀를 원함 비트가 설정돼 함께 전송됐으므로 DNS 서버는 두 번째 패킷에서 볼 수 있듯이 다른 DNS 서버에게 이 질문을 시도해 대답을 찾을 수 있다.

두 번째 패킷에서 172.16.0.102의 DNS 서버는 그림 9-16에서와 같이 업스트림 요청을 전달하게 구성된 서버인 4.2.2.1❶에 새로운 조회를 전송한다. 이 조회는 원본 DNS 서버를 미러링해 효과적으로 DNS 서버를 클라이언트로 변환한다. 트랜잭션 ID 번호가 이전 캡처 파일의 트랜잭션 ID 번호❷와 다르기 때문에 이것이 새로운 조회라는 것을 알 수 있다.

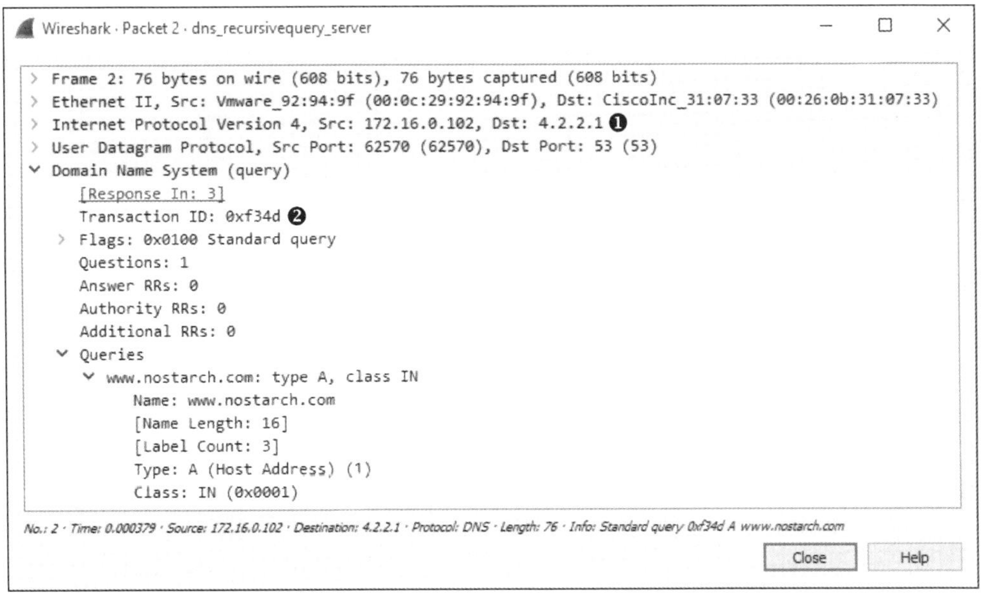

▲ **그림 9-16** 재귀 DNS 조회

일단 이 패킷을 서버 4.2.2.1이 수신하면 로컬 DNS 서버는 그림 9-17에 나타난 응답을 수신한다.

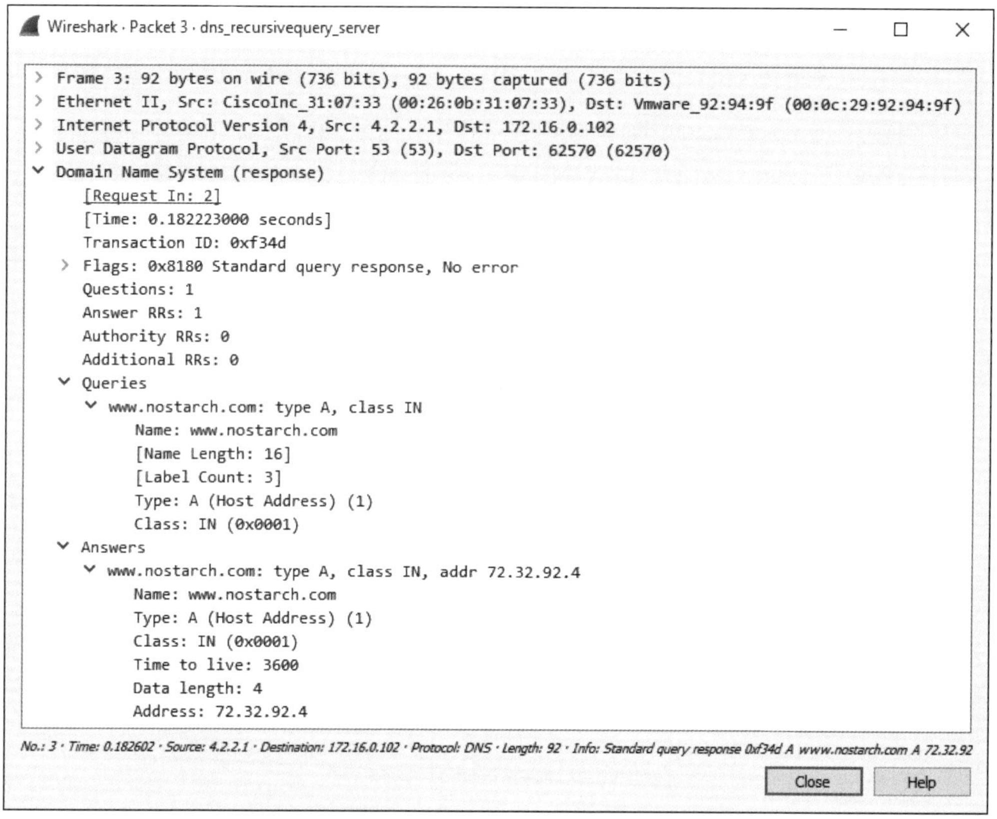

▲ **그림 9-17** 재귀 DNS 조회에 대한 응답

이 응답을 수신한 로컬 DNS 서버는 네 번째와 최종 패킷을 요청된 정보와 함께 DNS 클라이언트에 전송할 수 있다.

이 예제는 하나의 재귀 계층만 보여주지만 단일 DNS 요청에 대해 재귀가 여러 번 발생할 수 있다. 여기서 우리는 4.2.2.1의 DNS 서버로부터 응답을 받았지만 그 서버는 대답을 찾기 위해 재귀적으로 다른 서버로 조회를 재전송할 수 있다. 마지막으로 정확한 응답을 얻기 전에 간단한 조회가 전 세계를 여행할 수 있다. 그림 9-18은 재귀적인 DNS 조회 프로세스를 보여준다.

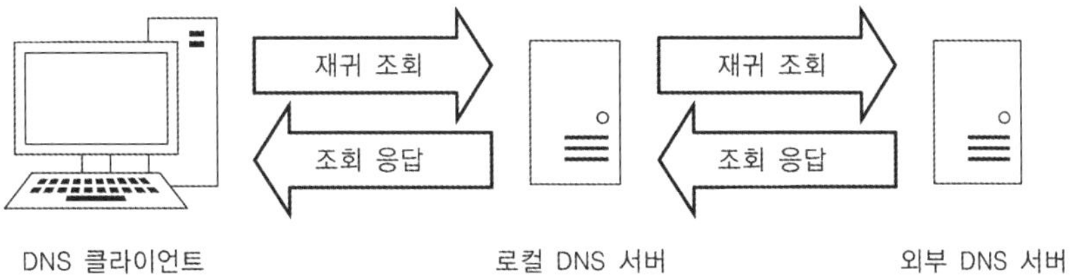

▲ **그림 9-18** 재귀적인 DNS 조회

DNS 영역 전송

dns_axfr .pcapng

DNS 영역zone은 DNS 서비스가 관리하게 위임된 네임스페이스(또는 DNS 이름 그룹)이다. 예를 들어 Emma's Diner는 emmasdiner.com을 담당하는 하나의 DNS 서버를 가질 수 있다. 이 경우 emmasdiner.com을 IP 주소로 확인하려는 Emma's Diner 내부와 외부 장치는 해당 영역의 권한으로 DNS 서버에 문의해야 한다. Emma's Diner가 규모가 커질 경우 두 번째 DNS 서버를 추가해 DNS 네임스페이스의 이메일 부분만 처리할 수 있다(예, mail.emmasdiner.com). 해당 서버가 해당 메일 하위 도메인에 대한 권한을 갖는다. 그림 9-19와 같이 필요에 따라 추가 DNS 서버를 하위 도메인에 추가할 수 있다.

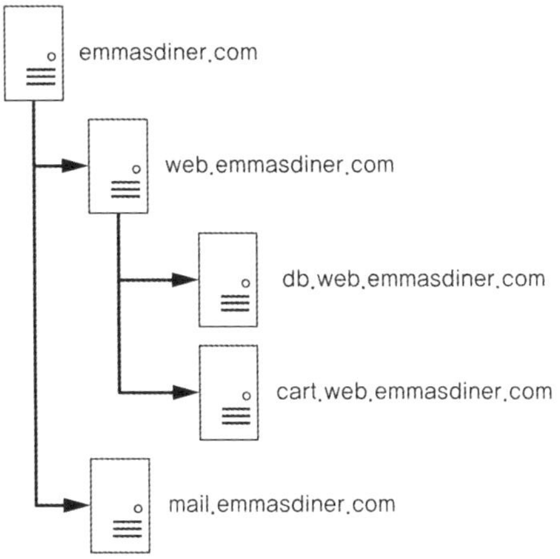

▲ **그림 9-19** DNS 영역은 네임스페이스에 대한 책임을 나눈다.

영역 전송은 두 장치 간에 영역 데이터가 전송될 때 발생하며, 일반적으로 중복을 원하지 않는다. 예를 들어 여러 DNS 서버가 있는 조직에서는 관리자가 주 서버를 사용할 수 없게 될 경우 주 서버의 DNS 영역 정보 복사본을 유지 관리하기 위해 보조 DNS 서버를 구성하는 것이 일반적이다. 영역 전송에는 다음과 같은 두 가지 유형이 있다.

Full zone transfer(AXFR) 이러한 유형의 전송은 장치 간에 전체 영역을 보낸다.

Incremental zone transfer(IXFR) 이러한 유형의 전송은 영역 정보의 일부만 전송한다.

dns_axfr.pcapng 파일에는 호스트 172.16.16.164와 172.16.16.139 사이의 전체 영역 전송에 대한 예제가 있다. 이 파일을 처음 볼 때 UDP 패킷이 아니라 TCP 패킷이 나타나기 때문에 올바른 파일을 열었는지 궁금할 수 있다. DNS는 UDP를 사용하지만 전송되는 데이터의 양에 대해 TCP가 좀 더 안정적이기 때문에 영역 전송과 같은 특정 작업에 TCP를 사용한다. 이 캡처 파일의 처음 세 패킷은 TCP 3방향 핸드셰이크다.

네 번째 패킷은 172.16.16.164와 172.16.16.139 사이의 영역 전송 요청을 시작한다. 이 패킷에는 DNS 정보가 없다. 영역 전송 요청 패킷으로 전송된 데이터가 여러 패킷으로 전송됐기 때문에 이 메시지는 '재조립된 PDU의 TCP 단편'으로 나타난다. 패킷 4와 6은 패킷의 데이터를 포함한다. 패킷 5는 패킷 4가 수신됐다는 확인 응답이다. 이러한 패킷은 와이어샤크가 가독성을 위해 TCP 패킷을 구문 분석하고 디스플레이하는 방식 때문에 이러한 방식으로 나타난다. 우리의 목적을 위해 그림 9-20과 같이 패킷 6을 완전한 DNS 영역 전송 요청이라고 할 수 있다.

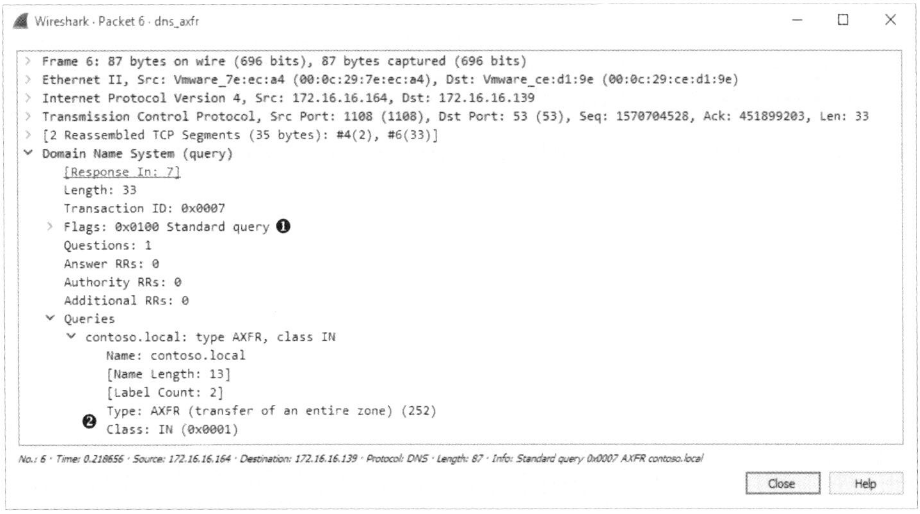

▲ **그림 9-20** DNS 전체 영역 전송 요구

영역 전송 요청은 표준 조회❶지만 단일 레코드 유형을 요청하는 대신 AXFR 유형❷을 요청한다. 즉, 서버에서 전체 DNS 영역을 받기를 원한다. 그림 9-21과 같이 서버는 패킷 7의 영역 레코드로 응답한다. 보다시피 영역 전송에는 상당량의 데이터가 포함돼 있으며, 이는 더 간단한 예 중 하나다! 영역 전송이 완료되면 캡처 파일이 TCP 연결 해제 프로세스로 끝난다.

> **경고** 영역 전송에 포함된 데이터는 악의적인 사람에 의해 매우 위험할 수 있다. 예를 들어 단일 DNS 서버를 열거하면 네트워크 전체 기반 구조를 매핑할 수 있다.

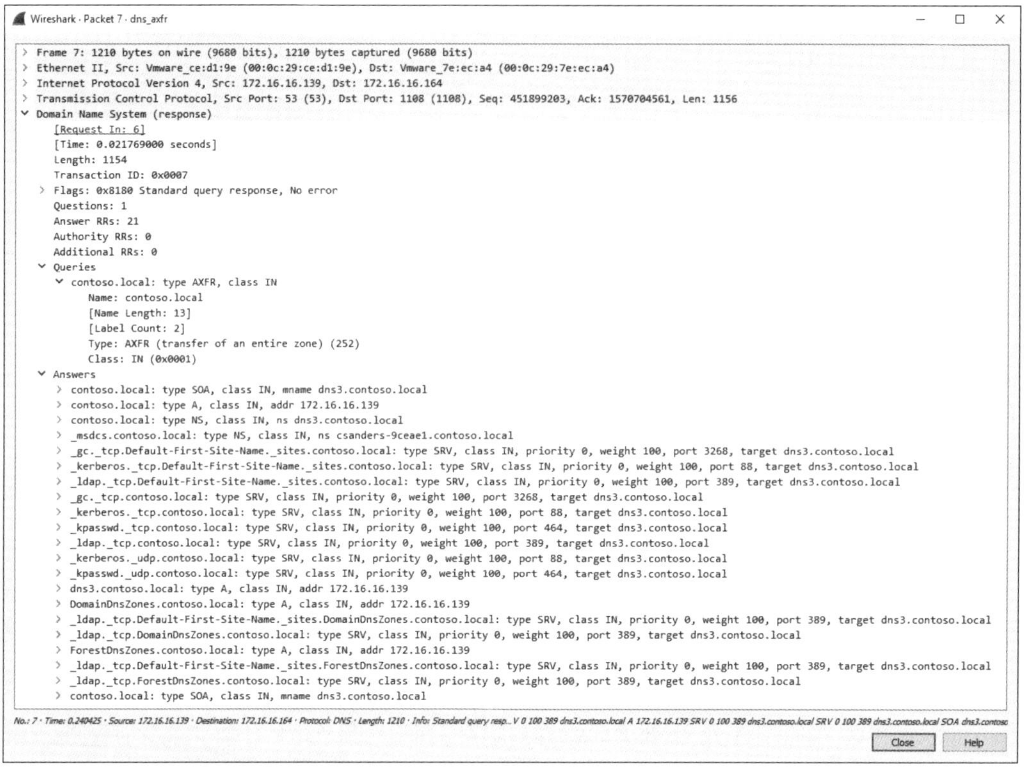

▲ **그림 9-21** DNS 전체 영역 전송 발생

하이퍼텍스트 전송 프로토콜(HTTP)

하이퍼텍스트 전송 프로토콜HTTP, Hypertext Transfer Protocol은 웹 브라우저가 웹서버에 연결해 웹 페이지를 볼 수 있게 해주는 월드와이드웹 전달 메커니즘이다. 대부분의 조직에서 HTTP는 회선을 따라 전달되는 트래픽의 가장 높은 비율을 나타낸다. Google 검색을 하고 트윗을 보내거나 http://www.espn.com/에서 켄터키 대학의 농구 점수를 확인하면 HTTP를 사용하고 있는 것이다.

HTTP 프로토콜의 구현이 매우 다양해 구조가 크게 다를 수 있기 때문에 HTTP 전송을 위한 패킷 구조는 살펴보지 않을 것이다. 이에 대한 실습은 독자에게 남겨준다. 여기서는 콘텐츠 검색 및 포스팅 같은 HTTP의 실제적인 애플리케이션을 살펴본다.

HTTP로 브라우징

http_google .pcapng

HTTP는 브라우저를 사용해 웹서버에서 웹 페이지를 탐색하는 데 가장 일반적으로 사용된다. 캡처 파일 http_google.pcapng는 TCP를 전송 계층 프로토콜로 사용해 HTTP 전송을 보여준다. 통신은 클라이언트 172.16.16.128과 Google 웹서버 74.125.95.104 사이에 3방향 핸드셰이크로 시작된다.

통신이 설정되면 그림 9-22와 같이 첫 번째 패킷이 클라이언트에서 서버로 보낸 HTTP 패킷이 나타난다.

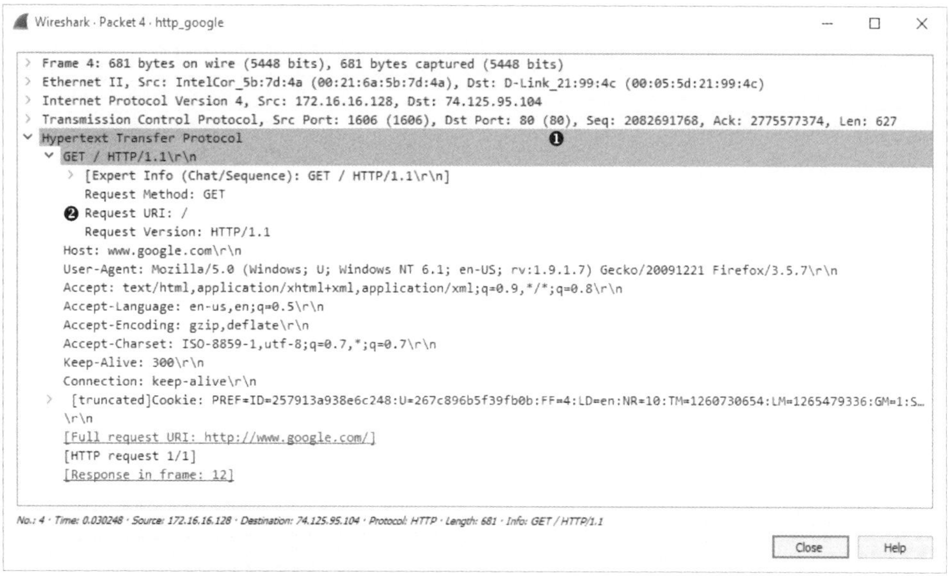

Wireshark · Packet 4 · http_google
Frame 4: 681 bytes on wire (5448 bits), 681 bytes captured (5448 bits)
Ethernet II, Src: IntelCor_5b:7d:4a (00:21:6a:5b:7d:4a), Dst: D-Link_21:99:4c (00:05:5d:21:99:4c)
Internet Protocol Version 4, Src: 172.16.16.128, Dst: 74.125.95.104
Transmission Control Protocol, Src Port: 1606 (1606), Dst Port: 80 (80), Seq: 2082691768, Ack: 2775577374, Len: 627
Hypertext Transfer Protocol ❶
GET / HTTP/1.1\r\n
[Expert Info (Chat/Sequence): GET / HTTP/1.1\r\n]
Request Method: GET
❷ Request URI: /
Request Version: HTTP/1.1
Host: www.google.com\r\n
User-Agent: Mozilla/5.0 (Windows; U; Windows NT 6.1; en-US; rv:1.9.1.7) Gecko/20091221 Firefox/3.5.7\r\n
Accept: text/html,application/xhtml+xml,application/xml;q=0.9,*/*;q=0.8\r\n
Accept-Language: en-us,en;q=0.5\r\n
Accept-Encoding: gzip,deflate\r\n
Accept-Charset: ISO-8859-1,utf-8;q=0.7,*;q=0.7\r\n
Keep-Alive: 300\r\n
Connection: keep-alive\r\n
[truncated]Cookie: PREF=ID=257913a938e6c248:U=267c896b5f39fb0b:FF=4:LD=en:NR=10:TM=1260730654:LM=1265479336:GM=1:S…
\r\n
[Full request URI: http://www.google.com/]
[HTTP request 1/1]
[Response in frame: 12]
No.: 4 · Time: 0.030248 · Source: 172.16.16.128 · Destination: 74.125.95.104 · Protocol: HTTP · Length: 681 · Info: GET / HTTP/1.1
Close
Help

▲ **그림 9-22** 초기 HTTP GET 요청 패킷

HTTP 패킷은 TCP를 통해 HTTP 통신을 위한 표준 포트인 서버의 포트 80❶으로 전달된다(8080과 8888 같은 포트도 자주 사용된다).

HTTP 패킷은 HTTP 규격 버전 1.1(http://www.iana.org/assignments/http-methods/http-methods.xhtml 참조)에 정의된 8가지 요청 방법 중 하나로 식별되며, 패킷의 송신기가 수신기에서 수행할 동작을 나타낸다. 그림 9-22와 같이 이 패킷은 GET, URI(Request Uniform Resource Indicator)를 /로, 요청 버전을 HTTP/1.1❷로 구분한다. 이 정보는 클라이언트가 HTTP 1.1 버전을 사용해 웹서버의 루트 웹 디렉토리(/)를 다운로드(GET)하라는 요청을 보내는 것을 나타낸다.

그런 다음 호스트는 자신에 대한 정보를 웹서버에 보낸다. 이 정보에는 사용 중인 브라우저(User-Agent), 브라우저에서 허용하는 언어(Accept-Languages)와 쿠키 정보(캡처의 맨 아래에 있음) 등이 포함된다. 서버는 이 정보를 사용해 호환성을 보장하기 위해 클라이언트로 보낼 데이터를 판별할 수 있다.

서버가 패킷 4에서 HTTP GET 요청을 받으면 TCP ACK로 응답하고 패킷을 확인한 다음 요청된 데이터를 패킷 6에서 11로 전송하기 시작한다. HTTP는 클라이언트와 서버 간에 응용 계층 명령을 실행하는 데만 사용된다. 왜 이 모든 HTTP 패킷은 패킷 목록의 프로토콜 제목 아래에 TCP로 표시되는가? 데이터 전송이 시작되면 와이어샤크 패킷 목록 창은 개별 패킷에 HTTP 요청/응답 헤더가 없으므로 해당 패킷을 HTTP 대신 TCP로 식별한다. 따라서 데이터 전송이 발생하는 경우 프로토콜 열에 HTTP 대신 TCP가 나타난다. 그럼에도 불구하고 이것은 여전히 HTTP 통신 프로세스의 일부다.

그림 9-23에서 보는 바와 같이 데이터는 패킷 6과 7의 서버에서 패킷 8의 클라이언트로부터의 확인 응답, 패킷 9와 10의 데이터 패킷 2개, 패킷 11의 다른 확인 응답으로 전송된다. 이러한 패킷은 모두 HTTP 패킷이 아니라 TCP 세그먼트로 와이어샤크에 나타난다. 단, HTTP는 여전히 전송을 담당한다.

No.	Time	Source	Destination	Protocol	Length	Info
6	0.…	74.125.95.104	172.16.16.128	TCP	1460	[TCP segment of a reassembled PDU]
7	0.…	74.125.95.104	172.16.16.128	TCP	1460	[TCP segment of a reassembled PDU]
8	0.…	172.16.16.128	74.125.95.104	TCP	54	1606 → 80 [ACK] Seq=2082692395 Ack=2775580186 Win=16872 Len=0
9	0.…	74.125.95.104	172.16.16.128	TCP	1460	[TCP segment of a reassembled PDU]
10	0.…	74.125.95.104	172.16.16.128	TCP	156	[TCP segment of a reassembled PDU]
11	0.…	172.16.16.128	74.125.95.104	TCP	54	1606 → 80 [ACK] Seq=2082692395 Ack=2775581694 Win=16872 Len=0

▲ **그림 9-23** 클라이언트 브라우저와 웹서버 간 TCP 전송 데이터

데이터가 전송되면 그림 9-24와 같이 와이어샤크가 데이터 스트림을 재조립한다.

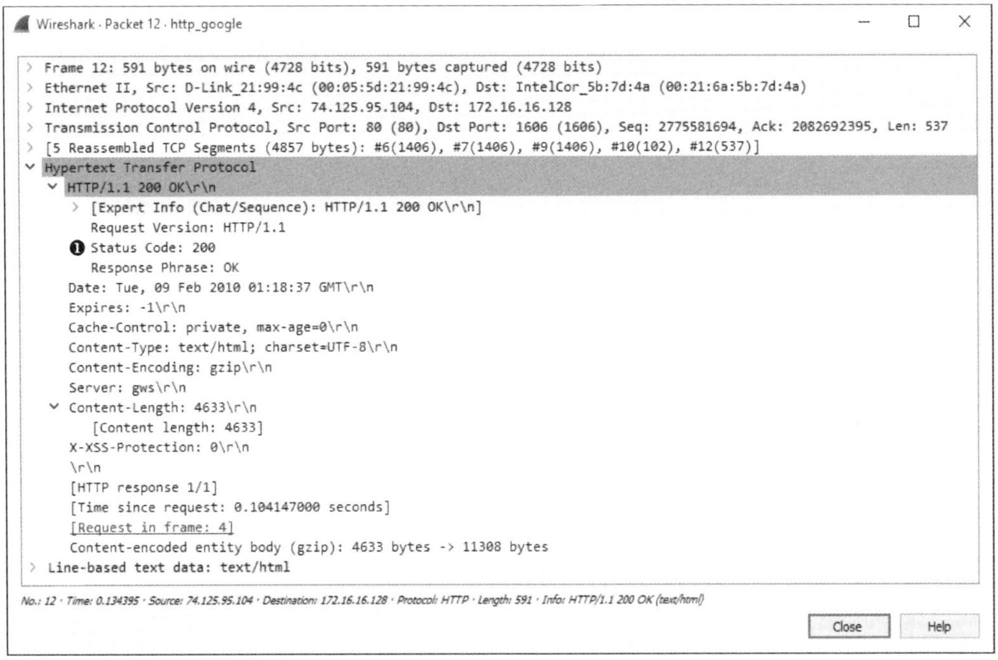
Wireshark · Packet 12 · http_google
> Frame 12: 591 bytes on wire (4728 bits), 591 bytes captured (4728 bits)
> Ethernet II, Src: D-Link_21:99:4c (00:05:5d:21:99:4c), Dst: IntelCor_5b:7d:4a (00:21:6a:5b:7d:4a)
> Internet Protocol Version 4, Src: 74.125.95.104, Dst: 172.16.16.128
> Transmission Control Protocol, Src Port: 80 (80), Dst Port: 1606 (1606), Seq: 2775581694, Ack: 2082692395, Len: 537
> [5 Reassembled TCP Segments (4857 bytes): #6(1406), #7(1406), #9(1406), #10(102), #12(537)]
Hypertext Transfer Protocol
HTTP/1.1 200 OK\r\n
> [Expert Info (Chat/Sequence): HTTP/1.1 200 OK\r\n]
Request Version: HTTP/1.1
❶ Status Code: 200
Response Phrase: OK
Date: Tue, 09 Feb 2010 01:18:37 GMT\r\n
Expires: -1\r\n
Cache-Control: private, max-age=0\r\n
Content-Type: text/html; charset=UTF-8\r\n
Content-Encoding: gzip\r\n
Server: gws\r\n
Content-Length: 4633\r\n
[Content length: 4633]
X-XSS-Protection: 0\r\n
\r\n
[HTTP response 1/1]
[Time since request: 0.104147000 seconds]
[Request in frame: 4]
Content-encoded entity body (gzip): 4633 bytes -> 11308 bytes
> Line-based text data: text/html
No.: 12 · Time: 0.134395 · Source: 74.125.95.104 · Destination: 172.16.16.128 · Protocol: HTTP · Length: 591 · Info: HTTP/1.1 200 OK (text/html)
Close
Help

▲ **그림 9-24** 응답 코드 200인 최종 HTTP 패킷

> **참고** 대부분의 경우 패킷 목록을 탐색할 때 읽을 수 있는 HTML 데이터를 볼 수 없으므로 데이터를 gzip으로 압축해 대역폭 효율성을 높인다. 이는 웹서버의 HTTP 응답에서 Content-Encoding 필드에 의해 나타난다. 데이터가 해독되고 쉽게 읽을 수 있는 전체 스트림을 볼 때만이다.

HTTP는 미리 정의된 여러 응답 코드를 사용해 요청 방법의 결과를 나타낸다. 이 예에서는 상태 코드가 200❶인 패킷이 나타난다. 이 상태 코드는 성공적인 요청 방법을 나타낸다. 패킷에는 타임스탬프와 웹서버의 콘텐츠 및 구성 매개변수 인코딩에 대한 몇 가지 추가 정보가 포함된다. 클라이언트가 이 패킷을 받으면 트랜잭션이 완료된다.

HTTP로 데이터 포스팅

http_post.pcapng

웹서버에서 데이터를 다운로드하는 과정을 살펴봤다. 이제 데이터 업로드에 대해 알아보자. http_post.pcapng 파일에는 매우 간단한 업로드 예가 포함돼 있다. 사용자가 웹사이트에 의견을 포스팅(게시)하는 것이다. 초기 3방향 핸드셰이크가 끝나면 클라이언트(172.16.16.128)는 그림 9-25와 같이 웹서버(69.163.176.56)로 HTTP 패킷을 보낸다.

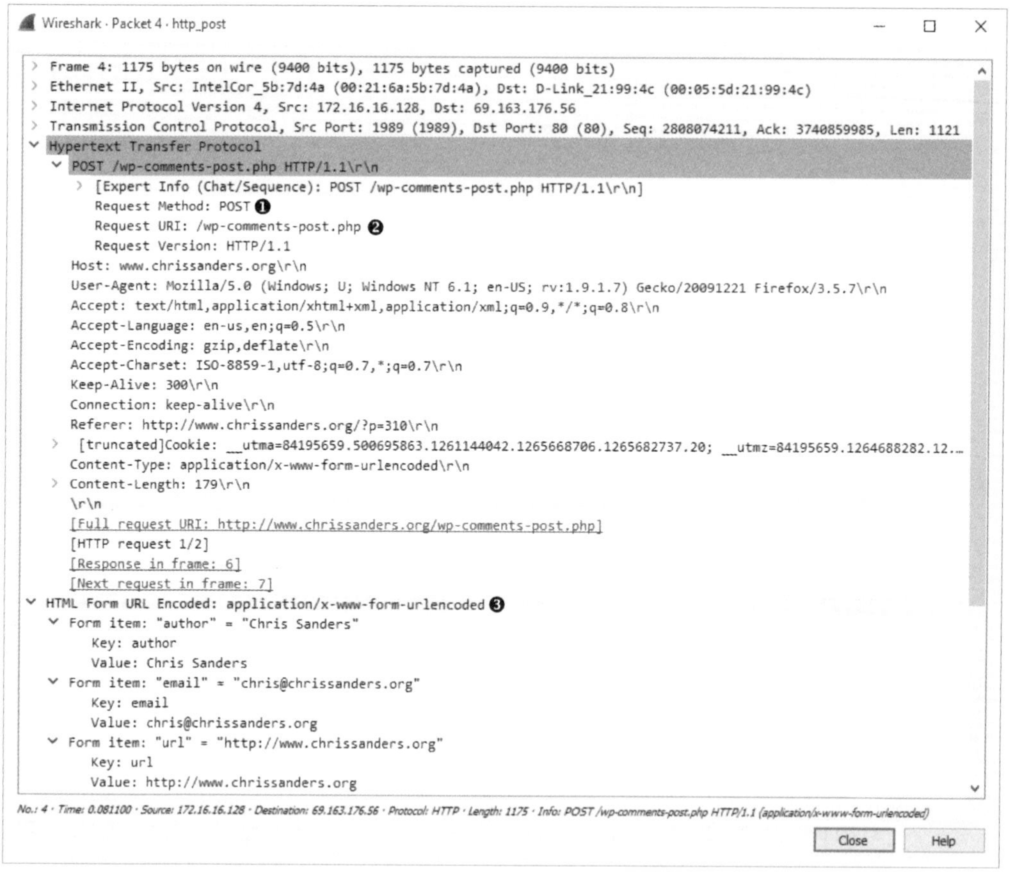

▲ **그림 9-25** HTTP POST 패킷

이 패킷은 처리를 위해 데이터를 웹서버에 업로드하기 위해 POST 메소드❶를 사용한다. 여기서 사용된 POST 메소드는 URI /wp-comments-post.php❷와 HTTP /1.1의 HTTP 버전을 지정한다. 게시된 데이터의 내용을 보려면 패킷의 HTML 양식 URL 인코딩된 부분을 확장하라❸.

이 POST에서 데이터가 전송되면 ACK 패킷이 전송된다. 그림 9-26과 같이 서버는 패킷 6으로 응답하고 응답 코드 302❶를 전송한다. 이는 'found'를 의미한다.

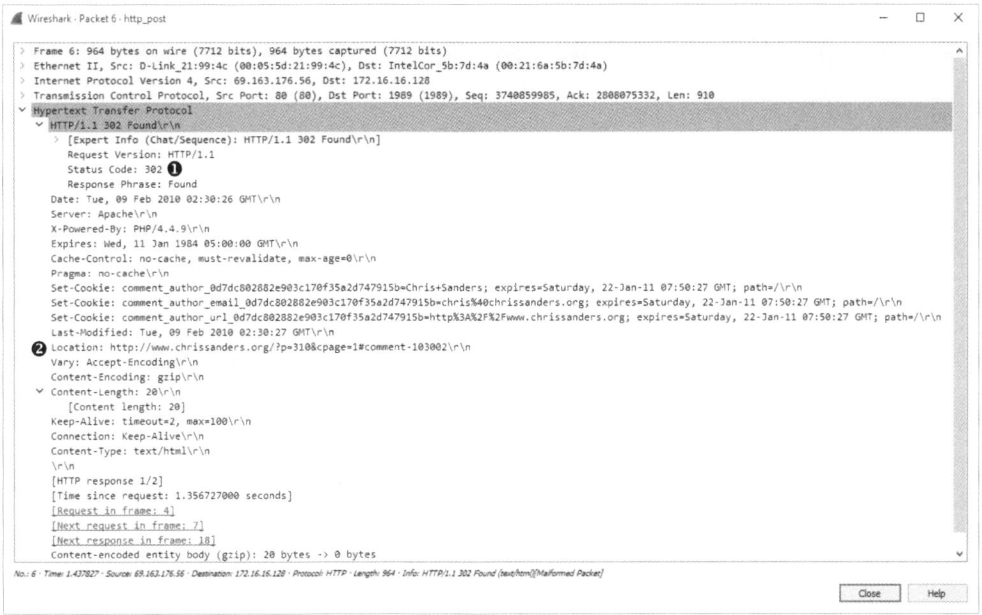

▲ **그림 9-26** HTTP 응답 302는 재지정을 사용한다.

302 응답 코드는 HTTP 환경에서 일반적인 재지정 수단이다. 이 패킷의 위치 필드는 클라이언트가 지정될 위치를 지정한다❷. 이 경우 해당 위치는 주석이 게시된 원래 웹 페이지에 있다. 클라이언트는 새로운 위치에서 콘텐츠를 검색하기 위해 새로운 GET 요청을 수행하고 다음 여러 패킷을 통해 보낸다. 마지막으로 서버는 상태 코드 200을 전송하고 통신이 종료된다.

단순 메일 전송 프로토콜(SMTP)

웹 브라우징이 사용자가 참여하는 가장 일반적인 활동이라면 이메일을 보내고 받는 것이 아마도 두 번째 활동일 것이다. 마이크로소프트 익스체인지와 포스트픽스 같은 플랫폼에서 사용되는 단순 메일 전송 프로토콜SMTP, Simple Mail Transfer Protocol은 이메일을 보내는 표준이다.

HTTP와 마찬가지로 SMTP 패킷의 구조는 구현과 클라이언트와 서버에서 지원하는 기능 집합에 따라 달라질 수 있다. 이 절에서는 패킷 레벨에서 이메일을 보내는 방법을 검토해 SMTP의 기본 기능 중 일부를 살펴본다.

이메일 보내고 받기

이메일을 지원하는 아키텍처는 미국의 우편 서비스와 비슷하다. 편지를 써서 우편함에 넣으면 우편 배달원이 편지를 우체국으로 가져와서 전달하기 위해 분류한다. 이제 편지는 해당 우체국에서 서비스를 위해 다른 우편함으로 배달되거나 배달을 담당하는 다른 우체국으로 운송된다. 편지는 여러 우체국이나 특정 지역에 있는 우체국에 배포하기 위해 독점적으로 설계된 '허브' 사무실을 통과할 수 있다. 이 정보의 흐름은 그림 9-27에서 보여준다.

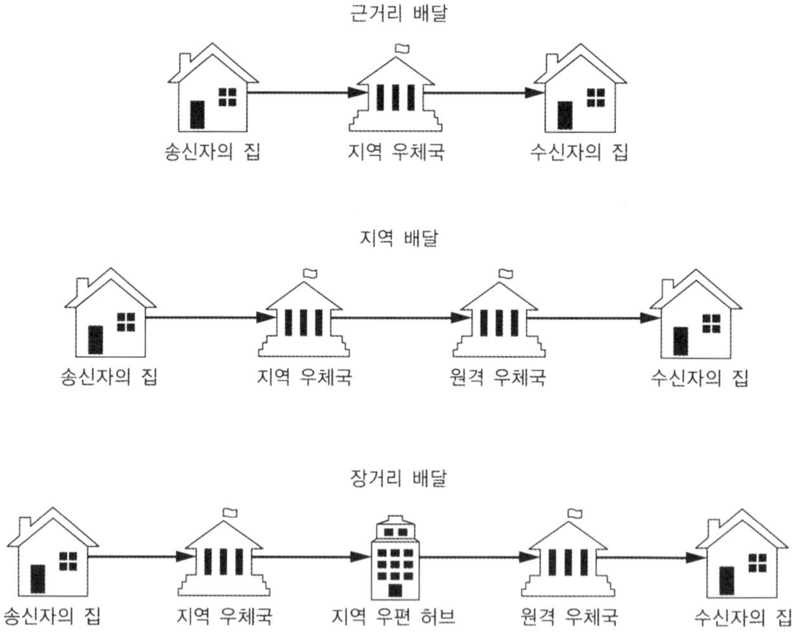

▲ **그림 9-27** 우편 서비스를 이용한 편지 보내기

이메일은 매우 유사한 방식으로 동작하지만 용어는 약간 다르다. 개별 사용자 수준에서 실제 사서함은 이메일의 저장 및 수신을 담당하는 디지털 사서함으로 대체된다. 마이크로소프트 아웃룩이나 모질라 썬더버드 같은 이메일 클라이언트인 MUA[Mail User Agent]를 사용해 이 사서함을 액세스한다. 메시지를 보내면 MUA에서 MTA[Mail Transfer Agent]로 전송된다. MTA는 메일 서버라고도 하며 인기 있는 메일 서버 프로그램은 마이크로소프트 익스체인지나 포스트픽스다. 전송되는 이메일의 출처

가 동일한 도메인인 경우 MTA는 더 이상 통신하지 않고 이메일을 받는 사람의 사서함과 연결할 수 있다. 이메일이 다른 도메인으로 전송되는 경우 MTA는 DNS를 사용해 수신자 메일 서버의 위치 주소를 찾은 다음 메일을 해당 메일 서버로 전송해야 한다. 메일 서버는 MDA(Mail Delivery Agent)나 MSA(Mail Submission Agent) 같은 다른 구성 요소로 구성되는 경우가 많지만, 네트워크 관점에서 볼 때 일반적으로 클라이언트와 서버 개념만 관심이 있다. 이 기본 개요는 그림 9-28에서 보여준다.

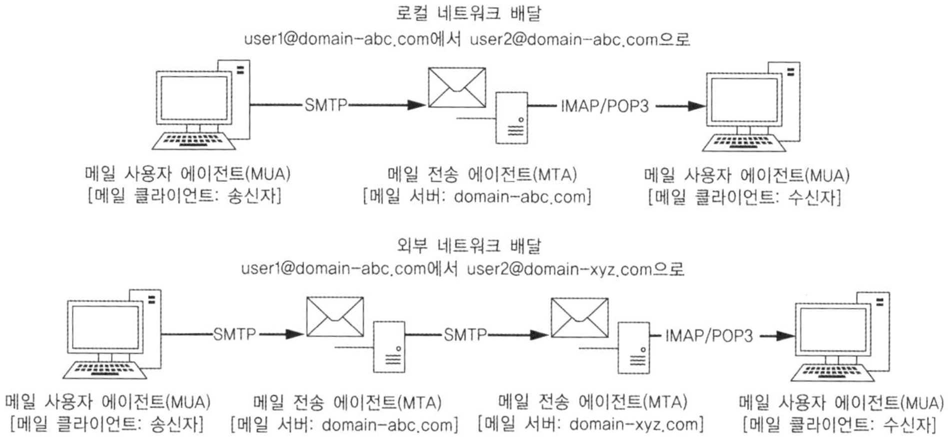

▲ **그림 9-28** SMTP를 이용한 메일 보내기

간단하게 MUA를 이메일 클라이언트로, MTA를 이메일 서버로 지칭한다.

이메일 메시지 추적

이메일 메시지가 전송되는 방식에 대한 기본적인 이해를 통해 이 프로세스를 나타내는 패킷을 살펴볼 수 있다. 그림 9-29에서 설명한 시나리오부터 살펴본다.

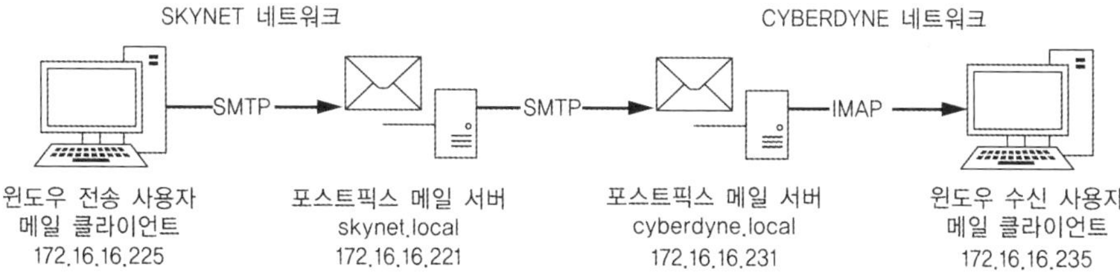

▲ **그림 9-29** 송신자에서 수신자까지 이메일 추적

이 시나리오에는 다음과 같은 3가지 단계가 있다.

1. 사용자가 워크스테이션(172.16.16.225)에서 메시지를 전송한다. 이메일 클라이언트는 SMTP를 통해 로컬 이메일 서버(172.16.16.221/skynet.local 도메인)로 메시지를 전송한다.
2. 로컬 이메일 서버는 메시지를 수신해 SMTP를 통해 원격 이메일 서버(172.16.16.231/cyberdyne.local 도메인)로 전송한다.
3. 원격 이메일 서버가 메시지를 수신해 해당 사서함과 연결한다. 사용자 워크스테이션의 이메일 클라이언트(172.16.16.235)는 IMAP 프로토콜을 사용해 이 메시지를 검색한다.

1단계: 클라이언트에서 로컬 서버로

mail_sender_client_1.pcapng

mail_sender_client_1.pcapng로 표시된 1단계를 검토해 이 프로세스를 단계별로 수행하기 시작한다. 이 파일은 사용자가 자신의 이메일 클라이언트에서 Send 버튼을 클릭하면 워크스테이션과 로컬 이메일 서버 간의 TCP 핸드셰이크가 패킷 1에서 3으로 시작된다.

> **참고** 이 절의 패킷 캡처를 분석하는 동안 관찰된 ETHERNET FRAME CHECK SEQUENCE INCORRECT 오류를 무시할 수 있다. 이것은 실험실 환경에서 만들어졌던 인공물이다.

연결이 설정되면 SMTP가 사용자의 메시지를 서버로 전송하는 작업을 시작한다. 각 패킷을 스크롤하고 패킷 세부 정보 창의 SMTP 섹션을 보면 각 SMTP 요청과 응답을 개별적으로 검사할 수 있지만 더 쉬운 방법이 있다. SMTP는 단순한 트랜잭션 프로토콜이고 예제는 일반 텍스트이므로 TCP 스트림을 따라 하나의 창에서 전체 트랜잭션을 볼 수 있다. 캡처에서 패킷을 마우스 오른쪽 단추로 클릭하고 Follow ▶ TCP Stream을 선택해 이 작업을 수행한다. 결과 스트림은 그림 9-30에서 보여준다.

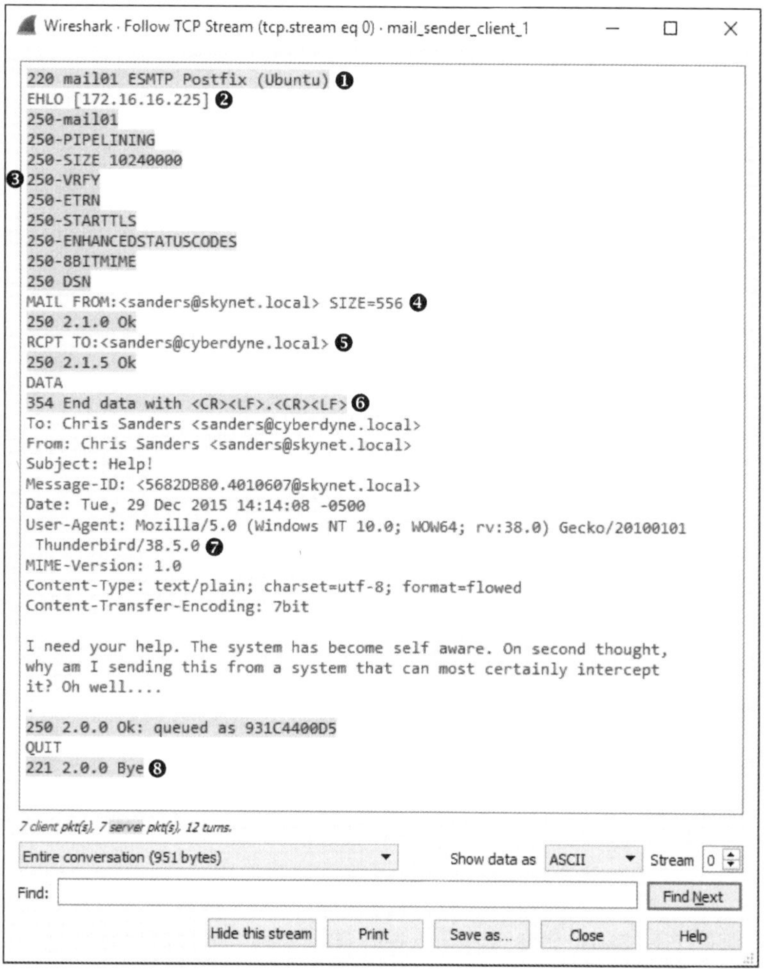

Wireshark · Follow TCP Stream (tcp.stream eq 0) · mail_sender_client_1
220 mail01 ESMTP Postfix (Ubuntu) ❶
EHLO [172.16.16.225] ❷
250-mail01
250-PIPELINING
250-SIZE 10240000
❸ 250-VRFY
250-ETRN
250-STARTTLS
250-ENHANCEDSTATUSCODES
250-8BITMIME
250 DSN
MAIL FROM:<sanders@skynet.local> SIZE=556 ❹
250 2.1.0 Ok
RCPT TO:<sanders@cyberdyne.local> ❺
250 2.1.5 Ok
DATA
354 End data with <CR><LF>.<CR><LF> ❻
To: Chris Sanders <sanders@cyberdyne.local>
From: Chris Sanders <sanders@skynet.local>
Subject: Help!
Message-ID: <5682DB80.4010607@skynet.local>
Date: Tue, 29 Dec 2015 14:14:08 -0500
User-Agent: Mozilla/5.0 (Windows NT 10.0; WOW64; rv:38.0) Gecko/20100101
Thunderbird/38.5.0 ❼
MIME-Version: 1.0
Content-Type: text/plain; charset=utf-8; format=flowed
Content-Transfer-Encoding: 7bit
I need your help. The system has become self aware. On second thought,
why am I sending this from a system that can most certainly intercept
it? Oh well....
.
250 2.0.0 Ok: queued as 931C4400D5
QUIT
221 2.0.0 Bye ❽
7 client pkt(s), 7 server pkt(s), 12 turns.
Entire conversation (951 bytes)
Show data as
ASCII
Stream
0
Find:
Find Next
Hide this stream
Print
Save as...
Close
Help

▲ **그림 9-30** 이메일 클라이언트로부터 로컬 서버로 TCP Stream 보기

연결이 설정되면 이메일 서버는 명령을 수신할 준비가 됐음을 나타내기 위해 패킷 4로 클라이언트에게 서비스 배너를 보낸다. 이 경우 우분투 리눅스 운영체제에서 실행되는 포스트픽스 서버로 자신을 식별한다❶. 또한 확장 SMTP[ESMTP] 명령을 수신할 수 있음을 나타낸다. ESMTP는 메일 전송 중 추가 명령을 사용할 수 있는 SMTP 규격을 확장한 것이다.

이메일 클라이언트는 패킷 5에서 EHLO 명령❷을 실행해 응답한다. EHLO는 ESMTP가 지원될 때 보내는 호스트를 식별하는 데 사용되는 'Hello' 명령이다. ESMTP를 사용할 수 없는 경우 클라이언트는 자체를 식별하기 위해 HELO 명령으로 돌아간다.

이 예에서 보낸 사람은 IP 주소로 식별되지만 DNS 이름도 사용할 수 있다.

패킷 7에서 서버는 VRFY, STARTTLS와 SIZE 10240000❸ 등을 포함하는 항목 목록으로 응답한다. SMTP 서버에서 지원하는 명령을 반영하는 이 목록은 메시지를 전송할 때 사용할 수 있는 명령을 클라이언트가 알 수 있게 제공된다. 이 기능 협상은 메시지를 보내기 전에 모든 SMTP 트랜잭션의 시작 부분에서 발생한다. 메시지의 전송은 패킷 8에서 시작해 이 캡처의 나머지 부분의 대부분을 차지한다.

SMTP는 클라이언트에서 보낸 간단한 명령과 매개변수 값에 의해 관리되며, 그 뒤에 서버의 응답 코드가 온다. 이는 HTTP 및 TELNET과 같은 프로토콜과 매우 유사하며, 단순성을 위해 설계됐다. 클라이언트가 MAIL 명령을 매개변수 FROM:<sanders@skynet.local> SIZE = 556❹로 발행하고 서버가 응답 코드 250(요청된 메일 작업 OK, 완료됨)과 2.1.0 Ok 매개변수로 응답하는 패킷 8과 9에서 요청과 응답 예를 볼 수 있다. 여기서 클라이언트는 보낸 사람의 이메일 주소와 메시지 크기를 확인하고 서버는 이 데이터가 수신됐고 받아들일 수 있다고 응답한다. 비슷한 트랜잭션이 패킷 10과 11에서 다시 발생한다. 여기서 클라이언트는 매개변수 TO:<sanders@cyberdyne.local>❺를 사용해 RCPT 명령을 실행하고, 서버는 다른 250 2.1.5 Ok 코드로 응답한다.

> **참고** 사용 가능한 모든 SMTP 명령 및 매개변수를 검토하려면 http://www.iana.org/assignments/mail-parameters/mail-parameters.xhtml을 참조하라. 사용 가능한 응답 코드를 검토하려면 https://www.iana.org/assignments/smtp-enhanced-status-codes/smtp-enhanced-status-codes.xml에서 수행하라.

이제 남은 것은 메시지 자체를 전송하는 것이다. 클라이언트는 DATA 명령을 실행해 패킷 12에서 이 프로세스를 시작한다. 서버는 메시지와 함께 코드 354❻로 응답하며, 이는 서버가 메시지에 대한 버퍼를 생성하고 클라이언트가 전송을 시작하게 지시함을 나타낸다. 코드 354가 있는 줄은 클라이언트에게 전송 종료를 표시하기 위해 점(<CR><LF>.<CR><LF>)을 보내게 한다. 메시지는 일반 텍스트로 전송되고 성공적인 전송을 나타내는 응답 코드가 전송된다. 날짜, 내용 유형과 인코딩, 전송과 관련된 사용자 에이전트를 비롯해 메시지 텍스트에 몇 가지 추가 정보가 포함돼 있음을 알 수 있다. 이것은 이 메시지를 보낸 최종 사용자가 모질라 썬더버드Mozilla Thunderbird❼를 사용하고 있다는 것을 나타낸다.

전송이 완료되면 패킷 18에 매개변수 없이 QUIT 명령을 실행해 이메일 클라이언트가 SMTP 연결을 종료한다. 서버는 패킷 19에서 응답 코드 221(<도메인> 서비스 전송 채널) 및 2.0.0 Bye 매개변수❽로 응답한다. TCP 연결은 패킷 20-23에서 정상적으로 끊어진다.

2단계: 로컬 서버에서 원격 서버로

mail_sender_server_2.pcapng

다음으로 skynet.local 도메인을 담당하는 로컬 이메일 서버의 관점에서 동일한 시나리오를 검토한다. 그 주소는 172.16.16.221이다. 이 캡처는 이메일 서버에서 직접 가져온 mail_sender_server_2.pcapng 파일에 있다. 예상할 수 있듯이 처음 20개 정도의 패킷은 다른 소스에서 캡처한 패킷과 같기 때문에 1단계에서 캡처를 미러링한다.

보낸 메시지가 skynet.local 도메인의 다른 사서함으로 지정된 경우 SMTP 트래픽이 더 이상 나타나지 않는다. 대신 POP3나 IMAP 프로토콜을 사용하는 이메일 클라이언트에서 메시지 검색을 볼 수 있다. 그러나 이 메시지는 cyberdyne.local 도메인을 대상으로 하므로 로컬 SMTP 서버는 해당 도메인을 담당하는 원격 SMTP 서버로 메시지를 전송해야 한다. 이 프로세스는 로컬 서버 172.16.16.221과 원격 메일 서버 172.16.16.231 사이의 TCP 핸드셰이크로 패킷 22에서 시작된다.

> **참고** 실세 시나리오에서 이메일 서버는 메일 교환(MX) 레코드라는 특수 DNS 레코드 유형을 사용해 다른 서버를 찾는다. 이 시나리오는 실험실에서 작성됐으며 원격 이메일 서버의 IP 주소는 로컬 서버에서 미리 구성됐으므로 여기서 트래픽을 볼 수 없다. 이메일 배달 문제를 해결하려면 이메일 관련 프로토콜 문제와 함께 DNS 문제의 가능성을 고려해야 한다.

연결이 설정되면 패킷 목록 창에서 SMTP를 사용해 원격 서버에 메시지를 전달할 수 있다. 트랜잭션에 대한 TCP 스트림을 따라 가면서 이 대화를 더 잘 볼 수 있다. 이것은 그림 9-31에 나타나 있다. 이 연결을 분리하는 데 도움이 필요하면 필터 바에 필터 tcp.stream == 1을 적용하라.

▲ **그림 9-31** 로컬 이메일 서버에서 원격 이메일 서버로 TCP 스트림 보기

이 트랜잭션은 그림 9-30의 트랜잭션과 거의 동일하다. 본질적으로 메시지는 서버 간에 전송된다. 원격 서버는 자신을 mail02❶로 식별하고, 로컬 서버는 mail01❷로 식별하고, 지원 명령 목록은 공유되며❸, 메시지는 To Line❹ 위의 메시지 앞에 붙은 이전 트랜잭션의 추가 데이터 비트를 사용해 전송된다. 이 모든 것은 패킷 27과 35 사이에서 발생하며, TCP 연결 해제는 통신 채널을 닫는다.

서버는 궁극적으로 메시지가 이메일 클라이언트나 다른 SMTP 서버에서 오는지 여부를 신경 쓰지 않으므로 동일한 규칙과 절차가 적용된다(모든 유형의 액세스 제어 제한 제외). 실제 환경에서 로컬 이메일 서버와 원격 이메일 서버는 동일한 기능 집합을 지원하지 않거나 전혀 다른 플랫폼을 기반으로 할 수 있다. 이것이 초기 SMTP 통신이 중요한 이유다. 수신자 서버가 지원되는 기능 집합을 발신자에게 전송할 수 있다. SMTP 클라이언트나 서버가 받는 사람 서버의 지원 기능을 인식하면 메시지를 효과적으로 전송할 수 있게 SMTP 명령을 조정할 수 있다. 이 기능을 사용하면 SMTP를 클라이언트와 서버 기술 간에 광범위하게 사용할 수 있으므로 이메일을 보낼 때 받는 사람의 네트워크 인프라에 대해 많이 알 필요가 없다.

3단계: 원격 서버에서 원격 클라이언트로

receiver_server_3.pcapng

이 시점에서 메시지는 cyberdyne.local 도메인의 메일 박스에 이메일을 전달하는 원격 서버에 도달했다. 이제 그림 9-32와 같이 원격 서버의 관점에서 본 패킷 캡처인 receiver_server_3.pcapng을 살펴보자.

Wireshark · Follow TCP Stream (tcp.stream eq 0) · mail_receiver_server_3
220 mail02 ESMTP Postfix (Ubuntu) ❶
EHLO mail01 ❷
250-mail02
250-PIPELINING
250-SIZE 10240000
250-VRFY
250-ETRN
250-STARTTLS
250-ENHANCEDSTATUSCODES
250-8BITMIME
250 DSN
MAIL FROM:<sanders@skynet.local> SIZE=732
RCPT TO:<sanders@cyberdyne.local> ORCPT=rfc822;sanders@cyberdyne.local
DATA
250 2.1.0 Ok
250 2.1.5 Ok
354 End data with <CR><LF>.<CR><LF>
Received: from [172.16.16.225] (unknown [172.16.16.225])
by mail01 (Postfix) with ESMTP id 931C4400D5
for <sanders@cyberdyne.local>; Tue, 29 Dec 2015 14:13:51 -0500
(EST)
To: Chris Sanders <sanders@cyberdyne.local>
From: Chris Sanders <sanders@skynet.local>
Subject: Help!
Message-ID: <5682DB80.4010607@skynet.local>
Date: Tue, 29 Dec 2015 14:14:08 -0500
User-Agent: Mozilla/5.0 (Windows NT 10.0; WOW64; rv:38.0) Gecko/20100101
Thunderbird/38.5.0
MIME-Version: 1.0
Content-Type: text/plain; charset=utf-8; format=flowed
Content-Transfer-Encoding: 7bit
I need your help. The system has become self aware. On second thought,
why am I sending this from a system that can most certainly intercept
it? Oh well....
.
QUIT
250 2.0.0 Ok: queued as 994C8617DF
221 2.0.0 Bye
3 client pkt(s), 4 server pkt(s), 6 turns.
Entire conversation (1155 bytes)
Show data as
ASCII
Stream
0
Find:
Find Next
Hide this stream
Print
Save as...
Close
Help

▲ **그림 9-32** 로컬 이메일 서버에서 원격 이메일 서버로 TCP 스트림 보기

다시 한 번 이 캡처의 처음 15개 패킷은 로컬 이메일 서버❶를 나타내는 발신지 주소와 원격 이메일 서버❷를 나타내는 목적지 주소로 교환되는 동일한 메시지를 나타내는 것으로, 매우 익숙하다. 일단 이 순서가 완료되면 SMTP 서버는 해당 받는 사람이 이메일 클라이언트를 통해 메시지를 검색할 수 있게 메시지를 해당 사서함과 연결할 수 있다.

앞에서 언급했듯이 SMTP는 주로 이메일을 보내는 데 사용되며, 가장 일반적인 프로토콜이다. 서버의 사서함에서 이메일을 가져 오는 것은 좀 더 개방적이고 다양한 필요 때문에 이 작업을 지원하기 위해 설계된 몇 가지 프로토콜이 있다. POP3

Post Office Protocol version 3와 IMAP Internet Message Access Protocol이 가장 많이 사용된다. 이 예에서 원격 클라이언트는 패킷 16-34에 IMAP를 사용해 이메일 서버로부터 메시지를 검색한다.

이 책에서는 IMAP에 대해 다루지 않지만, 이 예에서는 통신이 암호화돼 있기 때문에 우리가 해냈을지라도 좋은 결과를 내지는 못한다. 패킷 21을 보면 클라이언트(172.16.16.235)가 그림 9-33과 같이 패킷 21의 이메일 서버(172.16.16.231)❶에 STARTTLS 명령을 보내는 것을 볼 수 있다.

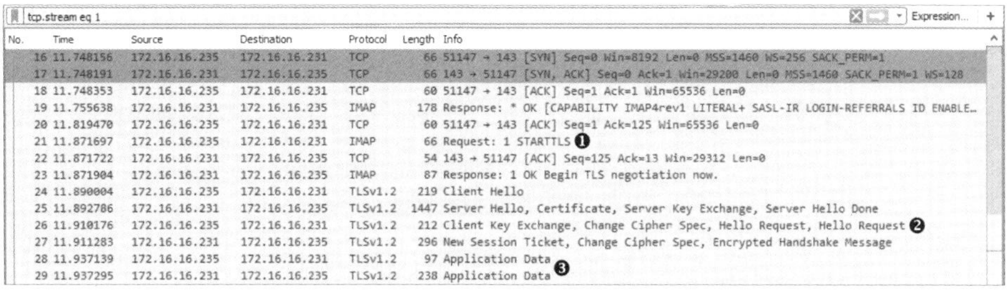

tcp.stream eq 1
Expression...
No. Time Source Destination Protocol Length Info
16 11.748156 172.16.16.235 172.16.16.231 TCP 66 51147 → 143 [SYN] Seq=0 Win=8192 Len=0 MSS=1460 WS=256 SACK_PERM=1
17 11.748191 172.16.16.231 172.16.16.235 TCP 66 143 → 51147 [SYN, ACK] Seq=0 Ack=1 Win=29200 Len=0 MSS=1460 SACK_PERM=1 WS=128
18 11.748353 172.16.16.235 172.16.16.231 TCP 60 51147 → 143 [ACK] Seq=1 Ack=1 Win=65536 Len=0
19 11.755638 172.16.16.231 172.16.16.235 IMAP 178 Response: * OK [CAPABILITY IMAP4rev1 LITERAL+ SASL-IR LOGIN-REFERRALS ID ENABLE…
20 11.819470 172.16.16.235 172.16.16.231 TCP 60 51147 → 143 [ACK] Seq=1 Ack=125 Win=65536 Len=0
21 11.871697 172.16.16.235 172.16.16.231 IMAP 66 Request: 1 STARTTLS ❶
22 11.871722 172.16.16.231 172.16.16.235 TCP 54 143 → 51147 [ACK] Seq=125 Ack=13 Win=29312 Len=0
23 11.871904 172.16.16.231 172.16.16.235 IMAP 87 Response: 1 OK Begin TLS negotiation now.
24 11.890004 172.16.16.235 172.16.16.231 TLSv1.2 219 Client Hello
25 11.892786 172.16.16.231 172.16.16.235 TLSv1.2 1447 Server Hello, Certificate, Server Key Exchange, Server Hello Done
26 11.910176 172.16.16.235 172.16.16.231 TLSv1.2 212 Client Key Exchange, Change Cipher Spec, Hello Request, Hello Request ❷
27 11.911283 172.16.16.231 172.16.16.235 TLSv1.2 296 New Session Ticket, Change Cipher Spec, Encrypted Handshake Message
28 11.937139 172.16.16.235 172.16.16.231 TLSv1.2 97 Application Data
29 11.937295 172.16.16.231 172.16.16.235 TLSv1.2 238 Application Data ❸

▲ **그림 9-33** STARTTLS 명령은 IMAP 트래픽이 암호화됨을 나타낸다.

이 명령은 클라이언트가 TLS 암호화를 사용해 메시지를 안전하게 검색하려고 한다는 것을 서버에 알린다. 보안 채널은 패킷 24-27❷의 각 종단점 사이에서 협상되고, 메시지는 나머지 패킷❸에서 TLS Transport Layer Security 프로토콜을 통해 안전하게 검색된다. 이러한 패킷 중 하나를 클릭해 데이터를 보거나 TCP 스트림을 따라가려면(그림 9-34 참조) 내용을 읽을 수 없으므로 이메일을 가로 채거나 누군가를 도용하지 못하게 된다.

최종 패킷을 수신하면 한 도메인의 사용자가 다른 도메인의 사용자에게 메시지를 보내는 프로세스가 완료된다.

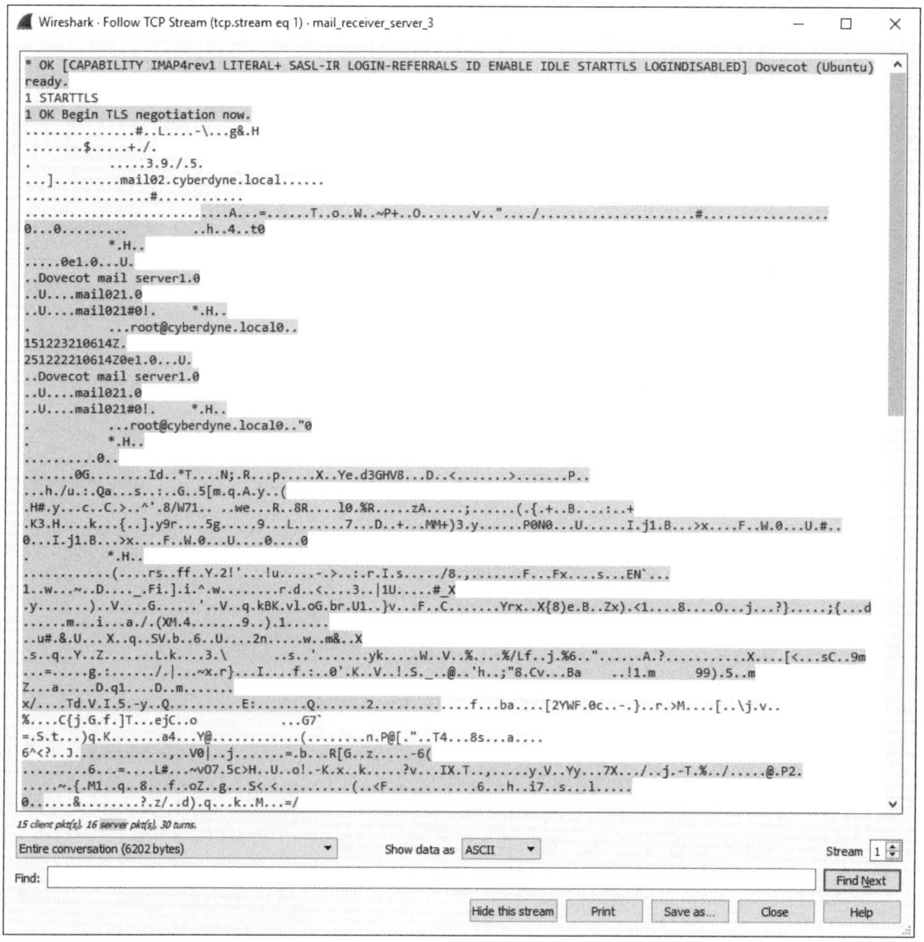
Wireshark · Follow TCP Stream (tcp.stream eq 1) · mail_receiver_server_3
* OK [CAPABILITY IMAP4rev1 LITERAL+ SASL-IR LOGIN-REFERRALS ID ENABLE IDLE STARTTLS LOGINDISABLED] Dovecot (Ubuntu) ready.
1 STARTTLS
1 OK Begin TLS negotiation now.
...]........mail02.cyberdyne.local......
..Dovecot mail server1.0
..U....mail021.0
...root@cyberdyne.local0..
151223210614Z.
251222210614Z0e1.0...U.
..Dovecot mail server1.0
..U....mail021.0
...root@cyberdyne.local0.."0
15 client pkt(s), 16 server pkt(s), 30 turns.
Entire conversation (6202 bytes)
Show data as
ASCII
Stream
1
Find:
Find Next
Hide this stream
Print
Save as...
Close
Help

▲ **그림 9-34** IMAP 트래픽은 클라이언트가 메시지를 다운로드할 때 암호화된다.

SMTP를 통해 첨부 파일 보내기

mail_sender_attachment.pcapng

SMTP는 파일 전송을 위한 메커니즘이 아니었지만 파일을 쉽게 이메일로 보낼 수 있다는 것은 많은 사람들에게 기본 공유 메커니즘이 됐음을 의미한다. SMTP를 사용해 패킷 레벨에서 파일을 보내는 방법에 대한 간단한 예제를 살펴본다.

패킷 캡처 mail_sender_attachment.pcapng에서 사용자는 자신의 클라이언트(172.16.16.225)에서 로컬 SMTP 메일 서버(172.16.16.221)를 통해 동일한 네트워크의 다른 사용자에게 이메일 메시지를 보내고 있다. 메시지는 약간의 텍스트를 포함하고 이미지 파일 첨부를 포함한다.

Wireshark · Follow TCP Stream (tcp.stream eq 0) · mail_sender_attachment
220 mail01 ESMTP Postfix (Ubuntu)
EHLO [172.16.16.225]
250-mail01
250-PIPELINING
250-SIZE 10240000
250-VRFY
250-ETRN
250-STARTTLS
250-ENHANCEDSTATUSCODES
250-8BITMIME
250 DSN
MAIL FROM:<sanders@skynet.local> SIZE=76692
250 2.1.0 Ok
RCPT TO:<ppa@skynet.local>
250 2.1.5 Ok
DATA
354 End data with <CR><LF>.<CR><LF>
To: ppa@skynet.local
From: Chris Sanders <sanders@skynet.local>
Subject: New Coworker
Message-ID: <56849222.4000609@skynet.local>
Date: Wed, 30 Dec 2015 21:25:38 -0500
User-Agent: Mozilla/5.0 (Windows NT 10.0; WOW64; rv:38.0) Gecko/20100101
Thunderbird/38.5.0
MIME-Version: 1.0
Content-Type: multipart/mixed; ❶
boundary="------------050407080301000500070000"
This is a multi-part message in MIME format.
--------------050407080301000500070000
Content-Type: text/plain; charset=utf-8; format=flowed ❷
Content-Transfer-Encoding: 7bit
A new guy started this week. There is something different about him, but
I can't quite figure it out. Every time he sees me he asks for my
clothes, my boots, and my motorcycle. I don't even own a motorcycle! I
took a quick picture and have attached it here. Have you seen this guy
before?
--------------050407080301000500070000 ❸
Content-Type: image/jpeg; ❹
name="newguy.jpg"
Content-Transfer-Encoding: base64 ❺
Content-Disposition: attachment;
filename="newguy.jpg"
/9j/4AAQSkZJRgABAQAAAQABAAD/2wBDAAMCAgMCAgMDAwMEAwMEBQgFBQQEBQoHBwYIDAoM
DAsKCwsNDhIQDQ4RDgsLEBYQERMUFRUVDA8XGBYUGBIUFRT/2wBDAQMEBAUEBQkFBQkUDQsN
FBQUFBQUFBQUFBQUFBQUFBQUFBQUFBQUFBQUFBQUFBQUFBQUFBQUFBQUFBQUFBQUFBT/wAAR
CAFaAmcDASIAAhEBAxEB/8QAHwAAAQUBAQEBAQEAAAAAAAAAAAECAwQFBgcICQoL/8QAtRAA
AgEDAwIEAwUFBAQAAAF9AQIDAAQRBRIhMUEGE1FhByJxFDKBkaEII0KxwRVS0fAkM2JyggkK ❻
FhcYGRolJicoKSo0NTY3ODk6Q0RFRkdISUpTVFVWV1hZWmNkZWZnaGlqc3R1dnd4eXqDhIWG
h4iJipKTlJWWl5iZmqKjpKWmp6ipqrKztLW2t7i5usLDxMXGx8jJytLT1NXW19jZ2uHi4+Tl
5ufo6erx8vP09fb3+Pn6/8QAHwEAAwEBAQEBAQEBAQAAAAAAAAECAwQFBgcICQoL/8QAtREA
AgECBAQDBAcFBAQAAQJ3AAECAxEEBSExBhJBUQdhcRMiMoEIFEKRobHBCSMzUvAVYnLRChYk
NOEl8RcYGRomJygpKjU2Nzg5OkNERUZHSElKU1RVVldYWVpjZGVmZ2hpanN0dXZ3eHl6goOE
hYaHiImKkpOUlZaXmJmaoqOkpaanqKmqsrO0tba3uLm6wsPExcbHyMnK0tPU1dbX2Nna4uPk
5ebn6Onq8vP09fb3+Pn6/9oADAMBAAIRAxEAPwD8+L3GRjpXd/C+e1Nx5c2wHPRjjNcFdHJB
HrV3TZDGwKnBHcHmvrJLQ+PtfQ9Y8Z2tmuwwBY2Y9Frn/E1gsfh8OVGNuS1Z9hqBeZDMzMAc
24 client pkt(s), 7 server pkt(s), 12 turns.
Entire conversation (77 kB)
Show data as
ASCII
Stream
0
Find:
Find Next
Hide this stream
Print
Save as...
Close
Help

▲ **그림 9-35** SMTP를 통해 첨부 파일을 보내는 사용자

SMTP를 통한 첨부 파일 전송은 텍스트 전송과 크게 다르지 않다. 서버에 대한 모든 데이터뿐이며, 일부 특수 인코딩이 일반적으로 발생하지만 DATA 명령을 사용해 어디서나 작업을 수행할 수 있다. 이 동작을 보려면 캡처 파일을 열고 지정된 SMTP 트랜잭션의 TCP 스트림을 따라가라. 이 스트림은 그림 9-35에서 보여준다.

이 예는 서비스 식별과 지원되는 프로토콜 교환과 관련된 이전 시나리오와 같이 시작된다. 클라이언트가 메시지를 전송할 준비가 되면 From과 To 주소를 제공해서 이를 수행하고 DATA 명령을 전송하면 서버가 버퍼를 열어 정보를 수신하게 지시한다.

앞의 예에서 클라이언트는 텍스트를 서버로 직접 전송했다. 이 예에서 클라이언트는 이미지 첨부와 관련된 바이너리 데이터뿐만 아니라 일반 텍스트 메시지를 보내야 한다.

이 작업을 수행하기 위해 Content-Type을 multipart/mixed로 식별하며, 경계는 ------------504070803010005000700000❶이다. 이렇게 하면 서버에 여러 유형의 데이터가 전송되고 있으며, 각각 고유한 데이터가 있다. MIME 유형과 인코딩을 지원하며 각 데이터 유형은 지정된 경계 값으로 분리된다. 따라서 다른 메일 클라이언트가 이 데이터를 받으면 경계와 고유한 MIME 유형 및 각 청크에 지정된 인코딩을 기반으로 데이터를 해석하는 방법을 알게 된다.

이 예에서는 이 메시지의 두 가지 고유한 부분이 있다. 첫 번째는 메일 텍스트 자체며, text/plain❷이라는 콘텐츠 유형으로 식별된다. 그 다음에는 경계 마커와 메시지의 새로운 부분❸의 시작을 보게 된다. 이 부분은 이미지 파일을 포함하며 image/jpeg❹ 콘텐츠 유형으로 식별된다. 또한 Content-Transfer-Encoding 값이 base64❺로 설정된다는 점에 유의할 필요가 있다. 즉, 데이터를 파싱할 base64에서 변환해야 한다는 것을 의미한다. 나머지 전송에는 인코딩된 이미지 파일❻이 포함된다.

여기서 이 인코딩을 보안 기능과 혼동하지 마라. base64 인코딩은 거의 즉시 되돌릴 수 있으며, 이 통신을 가로챈 모든 공격자는 많은 노력을 기울이지 않고도 이미지 파일을 검색할 수 있다. 이 이미지 파일을 조각하는 데 관심이 있다면 패킷 자체를 캡처하는 경우에도 12장의 '원격 액세스 트로이목마' 절에서 HTTP 기반 파일 전송의 이미지를 조각하는 비슷한 시나리오가 있다. 이 절을 읽은 후에는 이 캡처 파일로 돌아가서 사용자의 신비로운 동료가 누구인지 알 수 있다.

결론

9장에서는 응용 계층에서 트래픽을 검사할 때 가장 많이 사용되는 프로토콜을 소개했다. 10장에서는 다양한 실제 시나리오를 살펴보면서 여기에서 다룬 프로토콜의 새로운 프로토콜과 추가 기능에 대해 살펴본다.

개별 프로토콜에 대한 자세한 내용은 관련 RFC를 읽거나 Charles M. Kozierok의 『TCP/IP 가이드』(No Starch Press, 2005)를 참조하라. 또한 부록 A의 자원 목록을 참조하라.

10장 기본 실세계 시나리오

10장에서는 와이어샤크를 사용해 실제 네트워크 문제를 분석할 때 패킷 분석의 핵심 내용을 살펴본다. 문제의 상황을 설명하고 분석가가 그 상황에서 사용할 수 있는 정보를 제공함으로써 일련의 문제 해결 시나리오를 소개한다. 기초를 닦은 다음 적절한 패킷을 캡처하고, 진단하는 과정을 단계별로 설명하면서 분석을 시작한다.

일단 분석이 끝나면 잠재적인 해결책을 제시하고 배운 교훈에 대한 개요를 제공할 것이다. 전반적으로 분석은 매우 동적인 처리 과정임을 기억하라. 따라서 각 시나리오를 분석하는 방법이 실제 사용하는 것과 다를 수 있다. 모두가 자신의 관점에서 문제 해결과 추론에 접근한다. 분석 결과로 문제가 해결되지만 그렇지 않을 때에도 실패로부터 배우는 것이 중요하다. 결국 경험은 우리가 원하는 것을 얻지 못할 때 얻을 수 있는 것이다.

또한 10장에서 설명하는 대부분의 문제는 패킷 스니퍼를 사용하지 않는 방법으로 해결할 수 있지만 그러면 무슨 재미가 있을까요? 내가 패킷 분석 방법을 처음 배울 때 패킷 분석 기술을 사용해 비정상적인 방식으로 일반적인 문제를 조사하는 것이 도움이 된다는 것을 알았다. 이것이 내가 이 시나리오를 제시한 이유다.

웹 콘텐츠 누락

http_espn_fail.pcapng

살펴볼 첫 번째 시나리오는 늦은 시간에도 웨스트코스트 게임이 궁금한 대학 농구 팬인 사용자 패킷 피트Packet Pete에 관한 것이다. 매일 아침 그가 워크스테이션에 앉아서 가장 먼저 하는 일은 어젯밤의 최종 점수를 알기 위해 http://www.espn.com/을 방문하는 것이다. 피트가 오늘 아침 ESPN을 탐색할 때 페이지 로드 시간이 길어지고 결국 이미지와 내용의 대부분이 누락돼 나타났다(그림 10-1 참조). 피트가 이 문제를 진단하게 도와주자.

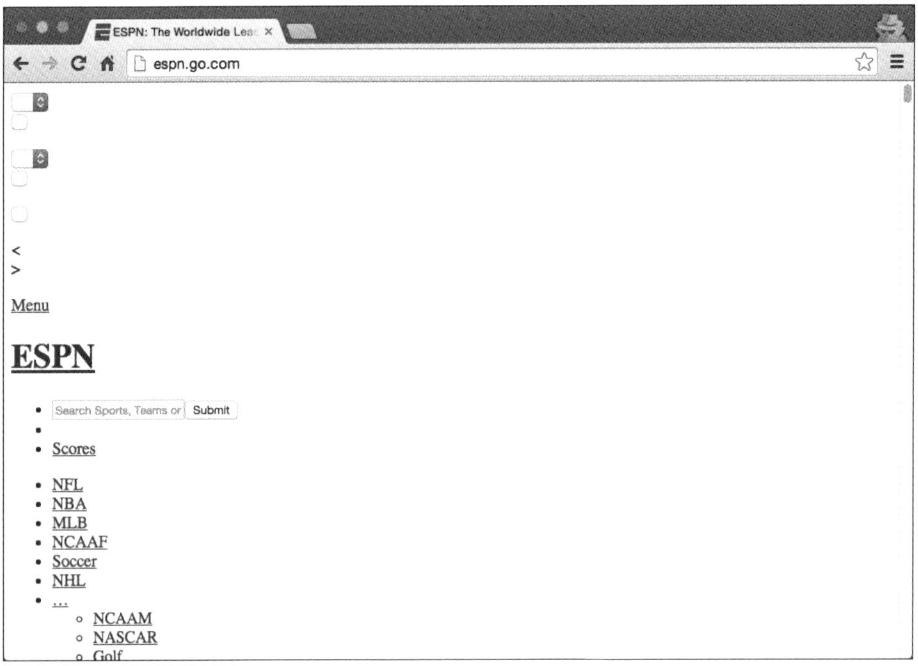

▲ **그림 10-1** ESPN이 제대로 로드되지 않았다.

회선 태핑

이 문제는 피트의 워크스테이션과 독립돼 있고, 다른 어떤 것에도 영향을 미치지 않으므로 여기에서 직접 패킷 캡처를 시작한다. 이를 위해 와이어샤크를 설치하고 ESPN 웹사이트를 탐색하면서 패킷을 캡처한다. 이 패킷들은 http_espn_fail.pcapng 파일에서 찾을 수 있다.

분석

피트의 문제는 자신이 보고자 하는 웹사이트의 내용을 볼 수 없다는 것이므로 기본적으로 HTTP 프로토콜을 살펴본다. 9장을 읽었다면 클라이언트와 서버 간의 HTTP 트래픽이 어떻게 이뤄지는지에 대한 기본적인 이해가 필요하다. 찾아봐야 할 곳은 원격 서버에 대한 HTTP 요청이다. `http.request.method == "GET"`을 사용해 GET 요청에 대한 필터를 적용해 이 작업을 수행할 수 있지만 기본 드롭다운 메뉴(그림 10-2 참조)에서 Statistics ▶ HTTP ▶ Requests를 선택하면 이 작업을 수행할 수도 있다.

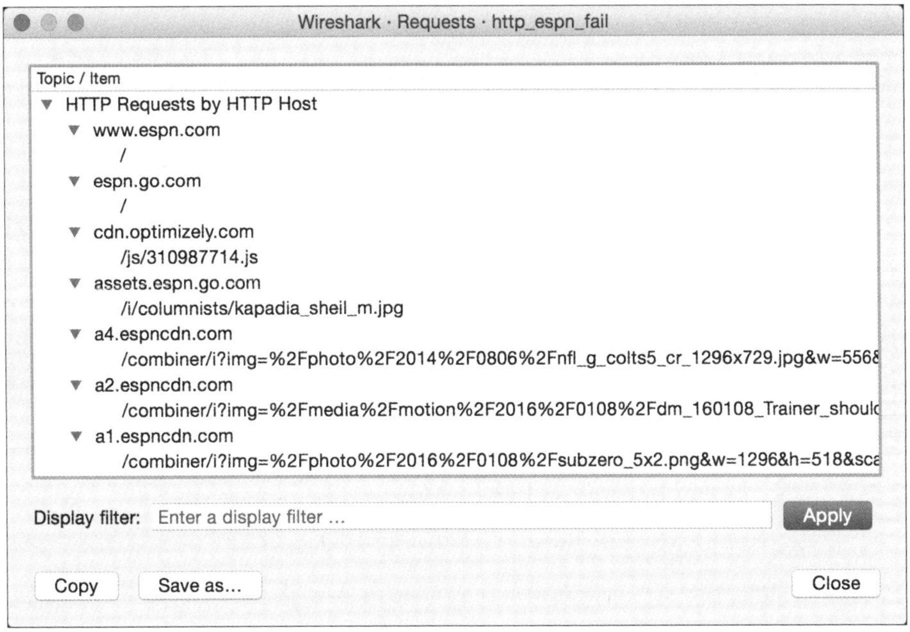

▲ **그림 10-2** ESPN에 대한 HTTP 요청 보기

이 개요에서 캡처는 7개의 서로 다른 HTTP 요청으로 제한되며, ESPN 웹사이트와 관련된 것으로 보인다. 각 요청에는 도메인 이름 내에 espn이라는 문자열이 포함돼 있다. 단, cdn.optimizely.com은 여러 사이트에 광고를 제공하는 데 사용되는 CDN[Content Delivery Network]이다. 광고나 기타 외부 콘텐츠를 호스팅하는 웹사이트를 탐색할 때 다양한 CDN에 대한 요청을 보는 것이 일반적이다.

이어지는 단서가 없으면 다음 단계는 Statistics ❯ Protocol Hierarchy를 선택해 캡처 파일의 프로토콜 계층을 살펴보는 것이다. 이렇게 하면 예기치 않은 프로토콜이나 프로토콜별 트래픽의 특이한 분포를 발견할 수 있다(그림 10-3 참조). 프로토콜 계층 구조 화면은 현재 적용된 디스플레이 필터를 기반으로 한다. 이전에 적용된 필터를 지우고 전체 패킷 캡처를 기반으로 예상된 결과를 얻을 수 있다.

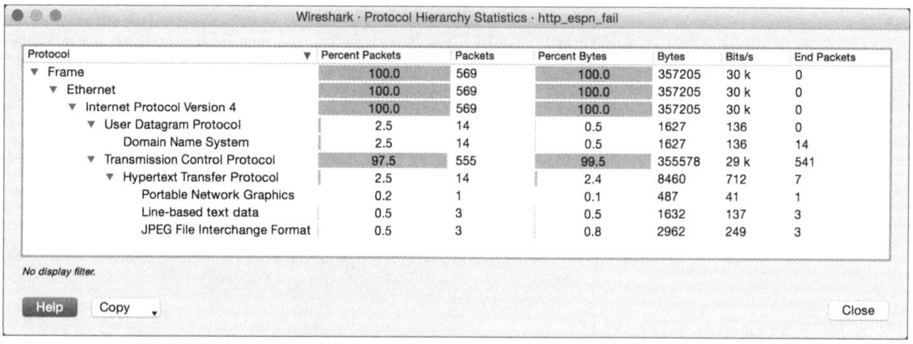

Protocol	Percent Packets	Packets	Percent Bytes	Bytes	Bits/s	End Packets
▼ Frame	100.0	569	100.0	357205	30 k	0
▼ Ethernet	100.0	569	100.0	357205	30 k	0
▼ Internet Protocol Version 4	100.0	569	100.0	357205	30 k	0
▼ User Datagram Protocol	2.5	14	0.5	1627	136	0
Domain Name System	2.5	14	0.5	1627	136	14
▼ Transmission Control Protocol	97.5	555	99.5	355578	29 k	541
▼ Hypertext Transfer Protocol	2.5	14	2.4	8460	712	7
Portable Network Graphics	0.2	1	0.1	487	41	1
Line-based text data	0.5	3	0.5	1632	137	3
JPEG File Interchange Format	0.5	3	0.8	2962	249	3

▲ **그림 10-3** 브라우징 세션의 프로토콜 계층 살펴보기

프로토콜 계층 구조는 그다지 복잡하지 않으며, 동작 중인 응용 계층 프로토콜이 두 가지(HTTP 및 DNS)라는 사실을 신속하게 해석할 수 있다. 9장에서 배웠듯이 DNS는 도메인 이름을 IP 주소로 변환하는 데 사용된다. 따라서 http://www.espn.com/과 같은 사이트를 탐색하면 원격 웹서버의 IP 주소를 알 수 없는 경우 시스템에서 DNS 조회를 보내야 한다. 적절한 IP 주소를 가진 DNS 응답이 돌아오면 해당 정보를 로컬 캐시에 추가하고 TCP를 사용하는 HTTP 통신을 시작할 수 있다.

여기서는 아무것도 보이지 않지만 14개의 DNS 패킷은 주목할 만하다. 단일 도메인 이름에 대한 DNS 요청은 일반적으로 단일 패킷에 포함되며, 응답도 단일 패킷을 구성한다(DNS가 TCP를 사용할 때 매우 큰 경우 제외). 여기에 14개의 DNS 패킷이 있으므로 7개의 DNS 조회(7개의 조회 + 7개의 응답 = 14개 패킷)가 생성될 수 있다. 그림 10-2에서는 7개의 다른 도메인에 대한 HTTP 요청을 보여주지만, 피트는 브라우저에 URL 하나만 입력했다. 이러한 추가 요청은 모두 왜 만들어지는가?

기본적으로 웹 페이지를 방문하는 것은 한 서버를 조회하고 모든 HTTP 내용을 단일 HTTP 대화로 가져 오는 것만큼이나 쉽다. 실제로 개별 웹 페이지는 여러 서버에서 호스팅되는 콘텐츠를 제공할 수 있다. 텍스트 기반의 모든 콘텐츠는 한곳에서, 그래픽은 다른 곳에서, 그리고 내장된 비디오는 세 번째에 있을 수 있다. 여기에는 수십 개의 개별 서버에 있는 여러 제공업체에서 호스팅할 수 있는 광고는 포함되지 않는다. HTTP 클라이언트가 HTML 코드를 파싱하고 다른 호스트의 콘텐츠에 대한 참조를 찾으면 콘텐츠에 대해 해당 호스트를 조회해 추가 DNS 조회 및 HTTP 요청을 생성할 수 있다. 이것은 정확하게 피트가 ESPN을 방문했을 때 일어난 일이다. 단일 소스에서만 콘텐츠를 보려고 했지만 HTML 코드에서 추가 콘텐츠에 대한 참조가 발견됐으며, 브라우저가 다른 여러 도메인의 콘텐츠를 자동으로 요청한 것이다.

이제 이러한 추가 요청이 있는 이유를 이해했다. 다음과 같은 단계는 각 요청과 관련된 개별 대화(Statistics ▸ Conversations)를 검사하는 것이다. Conversations 창(그림 10-4 참조)을 검토하는 것이 중요한 단서를 제공한다.

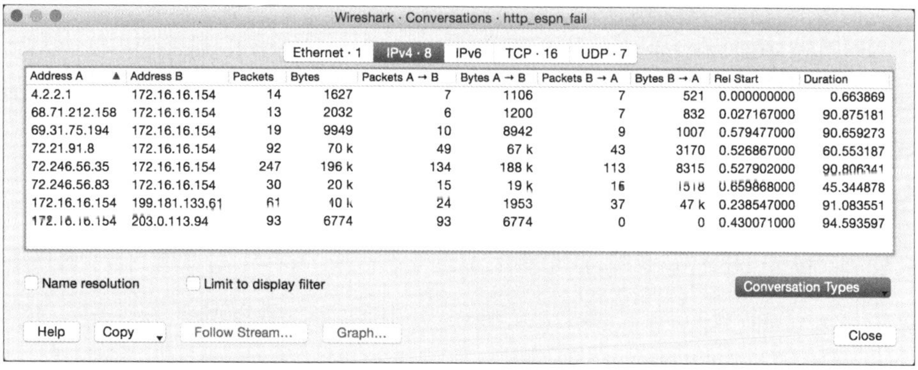

Address A	Address B	Packets	Bytes	Packets A → B	Bytes A → B	Packets B → A	Bytes B → A	Rel Start	Duration
4.2.2.1	172.16.16.154	14	1627	7	1106	7	521	0.000000000	0.663869
68.71.212.158	172.16.16.154	13	2032	6	1200	7	832	0.027167000	90.875181
69.31.75.194	172.16.16.154	19	9949	10	8942	9	1007	0.579477000	90.659273
72.21.91.8	172.16.16.154	92	70 k	49	67 k	43	3170	0.526867000	60.553187
72.246.56.35	172.16.16.154	247	196 k	134	188 k	113	8315	0.527902000	90.806341
72.246.56.83	172.16.16.154	30	20 k	15	19 k	16	1518	0.659868000	45.344878
172.16.16.154	199.181.133.61	61	40 k	24	1953	37	47 k	0.238547000	91.083551
172.16.16.154	203.0.113.94	93	6774	93	6774	0	0	0.430071000	94.593597

▲ **그림 10-4** IP 대화 살펴보기

이전에 7개의 DNS 요청과 7개의 HTTP 요청이 일치하는 것을 발견했다. 이를 기반으로 일치하는 IP 대화가 7개가 있을 것으로 예상할 수 있지만 여덟 개가 있다. 이것을 어떻게 설명할 수 있는가?

한 가지 생각은 캡처가 현재의 문제와 관련이 없는 추가 대화에 의해 '오염'됐다는 점이다. 관련성이 없는 트래픽으로 인해 분석에 문제가 없는지 확인하는 것은 확실히 알아야 하지만, 이 대화에서는 문제가 아니다. 각 HTTP 요청을 검사해 요청이 전송된 IP 주소를 기록한 경우 일치하는 HTTP 요청이 없는 대화가 있어야 한다. 이 대화의 끝점은 피트의 워크스테이션(172.16.16.154)과 원격 IP 203.0.113.94이다. 이 대화는 그림 10-4의 하단 라인에 나타난다. 이 알 수없는 호스트에 6,774바이트가 전송됐지만 0바이트가 되돌려 보내졌음을 알 수 있다. 가치가 있는 정보다.

이 대화를 필터링하면(conversation에서 마우스 오른쪽 클릭하고 Apply As Filter ▶ Selected ▶ A ⟨-⟩ B를 선택) TCP에 대한 지식을 적용해 잘못된 정보를 파악할 수 있다(그림 10-5 참조).

No.	Time	Source	Destination	Protocol	Length	Info
25	0.430071	172.16.16.154	203.0.113.94	TCP	78	64862 → 80 [SYN] Seq=0 Win=65535 Len=0 MSS=1460 WS=32 TSval=1101093668 TSec…
26	0.430496	172.16.16.154	203.0.113.94	TCP	78	64863 → 80 [SYN] Seq=0 Win=65535 Len=0 MSS=1460 WS=32 TSval=1101093668 TSec…
27	0.431050	172.16.16.154	203.0.113.94	TCP	78	64864 → 80 [SYN] Seq=0 Win=65535 Len=0 MSS=1460 WS=32 TSval=1101093669 TSec…
39	0.500663	172.16.16.154	203.0.113.94	TCP	78	64865 → 80 [SYN] Seq=0 Win=65535 Len=0 MSS=1460 WS=32 TSval=1101093737 TSec…
40	0.500873	172.16.16.154	203.0.113.94	TCP	78	64866 → 80 [SYN] Seq=0 Win=65535 Len=0 MSS=1460 WS=32 TSval=1101093737 TSec…
70	0.553964	172.16.16.154	203.0.113.94	TCP	78	64869 → 80 [SYN] Seq=0 Win=65535 Len=0 MSS=1460 WS=32 TSval=1101093787 TSec…
456	1.460006	172.16.16.154	203.0.113.94	TCP	78	[TCP Retransmission] 64863 → 80 [SYN] Seq=0 Win=65535 Len=0 MSS=1460 WS=32 …
457	1.460006	172.16.16.154	203.0.113.94	TCP	78	[TCP Retransmission] 64862 → 80 [SYN] Seq=0 Win=65535 Len=0 MSS=1460 WS=32 …
458	1.461238	172.16.16.154	203.0.113.94	TCP	78	[TCP Retransmission] 64864 → 80 [SYN] Seq=0 Win=65535 Len=0 MSS=1460 WS=32 …
459	1.530278	172.16.16.154	203.0.113.94	TCP	78	[TCP Retransmission] 64866 → 80 [SYN] Seq=0 Win=65535 Len=0 MSS=1460 WS=32 …
460	1.530278	172.16.16.154	203.0.113.94	TCP	78	[TCP Retransmission] 64865 → 80 [SYN] Seq=0 Win=65535 Len=0 MSS=1460 WS=32 …
461	1.580145	172.16.16.154	203.0.113.94	TCP	78	[TCP Retransmission] 64869 → 80 [SYN] Seq=0 Win=65535 Len=0 MSS=1460 WS=32 …
462	2.461157	172.16.16.154	203.0.113.94	TCP	78	[TCP Retransmission] 64863 → 80 [SYN] Seq=0 Win=65535 Len=0 MSS=1460 WS=32 …
463	2.461157	172.16.16.154	203.0.113.94	TCP	78	[TCP Retransmission] 64862 → 80 [SYN] Seq=0 Win=65535 Len=0 MSS=1460 WS=32 …

▲ **그림 10-5** 예기치 않은 연결 살펴보기

일반적인 TCP 통신을 사용하면 표준 SYN-SYN/ACK-ACK 핸드셰이크 순서를 볼 수 있다. 이 경우 피트의 워크스테이션은 SYN 패킷을 203.0.113.94로 보냈지만 SYN/ACK 응답이 없다. 뿐만 아니라 피트의 워크스테이션은 다중 SYN 패킷을 보내지 않고 자신의 컴퓨터가 TCP 재전송 패킷을 전송하게 유도했다. TCP 재전송에 대한 자세한 내용은 11장에서 자세히 설명하겠지만, 여기서 중요한 것은 하나의 호스트가 응답을 받지 못한 패킷을 보내는 것이다. 시간 열을 보면 재전송이 응답 없이 95초 동안 계속된다. 네트워크 통신에서 이것은 엄청나게 느린 속도다.

이제 7개의 DNS 요청, 7개의 HTTP 요청과 8개의 IP 대화를 확인했다. 캡처가 추가 데이터로 오염되지 않았다는 것을 알고 있기 때문에 8번째 IP 대화가 피트의 천천히 그리고 불완전하게 로딩되는 웹 페이지의 소스라고 생각하는 것이 합리적이다. 어떤 이유로 피트의 워크스테이션은 존재하지 않거나 수신하지 않는 장치와 통신을 시도하고 있다. 이것이 왜 발생하는지를 이해하기 위해 캡처 파일에 있는 내용을 살펴보지는 않을 것이다. 대신 거기에 없는 것을 고려할 것이다.

피트가 http://www.espn.com/을 탐색할 때 그의 브라우저는 다른 도메인에서 호스팅되는 자원을 식별했다. 이 데이터를 검색하기 위해 워크스테이션은 IP 주소를 찾기 위해 DNS 요청을 생성한 다음 TCP를 통해 DNS에 연결해 콘텐츠에 대한 HTTP 요청을 보낼 수 있었다. 203.0.113.94와의 대화에서 DNS 요청을 찾을 수 없다. 그럼, 피트의 워크스테이션에서 그 주소를 어떻게 알았을까?

9장의 DNS에 대한 토론을 기억하거나 잘 알고 있다면 대부분의 시스템이 DNS 캐싱이 구현돼 있다는 것을 알고 있다. 이를 통해 사용자는 자주 통신하는 도메인을 방문할 때마다 DNS 요청을 생성할 필요 없이 이미 검색된 로컬 DNS-IP 주소 매핑을 참조할 수 있다. 결국 이러한 DNS-IP 매핑이 만료되고 새로운 요청이 생성돼야 한다. 그러나 DNS-IP 매핑이 변경되고 다음번 방문 시에 새로운 주소를 가져 오기 위해 장치에서 DNS 요청을 생성하지 않으면 장치는 더 이상 유효하지 않은 주소에 연결을 시도한다.

피트의 경우에는 이것이 정확히 일어난 일이다. 피트의 워크스테이션에는 ESPN용 콘텐츠를 호스팅하는 도메인에 대한 캐시된 DNS-IP 매핑이 이미 있다. 이 캐싱된 항목이 있기 때문에 DNS 요청이 생성되지 않았으며, 그의 시스템은 이전 주소로 연결하려고 시도했다. 그러나 해당 주소는 더 이상 요청에 응답하게 구성돼 있지 않다. 결과적으로 요청 시간이 초과돼 내용이 로드되지 않았다.

다행스럽게도 피트의 경우 수동으로 DNS 캐시를 지우는 것은 커맨드라인이나 터미널 창에서 몇 번의 키 입력으로 가능하다. 또는 DNS 캐시 항목이 만료돼 새로 요청이 생성될 때 몇 분 후에 다시 시도할 수도 있다.

배운 점

이 시나리오는 단지 켄터키가 듀크를 90점으로 이겼다는 것을 찾는 작업이지만, 우리는 네트워크 호스트 간의 관계에 대해 더 깊이 이해하고 있다. 이 시나리오에서는 캡처 내에서 일어나는 요청과 대화에 관련된 여러 데이터 요소를 조사해 해결책을 찾을 수 있었다. 여기서 클라이언트와 ESPN의 콘텐츠 전송 서버 중 하나와의 통신 실패를 탐지하는 과정에서 몇 가지 불일치를 발견할 수 있었다.

실세계에서 문제를 진단하는 것은 패킷 목록을 스크롤해 관심 있는 것을 찾는 것만큼 간단하지는 않다. 가장 간단한 문제도 문제를 해결하기 위해 와이어샤크의 분석과 통계 기능을 사용해 이상 징후를 찾아내려면 매우 큰 캡처가 생길 수 있다. 이 분석 스타일을 잘 알고 있으면 패킷 레벨에서 문제를 성공적으로 해결하는 것이 중요하다.

정상적인 통신이 어떻게 이뤄지는지 보여주는 예를 보고 싶으면 웹 브라우저와 ESPN 사이처럼 트래픽을 캡처하면서 사이트를 탐색하고 콘텐츠 전달을 담당하는 모든 서버를 파악해보라.

반응이 없는 기상 정보 서비스

weather_broken.pcapng
weather_working.pcapng

두 번째 시나리오는 또 동료인 패킷 피트와 관련이 있다. 피트의 취미는 자신이 아마추어 기상학자로 생각하고 자주 현재 상황과 예측을 확인하곤 한다. 이를 위해 전적으로 현지 뉴스에 의존하지 않고 있다. 실제로 집 바깥에 작은 기상 관측소를 운영해 기상 정보 집계를 위해 https://www.wunderground.com/에 데이터를 보고한다. 오늘 피트는 기상 관측소를 방문해 밤새 기온이 어느 정도 떨어졌는지 확인했지만, 실제는 자정 무렵부터 9시간 이상 Wunderground에 보고하지 않았음을 발견했다(그림 10-6 참조).

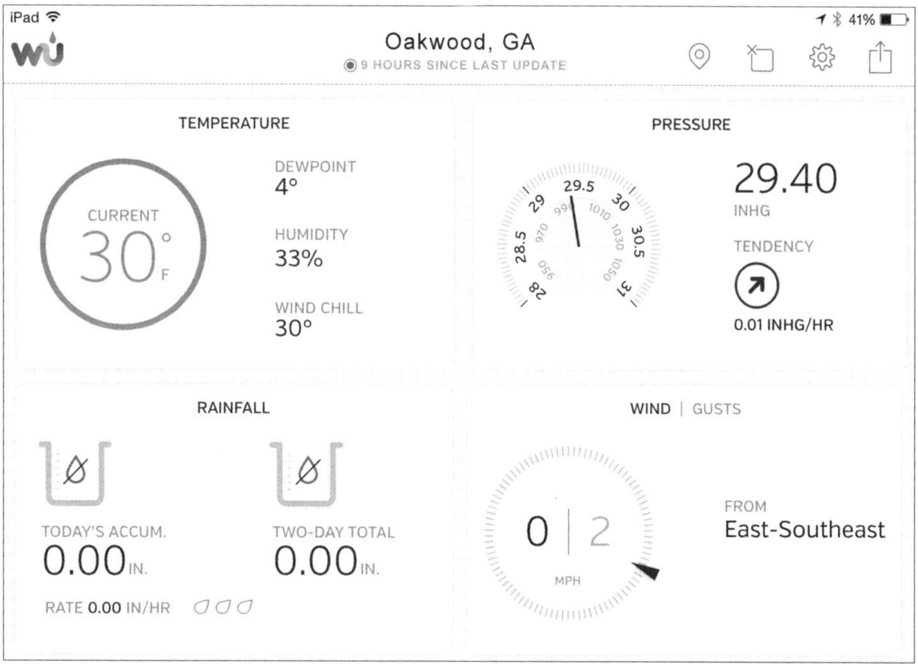

▲ **그림 10-6** 기상 관측소는 9시간 동안 보고서를 보내지 않았다

회선 태핑

피트의 네트워크에서 자신의 옥상에 설치된 기상 관측소는 RF 연결을 통해 집안의 수신기와 연결돼 있다. 그 수신기는 자신의 네트워크 스위치에 연결돼 인터넷을 통해 통계 정보를 Wunderground에 보고한다. 이 구조는 그림 10-7에서 보여준다.

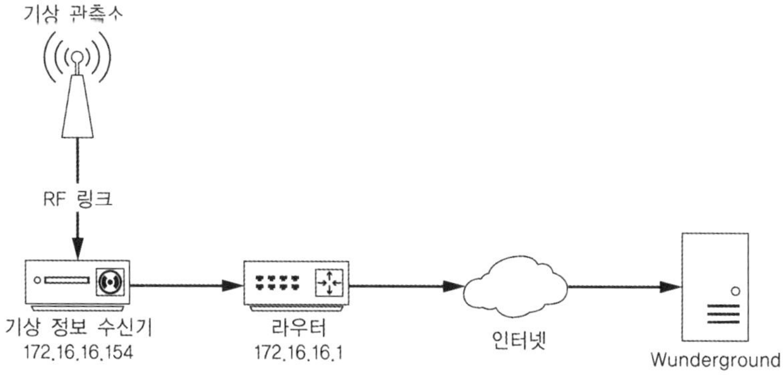

▲ **그림 10-7** 기상 관측소 네트워크 구조

수신기에는 간단한 웹 기반 관리 페이지가 있지만 피트는 문제 해결을 위한 추가 지침 없이 마지막 동기화 시간에 대한 암호 메시지를 찾기 위해 로그인했다. 소프트웨어는 자세한 오류 로깅을 제공하지 않는다. 수신기가 기상 관측소 기반 구조를 위한 통신 허브이기 때문에 문제를 진단하기 위해 수신기에서 주고받는 패킷을 캡처하는 것이 좋다. 이것은 홈 네트워크이므로 포트 미러링은 SOHO 스위치의 옵션이 아니다. 최선의 방법은 저렴한 탭을 사용하거나 ARP 캐시 포이즈닝을 수행해서 이들 패킷을 가로채는 것이다. 캡처된 패킷은 weather_broken.pcapng 파일에 있다.

분석

캡처 파일을 열면 다시 HTTP 통신을 처리하는 것을 볼 수 있다. 패킷 캡처는 피트의 지역 기상 수신기 172.16.16.154와 인터넷상의 알려지지 않은 원격 장치 38.102.136.125 사이의 단일 대화로 제한돼 있다(그림 10-8 참조).

No.	Time	Source	Destination	Protocol	Length	Info
1	0.000000	172.16.16.154	38.102.136.125	TCP	78	53904 → 80 [SYN] Seq=0 Win=65535 Len=0 MSS=1460 WS=32 TSval=1015238041 TSecr=0 SACK_PERM=1
2	0.087018	38.102.136.125	172.16.16.154	TCP	60	80 → 53904 [SYN, ACK] Seq=0 Ack=1 Win=8190 Len=0 MSS=1360
3	0.087108	172.16.16.154	38.102.136.125	TCP	54	53904 → 80 [ACK] Seq=1 Ack=1 Win=65535 Len=0
4	0.087178	172.16.16.154	38.102.136.125	HTTP	571	GET /weatherstation/updateweatherstation.php?ID=KGAOAKWO2&PASSWORD=00000000&tempf=43.0&humidity=30…
5	0.176462	38.102.136.125	172.16.16.154	HTTP	237	HTTP/1.0 200 OK (text/html)
6	0.176567	172.16.16.154	38.102.136.125	TCP	54	53904 → 80 [ACK] Seq=518 Ack=184 Win=65535 Len=0
7	0.176714	172.16.16.154	38.102.136.125	TCP	54	53904 → 80 [FIN, ACK] Seq=518 Ack=184 Win=65535 Len=0
8	0.262587	38.102.136.125	172.16.16.154	TCP	60	80 → 53904 [FIN, ACK] Seq=184 Ack=519 Win=7673 Len=0
9	0.262656	172.16.16.154	38.102.136.125	TCP	54	53904 → 80 [ACK] Seq=519 Ack=185 Win=65535 Len=0

▲ **그림 10-8** 격리된 기상국 수신기 통신

대화의 특성을 살펴보기 전에 알려지지 않은 IP를 식별할 수 있는지 알아본다. 광범위한 연구가 없다면 피트의 기상 수신기가 정확한 IP 주소인지 여부를 알 수 없지만 WHOIS 조회를 통해 Wunderground 인프라의 일부인지 확인할 수 있다. 대부분의 도메인 등록이나 http://whois.arin.net/ 같은 지역 인터넷 등록 웹사이트를 통해 WHOIS 조회를 수행할 수 있다. 이 경우 IP는 인터넷 서비스 제공업체[ISP]인 Cogent에 속한 것으로 보인다(그림 10-9 참조). PSINet Inc.도 여기에 언급됐지만 빠른 검색을 통해 대부분의 PSINet 자산이 2000년대 초 Cogent에 인수된 것으로 나타났다.

Network	
Net Range	38.0.0.0 - 38.255.255.255
CIDR	38.0.0.0/8
Name	COGENT-A
Handle	NET-38-0-0-1
Parent	
Net Type	Direct Allocation
Origin AS	AS174
Organization	PSINet, Inc. (PSI)
Registration Date	1991-04-16
Last Updated	2011-05-20
Comments	Reassignment information for this block can be found at rwhois.cogentco.com 4321
RESTful Link	https://whois.arin.net/rest/net/NET-38-0-0-1

Function	Point of Contact
Tech	PSI-NISC-ARIN (PSI-NISC-ARIN)

See Also	Related organization's POC records.
See Also	Related delegations.

▲ **그림 10-9** WHOIS 데이터는 IP의 소유자를 알려준다.

경우에 따라 IP 주소가 조직에 직접 등록되면 WHOIS 조회는 해당 조직의 이름을 알려준다. 그러나 대부분 회사는 ISP에 직접 등록하지 않고 ISP의 IP 주소 공간을 활용한다. 이 경우 IP 주소와 연관된 ASN(Autonomous System Number)을 검색하는 또 다른 유용한 방법이 있다. 조직은 공용 인터넷에서 특정 유형의 라우팅을 지원하기 위해 ASN에 등록해야 한다. IP-ASN 연관을 찾는 방법은 여러 가지가 있다(일부 WHOIS 조회는 자동으로 제공한다). 그러나 나는 Team Cymru의 자동화된 조회 도구(https://asn.cymru.com/)를 사용하는 것을 좋아한다. 이 도구를 사용해 38.102.136.125를 보면 'Wunderground - The Weather Channel, LLC, US'(그림 10-10 참조)에 연관된 AS 36347과 관련이 있음을 알 수 있다. 그것은 기상 관측소가 통신하고 있는 장치가 최소한 적절한 이웃에 있다는 것을 말해준다. 이 주소에 대한 정확한 연락을 확인할 수 없는 경우 피트의 수신자가 잘못된 기기와 통화하고 있는지 여부를 조사할 가치가 있지만 주소는 확인된다.

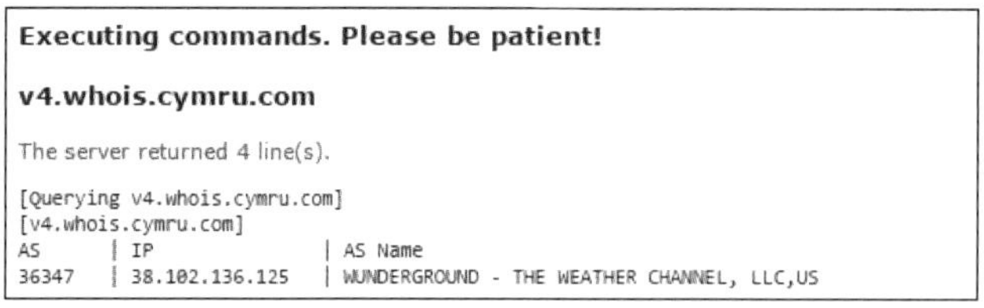

▲ **그림 10-10** 외부 IP 주소에 대한 IP-ASN 조회

알려지지 않은 호스트 특성을 이용해 통신의 세부 사항을 파헤칠 수 있다. 대화가 상대적으로 짧다. 여기에는 TCP 핸드셰이크, 단일 HTTP GET 요청과 응답, TCP 연결 해제가 있다. 핸드셰이크와 연결 해제는 성공한 것으로 보이므로 우리의 문제는 HTTP 요청 자체에 있을 것이다. 이 점을 자세히 살펴보기 위해 TCP 스트림을 따라갈 것이다(그림 10-11 참조).

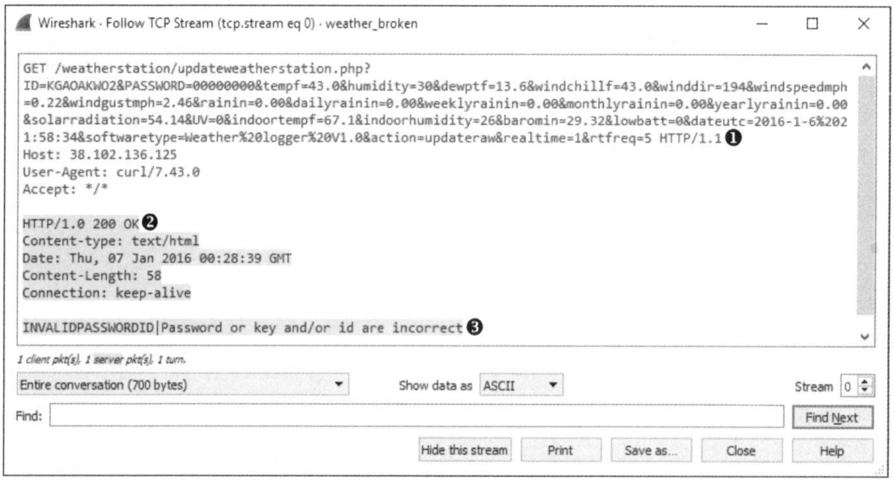

Wireshark · Follow TCP Stream (tcp.stream eq 0) · weather_broken
GET /weatherstation/updateweatherstation.php?
ID=KGAOAKWO2&PASSWORD=00000000&tempf=43.0&humidity=30&dewptf=13.6&windchillf=43.0&winddir=194&windspeedmph
=0.22&windgustmph=2.46&rainin=0.00&dailyrainin=0.00&weeklyrainin=0.00&monthlyrainin=0.00&yearlyrainin=0.00
&solarradiation=54.14&UV=0&indoortempf=67.1&indoorhumidity=26&baromin=29.32&lowbatt=0&dateutc=2016-1-6%202
1:58:34&softwaretype=Weather%20logger%20V1.0&action=updateraw&realtime=1&rtfreq=5 HTTP/1.1 ❶
Host: 38.102.136.125
User-Agent: curl/7.43.0
Accept: */*
HTTP/1.0 200 OK ❷
Content-type: text/html
Date: Thu, 07 Jan 2016 00:28:39 GMT
Content-Length: 58
Connection: keep-alive
INVALIDPASSWORDID|Password or key and/or id are incorrect ❸
1 client pkt(s), 1 server pkt(s), 1 turn.
Entire conversation (700 bytes)
Show data as
ASCII
Stream
0
Find:
Find Next
Hide this stream
Print
Save as...
Close
Help

▲ **그림 10-11** 기상 수신기 통신의 TCP 스트림 따라가기

HTTP 통신은 피트의 기상 수신기에서 Wunderground로 가는 GET 요청으로 시작된다. HTTP 콘텐츠는 전송되지 않았지만 상당한 양의 데이터가 URL❶에서 전송됐다. URL 조회 문자열을 통해 데이터를 전송하는 것은 웹 애플리케이션에서 일반적이며, 수신기가 이 메커니즘을 사용해 날씨 업데이트를 전달하는 것처럼 보인다. 예를 들어 tempf = 43.0, dewptf = 13.6, windchillf = 43.0과 같은 필드를 볼 수 있다. Wunderground 수집 서버는 URL의 필드와 매개변수 목록을 파싱해 데이터베이스에 저장한다.

언뜻 보기에 모든 것이 Wunderground 서버에 대한 GET 요청과 함께 잘 보인다. 그러나 해당 회신을 보면 오류가 보고된 것으로 나타나 있다. 서버는 HTTP/1.0 200 OK 응답 코드❷로 응답해 GET 요청을 받고 성공적이었음을 나타내지만, 응답 본문에 의미 있는 메시지가 들어있다. 이것은 INVALIDPASSWORDID|Password or key and/or id are incorrect❸다. 요청 URL을 다시 보면 패스된 두 개의 매개변수가 ID와 PASSWORD라는 것을 알 수 있다. 이것들은 기상 관측소 호출 부호를 식별하고 그것을 Wunderground 서버에 인증하는 데 사용된다. 이 경우 피트의 기상 관측소 ID는 정확하지만 암호는 아니다. 어떤 알려지지 않은 이유로 그것은 0으로 대체됐다. 마지막으로 성공적인 통신이 자정에 있었기 때문에 업데이트가 적용됐거나 수신기가 재부팅돼 암호 구성을 잃어 버렸을 수 있다.

참고 많은 개발자가 URL에 매개변수를 전달하기를 원하지만 일반적으로 여기에 나타난 대로 암호를 사용해 이 작업을 수행하는 것은 좋지 않다. 이는 HTTPS 같이 암호화를 추가하지 않고 HTTP를 사용하는 경우 요청된 URL이 일반 텍스트로 전송되기 때문이다. 따라서 악의적인 사용자가 유선 전화를 듣고 비밀번호를 가로챌 수 있다.

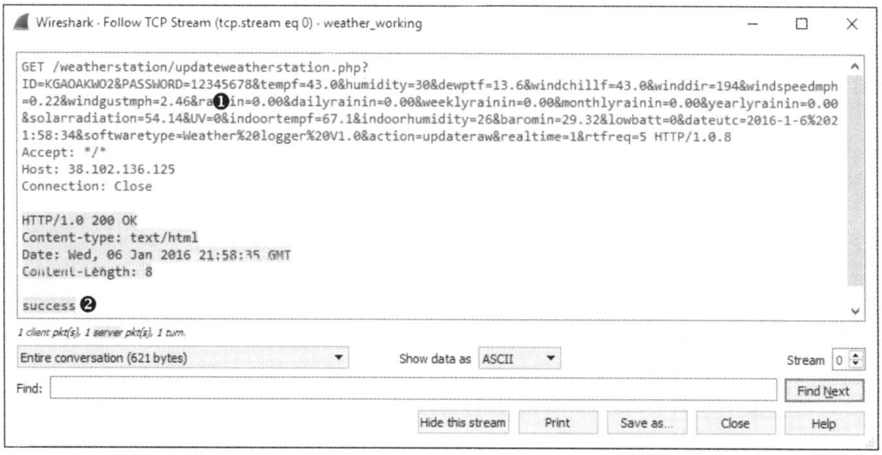

▲ **그림 10-12** 성공적인 기상 관측 통신

이 시점에서 피트는 수신기에 접속하고 새로운 비밀번호를 입력할 수 있었다. 그 직후 기상 관측소에서 데이터를 다시 동기화하기 시작했다. 성공적인 기상 관측소 통신의 예는 weather_working.pcapng에서 찾을 수 있다. 통신 스트림은 그림 10-12에 나와 있다.

암호가 맞고❶ Wunderground 서버가 HTTP 응답 본문에 success 메시지❷로 응답했다.

배운 점

이 시나리오에서는 다른 프로토콜(HTTP)에서 사용할 수 있는 기능을 사용해 네트워크 통신을 원활하게 해주는 제3자 서비스를 살펴봤다. 제3자 서비스를 이용해 통신 문제를 해결하는 것은 종종 접할 것이며, 패킷 분석 기술은 적절한 문서나 오류 로깅을 사용할 수 없는 경우 이러한 서비스를 이용한 문제점 해결이 적합할 것이다. 우리 주위에 이 기상 관측소와 같은 사물 인터넷IoT, Internet of Things 장치를 사용하기 시작해 점점 더 보편화되고 있다.

이러한 문제를 해결하려면 알 수 없는 트래픽 순서와 작업이 어떻게 진행되는지 파악할 줄 아는 능력이 필요하다. 이 시나리오에서 HTTP 기반 기상 데이터 전송과 같은 일부 애플리케이션은 매우 간단하다. 다른 것들은 복잡하기 때문에 다중 트랜잭션, 암호화 추가, 와이어샤크가 기본적으로 분석할 수 없는 맞춤형 프로토콜이 필요하다.

더 많은 제3자 서비스를 조사해보면 개발자가 네트워크 통신을 원활하게 하기 위해 사용하는 일반적인 패턴에 대해 알 수 있다. 이 지식은 문제를 해결할 때 많은 도움이 된다.

인터넷 접속 불가

많은 시나리오에서 인터넷 연결 문제를 진단하고 해결할 수 있어야 한다. 발생할 수 있는 몇 가지 일반적인 문제를 다룰 것이다.

게이트웨이 구성 문제

다음 시나리오는 일반적인 문제로 사용자가 인터넷에 접속할 수 없다는 것으로, 사용자가 로컬 서버가 호스팅하는 다른 워크스테이션과 애플리케이션의 공유를 포함해 네트워크의 모든 내부 자원에 접속할 수 있음을 확인하는 것이다. 모든 클라이언트와 서버가 간단한 스위치에 연결되기 때문에 네트워크 구조가 간단하다. 인터넷 접속은 기본 게이트웨이gateway로 사용되는 단일 라우터를 통해 처리되며, IP 주소 지정 정보는 DHCP에 의해 제공된다. 이는 소규모 사무실에서는 매우 일반적인 시나리오다.

회선 태핑

nowebaccess1.pcapng

문제의 원인을 파악하기 위해 스니퍼가 인터넷에서 청취하는 동안 사용자가 인터넷을 탐색하게 할 수 있다. 스니퍼 배치에 가장 적합한 방법을 결정하기 위해 2장의 정보(그림 2-15 참조)를 사용한다.

이 네트워크의 스위치는 포트 미러링을 지원하지 않는다. 시험을 수행하기 위해 이미 사용자를 방해해야 하므로 일단 오프라인으로 전환하는 것이 좋다. 이것이 높은 처리량 시나리오는 아니지만, TAP이 유효한 경우 여기가 적절할 것이다. 결과 파일은 nowebaccess1.pcapng다.

분석

트래픽 캡처는 그림 10-13에 나타난 것처럼 ARP 요청과 응답으로 시작된다. 패킷 1에서 MAC 주소가 00:25:b3:bf:91:ee이고 IP 주소가 172.16.0.8인 사용자의 컴퓨터가 기본 게이트웨이인 172.16.0.10의 IP 주소와 연관된 MAC 주소를 찾기 위해 네트워크 세그먼트의 모든 컴퓨터에 ARP 브로드캐스트 패킷을 보낸다.

No.	Time	Source	Destination	Protocol	Length	Info
1	04:32:21.445645	00:25:b3:bf:91:ee	ff:ff:ff:ff:ff:ff	ARP	42	Who has 172.16.0.10? Tell 172.16.0.8
2	04:32:21.445735	00:24:81:a1:f6:79	00:25:b3:bf:91:ee	ARP	60	172.16.0.10 is at 00:24:81:a1:f6:79

▲ **그림 10-13** 컴퓨터의 기본 게이트웨이에 대한 ARP 요청과 응답

응답은 패킷 2에서 수신되고 사용자의 컴퓨터는 172.16.0.10이 00:24:81:a1:f6:79에 있음을 알게 된다. 이 회신이 수신되면 컴퓨터는 인터넷으로 보낼 수 있는 게이트웨이 경로를 사용한다. ARP 응답 다음에는 컴퓨터가 패킷 3의 DNS를 사용해 웹사이트의 DNS 이름을 IP 주소로 확인해야 한다. 그림 10-14와 같이 컴퓨터는 DNS 조회 패킷을 주 DNS 서버 4.2.2.2❶로 보냄으로써 이를 수행한다.

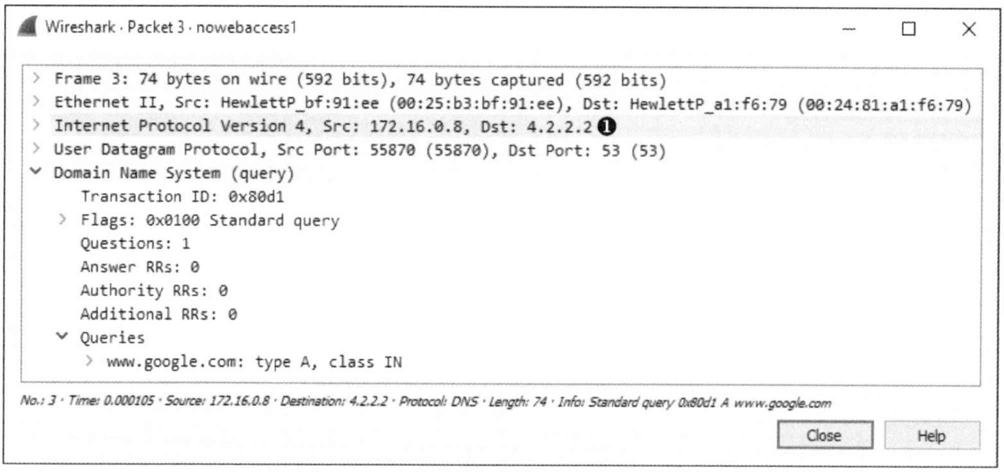

▲ **그림 10-14** 4.2.2.2로 전송된 DNS 조회

정상적인 상황에서 DNS 서버는 DNS 조회에 매우 빠르게 응답하지만 여기서는 그렇지 않다. 응답보다는 동일한 DNS 조회가 서로 다른 목적지 주소로 두 번째에 전송된 것을 볼 수 있다.

그림 10-15와 같이 패킷 4에서 두 번째 DNS 조회가 컴퓨터에 구성된 보조 DNS 서버인 4.2.2.1❶로 전송된다.

```
Wireshark · Packet 4 · nowebaccess1

> Frame 4: 74 bytes on wire (592 bits), 74 bytes captured (592 bits)
> Ethernet II, Src: HewlettP_bf:91:ee (00:25:b3:bf:91:ee), Dst: HewlettP_a1:f6:79 (00:24:81:a1:f6:79)
> Internet Protocol Version 4, Src: 172.16.0.8, Dst: 4.2.2.1 ❶
> User Datagram Protocol, Src Port: 55870 (55870), Dst Port: 53 (53)
v Domain Name System (query)
    Transaction ID: 0x80d1
  > Flags: 0x0100 Standard query
    Questions: 1
    Answer RRs: 0
    Authority RRs: 0
    Additional RRs: 0
  v Queries
    > www.google.com: type A, class IN

No.: 4 · Time: 0.999280 · Source: 172.16.0.8 · Destination: 4.2.2.1 · Protocol: DNS · Length: 74 · Info: Standard query 0x80d1 A www.google.com
Close   Help
```

▲ **그림 10-15** 4.2.2.1로 전송된 두 번째 DNS 조회

DNS 서버로부터 응답이 수신되지 않고 1초 후에 다시 4.2.2.2로 조회가 송신된다. 이 프로세스는 그림 10-16과 같이 다음 몇 초에 걸쳐 기본❶과 보조❷ 구성 DNS 서버를 번갈아 반복한다. 전체 프로세스는 약 8초❸ 또는 사용자의 인터넷 브라우저가 웹사이트에 접속할 수 없다고 보고할 때까지 걸린다.

No.	Time	Source	Destination	Protocol	Length	Info
1	0.000000	HewlettP_bf:91:ee	Broadcast	ARP	42	Who has 172.16.0.10? Tell 172.16.0.8
2	0.000090	HewlettP_a1:f6:79	HewlettP_bf:91:ee	ARP	60	172.16.0.10 is at 00:24:81:a1:f6:79
3	0.000105	172.16.0.8	4.2.2.2 ❶	DNS	74	Standard query 0x80d1 A www.google.com
4	0.999280	172.16.0.8	4.2.2.1	DNS	74	Standard query 0x80d1 A www.google.com
5	1.999279	172.16.0.8	4.2.2.2	DNS	74	Standard query 0x80d1 A www.google.com
6	3.999372	172.16.0.8	4.2.2.1 ❷	DNS	74	Standard query 0x80d1 A www.google.com
7	3.999393	172.16.0.8	4.2.2.2	DNS	74	Standard query 0x80d1 A www.google.com
8	7.999627	172.16.0.8	4.2.2.1	DNS	74	Standard query 0x80d1 A www.google.com
❸ 9	7.999648	172.16.0.8	4.2.2.2	DNS	74	Standard query 0x80d1 A www.google.com

▲ **그림 10-16** DNS 조회는 통신이 중지 될 때까지 반복된다.

지금까지 봤던 패킷을 기반으로 문제의 원인을 찾아낼 수 있다. 첫째, 네트워크의 기본 게이트웨이 라우터라고 생각하는 곳으로 성공적인 ARP 요청을 봤고 장치가 온라인이고 통신하고 있음을 알 수 있다. 또한 사용자의 컴퓨터가 실제로 네트워크에서 패킷을 전송하고 있다는 것을 알고 있기 때문에 컴퓨터 자체에 프로토콜 스택에 문제가 없다고 가정할 수 있다. 이 문제는 DNS 요청이 있을 때 분명히 발생하기 시작한다.

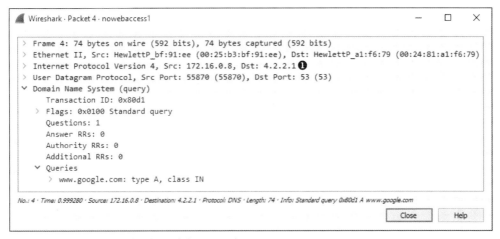

이 네트워크의 경우 DNS 조회는 인터넷의 외부 서버(4.2.2.2 또는 4.2.2.1)에서 확인된다. 즉, 인터넷에 패킷 라우팅을 담당하는 라우터가 DNS 조회를 서버에 성공

적으로 전달해야 하며, 서버가 응답해야 한다. 이 모든 것은 웹 페이지 자체를 요청하기 위해 HTTP가 사용되기 전에 일어난다.

다른 사용자는 인터넷 연결에 문제가 없으므로 네트워크 라우터와 원격 DNS 서버가 문제의 원인이 아닐 수 있다. 조사해야 할 유일한 곳은 사용자 컴퓨터다. 컴퓨터에 대해 자세히 살펴보면 DHCP 할당 주소를 받는 대신 컴퓨터가 수동으로 주소 지정 정보를 할당하고 기본 게이트웨이 주소가 잘못 설정돼 있음을 알 수 있다. 기본 게이트웨이로 설정된 주소는 라우터가 아니며, DNS 조회 패킷을 네트워크 외부로 전달할 수 없게 돼 있다.

배운 점

이 시나리오의 문제점은 잘못 구성된 클라이언트로 인한 것이다. 문제 자체는 단순한 것으로 판명됐지만 사용자에게 큰 영향을 미쳤다. 이와 같이 간단한 잘못된 구성을 해결하는 것은 네트워크에 대한 지식이 부족하거나 빠른 패킷 분석을 수행하는 능력이 부족한 사람들에게는 꽤 오랜 시간이 걸릴 수 있다. 보시다시피 패킷 분석은 크고 복잡한 문제에 국한되지 않는다.

와이어샤크는 네트워크 게이트웨이 라우터의 IP 주소를 아는 시나리오가 없어서 문제를 정확히 파악하지 못했지만 어디서 보아야 하는지 알려주므로 귀중한 시간을 절약할 수 있었다.

게이트웨이 라우터를 검사하거나, ISP에 연락하거나, 원격 DNS 서버 문제를 해결하기 위해 자원을 찾는 대신 실제로 문제의 원인이었던 컴퓨터 자체에 문제 해결 노력을 집중할 수 있었다.

> **참고** 이 특정 네트워크의 IP 주소 지정 체계에 대해 더 잘 알고 있었다면 분석이 더 빨라질 수 있었다. ARP 요청이 게이트웨이 라우터의 IP 주소와 다른 IP 주소로 전송됐다는 것을 알게 되면 즉시 문제가 확인될 수 있다. 이러한 단순한 잘못된 설정은 종종 네트워크 문제의 원인이 되며, 일반적으로 패킷 분석을 통해 신속하게 해결할 수 있다.

원하지 않는 재지정

nowebaccess2.pcapng

이 시나리오에서도 워크스테이션에서 인터넷에 접속하는 데 문제가 있는 사용자가 있다. 그러나 이전 시나리오의 사용자와 달리 이 사용자는 인터넷에 접속할 수 있다. 이들의 문제는 자신이 원하는 홈페이지 https://www.google.com/에 접속할 수 없다는 점이다. 사용자가 Google에서 호스팅하는 도메인에 도달하려고 하면 "Internet Explorer에서 웹 페이지를 표시할 수 없다."라는 브라우저 페이지로 이동한다. 이 문제는 특정 사용자에게만 영향을 준다.

이전 시나리오와 마찬가지로 몇 가지 간단한 스위치와 기본 게이트웨이로 사용되는 단일 라우터가 있는 소규모 네트워크다.

회선 태핑

분석을 시작하기 위해 탭을 사용해서 생성된 트래픽을 청취하는 동안 사용자는 https://www.google.com/ 페이지에 브라우즈를 시도한다. 결과 파일은 nowebaccess2.pcapng다.

분석

캡처는 그림 10-17과 같이 ARP 요청과 응답으로 시작된다. 패킷 1에서 사용자 컴퓨터는 MAC 주소가 00:25:b3:bf:91:ee이고 IP 주소가 172.16.0.8이고 호스트의 IP 주소 172.16.0.102와 연관된 MAC 주소를 알기 위해 네트워크 세그먼트의 모든 컴퓨터에 ARP 브로드캐스트 패킷을 보낸다. 이 주소를 즉시 인식하지 못한다.

No.	Time	Source	Destination	Protocol	Length	Info
1	0.000000	00:25:b3:bf:91:ee	ff:ff:ff:ff:ff:ff	ARP	42	Who has 172.16.0.102? Tell 172.16.0.8
2	0.000334	00:21:70:c0:56:f0	00:25:b3:bf:91:ee	ARP	60	172.16.0.102 is at 00:21:70:c0:56:f0

▲ **그림 10-17** 네트워크의 다른 장치에 대한 ARP 요청과 응답

패킷 2에서 사용자 컴퓨터는 IP 주소 172.16.0.102가 00:21:70:c0:56:f0에 있음을 알게 된다. 앞의 시나리오에 따르면 게이트웨이 라우터의 주소이고 해당 주소를 사용해 패킷을 외부 DNS 서버로 다시 전달할 수 있다고 가정할 수 있다. 그러나 그림 10-18에서 볼 수 있듯이 다음 패킷은 DNS 요청이 아니라 172.16.0.8에

서 172.16.0.102까지 가는 TCP 패킷이다. SYN 플래그가 설정❸돼 이것이 두 호스트 간의 새로운 TCP 기반 연결에 대한 핸드셰이크의 첫 번째 패킷임을 나타낸다.

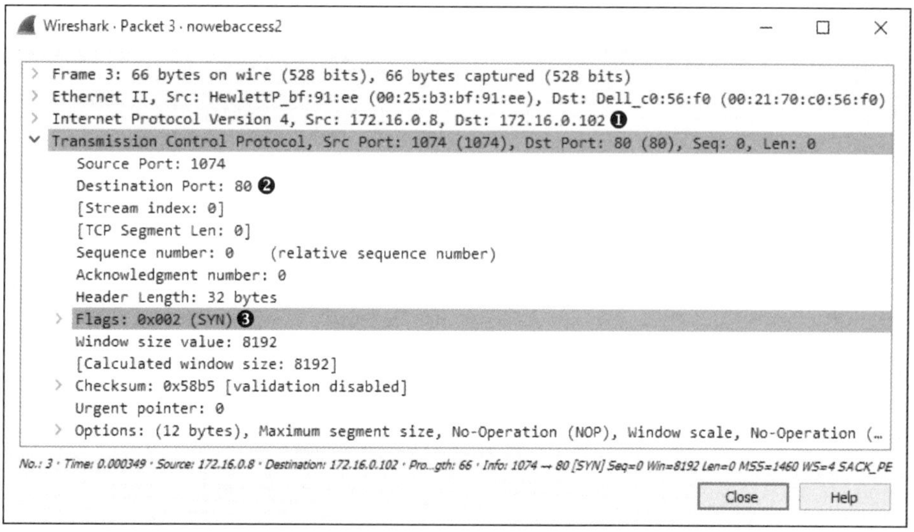

▲ **그림 10-18** 한 내부 호스트에서 다른 내부 호스트로 전송된 TCP SYN 패킷

특히 TCP 연결 시도는 172.16.0.102❶의 포트 80❷으로 이뤄지며, 일반적으로 HTTP 트래픽과 관련이 있다. 그림 10-19와 같이 호스트 172.16.0.102가 RST와 ACK 플래그가 설정된❶ TCP 패킷을 응답으로(패킷 4) 전송하면 이 연결 시도가 갑자기 중지된다.

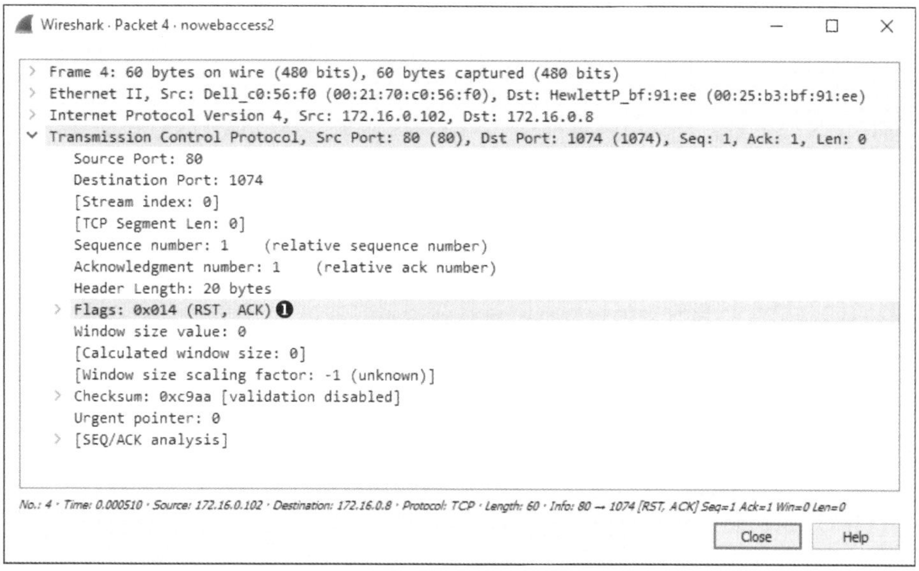

▲ **그림 10-19** TCP SYN에 대한 응답으로 전송된 TCP RST 패킷

8장에서 RST 플래그가 설정된 패킷을 사용해 TCP 연결을 종료한다고 설명했다. 여기서 172.16.0.8 호스트는 호스트 172.16.0.102의 포트 80에 대한 TCP 연결을 설정하려고 시도했다. 불행히도 해당 호스트에는 포트 80에서 요청을 수신 대기하는 서비스가 없기 때문에 TCP RST 패킷은 연결을 종료한다. 이 과정은 그림 10-20과 같이 통신이 끝나기 전에 세 번 반복된다. 이 시점에서 사용자는 브라우저에서 페이지를 표시할 수 없다는 메시지를 받는다.

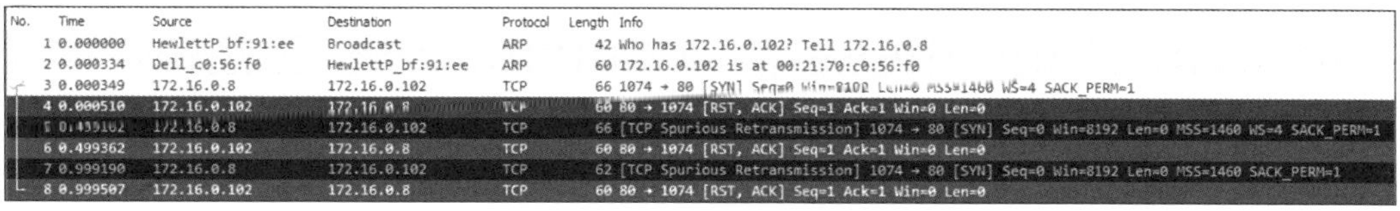
No. Time Source Destination Protocol Length Info
1 0.000000 HewlettP_bf:91:ee Broadcast ARP 42 Who has 172.16.0.102? Tell 172.16.0.8
2 0.000334 Dell_c0:56:f0 HewlettP_bf:91:ee ARP 60 172.16.0.102 is at 00:21:70:c0:56:f0
3 0.000349 172.16.0.8 172.16.0.102 TCP 66 1074 → 80 [SYN] Seq=0 Win=8192 Len=0 MSS=1460 WS=4 SACK_PERM=1
4 0.000510 172.16.0.102 172.16.0.8 TCP 60 80 → 1074 [RST, ACK] Seq=1 Ack=1 Win=0 Len=0
5 172.16.0.8 172.16.0.102 TCP 66 [TCP Spurious Retransmission] 1074 → 80 [SYN] Seq=0 Win=8192 Len=0 MSS=1460 WS=4 SACK_PERM=1
6 0.499362 172.16.0.102 172.16.0.8 TCP 60 80 → 1074 [RST, ACK] Seq=1 Ack=1 Win=0 Len=0
7 0.999190 172.16.0.8 172.16.0.102 TCP 62 [TCP Spurious Retransmission] 1074 → 80 [SYN] Seq=0 Win=8192 Len=0 MSS=1460 SACK_PERM=1
8 0.999507 172.16.0.102 172.16.0.8 TCP 60 80 → 1074 [RST, ACK] Seq=1 Ack=1 Win=0 Len=0

▲ **그림 10-20** TCP SYN와 RST 패킷이 총 세 번 나타난다.

정확하게 동작하는 다른 네트워크 장치의 구성을 조사한 후에 패킷 1과 2에 있는 ARP 요청과 응답에 관련이 있다. ARP 요청은 게이트웨이 라우터의 실제 MAC 주소를 다른 장치가 알 수 없기 때문이다. ARP 요청과 응답에 따라 https://www.google.com/과 연결된 IP 주소를 찾기 위해 구성된 DNS 서버에 DNS 조회가 전송될 것으로 예상되지만 그렇지 않다. DNS 조회를 만들 수 없는 두 가지 조건이 있다.

- 연결을 시작하는 장치는 이미 DNS 캐시에 DNS 이름-IP 주소 매핑을 갖고 있다(10장의 첫 번째 시나리오에서처럼).
- DNS 이름에 연결하는 장치는 이미 hosts 파일에 지정된 DNS 이름-IP 주소 매핑을 갖고 있다.

클라이언트 컴퓨터를 자세히 살펴보면 컴퓨터의 호스트 파일에 내부 IP 주소 172.16.0.102와 연결된 https://www.google.com/에 대한 항목이 있음을 알 수 있다. 이 잘못된 엔트리는 사용자 문제점의 근원이다.

일반적으로 컴퓨터는 hosts 파일을 DNS 이름과 IP 주소 매핑에 대한 신뢰할 수 있는 소스로 사용하고, 외부 소스를 조회하기 전에 해당 파일을 검사한다. 이 시나리오에서 사용자의 컴퓨터는 hosts 파일을 확인하고 https://www.google.com/에 대한 항목을 찾은 다음 https://www.google.com/이 실제로 자체 로컬 네트워크 세그먼트에 속한다고 결정했다. 그런 다음 ARP 요청을 호스트에 보내고 응답을 수신하고 172.16.0.102에서 포트 80에 대한 TCP 연결을 시작하려고 시도했다. 그러나 원격 시스템이 웹서버로 구성돼 있지 않아서 연결 시도를 허용하지 않았다.

hosts 파일 엔트리가 삭제되면 사용자의 컴퓨터가 올바르게 통신을 시작하고 https://www.google.com/에 접속할 수 있다.

> **참고** 윈도우 시스템에서 hosts 파일을 살펴보려면 \Windows\System32\drivers\etc\hosts를 열어보라. 리눅스에서는 /etc/hosts를 살펴보라.

매우 일반적인 시나리오 중 하나는 악성코드를 호스팅하는 웹사이트로 사용자를 재지정하기 위해 멀웨어malware를 오랫동안 사용해 왔다. 공격자가 hosts 파일을 수정해 온라인 뱅킹을 할 때마다 계정 신임장을 도용하게 설계된 가짜 사이트로 재지정되는 경우를 상상해보라!

배운 점

트래픽을 계속 분석해 감에 따라 다양한 프로토콜이 동작하는 방법과 이를 중단시키는 방법을 배우게 된다. 이 시나리오에서는 외부 제약이나 잘못된 구성이 아닌 클라이언트 구성 오류로 인해 DNS 조회가 전송되지 않았다.

패킷 레벨에서 이 문제를 조사함으로써 알려지지 않은 IP 주소를 신속하게 발견하고, 이 통신 프로세스의 핵심 구성 요소인 DNS가 누락됐음을 확인할 수 있었다. 이 정보를 사용해 클라이언트가 문제의 원인임을 파악할 수 있었다.

업스트림 문제

nowebaccess3.pcapng

앞의 두 시나리오와 마찬가지로 이 시나리오에서는 사용자가 워크스테이션에서 인터넷에 접속이 안 된다고 불평했다. 이 사용자는 문제가 단일 웹사이트 https://www.google.com/에 있다고 생각했다. 계속적인 조사를 통해 이 문제가 조직의 모든 사람에게 영향을 주고 있음을 발견했다(아무도 Google 도메인에 접속할 수 없음).

네트워크는 앞의 시나리오처럼 몇 가지 간단한 스위치와 네트워크를 인터넷에 연결하는 단일 라우터로 구성돼 있다.

회선 태핑

이 문제를 해결하기 위해 먼저 https://www.google.com/으로 브라우즈하는 트래픽을 생성했다. 이 문제가 네트워크 전체에서 일어나므로 네트워크의 모든 장치는 대부분의 캡처 방법을 사용해 문제를 재현할 수 있어야 한다. 탭을 통해 캡처한 파일은 nowebaccess3.pcapng다.

분석

이 패킷 캡처는 우리가 봤던 ARP 트래픽 대신 DNS 트래픽으로 시작된다. 캡처의 첫 번째 패킷은 외부 주소에 대한 것이고, 패킷 2에는 해당 주소의 응답이 포함돼 있기 때문에 ARP 프로세스가 이미 수행됐고 게이트웨이 라우터에 대한 MAC-IP 주소 매핑이 이미 존재한다고 가정할 수 있다. 호스트의 ARP 캐시는 172.16.0.8에 있다.

그림 10-21에서 보여주는 것처럼 캡처의 첫 번째 패킷은 호스트 172.16.0.8에서 4.2.2.1❶로 주소 지정된 DNS 패킷❷이다. 패킷의 내용을 검토하면 DNS 이름을 IP 주소로 매핑하는 www.google.com의 A 레코드에 대한 조회❸임을 알 수 있다.

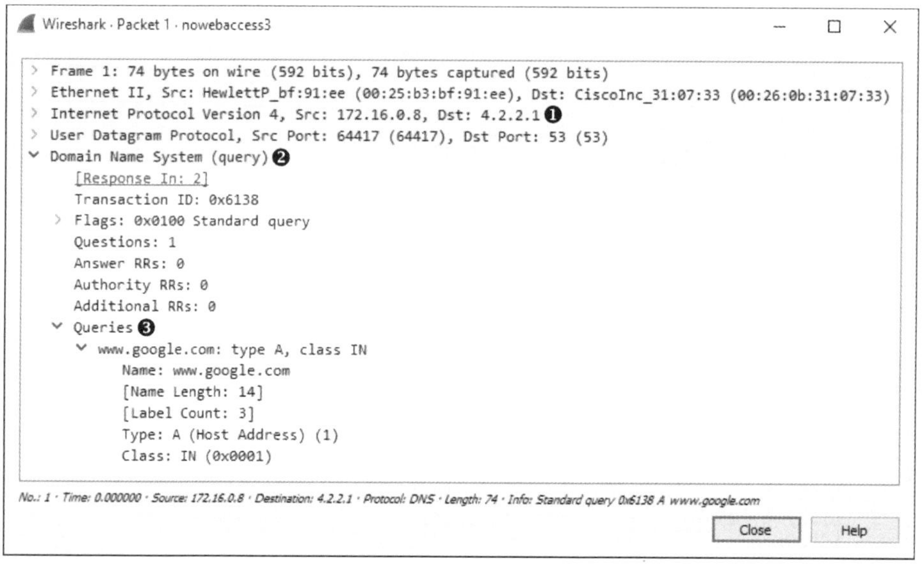

▲ **그림 10-21** www.google.com A 레코드에 대한 DNS 조회

4.2.2.1의 조회에 대한 응답은 그림 10-22에 나타난 것처럼 캡처 파일의 두 번째 패킷이다. 여기서 이 요청에 응답한 이름 서버가 조회에 대한 복수 응답❶을 제공한다는 것을 알 수 있다. 이 시점에서 모든 것이 좋아 보이고 통신이 잘 이뤄지고 있다.

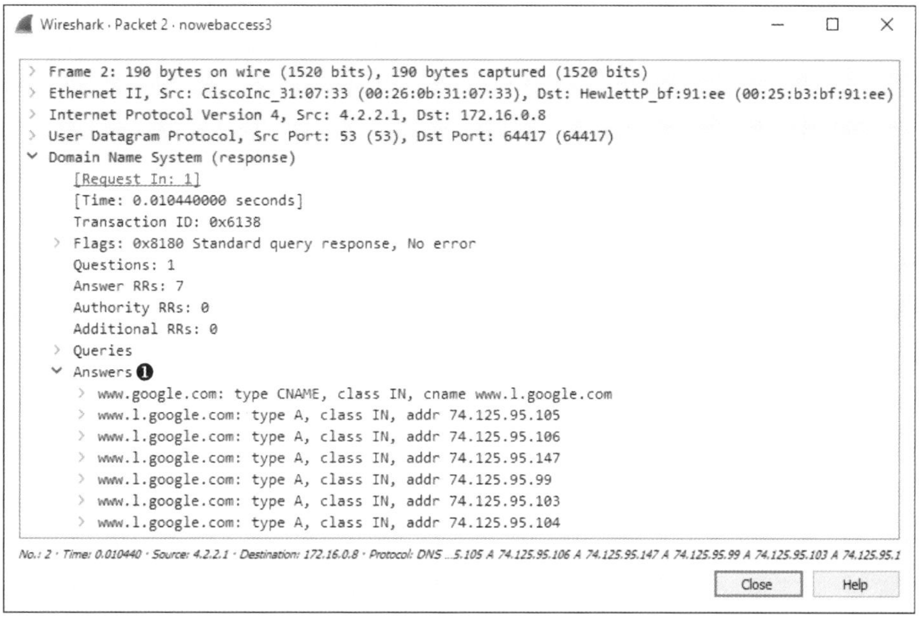

▲ **그림 10-22** 여러 A 레코드가 있는 DNS 응답

이제 사용자 컴퓨터가 웹서버의 IP 주소를 지정했으므로 서버와 통신을 시도할 수 있다. 그림 10-23에서 나타난 것처럼 이 프로세스는 패킷 3에서 시작되며, TCP 패킷은 172.16.0.8에서 74.125.95.105❶로 전송된다. 이 목적지 주소는 패킷 2에 나타난 DNS 조회 응답에 제공된 첫 번째 A 레코드에서 가져온다. TCP 패킷에는 SYN 플래그가 설정❸돼 있으며 포트 80❷에서 원격 서버와 통신을 시도한다.

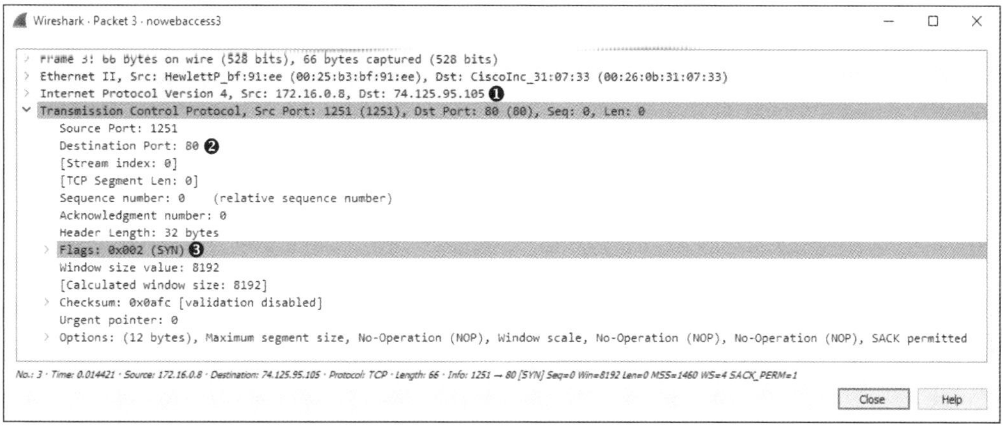

▲ **그림 10-23** SYN 패킷이 포트 80에서 연결을 시도하고 있다.

이것은 TCP 핸드셰이크 프로세스이기 때문에 응답으로 전송된 TCP SYN/ACK 패킷을 확인해야 하지만 짧은 시간이 지나면 다른 SYN 패킷이 발신지에서 목적지로 전송된다. 이 프로세스는 그림 10-24와 같이 약 1초 후에 다시 발생하며 통신이 중지되고 브라우저에서 웹사이트를 찾을 수 없다고 보고한다.

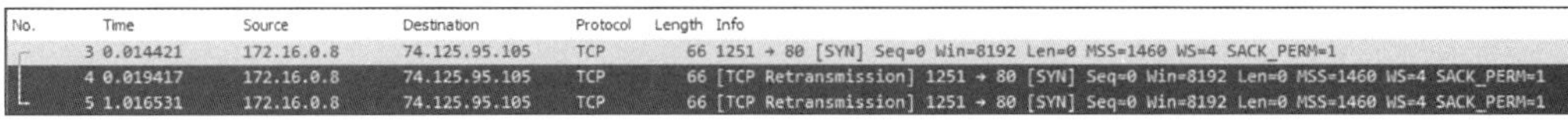

No.	Time	Source	Destination	Protocol	Length	Info
3	0.014421	172.16.0.8	74.125.95.105	TCP	66	1251 → 80 [SYN] Seq=0 Win=8192 Len=0 MSS=1460 WS=4 SACK_PERM=1
4	0.019417	172.16.0.8	74.125.95.105	TCP	66	[TCP Retransmission] 1251 → 80 [SYN] Seq=0 Win=8192 Len=0 MSS=1460 WS=4 SACK_PERM=1
5	1.016531	172.16.0.8	74.125.95.105	TCP	66	[TCP Retransmission] 1251 → 80 [SYN] Seq=0 Win=8192 Len=0 MSS=1460 WS=4 SACK_PERM=1

▲ **그림 10-24** TCP SYN 패킷은 응답이 수신되지 않고 세 번 시도된다.

이 시나리오의 문제점 해결을 보면 네트워크에 있는 워크스테이션이 4.2.2.1에 있는 외부 DNS 서버에 대한 DNS 조회가 성공적이어서 외부 세계에 연결할 수 있다는 것을 알게 된다.

DNS 서버는 유효한 주소로 응답하고 호스트는 해당 주소 중 하나에 연결을 시도한다. 또한 연결하려는 로컬 워크스테이션이 동작하고 있는 것처럼 보인다. 문제는 원격 서버가 단순히 연결 요청에 응답하지 않는다는 것이다. TCP RST 패킷은 전송되지 않았다. 이는 잘못 구성된 웹서버, 웹서버의 손상된 프로토콜 스택 또는 원격 네트워크의 패킷 필터링 장치(예, 방화벽)에서 발생할 수 있다. 로컬 패킷 필터링 장치가 없다고 가정하면 다른 모든 잠재적 솔루션은 원격 네트워크에 있으며, 우리의 통제 범위를 벗어난다. 이 경우 웹서버가 올바르게 동작하지 않아 접속을 시도하지 못했다. Google 측에서 문제가 해결되면 통신을 진행할 수 있다.

배운 점

이 시나리오에서 제시된 문제는 우리가 수정할 수 있는 것이 아니다. Google의 분석 결과에 따르면 네트워크, 라우터 또는 외부 DNS 서버의 호스트에서 이름 해석 서비스를 제공하지 않는 것으로 나타났다. 이 문제는 네트워크 인프라 외부에 있는 것이다.

때로는 문제가 실제로 우리의 것이 아니라는 것을 발견하면 스트레스 해소뿐만 아니라 경영진에게도 마음 편안하게 대할 수 있다. 나는 그동안 많은 ISP, 벤더, 그리고 문제가 자신의 잘못이 아니라고 주장하는 소프트웨어 회사들과 싸워왔다.

그러나 지금까지 봤듯이 패킷은 거짓말하지 않는다.

일관성이 없는 프린터

다음 시나리오에서는 IT 헬프 데스크 관리자가 프린터 문제를 해결하는 것이다. 영업 부서의 사용자가 대용량 프린터가 오작동한다고 보고했다. 사용자가 큰 인쇄 작업을 프린터로 보내면 여러 페이지가 인쇄된 다음 작업이 완료되기 전에 인쇄가 중단된다. 여러 드라이버 구성 변경을 시도했지만 실패했다. 헬프 데스크 직원이 네트워크 문제가 아닌지 확인하고 싶어 한다.

회선 태핑

inconsistent_printer.pcapng

이 문제의 공통 스레드는 프린터이므로 스니퍼를 최대한 프린터 가까이에 두는 것이 좋다. 프린터 자체에 와이어샤크를 설치할 수는 없지만, 이 네트워크에서 사용되는 스위치는 성능이 좋은 계층 3 스위치이므로 포트 미러링을 사용할 수 있다. 프린터에서 사용하는 포트를 빈 포트로 미러링하고 와이어샤크가 설치된 노트북을 이 포트에 연결한다. 이 설정이 완료되면 출력을 모니터링할 수 있게 사용자가 프린터에 큰 인쇄 작업을 보내게 한다. 결과 캡처 파일은 inconsistent_printer.pcapng다.

분석

인쇄 작업(172.16.0.8)과 프린터(172.16.0.253)로 보내는 네트워크 워크스테이션 간의 TCP 핸드셰이크는 캡처 파일의 시작 부분에서 연결을 시작한다. 핸드셰이크 다음에 1,460바이트 TCP 데이터 패킷❶이 패킷 4의 프린터로 전송된다(그림 10-25 참조). 데이터양은 패킷 목록 창의 정보[Info] 열의 맨 오른쪽이나 패킷 세부 정보 창의 TCP 헤더 정보의 하단에 나타난다.

Wireshark · Packet 4 · inconsistent_printer

```
> Frame 4: 1514 bytes on wire (12112 bits), 1514 bytes captured (12112 bits)
> Ethernet II, Src: HewlettP_bf:91:ee (00:25:b3:bf:91:ee), Dst: HewlettP_77:bd:ba (00:23:7d:77:bd:ba)
> Internet Protocol Version 4, Src: 172.16.0.8, Dst: 172.16.0.253
v Transmission Control Protocol, Src Port: 3527 (3527), Dst Port: 9100 (9100), Seq: 1, Ack: 1, Len: 1460
    Source Port: 3527
    Destination Port: 9100
    [Stream index: 0]
    [TCP Segment Len: 1460]
    Sequence number: 1    (relative sequence number)
    [Next sequence number: 1461    (relative sequence number)]
    Acknowledgment number: 1    (relative ack number)
    Header Length: 20 bytes
  > Flags: 0x010 (ACK)
    Window size value: 16425
    [Calculated window size: 65700]
    [Window size scaling factor: 4]
  > Checksum: 0x5ef4 [validation disabled]
    Urgent pointer: 0
  > [SEQ/ACK analysis]
v Data (1460 bytes) ❶
    Data: 1b252d31323334355840504a4c20534554205245543d4f4e...
    [Length: 1460]
```

No.: 4 · Time: 0.001637 · Source: 172.16.0.8 · Destination: 172.16.0.253 · Protocol: TCP · Length: 1514 · Info: 3527 → 9100 [ACK] Seq=1 Ack=1 Win=65700 Len=1460

Close Help

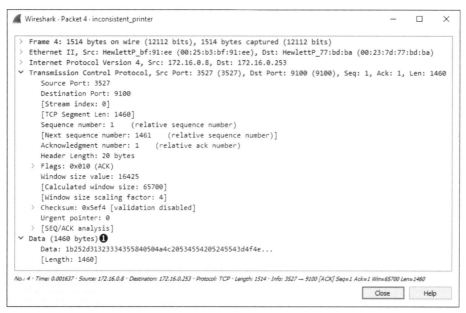

▲ **그림 10-25** TCP를 통해 프린터로 전송되는 데이터

패킷 4 다음에 그림 10-26에 나타난 것처럼 1,460바이트의 데이터❶를 포함하는 또 다른 데이터 패킷이 전송된다. 이 데이터는 패킷 6❷의 프린터에 의해 확인 응답된다.

No.	Time	Source	Destination	Protocol	Length	Info
1	0.000000	172.16.0.8	172.16.0.253	TCP	66	3527 → 9100 [SYN] Seq=0 Win=8192 Len=0 MSS=1460 WS=4 SACK_PERM=1
2	0.000166	172.16.0.253	172.16.0.8	TCP	66	9100 → 3527 [SYN, ACK] Seq=0 Ack=1 Win=8760 Len=0 MSS=1460 WS=1 SACK_PERM=1
3	0.000201	172.16.0.8	172.16.0.253	TCP	54	3527 → 9100 [ACK] Seq=1 Ack=1 Win=65700 Len=0
4	0.001637	172.16.0.8	172.16.0.253	TCP	1514	3527 → 9100 [ACK] Seq=1 Ack=1 Win=65700 Len=1460
5	0.001646	172.16.0.8	172.16.0.253	TCP	1514	3527 → 9100 [ACK] Seq=1461 Ack=1 Win=65700 Len=1460 ❶
❷ 6	0.005493	172.16.0.253	172.16.0.8	TCP	160	9100 → 3527 [PSH, ACK] Seq=1 Ack=2921 Win=7888 Len=106
7	0.005561	172.16.0.8	172.16.0.253	TCP	1514	3527 → 9100 [ACK] Seq=2921 Ack=107 Win=65592 Len=1460
8	0.005571	172.16.0.8	172.16.0.253	TCP	1514	3527 → 9100 [ACK] Seq=4381 Ack=107 Win=65592 Len=1460
9	0.005578	172.16.0.8	172.16.0.253	TCP	1514	3527 → 9100 [ACK] Seq=5841 Ack=107 Win=65592 Len=1460
10	0.005585	172.16.0.8	172.16.0.253	TCP	1514	3527 → 9100 [ACK] Seq=7301 Ack=107 Win=65592 Len=1460
11	0.033569	172.16.0.253	172.16.0.8	TCP	60	9100 → 3527 [ACK] Seq=107 Ack=8761 Win=6144 Len=0
12	0.033626	172.16.0.8	172.16.0.253	TCP	1514	3527 → 9100 [ACK] Seq=8761 Ack=107 Win=65592 Len=1460
13	0.033640	172.16.0.8	172.16.0.253	TCP	1514	3527 → 9100 [ACK] Seq=10221 Ack=107 Win=65592 Len=1460
14	0.033649	172.16.0.8	172.16.0.253	TCP	1514	3527 → 9100 [ACK] Seq=11681 Ack=107 Win=65592 Len=1460
15	0.033658	172.16.0.8	172.16.0.253	TCP	1514	3527 → 9100 [ACK] Seq=13141 Ack=107 Win=65592 Len=1460
16	0.098314	172.16.0.253	172.16.0.8	TCP	60	9100 → 3527 [ACK] Seq=107 Ack=14601 Win=4400 Len=0

▲ **그림 10-26** 정상적인 데이터 전송과 TCP 확인 응답

데이터 흐름은 캡처의 마지막 몇 패킷에 도달할 때까지 계속된다. 패킷(121)은 그림 10-27에 나타난 것처럼 TCP 재전송 패킷이며, 문제의 징후가 보인다.

TCP 재전송 패킷은 한 장치가 TCP 패킷을 원격 장치로 보내고 원격 장치가 해당 패킷을 확인 응답하지 않을 때 전송된다. 재전송 임계값에 도달하면 송신 장치는

원격 장치가 데이터를 수신하지 못했다고 가정하고 패킷을 재전송한다. 이 프로세스는 통신이 효과적으로 중단되기 전에 몇 번 반복된다.

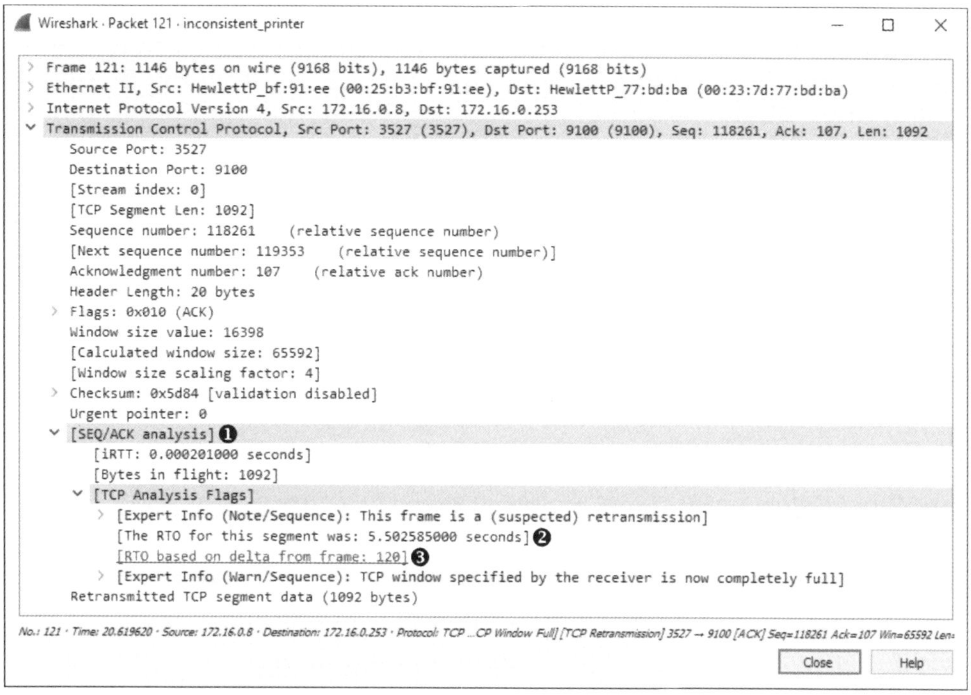

▲ **그림 10-27** 이 TCP 재전송 패킷은 잠재적인 문제의 징조를 보인다.

이 시나리오에서 프린터가 전송된 데이터에 대해 확인 응답하지 못했기 때문에 클라이언트 워크스테이션에서 프린터로 재전송을 보낸다. 그림 10-27에 나타난 것처럼 TCP 헤더의 SEQ/ACK 분석 부분❶을 아래의 추가 정보와 함께 확장하면 이것이 왜 재전송인지에 대한 세부 정보를 볼 수 있다. 와이어샤크에 의해 처리된 세부 사항에 따르면 패킷 121은 패킷 120❸의 재전송이다. 또한 재전송된 패킷의 재전송 시간 초과RTO는 약 5.5초❷다.

패킷 간의 지연을 분석할 때 상황에 맞게 시간 디스플레이 형식을 변경할 수 있다. 이 경우 이전 패킷이 전송된 후 재전송이 얼마나 걸렸는지 보고 싶다면 View ❯ Time Display Format을 선택하고 Seconds Since Previous Captured Packet를 선택해 이 옵션을 변경하라. 그런 다음 그림 10-28과 같이 원래 패킷(패킷 120)이 전송된 후 5.5초❶ 안에 재전송이 일어난 것을 명확하게 알 수 있다.

No. Time ❶ Source Destination Protocol Length Info
121 5.502585 172.16.0.8 172.16.0.253 TCP 1146 [TCP Window Full] [TCP Retransmission] 3527 → 9100 [ACK] Seq=118261 Ack=107 Win=…
122 5.600089 172.16.0.8 172.16.0.253 TCP 1146 [TCP Window Full] [TCP Retransmission] 3527 → 9100 [ACK] Seq=118261 Ack=107 Win=…

▲ **그림 10-28** 패킷 간 시간 보기는 문제 해결에 유용하다.

다음 패킷은 패킷 120의 또 다른 재전송이다. 이 패킷의 RTO는 11.10초며, 이는 이전 패킷의 RTO로부터 5.5초를 포함한다. 패킷 목록 창의 시간 열을 보면 이 재전송이 이전 재전송 후 5.6초에 전송됐음을 알 수 있다. 이것은 캡처 파일의 마지막 패킷으로 나타나며 동시에 우연히 프린터가 이 시점에서 인쇄가 중지된다.

이 시나리오에서 자체 네트워크 내에 있는 두 개의 장치만 처리할 수 있으므로 클라이언트 워크스테이션이나 프린터 중 어느 것이 잘못됐는지 결정해야 한다. 데이터가 오랫동안 올바르게 잘 전달되고 있는 것을 볼 수 있다. 그런 다음 프린터가 워크스테이션에 응답하지 않았다. 워크스테이션은 재전송에서 알 수 있듯이 목적지에 데이터를 가져 오는 데 최선의 노력을 다하지만, 응답이 없는 상태에서 이 작업을 수행한다. 이 문제는 재현 가능하며 어떤 컴퓨터가 인쇄 작업을 보내고 있는지에 관계없이 발생하므로 프린터가 문제의 원인이라고 가정한다.

추가 분석을 해보니 프린터의 RAM이 오작동하는 것으로 나타난다. 대용량 인쇄 작업이 프린터로 보내지면 일정 영역의 메모리에 액세스될 때까지 특정 페이지 수만 인쇄한다. 이 시점에서 메모리 문제로 인해 프린터가 새로운 데이터를 받아들이지 못하고 인쇄 작업을 전송하는 호스트와의 통신이 중단된다.

배운 점

이 프린터 문제는 네트워크 문제로 인한 것이 아니지만 와이어샤크를 사용해 문제를 찾아 낼 수 있었다. 이전 시나리오와 달리 이 시나리오는 TCP 트래픽에만 집중됐다. TCP는 데이터를 안정적으로 전송하는 데 관심이 있기 때문에 두 장치가 단순히 통신을 중단할 때 유용한 정보를 제공한다.

이 경우 통신이 갑자기 멈췄을 때 TCP의 내장 재전송 기능을 기반으로 문제의 위치를 정확히 찾아낼 수 있었다. 시나리오를 계속 진행하면서 좀 더 복잡한 문제를 해결하기 위해 이와 같은 기능에 자주 의존할 것이다.

지사와 연결 안 됨

stranded_clientside.pcapng
stranded_branchdns.pcapng

이 시나리오에서는 중앙 본사와 새로이 신설된 원격 지사가 있는 회사가 있다. 회사의 IT 인프라는 대부분 윈도우 서버 기반 도메인을 사용해 중앙 사무실에 있다. 이 인프라는 조직의 직원이 매일 사용하는 웹 기반 소프트웨어를 호스팅하는 데 사용되는 도메인 컨트롤러, DNS 서버와 애플리케이션 서버에서 지원된다. 지사는 라우터로 연결돼 광역 네트워크WAN 링크를 설정한다. 지사 내부에는 사용자 워크스테이션과 본사의 업스트림 DNS 서버에서 자원 레코드 정보를 받는 슬레이브 DNS 서버가 있다. 그림 10-29는 각 사무실의 지도와 사무실이 서로 어떻게 연결돼 있는지 보여준다.

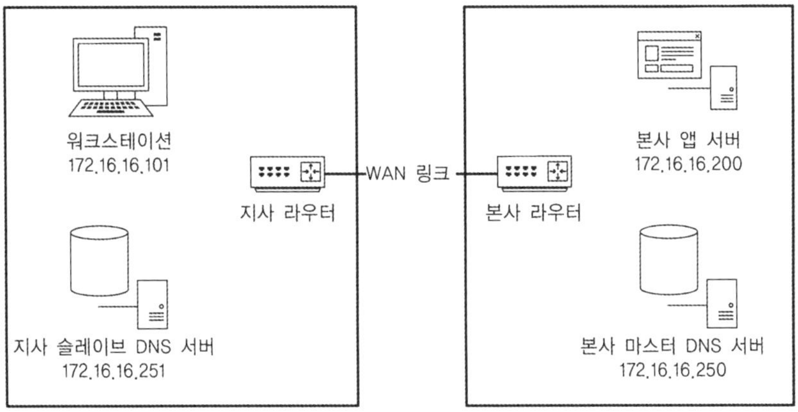

▲ **그림 10-29** 통신이 안 되는 지사 문제와 관련된 구성 요소

구축 팀은 지점 네트워크에서 인트라넷 웹 애플리케이션 서버에 아무도 접속할 수 없다는 것을 알게 되면 지점에 새로운 인프라를 배치한다. 이 서버는 본사에 있고 WAN 링크를 통해 접속한다. 이 연결 문제는 지점의 모든 사용자에게 영향을 준다. 모든 사용자는 지사 내의 인터넷 및 기타 자원에 접속할 수 있다.

회선 태핑

문제는 본사와 지사 간의 통신이기 때문에 문제를 추적하기 위해 데이터를 수집할 수 있는 몇 가지 장소가 있다는 점이다. 지점 내부의 클라이언트와 문제가 있을 수 있으므로 해당 컴퓨터 중 하나를 포트 미러링을 시작해 회선에 나타난 내용을 확인한다. 해당 정보를 수집하면 문제를 해결하는 데 도움이 되는 다른 수집 위치를 이용할 수 있다. 클라이언트 중 하나에서 얻은 초기 캡처 파일은 stranded_clientside.pcapng다.

분석

그림 10-30에서 볼 수 있듯이 첫 번째 캡처 파일은 워크스테이션 주소 172.16.16.101의 사용자가 본사 앱 서버 172.16.16.200에서 호스팅되는 애플리케이션에 접속하려는 시도로 시작된다. 이 캡처에는 두 개의 패킷만 포함된다. 첫 번째 패킷의 appserver❷에 대한 A 레코드❸에 대해 DNS 요청이 172.16.16.251❶로 보내지는 것처럼 보인다. 이것은 본사의 172.16.16.200에 있는 서버의 DNS 이름이다.

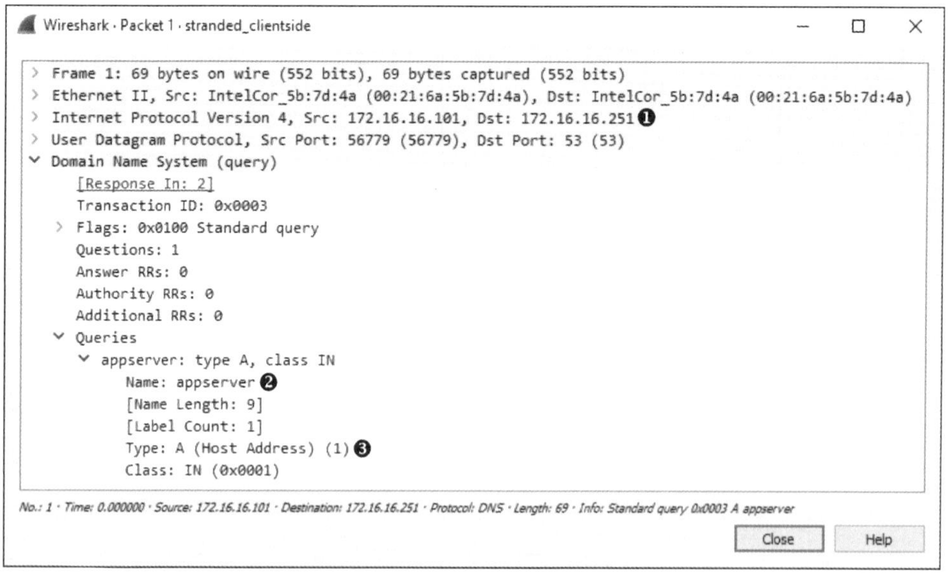

▲ **그림 10-30** 통신은 appserver A 레코드에 대한 DNS 조회로 시작된다.

그림 10-31에서 볼 수 있듯이 이 패킷에 대한 응답은 서버 오류❶이다. 이는 무언가가 DNS 조회가 성공적으로 해결되지 못함을 나타낸다. 이 패킷은 오류(서버 오류)이므로 조회에 대한 응답❷이 없다.

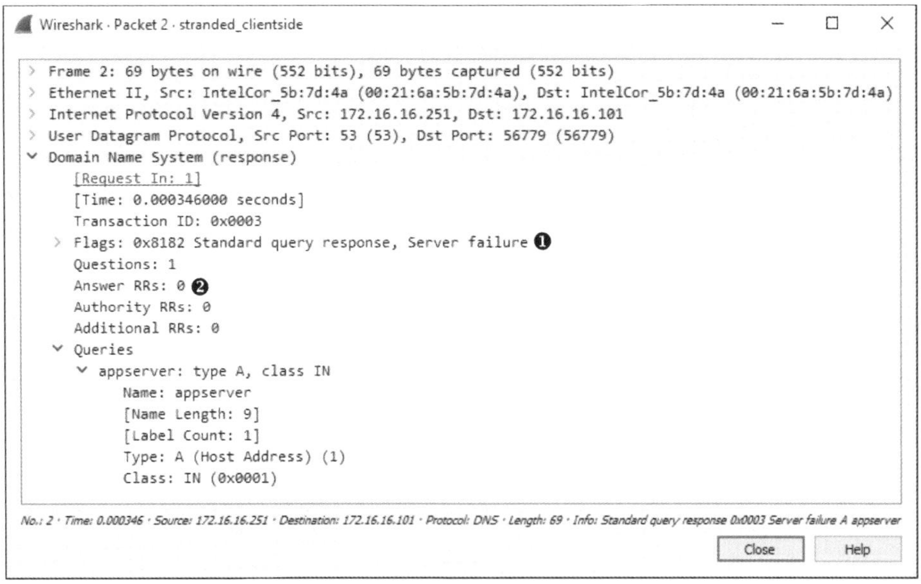

▲ **그림 10-31** 조회 응답은 업스트림에 문제가 있음을 나타낸다.

이제 통신 문제가 일부 DNS 문제와 관련돼 있음을 알았다. 지사의 DNS 조회는 현장 DNS 서버(172.16.16.251)에서 처리되므로 다음 단계로 넘어간다.

지사 DNS 서버에서 적절한 트래픽을 캡처하려면 스니퍼를 그대로 두고 포트 미러링 지정을 변경해 워크스테이션의 트래픽이 아닌 DNS 서버의 트래픽을 스니퍼에 미러링한다. 결과는 stranded_branchdns.pcapng 파일이다.

그림 10-32에서 볼 수 있듯이 이 캡처는 앞에서 살펴본 조회와 응답과 추가 패킷 한 개로 시작된다. 이 추가 패킷은 표준 DNS 서버 포트 53❸에서 본사의 주 DNS 서버(172.16.16.250)❶와 통신하려고 시도하기 때문에 약간 이상하게 보인다. 우리가 보아왔던 UDP❷가 아니다.

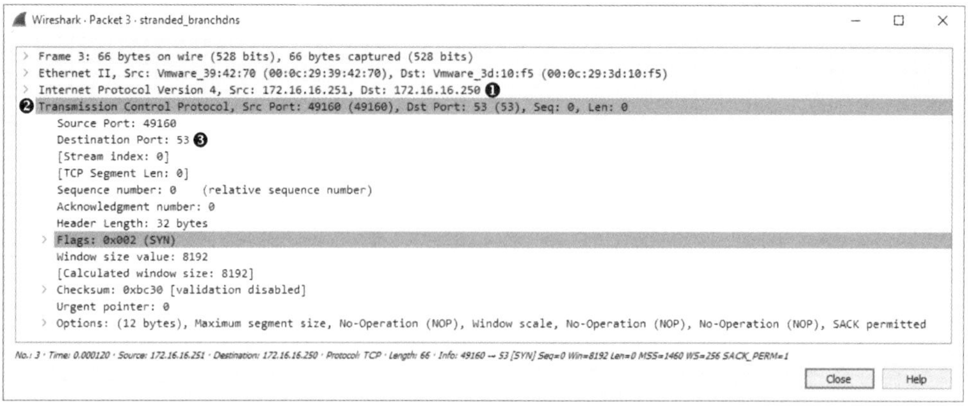

▲ **그림 10-32** 이 SYN 패킷은 포트 53을 사용하지만 UDP는 아니다.

이 패킷의 목적을 이해하려면 9장의 DNS 설명을 생각해보라. 일반적으로 DNS는 UDP를 사용하지만 조회에 대한 응답이 특정 크기를 초과하면 TCP를 사용한다. 이 경우 TCP 트래픽을 트리거하는 초기 UDP 트래픽을 보게 된다. TCP는 자원 레코드가 DNS 서버 간에 전송될 때 영역 전송 중에도 DNS를 사용한다. 이 경우가 여기에 해당된다.

지사에 있는 DNS 서버는 본사의 DNS 서버에 종속돼 있다. 즉, 자원 레코드를 수신하기 위해 DNS 서버에 의존한다. 지사의 사용자가 접속하려는 응용 서버는 본사에 위치하므로 중앙 DNS 서버가 해당 서버에 대해 신뢰할 수 있다. 지사 서버에서 응용 서버에 대한 DNS 요청을 확인하려면 해당 서버의 DNS 자원 레코드를 본사 DNS 서버에서 지사 DNS 서버로 전송해야 한다. 이것은 이 캡처 파일에서 SYN 패킷의 발신지일 가능성이 높다.

이 SYN 패킷에 대한 응답이 없으므로 DNS 문제는 지사와 본사 DNS 서버 간의 영역 전송이 실패한 결과다. 이제는 영역 전송이 실패한 이유를 파악해보자. 문제의 가능한 원인은 사무실이나 본사 DNS 서버 자체 사이의 라우터로 좁힐 수 있다. 무엇이 잘못됐는지 확인하기 위해 본사 DNS 서버의 트래픽을 탐지해 SYN 패킷이 서버에 전달되는지 여부를 확인할 수 있다.

본사 DNS 서버 트래픽에 대한 캡처 파일이 없기 때문에 포함하지 않았다. SYN 패킷은 서버에 도달하지 않았다. 기술자를 파견해 두 사무실을 연결하는 라우터의 구성을 살펴보면 본사 라우터의 인바운드 포트 53 트래픽이 UDP 트래픽만 허용하고 인바운드 TCP 트래픽을 차단하게 구성됐음을 알 수 있었다. 이 간단한 구성 오류로 인해 지사 내의 클라이언트가 본사 장치에 대한 조회를 해결하지 못한 것이다.

배운 점

범죄 드라마를 보면서 네트워크 통신 문제를 조사하는 방법에 대해 많은 것을 배울 수 있다. 범죄가 발생하면 가장 영향을 많이 받는 사람들을 인터뷰해 조사를 시작한다. 그 조사 결과에 따라 범인이 발견될 때까지 프로세스가 계속된다.

이 시나리오에서는 먼저 타겟(워크스테이션)을 조사하고 DNS 통신 문제를 찾기 시작했다. 문제의 근원지인 지사 DNS 서버, 본사 DNS 서버, 마지막으로 라우터를 조사했다.

분석을 수행할 때 패킷을 단서로 생각하라. 단서는 항상 범죄를 저지른 사람을 알려주지 않지만, 결국 당신을 범인에게 데려다준다.

소프트웨어 데이터 손상

tickedoffdeveloper.pcapng

IT 분야에서 가장 자주 제기되는 논쟁 중 하나는 개발자와 네트워크 관리자 사이에서 발생한다. 개발자는 항상 열악한 네트워크 엔지니어링과 오작동 장비로 인해 프로그램 오류가 발생했다고 비난한다. 네트워크 관리자는 잘못된 코드로 인해 네트워크 오류와 통신 속도가 느려지는 경향이 있다고 주장한다.

이 시나리오에서 프로그래머는 여러 매장에서 판매를 추적해 중앙 데이터베이스에 보고하는 애플리케이션을 개발했다. 정상 업무 시간동안 대역폭을 절약하기 위해 애플리케이션이 실시간으로 업데이트되지 않는다. 하루 종일 축적된 데이터는 야간에 쉼표로 구분된 값CSV 파일로 전송돼 중앙 데이터베이스에 삽입된다. 이 새로 개발된 애플리케이션이 올바르게 동작하지 않았다. 상점에서 전송된 파일을 서버가 수신하지만 데이터베이스에 삽입되는 데이터가 올바르지 않았다. 섹션이 누락돼 데이터의 위치가 잘못돼 일부 데이터가 누락됐다. 프로그래머는 네트워크 관리자의 잘못으로 네트워크에 문제가 있다고 비난한다. 이들은 상점에서 중앙 데이터 저장소로 이동하는 동안 파일이 손상되고 있다고 확신한다. 우리의 목표는 이것이 옳은지 판단하는 것이다.

회선 태핑

필요한 데이터를 수집하기 위해 상점 중 하나 또는 본사에서 패킷을 캡처할 수 있다. 이 문제는 모든 상점에 영향을 미치기 때문에 네트워크와 관련이 있다면 본사에서 발생해야 한다(즉, 이것은 소프트웨어 자체가 아닌 모든 상점에서 유일한 스레드다).

네트워크 스위치는 포트 미러링을 지원하므로 서버가 연결돼 있는 포트를 미러링하고 트래픽을 스니핑한다. 트래픽 캡처는 CSV 파일을 수집 서버에 업로드하는 저장소의 단일 인스턴스로 격리된다. 이 결과는 캡처 파일 tickedoffdeveloper.pcapng에 있다.

분석

프로그래머가 개발한 애플리케이션에 대해서는 네트워크의 기본적인 정보 흐름 이외에는 아무것도 모른다. 캡처 파일은 일부가 FTP 트래픽이 시작되므로 이 파일을 실제로 전송하는 메커니즘인지 여부를 살펴볼 것이다.

첫 번째 패킷 목록(그림 10-33 참조)을 보면 172.16.16.128❶이 TCP 핸드셰이크로 172.16.16.121❷과 통신을 시작한다는 것을 알 수 있다. 172.16.16.128이 통신을 시작한 이후로 클라이언트임을 가정하고, 172.16.16.121이 데이터를 컴파일하고 처리하는 서버라고 가정할 수 있다. 핸드셰이크가 완료되면 클라이언트가 보낸 FTP 요청을 보고 서버❸가 보낸 응답을 보게 된다.

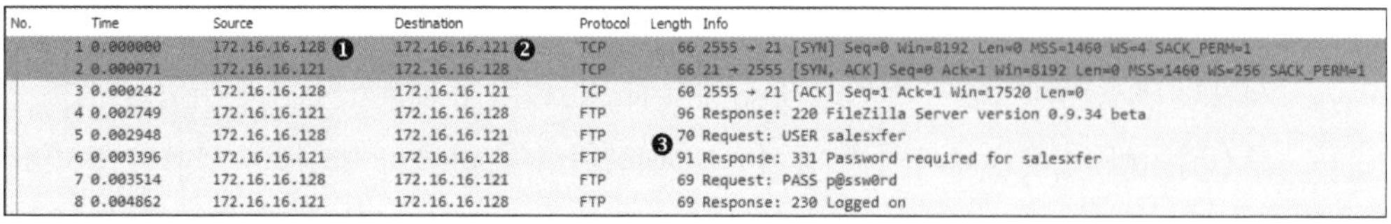

No.	Time	Source	Destination	Protocol	Length	Info
1	0.000000	172.16.16.128 ❶	172.16.16.121 ❷	TCP	66	2555 → 21 [SYN] Seq=0 Win=8192 Len=0 MSS=1460 WS=4 SACK_PERM=1
2	0.000071	172.16.16.121	172.16.16.128	TCP	66	21 → 2555 [SYN, ACK] Seq=0 Ack=1 Win=8192 Len=0 MSS=1460 WS=256 SACK_PERM=1
3	0.000242	172.16.16.128	172.16.16.121	TCP	60	2555 → 21 [ACK] Seq=1 Ack=1 Win=17520 Len=0
4	0.002749	172.16.16.121	172.16.16.128	FTP	96	Response: 220 FileZilla Server version 0.9.34 beta
5	0.002948	172.16.16.128	172.16.16.121	FTP	70	Request: USER salesxfer
6	0.003396	172.16.16.121	172.16.16.128	FTP	❸ 91	Response: 331 Password required for salesxfer
7	0.003514	172.16.16.128	172.16.16.121	FTP	69	Request: PASS p@ssw0rd
8	0.004862	172.16.16.121	172.16.16.128	FTP	69	Response: 230 Logged on

▲ **그림 10-33** 초기 통신은 클라이언트와 서버를 식별하는 데 도움이 된다.

우리는 데이터의 일부 전송이 여기에서 일어난다는 것을 알고 있으므로, FTP에 대한 지식을 사용해 전송이 시작되는 패킷을 찾을 수 있다. FTP 연결과 데이터 전송은 클라이언트에 의해 시작되므로 172.16.16.128로부터는 FTP 서버에 데이터를 업로드하는 데 사용되는 FTP STOR 명령이 나타난다. 이 명령을 찾기 가장 쉬운 방법은 필터를 만드는 것이다.

이 캡처 파일은 수백 가지 프로토콜과 옵션을 정렬하는 대신 FTP 요청 명령이 있는 패킷 목록 창에서 직접 필요한 필터를 만들 수 있다. 이를 위해서 먼저 FTP 요청 명령이 있는 패킷을 선택해야 한다. 패킷 5가 목록 상단에 있으므로 선택한다. 그런 다음 패킷 세부 정보 창에서 FTP 섹션을 확장하고 사용자 섹션을 확장한다. Request Command: USER 필드를 마우스 오른쪽 단추로 클릭하고 Prepare a Filter를 선택한다. 마지막으로 Selected를 선택한다.

이렇게 하면 FTP USER 요청 명령을 포함한 모든 패킷에 대한 필터를 준비하고 필터 대화상자에 넣는다. 그런 다음 그림 10-34와 같이 USER라는 단어를 STOR❶라는 단어로 바꿔 필터를 편집한다.

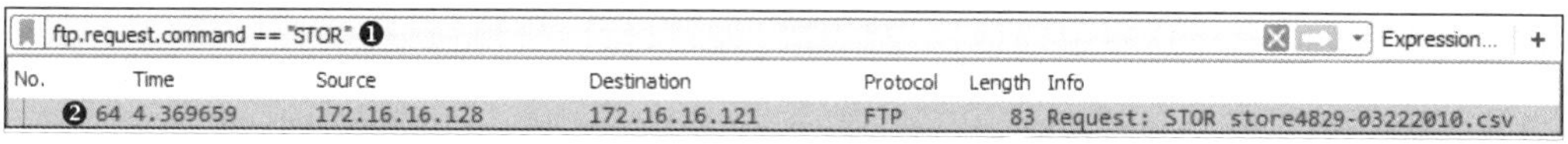

▲ **그림 10-34** 이 필터는 데이터 전송이 시작되는 위치를 식별하는 데 도움이 된다.

클라이언트의 IP 주소를 제공하고 필터에 && ip.src == 172.16.16.128을 추가해 연결의 발신지로 지정함으로써 필터의 범위를 더 좁힐 수 있다. 그러나 이 캡처 파일은 여기서 필요하지 않은 단일 클라이언트로 독립돼 있다.

이제 엔터 키를 눌러 이 필터를 적용하면 캡처 파일에 패킷 64❷에 STOR 명령의 인스턴스가 하나 있음을 알 수 있다. 이제 데이터 전송이 시작되는 위치를 알았으므로 패킷을 클릭해 선택을 취소하고 패킷 목록 창 위의 X 버튼을 클릭해 필터를 연다. 이제 화면에 패킷 64가 선택된 모든 패킷이 나타난다. 패킷 64로 시작하는 캡처 파일을 검사하면 그림 10-35에 나타난 것처럼 이 패킷이 파일 store4829-03222010.csv❶의 전송을 나타낸다.

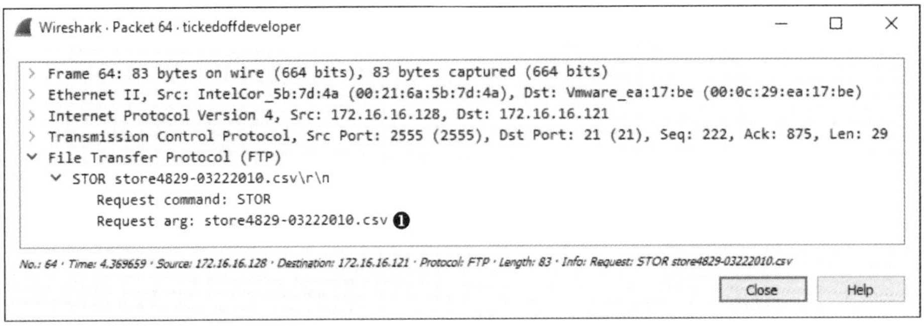

▲ **그림 10-35** FTP를 사용해 CSV 파일을 전송 중이다.

STOR 명령 다음의 패킷은 다른 포트를 사용하지만 FTP-DATA 전송의 일부다. 데이터가 전송되고 있음을 검증했지만, 아직 프로그래머가 옳은지 여부를 확인하지 못했다. 이렇게 하려면 네트워크를 통과한 후 파일의 내용이 손상되지 않았는지를 표시해야 하므로 캡처한 패킷에서 전송된 파일을 추출한다.

파일이 암호화되지 않은 형식으로 네트워크를 통해 전송되면 단편으로 나뉘고 목적지에서 재조립된다. 이 시나리오에서는 패킷이 목적지에 도착했지만 다시 조립되기 전에 캡처했다. 데이터는 모두 거기에 있다. 파일을 데이터 스트림으로 추출해 다시 조립하면 된다. 재조립을 수행하려면 FTP-DATA 스트림(예, 패킷 66)에서 패킷 중 하나를 선택하고 Follow TCP Stream을 클릭한다. 결과는 그림 10-36과 같이 나타난다.

이것은 판매 주문 데이터가 들어있는 일반 CSV 형식의 텍스트 파일과 같다. 데이터가 FTP를 통해 일반 텍스트로 전송되기 때문에 데이터가 나타나지만 스트림만으로 파일이 손상되지 않았는지 확인할 수는 없다. 데이터를 다시 원래 형식으로 추출하려면 Save As 버튼을 클릭하고 패킷 64에 디스플레이된 파일의 이름을 지정한다. 그런 다음 Save를 클릭한다.

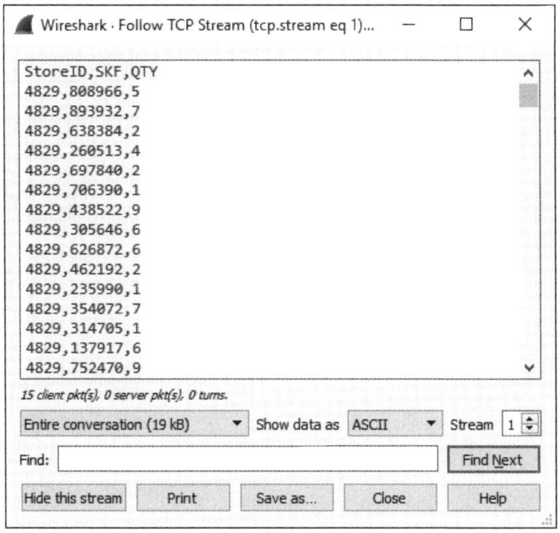

▲ **그림 10-36** TCP 스트림은 전송되는 데이터를 보여준다.

이 저장 조작의 결과는 원래 상점 시스템에서 전송된 파일의 정확한 바이트 레벨 복사본인 CSV 파일이어야 한다. 이 파일은 원본 파일의 MD5 해시와 추출된 파일의 MD5 해시를 비교해 검증할 수 있다. MD5 해시는 그림 10-37과 같이 동일해야 한다.

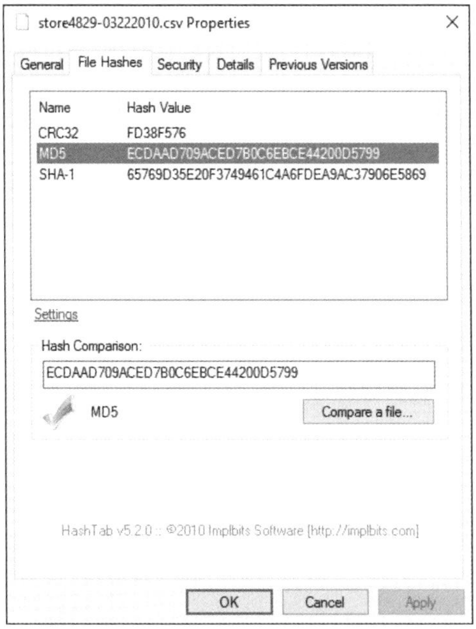

▲ **그림 10-37** 원본 파일과 추출된 파일의 MD5 해시는 동일하다.

파일을 비교하면 애플리케이션 내에서 발생하는 데이터베이스 손상으로 인해 네트워크가 손상되지 않는다고 말할 수 있다. 저장소에서 수집 서버로 전송된 파일은 서버에 도달할 때 그대로 유지되므로 파일이 서버 측의 애플리케이션에서 처리될 때 손상이 발생해야 한다.

배운 점

패킷 레벨 분석에 대한 한 가지 중요한 점은 애플리케이션의 복잡함을 다룰 필요가 없다는 점이다. 잘못 코딩된 애플리케이션이 좋은 애플리케이션보다 훨씬 많지만 패킷 레벨에서는 그다지 중요하지 않다. 이 경우 프로그래머는 애플리케이션이 의존하는 모든 구성 요소에 신경을 썼지만 수백 줄의 코드가 필요한 데이터 전송은 여전히 FTP, TCP, IP를 넘지 않는다. 이러한 기본 프로토콜에 대해 알고 있는 것을 이용해 통신 프로세스가 올바르게 진행되고 네트워크의 안전함을 증명할 수 있는 파일을 추출할 수 있었다. 문제가 얼마나 복잡하든 상관없이 여전히 패킷으로 이어지는 것을 기억하는 것이 중요하다.

결론

10장에서는 패킷 분석을 통해 문제가 있는 통신을 잘 이해할 수 있는 몇 가지 시나리오에 대해 살펴봤다. 일반적인 프로토콜의 기본 분석을 사용해 적시에 네트워크 문제를 추적하고 해결할 수 있었다. 네트워크에서 똑같은 시나리오가 발생하지는 않지만 여기에 제시된 분석 기술은 고유한 문제를 분석할 때 유용하다.

11장
속도가 느려진 네트워크와 씨름

네트워크 관리자는 컴퓨터와 서비스가 속도가 느리게 실행되는 문제를 해결하는 데 많은 시간을 할애해야 한다. 그러나 누군가가 네트워크 속도가 느리다고 말한 것이 네트워크가 훼손돼 있다는 의미는 아니다. 속도가 느린 네트워크를 시작하기 전에 먼저 네트워크가 실제로 속도가 느린지 확인해야 한다. 11장에서는 이것을 어떻게 하는지 배운다. 먼저 TCP의 오류 복구와 흐름 제어 기능을 알아본다. 그런 다음 네트워크에서 느린 속도를 감지하는 방법을 알아본다.

마지막으로 네트워크와 네트워크에서 실행되는 장치와 서비스를 기준으로 하는 방법을 살펴본다. 11장을 끝내고 나면 속도가 느려진 네트워크를 식별하고, 진단하고, 문제를 해결할 수 있는 방법에 훨씬 더 익숙해져 있어야 한다.

> **참고** 여러 기술을 사용해 속도가 느린 네트워크 문제를 해결할 수 있다. 나는 주로 TCP에 집중하기로 마음먹었다. 대부분의 시간은 이것으로 작업할 것이기 때문이다. TCP를 사용하면 (ICMP와 달리) 추가 트래픽을 생성하는 대신 수동적인 분석을 수행할 수 있다.

TCP 오류 복구 기능

TCP의 오류 복구 기능은 네트워크에서 높은 지연 시간을 찾아 진단하고 복구하는 데 가장 적합하다. 컴퓨터 네트워킹 측면에서 대기 시간latency은 패킷의 전송과 수신 사이의 지연 시간을 측정한 것이다. 대기 시간은 단방향(단일 발신지에서 목적지로) 또는 왕복(발신지에서 목적지로, 다시 원래의 발신지로)으로 측정할 수 있다. 장치 간의 통신이 빠르고 한 지점에서 다른 지점으로 패킷을 가져오는 데 걸리는 시간이 짧으면 통신 시간이 짧다고low latency한다. 반대로 패킷이 발신지와 목적지 사이를 오고가는 데 상당한 시간이 걸릴 때 통신은 높은 대기 시간high latency을 갖는다고 한다. 높은 대기 시간은 모든 네트워크 관리자의 가장 큰 적이다.

8장에서는 TCP가 패킷의 안정적인 전달을 보장하기 위해 순서번호와 확인 응답 번호를 사용하는 방법을 알아봤다. 11장에서는 순서번호와 확인 응답 번호를 다시 살펴보고 대기 시간이 길어서 순서가 맞지 않는(또는 전혀 수신되지 않은) 경우 TCP가 응답하는 방식을 살펴본다.

TCP 재전송

tcp_retransmissions.pcapng

호스트가 패킷을 재전송할 수 있는 능력은 TCP의 가장 기본적인 오류 복구 기능 중 하나다. 이는 패킷 손실을 방지하기 위해 설계됐다.

애플리케이션의 오작동, 트래픽 부하가 많은 라우터 또는 일시적인 서비스 중단을 비롯한 많은 패킷 손실 원인이 있을 수 있다. 패킷 레벨에서 빠른 속도로 전달되며 종종 패킷 손실이 일어나기 때문에 TCP가 패킷 손실을 감지하고 복구할 수 있는 것이 중요하다.

패킷의 재전송이 필요한지 여부를 결정하는 주요 메커니즘은 재전송 타이머retransmission timer다. 이 타이머는 재전송 시간 초과RTO, retransmission timeout 값을 유지 관리한다. TCP를 사용해 패킷이 전송될 때마다 재전송 타이머가 시작된다. 이 타이머는 해당 패킷에 대한 ACK가 수신되면 중지된다. 패킷 전송과 ACK 패킷 수신 사이의 시간을 왕복 시간RTT, round-trip time이라고 한다. 이 시간 중 몇 가지에 대한 평균을 사용하며, 그 평균이 최종 RTO 값을 결정하는 데 사용된다.

RTO 값이 결정될 때까지 전송 운영체제는 호스트 간에 초기 통신을 위해 기본적으로 구성된 RTT 설정을 사용한다. 그런 다음 RTO 값을 결정하기 위해 수신된 패킷의 RTT를 기반으로 조정된다.

일단 RTO 값이 결정되면 재전송 타이머는 모든 전송된 패킷에 사용돼 패킷 손실이 발생했는지 여부를 결정한다. 그림 11-1은 TCP 재전송 프로세스를 보여준다.

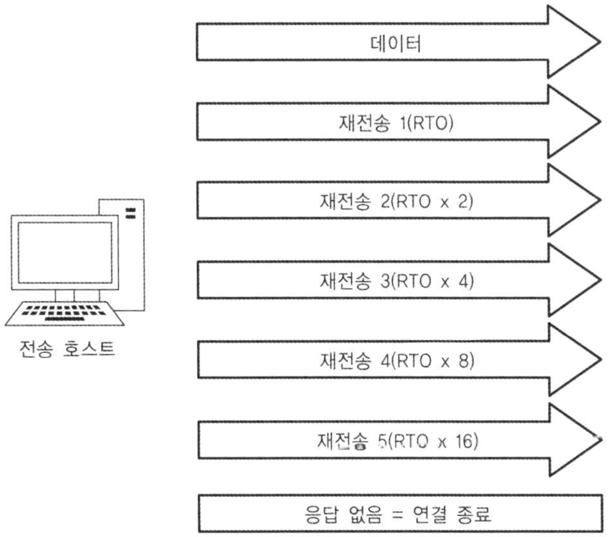

▲ **그림 11-1** TCP 재전송 프로세스의 개념도

패킷을 전송했지만 수신자가 TCP ACK 패킷으로 응답하지 않으면 전송 호스트는 원래 패킷이 손실됐다고 가정하고 원래의 패킷을 재전송한다. 재전송이 전송되면 RTO 값은 두 배가된다. 그 값에 도달하기 전에 ACK 패킷이 수신되지 않으면 다른 재전송이 일어난다. 이 재전송이 ACK 응답을 받지 못하면 RTO 값이 다시 두 배가 된다. 이 프로세스는 ACK 패킷이 수신되거나 송신자가 송신하게 구성된 최대 재전

송 횟수에 도달할 때까지 각 재전송에 대해 RTO 값을 두 배로 해 계속된다.

이 프로세스에 대한 자세한 내용은 RFC6298에 설명돼 있다. 최대 재전송 시도 횟수는 전송 운영체제에 구성된 값에 따라 다르다. 기본적으로 윈도우 호스트는 최대 5회 재전송을 시도한다. 대부분의 리눅스 호스트는 기본적으로 최대 15번까지 시도한다. 이 옵션은 운영체제에서 모두 구성할 수 있다.

TCP 재전송의 예를 보려면 여섯 개의 패킷이 들어있는 파일 tcp_retransmissions.pcapng를 연다. 첫 번째 패킷은 그림 11-2에 나와 있다.

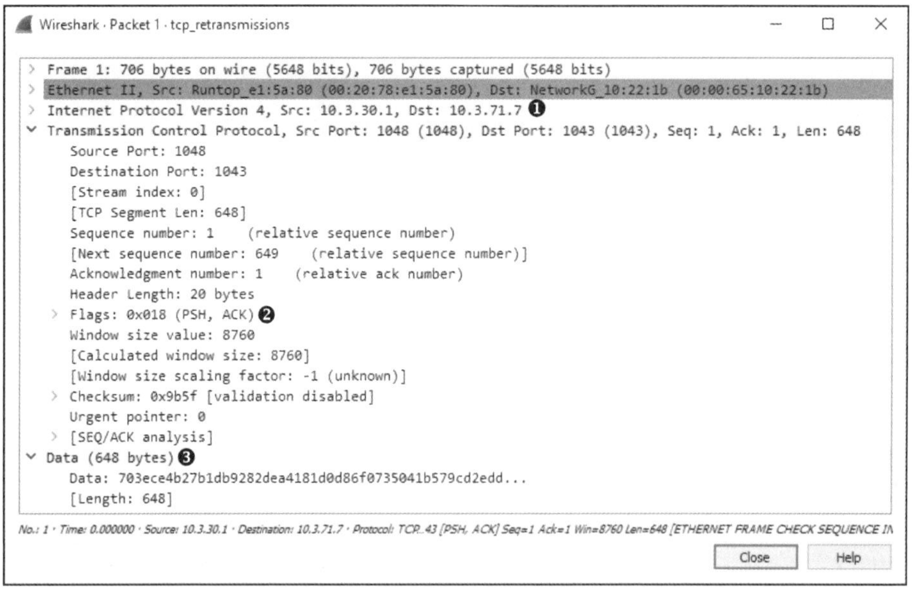

▲ **그림 11-2** 데이터가 포함된 간단한 TCP 패킷

이 패킷은 10.3.30.1에서 10.3.71.7❶로 전송되는 648바이트의 데이터❸를 포함한 TCP PSH/ACK 패킷❷이다. 이는 전형적인 데이터 패킷이다.

정상적인 상황에서는 첫 번째 패킷이 전송된 직후에 응답으로 TCP ACK 패킷을 볼 것으로 예상된다. 그러나 이 경우에 다음 패킷은 재전송이다. 패킷 목록 창에서 패킷을 보면 이를 알 수 있다. 정보 열에는 `[TCP Retransmission]`이 명확하게 나타나며, 패킷은 검정색 배경에 빨간색 텍스트로 나타난다. 그림 11-3은 패킷 목록 창에 나열된 재전송의 예를 보여준다.

No.	Time	Source	Destination	Protocol	Length	Info
1	0.000000	10.3.30.1	10.3.71.7	TCP	706	1048 → 1043 [PSH, ACK] Seq=1 Ack=1 Win=8760 Len=648 [ETHERNET FRAME CHECK SEQUENCE INCORRECT]
2	0.206000	10.3.30.1	10.3.71.7	TCP	706	[TCP Retransmission] 1048 → 1043 [PSH, ACK] Seq=1 Ack=1 Win=8760 Len=648 [ETHERNET FRAME CHECK SEQUENCE INCORRECT]
3	0.600000	10.3.30.1	10.3.71.7	TCP	706	[TCP Retransmission] 1048 → 1043 [PSH, ACK] Seq=1 Ack=1 Win=8760 Len=648 [ETHERNET FRAME CHECK SEQUENCE INCORRECT]
4	1.200000	10.3.30.1	10.3.71.7	TCP	706	[TCP Retransmission] 1048 → 1043 [PSH, ACK] Seq=1 Ack=1 Win=8760 Len=648 [ETHERNET FRAME CHECK SEQUENCE INCORRECT]
5	2.400000	10.3.30.1	10.3.71.7	TCP	706	[TCP Retransmission] 1048 → 1043 [PSH, ACK] Seq=1 Ack=1 Win=8760 Len=648 [ETHERNET FRAME CHECK SEQUENCE INCORRECT]
6	4.805000	10.3.30.1	10.3.71.7	TCP	706	[TCP Retransmission] 1048 → 1043 [PSH, ACK] Seq=1 Ack=1 Win=8760 Len=648 [ETHERNET FRAME CHECK SEQUENCE INCORRECT]

▲ **그림 11-3** 패킷 목록 창에 있는 재전송

그림 11-4와 같이 패킷 세부 정보 창에서 패킷을 검사해 재전송 여부를 확인할 수도 있다.

패킷 세부 정보 창에서 재전송 패킷에 SEQ/ACK 분석❶ 제목 아래에 몇 가지 추가 정보가 포함돼 있다. 이 유용한 정보는 와이어샤크에서 제공하며, 패킷 자체에 포함돼 있지 않다. SEQ/ACK 분석은 이것이 실제로 재전송❷이며 RTO 값은 0.206초❸이고 RTO는 패킷 1❹의 델타 시간을 기반으로 한다는 것을 알 수 있다.

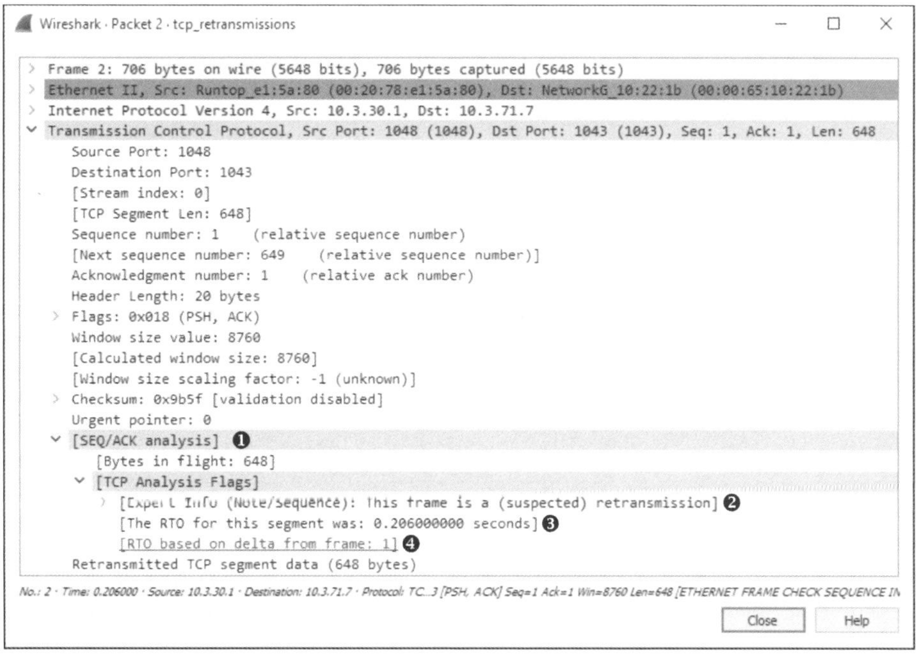

▲ **그림 11-4** 개별 재전송 패킷

이 패킷은 원래 패킷(IP 식별자와 검사합 필드 제외)과 같다. 이를 확인하려면 재전송된 패킷의 패킷 바이트 창을 원래의 패킷 바이트 창과 비교한다.

IP 식별자 및 검사합 필드와 RTO 값에서 발견되는 패킷 사이의 차이점을 제외하고 나머지 패킷을 검사하면 비슷한 결과가 나타난다. 각 패킷 사이의 시간 경과를 시각화하려면 그림 11-5와 같이 패킷 목록 창에서 시간 열을 보라. 여기서 재전송마다 RTO 값이 두 배로 증가함에 따라 기하급수적으로 증가하는 것을 볼 수 있다.

TCP 재전송 기능은 패킷 손실을 감지하고 복구하기 위해 전송 장치를 사용한다. 다음으로 패킷 수신 확인과 패킷 손실 복구를 위해 TCP 중복 확인 응답duplicate acknowledgments을 살펴본다.

No.	Time
1	0.000000
2	0.206000
3	0.600000
4	1.200000
5	2.400000
6	4.805000

▲ **그림 11-5** 시간 열은 RTO 값의 증가를 보여준다.

TCP 중복 확인과 빠른 재전송

tcp_dupack.pcapng

중복 ACK는 수신자가 순서가 잘못된 패킷을 수신할 때 수신자가 보낸 TCP 패킷이다. TCP는 해당 헤더 내의 순서번호와 확인 응답 번호 필드를 사용해 데이터를 수신해 동일한 순서로 다시 재조립한다.

> **참고** TCP 패킷에 대한 적절한 용어는 실제로 TCP 세그먼트(segment)지만, 대부분의 사람들은 그것을 패킷이라고 한다.

새로운 TCP 연결이 설정되면 핸드셰이크 프로세스 중에 교환되는 가장 중요한 정보 중 하나가 초기 순서번호ISN, Initial Sequence Number다. ISN이 연결의 각 측에 설정되면 이후에 전송되는 각 패킷은 데이터 페이로드 크기만큼 순서번호를 증가시킨다.

ISN이 5000이고 500바이트 패킷을 수신자에게 보내는 경우를 고려해보자. 이 패킷을 수신하면 수신 호스트는 다음 수식을 기반으로 확인 응답 번호가 5500인 TCP ACK 패킷으로 응답한다.

순서번호 + 수신된 데이터 바이트 = 수신 확인 응답 번호

이 계산의 결과로 전송 호스트에 응답된 수신 확인 응답 번호는 수신자가 수신하기를 기대하는 다음 순서번호다. 이에 대한 예가 그림 11-6에 나와 있다.

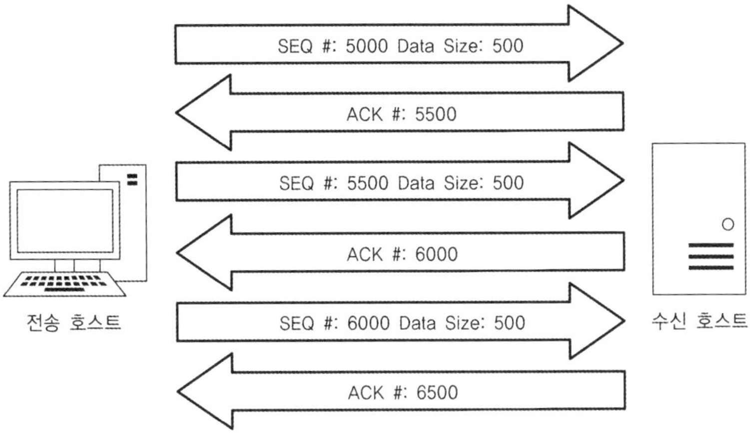

▲ **그림 11-6** TCP 순서번호와 확인 응답 번호

데이터 수신자에 의한 패킷 손실 감지는 순서번호를 통해 가능하다. 수신자가 수신 중인 순서번호를 추적하므로 순서가 잘못된 순서번호를 수신하는 시점을 알 수 있다. 수신자가 예기치 않은 순서번호를 수신하면 패킷이 전송 중에 손실됐다고 가정한다. 데이터를 올바르게 재구성하려면 수신자가 누락된 패킷을 가져야 하므로 손실된 패킷의 예상 순서번호가 포함된 ACK 패킷을 다시 전송해 전송 호스트에서 해당 패킷의 재전송을 하게 된다.

전송 호스트가 수신자로부터 세 개의 중복 ACK를 수신하면 패킷이 실제로 전송 중에 손실됐다고 가정하고 즉시 재전송을 보낸다. 고속 재전송이 트리거되면 전송되는 다른 모든 패킷은 고속 재전송 패킷이 전송될 때까지 대기한다. 이 프로세스는 그림 11-7에 나타나 있다.

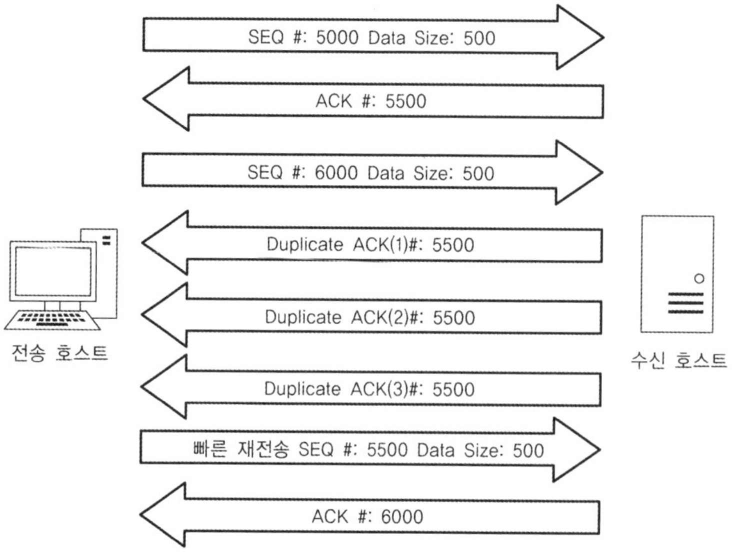

▲ **그림 11-7** 수신자의 중복 ACK는 빠른 재전송 결과를 낳는다.

중복 ACK와 빠른 재전송의 예는 tcp_dupack.pcapng 파일에서 찾을 수 있다. 이 캡처의 첫 번째 패킷은 그림 11-8에 나와 있다.

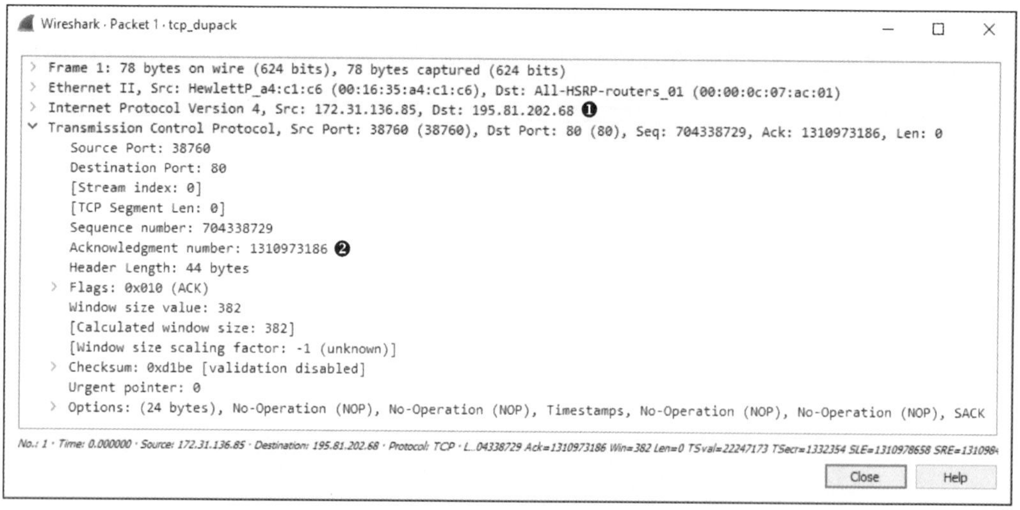

▲ **그림 11-8** 다음 예상되는 순서번호를 보여주는 ACK

데이터 수신자(172.31.136.85)가 송신자(195.81.202.68)❶에게 보낸 TCP ACK는 이 캡처 파일에 포함되지 않은 이전 패킷에서 전송된 데이터의 확인 응답이다.

> **참고** 기본적으로 와이어샤크는 상대적인 순서번호를 사용해 이 숫자를 쉽게 분석하지만 다음 몇 절의 예제와 스크린 샷에서는 이 기능을 사용하지 않는다. 이 기능을 해제하려면 Edit ❯ Preferences를 선택한다. 환경 설정 창에서 Protocols를 선택한 다음 TCP 섹션을 선택한다. 그 후 Relative sequence numbers 옆의 상자를 선택 취소한다.

이 패킷의 확인 응답 번호는 1310973186❷이며, 그림 11-9와 같이 수신된 다음 패킷의 순서번호와 일치해야 한다.

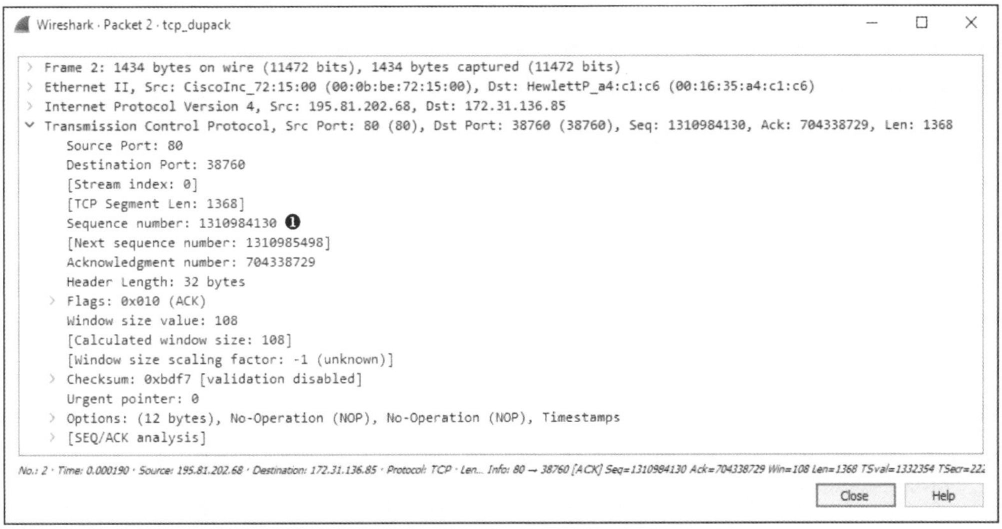

▲ **그림 11-9** 이 패킷의 순서번호가 예상한 것이 아니다.

불행히도 수신자가 받은 예상과 달리 다음 패킷의 순서번호는 1310984130❶이다. 이 out-of-order 패킷은 예상 패킷이 전송 중에 손실됐음을 나타낸다. 수신자 호스트는 그림 11-10과 같이 패킷이 순서에 맞지 않아 이 캡처의 세 번째 패킷에 중복 ACK를 보내는 것을 확인할 수 있다.

다음 중 하나를 살펴보면 이것이 중복 ACK 패킷인지 확인할 수 있다.

- 패킷 세부 정보 창의 정보 열로, 패킷은 검정색 배경에 빨간색 텍스트로 나타난다.
- SEQ/ACK 분석 표제 아래의 패킷 세부 정보 창(그림 11-10 참조)으로, 이 표제를 확장하면 패킷이 패킷 1❶의 중복 ACK로 나열된다는 것을 알 수 있다.

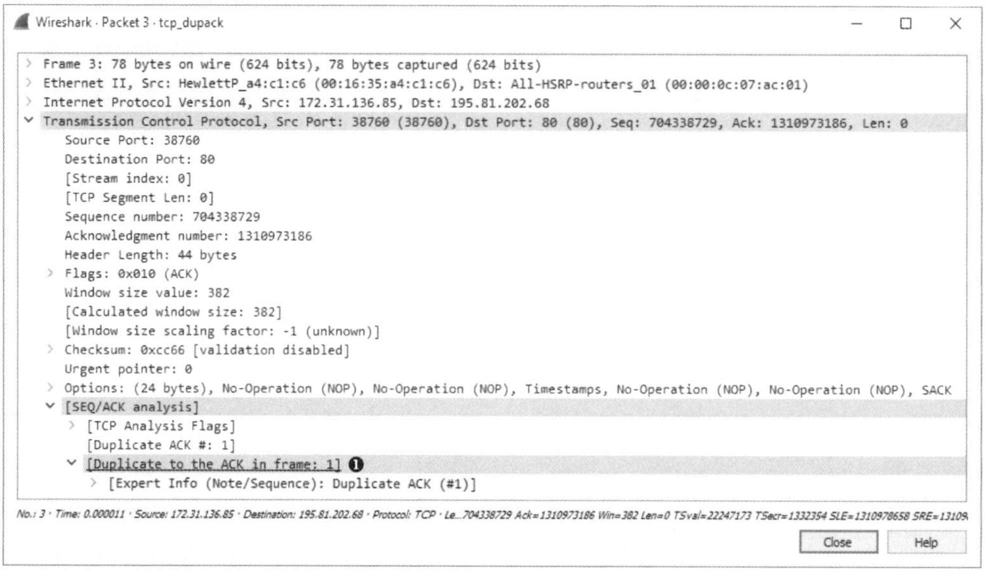

▲ **그림 11-10** 첫 번째 중복 ACK 패킷

다음 몇 개의 패킷은 그림 11-11과 같이 이 과정이 계속된다.

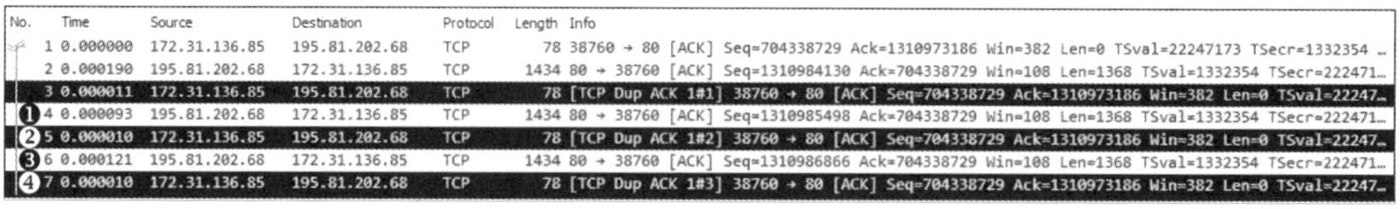
No. Time Source Destination Protocol Length Info
1 0.000000 172.31.136.85 195.81.202.68 TCP 78 38760 → 80 [ACK] Seq=704338729 Ack=1310973186 Win=382 Len=0 TSval=22247173 TSecr=1332354 …
2 0.000190 195.81.202.68 172.31.136.85 TCP 1434 80 → 38760 [ACK] Seq=1310984130 Ack=704338729 Win=108 Len=1368 TSval=1332354 TSecr=222471…
3 0.000011 172.31.136.85 195.81.202.68 TCP 78 [TCP Dup ACK 1#1] 38760 → 80 [ACK] Seq=704338729 Ack=1310973186 Win=382 Len=0 TSval=22247…
❶ 4 0.000093 195.81.202.68 172.31.136.85 TCP 1434 80 → 38760 [ACK] Seq=1310985498 Ack=704338729 Win=108 Len=1368 TSval=1332354 TSecr=222471…
❷ 5 0.000010 172.31.136.85 195.81.202.68 TCP 78 [TCP Dup ACK 1#2] 38760 → 80 [ACK] Seq=704338729 Ack=1310973186 Win=382 Len=0 TSval=22247…
❸ 6 0.000121 195.81.202.68 172.31.136.85 TCP 1434 80 → 38760 [ACK] Seq=1310986866 Ack=704338729 Win=108 Len=1368 TSval=1332354 TSecr=222471…
❹ 7 0.000010 172.31.136.85 195.81.202.68 TCP 78 [TCP Dup ACK 1#3] 38760 → 80 [ACK] Seq=704338729 Ack=1310973186 Win=382 Len=0 TSval=22247…

▲ **그림 11-11** 순서가 틀린 패킷 때문에 추가 중복 ACK가 생성된다.

캡처 파일의 네 번째 패킷은 잘못된 순서번호❶와 함께 전송 호스트에서 전송된 데이터의 또 다른 청크다. 결과적으로 수신 호스트는 두 번째 중복 ACK❷를 보낸다. 잘못된 순서번호를 가진 하나 이상의 패킷이 수신자❸에 의해 수신된다. 이는 제3의 최종 ACK❹의 전송이 일어나게 한다.

전송 호스트가 수신자로부터 세 번째 중복 ACK를 받자마자 모든 패킷 전송을 중지하고 손실된 패킷을 다시 보내야 한다. 그림 11-12는 손실된 패킷의 빠른 재전송을 보여준다.

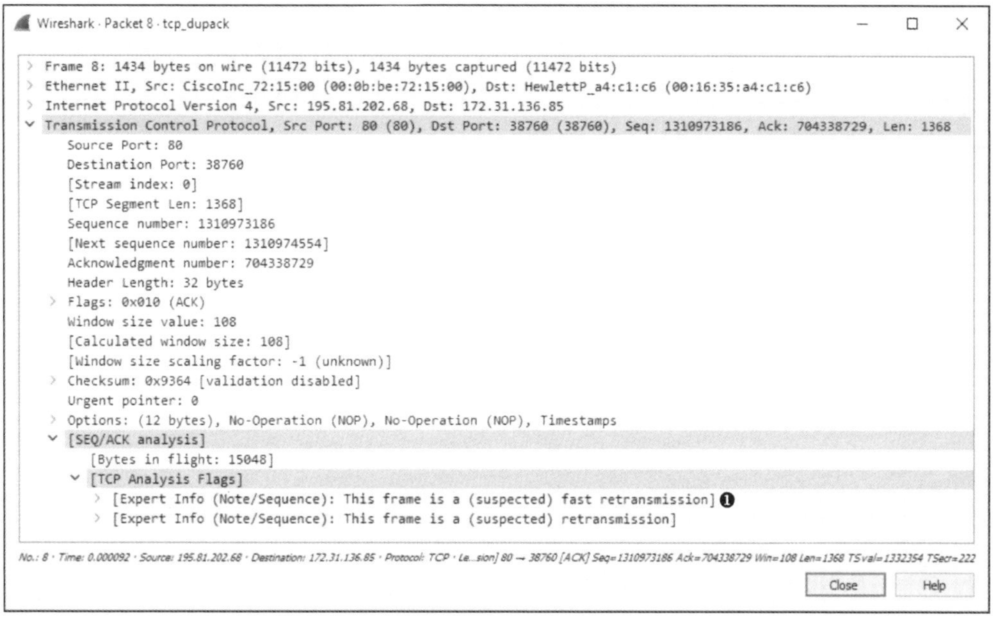

▲ **그림 11-12** 3개의 중복 ACK는 손실된 패킷의 빠른 재전송을 일어나게 한다.

재전송 패킷은 패킷 목록 창에 있는 정보 열을 통해 다시 한 번 확인할 수 있다. 이전 예와 마찬가지로 패킷은 검정색 배경에 빨간색 텍스트로 명확하게 나타나 있다. 이 패킷의 SEQ/ACK 분석 섹션(그림 11-12 참조)은 이것이 빠른 재전송❶으로 의심하고 있다(다시 말하면 이 패킷을 빠른 재전송으로 나타나는 정보는 패킷 자체에 설정된 값이 아니라 와이어샤크 특성이다). 캡처의 마지막 패킷은 고속 재전송의 수신을 확인하는 ACK 패킷이다.

참고 패킷 손실이 있는 TCP 통신의 데이터 흐름에 영향을 줄 수 있는 기능 중 하나가 선택적(selective) 확인 응답 기능이다. 조금 전에 살펴본 패킷 캡처에서 초기 ACK는 초기 3방향 핸드셰이크 프로세스 중에 활성화된 기능이다. 결과적으로 패킷이 손실되고 중복 ACK가 수신될 때마다 손실된 패킷 이후에 다른 패킷이 성공적으로 수신됐음에도 불구하고 손실된 패킷만 재전송해야 한다. 선택적 ACK가 활성화되지 않으면 손실된 패킷 이후에 발생하는 모든 패킷을 재전송해야 한다. 선택적 ACK는 데이터 손실 복구를 훨씬 효율적으로 만든다. 대부분의 최신 TCP/IP 스택 구현은 선택적 ACK를 지원하기 때문에 이 기능은 일반적으로 구현된다.

TCP 흐름 제어

재전송과 중복 ACK는 패킷 손실을 복구하기 위해 설계된 TCP 기능이다. TCP는 패킷 손실을 방지하기 위한 사전 예방적인 방법이 없으면 실제로 좋은 프로토콜이 아니다.

TCP는 슬라이딩 창 메커니즘sliding-window mechanism을 구현해 패킷 손실이 발생할 때 이를 감지하고 데이터 전송 속도를 조정해 이를 방지한다. 슬라이딩 창 메커니즘은 데이터 수신자의 수신 창receive window을 활용해 데이터 흐름을 제어한다.

수신 창은 데이터 수신자가 지정한 값으로 수신자가 TCP 버퍼 공간buffer space에 저장할 데이터의 양을 전송 장치에 알리는 TCP 헤더(바이트)에 저장된다. 이 버퍼 공간은 데이터를 처리하기 위해 대기 중인 응용 계층 프로토콜로 스택 위로 전달될 때까지 데이터가 일시적으로 저장되는 위치다. 결과적으로 전송 호스트는 한 번에 창 크기 값 필드에 지정된 양의 데이터만 전송할 수 있다. 송신기가 더 많은 데이터를 보내려면 수신자는 이전 데이터가 수신됐다는 확인 응답을 보내야 한다. 또한 해당 위치를 차지하는 데이터를 처리해 TCP 버퍼 공간을 지워야 한다. 그림 11-13은 수신 창이 어떻게 동작하는지 보여준다.

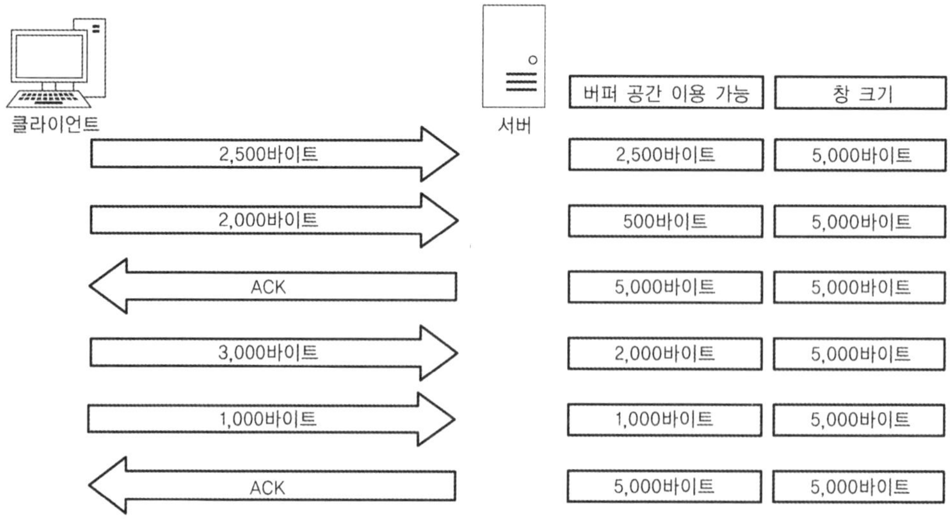

▲ **그림 11-13** 수신 창은 데이터 수신자가 압도 당하지 않게 한다.

그림 11-13에서 클라이언트는 수신 창 크기가 5,000바이트인 통신 서버로 데이터를 전송한다. 클라이언트는 2,500바이트를 보내고 서버의 버퍼 공간을 2,500바이트로 줄인 다음 또 다른 2,000바이트를 보내고 버퍼를 500바이트로 줄인다. 서버는 이 데이터에 대한 확인 응답을 보내고 버퍼의 데이터를 처리한 후에 다시 빈 버퍼를 사용할 수 있다. 이 프로세스는 클라이언트가 3,000바이트와 1,000바이트를 보내고 서버의 버퍼를 1,000바이트로 줄이는 과정을 반복한다. 클라이언트는 이 데이터를 확인하고 버퍼의 내용을 처리한다.

창 크기 조정

창 크기를 조정하는 프로세스는 상당히 명확하지만 완벽하지는 않다. TCP 스택에 의해 데이터가 수신될 때마다 수신 확인이 생성돼 응답으로 전송되지만 수신자의 버퍼에 있는 데이터가 항상 즉시 처리되는 것은 아니다.

사용량이 많은 서버가 여러 클라이언트의 패킷을 처리할 때 버퍼를 비우는 데 시간이 오래 걸릴 수 있으므로 새로운 데이터를 저장할 공간을 확보할 수 없다. 흐름 제어 수단이 없으면 전체 버퍼로 인해 패킷 손실과 데이터 손상이 발생할 수 있다. 다행히도 서버가 너무 바빠서 수신 창에서 광고하는 비율로 데이터를 처리하지 못하면 창 크기를 조정할 수 있다. 이는 데이터를 보내는 호스트로 다시 보내는 ACK 패킷의 TCP 헤더에서 창 크기 값을 줄임으로써 수행된다. 그림 11-14는 이 예를 보여준다.

그림 11-14에서 서버는 창 크기가 5,000바이트로 시작한다. 클라이언트는 2,000바이트를 전송한 다음 또 다른 2,000바이트를 전송해 사용 가능한 버퍼 공간만 1,000바이트로 남겨둔다. 서버는 버퍼가 빨리 채워지는 것을 인식하고 데이터 전송이 이 속도로 유지되면 곧 패킷이 손실된다는 것을 알고 있다. 이러한 사고를 피하기 위해 서버는 업데이트된 창 크기가 1,000바이트로 클라이언트에게 확인 응답을 보낸다. 클라이언트는 적은 양의 데이터를 보내고 응답하며, 이제 서버가 버퍼 내용을 처리할 수 있는 속도로 데이터가 일정한 방식으로 전송된다.

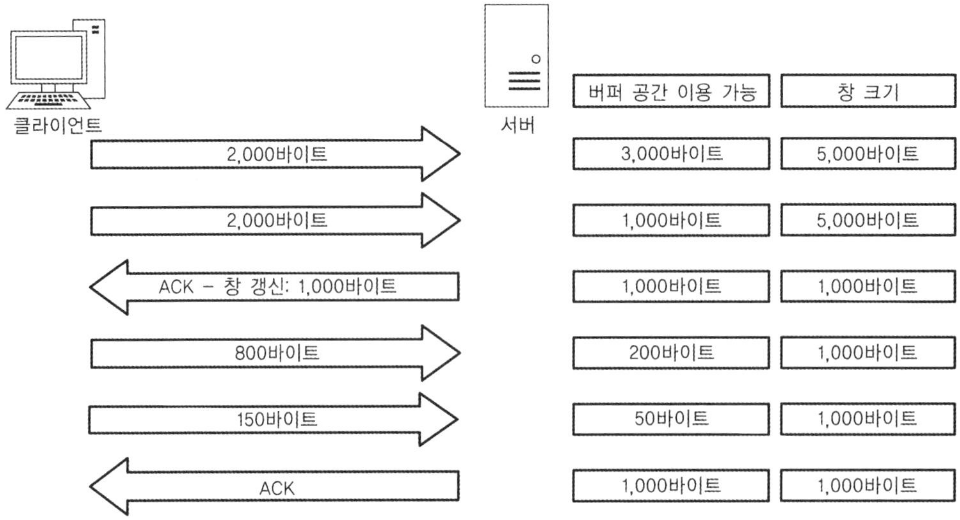

▲ **그림 11-14** 서버가 사용 중일 때 창 크기를 조정할 수 있다.

크기 조정 프로세스는 두 가지 방식으로 동작한다. 서버가 더 빠른 속도로 데이터를 처리할 수 있으면 더 큰 창 크기의 ACK 패킷을 보낼 수 있다.

제로 창 알림으로 데이터 흐름 중지

메모리 부족, 처리 능력 부족 또는 다른 문제점으로 인해 서버는 더 이상 클라이언트에서 보낸 데이터를 처리하지 않을 수 있다. 이러한 정지는 패킷 손실과 통신 프로세스 중단을 초래할 수 있지만 수신 창은 부정적인 영향을 최소화할 수 있다.

이 상황이 발생하면 서버는 창 크기가 0인 패킷을 보낼 수 있다. 클라이언트가 이 패킷을 받으면 모든 데이터 전송을 중지하지만 keep-alive 패킷 전송과 함께 서버에 대한 연결을 열어둔다. Keep-alive 패킷은 정기적으로 클라이언트에서 전송해 서버의 수신 창 상태를 확인할 수 있다. 서버가 데이터 처리를 다시 시작할 수 있게 되면 0이 아닌 창 크기로 응답하고 통신이 재개된다. 그림 11-15는 제로 창 알림의 예를 보여준다.

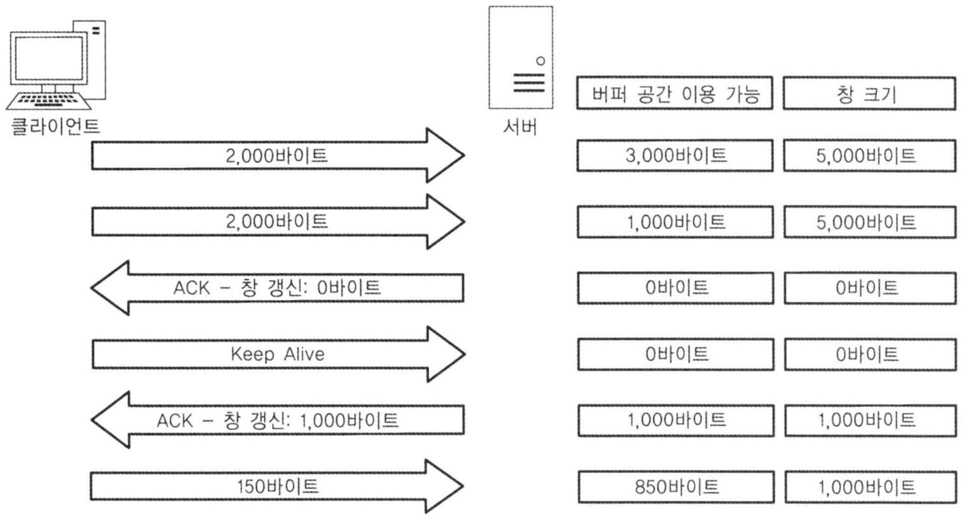

▲ **그림 11-15** 창 크기가 0바이트로 설정되면 데이터 전송이 중지된다.

그림 11-15에서 서버는 5,000바이트 창 크기의 데이터 수신을 시작한다. 클라이언트에서 총 4,000바이트의 데이터를 받은 후 서버는 매우 많은 프로세서 로드가 발생하기 시작하고 더 이상 클라이언트의 데이터를 처리할 수 없다. 그런 다음 서버는 0으로 설정된 창 크기 값 필드가 있는 패킷을 보낸다. 클라이언트는 데이터 전송을 중지하고 Keep-alive 패킷을 보낸다. Keep-alive 패킷을 수신한 후 서버는 클라이언트에 데이터를 수신할 수 있고 창 크기가 1,000바이트임을 알리는 패킷으로 응답한다. 클라이언트는 이전보다 느린 속도로 데이터 전송을 재개한다.

실제 TCP 슬라이딩 창

tcp_zerowindowrecovery.pcapng

TCP 슬라이딩 창에 대한 이론을 설명했으니 이제 캡처 파일 tcp_zerowindowrecovery.pcapng에서 이를 살펴본다.

tcp_zerowindowdead.pcapng

이 파일에서는 192.168.0.20에서 192.168.0.30까지 이동하는 여러 개의 TCP ACK 패킷으로 시작한다. 주요 관심사는 패킷 목록 창에 있는 정보 열과 패킷 세부 정보 창에 있는 TCP 헤더에 있는 윈도우 크기 값 필드다. 그림 11-16에서 볼 수 있듯이 이 필드의 값이 처음 세 패킷의 과정에서 감소한다는 것을 즉시 알 수 있다.

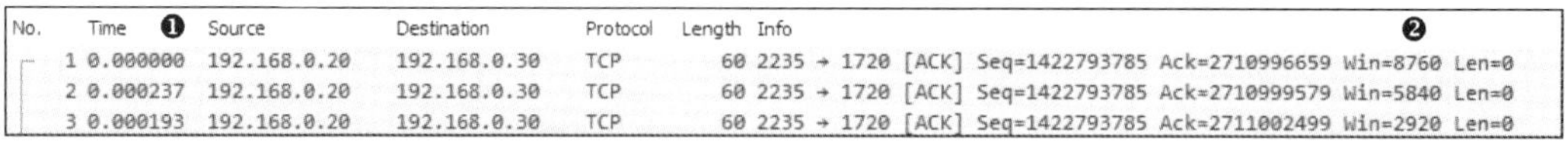
No. Time ❶ Source Destination Protocol Length Info ❷
1 0.000000 192.168.0.20 192.168.0.30 TCP 60 2235 → 1720 [ACK] Seq=1422793785 Ack=2710996659 Win=8760 Len=0
2 0.000237 192.168.0.20 192.168.0.30 TCP 60 2235 → 1720 [ACK] Seq=1422793785 Ack=2710999579 Win=5840 Len=0
3 0.000193 192.168.0.20 192.168.0.30 TCP 60 2235 → 1720 [ACK] Seq=1422793785 Ack=2711002499 Win=2920 Len=0

▲ **그림 11-16** 이 패킷의 창 크기가 감소하고 있다.

창 크기 값은 첫 번째 패킷의 8,760바이트에서 두 번째 패킷의 5,840바이트로 감소한 다음 세 번째 패킷의 2,920바이트❷로 감소한다. 이 창 크기 값의 감소는 호스트에서 대기 시간이 늘어난 것을 나타내는 지표다. Time 칼럼❶에서 이것이 매우 빠르게 일어난다는 점을 주의하라.

창 크기를 이렇게 빠르게 감소하면 창 크기가 0으로 되는 것이 일반적이다. 그림 11-17과 같이 4번째 패킷에서 정확히 일어난다.

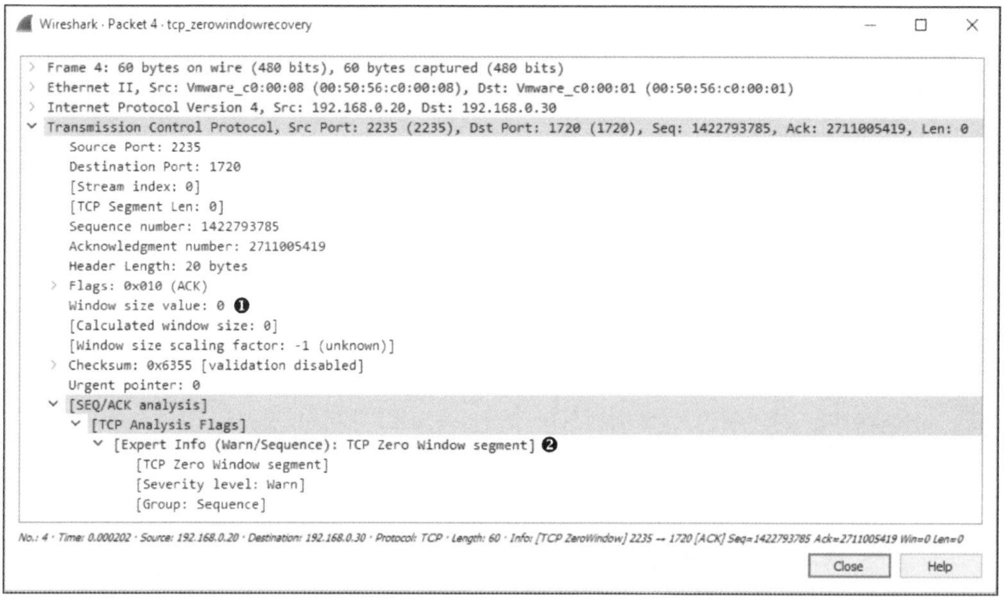

▲ **그림 11-17** 이 제로 창 패킷은 호스트가 더 이상 데이터를 받아들일 수 없다고 말한다.

네 번째 패킷도 192.168.0.20에서 192.168.0.30으로 전송되지만, 목적은 더 이상 데이터를 수신할 수 없다는 것을 192.168.0.30에 알리는 것이다. 0 값은 TCP 헤더❶에 표시된다. 와이어샤크는 이것이 패킷 목록 창에 있는 정보 열과 TCP 헤더의 SEQ/ACK 분석 섹션 아래에 있는 제로 창 패킷이라고도 알려준다❷.

일단이 제로 창 패킷이 보내지면 192.168.0.30의 장치는 창 크기가 증가했다는 것을 알려주는 192.168.0.20에서 창 갱신을 수신할 때까지 더 이상 데이터를 보내지 않는다. 다행스럽게도 이 캡처 파일에서 제로 창 조건을 유발하는 문제는 일시적이다. 따라서 그림 11-18과 같이 다음 패킷에서 창 갱신이 전송된다.

이 경우 창 크기는 매우 양호한 64,240바이트❶로 증가한다. 와이어샤크는 이것이 SEQ/ACK 분석 표제 아래의 창 갱신임을 다시 한 번 알려준다.

업데이트 패킷이 수신되면 192.168.0.30의 호스트는 패킷 6과 7에서처럼 데이터를 다시 전송하기 시작할 수 있다. 중단된 데이터 전송의 전체 기간은 매우 빠르게 발생한다. 더 오래 지속되면 네트워크에 잠재적인 문제가 발생해 데이터 전송 속도가 느려지거나 실패할 수 있다.

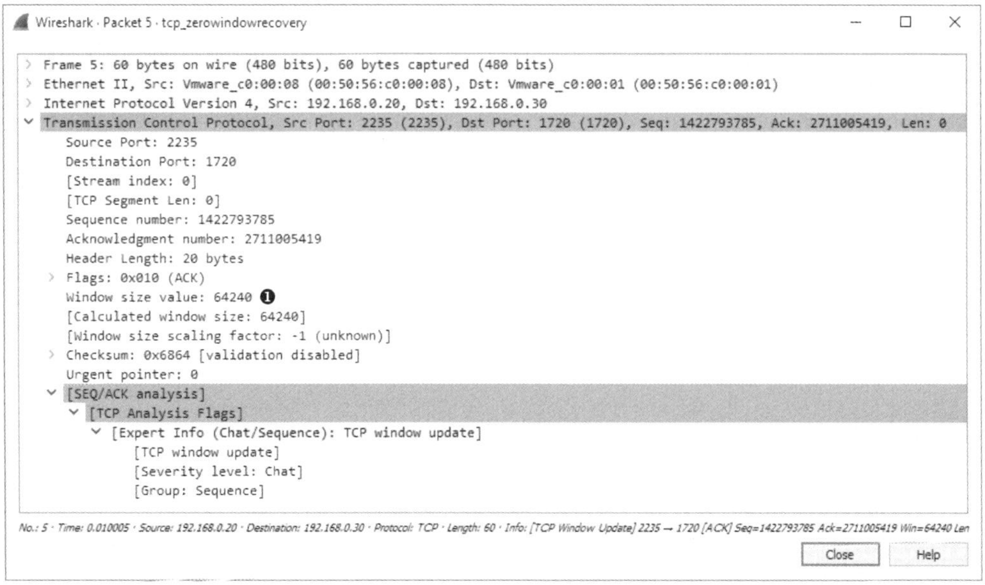

▲ **그림 11-18** TCP 창 갱신 패킷은 다른 호스트가 다시 전송을 시작할 수 있음을 알린다.

슬라이딩 창을 마지막으로 살펴보려면 tcp_zerowindowdead.pcapng를 확인하라. 이 캡처의 첫 번째 패킷은 일반 HTTP 트래픽이 195.81.202.68에서 172.31.136.85로 전송되는 것이다. 패킷은 그림 11-19와 같이 172.31.136.85에서 다시 전송된 제로 창 패킷으로 즉시 이어진다.

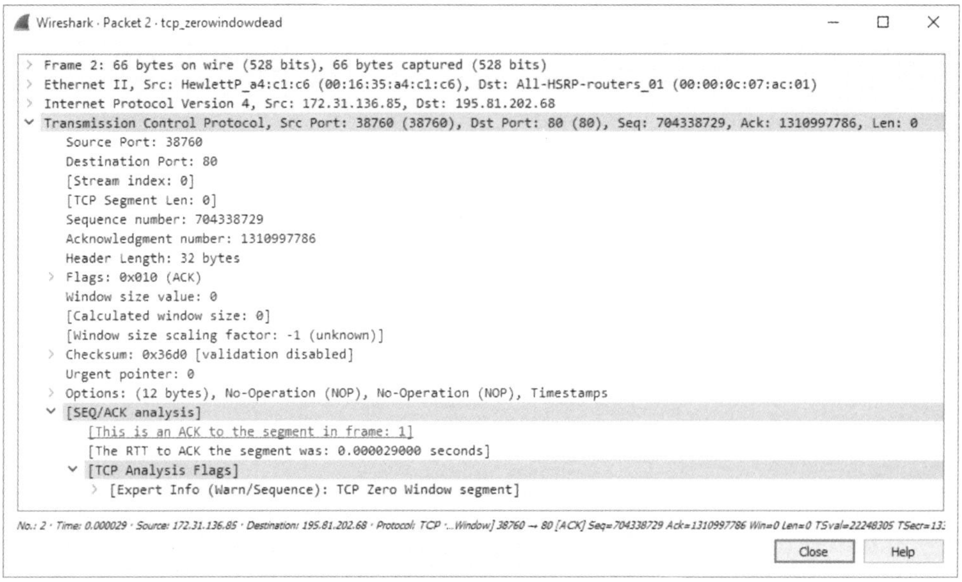
Wireshark · Packet 2 · tcp_zerowindowdead
Frame 2: 66 bytes on wire (528 bits), 66 bytes captured (528 bits)
Ethernet II, Src: HewlettP_a4:c1:c6 (00:16:35:a4:c1:c6), Dst: All-HSRP-routers_01 (00:00:0c:07:ac:01)
Internet Protocol Version 4, Src: 172.31.136.85, Dst: 195.81.202.68
Transmission Control Protocol, Src Port: 38760 (38760), Dst Port: 80 (80), Seq: 704338729, Ack: 1310997786, Len: 0
Source Port: 38760
Destination Port: 80
[Stream index: 0]
[TCP Segment Len: 0]
Sequence number: 704338729
Acknowledgment number: 1310997786
Header Length: 32 bytes
Flags: 0x010 (ACK)
Window size value: 0
[Calculated window size: 0]
[Window size scaling factor: -1 (unknown)]
Checksum: 0x36d0 [validation disabled]
Urgent pointer: 0
Options: (12 bytes), No-Operation (NOP), No-Operation (NOP), Timestamps
[SEQ/ACK analysis]
[This is an ACK to the segment in frame: 1]
[The RTT to ACK the segment was: 0.000029000 seconds]
[TCP Analysis Flags]
[Expert Info (Warn/Sequence): TCP Zero Window segment]
Close
Help

▲ **그림 11-19** 제로 창 패킷은 데이터 전송을 중지한다.

이것은 그림 11-17에 있는 제로 창 패킷과 매우 유사하지만 결과는 매우 다르다. 172.31.136.85 호스트에서 창을 갱신하고 통신을 다시 시작하는 대신 그림 11-20과 같이 keep-alive 패킷이 나타난다.

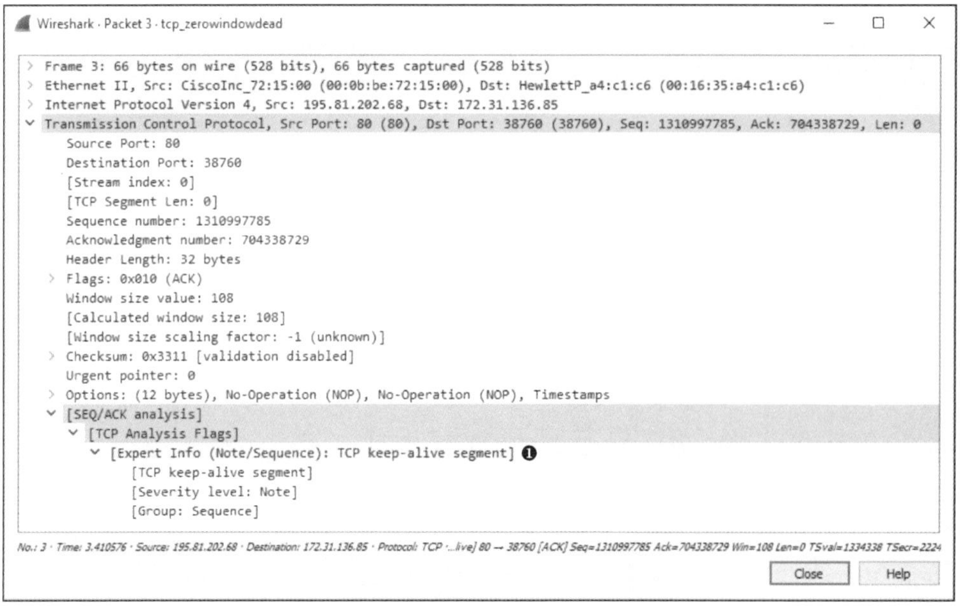
Wireshark · Packet 3 · tcp_zerowindowdead
Frame 3: 66 bytes on wire (528 bits), 66 bytes captured (528 bits)
Ethernet II, Src: CiscoInc_72:15:00 (00:0b:be:72:15:00), Dst: HewlettP_a4:c1:c6 (00:16:35:a4:c1:c6)
Internet Protocol Version 4, Src: 195.81.202.68, Dst: 172.31.136.85
Transmission Control Protocol, Src Port: 80 (80), Dst Port: 38760 (38760), Seq: 1310997785, Ack: 704338729, Len: 0
Source Port: 80
Destination Port: 38760
[Stream index: 0]
[TCP Segment Len: 0]
Sequence number: 1310997785
Acknowledgment number: 704338729
Header Length: 32 bytes
Flags: 0x010 (ACK)
Window size value: 108
[Calculated window size: 108]
[Window size scaling factor: -1 (unknown)]
Checksum: 0x3311 [validation disabled]
Urgent pointer: 0
Options: (12 bytes), No-Operation (NOP), No-Operation (NOP), Timestamps
[SEQ/ACK analysis]
[TCP Analysis Flags]
[Expert Info (Note/Sequence): TCP keep-alive segment] ❶
[TCP keep-alive segment]
[Severity level: Note]
[Group: Sequence]
Close
Help

▲ **그림 11-20** 이 keep-alive 패킷은 제로 창 호스트가 아직 살아 있는지 확인한다.

이 패킷은 패킷 세부 사항 창에 있는 TCP 헤더의 SEQ/ACK 분석 섹션 아래에서 와이어샤크에 의해 keep-alive로 나타난다❶. Time 열은 이 패킷이 마지막으로 수신된 패킷으로부터 3.4초 후에 전송됐음을 알려준다. 이 프로세스는 그림 11-21과 같이 하나의 호스트가 0의 창 패킷을 보내고 다른 하나는 keep-alive 패킷을 보내는 것이 여러 번 더 계속된다.

No.	Time ❶	Source	Destination	Protocol	Length	Info
2	0.000029	172.31.136.85	195.81.202.68	TCP	66	[TCP ZeroWindow] 38760 → 80 [ACK] Seq=704338729 Ack=1310997786 Win=0 Len=0 TSv…
3	3.410576	195.81.202.68	172.31.136.85	TCP	66	[TCP Keep-Alive] 80 → 38760 [ACK] Seq=1310997785 Ack=704338729 Win=108 Len=0 T…
4	0.000031	172.31.136.85	195.81.202.68	TCP	66	[TCP ZeroWindow] 38760 → 80 [ACK] Seq=704338729 Ack=1310997786 Win=0 Len=0 TSv…
5	6.784127	195.81.202.68	172.31.136.85	TCP	66	[TCP Keep-Alive] 80 → 38760 [ACK] Seq=1310997785 Ack=704338729 Win=108 Len=0 T…
6	0.000029	172.31.136.85	195.81.202.68	TCP	66	[TCP ZeroWindow] 38760 → 80 [ACK] Seq=704338729 Ack=1310997786 Win=0 Len=0 TSv…
7	13.536714	195.81.202.68	172.31.136.85	TCP	66	[TCP Keep-Alive] 80 → 38760 [ACK] Seq=1310997785 Ack=704338729 Win=108 Len=0 T…
8	0.000047	172.31.136.85	195.81.202.68	TCP	66	[TCP ZeroWindow] 38760 → 80 [ACK] Seq=704338729 Ack=1310997786 Win=0 Len=0 TSv…

▲ **그림 11-21** 호스트와 클라이언트는 각각 0 창과 keep-alive 패킷을 계속 보낸다.

이러한 keep-alive 패킷은 3.4, 6.8과 13.5초 간격으로 발생한다❶. 이 프로세스는 통신 장치의 운영체제에 따라 상당히 오래 지속될 수 있다. Time 열에 값을 합산해 볼 수 있듯이 연결이 거의 25초 동안 중단된다. 도메인 컨트롤러로 인증을 시도하거나 25초 동안 인터넷을 통해 파일을 다운로드하는 것을 상상해보라!

TCP 오류 제어와 흐름 제어 패킷으로부터 배우기

재전송, 중복 ACK, 슬라이딩 창 메커니즘을 일부 상황에 적용해보자. 다음은 대기 시간latency 문제를 해결할 때 유념해야 할 몇 가지 참고 사항이다.

재전송 패킷 클라이언트는 서버가 전송한 데이터를 수신하지 못했음을 감지했기 때문에 재전송이 발생한다. 따라서 분석 중인 통신 측에 따라 재전송을 볼 수 없다. 서버에서 데이터를 캡처하고 있고 클라이언트에서 전송되고 재전송된 패킷을 실제로 수신하지 못하는 경우 재전송 패킷을 볼 수 없기 때문에 힘들 수 있다. 서버 측에서 패킷 손실이 의심되는 경우 재전송 패킷의 존재 여부를 확인할 수 있게 클라이언트에서 트래픽을 캡처하는 것이 좋다(가능한 경우).

중복 ACK 패킷 중복 ACK를 재전송의 pseudo-opposite로 생각하는 경향이 있다. 서버가 통신 중인 클라이언트의 패킷이 전송 중 손실됐다는 것을 서버가 감지했을 때 전송되기 때문이다. 대부분의 경우 통신 양쪽에서 트래픽을 캡처할 때 중복 ACK를 볼 수 있다. 패킷이 순차적으로 수신될 때 중복 ACK가 트리거된다는 점을 기억하라. 예를 들어 서버가 전송된 세 개의 패킷 중 첫 번째와 세 번째 패킷을 수신한 경우 중복 ACK를 보내 클라이언트에서 두 번째 패킷의 빠른 재전송을 유도한다. 첫 번째와 세 번째 패킷을 받았으므로 두 번째 패킷이 삭제되는 조건은 임시적일 뿐이므로 복제된 ACK가 전송돼 성공적으로 수신될 가능성이 크다. 물론 이 시나리오가 항상 그런 것은 아니므로 서버 측에서 패킷 손실이 의심되고 중복 ACK가 나타나지 않으면 클라이언트 쪽에서 패킷을 캡처하는 것을 고려하라.

제로 창과 Keep-Alive 패킷 슬라이딩 창은 서버가 데이터를 수신하고 처리할 수 없음을 직접적으로 나타낸다. 창 크기가 감소하거나 창 상태가 0이면 서버에 문제가 있는 것이므로 어느 한쪽이 회선에 문제가 있다고 판단되면 집중 조사해야 한다. 일반적으로 네트워크 통신의 양측에 윈도우 업데이트 패킷이 나타날 것이다.

높은 대기 시간의 원인 찾기

경우에 따라 패킷 손실이 지연 시간의 원인이 아닐 수도 있다. 두 호스트 간의 통신 속도가 느리더라도 느린 속도는 TCP 재전송이나 중복 ACK의 일반적인 증상을 나타내지 않는다. 따라서 높은 대기 시간의 원인을 찾는 또 다른 기술이 필요하다.

높은 대기 시간의 원인을 찾는 가장 효과적인 방법 중 하나는 초기 연결 핸드셰이크와 그 뒤에 오는 첫 번째 패킷 몇 개를 검사하는 것이다. 예를 들어 클라이언트가 웹서버에서 호스팅되는 사이트를 탐색하려고 할 때 클라이언트와 웹서버 간의 간단한 연결을 고려한다. 우리는 TCP 핸드셰이크, 초기 HTTP `GET` 요청, 해당 `GET` 요청의 확인 응답과 서버에서 클라이언트로 보낸 첫 번째 데이터 패킷으로 구성된 통신 순서의 처음 6개의 패킷에 관심을 갖는다.

> **참고** 이 절을 따라 하려면 View ➤ Time Display Format ➤ Seconds From Previous Displayed Packet을 선택해 와이어샤크에 적절한 시간 디스플레이 형식을 설정했는지 확인하라.

정상적인 통신

latency.pcapng

11장의 뒷부분에서 네트워크 기준선에 대해 자세히 설명한다. 지금은 높은 대기 시간 조건과 비교하기 위해 정상적인 통신의 기준이 필요하다는 것을 알고 있다. 이 예제에서는 파일 latency.pcapng를 사용한다. TCP 핸드셰이크와 HTTP 통신에 대한 자세한 내용은 이미 다뤘으므로 이 항목을 다시 살펴보지는 않는다. 실제로 패킷 세부 정보 창을 전혀 보지 않을 것이다. 실제 살펴보고자 한 것은 그림 11-22에 나타난 시간 열이다.

No.	Time	Source	Destination	Protocol	Length	Info
1	0.000000	172.16.16.128	74.125.95.104	TCP	66	1606 → 80 [SYN] Seq=2082691767 Win=8192 Len=0 MSS=1460 WS=4 SACK_PERM=1
2	0.030107	74.125.95.104	172.16.16.128	TCP	66	80 → 1606 [SYN, ACK] Seq=2775577373 Ack=2082691768 Win=5720 Len=0 MSS=1406 SACK_PERM=1 WS=64
3	0.000075	172.16.16.128	74.125.95.104	TCP	54	1606 → 80 [ACK] Seq=2082691768 Ack=2775577374 Win=16872 Len=0
4	0.000066	172.16.16.128	74.125.95.104	HTTP	681	GET / HTTP/1.1
5	0.048778	74.125.95.104	172.16.16.128	TCP	60	80 → 1606 [ACK] Seq=2775577374 Ack=2082692395 Win=6976 Len=0
6	0.022176	74.125.95.104	172.16.16.128	TCP	1460	[TCP segment of a reassembled PDU]

▲ **그림 11-22** 이 트래픽은 매우 빠르고 정상으로 볼 수 있다.

이 통신 순서는 매우 빠르고 전체 프로세스는 0.1초 미만이다. 다음에 살펴볼 몇 가지 캡처 파일은 동일한 트래픽 패턴이지만 패킷의 타이밍에 차이가 있다.

속도가 느린 통신: 회선 대기 시간

latency2.pcapng

이제 캡처 파일 latency2.pcapng를 살펴보자. 그림 11-23에 나타난 것처럼 모든 패킷은 두 패킷의 시간 값을 제외하고 동일하다.

No.	Time	Source	Destination	Protocol	Length	Info
1	0.000000	172.16.16.128	74.125.95.104	TCP	66	1606 → 80 [SYN] Seq=2082691767 Win=8192 Len=0 MSS=1460 WS=4 SACK_PERM=1
2	0.878530	74.125.95.104	172.16.16.128	TCP	66	80 → 1606 [SYN, ACK] Seq=2775577373 Ack=2082691768 Win=5720 Len=0 MSS=1406 SACK_PERM=1 WS=64
3	0.016604	172.16.16.128	74.125.95.104	TCP	54	1606 → 80 [ACK] Seq=2082691768 Ack=2775577374 Win=16872 Len=0
4	0.000335	172.16.16.128	74.125.95.104	HTTP	681	GET / HTTP/1.1
5	1.155228	74.125.95.104	172.16.16.128	TCP	60	80 → 1606 [ACK] Seq=2775577374 Ack=2082692395 Win=6976 Len=0
6	0.015866	74.125.95.104	172.16.16.128	TCP	1460	[TCP segment of a reassembled PDU]

▲ **그림 11-23** 패킷 2와 5는 높은 대기 시간을 보여준다.

이 6개의 패킷을 단계별로 살펴보면 즉시 대기 시간의 첫 징후가 나타난다. 초기 SYN 패킷은 TCP 핸드셰이크를 시작하기 위해 클라이언트(172.16.16.128)에 의해 보내지고 서버(74.125.95.104)에서 SYN/ACK가 반환되기 전에 0.87초 지연된다. 이것은 클라이언트와 서버 사이의 장치로 인해 생기는 회선 대기 시간의 첫 번째 지표다.

전송되는 패킷 유형의 특성 때문에 이것이 회선 대기 시간이라는 결론을 내릴 수 있다. 서버가 SYN 패킷을 받으면 작업 로드가 전송 계층 위의 처리를 포함하지 않으므로 응답을 보내려면 적은 양의 처리가 필요하다. 서버가 매우 큰 트래픽 로드가 있는 경우에도 일반적으로 SYN/ACK를 사용해 SYN 패킷에 신속하게 응답한다. 이렇게 하면 높은 대기 시간의 잠재적인 원인으로 서버는 제거된다.

이 시점에서 단순히 SYN/ACK 패킷을 수신하는 것 이외의 처리를 수행하지 않았기 때문에 클라이언트도 제거된다. 클라이언트와 서버를 모두 제거하면 이 캡처의 처음 두 개의 패킷에서 속도가 느린 통신의 잠재적인 소스를 알 수 있다.

계속해서 클라이언트가 보낸 HTTP GET 요청과 마찬가지로 3방향 핸드셰이크를 완료하는 ACK 패킷의 전송이 빠르게 이뤄진 것을 볼 수 있다. 이 두 패킷을 생성하는 모든 처리는 SYN/ACK를 수신한 후 클라이언트에서 로컬로 발생하므로 클라이언트가 처리 부하가 높지 않은 한 이 두 패킷은 빠르게 전송될 것으로 예상된다.

패킷 5에서 엄청나게 높은 시간 값을 가진 또 다른 패킷을 볼 수 있다. 초기 HTTP GET 요청이 전송된 후 서버에서 반환된 ACK 패킷 수신에 1.15초가 걸린 것으로 나타나 있다. HTTP GET 요청을 받자마자 서버는 데이터 전송을 시작하기 전에 TCP ACK를 보냈다. 이것은 회선 대기 시간의 또 다른 신호다. 회선 대기 시간이 발생할 때마다 초기 핸드셰이크 동안 SYN/ACK와 통신을 통해 다른 ACK 패킷 모두에서 거의 항상 나타난다. 이 정보는 이 네트워크에서 높은 대기 시간의 정확한 원인을 알려주지는 않지만, 클라이언트나 서버가 소스가 아니므로 대기 시간은 중간에 있는 일부 장치로 인한 것임을 알 수 있다. 이 시점에서 다양한 방화벽, 라우터와 프록시를 조사해 범인을 찾을 수 있다.

속도가 느린 통신: 클라이언트 지연

latency3.pcapng

조사할 다음 대기 시간 시나리오는 그림 11-24와 같이 latency3.pcapng에 포함돼 있다.

No.	Time	Source	Destination	Protocol	Length	Info
1	0.000000	172.16.16.128	74.125.95.104	TCP	66	1606 → 80 [SYN] Seq=2082691767 Win=8192 Len=0 MSS=1460 WS=4 SACK_PERM=1
2	0.023790	74.125.95.104	172.16.16.128	TCP	66	80 → 1606 [SYN, ACK] Seq=2775577373 Ack=2082691768 Win=5720 Len=0 MSS=1406 SACK_PERM=1 WS=64
3	0.014894	172.16.16.128	74.125.95.104	TCP	54	1606 → 80 [ACK] Seq=2082691768 Ack=2775577374 Win=16872 Len=0
4	1.345023	172.16.16.128	74.125.95.104	HTTP	681	GET / HTTP/1.1
5	0.046121	74.125.95.104	172.16.16.128	TCP	60	80 → 1606 [ACK] Seq=2775577374 Ack=2082692395 Win=6976 Len=0
6	0.016182	74.125.95.104	172.16.16.128	TCP	1460	[TCP segment of a reassembled PDU]

▲ **그림 11-24** 이 캡처에서 속도가 느린 패킷은 초기 HTTP GET이다.

이 캡처는 TCP 핸드셰이크가 매우 빠르게 발생하고 대기 시간이 정상적으로 시작된다. 핸드셰이크가 완료된 후 HTTP GET 요청인 패킷 4까지는 모든 것이 좋은 것으로 보인다. 이 패킷은 이전에 수신된 패킷으로부터 1.34초 지연을 나타낸다.

이 지연의 원인을 확인하려면 패킷 3과 4 사이에서 일어난 일을 조사해야 한다. 패킷 3은 클라이언트에서 서버로 전송된 TCP 핸드셰이크의 최종 ACK고, 패킷 4는 클라이언트에서 서버로 보낸 GET 요청이다. 공통 스레드는 클라이언트가 보낸 패킷과 서버와 독립적인 패킷이다. GET 요청은 ACK가 전송된 후 빠르게 이뤄진다. 모든 동작이 클라이언트에 집중되기 때문이다.

안타깝게도 종단 사용자의 경우 ACK에서 GET으로의 전환이 신속하게 이뤄지지 않았다. GET 패킷의 생성과 전송은 응용 계층까지의 처리가 필요하므로, 이 처리의 지연은 클라이언트가 적시에 조치를 수행할 수 없음을 나타낸다. 따라서 클라이언트는 궁극적으로 통신의 높은 대기 시간에 책임이 있다.

속도가 느린 통신: 서버 대기 시간

latency4.pcapng

마지막 대기 시간 시나리오는 그림 11-25와 같이 latency4.pcapng 파일을 사용한다. 이것은 서버 대기 시간의 예다.

No.	Time	Source	Destination	Protocol	Length	Info
1	0.000000	172.16.16.128	74.125.95.104	TCP	66	1606 → 80 [SYN] Seq=2082691767 Win=8192 Len=0 MSS=1460 WS=4 SACK_PERM=1
2	0.018583	74.125.95.104	172.16.16.128	TCP	66	80 → 1606 [SYN, ACK] Seq=2775577373 Ack=2082691768 Win=5720 Len=0 MSS=1406 SACK_PERM=1 WS=64
3	0.016197	172.16.16.128	74.125.95.104	TCP	54	1606 → 80 [ACK] Seq=2082691768 Ack=2775577374 Win=16872 Len=0
4	0.000172	172.16.16.128	74.125.95.104	HTTP	681	GET / HTTP/1.1
5	0.047936	74.125.95.104	172.16.16.128	TCP	60	80 → 1606 [ACK] Seq=2775577374 Ack=2082692395 Win=6976 Len=0
6	0.982983	74.125.95.104	172.16.16.128	TCP	1460	[TCP segment of a reassembled PDU]

▲ **그림 11-25** 이 캡처의 마지막 패킷까지 높은 대기 시간이 나타나지 않는다.

이 캡처에서 두 호스트 사이의 TCP 핸드셰이크 프로세스는 빠르게 잘 진행됐다. 다음 몇 개의 패킷은 초기 GET 요청과 응답 ACK 패킷으로, 이것도 잘 진행됐다. 이 파일에서 마지막 패킷까지 긴 대기 시간을 갖는 것은 없다.

여섯 번째 패킷은 클라이언트가 보낸 GET 요청에 대한 응답으로 서버에서 보낸 첫 번째 HTTP 데이터 패킷이며, 서버가 GET 요청에 대한 TCP ACK를 보낸 후 0.98초의 느린 도착 시간을 갖는다. 패킷 5와 6 사이의 전환은 핸드셰이크 ACK와 GET 요청 사이의 이전 시나리오에서 본 것과 매우 유사하다. 그러나 이 경우 우리의 관심사는 서버다.

패킷 5는 서버가 클라이언트의 GET 요청에 대한 응답으로 보낸 ACK다. 이 패킷을 전송하고 서버는 즉시 데이터를 보내는 것을 시작해야 한다. 이 패킷의 데이터 액세스, 패키징과 전송은 HTTP 프로토콜에 의해 수행되며, 응용 계층 프로토콜이기 때문에 서버에서 약간의 처리가 필요하다. 이 패킷의 수신 지연은 서버가 적절한 시간 내에 이 데이터를 처리하지 못했음을 나타내며, 궁극적으로 이것을 이 캡처 파일의 지연 시간 소스로 지정한다.

지연 위치 지정 프레임워크

6개의 패킷을 사용해 여러 시나리오에서 클라이언트와 서버 간에 높은 네트워크 대기 시간의 원인을 찾아냈다. 그림 11-26에 있는 다이어그램은 자체 대기 시간 문제를 해결하는 데 도움이 된다. 이러한 원칙은 거의 모든 TCP 기반 통신에 적용될 수 있다.

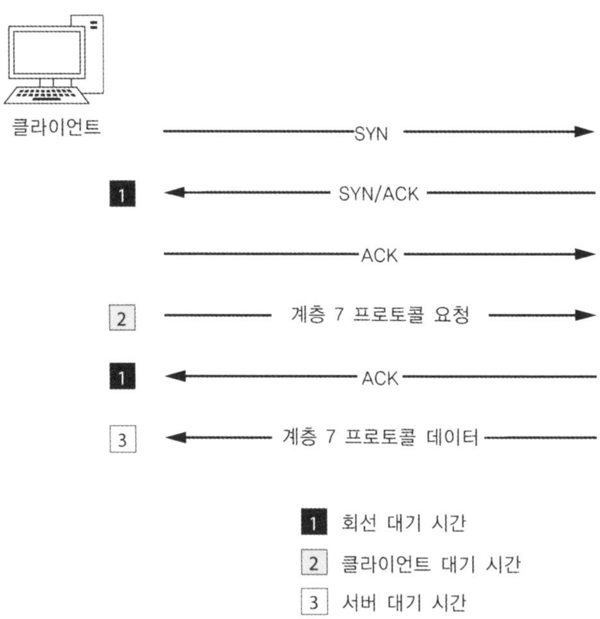

▲ **그림 11-26** 이 다이어그램은 자체 대기 시간 문제를 해결하는 데 사용할 수 있다.

> **참고** 우리는 UDP 대기 시간에 대해 많이 이야기하지 않았다는 점을 주목하라. UDP는 빠르지만 신뢰할 수 없게 설계됐기 때문에 대기 시간을 감지하고 복구할 수 있는 기본 제공 기능이 없다. 대신 데이터 전송 안정성을 처리하기 위해 페어링된 응용 계층 프로토콜(및 ICMP)을 사용한다.

네트워크 기준선

다른 모든 것이 실패하면 네트워크 기준선baseline은 네트워크 속도 저하 문제를 해결할 때 가장 중요한 데이터 중 하나가 될 수 있다. 우리의 목적을 위해 네트워크 기준선은 '정상적인' 네트워크 트래픽으로 간주되는 많은 부분을 포함하는 네트워크의 다양한 지점에서 발생한 트래픽 샘플로 구성된다. 네트워크 기준선을 갖는 목표는 네트워크나 장치가 오작동하는 경우 비교 기준으로 사용하는 것이다. 예를 들어 로컬 웹 응용 서버에 로그인할 때 네트워크에 있는 여러 클라이언트가 속도가 느려지는 경우를 생각해보라. 이 트래픽을 캡처해 네트워크 기준선과 비교한다면 웹서버가 정상적으로 응답하지만 웹 응용에 포함된 외부 콘텐츠로 인해 발생하는 외부 DNS 요청이 평소보다 2배 느리게 실행되고 있음을 확인하라.

네트워크 기준선을 사용하지 않고 속도가 느린 외부 DNS 서버를 발견할 수도 있지만, 미묘한 변경 사항을 처리 할 때는 그렇지 않을 수도 있다. 정상적인 것보다 0.1초 더 오래 걸리는 10개의 DNS 조회는 일반적인 것보다 1초 더 오래 걸린 하나의 DNS 조회만큼 나쁘지만 이전의 상황은 네트워크 기준선이 없으면 검색하기가 훨씬 어렵다.

두 네트워크가 동일하지 않기 때문에 네트워크 기준선의 구성 요소가 크게 다를 수 있다. 다음 절에서는 네트워크 기준선의 구성 요소에 대한 예제를 제공한다. 이 모든 항목은 네트워크 인프라에 적용되거나 그중 극히 일부 항목만 해당된다. 그럼에도 불구하고 기준선의 각 구성 요소를 사이트, 호스트, 응용이라는 세 가지 기본 기준 범주 중 하나에 배치할 수 있어야 한다.

사이트 기준선

사이트 기준선의 목적은 네트워크의 각 실제 사이트에서 트래픽의 전체 스냅 샷을 얻는 것이다. 이상적으로 이것은 WAN의 모든 세그먼트일 것이다.

이 기준선의 구성 요소는 다음과 같다.

사용 중인 프로토콜 모든 장치의 트래픽을 보려면 프로토콜 계층 통계 창(Statistics ▸ Protocol Hierarchy)을 사용해 네트워크 에지(라우터/방화벽)의 네트워크 세그먼트에 있는 모든 장치에서 트래픽을 캡처한다. 나중에 계층 출력과 비교해 정상적으로 현재 프로토콜이 없거나 새로운 프로토콜이 네트워크에 도입됐는지 여부를 확인할 수 있다. 또한 이 출력을 사용해 프로토콜을 기반으로 특정 유형의 트래픽보다 일반적인 양을 찾을 수 있다.

브로드캐스트 트래픽 여기에는 네트워크 세그먼트의 모든 브로드캐스트 트래픽이 포함된다. 사이트 내의 어느 지점에서나 스니핑하면 모든 브로드캐스트 트래픽을 캡처할 수 있으므로 네트워크에서 누가 또는 무엇이 일반적으로 많은 브로드캐스트를 보내는지 알 수 있다. 그런 다음에 너무 많은(또는 충분하지 않은) 브로드캐스팅이 진행되고 있는지 여부를 빠르게 알 수 있다.

인증 순서 여기에는 임의의 클라이언트의 인증 프로세스에서부터 액티브 디렉토리, 웹 애플리케이션과 조직별 소프트웨어 같은 모든 서비스에 대한 트래픽이 포함된다. 인증은 서비스가 일반적으로 속도가 느린 영역이다. 기준선을 사용하면 인증이 속도가 느린 통신에 대한 비난을 받는지 아닌지를 결정할 수 있다.

데이터 전송률 이것은 대개 사이트에서 네트워크의 다른 여러 사이트로 대용량 데이터 전송을 측정하는 데 사용된다. 와이어샤크의 캡처 요약과 그래프 기능(5장에서 설명)을 사용해 연결에 대한 속도와 일관성을 알 수 있다. 이것은 아마도 사용자가 가질 수 있는 가장 중요한 사이트 기준선일 것이다. 네트워크 세그먼트에 들어오거나 나가는 연결이 느릴 때마다 기준과 동일한 데이터 전송을 수행하고 결과를 비교할 수 있다. 이것은 연결이 실제로 느린지를 알려주고 속도가 느려지는 부분을 찾는 것을 도와줄 것이다.

호스트 기준선

네트워크 내의 모든 단일 호스트를 기준선으로 삼을 필요는 없다. 호스트 기준선은 트래픽이 많은 서버나 특정 임무를 수행하는 서버에서 수행돼야 한다. 기본적으로 느린 서버로 인해 관리자가 전화를 받으면 해당 호스트의 기준선을 가져야 한다.

호스트 기준선의 구성 요소는 다음과 같다.

사용 중인 프로토콜 이 기준선은 호스트에서 트래픽을 캡처하는 동안 프로토콜 계층 통계Protocol Hierarchy Statistics 창을 사용할 수 있는 좋은 기회를 제공한다. 나중에 이 기준과 비교해 정상적으로 현재 프로토콜이 누락됐거나 새로운 프로토콜이 호스트에 도입됐는지 여부를 확인할 수 있다. 또한 이를 사용해 프로토콜을 기반으로 비정상적인 많은 트래픽 유형을 찾을 수 있다.

없거나/많은 트래픽 이 기준선은 피크와 피크 이외의 시간 동안의 정상 동작 트래픽의 일반적인 캡처로 구성된다. 하루 중 서로 다른 시간에 연결에 사용되는 연결 수와 대역폭의 양을 알면 속도가 사용자 로드 또는 다른 문제의 결과인지 여부를 알 수 있다.

시작/종료 이 기준선을 얻으려면 호스트의 시작 및 종료 순서 중에 생성된 트래픽 캡처를 만들어야 한다. 컴퓨터가 부팅을 거부하거나 종료를 거부하거나 두 순서 중에 비정상적으로 느린 경우 이 기준을 사용해 해당 원인이 네트워크와 관련이 있는지 확인할 수 있다.

인증 순서 이 기준선을 얻으려면 인증 프로세스에서 호스트의 모든 서비스까지 트래픽을 캡처해야 한다. 인증은 서비스가 일반적으로 느린 영역이다. 기준선을 사용하면 느린 통신이 인증 때문인지 아닌지를 결정할 수 있다.

연관/종속성 이 기준선은 이 호스트가 의존하는 다른 호스트를 결정하기 위해 긴 지속 시간 캡처로 구성된다(이 호스트에 종속적이다). Conversations 창(Statistics ▸ Conversations)을 사용해 이러한 연관과 종속성을 볼 수 있다. 예를 들면 웹서버가 의존하는 SQL 서버 호스트다. 우리는 항상 호스트 간의 종속성을 인식하지 못하기 때문에 이를 알기 위해 호스트 기준을 사용할 수 있다. 거기에서 오작동이나 대기 시간이 긴 종속성으로 인해 호스트가 올바르게 동작하지 않는지 여부를 확인할 수 있다.

애플리케이션 기준선

최종 네트워크 기준선 범주는 애플리케이션 기준선이다. 이 기준선은 업무상 중요한 모든 네트워크 기반 애플리케이션에서 수행해야 한다.

다음은 애플리케이션 기준선의 구성 요소다.

사용 중인 프로토콜 이 기준선에 대해서도 와이어샤크의 프로토콜 계층 통계 창을 사용한다. 이번에는 애플리케이션을 실행하는 호스트에서 트래픽을 캡처한다. 나중에 이 목록과 비교해 애플리케이션이 의존하는 프로토콜이 제대로 동작하지 않거나 전혀 동작하지 않는지 여부를 확인할 수 있다.

시작/종료 이 기준선은 애플리케이션의 시작과 종료 순서 중에 생성된 트래픽 캡처를 포함한다. 애플리케이션이 시작하기를 거부하거나 두 순서 중 비정상적으로 느린 경우 이 기준선을 사용해 원인을 판별할 수 있다.

연관/종속성 이 기준선은 Conversations 창을 사용해 이 애플리케이션이 다른 호스트와 애플리케이션을 결정하는 데 사용할 수 있는 장시간 캡처가 필요하다. 우리는 애플리케이션 간의 근본적인 의존성에 대해 항상 알고 있는 것은 아니므로 이 기준선을 사용해 애플리케이션을 결정할 수 있다. 거기에서 오동작이나 대기 시간이 긴 종속성으로 인해 애플리케이션이 제대로 동작하지 않는지 여부를 확인할 수 있다.

데이터 전송률 와이어샤크의 캡처 요약 및 그래프 기능을 사용해 정상 작동 중에 애플리케이션 서버에 대한 연결의 전송률과 일관성을 결정할 수 있다. 애플리케이션이 느린 것으로 보고될 때마다 이 기준을 사용해 발생한 문제가 높은 사용률 또는 높은 사용자 로드의 결과인지 여부를 확인할 수 있다.

기준선에 대한 추가 정보

다음은 네트워크 기준선을 작성할 때 유의해야 사항이다.

- 기준선을 만들 때 각 기준선을 최소 세 번 캡처하라. 낮은 트래픽 시간(이른 아침), 높은 트래픽 시간(오후), 트래픽이 없는 시간(심야) 중 한 번은 캡처한다.
- 가능한 경우 기준선으로 삼고 있는 호스트에서 직접 캡처하지 마라. 트래픽이 많은 기간에는 장치에 대한 부하가 증가하고 성능이 저하될 수 있으며, 패킷 손실로 인해 기준이 유효하지 않게 된다.
- 기준선에는 네트워크에 대한 매우 중요한 정보가 포함돼 있으므로 보안을 유지해야 한다. 담당자만 접속할 수 있는 안전한 장소에 보관하라. 그러나 같은 시간에 필요할 때 쉽게 사용할 수 있도록 쉽게 접속할 수 있는 곳에 두라. USB 플래시 드라이브 또는 암호화된 파티션에 보관하라.
- 모든 .pcap 및 .pcapng 파일을 기준선과 연결하고 연결 또는 평균 데이터 전송률과 같이 좀 더 일반적으로 참조되는 값의 참조 시트를 만든다.

결론

11장에서는 속도가 느린 네트워크 문제를 해결하는 데 중점을 두었다. TCP의 유용한 신뢰성 탐지와 복구 기능에 대해 살펴봤으며, 네트워크 통신에서 높은 지연 시간의 원인을 찾는 방법을 보여줬고, 네트워크 기준선과 그 구성 요소의 중요성에 대해 살펴봤다. 여기서 설명된 기술을 사용해 와이어샤크의 그래프와 분석 기능에 따라 네트워크가 느리다는 불평을 받을 때 문제를 해결할 수 있게 잘 준비돼 있어야 한다.

12장
보안을 위한 패킷 분석

이 책의 대부분은 네트워크 문제 해결을 위한 패킷 분석에 중점을 두고 있지만, 상당한 양의 실세계 패킷 분석은 보안을 목적으로 수행된다. 예를 들어 침입 분석가가 잠재적인 침입 네트워크 트래픽을 살펴보거나 포렌식 수사관이 손상된 호스트의 멀웨어malware 감염 범위를 확인할 수 있다.

보안 사고를 조사하면서 패킷 분석을 수행하는 것은 공격자가 제어하는 장치를 잘 모르기 때문에 항상 어려운 시나리오다. 침입자의 공간을 방문해 질문을 하거나 정상적인 트래픽을 기준선으로 삼을 수는 없다. 작업해야 하는 것은 시스템과 사용자 간에 수집할 수 있는 대화뿐이다. 다행히도 침입자가 시스템 중 하나를 원격으로 침입하기 위해서는 어떤 형태로든 네트워크와 대화해야 한다. 물론 침입자들은 그것을 알고 있다, 그래서 그들은 자신의 기술을 알아챌 수 없게 속임수를 쓰기도 한다.

12장에서는 네트워크 레벨에서 보안 전문가의 관점으로 시스템 손상의 여러 가지 면을 살펴본다. 네트워크 정찰reconnaissance, 악의적인malicious 트래픽 재지정 및 일반적인 멀웨어 기술에 대해 다룬다. 경우에 따라 침입 탐지 시스템IDS, Intrusion-Detection System의 경고를 기반으로 트래픽을 분석할 때 침입 분석가의 역할을 수행한다. 12장을 읽으면 현재 보안 관련 일을 하지 않더라도 네트워크 보안에 대한 통찰력을 가질 수 있다.

정찰

공격자의 첫 번째 단계는 종종 타겟 시스템에 대한 심층적인 연구를 수행하는 것이다. 일반적으로 발자국footprinting이라는 이 단계는 타겟 회사의 웹사이트나 Google 같은 공개적으로 사용 가능한 다양한 자원을 사용해 수행된다. 이 연구가 완료되면 공격자는 일반적으로 열려있는 포트나 실행 중인 서비스에 대해 타겟의 IP 주소(또는 DNS 이름)를 검색하기 시작한다. 검사를 통해 공격자는 표적이 살아 있고 도달 가능한지 여부를 판단할 수 있다. 예를 들어 은행 강도가 123 Main Street에 위치한 도시의 가장 큰 은행에서 훔칠 계획인 경우를 생각해보라. 그들은 강도 계획을 세우는 데 몇 주를 보내지만, 은행이 555 Vine Street로 이사했음을 도착해서야 알 수 있다. 더욱이 도둑이 금고를 훔치려고 은행에 들어가서 그날이 휴무일인지를 알기 위해 정상 업무 시간 중에 은행에 들어갈 계획이라고 상상해보라. 은행을 강탈하거나 네트워크를 공격하든 목표물이 살아 있고 접근 가능한지 확인하는 것이 첫 번째 장애물이다. 스캐닝Scanning은 공격자에게 타겟이 수신 중인 포트를 알려준다. 은행 강도 비교로 돌아가서 강도가 건물의 물리적 배치에 대한 지식이 전혀 없는 은행이라면 어떻게 할지 생각해보라. 그들은 은행의 물리적 보안의 약점을 알지 못하기 때문에 금고에 접근하는 방법을 모를 것이다. 이 절에서는 호스트, 개방 포트와 네트워크의 취약성을 식별하는 데 사용되는 좀 더 일반적인 스캐닝 기술에 대해 알아본다.

> **참고** 지금까지 이 책에서는 연결 측을 송신기와 수신기 또는 클라이언트와 서버로 언급했다. 12장에서는 통신의 각 측을 공격자나 타겟으로 언급한다.

SYN 스캔

synscan .pcapng 시스템에 대해 처음 수행되는 스캔 유형은 은폐 스캔stealth scan 또는 반개방 스캔half-open scan이라는 TCP SYN 스캔이다. SYN 스캔은 다음과 같은 이유로 가장 일반적인 유형이다.

- 매우 빠르고 안정적이다.
- TCP 스택 구현에 관계없이 모든 플랫폼에서 정확하다.
- 다른 스캔 기술보다 번거롭지 않다.

TCP SYN 검사는 타겟 호스트에서 열려있는 포트를 확인하기 위해 3방향 핸드셰이크 프로세스를 사용한다. 공격자는 포트에서 정상적인 통신을 위한 채널을 설정하려는 것처럼 TCP SYN 패킷을 타겟의 포트 범위로 전송한다. 이 패킷이 타겟에 의해 수신되면 그림 12-1과 같이 여러 가지 중 하나가 발생할 수 있다.

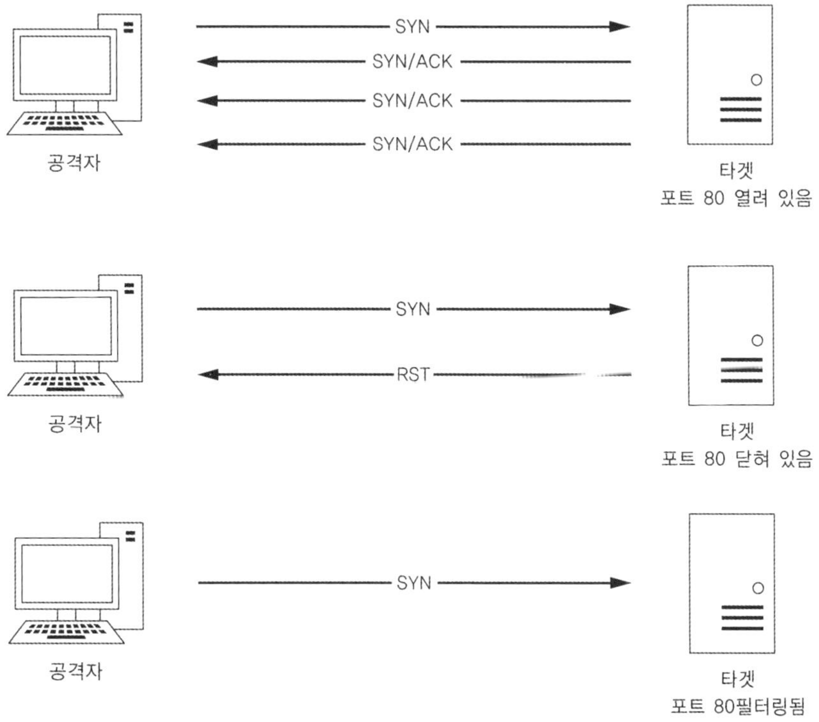

▲ **그림 12-1** TCP SYN 스캔의 가능한 결과

타겟 컴퓨터의 서비스가 SYN 패킷을 수신하는 포트에서 수신 대기 중인 경우 TCP 핸드셰이크의 두 번째 부분인 TCP SYN/ACK 패킷으로 공격자에게 응답한다. 이제 공격자는 포트가 열려 있고 서비스가 서비스를 수신하고 있음을 알고 있다. 정상적인 환경에서는 연결 핸드셰이크를 완료하기 위해 최종 TCP ACK가 전송된다. 그러나 이 경우 공격자는 이 시점에서 호스트와 더 이상 통신하지 않기 때문에 공격자가 TCP 핸드셰이크를 완료하지 않으려고 한다. 스캔한 포트에서 수신 대기 중인 서비스가 없으면 공격자는 SYN/ACK를 수신하지 않는다. 타겟 운영체제의 구성에 따라 공격자는 포트가 닫혀 있음을 나타내는 RST 패킷을 수신할 수 있다. 또는 공격자가 전혀 응답을 받지 못할 수도 있다. 응답이 없으면 포트가 방화벽이나 호스트 자체와 같은 중간 장치로 필터링된다. 다른 한편으로 그것은 단지 전송 중에 손실된 응답일 수 있다. 따라서 이 결과는 일반적으로 포트가 닫혀 있음을 나타내지만 결국 궁극적으로 결정적인 것은 아니다.

synscan.pcapng 파일은 엔맵Nmap 도구로 수행된 SYN 스캔의 훌륭한 예제를 제공한다. 엔맵은 고든 '표도르' 라이온Gordon 'Fyodor' Lyon이 개발한 강력한 네트워크 스캐닝 애플리케이션으로, 상상할 수 있는 모든 종류의 스캔을 수행할 수 있다. 엔맵은 http://www.nmap.com/download.html에서 무료로 다운로드할 수 있다.

샘플 캡처에는 대략 2,000개의 패킷이 포함돼 있어 이 스캔이 적당한 크기임을 나타낸다. 이러한 특성의 스캔 범위를 확인하는 가장 좋은 방법 중 하나는 Conversations 창을 보는 것이다(그림 12-2 참조). 여기서 공격자(172.16.0.8)와 타겟(64.13.134.52) 사이에 하나의 IPv4 대화❶만 나타난다. 이 두 호스트 간에 1,994개의 TCP 대화❷가 있음을 알 수 있다. 기본적으로 통신에 관련된 모든 포트 쌍에 대한 새로운 대화다.

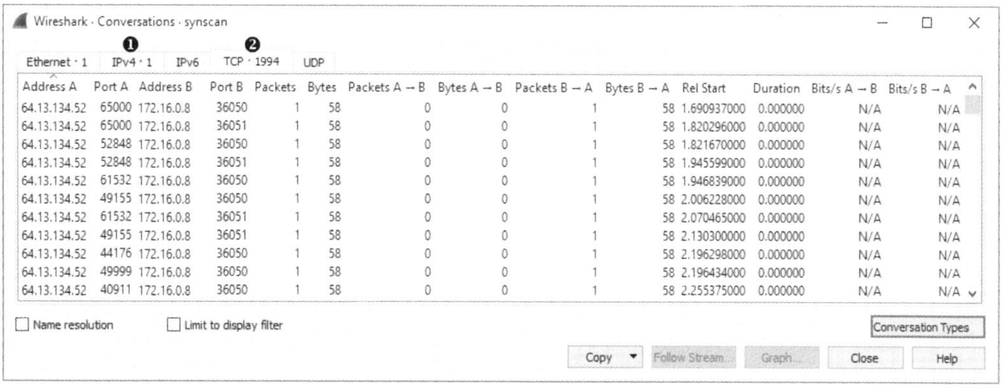

▲ **그림 12-2** Conversations 창에는 발생하는 다양한 TCP 통신을 보여준다.

스캔이 매우 빠르게 일어나므로 캡처 파일을 스크롤하는 것이 각 초기 SYN 패킷과 관련된 응답을 찾는 최선의 방법은 아니다. 원래 패킷에 대한 응답을 수신하기 전에 몇 개의 패킷이 더 전송될 수 있다. 다행히도 적절한 트래픽을 찾을 수 있게 필터를 만들 수 있다.

SYN 스캔에서 필터 사용

필터링의 예로 캡처의 첫 번째 패킷인 포트 443(HTTPS)에서 타겟으로 보내는 SYN 패킷을 생각해보자. 이 패킷에 대한 응답이 있었는지 확인하기 위해 포트 443과의 모든 트래픽을 보여주는 필터를 만들 수 있다. 다음과 같이 빠르게 수행할 수 있다.

1. 캡처 파일에서 첫 번째 패킷을 선택하라.
2. 패킷 세부 정보 창에서 TCP 헤더를 확장한다.
3. Destination Port 필드를 마우스 오른쪽 단추로 클릭하고 Prepare as Filter를 선택한 다음 Selected를 클릭한다.
4. 이렇게 하면 타겟 포트가 443인 모든 패킷에 대한 필터 대화상자에 필터가 배치된다. 이제 발신지 포트 443의 모든 패킷을 원하기 때문에 필터 대화상자에서 화면 상단을 클릭하고 필터의 `dst` 부분을 지운다.

결과 필터는 그림 12-3과 같이 공격자에서 타겟으로 보내는 TCP SYN 패킷인 두 개의 패킷을 생성한다.

No.	Time	Source	Destination	Protocol	Info
1	0.000000	172.16.0.8	64.13.134.52	TCP	36050 → 443 [SYN] Seq=3713172248 Win=3072 Len=0 MSS=1460
32	0.000065	172.16.0.8	64.13.134.52	TCP	36051 → 443 [SYN] Seq=3713237785 Win=2048 Len=0 MSS=1460

▲ **그림 12-3** SYN 패킷을 이용해 연결을 설정하는 두 번의 시도

> **참고** 이 절에서는 패킷을 Seconds Since Previous Displayed Packet 시간 디스플레이 형식을 이용해 보여준다.

이들 패킷에 대한 응답이 없기 때문에 응답이 타겟 호스트나 중간 장치에 의해 필터링되거나 해당 포트가 닫혀있을 가능성이 있다. 궁극적으로 포트 443에 대한 스캔 결과는 결정적이지 않다.

다른 패킷에 동일한 기술을 시도해 다른 결과를 얻는지 확인할 수 있다. 그렇게 하려면 이전 필터를 지우고 목록에서 패킷 9를 선택한다. 이것은 일반적으로 DNS와 관련된 포트 53에 대한 SYN 패킷이다. 이전 단계에서 설명한 방법을 사용하거나 마지막 필터를 수정해 모든 TCP 포트 53 트래픽을 보여주는 필터를 만들어라. 이 필터를 적용하면 그림 12-4와 같이 다섯 개의 패킷이 나타난다.

No.	Time	Source	Destination	Protocol	Info
9	0.000052	172.16.0.8	64.13.134.52	TCP	36050 → 53 [SYN] Seq=3713172248 Win=3072 Len=0 MSS=1460
11	0.061832	64.13.134.52	172.16.0.8	TCP	53 → 36050 [SYN, ACK] Seq=1117405124 Ack=3713172249 Win=5840 Len=0 MSS=1380
529	0.057126	64.13.134.52	172.16.0.8	TCP	[TCP Retransmission] 53 → 36050 [SYN, ACK] Seq=1117405124 Ack=3713172249 Win=5840 Len=0 MSS=1380
2006	3.930109	64.13.134.52	172.16.0.8	TCP	[TCP Retransmission] 53 → 36050 [SYN, ACK] Seq=1117405124 Ack=3713172249 Win=5840 Len=0 MSS=1380
2009	10.029025	64.13.134.52	172.16.0.8	TCP	[TCP Retransmission] 53 → 36050 [SYN, ACK] Seq=1117405124 Ack=3713172249 Win=5840 Len=0 MSS=1380

▲ **그림 12-4** 포트가 열려 있음을 나타내는 5개의 패킷

이러한 패킷 중 첫 번째는 캡처 시작 부분에서 선택한 SYN이다(패킷 9). 두 번째는 타겟의 응답이다. TCP SYN/ACK(3방향 핸드셰이크를 설정할 때 예상되는 응답)다. 정상적인 상황에서 다음 패킷은 초기 SYN을 보낸 호스트의 ACK다. 그러나 이 경우 공격자는 연결을 완료하고 싶지 않고 응답을 보내지 않는다. 결과적으로 타겟은 SYN/ACK를 세 번 이상 재전송해 포기한다. 포트 53에서 호스트와 통신하려고 시도할 때 SYN/ACK 응답이 수신되므로 서비스가 해당 포트에서 수신 중이라고 가정하는 것이 안전하다.

패킷 13에 대해 이 프로세스를 다시 한 번 반복해보라. 이는 일반적으로 IRC 식별과 인증 서비스에 사용되는 Ident 프로토콜과 연관된 포트 113으로 전송되는 SYN

패킷이다. 이 패킷에 나열된 포트에 동일한 유형의 필터를 적용하면 그림 12-5와 같이 4개의 패킷이 나타난다.

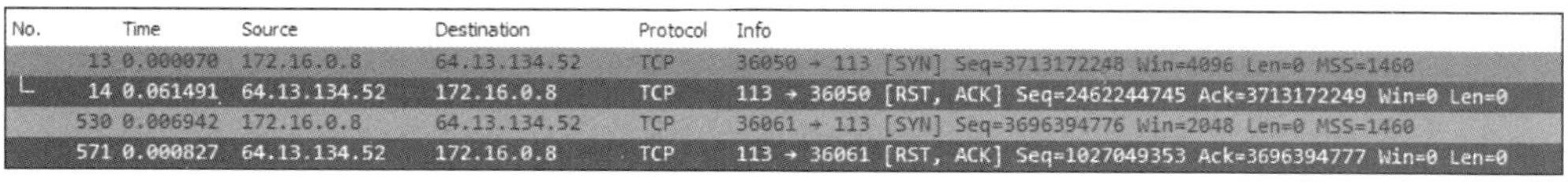

No. Time Source Destination Protocol Info
13 0.000070 172.16.0.8 64.13.134.52 TCP 36050 → 113 [SYN] Seq=3713172248 Win=4096 Len=0 MSS=1460
14 0.061491 64.13.134.52 172.16.0.8 TCP 113 → 36050 [RST, ACK] Seq=2462244745 Ack=3713172249 Win=0 Len=0
530 0.006942 172.16.0.8 64.13.134.52 TCP 36061 → 113 [SYN] Seq=3696394776 Win=2048 Len=0 MSS=1460
571 0.000827 64.13.134.52 172.16.0.8 TCP 113 → 36061 [RST, ACK] Seq=1027049353 Ack=3696394777 Win=0 Len=0

▲ **그림 12-5** 포트가 닫혀 있음을 나타내는 RST 다음에 오는 SYN

첫 번째 패킷은 초기 SYN이고, 바로 뒤에 타겟의 RST가 온다. 이는 타겟이 타겟 포트에서 연결을 허용하지 않고 해당 포트에서 서비스가 실행되지 않을 가능성이 높다는 표시다.

열린 포트와 닫힌 포트 식별

이제 SYN 스캔이 도출할 수 있는 여러 유형의 응답을 이해했으므로 어떤 포트가 열려 있거나 닫혀 있는지를 신속하게 파악할 수 있는 방법을 찾아야 한다. 대답은 Conversations 창에 있다. 이 창에서 그림 12-6과 같이 화살표가 아래쪽을 가리킬 때까지 Packets 열 머리글을 클릭해 가장 높은 값을 갖는 패킷 번호별로 TCP 대화를 정렬할 수 있다.

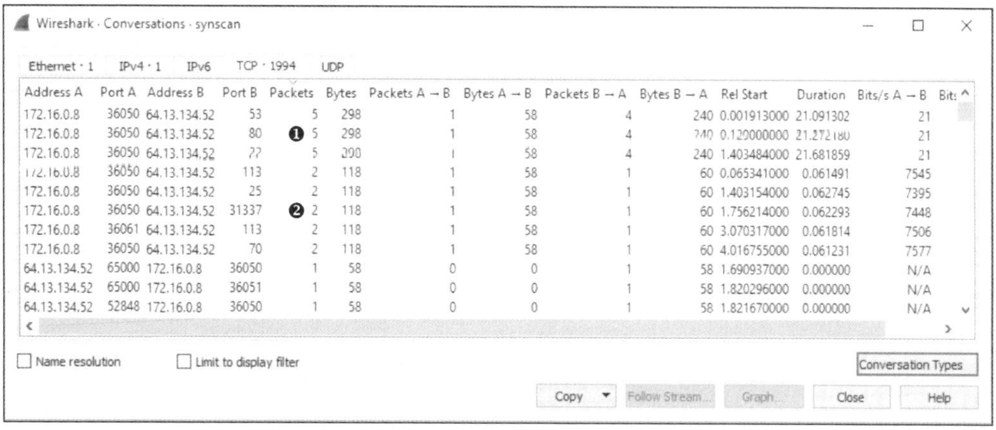

▲ **그림 12-6** 대화 창으로 열린 포트 찾기

3개의 스캔된 포트에는 각 대화에 5개의 패킷❶이 포함돼 있다. 이 다섯 개의 패킷은 초기 SYN, 해당 SYN/ACK와 타겟에서 재전송된 SYN/ACK를 나타내기 때문에 포트 53, 80 및 22는 열려 있음을 알고 있다.

5개의 포트에 대해 통신에는 두 개의 패킷❷만 포함됐다. 첫 번째는 초기 SYN이고 두 번째는 타겟의 RST다. 이 결과는 포트 113, 25, 31337, 113과 70이 닫혀 있음을 나타낸다.

Conversations 창의 나머지 항목에는 하나의 패킷만 포함돼 있다. 즉, 타겟 호스트가 초기 SYN에 응답하지 않았다. 이 나머지 포트는 닫혀있을 가능성이 높지만 확실하지 않다. 이 패킷을 카운트하는 이 기술은 이 호스트에서 동작했지만 스캔할 모든 호스트에 대해 일관성이 없으므로 독점적으로 의존해서는 안 된다.

대신에 정상적인 자극과 반응이 어떤 모습인지, 그리고 정상적인 자극에 대한 비정상적인 반응이 의미하는 바를 학습하는 데 집중하라.

운영체제 핑거프린팅

공격자는 타겟 운영체제를 아는 데 많은 의미를 둔다. 운영체제에 대한 지식은 공격자가 해당 시스템에 대해 모든 공격 방법을 올바르게 구성하는 데 도움이 된다. 또한 공격자는 타겟 파일 시스템 내의 특정 중요한 파일 및 디렉토리의 위치를 알 수 있으므로 시스템에 접근하는 데 성공할 수 있다.

운영체제 핑거프린팅은 해당 시스템에 물리적으로 접속하지 않고 시스템에서 실행 중인 운영체제를 확인하는 데 사용되는 일련의 기술에 부여된 이름이다. 운영체제 핑거프린팅에는 수동과 능동이라는 두 가지 유형이 있다.

수동 핑거프린팅

passiveosfinger printing.pcapng

수동 핑거프린팅을 사용하면 타겟에서 보낸 패킷 내의 특정 필드를 검사해 사용 중인 운영체제를 확인할 수 있다. 이 기법은 타겟 호스트가 보내는 패킷만 보고 적극적으로 호스트에 패킷을 보내지 않기 때문에 수동적인 것으로 간주한다. 이러한 유형의 운영체제 핑거프린팅은 공격자가 비밀스럽게 사용할 수 있기 때문에 이상적이다.

즉, 호스트가 실행 중인 운영체제는 전송하는 패킷 이외의 다른 운영체제를 기반으로 결정할 수 있는가? 이것은 프로토콜 RFC에 정의된 규격의 표준화된 값이 없기 때문에 가능하다. TCP, UDP 및 IP 헤더에 포함된 다양한 필드는 매우 구체적이지만 일반적으로 기본 값은 모든 필드에 대해 정의되지 않는다. 즉, 각 운영체제의 TCP/IP 스택 구현은 이러한 필드에 대해 고유한 기본 값을 정의해야 한다. 표 12-1에는 좀 더 일반적인 필드와 다양한 운영체제에 연결하는 데 사용할 수 있는 기본값이 나열돼 있다. 이 값은 새로운 OS 버전 릴리스에 따라 변경될 수 있다.

▼ **표 12-1** 공통 수동 핑거프린팅 값

프로토콜 헤더	필드	기본 값	플랫폼
IP	Initial time to live	64	엔맵, BSD, OS X, 리눅스
		128	노벨, 윈도우
		255	시스코 IOS, 팜 OS, 솔라리스
IP	Don't fragment flag	Set	BSD, OS X, 리눅스, 노벨, 윈도우, 팜 OS, 솔라리스
		Not set	엔맵, 시스코 IOS
TCP	Maximum segment size	0	엔맵
		1440-1460	윈도우, 노벨
		1460	BSD, OS X, 리눅스, 솔라리스
TCP	Window size	1024-4096	엔맵
		65535	BSD, OS X
		Variablc	리눅스
		16384	노벨
		4128	시스코 IOS
		24820	솔라리스
		Variable	윈도우
TCP	SackOK	Set	리눅스, 윈도우, OS X, OpenBSD
		Not set	엔맵, FreeBSD, 노벨, 시스코 IOS, 솔라리스

passiveosfingerprinting.pcapng 파일에 포함된 패킷은 이 기술의 좋은 예다. 이 파일에는 두 개의 패킷이 있다. 두 개 모두 포트 80으로 보내는 TCP SYN 패킷이지만 서로 다른 호스트로부터 온 것이다. 이 패킷에 포함된 값만 사용하고 표 12-1을 참조하면 각 호스트에서 사용 중인 운영체제 구조를 알 수 있다. 각 패킷의 세부 사항은 그림 12-7에 나와 있다.

표 12-1을 참조해 표 12-2를 만들 수 있다. 표 12-2는 이러한 패킷의 관련 필드를 분석한 것이다.

▼ **표 12-2** 운영체제 핑거프린팅 패킷의 고장

프로토콜 헤더	필드	패킷 1 값	패킷 2 값
IP	Initial time to live	128	64
IP	Don't fragment flag	Set	Set
TCP	Maximum segment size	1,440바이트	1,460바이트
TCP	Window size	64,240바이트	2,920바이트
TCP	SackOK	Set	Set

이 값을 기반으로 패킷 1은 윈도우를 실행하는 장치에서 전송됐을 가능성이 높고 패킷 2는 리눅스를 실행하는 장치에서 전송됐을 가능성이 높다. 표 12-1의 일반적인 수동 핑거프린팅 필드 목록은 모든 것을 나열한 것은 아니다. 이러한 기댓값을 벗어나는 경우가 많다. 따라서 수동 운영체제 핑거프린팅에서 얻은 결과를 전적으로 신뢰할 수 없다.

> **참고** 대부분의 경우 공격자는 자동화된 도구를 사용해 타겟의 운영체제를 수동으로 식별한다. 운영체제 핑거프린팅 기술을 사용하는 도구는 p0f다. 이 도구는 패킷 캡처의 관련 필드를 분석해 의심되는 운영체제를 출력한다. p0f 같은 도구를 사용하면 운영체제 아키텍처는 물론 때로는 OS의 버전이나 패치 수준까지 얻을 수 있다. http://lcamtuf.coredump.cx/p0f.shtml에서 p0f를 다운로드할 수 있다.

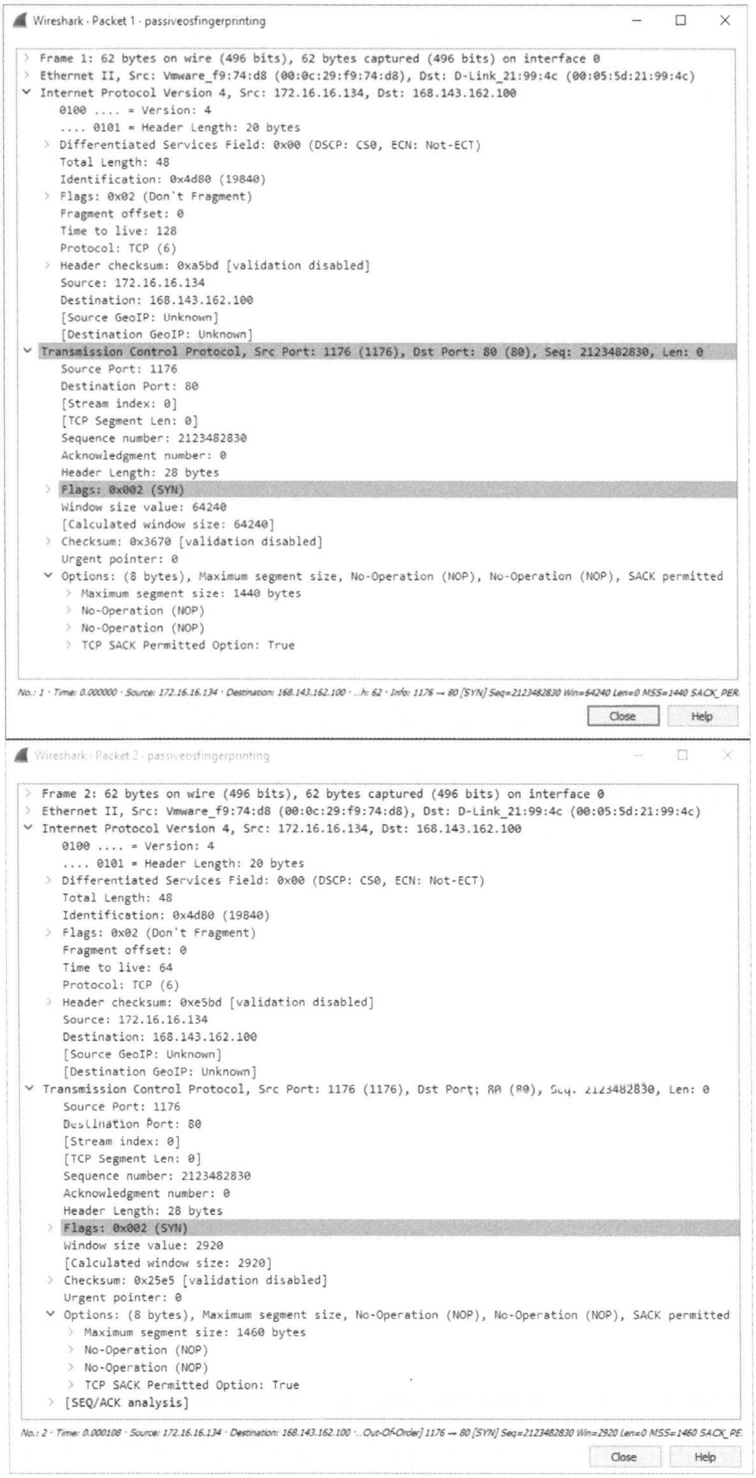

Wireshark · Packet 1 · passiveosfingerprinting
Frame 1: 62 bytes on wire (496 bits), 62 bytes captured (496 bits) on interface 0
Ethernet II, Src: Vmware_f9:74:d8 (00:0c:29:f9:74:d8), Dst: D-Link_21:99:4c (00:05:5d:21:99:4c)
Internet Protocol Version 4, Src: 172.16.16.134, Dst: 168.143.162.100
0100 .... = Version: 4
.... 0101 = Header Length: 20 bytes
Differentiated Services Field: 0x00 (DSCP: CS0, ECN: Not-ECT)
Total Length: 48
Identification: 0x4d80 (19840)
Flags: 0x02 (Don't Fragment)
Fragment offset: 0
Time to live: 128
Protocol: TCP (6)
Header checksum: 0xa5bd [validation disabled]
Source: 172.16.16.134
Destination: 168.143.162.100
[Source GeoIP: Unknown]
[Destination GeoIP: Unknown]
Transmission Control Protocol, Src Port: 1176 (1176), Dst Port: 80 (80), Seq: 2123482830, Len: 0
Source Port: 1176
Destination Port: 80
[Stream index: 0]
[TCP Segment Len: 0]
Sequence number: 2123482830
Acknowledgment number: 0
Header Length: 28 bytes
Flags: 0x002 (SYN)
Window size value: 64240
[Calculated window size: 64240]
Checksum: 0x3670 [validation disabled]
Urgent pointer: 0
Options: (8 bytes), Maximum segment size, No-Operation (NOP), No-Operation (NOP), SACK permitted
Maximum segment size: 1440 bytes
No-Operation (NOP)
No-Operation (NOP)
TCP SACK Permitted Option: True
No.: 1 · Time: 0.000000 · Source: 172.16.16.134 · Destination: 168.143.162.100 · ...h: 62 · Info: 1176 → 80 [SYN] Seq=2123482830 Win=64240 Len=0 MSS=1440 SACK_PER.
Close
Help
Wireshark · Packet 2 · passiveosfingerprinting
Frame 2: 62 bytes on wire (496 bits), 62 bytes captured (496 bits) on interface 0
Ethernet II, Src: Vmware_f9:74:d8 (00:0c:29:f9:74:d8), Dst: D-Link_21:99:4c (00:05:5d:21:99:4c)
Internet Protocol Version 4, Src: 172.16.16.134, Dst: 168.143.162.100
0100 .... = Version: 4
.... 0101 = Header Length: 20 bytes
Differentiated Services Field: 0x00 (DSCP: CS0, ECN: Not-ECT)
Total Length: 48
Identification: 0x4d80 (19840)
Flags: 0x02 (Don't Fragment)
Fragment offset: 0
Time to live: 64
Protocol: TCP (6)
Header checksum: 0xe5bd [validation disabled]
Source: 172.16.16.134
Destination: 168.143.162.100
[Source GeoIP: Unknown]
[Destination GeoIP: Unknown]
Transmission Control Protocol, Src Port: 1176 (1176), Dst Port: 80 (80), Seq: 2123482830, Len: 0
Source Port: 1176
Destination Port: 80
[Stream index: 0]
[TCP Segment Len: 0]
Sequence number: 2123482830
Acknowledgment number: 0
Header Length: 28 bytes
Flags: 0x002 (SYN)
Window size value: 2920
[Calculated window size: 2920]
Checksum: 0x25e5 [validation disabled]
Urgent pointer: 0
Options: (8 bytes), Maximum segment size, No-Operation (NOP), No-Operation (NOP), SACK permitted
Maximum segment size: 1460 bytes
No-Operation (NOP)
No-Operation (NOP)
TCP SACK Permitted Option: True
[SEQ/ACK analysis]
No.: 2 · Time: 0.000108 · Source: 172.16.16.134 · Destination: 168.143.162.100 · ...Out-Of-Order] 1176 → 80 [SYN] Seq=2123482830 Win=2920 Len=0 MSS=1460 SACK_PE.
Close
Help

▲ **그림 12-7** 이 패킷들은 자신들을 보낸 운영체제를 알려준다.

능동적 핑거프린팅

activeosfinger printing .pcapng

트래픽을 수동적으로 모니터링해 원하는 결과를 얻지 못하면 좀 더 직접적인 접근 방법인 능동적 핑거프린팅이 필요할 수 있다. 이제 공격자는 특수하게 조작된 패킷을 타겟에 적극적으로 보내 타겟 컴퓨터의 운영체제를 나타내는 응답을 이끌어낸다. 물론 이 접근 방법은 타겟과 직접적으로 소통하는 것을 포함하기 때문에 은밀하지는 않지만 매우 효과적일 수 있다.

activeosfingerprinting.pcapng 파일에는 엔맵 스캐닝 유틸리티로 시작된 능동적 운영체제 핑거프린팅 스캔의 예제가 들어 있다. 이 파일의 여러 패킷은 엔맵이 운영체제 식별을 허용하는 응답을 유도하게 설계된 여러 가지 프로브를 전송한 결과다. 엔맵은 이 프로브에 대한 응답을 기록하고 핑거프린트를 작성해 값의 데이터베이스와 비교해 결정한다.

참고 엔맵이 운영체제에 대한 능동적인 핑거프린트를 얻기 위해 사용하는 기술은 상당히 복잡하다. 엔맵이 능동적인 운영체제 핑거프린팅을 수행하는 방법에 대해 자세히 알아보려면 도구 작성자인 고든 '표도르' 라이온(Gordon 'Fyodor' Lyon)이 작성한 엔맵의 안내서인 『Nmap Network Scanning』(2008)을 읽어라.

트래픽 조작

이 책 전반에 걸쳐 설명하고자 한 요점 중 하나는 올바른 패킷을 검사해 시스템이나 사용자에 대해 많은 것을 배울 수 있다는 점이다. 따라서 공격자가 이러한 패킷을 스스로 캡처하려고 하는 것은 놀랄 일이 아니다. 공격자는 시스템에서 생성된 패킷을 검사해 운영체제, 사용 중인 애플리케이션, 인증 신임장 등에 대해 알 수 있다.

이 절에서는 공격자가 ARP 캐시 포이즈닝cache poisoning을 사용해 타겟 트래픽을 가로채고 캡처하는 방법과 HTTP 쿠키Cookie를 가로채 세션 하이재킹session-hijacking 공격을 수행하는 방법을 패킷 레벨에서 살펴본다.

ARP 캐시 포이즈닝

arppoison.pcapng

7장에서는 ARP 프로토콜을 사용해 장치가 IP 주소를 네트워크 내부의 MAC 주소와 매핑하는 방법을 설명했으며, 2장에서는 ARP 캐시 포이즈닝이 회선을 태핑하는 유용한 기술이 될 수 있는 방법과 분석하고자 하는 패킷을 가진 호스트로부터 트래픽을 가로채는 방법을 설명했다. 합법적인 목적으로 사용될 경우 ARP 캐시 포이즈닝은 문제 해결에 매우 유용하다. 그러나 이 기술을 악의적 의도와 함께 사용하면 중간자MITM, Man-In-The-Middle 공격의 치명적인 형태가 된다.

MITM 공격에서 공격자는 두 호스트 사이의 트래픽을 재지정해 전송 중인 데이터를 가로채거나 수정한다. DNS 스푸핑spoofing과 SSL 하이재킹을 비롯한 여러 가지 형태의 MITM 공격이 있다. ARP 캐시 포이즈닝에서 특수하게 조작된 ARP 패킷은 실제로 두 호스트를 중개자로 패킷을 중계하는 제3자와 통신할 때 서로 통신하고 있다고 생각하게 만든다. 이러한 방식으로 프로토콜의 정상적인 기능을 불법적으로 사용하면 악의적인 목적으로 사용될 수 있다.

arppoison.pcapng 파일에는 ARP 캐시 포이즈닝의 예가 들어있다. 파일을 열어 보면 트래픽이 정상처럼 보인다. 그러나 패킷을 따라가면 타겟 172.16.0.107이 Google 브라우징과 검색을 수행한 것을 볼 수 있다. 이 검색 결과로 일부 DNS 조회가 혼합된 상당량의 HTTP 트래픽이 있다.

ARP 캐시 포이즈닝은 계층 2에서 발생하는 기술이므로 패킷 목록 창에서 패킷을 살펴본다면 잘못된 것을 보기 어려울 수 있다. 자세히 살펴보려면 다음과 같이 패킷 목록 창에 두 개의 열을 추가한다.

1. Edit ▸ Preferences를 선택한다.
2. Preferences 창의 왼쪽에 있는 Columns를 클릭한다.
3. 새로운 열을 추가하기 위해 더하기(+) 버튼을 클릭한다.
4. Title 영역에 Source MAC를 입력하고 Enter 키를 누른다.
5. Type 드롭다운 목록에서 Hw src addr(resolved)를 선택한다.
6. 새로 추가된 항목을 클릭하고 소스 열 바로 뒤에 오게 항목을 끈다.
7. 플러스(+) 버튼을 클릭한다.

8. Title 영역에 Dest MAC을 입력하고 Enter 키를 누른다.
9. Type 드롭다운 목록에서 Hw dest addr(resolved)를 선택한다.
10. 새로 추가된 항목을 클릭하고 목적지 열 바로 뒤에 오게 끌어 놓는다.
11. OK를 클릭해 변경 사항을 적용한다.

이 단계를 완료하면 그림 12-8과 같은 화면이 나타난다. 이제 패킷의 발신지와 목적지 MAC 주소를 보여주는 두 개의 추가 열이 있어야 한다.

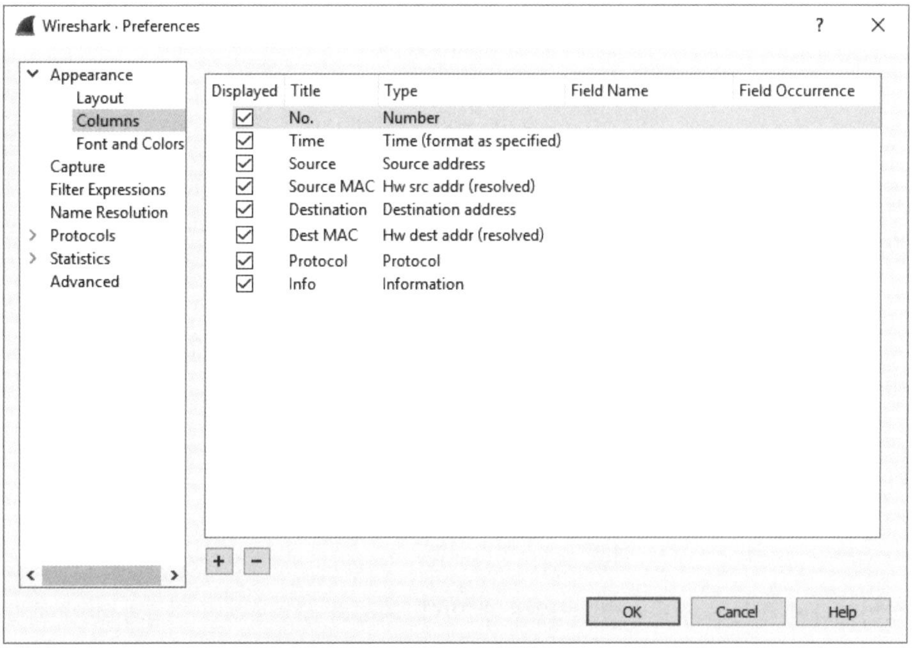

▲ **그림 12-8** 발신지와 목적지 하드웨어 주소에 새로 추가된 열이 있는 열 구성 화면

MAC 이름 해석 기능을 켜 놓은 상태에서 통신하는 장치에 델과 시스코 하드웨어를 나타내는 MAC 주소가 있는지 확인해야 한다. 캡처를 스크롤할 때 패킷 54에서 변경된다는 것을 알 수 있다. 여기서는 그림 12-9에 나타난 것처럼 델 호스트(타겟)와 새로 도입된 HP 호스트(침입자) 간에 발생하는 고유한 ARP 트래픽을 볼 수 있다.

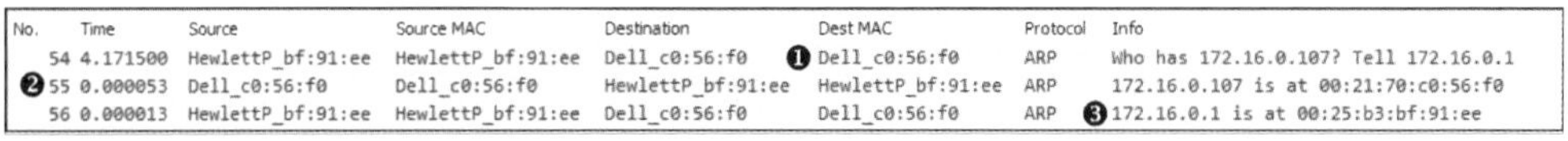
No. Time Source Source MAC Destination Dest MAC Protocol Info
54 4.171500 HewlettP_bf:91:ee HewlettP_bf:91:ee Dell_c0:56:f0 ❶ Dell_c0:56:f0 ARP Who has 172.16.0.107? Tell 172.16.0.1
❷ 55 0.000053 Dell_c0:56:f0 Dell_c0:56:f0 HewlettP_bf:91:ee HewlettP_bf:91:ee ARP 172.16.0.107 is at 00:21:70:c0:56:f0
56 0.000013 HewlettP_bf:91:ee HewlettP_bf:91:ee Dell_c0:56:f0 Dell_c0:56:f0 ARP ❸ 172.16.0.1 is at 00:25:b3:bf:91:ee

▲ **그림 12-9** Dell 장치와 HP 장치간의 이상한 ARP 트래픽

계속 진행하기 전에 표 12-3에 나열된 이 통신에 관련된 종단점을 기록하라.

▼ **표 12-3** 모니터링되는 종단점

역할	장치 유형	IP 주소	MAC 주소
타겟	Dell	172.16.0.107	00:21:70:c0:56:f0
라우터	Cisco	172.16.0.1	00:26:0b:31:07:33
공격자	HP	Unknown	00:25:b3:bf:91:ee

그러나 무엇이 이 트래픽을 이상하게 만드는가? 7장의 ARP에 대한 논의에서 ARP 패킷의 두 가지 기본 유형인 요청과 응답이 있음을 상기하라. 요청 패킷은 특정 IP 주소와 연관된 MAC 주소를 가진 시스템을 찾기 위해 네트워크상의 모든 호스트에 브로드캐스트로 전송한다. 그런 다음 요청한 장치에 응답하는 시스템이 응답을 유니캐스트 패킷으로 보낸다. 이러한 배경을 감안할 때 그림 12-9를 참조해 이 통신 순서에서 몇 가지 특이한 점을 확인할 수 있다.

우선 패킷(54)은 공격자(MAC 주소 00:25:b3:bf:91:ee)로부터 타겟(MAC 주소 00:21:70:c0:56:f0)❶으로 직접 유니캐스트 패킷에 보낸 ARP 요청이다. 이 유형의 요청은 네트워크의 모든 호스트에 브로드캐스팅해야 하지만, 이 타겟 유형은 타겟을 골라낸다. 또한 이 패킷이 공격자로부터 전송되고 공격자의 MAC 주소가 ARP 헤더에 포함돼 있지만 라우터의 IP 주소가 나열된다.

이 패킷 다음에는 MAC 주소 정보❷를 포함하는 공격자의 응답이 뒤따른다. 여기서 실제는 패킷 56에서 발생한다. 패킷 56에서 침입자는 원치 않는 ARP 응답으로 172.16.0.1의 MAC 주소는 00:25:b3:bf:91:ee라는 패킷을 타겟에게 보낸다. 문제는 172.16.0.1의 MAC 주소가 00:25:b3:bf:91:ee❸가 아니라 00:26:0b:31:07:33이라는 점이다. 172.16.0.1에 있는 라우터가 패킷 캡처에서 타겟과 먼저 통신하는 것을 봤기 때문에 이것을 알 수 있다. ARP 프로토콜은 본질적으로 안전하지 않으므로(ARP 테이블에 대한 자발적인 업데이트를 허용함) 이제 타겟은 라우터로 가는 트래픽을 공격자에게 보낸다.

참고 이 패킷 캡처는 타겟 컴퓨터에서 가져온 것이므로 실제로 전체 그림을 볼 수는 없다. 이 공격이 동작하려면 공격자가 실제로 타겟이라고 생각하게 라우터에 동일한 패킷 순서를 보내야 하지만 라우터(또는 공격자)에서 이들 패킷들을 보기 위해 다른 패킷 캡처를 수행해야 한다.

타겟과 라우터가 모두 중복되면 그림 12-10에서 설명한 것처럼 공격자를 통해 통신이 이뤄진다.

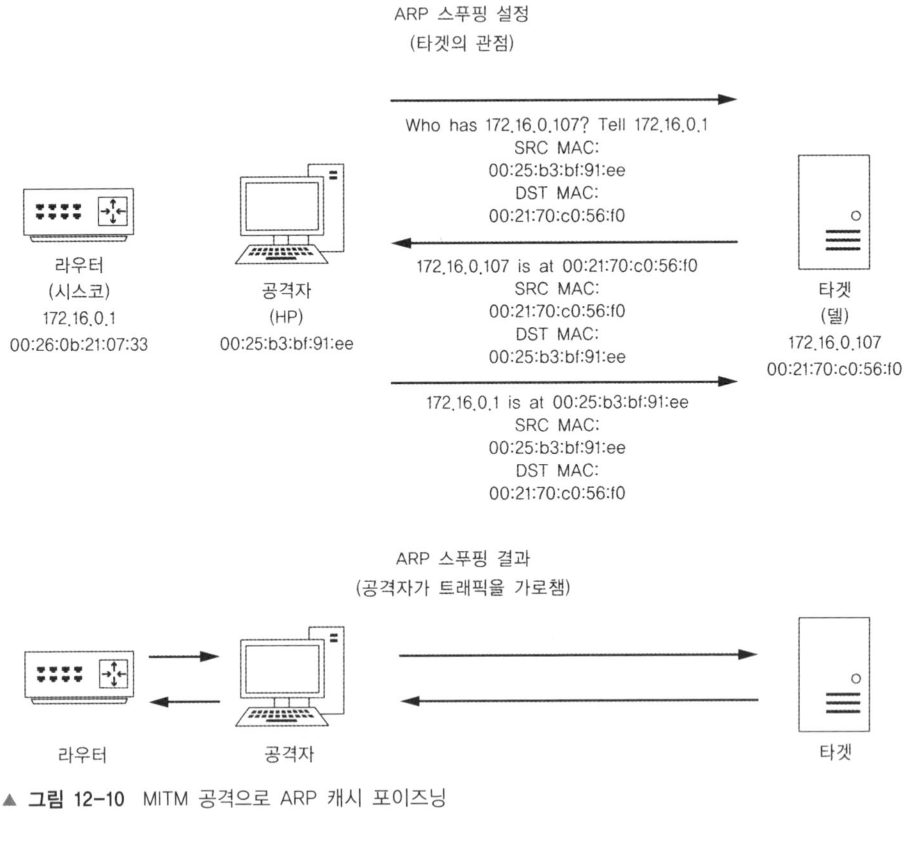

▲ **그림 12-10** MITM 공격으로 ARP 캐시 포이즈닝

패킷 57은 이 공격의 성공을 확인한다. 이 패킷을 패킷 40(그림 12-11 참조)과 같이 이상한 ARP 트래픽 이전에 전송된 패킷과 비교하면 원격 서버(Google)의 IP 주소가 동일❷하게 유지되지만, 타겟 MAC 주소가 바뀌었다❶. MAC 주소가 이렇게 바뀌면 트래픽이 라우터에 도달하기 전에 공격자를 통해 라우팅되고 있음을 알 수 있다.

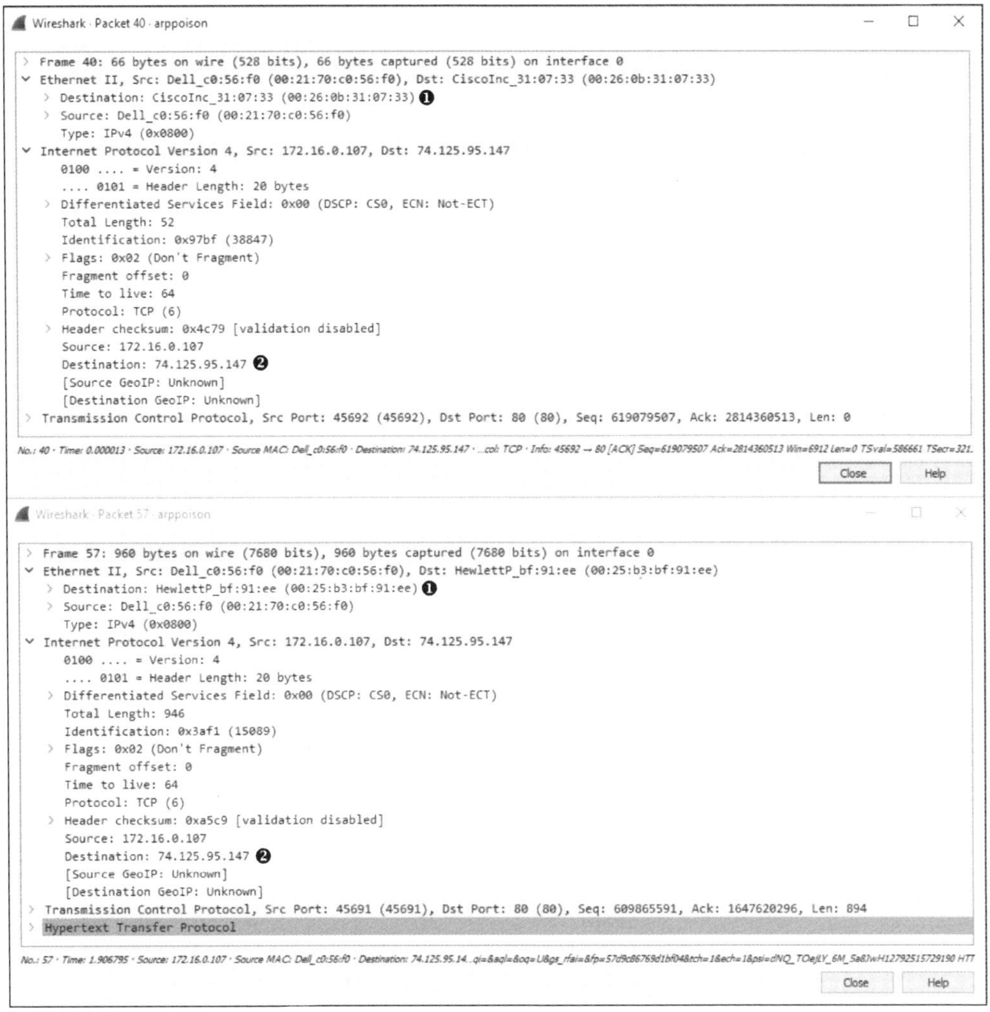

▲ **그림 12-11** 타겟 MAC 주소가 변경되면 이 공격이 성공한 것으로 나타난다.

이 공격은 매우 미묘하기 때문에 탐지하기가 매우 어렵다. 이를 찾으려면 대개 ARP 테이블 항목의 갑작스러운 변경을 감지하게 설계된 장치에서 실행되는 소프트웨어나 소프트웨어를 처리하게 특별히 구성된 IDS의 도움이 필요하다. ARP 캐시 포이즈닝을 사용해 분석하려는 네트워크에서 패킷을 캡처할 가능성이 높으므로 이 기술을 사용하는 방법을 알고 있어야 한다.

세션 하이재킹

sessionhijacking.pcapng

이제 ARP 캐시 포이즈닝이 악의적으로 어떻게 사용될 수 있는지 알게 됐으므로 세션 하이재킹session hijacking을 활용할 수 있는 기법을 보여주고자 한다. 세션 하이재킹에서 공격자는 곧 살펴볼 HTTP 세션 쿠키를 손상시키고 다른 사용자로 가장하는 데 사용된다. 이를 달성하기 위해 공격자는 ARP 캐시 포이즈닝을 사용해 타겟의 트래픽을 차단하고 관련 세션 쿠키 정보를 찾을 수 있다. 그런 다음 공격자는 해당 정보를 사용해 타겟 웹 애플리케이션에 타겟 사용자로 접속할 수 있다.

이 시나리오는 sessionhijacking.pcapng 파일로 시작된다. 이 캡처에는 웹 애플리케이션(172.16.16.181)과 통신하는 타겟(172.16.16.164)의 트래픽이 포함된다. 타겟에 대해 알지 못하면 공격자(172.16.16.154)에게 적극적으로 통신 가로채기를 당하게 된다.

이러한 패킷은 웹서버의 관점에서 수집됐으며, 이는 서버 기반 구조에 대해 세션 하이재킹 공격이 사용된 경우 방어자와 동일한 관점을 가질 가능성이 높다.

> **참고** 여기서 접속되는 웹 애플리케이션은 DVWA(Damn Vulnerable Web Application)라고 한다. 의도적으로 많은 유형의 공격에 취약하며 교육 도구로 자주 사용된다. 웹 애플리케이션 공격에 대해 자세히 알아보거나 관련 패킷을 조사하는 경우 http://www.dvwa.co.uk/에서 DVWA에 대해 자세히 알아볼 수 있다.

이 캡처의 트래픽은 주로 두 가지 대화로 구성된다. 첫 번째는 타겟에서 웹서버로 가는 통신이며, `ip.addr == 172.16.16.164 && ip.addr == 172.16.16.181` 필터로 구분할 수 있다. 이 통신은 일반적인 웹 브라우징 트래픽을 나타내며, 그리 특별한 것은 아니다. 특히 관심 있는 것은 요청의 쿠키 값이다. 예를 들어 패킷 14에 있는 것과 같은 `GET` 요청을 보면 패킷 세부 정보 창에 나열된 쿠키를 찾을 수 있다(그림 12-12 참조). 이 경우 쿠키는 `PHPSESSID` 값이 `ncobrqrb7fj2a2sinddtk567q4`❶인 세션 ID를 식별한다.

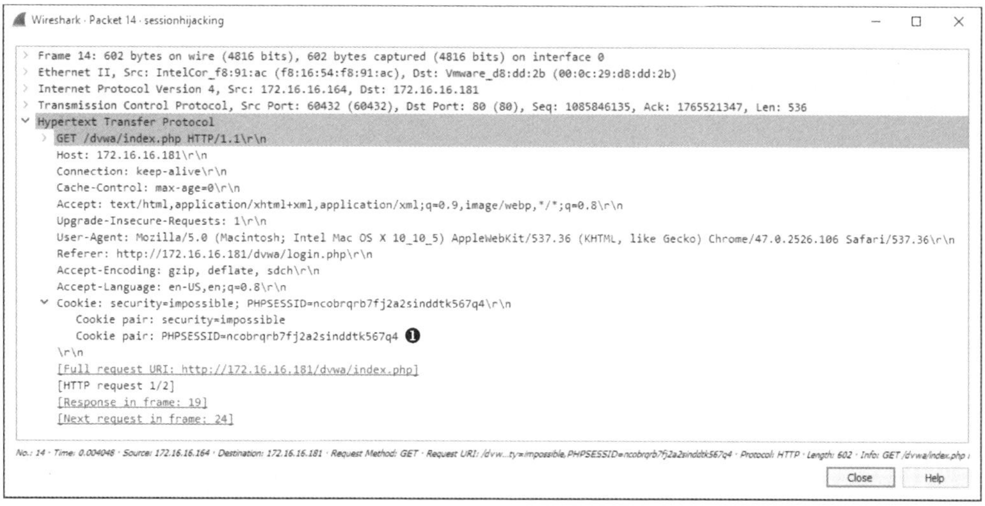

▲ **그림 12-12** 타겟의 세션 쿠키보기

웹사이트는 개별 호스트에 대한 세션 인식을 유지하기 위해 쿠키를 사용한다. 새로운 방문자가 웹사이트를 방문하면 고유 세션 ID(PHPSESSID)가 발급된다. 인증을 위해 많은 애플리케이션은 세션 ID가 있는 사용자가 애플리케이션에 성공적으로 인증될 때까지 기다린 다음 ID가 인증된 세션을 나타내는 것으로 인식하는 데이터베이스 레코드를 만든다. 해당 ID를 가진 모든 사용자는 해당 인증을 사용해 앱에 접속할 수 있다. 물론 개발자는 ID가 고유하게 생성되므로 단일 사용자만 특정 ID를 가질 것이라고 생각한다. 그러나 세션 ID를 처리하는 이 방법은 악의적인 사용자가 다른 사용자의 ID를 도용하고 이를 사용해 세션을 가장하기 때문에 안전하지 않다. 세션 하이재킹 기술을 방지하는 데 사용할 수 있는 방법이 있지만, DVWA를 비롯한 많은 웹사이트는 여전히 취약하다.

타겟은 트래픽이 공격자에 의해 차단되고 있거나 공격자가 세션 쿠키에 접속할 수 있음을 인식하지 못한다(그림 12-12 참조). 모든 공격자는 쿠키 값을 사용해 웹서버와 통신해야 한다. 이 작업은 특정 유형의 프록시 서버로 수행할 수 있지만 크롬용 쿠키 관리자와 같은 브라우저 플러그인을 사용하면 훨씬 쉽다. 이 플러그인을 사용해 공격자는 그림 12-13과 같이 타겟 트래픽에서 얻은 PHPSESSID 값을 지정할 수 있다.

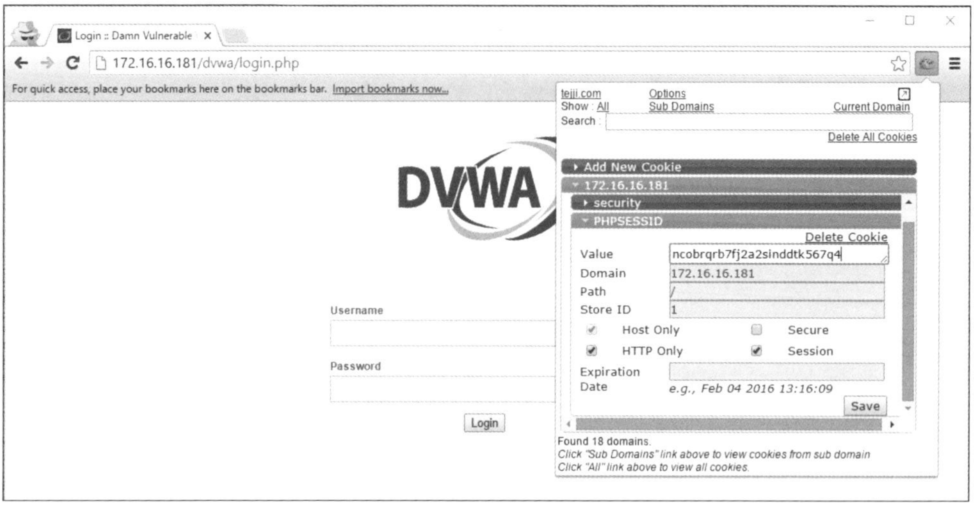

▲ **그림 12-13** 쿠키 관리자 플러그인을 사용해 타겟을 가장한다.

이전에 캡처 파일에 적용된 필터를 지우고 스크롤다운을 시작하면 공격자의 IP 주소가 웹서버와 통신하는 것을 볼 수 있다. `ip.addr == 172.16.16.154 && ip.addr == 172.16.16.181` 필터를 사용해 이 통신으로 보기를 제한할 수 있다.

이 부분을 자세히 살펴보기 전에 패킷 목록 창에 쿠키 값을 보여주는 열을 추가해 본다. ARP 캐시 포이즈닝에 대한 이전 섹션의 일부로 열을 추가한 경우 먼저 해당 열을 제거해야 한다. 그런 다음 ARP 캐시 포이즈닝 섹션의 지침을 사용해 `http.cookie_pair` 필드 이름을 기반으로 새로운 사용자 정의 열 필드를 추가한다. 열을 추가하고 나면 타겟 필드 다음에 위치시킨다. 화면은 그림 12-14와 같아야 한다.

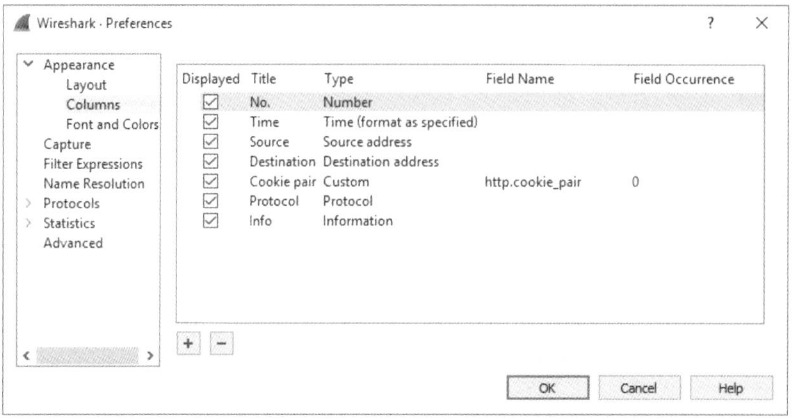

▲ **그림 12-14** 세션 하이재킹을 조사하기 위한 열 구성하기

새로운 열을 구성한 상태에서 TCP 통신이 유용하지 않으므로 디스플레이 필터를 수정해 HTTP 요청만 나타나게 하라. 새 필터는 (ip.addr == 172.16.16.154 && ip.addr == 172.16.16.181) && (http.request.method || http.response.code)다. 결과 패킷은 그림 12-15에 나와 있다.

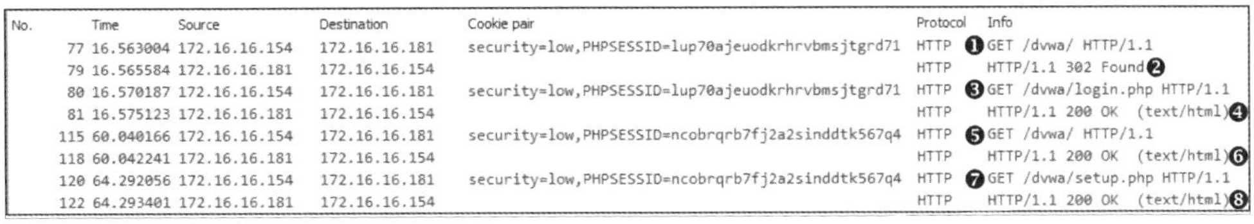

No.	Time	Source	Destination	Cookie pair	Protocol	Info
77	16.563004	172.16.16.154	172.16.16.181	security=low,PHPSESSID=lup70ajeuodkrhrvbmsjtgrd71	HTTP	❶GET /dvwa/ HTTP/1.1
79	16.565584	172.16.16.181	172.16.16.154		HTTP	HTTP/1.1 302 Found❷
80	16.570187	172.16.16.154	172.16.16.181	security=low,PHPSESSID=lup70ajeuodkrhrvbmsjtgrd71	HTTP	❸GET /dvwa/login.php HTTP/1.1
81	16.575123	172.16.16.181	172.16.16.154		HTTP	HTTP/1.1 200 OK (text/html)❹
115	60.040166	172.16.16.154	172.16.16.181	security=low,PHPSESSID=ncobrqrb7fj2a2sinddtk567q4	HTTP	❺GET /dvwa/ HTTP/1.1
118	60.042241	172.16.16.181	172.16.16.154		HTTP	HTTP/1.1 200 OK (text/html)❻
120	64.292056	172.16.16.154	172.16.16.181	security=low,PHPSESSID=ncobrqrb7fj2a2sinddtk567q4	HTTP	❼GET /dvwa/setup.php HTTP/1.1
122	64.293401	172.16.16.181	172.16.16.154		HTTP	HTTP/1.1 200 OK (text/html)❽

▲ **그림 12-15** 공격자가 타겟 사용자를 가장한다.

이제 공격자와 서버 간의 통신을 보고 있다. 처음 4개의 패킷에서 공격자는 /dvwa/ 디렉토리❶를 요청하고 대가로 302 응답 코드를 받는다. 이는 웹서버가 방문자를 서버의 다른 URL로 재지정하는 데 사용하는 일반적인 방법이다. 이 경우 공격자는 /dvwa/login.php❷의 로그인 페이지로 재지정된다. 공격자의 머신은 로그인 페이지❸를 요청한다. 이것은 성공적으로 반환된다❹. 두 요청 모두 세션 ID lup70ajajeuodkrhrvbmsjtgrd71을 사용한다.

그다음에 /dvwa/ 디렉토리에 대한 새로운 요청이 있지만 이번에는 다른 세션 ID❺를 기록한다. 세션 ID는 이제 ncobrqrb7fj2a2sinddtk567q4이며, 이전에 사용한 타겟과 동일하다. 이것은 공격자가 도난 당한 ID를 사용하기 위해 트래픽을 조작했음을 나타낸다. 로그인 페이지로 재지정되는 대신에 요청은 HTTP 200 상태 코드로 충족되며, 인증된 타겟이 볼 수 있게 페이지가 전달된다❻. 공격자는 타겟의 ID❼를 사용해 다른 페이지 dvwa/setup.php를 탐색하고 해당 페이지도 성공적으로 반환된다❽. 공격자는 DVWA 웹사이트를 타겟으로 인증한 것처럼 탐색한다. 타겟의 사용자 이름이나 비밀번호를 알지 못해도 된다.

이는 공격자가 패킷 분석을 공격 도구로 전환 할 수 있는 방법 중 하나일 뿐이다. 일반적으로 공격자가 통신과 관련된 패킷을 볼 수 있으면 일부 악의적인 활동이 발생할 수 있다고 가정하는 것이 안전하다. 이것은 보안 전문가가 암호화를 통해 전송 중인 데이터를 보호해야 한다고 주장하는 이유다.

멀웨어

완벽하게 합법적인 소프트웨어는 악의적인 목적으로 사용될 수 있지만, 멀웨어 malware는 악의적인 목적으로 특별히 작성된 코드라는 용어다. 멀웨어는 자체 전파하는 웜worm과 합법적인 소프트웨어로 가장하는 트로이목마를 비롯한 다양한 형태를 취할 수 있다. 네트워크 방어 관점에서 볼 때 대부분의 멀웨어는 캡처되고 분석될 때까지 발견되지 않고 알려지지 않는다. 이 분석에는 멀웨어의 네트워크 통신 패턴에 대한 행동 분석에 중점을 둔 여러 단계가 포함된다. 경우에 따라 포렌식 멀웨어 역공학 실험실에서 분석이 이뤄지지만, 보안 분석가가 감염된 네트워크에 있는 장치를 발견할 때 일어난다.

이 절에서는 패킷을 통해 관찰되는 실제 멀웨어와 그 동작에 대한 몇 가지 예를 살펴본다.

오로라 작전

aurora.pcapng

2010년 1월, 오로라 작전Operation Aurora은 인터넷 익스플로러에서 알려지지 않은 취약점을 악용한 것으로 밝혀졌다. 이 취약점으로 인해 공격자는 다른 회사와 마찬가지로 Google의 타겟 컴퓨터를 원격 제어할 수 있었다.

이 악성코드가 실행되려면 사용자가 취약한 버전의 인터넷 익스플로러를 사용해 웹사이트를 방문하기만 하면 된다. 그런 다음 공격자는 로그인한 사용자와 동일한 권한으로 사용자의 시스템에 즉시 접속할 수 있었다. 공격자가 수신자가 악의적인 사이트로 연결되는 링크를 클릭하게 유도하는 이메일 메시지를 보내는 스피어 피싱 spear phishing이 타겟을 유혹하는 데 사용됐다.

오로라의 경우 타겟 사용자가 스피어 피싱 이메일의 링크를 클릭하자마자 이 이야기를 알려준다. 결과 패킷은 aurora.pcapng 파일에 있다.

이 캡처는 타겟(192.168.100.206)과 공격자(192.168.100.202) 사이의 3방향 핸드셰이크로 시작된다. 초기 연결은 포트 80으로 연결되며, 이는 HTTP 트래픽이라고 믿게 한다. 이 가정은 그림 12-16과 같이 /info❶에 대한 HTTP `GET` 요청인 4번째 패킷에서 확인된다.

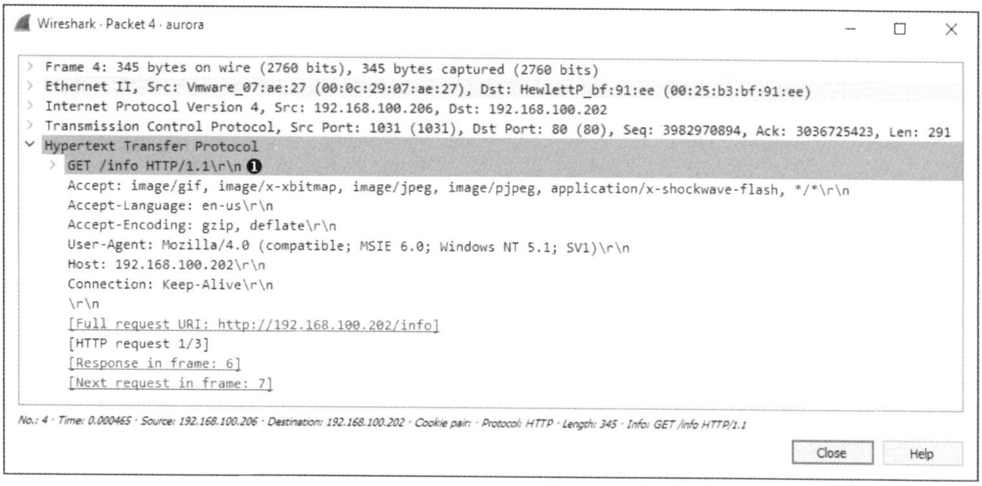

▲ **그림 12-16** 타겟이 /info에 대해 GET 요청을 한다.

그림 12-17에서 보듯이 공격자의 기계는 GET 요청의 수신을 확인하고 패킷 6❶에 응답 코드 302(Moved Temporarily)를 보고한다. 상태 코드는 일반적으로 브라우저를 다른 페이지로 재지정하는 데 사용된다. 302 응답 코드와 함께 Location 필드는 `/info?rFfWELUjLJHpP`❷ 위치를 지정한다.

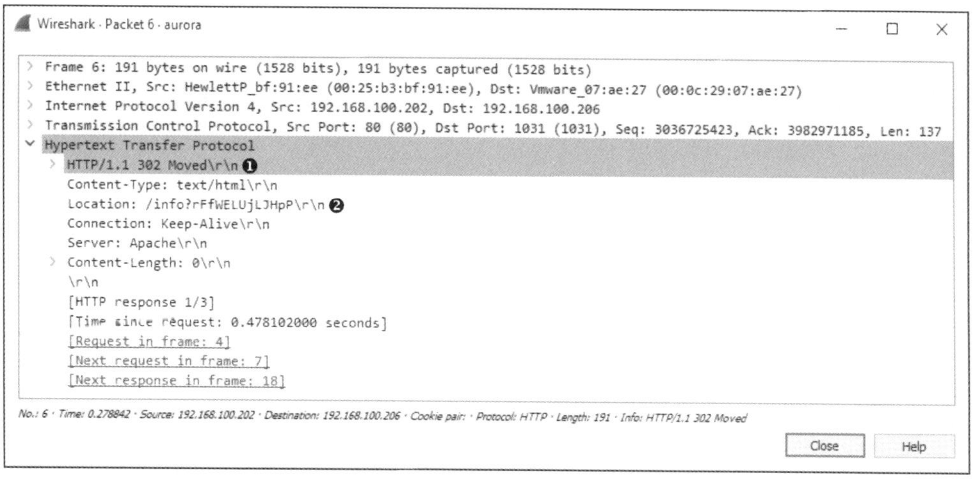

▲ **그림 12-17** 클라이언트 브라우저가 이 패킷으로 재지정된다.

HTTP 302 패킷을 수신한 후 클라이언트는 패킷 7에서 `/info?rFfWELUjLJHpP` URL에 대해 다른 GET 요청을 시작한다. ACK는 패킷 8에서 수신된다. ACK에 이어 다음 몇 개의 패킷은 공격자에서 타겟으로 전송되는 데이터를 나타낸다. 해당 데이터를 면밀히 살펴보려면 패킷 9와 같이 스트림에서 패킷 중 하나를 마우스 오른쪽 단추로 클릭하고 Follow ▶ TCP Stream을 선택하라. 이 스트림 출력에서 그림 12-18과 같이 초기 GET 요청, 302 재지정 및 두 번째 GET 요청이 나타난다.

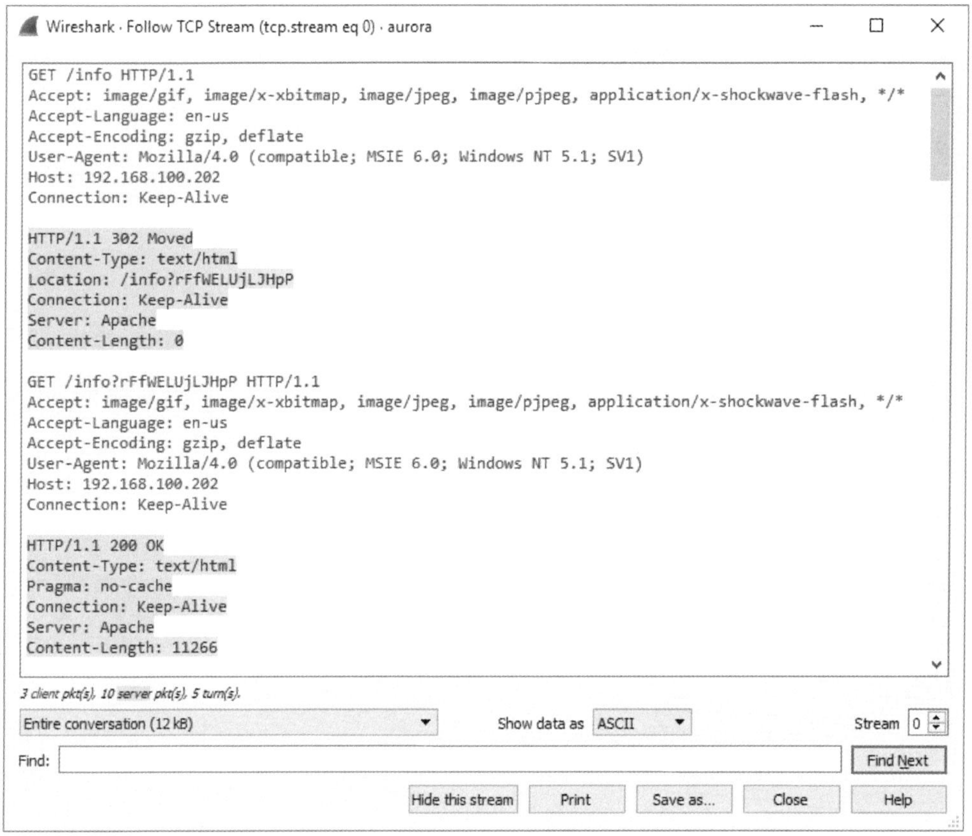

Wireshark · Follow TCP Stream (tcp.stream eq 0) · aurora
GET /info HTTP/1.1
Accept: image/gif, image/x-xbitmap, image/jpeg, image/pjpeg, application/x-shockwave-flash, */*
Accept-Language: en-us
Accept-Encoding: gzip, deflate
User-Agent: Mozilla/4.0 (compatible; MSIE 6.0; Windows NT 5.1; SV1)
Host: 192.168.100.202
Connection: Keep-Alive
HTTP/1.1 302 Moved
Content-Type: text/html
Location: /info?rFfWELUjLJHpP
Connection: Keep-Alive
Server: Apache
Content-Length: 0
GET /info?rFfWELUjLJHpP HTTP/1.1
Accept: image/gif, image/x-xbitmap, image/jpeg, image/pjpeg, application/x-shockwave-flash, */*
Accept-Language: en-us
Accept-Encoding: gzip, deflate
User-Agent: Mozilla/4.0 (compatible; MSIE 6.0; Windows NT 5.1; SV1)
Host: 192.168.100.202
Connection: Keep-Alive
HTTP/1.1 200 OK
Content-Type: text/html
Pragma: no-cache
Connection: Keep-Alive
Server: Apache
Content-Length: 11266
3 client pkt(s), 10 server pkt(s), 5 turn(s).
Entire conversation (12 kB)
Show data as
ASCII
Stream
0
Find:
Find Next
Hide this stream
Print
Save as...
Close
Help

▲ **그림 12-18** 클라이언트로 전송되는 데이터 스트림

이 일이 끝나면 이상해지기 시작한다. 공격자는 GET 요청에 매우 이상하게 보이는 내용으로 응답한다. 그 첫 번째 섹션은 그림 12-19에 나와 있다.

▲ **그림 12-19** 이 스크램블된 내용은 <script> 태그 안에 인코딩된 것처럼 보인다.

이 콘텐츠는 <script> 태그❶ 안에 일련의 난수와 문자로 나타난다. <script> 태그는 HTTP 클라이언트에서 코드가 실행되는 상위 레벨 클라이언트 측 스크립팅 언어의 사용을 나타내기 위해 HTML 내에서 사용된다. 이 태그 안에 일반적으로 다양한 스크립팅 문장이 있다. 그러나 여기서 이상해 보이는 것은 내용이 검출로부터 숨기기 위해 부호화될 수 있다는 것을 나타낸다. 이것이 악용 트래픽이라는 것을 알고 있기 때문에 이 난독화된 텍스트 섹션에는 취약한 서비스를 악용하는 데 사용되는 16진수 패딩과 셸 코드가 포함돼 있다고 가정할 수 있다.

> **참고** 스크립트 난독화(Script obfuscation)는 멀웨어가 탐지를 피하고 악성 콘텐츠를 숨기기 위해 사용하는 일반적인 기술이다. 스크립트를 해독하는 것은 이 책의 범위를 벗어나지만 멀웨어 통신을 계속 검토할 경우 개발할 기술이다. 많은 숙련된 악성코드 분석가가 신속한 시각적 검사를 통해 악의적인 스크립트를 즉시 인식할 수 있다. 스스로 도전하고 싶다면 이 예제에서 발견된 스크립트를 수동으로 해독해보라.

그림 12-20에 나와 있는 것처럼 공격자가 보낸 콘텐츠의 두 번째 부분에는 읽을 수 있는 텍스트가 나타난다. 광범위한 프로그래밍 지식이 없어도 이 텍스트는 몇 가지 변수를 기반으로 문자열 분석을 수행하는 것으로 나타났다. 이것은 닫는 `</script>` 태그 앞에 있는 텍스트의 마지막 비트다.

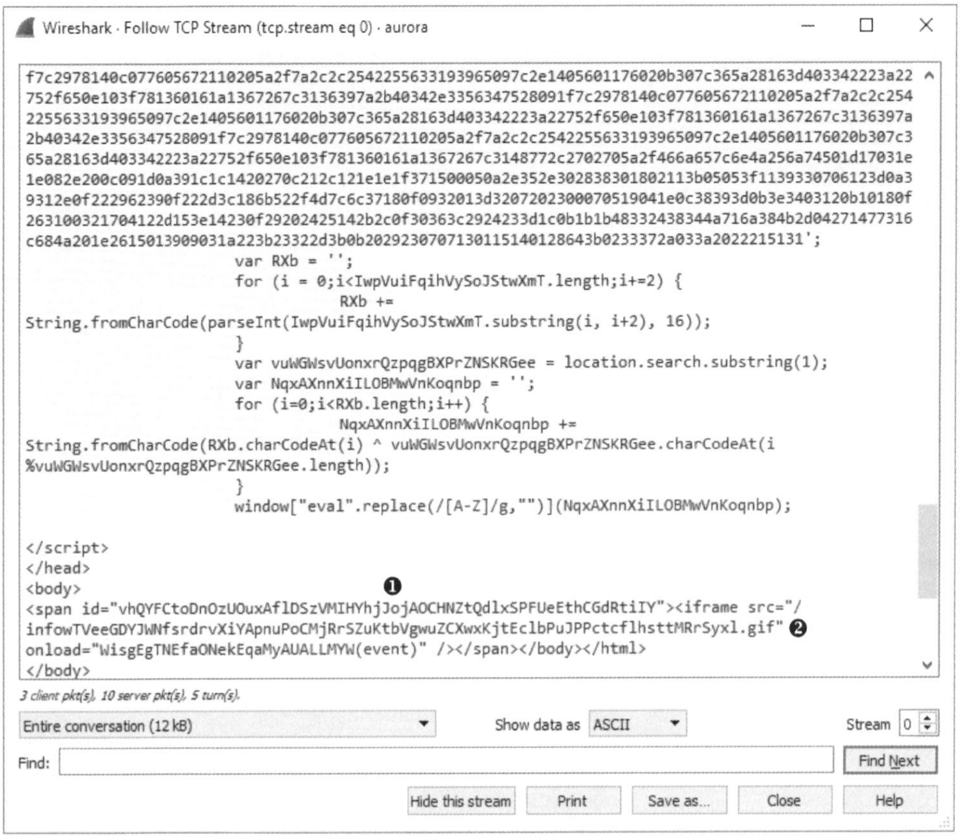

▲ **그림 12-20** 서버가 보낸 부분에는 읽을 수 있는 텍스트와 의심스러운 iframe이 있다.

그림 12-20에 나타난 것처럼 공격자에서 클라이언트로 전송된 마지막 데이터 섹션에는 두 부분이 있다. 첫 번째는 <span id = "vhQYFCtoDnOzUOuxAflDSzVMIHYhjJojAOCHNZtQdlxSPFUeEthCGdRtiIY"> 섹션이다❶. 두 번째는 <SPAN> </SPAN> 태그에 들어 있는 것으로, <iframe SRC="/infowTVeeGDYJWNfsrdrvXiYApnuPoCMjRrSZuKtbVgwuZCXwxKjtEclbPuJPPctcflhsttMRrSyxl.gif" "onload = "WisgEgTNEfaONekEqaMyAU ALLMYW (event)" />❷다. 다시 한 번 이 콘텐츠는 읽을 수 없고 난독화된 텍스트로서 의심스럽게 길고 무작위적인 문자열로 인한 악의적인 활동의 표시일 수 있다.

<span> 태그 내에 포함된 코드 부분은 iframe이다. 이는 HTML 페이지에 예상치 못한 추가 내용을 포함시키기 위해 공격자가 사용하는 일반적인 방법이다. <iframe> 태그는 사용자가 감지하지 못하는 인라인 프레임을 만든다. 이 경우 <iframe> 태그는 이상한 이름의 GIF 파일을 참조한다. 그림 12-21과 같이 타겟의 브라우저가 이 파일에 대한 참조를 볼 때 패킷 21에 GET 요청❶을 보내고 그런 다음에 GIF가 즉시 전송된다❷.

No.	Time	Source	Destination	Protocol	Info
21	1.288241	192.168.100.206	192.168.100.202	HTTP	❶GET /infowTVeeGDYJWNfsrdrvXiYApnuPoCMjRrSZuKtbVgwuZCXwxKjtEclbPuJPPctcflhsttMRrSyxl.gif HTTP/1.1
22	1.488200	192.168.100.202	192.168.100.206	TCP	80 → 1031 [ACK] Seq=3036736951 Ack=3982971911 Win=64518 Len=0
23	1.489366	192.168.100.202	192.168.100.206	HTTP	❷HTTP/1.1 200 OK (GIF89a) (GIF89a) (image/gif)
24	1.650958	192.168.100.206	192.168.100.202	TCP	1031 → 80 [ACK] Seq=3982971911 Ack=3036737098 Win=64093 Len=0

▲ **그림 12-21** iframe에 지정된 GIF가 타겟에 의해 요청되고 다운로드된다.

이 캡처의 가장 특이한 부분은 타겟이 포트 4321에서 공격자와 다시 연결을 시작하는 패킷 25에서 발생한다는 점이다. 패킷 세부 정보 창에서 두 번째 통신 스트림을 보면 많은 정보를 얻을 수 없어서 통신 중인 데이터의 정확한 내용을 얻기 위해 TCP 스트림을 다시 살펴본다. 그림 12-22는 Follow TCP Stream 창 출력을 보여준다.

이 디스플레이에서 즉각적인 경고를 알려야 하는 것이 있는데, 이는 윈도우 명령 셸❶이다. 이 셸은 타겟에서 서버로 보내져 공격자의 공격 시도가 성공하고 페이로드가 삭제됐음을 나타낸다. 익스플로잇이 시작되면 클라이언트는 공격자에게 명령 셸을 다시 전송한다. 이 캡처에서 타겟 시스템의 디렉토리 목록❸을 보기 위해 dir 명령❷을 입력해 타겟과 대화하는 공격자를 볼 수도 있다.

공격자가 프로세스를 관리자로 실행하거나 하나의 프로세스로 전환한 경우 침입자는 실제로 원하는 타겟을 타겟 컴퓨터로 보낼 수 있다. 한 번의 클릭만으로 몇 초 만에 타겟은 컴퓨터를 공격자가 완전히 제어할 수 있게 해준다.

이와 같은 익스플로잇은 일반적으로 네트워크 IDS에 의해 포착되지 않게 회선을 따라 전송될 때 인식할 수 없게 부호화된다. 따라서 이 익스플로잇이나 익스플로잇 코드의 예제에 대한 사전 지식이 없어도 추후 분석 없이 타겟 시스템에서 어떤 일이 일어나는지 정확하게 알기 어려울 수 있다. 운 좋게도 이 패킷 캡처에서 악성코드에 대한 몇 가지 징후를 찾아낼 수 있었다. 여기에는 <script> 태그에 있는 모호한 텍스트, 독특한 iframe과 평문으로 보이는 명령 셸[command shell]이 포함된다.

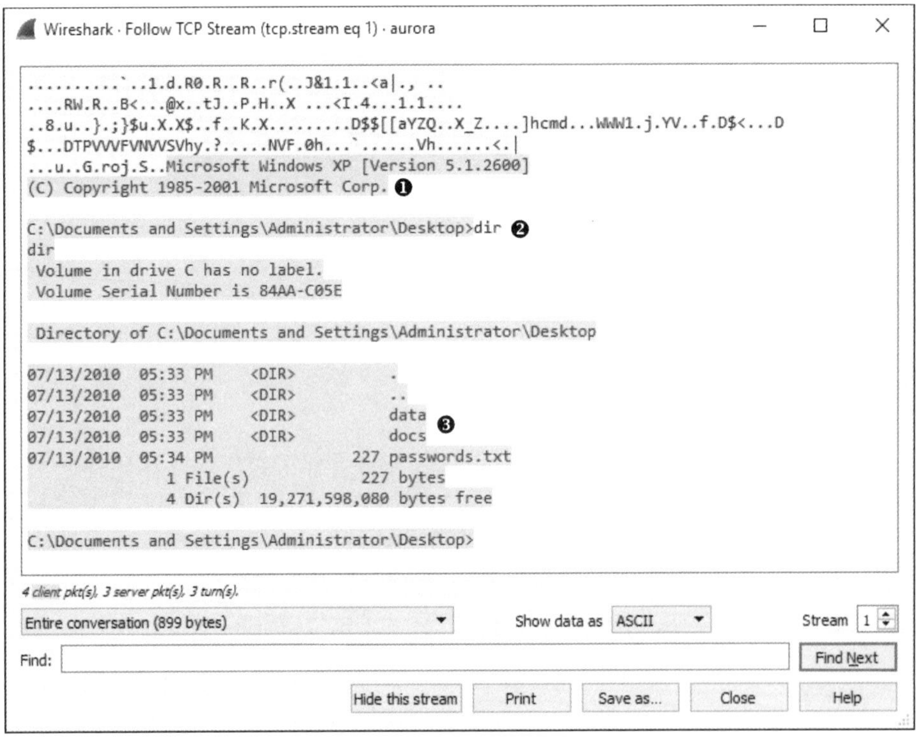

▲ **그림 12-22** 공격자가 이 연결을 통해 명령 셸과 대화하고 있다.

다음은 오로라 익스플로잇이 어떻게 동작하는지 요약한 것이다.

- 공격자가 합법적인 것으로 보이는 이메일을 수신하고 그 안에 있는 링크를 클릭한 다음 공격자의 악의적인 사이트에 GET 요청을 보낸다.

- 공격자의 웹서버가 타겟으로 302 재지정을 보내고 타겟 브라우저가 재지정된 된 URL에 GET 요청을 자동으로 보낸다.
- 공격자의 웹서버는 취약성 공격과 요청된 GIF 이미지에 대한 링크가 포함된 iframe을 포함해 난독화된 자바스크립트 코드가 포함된 웹 페이지를 클라이언트에게 전송한다.
- 이전에 전송된 자바스크립트 코드는 페이지가 타겟 브라우저에서 렌더링되고 해당 코드가 인터넷 익스플로러의 취약점을 악용해 컴퓨터에서 실행될 때 난독성을 갖는다.
- 일단 취약점이 악용되면 난독화된 코드가 실행돼 타겟에서 포트 4321의 공격자에게 새로운 세션을 연다.
- 명령 셸은 페이로드에서 생성돼 침입자와 다시 대화할 수 있다.

방어자의 관점에서 볼 때 이 캡처 파일을 사용해 IDS에 대한 시그니처signature를 만들면 이 공격의 추가 발생을 감지하는 데 도움이 될 수 있다. 예를 들어 <script> 태그에서 난독화된 텍스트의 끝에 있는 일반 텍스트 코드와 같이 캡처의 난독화되지 않은 부분을 필터링할 수 있다. 또 다른 아이디어는 URL에 정보가 있는 사이트에 대한 302 재지정을 사용해 모든 HTTP 트래픽에 대한 시그니처를 작성하는 것이다. 이 시그니처는 몇 가지 추가적인 조정이 가능하지만 좋은 시작이다. 물론 시그니처도 무시할 수 있다는 사실을 기억하는 것도 중요하다. 공격자가 여기에서 관찰한 문자열 중 일부를 단순히 변경하거나 다른 메커니즘을 통해 공격 코드를 전달하면 시그니처가 쓸모없게 될 수 있다. 따라서 공격자와 방어자 사이에 영원한 투쟁이 벌어진다.

> **참고** 악의적인 트래픽 예를 기반으로 트래픽 시그니처를 만드는 기능은 알려지지 않은 위협으로부터 네트워크를 방어하려는 사람에게 중요한 단계다. 여기에 설명된 것과 같은 캡처를 분석하는 것은 이러한 시그니처를 작성하는 기술을 개발할 수 있는 좋은 방법이다. 침입 탐지와 공격 시그니처에 대한 자세한 내용은 http://www.snort.org/의 Snort 프로젝트를 참조하라.

원격 접속 트로이목마

ratinfected.pcapng

지금까지 보안 이벤트에 대한 사전 지식을 가지고 조사했다. 이것은 어떤 공격이 되는지를 알 수 있는 좋은 방법이지만 실제로는 현실이 아니다. 대부분의 실제 시나리오에서 네트워크 방어를 담당하는 사람들은 네트워크를 통해 이동하는 모든 패킷을 검사하지 않는다. 대신에 그들은 미리 정의된 공격 시그니처를 기반으로 한 추가 검사를 요구하는 네트워크 트래픽의 이상 현상을 경고하기 위해 IDS 형식을 사용한다.

다음 예에서는 마치 실제 세계의 분석가인 것처럼 간단한 경고로 시작하겠다. 이 경우 IDS에서 다음과 같은 경고를 생성한다.

```
[**] [1:132456789:2] CyberEYE RAT Session Establishment [**]
[Classification: A Network Trojan was detected] [Priority: 1]
07/18-12:45:04.656854 172.16.0.111:4433 -> 172.16.0.114:6641
TCP TTL:128 TOS:0x0 ID:6526 IpLen:20 DgmLen:54 DF
***AP*** Seq: 0x53BAEB5E Ack: 0x18874922 Win: 0xFAF0 TcpLen: 20
```

다음 단계는 이 경고를 트리거하는 시그니처 규칙을 보는 것이다.

```
alert tcp any any -> $HOME_NET any (msg:"CyberEYE RAT Session Establishment";
content:"|41 4E 41 42 49 4C 47 49 7C|"; classtype:trojan-activity;
sid:132456789; rev:2;)
```

이 규칙은 ANA BILGI로서 사람이 읽을 수 있는 ASCII로 변환하는 16진수 41 4E 41 42 49 4C 47 49 7C로 구성된 내부 네트워크로 들어오는 네트워크의 패킷을 볼 때마다 경고로 설정된다. 이것이 탐지되면 CyberEYE 원격 접속 트로이목마[RAT]의 존재를 나타내는 경고가 발생한다. RAT는 타겟 컴퓨터에서 자동으로 실행되는 악성 프로그램으로 공격자가 타겟 컴퓨터에 원격으로 접속할 수 있는 수단을 제공한다.

> **참고** CyberEYE는 RAT 실행 파일을 만들고 손상된 호스트를 관리하는 데 사용되는 터키에서 개발된 인기 있는 도구다. 아이러니하게도 Snort 규칙은 ANA BILGI라는 문자열에서 시작되는데, 이것은 터키어로 기본 정보란 의미다.

이제 ratinfected.pcapng에서 경고와 관련된 트래픽을 살펴보자. 이 Snort 경고는 일반적으로 경고를 트리거한 단일 패킷만 캡처하지만, 다행히도 호스트 간에 전체 통신 순서가 있다. 펀치 라인으로 건너뛰려면 다음과 같이 Snort 규칙에 언급된 16진수 문자열을 검색한다.

1. Edit ❯ Find packet을 선택하거나 ctrl-F를 누른다.
2. 드롭다운 메뉴에서 Hex Value 옵션을 선택한다.
3. 텍스트 영역에 41 4E 41 42 49 4C 47 49 7C 값을 입력한다.
4. Find를 클릭한다.

그림 12-23과 같이 패킷 4의 데이터 부분에 16진수 문자열❶이 처음 나타나는 것을 볼 수 있다.

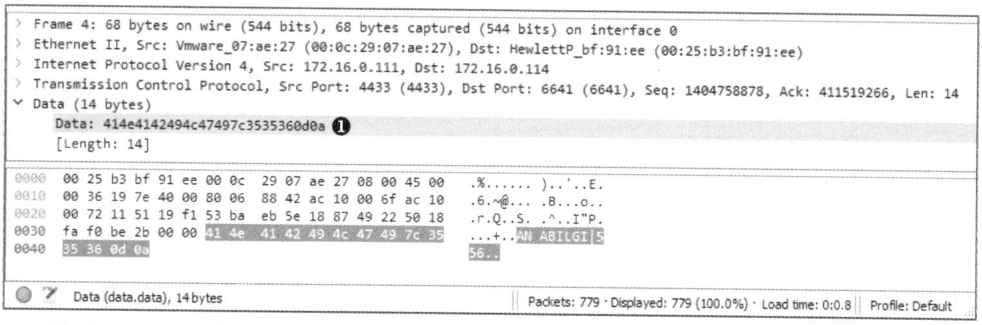

▲ **그림 12-23** Snort 경고의 내용 문자열이 패킷 4에서 처음 보인다.

Find를 여러 번 선택하면 이 문자열은 패킷 5, 10, 32, 156, 280, 405, 531, 652에서도 발생한다. 이 캡처 파일의 모든 통신은 공격자(172.16.0111)와 타겟(172.16.0.114)의 경우 문자열의 일부 인스턴스가 다른 대화에서 발생하는 것처럼 보인다. 패킷 4와 5가 포트 4433과 6641을 사용해 통신하는 동안 다른 인스턴스의 대부분은 포트 4433과 다른 무작위로 선택된 임시 포트 사이에서 발생한다. 그림 12-24와 같이 대화 창에서 TCP 탭을 보면 여러 대화가 존재하는지 확인할 수 있다.

다음과 같이 이 캡처 파일의 여러 대화를 색으로 구분해 시각적으로 구분할 수 있다.

1. 패킷 목록 창 위의 필터 대화상자에서 필터 (tcp.flags.syn == 1) && (tcp.flags.ack == 0)를 입력하라. 그런 다음 엔터 키를 누른다. 트래픽의 각 대화에 대한 초기 SYN 패킷을 선택한다.
2. 첫 번째 패킷을 마우스 오른쪽 단추로 클릭하고 Colorize Conversation을 선택한다.
3. TCP를 선택한 다음 색상을 선택한다.
4. 나머지 SYN 패킷에 대해 이 프로세스를 반복하고 각각 다른 색을 선택한다.
5. 끝나면 X를 클릭해 필터를 제거한다.

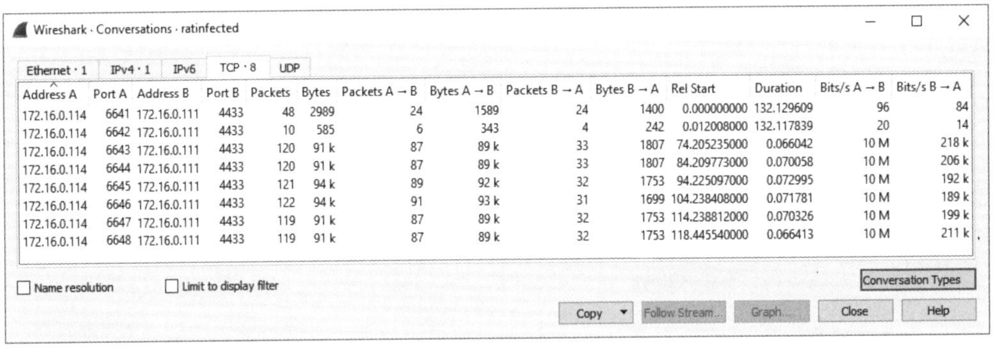

Address A	Port A	Address B	Port B	Packets	Bytes	Packets A → B	Bytes A → B	Packets B → A	Bytes B → A	Rel Start	Duration	Bits/s A → B	Bits/s B → A
172.16.0.114	6641	172.16.0.111	4433	48	2989	24	1589	24	1400	0.000000000	132.129609	96	84
172.16.0.114	6642	172.16.0.111	4433	10	585	6	343	4	242	0.012008000	132.117839	20	14
172.16.0.114	6643	172.16.0.111	4433	120	91 k	87	89 k	33	1807	74.205235000	0.066042	10 M	218 k
172.16.0.114	6644	172.16.0.111	4433	120	91 k	87	89 k	33	1807	84.209773000	0.070058	10 M	206 k
172.16.0.114	6645	172.16.0.111	4433	121	94 k	89	92 k	32	1753	94.225097000	0.072995	10 M	192 k
172.16.0.114	6646	172.16.0.111	4433	122	94 k	91	93 k	31	1699	104.238408000	0.071781	10 M	189 k
172.16.0.114	6647	172.16.0.111	4433	119	91 k	87	89 k	32	1753	114.238812000	0.070326	10 M	199 k
172.16.0.114	6648	172.16.0.111	4433	119	91 k	87	89 k	32	1753	118.445540000	0.066413	10 M	211 k

▲ **그림 12-24** 공격자와 타겟 사이에 3가지 개별 대화가 있다.

대화의 색상을 지정하면 필터를 지워서 필터를 서로 연관시켜 두 호스트 간의 통신 프로세스를 추적할 수 있다. 첫 번째 대화(포트 6641/4433)는 두 호스트 간의 통신이 시작되는 곳이기 때문에 시작하는 것이 좋다. 그림 12-25와 같이 대화 내의 임의의 패킷을 마우스 오른쪽 단추로 클릭하고 Follow TCP Stream를 선택해 전송된 데이터를 확인한다.

▲ **그림 12-25** 첫 번째 대화는 흥미로운 결과를 낳는다.

즉시 텍스트 문자열 ANABILGI|556❶이 공격자로부터 타겟으로 전송되는 것을 볼 수 있다. 결과적으로 타겟은 컴퓨터 이름(CSANDERS-6F7F77)과 사용 중인 운영체제(Windows XP Service Pack 3)❷를 포함한 몇 가지 기본 시스템 정보로 응답하고 공격자에게 문자열 BAGLIMI?를 반복적으로 전송하기 시작한다❸. 공격자가 보낸 유일한 통신은 6번 나타나는 CAPSCREEN60❹ 문자열이다.

공격자가 반환한 CAPSCREEN60 문자열은 흥미롭다. 그래서 어디로 향하는지 살펴보자. 이렇게 하려면 디스플레이 필터를 지우고 검색 대화상자를 사용해 패킷에서 텍스트 문자열 CAPSCREEN60을 검색하고 String 옵션을 지정하고 검색을 수행할 위치에 Packet bytes 옵션이 선택돼 있는지 확인한다.

이 검색을 수행하면 패킷 27에서 문자열의 첫 번째 인스턴스를 찾는다. 이 정보 비트에 관한 흥미로운 점은 문자열이 공격자로부터 클라이언트로 전송되자마자 클라이언트가 패킷 수신을 확인하고 새로운 대화는 패킷 29에서 시작된다는 점이다. 이전에 적용된 색상 규칙으로 인해 새로운 대화 시작을 더 쉽게 알 수 있어야 한다.

이제 이 새로운 대화의 TCP 스트림 출력을 따르면(그림 12-26에서 볼 수 있듯이)

친숙한 문자열 ANABILGI|12 다음에 SH|556이라는 문자열과 마지막으로 CAPSCREEN|:\WINDOWS\jpgevhook.dat|84972❶이라는 문자열이 나타난다. CAPSCREEN 문자열 다음에 지정된 파일 경로와 읽을 수 없는 텍스트를 확인하라. 가장 흥미로운 점은 읽을 수 없는 텍스트 앞에 JFIF❷라는 문자열이 붙는다는 점이다. 빠른 JFIF 검색에서는 JPG 파일의 시작 부분에서 일반적으로 발견된다.

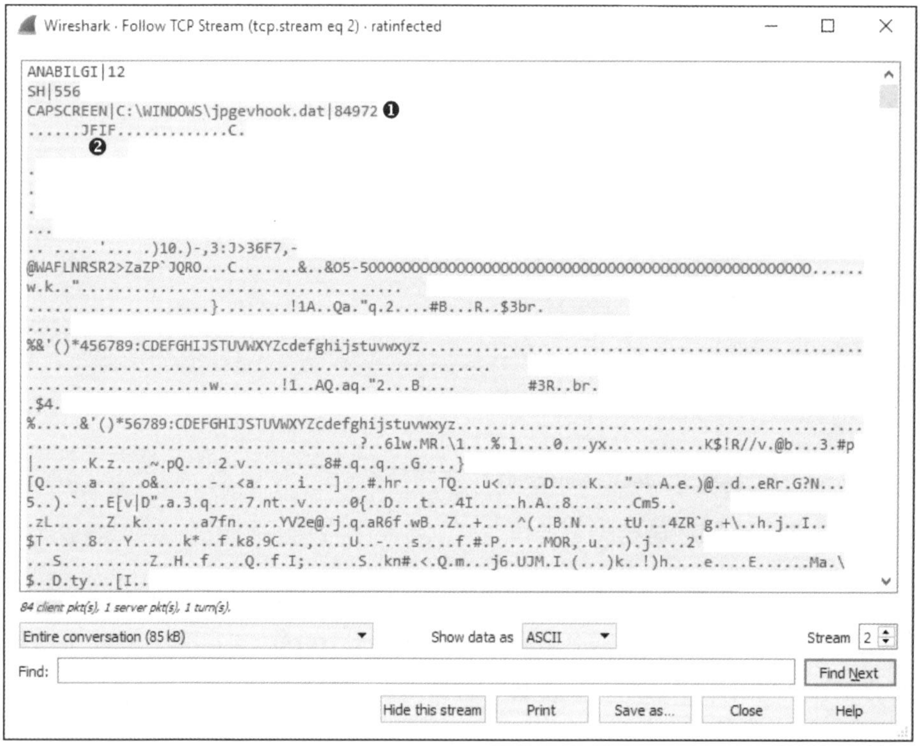

▲ **그림 12-26** 공격자가 JPG 파일 요청을 시작한 것처럼 보인다.

이 시점에 공격자가 이 JPG 이미지 전송 요청을 시작한 것으로 결론을 내릴 수 있다. 그러나 더 중요한 것은 명령 구조가 트래픽에서 진화하는 것을 보기 시작했다는 점이다. CAPSCREEN은 공격자가 이 JPG의 전송을 시작하기 위해 보낸 명령인 것으로 보인다. 실제로 CAPSCREEN 명령이 전송될 때마다 결과는 동일하다. 이를 확인하려면 CAPSCREEN 명령이 있는 각 대화의 TCP 스트림을 보거나 다음과 같이 와이어샤크의 IO 그래프 기능을 사용해보라.

1. Statistics ❯ IO Graph를 선택한다.
2. 플러스(+) 버튼을 클릭해 다섯 개의 줄을 추가한다.
3. 5개의 새로 추가된 줄의 디스플레이 필터에 `tcp.stream eq 2`, `tcp.stream eq 3`, `tcp.stream eq 4`, `tcp.stream eq 5`, `tcp.stream eq 6`을 각각 삽입한다. 각각에 이름도 지정한다.
4. 각 항목의 Y축 스케일을 Bytes/s로 변경한다.
5. Graph 1, Graph 2, Graph 3, Graph 4, Graph 5 버튼을 클릭해 지정된 필터에 대한 데이터 포인트를 활성화한다.

그림 12-27은 결과 그래프를 보여준다.

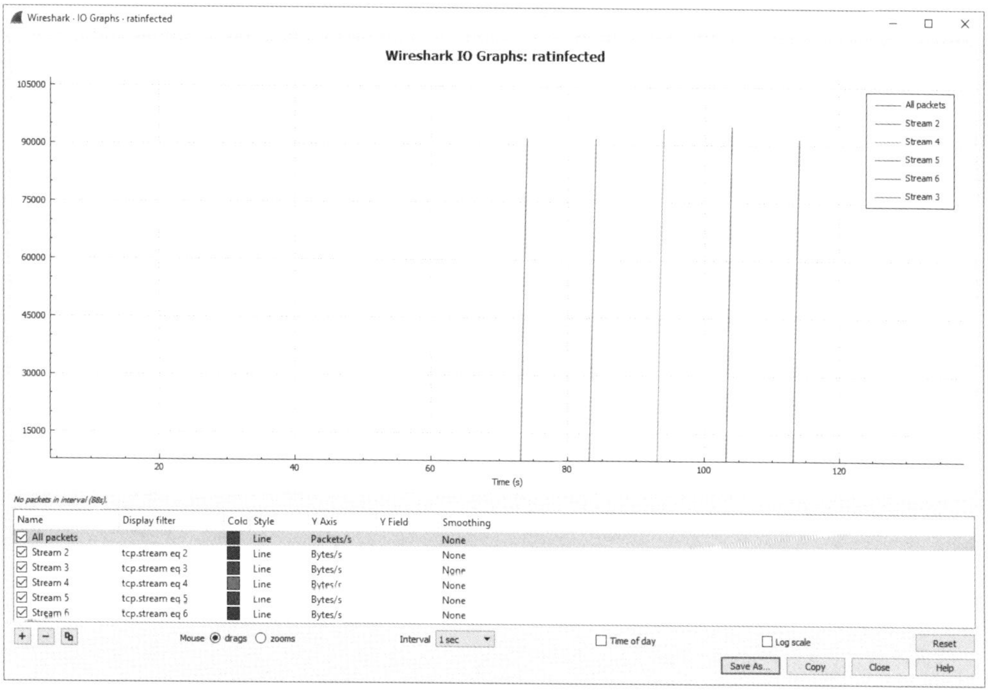

▲ **그림 12-27** 이 그래프는 비슷한 활동이 반복되는 것으로 나타났다.

이 그래프를 보면 각 대화에 대략 동일한 양의 데이터가 포함돼 있고, 같은 시간 동안 발생하는 것처럼 보인다. 이제 이 활동이 여러 번 반복된다는 결론을 내릴 수 있다.

전송 중인 JPG 이미지의 내용에 대한 개념을 이미 알고 있으므로 이러한 파일 중 하나를 볼 수 있는지 확인해보라. 와이어샤크에서 JPG 데이터를 추출하려면 다음과 같은 단계를 수행한다.

1. 먼저 그림 12-25와 같이 적절한 패킷의 TCP 스트림을 따라간다. 패킷 29가 좋은 선택이다.
2. 타겟에서 공격자에게 보내는 데이터 스트림만 볼 수 있게 통신을 분리해야 한다. Entire Conversation (85033 bytes)라는 드롭다운 옆에 있는 화살표를 선택해 이 작업을 수행한다. 적절한 방향 트래픽 172.16.0.114:6643 -> 172.16.0.111:4433 (85 kB)를 선택해야 한다.
3. Show data as 드롭다운에서 RAW를 선택한다.
4. Save as 버튼을 클릭해 데이터를 저장하고 파일 확장명이 .jpg인 파일을 저장한다.

이미지를 열려고 하면 열리지 않을 것이다. 수행할 단계가 하나 더 있기 때문이다. FTP 트래픽에서 파일을 깨끗하게 추출한 10장의 시나리오와 달리 이 트래픽은 데이터에 몇 가지 콘텐츠를 추가했다. 이 경우 TCP 스트림에 나타난 처음 두 행은 실제로 멀웨어 명령 순서의 일부며, JPG를 구성하는 데이터의 일부가 아니다(그림 12-28 참조). 스트림을 저장했을 때 이 불필요한 데이터도 저장됐다. 결과적으로 JPG 파일 헤더를 찾는 파일 뷰어는 예상한 내용과 일치하지 않는 내용을 보고 있으므로 이미지를 열 수 없다.

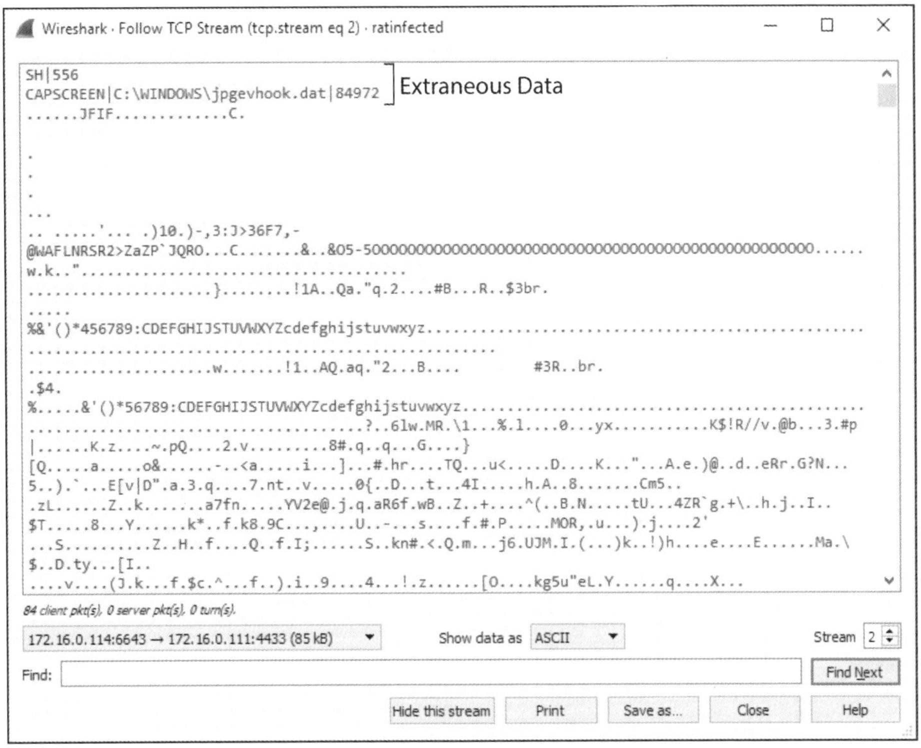

▲ **그림 12-28** 멀웨어에 의해 추가된 불필요한 데이터로 인해 파일이 제대로 열리지 않는다.

이 문제를 해결하는 것은 힘든 과정이므로 16진수 편집기로 약간의 조작이 필요하다. 이 과정을 파일 카빙file carving이라고 한다. 내보낸 데이터에서 파일을 카빙하려면 다음 과정을 완료한다.

1. 그림 12-28의 TCP 스트림을 보면서 Save as 버튼을 클릭한다. 기억하기 쉬운 파일 이름을 신택하고 다시 액세스할 수 있는 위치에 파일을 저장한다.
2. https://www.x-ways.net/winhex/에서 WinHex를 다운로드해 설치한다.
3. WinHex를 실행하고 방금 와이어샤크에서 저장한 파일을 연다.
4. 마우스를 사용해 파일 시작 부분에 있는 불필요한 데이터를 모두 선택한다. 이것은 새로운 JPG 파일의 시작을 나타내는 FF FF D8 FF E0 바이트를 포함하지 않고 이전에 발생한 것이어야 한다. 선택할 바이트는 그림 12-29에 강조 표시돼 있다.

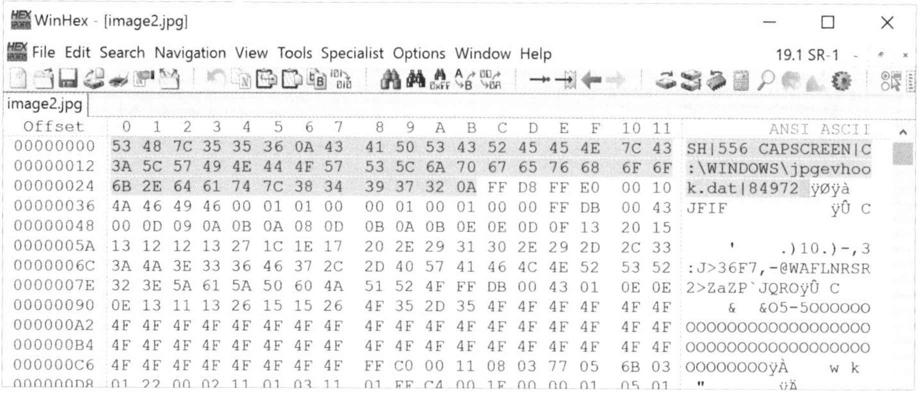

▲ **그림 12-29** JPG 파일에서 관련 없는 바이트 제거

5. Delete 키를 눌러 선택한 데이터를 제거한다.
6. WinHex의 기본 도구 모음에서 Save 버튼을 클릭해 변경 사항을 저장한다.

> **참고** 윈도우에서 이 작업을 수행하는 데는 WinHex가 좋지만 잘 알고 있는 16진수 편집기를 사용해도 된다.

불필요한 데이터 바이트가 제거되면 이제 파일을 열 수 있다. 트로이목마가 타겟의 바탕 화면을 캡처해 공격자에게 다시 전송한다는 것은 분명하다(그림 12-30 참조). 이러한 통신 순서가 완료되면 통신은 정상적인 TCP 종료 순서로 끝난다.

이 시나리오는 침입 분석가가 IDS 경고를 기반으로 트래픽을 분석할 때 생각하게 될 사고 프로세스의 대표적인 예다.

- 경고를 생성한 경고와 시그니처를 검사한다.
- 일치된 시그니처가 컨텍스트의 트래픽에 있는지 확인한다.
- 트래픽을 조사해 침입자가 손상된 시스템으로 수행한 작업을 확인한다.
- 손상된 타겟에서 더 민감한 정보 유출이 발생하기 전에 문제를 봉쇄한다.

▲ **그림 12-30** 전송 중인 JPG는 타겟 컴퓨터의 화면 캡처이다.

익스플로잇 키트와 랜섬웨어

cryptowall4_c2.pcapng, ek_to_cryptowall4.pcapng

마지막 시나리오에서 IDS의 경고로 시작하는 또 다른 조사를 살펴보자. 감염된 시스템에서 생성된 실제 패킷을 탐색한 다음 위험에 노출된 소스를 추적하려고 시도한다. 이 예는 네트워크에 있는 장치를 감염시킬 가능성이 있는 실제 멀웨어를 활용한다.

그림 12-31에서 볼 수 있듯이 Sguil 콘솔의 Snort에서 생성된 IDS 경고가 포함된 이야기다. Sguil은 하나 이상의 센서에서 IDS 경고를 관리, 확인 및 조사하는 데 사용되는 도구다. 아주 매력적인 사용자 인터페이스를 제공하지는 않지만 보안 분석가에게 매우 인기 있는 도구다.

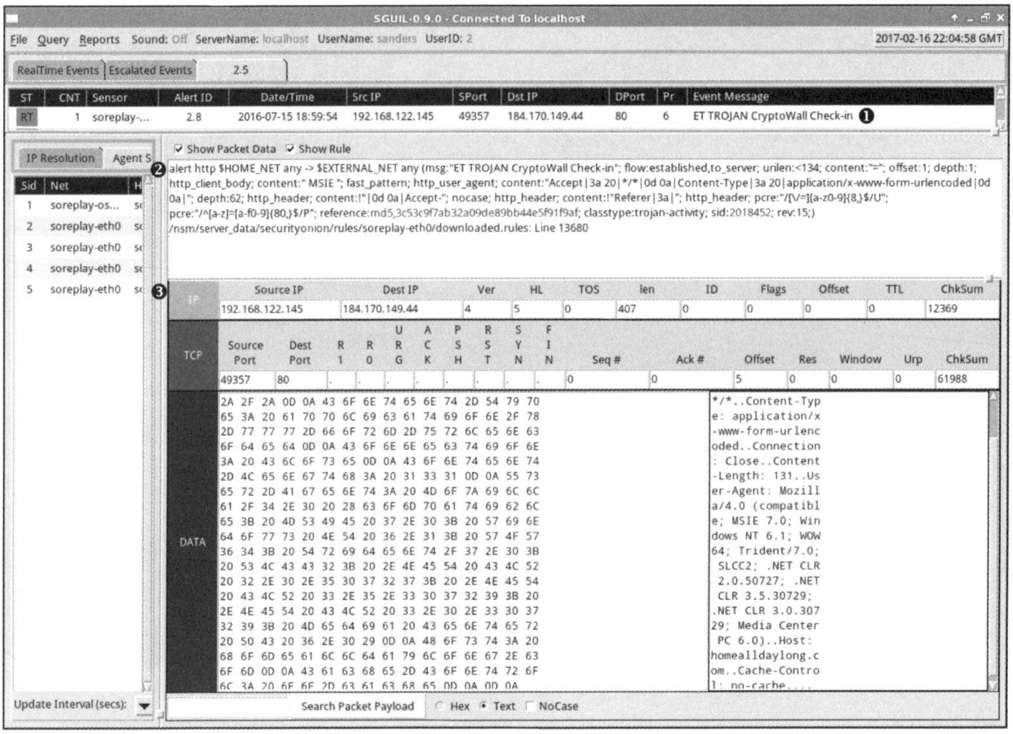

▲ **그림 12-31** 이 IDS 경고는 CryptoWall 4 감염을 나타낸다.

Sguil에서 사용할 수 있는 이 경고에 대한 많은 정보가 있다. 상단 창❶에는 경고 요약이 나타난다. 여기서 경보가 생성된 시간, 발신지와 목적지 IP 주소와 포트, 프로토콜 및 일치하는 IDS 시그니처에서 생성된 이벤트 메시지를 볼 수 있다. 이 경우 로컬 친화적 시스템인 192.168.122.145는 알 수 없는 외부 시스템과 통신하며 포트 80을 통해 184.170.149.44로 HTTP 트래픽과 관련이 있다. 외부 시스템은 악의적인 의사소통을 나타내는 시그니처와 관련해 나타났으므로 적대적인 것으로 간주되며, 거의 알려지지 않았다. 이 트래픽과 일치하는 시그니처는 CryptoWall 멀웨어 제품군의 체크인 트래픽을 나타내므로 이 멀웨어의 변형이 시스템에 설치돼 있음을 나타낸다.

Sguil 콘솔은 일치되는 규칙❷, 그리고 규칙과 일치하는 개별 패킷 데이터의 구문❸을 제공한다. 패킷 정보는 와이어샤크에 패킷 정보가 나타나는 것과 유사하게 프로토콜 헤더와 데이터 섹션으로 분류된다. 안타깝게도 Sguil은 일치하는 단일 패킷에 대한 정보만 제공하므로 더 자세히 조사해야 한다. 다음과 같은 단계는 와이어샤크에서 이 경고와 관련된 트래픽을 검사해 트래픽의 유효성을 검사하고 진행 상황을 확인하는 것이다. 해당 트래픽은 cryptowall4_c2.pcapng 파일에 있다.

이 패킷 캡처에는 경고가 울린 시점에서 발생하는 통신이 포함돼 있으며 그리 복잡하지 않다. 첫 번째 대화는 패킷 1에서 16까지 발생하며 해당 대화의 TCP 스트림을 따라 쉽게 볼 수 있다(그림 12-32 참조). 캡처가 시작될 때 로컬 시스템은 포트 80에서 적대적인 호스트에 TCP 연결을 열고 영숫자 데이터❷가 포함된 URL http://homealldaylong.com/76N1Lm.php?x4tk7t4jo6❶에게 POST 요청을 한다. 적대적인 호스트는 연결이 정상적으로 종료되기 전에 영숫자 문자열❹ 및 HTTP 200 OK 응답 코드❸로 응답한다.

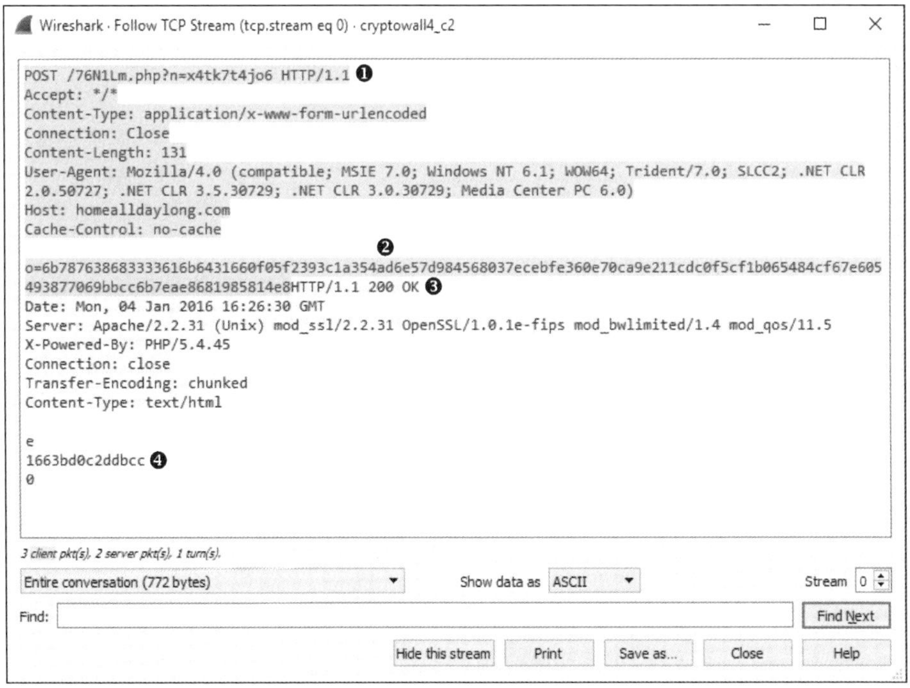
Wireshark · Follow TCP Stream (tcp.stream eq 0) · cryptowall4_c2
POST /76N1Lm.php?n=x4tk7t4jo6 HTTP/1.1 ❶
Accept: */*
Content-Type: application/x-www-form-urlencoded
Connection: Close
Content-Length: 131
User-Agent: Mozilla/4.0 (compatible; MSIE 7.0; Windows NT 6.1; WOW64; Trident/7.0; SLCC2; .NET CLR 2.0.50727; .NET CLR 3.5.30729; .NET CLR 3.0.30729; Media Center PC 6.0)
Host: homealldaylong.com
Cache-Control: no-cache
❷
o=6b787638683333616b6431660f05f2393c1a354ad6e57d984568037ecebfe360e70ca9e211cdc0f5cf1b065484cf67e605493877069bbcc6b7eae8681985814e8HTTP/1.1 200 OK ❸
Date: Mon, 04 Jan 2016 16:26:30 GMT
Server: Apache/2.2.31 (Unix) mod_ssl/2.2.31 OpenSSL/1.0.1e-fips mod_bwlimited/1.4 mod_qos/11.5
X-Powered-By: PHP/5.4.45
Connection: close
Transfer-Encoding: chunked
Content-Type: text/html
e
1663bd0c2ddbcc ❹
0
3 client pkt(s), 2 server pkt(s), 1 turn(s).
Entire conversation (772 bytes)
Show data as
ASCII
Stream
0
Find:
Find Next
Hide this stream
Print
Save as...
Close
Help
▲ **그림 12-32** HTTP를 통해 이들 호스트 간에 소량의 데이터가 전송된다.

나머지 캡처 파일을 살펴보면 매번 전송되는 데이터의 양이 달라지면서 이러한 호스트 간에 동일한 순서가 반복되는 것을 알 수 있다. http.request.method == "POST"라는 필터를 사용해 비슷한 URL 구조(그림 12-33 참조)를 가진 세 가지 연결을 확인한다.

No.	Time	Source	Destination	Protocol	Info
6	0.491136	192.168.122.145	184.170.149.44	HTTP	POST /76N1Lm.php?n=x4tk7t4jo6 HTTP/1.1 (application/x-www-form-urlencoded)
22	15.545562	192.168.122.145	184.170.149.44	HTTP	POST /76N1Lm.php?g=9m822y31lxud7aj HTTP/1.1 (application/x-www-form-urlencoded)
152	41.886948	192.168.122.145	184.170.149.44	HTTP	POST /76N1Lm.php?i=ttfkjb668o38k1z HTTP/1.1 (application/x-www-form-urlencoded)

▲ **그림 12-33** URL 구조는 동일한 페이지로 전달되는 다른 데이터를 보여준다.

76N1Lm.php 부분(웹 페이지)은 동일하게 유지되지만 나머지 내용(페이지에 전달되는 매개변수 및 데이터)은 다양하다. 요청의 구조와 결합된 반복되는 통신 순서는 멀웨어와 경고를 생성한 시스니처에 대한 명령 및 제어[C2] 동작과 일치한다. 따라서 시그니처가 암시하듯이 로컬 시스템이 CryptoWall에 감염됐을 가능성이 크다. 인기 있는 CryptoWall Tracker 연구 페이지(https://www.cryptowalltracker.org/cryptowall-4.html#networktraffic)에서 유사한 예제를 검토해 이를 확인할 수 있다.

> **참고** C2 순서 동안 우호적인 시스템과 적대적인 시스템 사이에서 전달되는 데이터를 해독하는 것은 이 책에서 다소 복잡한 내용일 수 있다. 그러나 관심이 있다면 https://www.cryptowalltracker.org/communication-protocol.html에서 해당 프로세스에 대한 자세한 내용을 볼 수 있다.

이제 멀웨어 기반 C2 통신이 수행되고 있음을 확인했으므로 문제를 해결하고 감염된 시스템을 처리하는 것이 좋다. 이것은 CryptoLocker 같은 멀웨어가 관련돼 있을 때 특히 중요하다. 사용자의 데이터를 암호화하려고 하고 해당 사용자가 엄청난 비용을 지불해야 해독 키를 제공하기 때문이다. 따라서 이 멀웨어에 대한 랜섬웨어[ransomware]라는 용어가 사용된다. 문제를 해결하는 단계는 이 책에서 다루지 않지만, 실제 시나리오에서는 보안 분석가의 다음 작업이 될 것이다.

일반적인 다음 질문은 기계가 처음에 어떻게 감염됐는가이다. 이를 파악할 수 있다면 유사한 방식으로 다른 멀웨어에 감염된 다른 장치를 찾거나 나중에 감염되지 않게 보호 또는 탐지 메커니즘을 개발할 수 있다.

경고 패킷은 감염 후 활성 C2 순서만 보여주었다. 보안 모니터링 및 연속 패킷 캡처를 수행하는 네트워크에서 많은 네트워크 센서는 포렌식 조사를 위해 몇 시간이나 며칠 동안 패킷 데이터를 저장하게 구성된다. 결국 모든 조직이 두 번째로 발생하는 경고에 응답 할 준비가 돼 있는 것은 아니다. 패킷의 임시 저장소를 사용하면 앞에서 본 C2 순서를 시작하기 직전에 호스트의 패킷 데이터를 볼 수 있다. 이러한 패킷은 ek_to_cryptowall4.pcapng 파일에 있다.

이 패킷 캡처를 통한 간단한 스크롤은 우리가 봐야 할 패킷이 훨씬 더 많다는 것을 말해 주지만 모두 HTTP다. HTTP가 어떻게 동작하는지 이미 알기 때문에 디스플레이 필터 `http.request`를 사용해서 보이는 패킷을 요청에만 제한한다. 이것은 호스트에서 발생한 11개의 HTTP 요청을 보여준다(그림 12-34 참조).

No.	Time	Source	Destination	Protocol	Info
4	0.534405	192.168.122.145	113.20.11.49	HTTP	GET /index.php/services HTTP/1.1
35	5.265859	192.168.122.145	45.32.238.202	HTTP	GET /contrary/1653873/quite-someone-visitor-nonsense-tonight-sweet-await-gigantic-dance-third HTTP/1.1
39	6.109508	192.168.122.145	45.32.238.202	HTTP	GET /occasional/bXJkeHFlYXhmaA HTTP/1.1
123	9.126714	192.168.122.145	45.32.238.202	HTTP	GET /goodness/1854996/earnest-fantastic-thorough-weave-grotesque-forth-awaken-fountain HTTP/1.1
130	14.020289	192.168.122.145	45.32.238.202	HTTP	GET /observation/enVjZ2dtcnpz HTTP/1.1
441	30.245463	192.168.122.145	213.186.33.18	HTTP	POST /VOEHSQ.php?v=x4tk7t4jo6 HTTP/1.1 (application/x-www-form-urlencoded)
456	41.772768	192.168.122.145	184.170.149.44	HTTP	POST /76N1Lm.php?n=x4tk7t4jo6 HTTP/1.1 (application/x-www-form-urlencoded)
472	45.628284	192.168.122.145	213.186.33.18	HTTP	POST /VOEHSQ.php?w=9m822y31lxud7aj HTTP/1.1 (application/x-www-form-urlencoded)
487	56.827194	192.168.122.145	184.170.149.44	HTTP	POST /76N1Lm.php?g=9m822y31lxud7aj HTTP/1.1 (application/x-www-form-urlencoded)
619	71.971402	192.168.122.145	213.186.33.18	HTTP	POST /VOEHSQ.php?h=ttfkjb668o38k1z HTTP/1.1 (application/x-www-form-urlencoded)
634	83.168580	192.168.122.145	184.170.149.44	HTTP	POST /76N1Lm.php?i=ttfkjb668o38k1z HTTP/1.1 (application/x-www-form-urlencoded)

▲ **그림 12-34** 호스트로부터 11개의 HTTP 요청이 있다.

첫 번째 요청은 호스트 192.168.122.145에서 알 수 없는 외부 호스트 113.20.11.49로 진행된다. 이 패킷의 HTTP 부분을 살펴보면(그림 12-35) 사용자가 http://www.sydneygroup.com.au/index.php/services/❶ 페이지를 요청했고 sydneygroup.com.au에 대한 Bing 검색에서 참조됐음을 보여준다❷. 지금까지는 정상적으로 보인다.

다음으로 호스트는 패킷 35, 39, 123 및 130의 45.32.238.202에 있는 다른 알 수 없는 외부 호스트에 4가지 요청을 한다. 앞의 예제에서 봤듯이 브라우저는 볼 때 임베디드 콘텐츠 또는 광고를 타사 서버에 저장하는 웹 페이지인 추가 호스트의 콘텐츠를 검색하는 것이 일반적이다. 이러한 요청의 도메인이 다소 임의적이며, 의심스럽긴 하지만 이것만으로는 걱정할 필요가 없다.

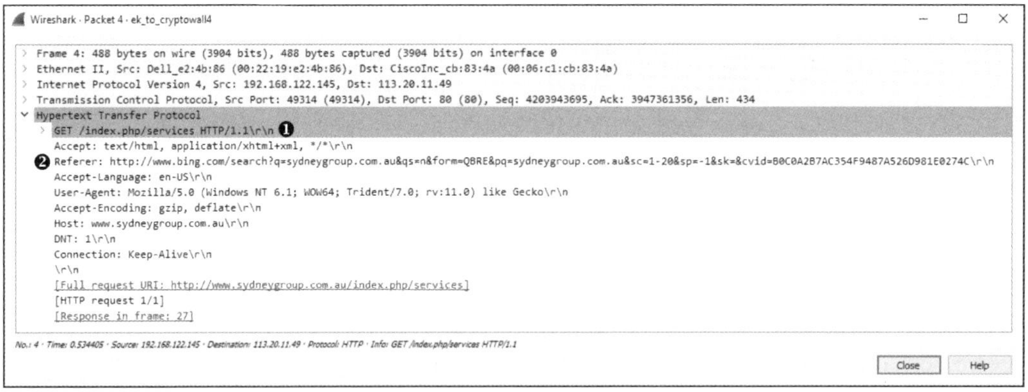
Wireshark · Packet 4 · ek_to_cryptowall4
Frame 4: 488 bytes on wire (3904 bits), 488 bytes captured (3904 bits) on interface 0
Ethernet II, Src: Dell_e2:4b:86 (00:22:19:e2:4b:86), Dst: CiscoInc_cb:83:4a (00:06:c1:cb:83:4a)
Internet Protocol Version 4, Src: 192.168.122.145, Dst: 113.20.11.49
Transmission Control Protocol, Src Port: 49314 (49314), Dst Port: 80 (80), Seq: 4203943695, Ack: 3947361356, Len: 434
Hypertext Transfer Protocol
GET /index.php/services HTTP/1.1\r\n ❶
Accept: text/html, application/xhtml+xml, */*\r\n
❷ Referer: http://www.bing.com/search?q=sydneygroup.com.au&qs=n&form=QBRE&pq=sydneygroup.com.au&sc=1-20&sp=-1&sk=&cvid=B0C0A2B7AC354F9487A526D981E0274C\r\n
Accept-Language: en-US\r\n
User-Agent: Mozilla/5.0 (Windows NT 6.1; WOW64; Trident/7.0; rv:11.0) like Gecko\r\n
Accept-Encoding: gzip, deflate\r\n
Host: www.sydneygroup.com.au\r\n
DNT: 1\r\n
Connection: Keep-Alive\r\n
\r\n
[Full request URI: http://www.sydneygroup.com.au/index.php/services]
[HTTP request 1/1]
[Response in frame: 27]
Close
Help

▲ **그림 12-35** 알 수 없는 외부 호스트에 대한 HTTP 요청

패킷 39의 GET 요청에는 흥미로운 점이 있다. 이 교환의 TCP 스트림(그림 12-36) 다음에 bXJkeHFlYXhmaA라는 파일이 요청됐다❶. 이 파일의 이름은 다소 이상하며, 파일 확장자도 포함되지 않았다.

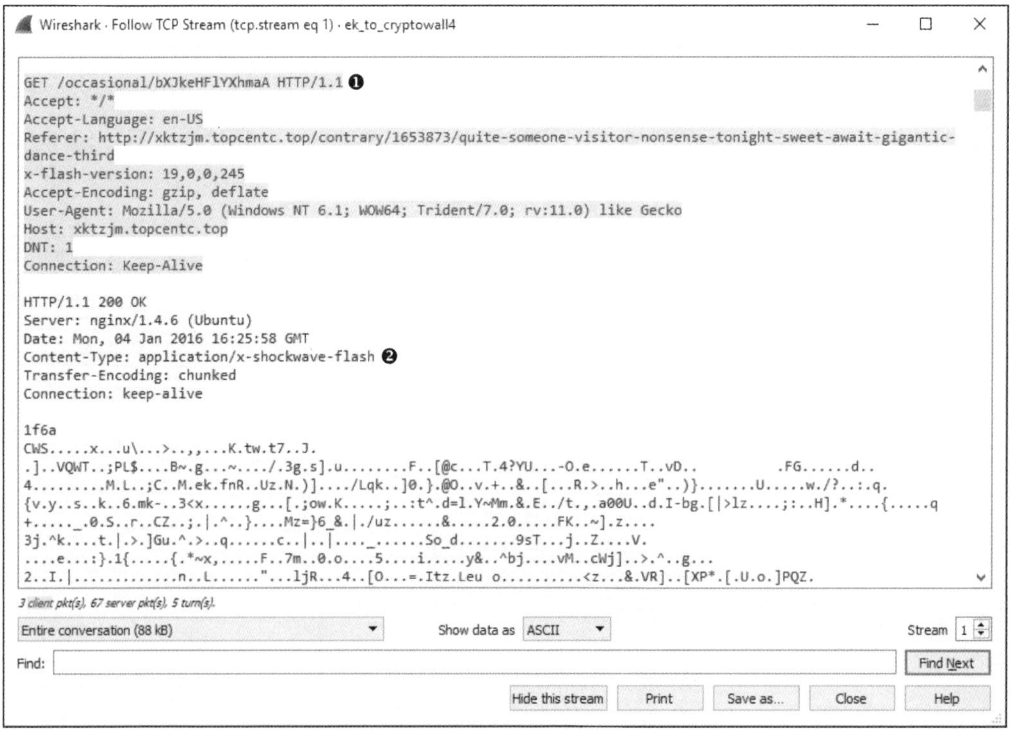
Wireshark · Follow TCP Stream (tcp.stream eq 1) · ek_to_cryptowall4
GET /occasional/bXJkeHFlYXhmaA HTTP/1.1 ❶
Accept: */*
Accept-Language: en-US
Referer: http://xktzjm.topcentc.top/contrary/1653873/quite-someone-visitor-nonsense-tonight-sweet-await-gigantic-dance-third
x-flash-version: 19,0,0,245
Accept-Encoding: gzip, deflate
User-Agent: Mozilla/5.0 (Windows NT 6.1; WOW64; Trident/7.0; rv:11.0) like Gecko
Host: xktzjm.topcentc.top
DNT: 1
Connection: Keep-Alive
HTTP/1.1 200 OK
Server: nginx/1.4.6 (Ubuntu)
Date: Mon, 04 Jan 2016 16:25:58 GMT
Content-Type: application/x-shockwave-flash ❷
Transfer-Encoding: chunked
Connection: keep-alive
1f6a
3 client pkt(s), 67 server pkt(s), 5 turn(s).
Entire conversation (88 kB)
Show data as
ASCII
Stream
Find:
Find Next
Hide this stream
Print
Save as...
Close
Help

▲ **그림 12-36** 이상한 이름의 플래시 파일이 다운로드됐다.

자세히 살펴보면 웹서버는 이 파일의 내용을 x-shockwave-flash❷로 식별한다. 플래시[Flash]는 브라우저에서 스트리밍 미디어로 사용되는 인기 있는 플러그인이다. 기기에서 다운로드한 플래시 콘텐츠를 보는 것은 이상한 일은 아니지만, 플래시가 소프트웨어 취약성으로 유명하다는 사실에 주목할 필요가 있다. 요청 후에 플래시 파일이 성공적으로 다운로드된다.

플래시 파일을 다운로드한 후에 패킷 130에 비슷한 이름의 다른 파일에 대한 요청이 있다. 이 TCP 스트림(그림 12-37) 다음에 enVjZ2dtcnpz❶라는 파일에 대한 요청이 나타난다. 파일 유형은 여기에서 확장자나 서버에 의해 식별되지 않는다. 요청에 이어 클라이언트가 358,400바이트의 읽을 수 없는 청크 데이터❷를 다운로드한다.

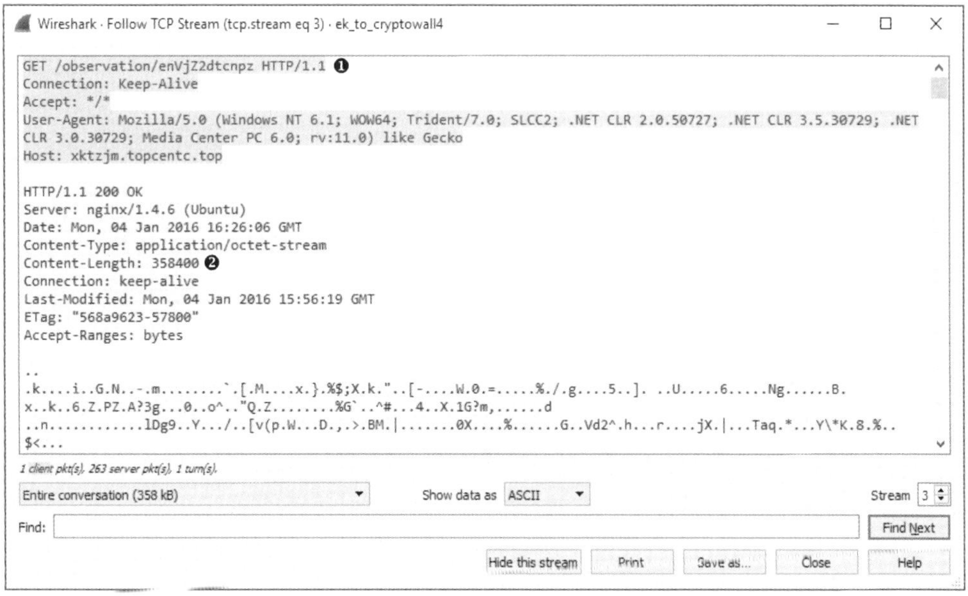

Wireshark · Follow TCP Stream (tcp.stream eq 3) · ek_to_cryptowall4
GET /observation/enVjZ2dtcnpz HTTP/1.1 ❶
Connection: Keep-Alive
Accept: */*
User-Agent: Mozilla/5.0 (Windows NT 6.1; WOW64; Trident/7.0; SLCC2; .NET CLR 2.0.50727; .NET CLR 3.5.30729; .NET CLR 3.0.30729; Media Center PC 6.0; rv:11.0) like Gecko
Host: xktzjm.topcentc.top
HTTP/1.1 200 OK
Server: nginx/1.4.6 (Ubuntu)
Date: Mon, 04 Jan 2016 16:26:06 GMT
Content-Type: application/octet-stream
Content-Length: 358400 ❷
Connection: keep-alive
Last-Modified: Mon, 04 Jan 2016 15:56:19 GMT
ETag: "568a9623-57800"
Accept-Ranges: bytes
1 client pkt(s), 263 server pkt(s), 1 turn(s).
Entire conversation (358 kB)
Show data as
ASCII
Stream
3
Find:
Find Next
Hide this stream
Print
Save as...
Close
Help

▲ **그림 12-37** 다른 이상한 이름의 파일이 다운로드됐지만 파일 유형이 식별되지 않았다.

파일을 다운로드한 후 20초 이내에 그림 12-34의 HTTP 요청 목록에 익숙한 내용이 나타나야 한다. 패킷 441부터 호스트는 이전에 관찰된 것과 동일한 C2 패턴을 사용해 두 개의 다른 서버에 HTTP POST 요청을 시작한다. 이제 감염의 원인을 확인했을 가능성이 있다. 다운로드된 두 파일에 책임이 있다. 패킷 39의 요청에서 첫 번째 파일은 플래시 익스플로잇을 전달했으며, 패킷 130의 요청에서 두 번째 파일은 멀웨어를 전달했다.

> **참고** 멀웨어 분석 기술을 사용해 패킷 캡처에 포함된 파일을 디코딩하고 분석할 수 있다. 역공학 멀웨어에 대해 더 자세히 알고 싶다면 No Starch Press 책이면서 개인적으로 좋아하는 책인 Michael Sikorski 및 Andrew Honig의 『Practical Malware Analysis』(2012)를 추천한다.

이 시나리오는 가장 일반적인 감염 기술 중 하나다. 사용자가 인터넷을 탐색하고 익스플로잇 키트의 악의적인 재지정 코드에 감염된 사이트를 발견했다. 이러한 키트는 합법적인 서버를 감염시키고 고객의 핑거프린트를 확인해 취약점을 파악하게 설계됐다. 감염된 페이지는 키트의 방문 페이지로 알려져 있으며, 그 목적은 키트가 시스템에 대해 유효하다고 판단한 익스플로잇이 포함된 다른 사이트로 클라이언트를 재지정하는 것이다.

방금 본 패킷은 Angler 익스플로잇 키트에서 가져온 것이다. 이 키트는 2015년과 2016년에 가장 자주 봤던 키트일 것이다. 사용자가 Angler에 감염된 사이트에 도달했을 때 키트는 사용자가 특정 플래시 취약점에 취약할 것이라고 판단했다. 플래시 파일이 전달되고 시스템이 익스플로잇됐으며, CryptoWall 멀웨어의 보조 페이로드가 다운로드돼 호스트에 설치됐다. 이 전체 순서는 그림 12-38에서 보여준다.

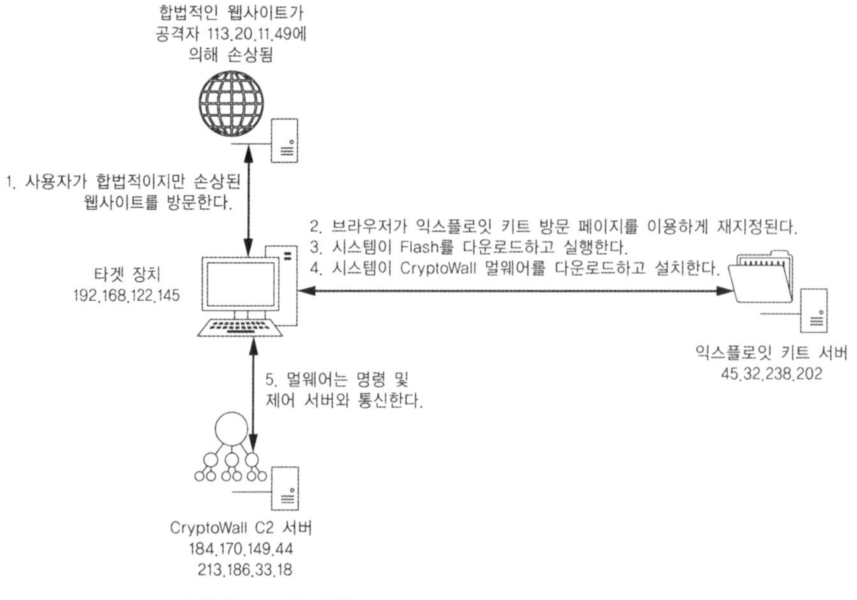

▲ **그림 12-38** 익스플로잇 키트의 감염 순서

결론

이 책은 보안 관련 시나리오에서 패킷 캡처를 분해하고, 일반적인 공격을 분석하고, IDS 경고에 응답하는 내용으로 작성할 수 있었다. 12장에서는 몇 가지 일반적인 검색 및 열거 기법, 일반적인 MITM 공격 및 시스템이 악용될 수 있는 방법과 그 결과로 발생할 수 있는 몇 가지 예를 살펴봤다.

13장
무선 패킷 분석

무선 네트워킹의 세계는 일반적인 유선 세계와는 조금 다르다. TCP와 IP 같은 일반적인 통신 프로토콜을 다루겠지만, OSI 모델의 가장 낮은 레벨로 이동하면 약간 변경된다. 여기서 데이터 링크 계층은 무선 네트워킹과 물리 계층의 특성으로 인해 특히 중요하다. 시간이 지나도 변하지 않은 이더넷과 같은 단순 유선 프로토콜 대신 802.11과 같은 무선 프로토콜을 고려해야 한다. 802.11은 꽤 빠르게 진화했다.

이것은 접근하는 데이터와 이를 포착하는 방법에 새로운 제약을 갖게 된다. 이러한 추가적인 고려 사항을 감안할 때 이 책 전체가 무선 네트워크에서 패킷 캡처와 분석을 다룬다 해도 놀라운 일은 아니다. 13장에서는 무선 네트워크가 패킷 분석에 어떤 어려움이 있는지와 이를 어떻게 극복할 수 있는지를 정확하게 설명한다. 물론 무선 네트워크 캡처의 실제 사례를 살펴봄으로써 이를 수행할 것이다.

물리적 고려 사항

무선 네트워크를 통해 전송된 데이터를 캡처하고 분석하는 데 있어 가장 먼저 고려할 사항은 물리적인 전송 매체다. 지금까지는 물리 케이블을 통해 통신이 이뤄져서 물리 계층을 고려하지 않았다. 이제는 보이지 않는 전파를 통해 통신하는 것이다.

한 번에 한 채널 스니핑

무선 근거리 통신망WLAN, Wireless Local Area Network에서 트래픽을 캡처하는 것과는 다른 점은 무선 스펙트럼이 공유된 매체라는 점이다. 각 클라이언트가 스위치에 연결된 자체 네트워크 케이블을 갖고 있는 유선 네트워크와 달리 무선 통신 매체는 클라이언트들이 크기가 제한된 공기 영역을 공유한다. 단일 WLAN은 802.11 스펙트럼의 일부만 차지한다. 이를 통해 여러 시스템들이 스펙트럼의 서로 다른 부분에서 같은 물리 영역 안에서 동작하는 것이다.

> **참고** 무선 네트워킹은 IEEE(Institute of Electrical and Electronics Engineers)에서 개발한 802.11 표준을 기반으로 한다. 13장에서 무선 네트워크와 WLAN이라는 용어는 802.11 표준을 준수하는 네트워크를 의미한다. 이 표준의 가장 널리 사용되는 버전은 802.11a, b, g, n이다. 각각은 더 빠른 속도를 제공하는 것과 같은 새로운 표준으로 고유한 기능 및 특성을 제공한다. 이들은 모두 동일한 스펙트럼을 사용한다.

이런 공간 분리는 스펙트럼을 동작 채널로 나누는 것이 가능하다. 채널channel은 802.11 무선 스펙트럼의 한 부분이다. 미국에서는 11개의 채널을 사용할 수 있다(일부 국가에서는 더 많은 채널이 허용된다). WLAN은 한 번에 하나의 채널에서만 동작할 수 있어서 그림 13-1과 같이 한 번에 하나의 채널만 패킷을 스니핑하기가 적합하다. 따라서 채널 6에서 동작하는 WLAN의 문제를 해결하려면 채널 6에 나타난 트래픽을 캡처하게 시스템을 구성해야 한다.

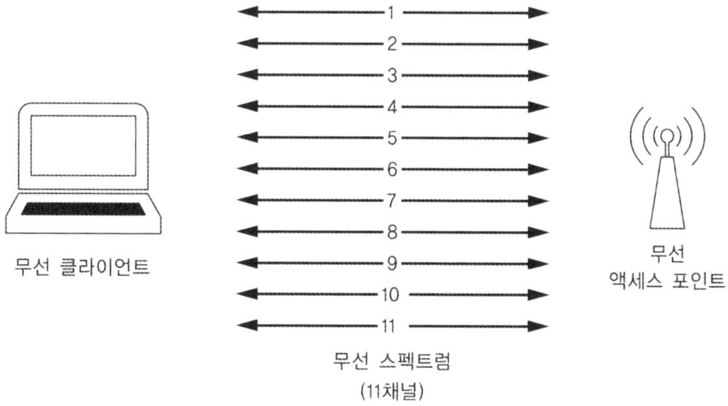

▲ **그림 13-1** 한 번에 하나의 채널에서만 수행할 수 있기 때문에 무선으로 스니핑을 수행하는 것은 지루할 수 있다.

기존 무선 스니핑은 한 번에 하나의 채널에서만 수행할 수 있다. 단, 일부 무선 스캐닝 애플리케이션은 데이터를 수집하기 위해 채널을 빠르게 변경하는 채널 호핑channel hopping이라는 기술을 사용한다. 이 유형의 가장 인기 있는 도구 중 하나인 Kismet(http://www.kismetwireless.net/)은 초당 최대 10개의 채널을 호핑할 수 있어 한 번에 여러 채널을 스니핑하는 데 매우 효과적이다.

무선 신호 간섭

무선 통신을 사용하면 무선으로 전송되는 데이터의 무결성을 보장할 수 없는 경우가 있다. 무언가가 신호를 방해할 가능성이 있다. 무선 네트워크에는 간섭을 처리할 수 있는 기능이 포함돼 있지만, 이러한 기능이 항상 동작하는 것은 아니다. 따라서 무선 네트워크를 통해 패킷을 캡처할 때는 큰 반사면, 큰 단단한 물체, 전자레인지, 2.4GHz 전화기, 두꺼운 벽이나 높은 밀도 표면 같은 간섭원이 없는지 사용자 환경에 주의를 기울여야 한다. 이것은 패킷 손실, 중복된 패킷과 잘못된 패킷이 발생할 수 있다.

채널 간의 간섭도 우려된다. 한 번에 하나의 채널만 스니핑할 수 있지만 약간의 신경 써야 할 점이 있다. 무선 네트워크 스펙트럼에서 여러 전송 채널을 사용할 수 있지만 공간이 제한돼 있기 때문에 그림 13-2에 나타난 것처럼 채널 간에 약간의 겹침이 있다. 즉, 채널 4와 채널 5에 트래픽이 있고 이 채널 중 하나에서 스니핑 중이면 다른 채널의 패킷을 캡처할 가능성이 높다. 일반적으로 같은 영역에 있는 네트워크는 중복되지 않는 1, 6, 11 채널을 사용하게 설계돼 있어서 이 문제가 발생하지 않을 것이다. 그러나 경우에 따라서는 이러한 일이 일어나는 이유를 이해해야 한다.

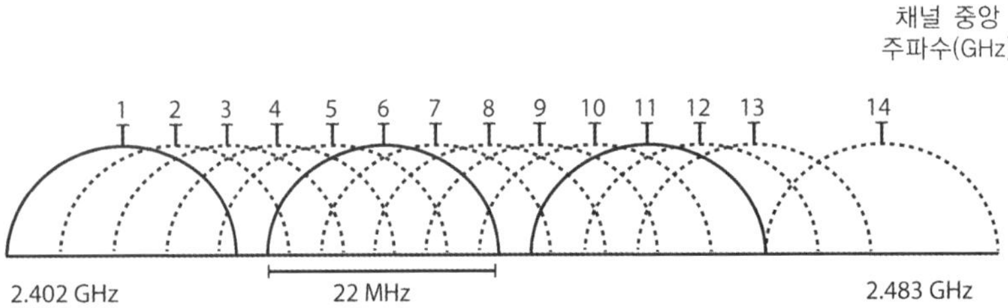

▲ **그림 13-2** 제한된 스펙트럼 공간으로 인해 채널 간에 겹침이 있다.

신호 간섭 탐지와 분석

무선 신호 간섭 문제를 해결하는 것은 와이어샤크에서 패킷을 조사해 수행할 수 있는 작업이 아니다. WLAN 문제 해결에 습관이나 경력을 쌓으려면 반드시 신호 간섭이 있는지 정기적으로 점검해야 한다. 이 작업은 스펙트럼 분석기spectrum analyzer, 즉 스펙트럼 전체에 걸쳐 데이터나 간섭을 보여주는 도구로 수행된다.

상용 스펙트럼 분석기는 수천 달러를 상회할 수 있지만, 일상적으로 사용하는 최고의 솔루션이 있다. MetaGeek은 신호용 802.11 스펙트럼 전체를 모니터링하는 USB 하드웨어 장치인 Wi-Spy를 만든다. MetaGeek의 inSSIDer 또는 Chanalyzer 소프트웨어와 함께 사용하면 이 하드웨어는 스펙트럼을 그래픽으로 출력해 문제 해석 프로세스를 지원한다. Chanalyzer의 예제 출력은 그림 13-3에 나와 있다.

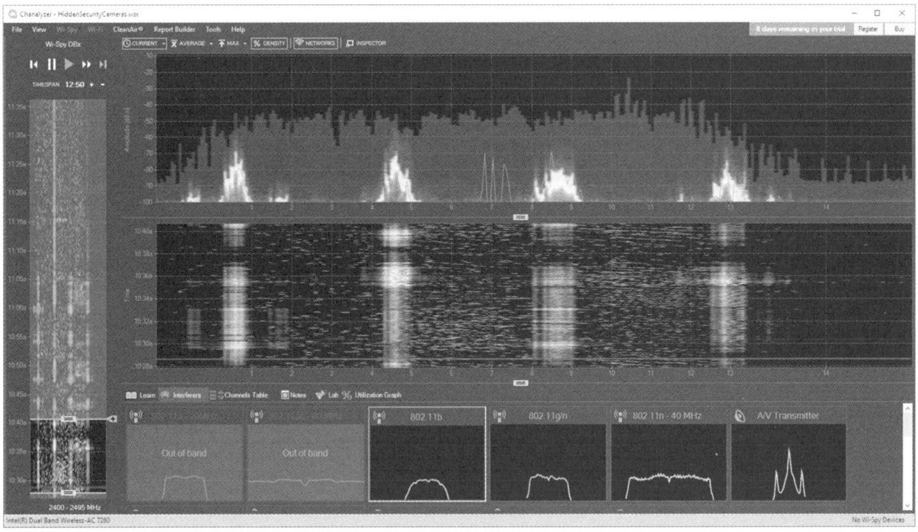

▲ **그림 13-3** 이 Chanalyzer 출력은 와이파이 스펙트럼을 따라 동일한 간격으로 4개의 신호를 보여준다.

무선 카드 모드

무선 패킷을 스니핑하기 전에 패킷 캡처와 관련해 무선 카드가 동작할 수 있는 모드를 살펴볼 필요가 있다.

4가지 무선 NIC 모드를 사용할 수 있다.

관리Managed **모드** 이 모드는 무선 클라이언트가 무선 액세스 포인트WAP, Wireless Access Point에 직접 연결할 때 사용된다. 이러한 경우 무선 NIC과 연관된 드라이버는 전체 통신 프로세스를 관리하기 위해 WAP에 의존한다.

에드 혹 Ad hoc **모드** 이 모드는 장치가 서로 직접 연결되는 무선 네트워크 설정이 돼 있을 때 사용된다. 이 모드에서는 서로 통신하려는 두 무선 클라이언트가 WAP에서 일반적으로 처리할 책임을 공유한다.

마스터Master **모드** 일부 고급형 무선 NIC는 마스터 모드도 지원한다. 이 모드에서는 컴퓨터가 다른 장치의 WAP처럼 동작할 수 있게 무선 NIC를 특수 드라이버 소프트웨어와 함께 사용할 수 있다.

모니터Monitor **모드** 이것은 우리의 목적을 위해 가장 중요한 모드다. 모니터 모드는 무선 클라이언트가 데이터 송수신을 중단하고 공기 중에 전달되는 패킷만 보고자 할 때 사용된다. 와이어샤크가 무선 패킷을 캡처하려면 무선 NIC와 함께 드라이버가 모니터 모드(RFMON 모드라고도 함)를 지원해야 한다.

대부분의 사용자는 관리 모드나 특수 모드에서만 무선 카드를 사용한다. 그림 13-4는 각 모드가 작동하는 방식을 그래픽으로 나타낸 것이다.

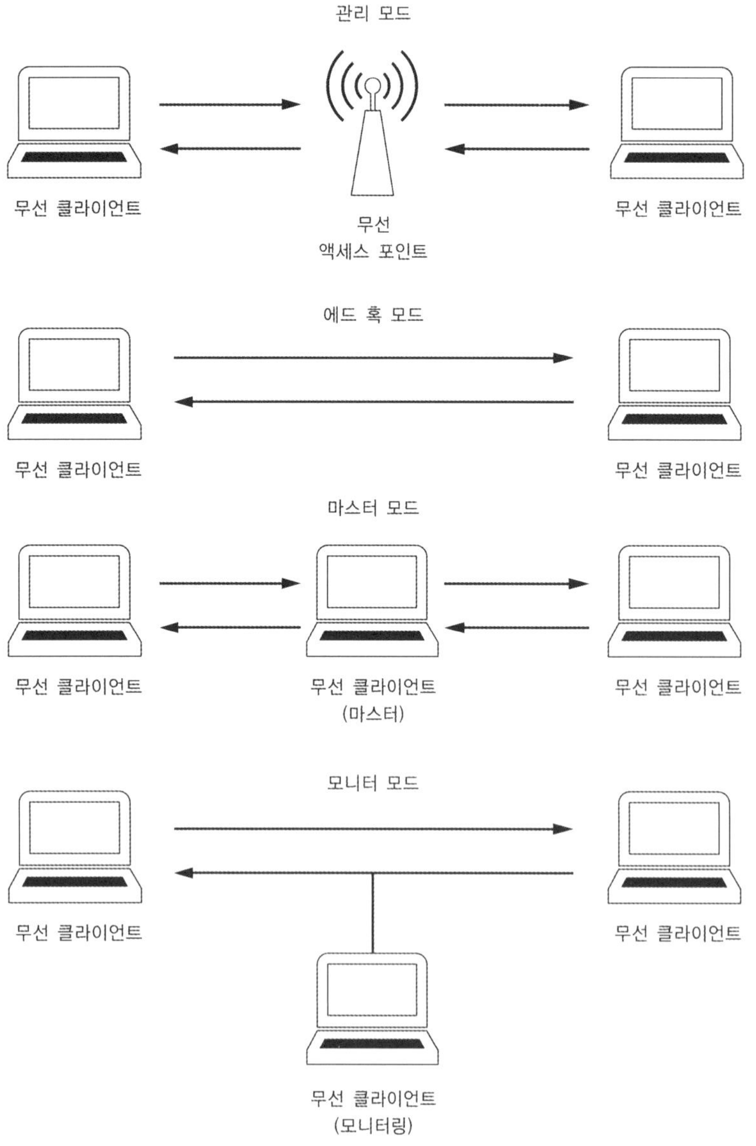

▲ **그림 13-4** 서로 다른 무선 카드 모드

> **참고** 나는 무선 패킷 분석을 위해 어떤 무선 카드를 권장하는지 자주 질문을 받는데, ALFA 네트워크의 제품을 사용하고 적극 추천한다. 이 제품은 가능한 모든 패킷을 캡처할 수 있게 시장에서 가장 우수하고 비용 효율적이고 이식성이 뛰어나다. ALFA의 제품은 대부분의 온라인 컴퓨터 하드웨어 판매점을 통해 구입할 수 있다.

윈도우에서 무선으로 스니핑

모니터 모드를 지원하는 무선 NIC가 있더라도 대부분의 윈도우 기반 무선 NIC 드라이버는 이 모드로 변경할 수 없다. 즉, 네트워크를 연결하는 데 사용되는 장치의 무선 인터페이스 간의 패킷만 캡처할 수 있다. 채널의 모든 장치 간에 패킷을 캡처하려면 추가 하드웨어가 필요하다.

AirPcap 구성

리버베드 테크놀로지(http://www.riverbed.com/)의 AirPcap은 윈도우가 무선 패킷 분석의 한계를 극복하게 설계됐다. AirPcap은 그림 13-5와 같이 플래시[flash] 드라이브와 유사한 소형 USB 장치다. 하나 이상의 지정된 채널에서 무선 트래픽을 캡처하게 설계됐다. AirPcap은 WinPcap 드라이버와 특별한 클라이언트 구성 유틸리티를 사용한다.

▲ **그림 13-5** AirPcap 장치는 매우 컴팩트해서 노트북과 함께 쉽게 사용할 수 있다.

AirPcap 구성 프로그램(그림 13-6 참조)은 사용하기 쉽고 몇 가지 환경 설정 옵션이 있다.

Interface 캡처에 사용할 장치를 선택할 수 있다. 일부 고급 분석 시나리오에서는 하나 이상의 AirPcap 장치를 사용해 여러 채널에서 동시에 검색하게 요구할 수 있다.

Blink Led 이 버튼을 클릭하면 AirPcap 장치의 LED가 깜박인다. 이것은 주로 AirPcap 장치가 여러 개 있는 경우 사용 중인 특정 어댑터를 식별하는 데 사용된다.

Channel 이 필드에서 AirPcap에서 청취할 채널을 선택한다.

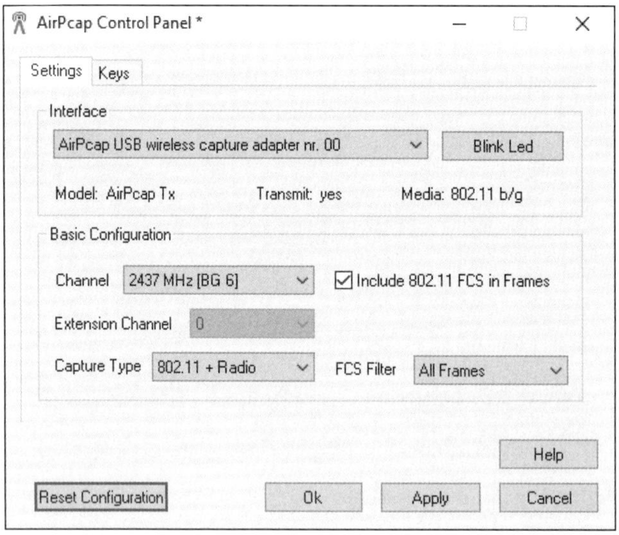

▲ **그림 13-6** AirPcap 구성 프로그램

Extension Channel 여기서 802.11n 어댑터의 기능인 확장 채널을 선택해 더 넓은 채널을 만들 수 있다.

Include 802.11 FCS in Frames 기본적으로 일부 시스템에서는 무선 패킷에서 마지막 4개의 검사합 비트를 제거한다. 프레임 확인 순서[FCS, Frame Check Sequence]라는 이 검사합은 전송 중에 패킷이 손상되지 않았는지 확인하는 데 사용된다. 특별한 이유가 없으면 이 상자를 선택해 FCS 검사합을 포함시킨다.

Capture Type 세 가지 옵션은 802.11 Only, 802.11 + Radio와 802.11 + PPI다. 802.11 Only 옵션에는 캡처된 모든 패킷에 표준 802.11 패킷 헤더가 포함된다. 802.11 + Radio 옵션은 이 헤더를 포함하며, 데이터 속도, 주파수, 신호 레벨과

잡음 레벨 같은 패킷에 대한 추가 정보를 포함하는 라디오 태그 헤더를 앞에 붙인다. 802.11 + PPI 옵션은 802.11n 패킷에 대한 추가 정보가 들어있는 패킷 단위 정보 헤더를 추가한다.

FCS Filter Include 802.11 FCS in Frames 상자를 선택 해제하더라도 이 옵션을 사용하면 FCS가 손상됐다고 판단되는 패킷을 필터링할 수 있다. FCS가 성공적으로 수신할 수 있다고 생각하는 패킷만 보려면 Valid Frames 옵션을 사용하라.

WEP Configuration AirPcap Control Panel의 Keys 탭에서 액세스할 수 있는 이 영역은 사용자가 탐지할 네트워크에 대해 WEP 암호 해독 키를 입력할 수 있다. WEP로 암호화된 데이터를 해석하려면 이 필드에 올바른 WEP 키를 입력해야 한다. WEP 키는 '성공적인 WEP 인증' 절에서 설명한다.

AirPcap으로 트래픽 캡처

AirPcap을 설치하고 구성한 후에는 캡처 프로세스가 익숙해져야 한다. 와이어샤크를 시작하고 AirPcap 인터페이스를 선택해 패킷 수집을 시작하라(그림 13-7 참조).

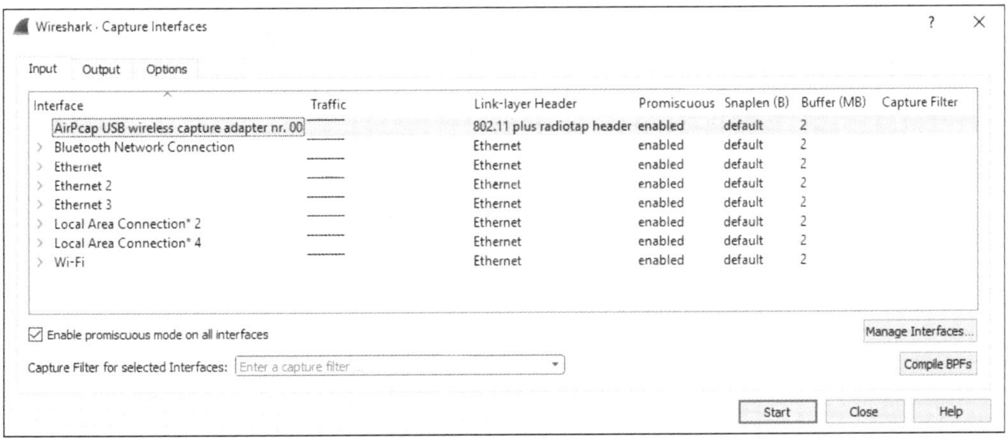

▲ **그림 13-7** 패킷 캡처를 위한 AirPcap 인터페이스 선택

AirPcap 구성 유틸리티에서 선택한 채널의 패킷을 캡처한다는 점을 기억하라. 찾고자 하는 패킷이 보이지 않으면 잘못된 채널을 보고 있기 때문일 수도 있다.

액티브 캡처를 중지하고 AirPcap 구성 유틸리티에서 새로운 채널을 선택하고 캡처를 다시 시작하려면 채널을 변경한다. 채널을 변경하는 동안은 패킷을 적극적으로 캡처할 수 없다.

와이어샤크에서 캡처하는 채널을 확인하는 경우 무선 캡처 통계를 쉽게 볼 수 있다. 기본 드롭다운 메뉴에서 Wireless ❯ WLAN Traffic을 클릭해 이 작업을 수행한다. 결과 창에는 그림 13-8과 같이 802.11 채널을 포함한 관찰된 장치 및 해당 장치에 대한 정보가 나타난다.

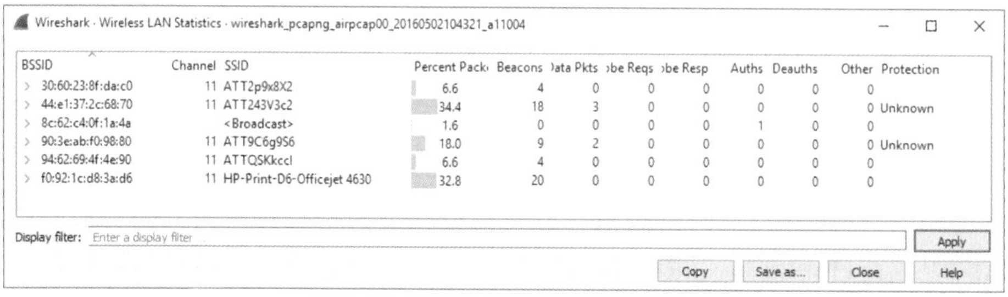

▲ **그림 13-8** Wireless LAN Statistics(무선 LAN 통계) 창은 이 데이터가 채널 11을 통해 캡처됐음을 나타낸다.

리눅스에서 무선으로 스니핑

리눅스에서 스니핑은 단순히 무선 NIC에서 모니터 모드를 활성화하고 와이어샤크를 시작하면 된다. 그렇지만 모니터 모드를 활성화하는 절차는 무선 NIC의 모델마다 다르다. 따라서 이 작업을 수행하는 데 필요한 조언을 할 수는 없다. 사실 일부 무선 NIC에서는 모니터 모드를 활성화할 필요가 없다. 최선의 방법은 NIC 모델에 대해 빠른 Google 검색을 수행해서 사용하게 설정할지 여부와 사용 설정 여부를 결정하는 것이다.

리눅스에서 모니터 모드를 활성화하는 가장 일반적인 방법 중 하나는 내장형 무선 확장을 사용하는 것이다. `iwconfig` 명령을 사용해 무선 확장에 액세스할 수 있다. 콘솔에서 `iwconfig`를 입력하면 다음과 같은 결과가 나타난다.

```
$ iwconfig
Eth0     no wireless extensions❶
Lo0      no wireless extensions
Eth1     IEEE 802.11g       ESSID: "Tesla Wireless Network"❷
         Mode: Managed Frequency: 2.462 GHz Access Point: 00:02:2D:8B:70:2E
         Bit Rate: 54 Mb/s Tx-Power-20 dBm Sensitivity=8/0
         Retry Limit: 7 RTS thr: off Fragment thr: off
         Power Management: off
         Link Quality=75/100 Signal level=-71 dBm Noise level=-86 dBm
         Rx invalid nwid: 0 Rx invalid crypt: 0 Rx invalid frag: 0
         Tx excessive retries: 0 Invalid misc: 0 Missed beacon: 2
```

iwconfig 명령의 출력은 Eth1 인터페이스가 무선으로 구성됐음을 보여준다. 이것은 802.11g 프로토콜❷에 대한 데이터를 보여주기 때문에 분명하다. 반면 Eth0과 Lo0 인터페이스는 no wireless extensions❶를 반환한다.

무선 확장 서비스 집합 ID(ESSID, Extended Service Set ID) 및 빈도와 같이 이 명령이 제공하는 모든 무선 정보와 함께 Eth1 아래의 두 번째 줄에는 현재 관리 모드로 설정됐음이 나타난다. 이것이 우리가 바꾸고 싶은 것이다.

Eth1 인터페이스를 모니터 모드로 변경하려면 다음과 같이 직접 또는 switch user(su) 명령을 통해 루트 사용자로 로그인해야 한다.

```
$ su
Password: <enter root password here>
```

루트가 되면 명령을 입력해 무선 인터페이스 옵션을 구성할 수 있다. 모니터 모드에서 동작하게 Eth1을 구성하려면 다음을 입력한다.

```
# iwconfig eth1 mode monitor
```

NIC이 모니터 모드에 있을 경우 iwconfig 명령을 다시 실행하면 변경 사항이 반영된다. 이제 다음을 입력해 Eth1 인터페이스가 동작하는지 확인한다.

```
# iwconfig eth1 up
```

또한 iwconfig 명령을 사용해 수신 대기 중인 채널을 변경한다. 다음을 입력해 Eth1 인터페이스의 채널을 채널 3으로 변경한다.

```
# iwconfig eth1 channel 3
```

> **참고** 패킷을 캡처하는 동안 채널을 언제든지 변경할 수 있다. iwconfig 명령은 프로세스를 좀 더 쉽게 하기 위해 스크립팅할 수도 있다.

이러한 구성을 완료하면 와이어샤크를 시작하고 패킷 캡처를 시작한다.

802.11 패킷 구조

80211beacon.pcapng

무선 패킷과 유선 패킷의 주요 차이점은 802.11 헤더가 추가된 것이다. 이 계층 2 헤더는 패킷과 패킷이 전송되는 매체에 대한 추가 정보를 포함한다. 802.11 패킷에는 다음과 같은 세 가지 유형이 있다.

관리Management 이 패킷은 계층 2의 호스트 간 연결을 설정하는 데 사용된다. 관리 패킷의 일부 중요한 하위 유형에는 인증, 연관 및 비콘 패킷이 포함된다.

제어Control 제어 패킷은 관리와 데이터 패킷의 전달을 허용하며, 혼잡 관리와 관련이 있다. 공통 부속 유형에는 송신 요청request-to-send과 송신 완료clear-to-send 패킷이 포함된다.

데이터Data 이 패킷은 실제 데이터를 포함하며, 무선 네트워크에서 유선 네트워크로 전달할 수 있는 유일한 패킷 유형이다.

무선 패킷 유형과 하위 유형은 구조를 결정하므로 가능한 구조가 많다. 80211beacon.pcapng 파일에서 하나의 패킷을 살펴봄으로써 이러한 구조 중 하나를 살펴볼 것이다. 이 파일에는 그림 13-9와 같이 비콘beacon이라는 관리 패킷의 예가 들어있다.

비콘은 가장 유익한 무선 패킷 중 하나다. 이 메시지는 WAP에서 무선 패킷을 통해 브로드캐스트 패킷으로 전송돼 WAP을 사용할 수 있음을 모든 청취 무선 클라이언트에 알리고 연결하기 위해 설정해야 하는 매개변수를 정의한다. 예제 파일에서 이 패킷은 802.11 헤더의 `Type/Subtype` 필드에 비콘으로 정의돼 있다❶.

다음과 같은 많은 정보가 802.11 관리 프레임 헤더에 있다.

타임스탬프Timestamp 패킷이 전송된 시간

비콘 간격 Beacon Interval 비콘 패킷이 재전송되는 간격

기능 정보 Capabilities Information WAP의 하드웨어 기능에 대한 정보

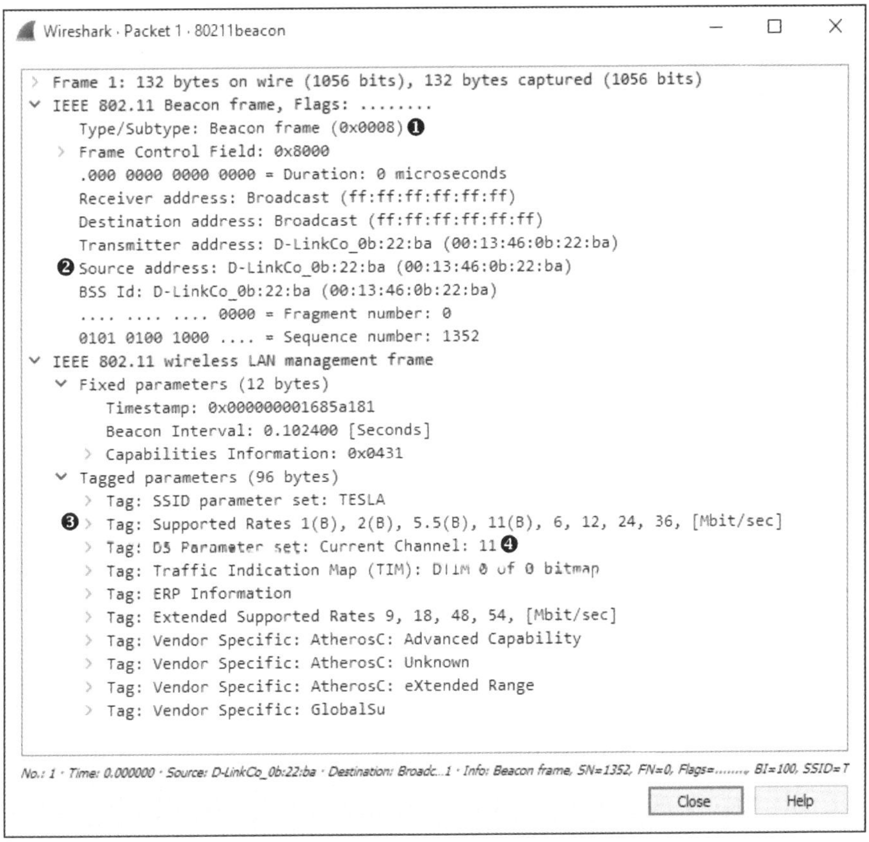

▲ **그림 13-9** 802.11 비콘 패킷

SSID 매개변수 모음 WAP에서 브로드캐스팅한 SSID(네트워크 이름)

Supported Rates WAP에서 지원하는 데이터 전송 속도

DS 매개변수 모음 WAP이 브로드캐스트 중인 채널

헤더에는 발신지와 목적지 주소와 공급 업체 정보가 들어있다.

이를 바탕으로 예제 파일에서 비콘을 전송하는 WAP에 대한 몇 가지 사항을 결정할 수 있다. 채널 11❹에서 802.11b 표준(B)❸를 사용하는 D-링크 장치❷임을 분명히 알 수 있다. 802.11 관리 패킷의 정확한 내용과 목적이 변경되지만 일반적인 구조는 이 예제와 유사하다.

패킷 목록 창에 무선-특정 열 추가

12장에서 와이어샤크의 유연한 인터페이스를 활용해 상황에 맞는 적절한 열을 추가했다. 추가 무선 분석을 진행하기 전에 패킷 목록 창에 다음과 같은 세 개의 열을 추가하는 것이 좋다.

- 패킷이 수집된 채널을 보여주는 채널 열
- 캡처된 패킷의 신호 강도를 dBm 단위로 보여주는 신호 강도 열
- 캡처된 패킷의 처리 속도를 보여주는 데이터 속도 열

이 정보들은 무선 연결 문제를 해결할 때 큰 도움이 될 수 있다. 예를 들어 무선 클라이언트 소프트웨어가 신호 강도가 좋더라도 캡처를 수행하고, 이 열들을 확인하면 이 주장과 다른 값이 나타날 수 있다.

이 열들을 패킷 목록 창에 추가하려면 다음과 같은 단계를 수행한다.

1. Edit ▶ Preferences를 선택한다.
2. Columns 섹션으로 이동하고 +를 클릭한다.
3. 제목 필드에 Channel을 입력하고 유형 드롭다운 목록에서 Custom을 선택한 다음 필드 이름 상자에 필터 `wlan_radio.channel`을 사용한다.
4. Signal Strength와 Data Rate 열에 대해 이 프로세스를 반복하고 필드 이름 드롭다운 목록에서 적절하게 제목을 지정하고 `wlan_radio.signal_dbm`과 `wlan_radio.data_rate`를 각각 선택한다. 그림 13-10은 세 개의 열을 모두 추

가한 후 환경 설정 창이 어떻게 나타나는지 보여준다.

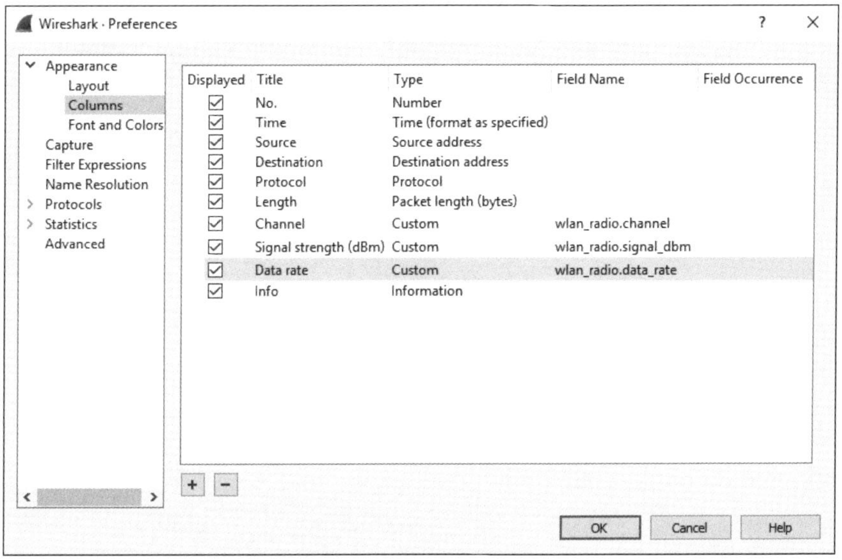

▲ **그림 13-10** 패킷 목록 창에 IEEE 무선 특정 열 추가

5. OK를 클릭해 변경 사항을 저장한다.

무선-특정 필터

4장에서는 캡처와 디스플레이 필터의 이점에 대해 설명했다. 유선 인프라에서 트래픽을 필터링하는 것은 각 장치마다 전용 케이블이 있으므로 훨씬 쉽다. 그러나 무선 네트워크에서 무선 클라이언트가 생성한 모든 트래픽은 공유 채널에서 공존한다. 즉, 하나의 채널 캡처에 수십 개 클라이언트의 트래픽이 포함될 수 있다. 이 절에서는 특정 트래픽을 찾는 데 사용할 수 있는 일부 패킷 필터를 설명한다.

특정 BSS ID에 대한 트래픽 필터링

네트워크의 각 WAP에는 기본 서비스 집합 식별자[BSS ID, Basic Service Set Identifier]라는 고유 식별 이름이 있다. 이 이름은 액세스 포인트가 전송하는 모든 무선 관리 패킷과 데이터 패킷에서 전송된다.

검사할 BSS ID의 이름을 알게 되면 실제로 해야 할 일은 해당 WAP에서 보낸 패킷을 찾는 것이다. 와이어샤크는 패킷 목록 창에서 정보 열에 전송 WAP을 보여주므로 이 정보를 찾는 것이 일반적으로 쉽다.

관심 있는 WAP의 패킷이 있으면 802.11 헤더에서 해당 BSS ID 필드를 찾으라. 이 주소는 필터의 기반이 될 주소다. BSS ID MAC 주소를 찾은 후에 이 필터를 사용할 수 있다.

```
wlan.bssid == 00:11:22:33:44:55
```

그러면 지정된 WAP을 통과하는 트래픽만 볼 수 있다.

특정 무선 패킷 유형 필터링

13장의 앞에서 네트워크에서 볼 수 있는 다양한 종류의 무선 패킷에 대해 설명했다. 이러한 유형 및 하위 유형을 기준으로 필터링해야 하는 경우가 있다. 특정 유형에 대해서는 wlan.fc.type 필터를 사용하고, 특정 유형이나 부속 유형 조합에 대해서는 wc.fc.type_subtype을 사용해 이 작업을 수행할 수 있다. 예를 들어 NULL 데이터 패킷(16진수의 Type 2 Subtype 4 패킷)을 필터링하려면 wlan.fc.type_subtype == 0x24 필터를 사용할 수 있다. 표 13-1에는 802.11 패킷 유형 및 부속 유형을 필터링할 때 필요한 몇 가지 공통 필터에 대한 빠른 참조를 제공한다.

▼ 표 13-1 무선 유형/부속 유형과 연관된 필터 구문

프레임 유형/하위 유형	필터 구문
Management frame	wlan.fc.type == 0
Control frame	wlan.fc.type == 1
Data frame	wlan.fc.type == 2
Association request	wlan.fc.type_subtype == 0x00

(이어짐)

프레임 유형/하위 유형	필터 구문
Association response	wlan.fc.type_subtype == 0x01
Reassociation request	wlan.fc.type_subtype == 0x02
Reassociation response	wlan.fc.type_subtype == 0x03
Probe request	wlan.fc.type_subtype == 0x04
Probe response	wlan.fc.type_subtype == 0x05
Beacon	wlan.fc.type_subtype == 0x08
Disassociate	wlan.fc.type_subtype == 0x0A
Authentication	wlan.fc.type_subtype == 0x0B
Deauthentication	wlan.fc.type_subtype == 0x0C
Action frame	wlan.fc.type_subtype == 0x0D
Block ACK requests	wlan.fc.type_subtype == 0x18
Block ACK	wlan.fc.type_subtype == 0x19
Power save poll	wlan.fc.type_subtype == 0x1A
Request to send	wlan.fc.type_subtype == 0x1B
Clear to send	wlan.fc.type_subtype == 0x1C
ACK	wlan.fc.type_subtype == 0x1D
Contention free period end	wlan.fc.type_subtype == 0x1E
NULL data	wlan.fc.type_subtype == 0x24
QoS data	wlan.fc.type_subtype == 0x28
Null QoS data	wlan.fc.type_subtype == 0x2C

특정 주파수 필터링

다중 채널의 패킷을 포함하는 트래픽을 살펴보려면 개별 채널을 기반으로 필터링하는 것이 매우 유용할 수 있다. 예를 들어 채널 1과 6만 트래픽이 있을 것으로 예상되는 경우 채널 11의 모든 트래픽을 보여주는 필터를 입력할 수 있다. 트래픽을 발견하면 무언가 잘못됐거나, 잘못된 구성 또는 잘못된 장치일 수 있다. 특정 채널을 필터링하려면 다음과 같은 필터 구문을 사용한다.

```
wlan_radio.channel == 11
```

그러면 채널 11의 모든 트래픽이 나타난다. 값 11을 필터링하려는 채널로 바꿀 수 있다. 무선 네트워크 트래픽에 사용할 수 있는 수백 가지의 유용한 필터가 추가로 있다. http://wiki.wireshark.org/에 있는 와이어샤크 위키에서 추가 무선 캡처 필터를 볼 수 있다.

무선 프로파일 저장

특정 열을 설정하고 무선 패킷 분석을 위해 사용자 정의 필터를 저장하는 모든 문제를 해결하는 것은 상당한 노력이 필요하다. 열과 필터를 언제든지 재구성하고 제거하는 대신에 사용자 정의 프로파일을 작성하고 저장해 유선과 무선 분석을 위한 구성을 신속하게 전환할 수 있다.

사용자 정의 프로파일을 저장하려면 먼저 무선 열과 필터를 원하는 대로 구성한다. 그런 다음 화면 오른쪽 하단에 있는 활성 프로파일 목록을 마우스 오른쪽 단추로 클릭하고 New를 클릭한다. 프로파일 이름을 Wireless로 지정하고 OK를 클릭한다.

무선 보안

무선 네트워크를 구축하고 관리할 때 가장 큰 관심사는 무선 네트워크를 통해 전송되는 데이터의 보안이다. 데이터가 공중을 통해 무료로 전달되는 방법을 아는 사람은 데이터를 암호화할 수 있다. 그렇지 않으면 와이어샤크와 AirPcap을 가진 사람은 누구나 볼 수 있다.

> **참고** SSL이나 SSH 같은 다른 암호화 계층을 사용하면 트래픽은 해당 계층에서 암호화돼서 패킷 스니퍼를 가진 사람이 사용자 통신을 읽을 수 없다.

무선 네트워크를 통해 전송되는 데이터를 보호하는 기본 방법은 WEP[Wired Equivalent Privacy] 표준을 따르는 것이다. WEP는 암호화 키 관리에 여러 가지 약점이 발견될 때까지는 성공적이었다. 보안을 강화하기 위해 새로운 표준이 만들어졌다. 여기에는 WPA[Wi-Fi Protected Access]와 좀 더 안전한 WPA2 표준이 포함된다. WPA와 WPA2는 오류가 있지만 WEP보다 안전하다.

이 절에서는 실패한 인증 시도의 예와 함께 일부 WEP 및 WPA 트래픽을 살펴보겠다.

성공적인 WEP 인증

3e80211_WEPauth.pcapng

파일 3e80211_WEPauth.pcapng에는 WEP 가능 무선 네트워크에 대한 성공적인 연결의 예가 들어 있다. 이 네트워크 보안은 WEP 키를 사용해 설정된다. 이것은 WAP[무선 액세스 포인트]에서 인증을 받아 WAP에서 보낸 데이터를 해독하기 위해 WAP에 제공해야 하는 키다. 이 WEP 키는 무선 네트워크 암호로 생각할 수 있다. 그림 13-11과 같이 캡처 파일은 패킷 3❶에서 WAP(28:c6:8e:ab:96:16)에서 무선 클라이언트(ac:cf:5c:78:6c:9c)로 챌린지를 시작한다. 이 챌린지의 목적은 무선 클라이언트에 올바른 WEP 키가 있는지 여부를 확인하는 것이다. 802.11 헤더와 태그가 지정된 매개변수를 확장하면 이 문제를 알 수 있다.

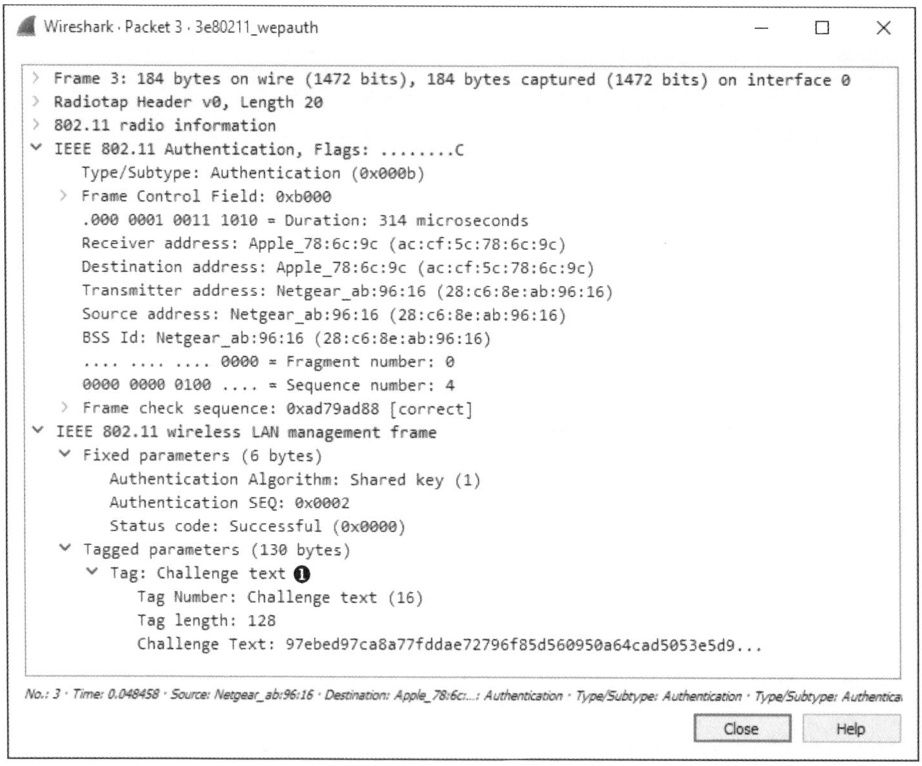

▲ **그림 13-11** WAP에서 무선 클라이언트에 텍스트를 전송한다.

무선 클라이언트는 그림 13-12와 같이 WEP 키를 사용해 챌린지 텍스트❶를 해독하고, 이를 패킷 4의 WAP로 반환해 응답한다. WEP 키는 무선 네트워크에 연결을 시도할 때 사용자가 제공한 것이다.

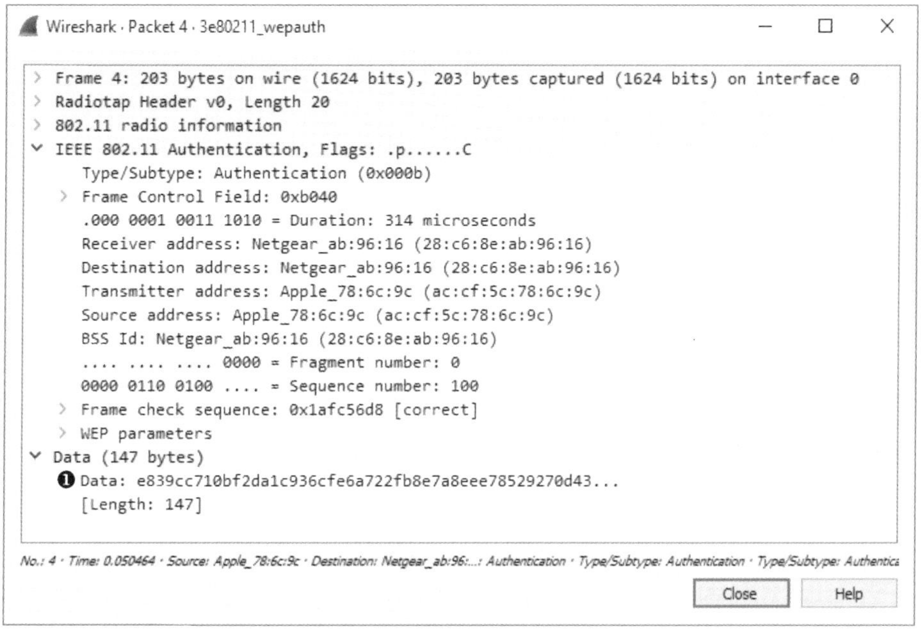

▲ **그림 13-12** 무선 클라이언트가 암호화되지 않은 챌린지 텍스트를 WAP에 다시 보낸다.

그림 13-13과 같이 WAP은 패킷 5의 무선 클라이언트에 응답한다. 응답에는 인증 프로세스가 성공했다는 알림이 포함돼 있다❶.

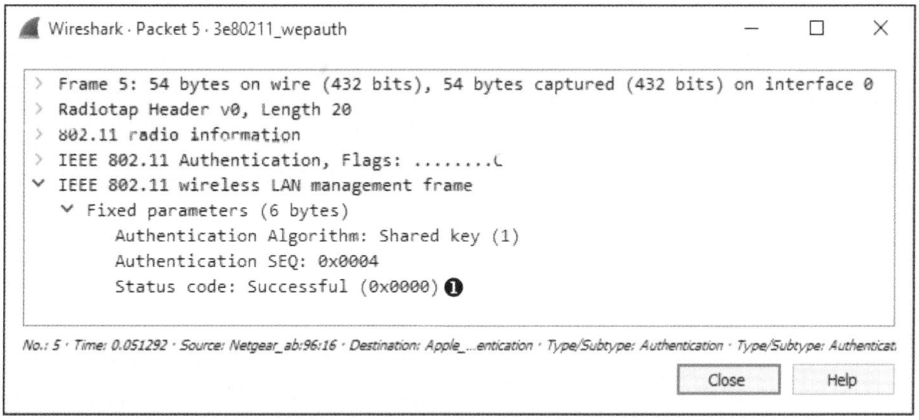

▲ **그림 13-13** WAP는 클라이언트에게 인증이 성공했다고 경고한다.

마지막으로 성공적인 인증 후에 클라이언트는 그림 13-14와 같이 연결 요청을 전송하고 응답을 수신하고 연결 프로세스를 완료할 수 있다.

No.	Time	Source	Destination	Protocol	Length	Channel	Signal strength (dBm)	Data rate	Info
6	0.052565	Apple_78:6c:9c	Netgear_ab:96:16	802.11	110	1	-40	1	Association Request, SN=101, FN=0, Flags=........C, SSID=DENVEROFFICE
7	0.053902	Netgear_ab:96:16	Apple_78:6c:9c	802.11	119	1	-17	1	Association Response, SN=6, FN=0, Flags=........C

▲ **그림 13-14** 인증 프로세스 다음에 간단한 두 패킷 연관 요청과 응답이 온다.

실패한 WEP 인증

3e80211_WEPauthfail.pcapng

다음 예제에서 사용자는 WAP에 연결하기 위해 WEP 키를 입력한다. 몇 초 후 무선 클라이언트 유틸리티는 무선 네트워크에 연결할 수 없지만, 그 이유를 알리지 못한다고 보고한다. 결과 파일은 3e80211_WEPauthfail.pcapng다.

성공적인 시도와 마찬가지로 이 통신은 패킷 3의 무선 클라이언트에 WAP의 챌린지 텍스트를 보내는 것으로 시작된다. 패킷 4에서 무선 클라이언트는 사용자가 제공한 WEP 키를 사용해 응답을 보낸다.

이 시점에서 인증이 성공했다는 통지를 볼 것으로 예상되지만 그림 13-15와 같이 패킷 5에서 다른 것을 볼 수 있다❶.

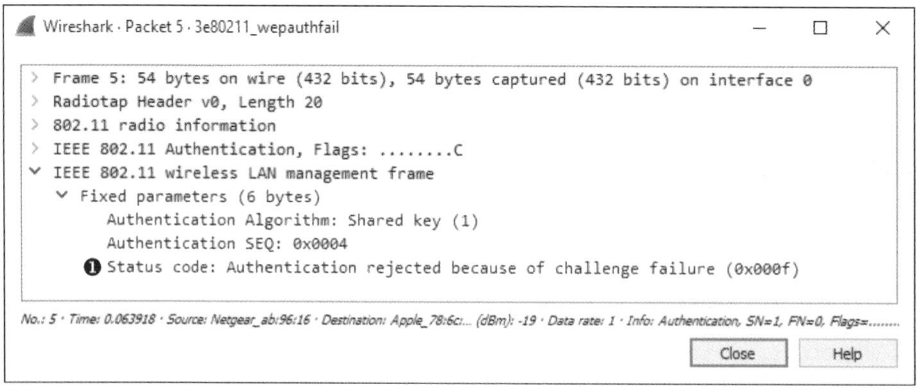

▲ **그림 13-15** 이 메시지는 인증에 실패했음을 알려준다.

이 메시지는 챌린지 텍스트에 대한 무선 클라이언트의 응답이 틀렸다고 보고하고 클라이언트가 텍스트의 암호를 해독하는 데 사용된 WEP 키도 올바르지 않았음을 나타낸다. 따라서 연결 프로세스가 실패했다. 적절한 WEP 키로 다시 시도해야 한다.

성공적인 WPA 인증

3e80211_ WPAauth .pcapng

WPA는 WEP과는 매우 다른 인증 메커니즘을 사용하지만, 사용자가 네트워크에 연결하기 위해 무선 클라이언트에 키를 입력해야 한다. 성공적인 WPA 인증의 예는 3e80211_WPAauth.pcapng 파일에 있다.

이 파일의 첫 번째 패킷은 WAP의 비콘 브로드캐스트다. 이 패킷의 802.11 헤더를 확장하고 태그가 지정된 매개변수를 확인한 다음 그림 13-16과 같이 Vendor Specific 표제를 확장하라. WAP의 WPA 속성❶에 대한 섹션을 살펴봐야 한다. 이를 통해 WAP에서 지원하는 WPA의 버전과 구현을 알 수 있다(있는 경우).

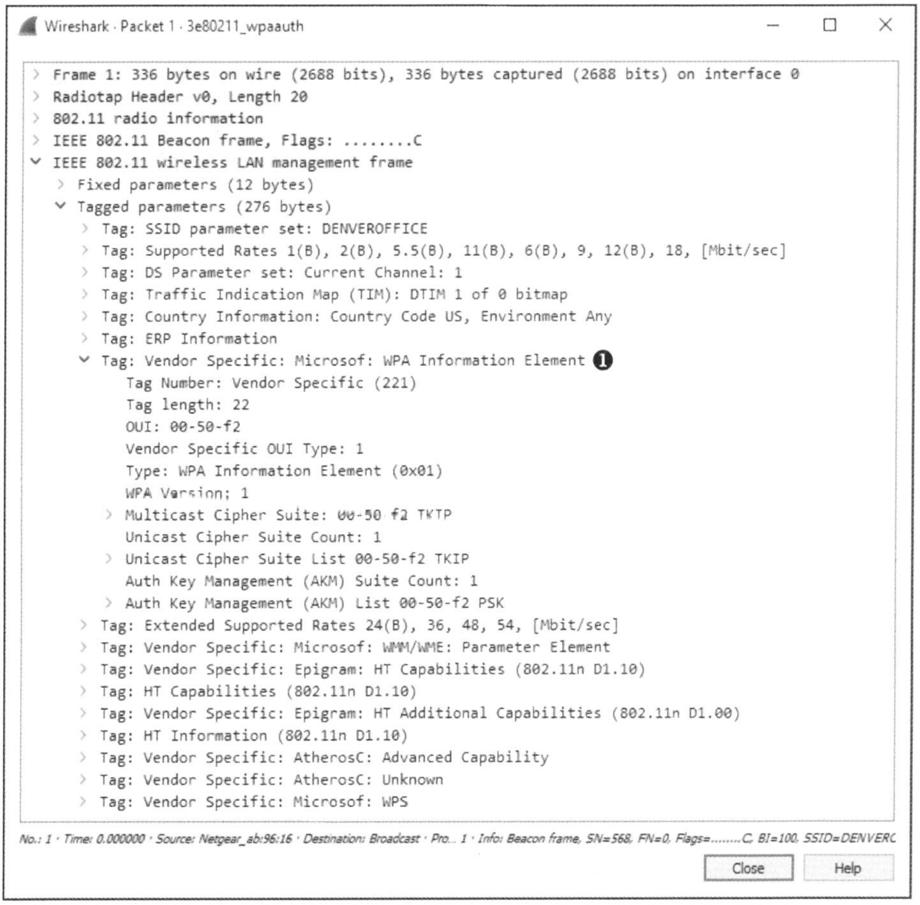

▲ **그림 13-16** 이 비콘은 WAP가 WPA 인증을 지원한다는 것을 알려준다.

비콘이 수신되면 무선 클라이언트(ac:cf:5c:78:6c:9c)는 패킷 3에서 응답하는 WAP (28:c6:8e:ab:96:16)에 의해 수신된 패킷 2에서 프로브 요청을 브로드캐스트한다. 그 후 인증이나 연관 요청과 응답이 무선 클라이언트와 WAP 간에 패킷 4 ~ 7로 생성된다. 이는 앞서 WEP 예에서 봤던 인증이나 연결 패킷과 유사하지만 챌린지가 없고 응답이 여기서 일어난다. 교환은 다음에 일어난다.

실제로 패킷 8에서 시작한다. 이것은 패킷 11을 계속 통과하면서 WPA 핸드셰이크가 시작되는 곳이다. 핸드셰이크가 진행되는 동안 그림 13-17과 같이 WPA 챌린지와 응답이 일어난다.

No.	Time	Source	Destination	Protocol	Length	Channel	Signal strength (dBm)	Data rate	Info
8	0.…	Netgear_ab:96:16	Apple_78:6c:9c	EAPOL	157	1	-18	24	Key (Message 1 of 4)
9	0.…	Apple_78:6c:9c	Netgear_ab:96:16	EAPOL	183	1	-42	1	Key (Message 2 of 4)
10	0.…	Netgear_ab:96:16	Apple_78:6c:9c	EAPOL	181	1	-18	36	Key (Message 3 of 4)
11	0.…	Apple_78:6c:9c	Netgear_ab:96:16	EAPOL	157	1	-42	1	Key (Message 4 of 4)

▲ **그림 13-17** 이 패킷은 WPA 핸드셰이크의 일부다.

두 개의 챌린지와 응답이 있다. 그림 13-18에서 볼 수 있듯이 802.1x 인증 헤더 아래의 `Replay Counter` 필드를 기반으로 서로 대응시킬 수 있다. 처음 두 개의 핸드셰이크 패킷의 `Replay Counter` 값은 1❶이고 다음 두 개의 핸드셰이크 패킷의 `Replay Counter` 값은 2❷다.

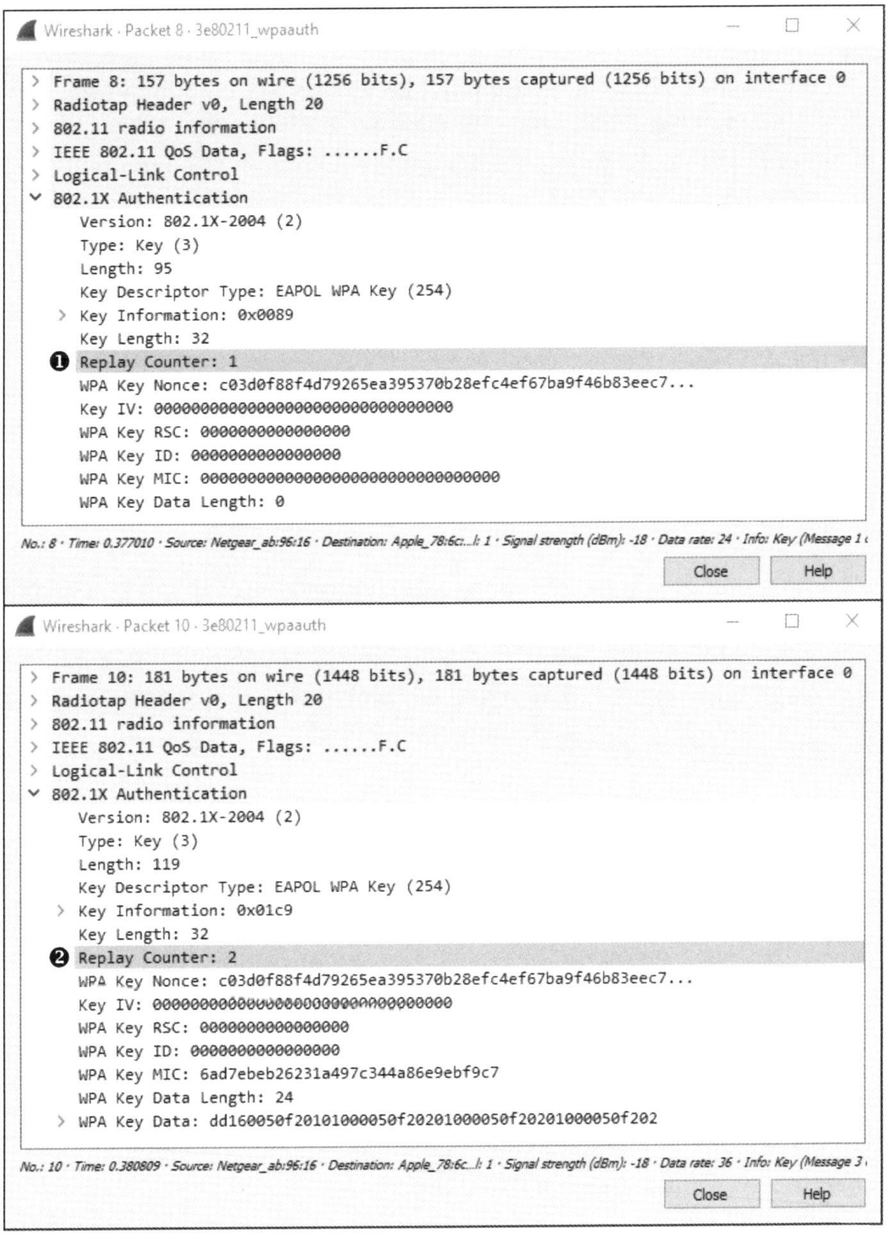

▲ **그림 13-18** Replay Counter 필드는 챌린지와 응답을 쌍으로 만드는 데 도움이 된다.

WPA 핸드셰이크가 완료되고 인증이 성공하면 데이터가 무선 클라이언트와 WAP 사이에서 전송되기 시작한다.

> **참고** 이 예제는 TKIP 암호화와 함께 WAP을 이용한 WPA에서 가져온 것이다. TKIP는 WLAN에서 데이터를 암호화하는 한 가지 방법일 뿐이다. 다른 많은 암호화 유형이 있으며, 서로 다른 액세스 포인트는 서로 다른 기술을 지원한다. 다른 암호화 방법이나 WPA 버전을 사용하는 WAP는 패킷 레벨에서 다른 특성을 나타낼 수 있다. 연결 순서가 더 잘 보이게 해독하는 데 사용되는 기술과 관련된 RFC 문서를 읽을 수 있다.

실패한 WPA 인증

3e80211_WPAauthfail.pcapng

WEP와 마찬가지로 사용자가 WPA 키를 입력하고 무선 클라이언트 유틸리티가 문제를 알리지 않고 무선 네트워크에 연결할 수 없다고 보고하면 어떻게 되는지 살펴보자. 결과 파일은 3e80211_WPAauthfail.pcapng다.

캡처 파일은 성공적인 WPA 인증을 보여주는 파일과 동일한 방식으로 시작되며 프로브, 인증과 연결 요청을 포함한다. WPA 핸드셰이크는 패킷 8에서 시작하지만 이 경우 성공한 인증 시도에서 봤던 4개의 핸드셰이크 패킷 대신 8개의 핸드셰이크 패킷이 있다.

패킷 8과 9는 WPA 핸드셰이크로 보이는 처음 두 개의 패킷을 나타낸다. 그러나 이 경우 클라이언트가 WAP으로 다시 전송하는 챌린지 텍스트가 맞지 않다. 결과적으로 순서는 그림 13-19와 같이 패킷 10과 11, 12와 13, 14와 15에서 반복된다. `Replay Counter` 값을 사용해 각 요청과 응답을 쌍으로 만들 수 있다.

No.	Time	Source	Destination	Protocol	Length	Channel	Signal strength (dBm)	Data rate	Info
8	0.073773	Netgear_ab:96:16	Apple_78:6c:9c	EAPOL	157	1	-18	24	Key (Message 1 of 4)
9	0.076510	Apple_78:6c:9c	Netgear_ab:96:16	EAPOL	183	1	-30	1	Key (Message 2 of 4)
10	1.074290	Netgear_ab:96:16	Apple_78:6c:9c	EAPOL	157	1	-19	24	Key (Message 1 of 4)
11	1.076573	Apple_78:6c:9c	Netgear_ab:96:16	EAPOL	183	1	-32	1	Key (Message 2 of 4)
12	2.075292	Netgear_ab:96:16	Apple_78:6c:9c	EAPOL	157	1	-18	36	Key (Message 1 of 4)
13	2.077610	Apple_78:6c:9c	Netgear_ab:96:16	EAPOL	183	1	-29	1	Key (Message 2 of 4)
14	3.077211	Netgear_ab:96:16	Apple_78:6c:9c	EAPOL	157	1	-18	48	Key (Message 1 of 4)
15	3.079537	Apple_78:6c:9c	Netgear_ab:96:16	EAPOL	183	1	-32	1	Key (Message 2 of 4)

▲ **그림 13-19** 여기서 추가 EAPoL(LAN을 통한 확장 인증 프로토콜) 패킷은 실패한 WPA 인증을 나타낸다.

핸드셰이크 프로세스가 4번 시도되고 실패하면 통신이 중단된다. 그림 13-20에서 보듯이 무선 클라이언트는 패킷 16에서 WAP로부터 인증을 해제한다❶.

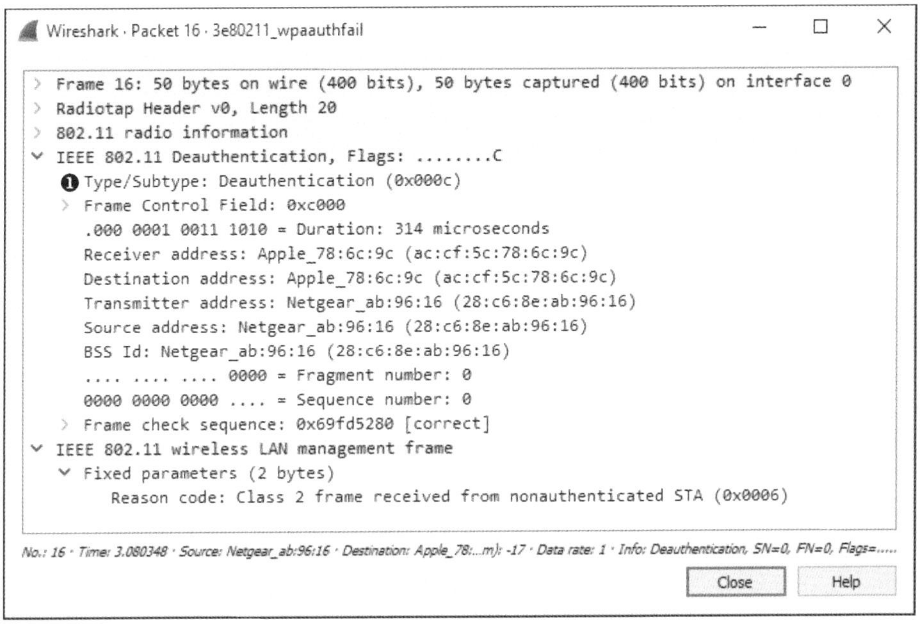

▲ **그림 13-20** WPA 핸드셰이크가 실패한 후 클라이언트가 인증을 취소한다.

결론

무선 네트워크가 여전히 안전하지 않은 것으로 생각되지만 추가적인 보안 메커니즘을 적용하지 않으면 다양한 조직 환경에서 채택이 느려질 것이다. 유선이 아닌 통신이 새로운 표준이기 때문에 무선 네트워크뿐 아니라 유선 네트워크에서도 데이터를 수집하고 분석할 수 있어야 한다. 13장에서 배운 기술과 개념은 결코 완전한 것은 아니지만 패킷 분석을 통해 무선 네트워크 문제 해결의 복잡한 점을 이해해야 한다.

부록 A 추가적으로 읽어야 할 내용

이 책에서 주로 사용했던 도구는 와이어샤크지만, 일반 문제 해결, 속도가 느린 네트워크, 보안 문제 또는 무선 네트워크 등 패킷 분석을 수행할 때 많은 추가 도구가 유용하다. 부록 A에서는 유용한 패킷 분석 도구와 기타 학습 자원을 열거한다.

패킷 분석 도구

패킷 분석에 유용한 도구 중 몇 가지를 살펴보자.

CloudShark

CloudShark(QA Café에서 개발)는 패킷 캡처를 저장, 색인 생성과 정렬하는 도구로 내가 가장 좋아한다. CloudShark는 패킷 캡처 저장소 역할을 하는 상용 웹 애플리케이션이다. 패킷 참조에 태그를 달아 빠른 참조를 얻을 수 있으며, 캡처 자체에 주석을 추가할 수 있다.

와이어샤크(그림 A-1 참조)와 유사한 분석 기능을 제공한다.

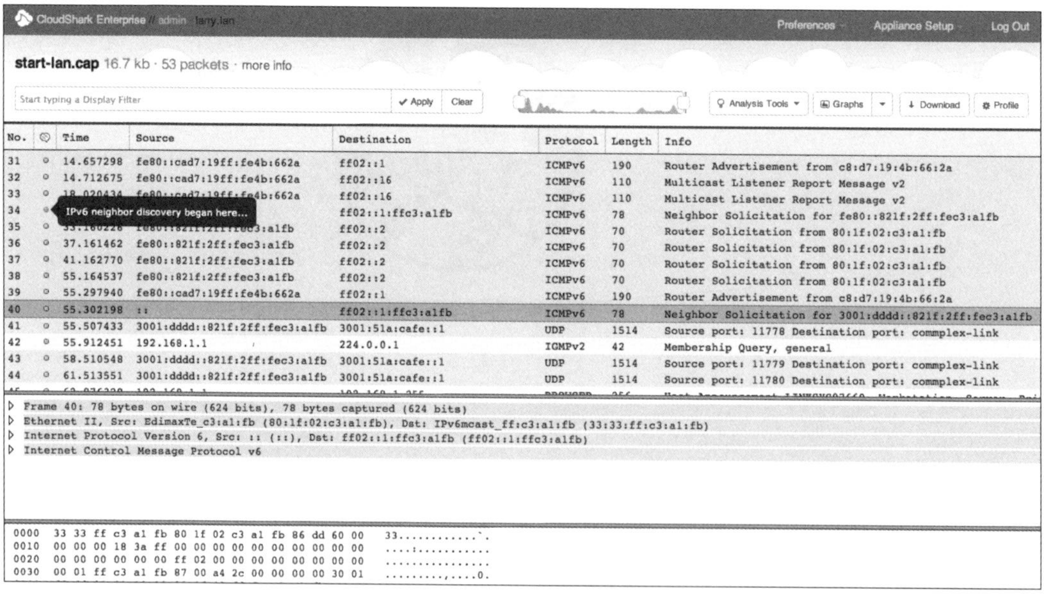

▲ **그림 A-1** CloudShark에서 본 예제 캡처 파일

사용자의 조직이 대규모 패킷 캡처 라이브러리를 유지하거나 나처럼 자주 파일을 분실하는 경우 CloudShark가 도움이 될 수 있다. 내 네트워크에서 CloudShark를 채택하고 이 책의 모든 패킷 캡처를 저장하고 구성하는 데 사용했다. CloudShark에 대한 자세한 내용은 https://www.cloudshark.org/에서 확인할 수 있다.

WireEdit

침입 탐지 시스템 시험, 침투 시험 또는 네트워크 소프트웨어 개발을 지원하기 위해 특정 형식의 패킷을 작성해야 할 때가 있다. 한 가지 옵션은 실험실에서 필요한 패킷을 생성하는 시나리오를 다시 작성하는 것이지만, 시간이 오래 걸릴 수 있다. 또 다른 기술은 비슷한 패킷을 찾아 필요에 맞게 수동으로 편집하는 것이다. 이 작업을 위해 내가 가장 좋아하는 도구는 패킷의 특정 값을 편집할 수 있는 그래픽 도구인 WireEdit다. 매우 직관적인 사용자 인터페이스는 와이어샤크와 비슷하다.

WireEdit는 와이어샤크에서 열 때 패킷이 유효한지를 알기 위해 패킷 검사합을 다시 계산한다. WireEdit에 대한 자세한 내용은 https://wireedit.com/에서 확인할 수 있다.

Cain & Abel

2장에서 설명한 Cain & Abel은 ARP 캐시 포이즈닝을 위한 윈도우 도구 중 하나다. Cain & Abel은 실제로 매우 견고한 도구로서 다른 용도로도 사용할 수 있다. 그것은 http://www.oxid.it/cain.html에서 구할 수 있다.

Scapy

Scapy는 매우 강력한 파이썬Python 라이브러리로, 환경 내의 커맨드라인 스크립트를 기반으로 패킷을 만들고 조작할 수 있다. 간단히 말해 Scapy는 가장 강력하고 유연한 패킷 작성 애플리케이션이다. Scapy에 대한 자세한 내용을 읽고, 다운로드하고, Scapy 예제 스크립트는 http://www.secdev.org/projects/scapy/에서 볼 수 있다.

TraceWrangler

패킷 캡처에는 네트워크에 대한 많은 정보가 들어있다. 네트워크에서 공급업체 또는 동료와 패킷 캡처를 공유해야하는 경우 해당 정보를 원하지 않을 수 있다. TraceWrangler는 존재하는 여러 유형의 주소를 익명으로 처리해 패킷 캡처를 안전하게 처리할 수 있는 기능을 제공해준다. 캡처 파일을 편집하고 병합하는 기능과 같은 몇 가지 다른 기능이 있지만, 주로 안전을 위해 이 기능을 사용한다. https://www.tracewrangler.com/에서 TraceWrangler를 다운로드하라.

Tcpreplay

장치가 어떻게 반응하는지를 보기 위해 회선을 통해 재전송해야 하는 패킷이 있을 때마다 Tcpreplay를 사용한다. 이 도구는 패킷 캡처 파일에 포함된 패킷을 다시 전송하게 특별히 설계됐다. http://tcpreplay.synfin.net/에서 다운로드하라.

NetworkMiner

NetworkMiner는 주로 네트워크 포렌식을 위해 사용되는 도구지만, 다른 여러 상황에서도 유용하다. 패킷을 캡처하는 데 사용할 수는 있지만 패킷 캡처 파일을 분석하는 방법이 가장 큰 장점이다.

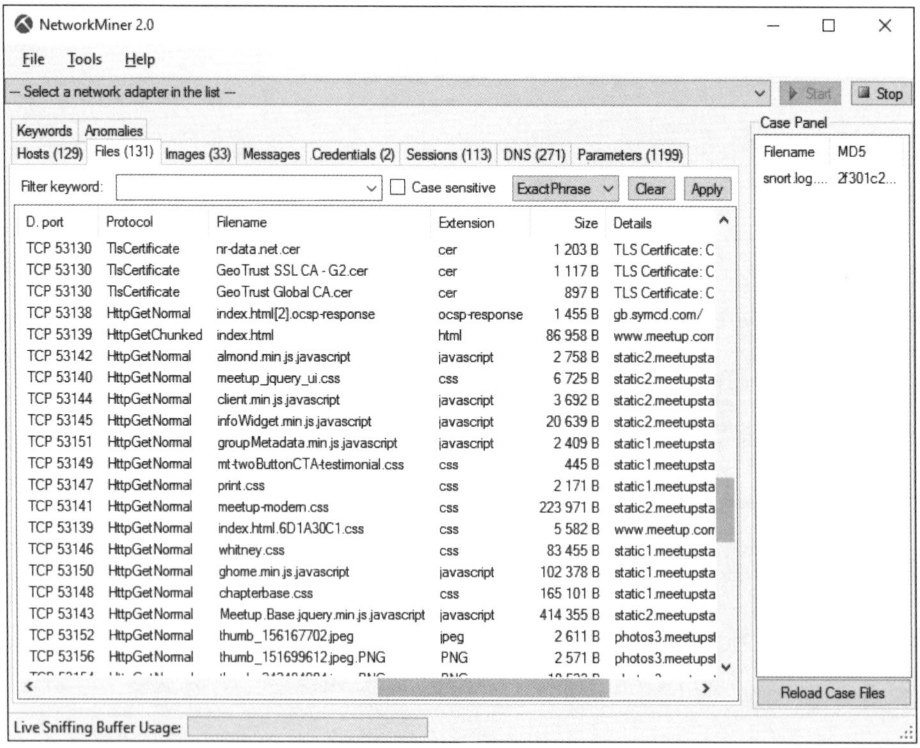

▲ **그림 A-2** NetworkMiner를 사용해 패킷 캡처에서 파일 검사

NetworkMiner는 PCAP 파일을 가져와 탐지된 운영체제와 호스트 간의 세션으로 분류한다. 심지어 전송된 파일을 캡처에서 직접 추출할 수도 있다(그림 A-2 참조).

이 모든 기능은 무료로 사용할 수 있다. 상용 버전은 OS 핑거프린팅을 수행하고 검색 결과를 화이트 리스트와 비교하며 패킷 캡처 처리 속도를 높이는 기능과 같은 몇 가지 유용한 기능을 제공한다. NetworkMiner는 http://www.netresec.com/?page=NetworkMiner에서 무료로 다운로드할 수 있다.

CapTipper

이 책에서 배우면 좋은 점은 필요한 답변을 찾을 때 종종 같은 데이터를 다른 방식으로 보는 것이다. CapTipper는 악성 HTTP 트래픽을 분석하는 보안 전문가를 위해 설계된 도구다(그림 A-3 참조). 재지정, 파일 개체 및 악의적인 콘텐츠를 찾기 위해 대화를 개별적으로 탐색할 수 있는 풍부한 기능의 셸 환경을 제공한다. 또한 gzip으로 압축된 데이터를 추출하고 파일 해시를 VirusTotal에 제출하는 기능을 포함해 발견한 데이터와 상호작용할 수 있는 몇 가지 편리한 기능을 제공한다. CapTipper는 https://www.github.com/omriher/CapTipper/에서 다운로드할 수 있다.

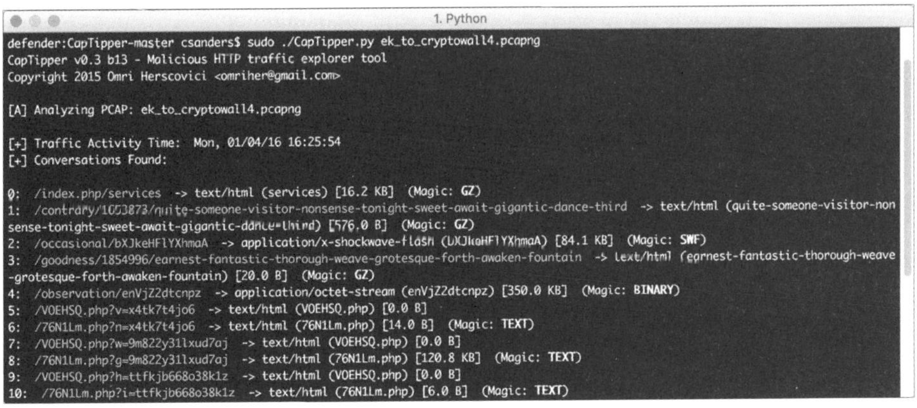
1. Python
defender:CapTipper-master csanders$ sudo ./CapTipper.py ek_to_cryptowall4.pcapng
CapTipper v0.3 b13 - Malicious HTTP traffic explorer tool
Copyright 2015 Omri Herscovici <omriher@gmail.com>
[A] Analyzing PCAP: ek_to_cryptowall4.pcapng
[+] Traffic Activity Time: Mon, 01/04/16 16:25:54
[+] Conversations Found:
0: /index.php/services -> text/html (services) [16.2 KB] (Magic: GZ)
1: /contrary/1053873/quite-someone-visitor-nonsense-tonight-sweet-await-gigantic-dance-third -> text/html (quite-someone-visitor-nonsense-tonight-sweet-await-gigantic-dance-third) [576.0 B] (Magic: GZ)
2: /occasional/bXJkeHFlYXhmaA -> application/x-shockwave-flash (bXJkeHFlYXhmaA) [84.1 KB] (Magic: SWF)
3: /goodness/1854996/earnest-fantastic-thorough-weave-grotesque-forth-awaken-fountain -> text/html (earnest-fantastic-thorough-weave-grotesque-forth-awaken-fountain) [20.0 B] (Magic: GZ)
4: /observation/enVjZ2dtcnpz -> application/octet-stream (enVjZ2dtcnpz) [350.0 KB] (Magic: BINARY)
5: /VOEHSQ.php?v=x4tk7t4jo6 -> text/html (VOEHSQ.php) [0.0 B]
6: /76N1Lm.php?n=x4tk7t4jo6 -> text/html (76N1Lm.php) [14.0 B] (Magic: TEXT)
7: /VOEHSQ.php?w=9m822y31lxud7aj -> text/html (VOEHSQ.php) [0.0 B]
8: /76N1Lm.php?g=9m822y31lxud7aj -> text/html (76N1Lm.php) [120.8 KB] (Magic: TEXT)
9: /VOEHSQ.php?h=ttfkjb668o38k1z -> text/html (VOEHSQ.php) [0.0 B]
10: /76N1Lm.php?i=ttfkjb668o38k1z -> text/html (76N1Lm.php) [6.0 B] (Magic: TEXT)
▲ **그림 A-3** CapTipper로 HTTP 기반 멀웨어 전달 분석

ngrep

리눅스에 익숙하다면 의심할 여지없이 grep을 사용해 데이터를 검색할 수 있다. ngrep도 비슷하며, 패킷 캡처 데이터를 매우 구체적으로 검색할 수 있다. 캡처와

디스플레이 필터로 하지 않거나 작업이 복잡하지 않으면 주로 ngrep을 사용한다. http://ngrep.sourceforge.net/에서 ngrep에 대한 자세한 내용을 볼 수 있다.

libpcap

고급 패킷 분석을 수행하거나 패킷을 처리하는 애플리케이션을 개발할 계획이라면 libpcap에 익숙해질 것이다. 간단히 말해 libpcap은 네트워크 트래픽 캡처를 위한 이식 가능한 C/C ++ 라이브러리다. Wireshark, tcpdump 및 대부분의 다른 패킷 분석 애플리케이션은 어느 수준에서 libpcap 라이브러리에 의존한다. libpcap에 대한 자세한 내용은 http://www.tcpdump.org/를 참조하라.

Npcap

Npcap은 WinPcap/libpcap을 기반으로 하는 윈도우용 엔맵[Nmap] 프로젝트의 패킷 스니핑 라이브러리다. 패킷을 캡처할 때 성능이 향상되는 것으로 보고됐으며, 패킷 캡처를 관리자에게 제한하고 윈도우 사용자 계정 컨트롤을 활용하는 것과 관련된 추가 보안 기능을 제공한다. Npcap은 WinPCap 대신 사용할 수 있으며, 와이어샤크와 함께 사용할 수 있다. 자세한 내용은 https://www.github.com/nmap/npcap/에서 확인할 수 있다.

hping

hping은 다목적 도구 중 하나다. hping은 커맨드라인 패킷 생성, 편집 및 전송 도구다. 다양한 프로토콜을 지원하며 매우 빠르고 직관적으로 사용할 수 있다. http://www.hping.org/에서 hping을 다운로드할 수 있다.

파이썬

파이썬은 도구가 아니라 언급할 가치가 있는 스크립팅 언어다. 패킷 분석에 능숙해짐에 따라 필요에 맞는 자동화된 도구가 없는 경우가 발생한다. 이 경우 파이썬은 패킷으로 흥미로운 것을 할 수 있는 도구를 만드는 언어로 선택된다. Scapy 라이브러리와 상호작용하려면 파이썬도 알아야 한다. 파이썬을 배우기 위해 내가 가장 좋아하는 온라인 자원은 인기 있는 Learn Python the Hard Way 시리즈로서 https://www.learnpythonthehardway.org/에서 찾을 수 있다.

패킷 분석 자원

와이어샤크의 홈 페이지에서부터 코스 및 블로그에 이르기까지 패킷 분석을 위한 많은 자원을 이용할 수 있다. 내가 좋아하는 몇 가지를 나열하면 다음과 같다.

와이어샤크 홈 페이지

와이어샤크와 관련된 모든 것의 가장 중요한 자원은 http://www.wireshark.org/다. 여기에는 소프트웨어 문서, 예제 캡처 파일이 들어있는 매우 유용한 위키wiki와 와이어샤크 메일링리스트의 가입 정보에 대한 링크가 있다. https://ask.wireshark.org/를 방문해 와이어샤크나 특정 기능에 내해 질문할 수 있다. 이 커뮤니티는 매우 활발하고 많은 도움이 된다.

실전 패킷 분석 온라인 과정

이 책이 마음에 들면 온라인 교육 과정도 좋아할 수 있다. 실전 패킷 분석 과정에서는 이 책과 몇 가지 다른 캡처에 대해 비디오를 통해 배울 수 있다. 또한 기술을 시험할 수 있는 캡처 랩을 제공하고 진행하면서 다른 학생들로부터 배울 수 있는 토론 포럼을 제공한다. 이것은 2017년 중반에 코스가 시작된다. http://www.chrissanders.org/training/에서 교육 서비스에 대한 자세한 내용을 확인하고 메일링리스트에 등록해 교육 기회에 대한 알림을 얻을 수 있다(http://www.chrissanders.org/list/).

SANS의 보안 침입 탐지 심층 과정

SANS SEC503: 침입 탐지 심층 분석은 패킷 분석의 보안 측면에 중점을 둔다. 보안에 중점을 두지 않더라도 과정의 처음 2일은 패킷 분석과 tcpdump에 대한 소개를 제공한다. 전 세계 여러 지역에서 연 1회 여러 번 라이브 이벤트로 제공된다.

SEC503 및 기타 SANS Institute 과정에 대한 자세한 내용은 http://www.sans.org/에서 확인할 수 있다.

Chris Sanders의 블로그

가끔은 패킷 분석과 관련된 기사를 작성해 내 블로그 http://www.chrissanders.org/에 게시하라. 내 블로그는 내가 작성한 다른 기사나 서적과 연결돼 내 연락처 정보를 제공하는 포털 역할을 한다. 또한 이 책과 다른 책에 포함된 패킷 캡처에 대한 링크를 찾을 수 있다.

Brad Duncan의 멀웨어 트래픽 분석

보안 관련 패킷 캡처에 대해 가장 좋아하는 자원은 Brad Duncan의 MTA(Malware Traffic Analysis) 사이트다. Brad는 실제 감염 체인이 포함된 패킷 캡처를 일주일에 여러 번 게시한다. 이러한 캡처에는 관련 악성코드 바이너리와 현재 진행 중인 작업에 대한 설명이 포함돼 있다. 악성코드 감염을 분석하고 현재의 멀웨어 기술에 대해 배우려면 이러한 캡처 파일 중 일부를 다운로드해서 해당 악성코드를 이해하라. http://www.malware-traffic-analysis.net/에서 MTA를 방문하거나 @malware_traffic의 트위터(Twitter)에서 Brad를 따라 소식을 올리면 경고를 받을 수 있다.

IANA 웹사이트

http://www.iana.org/에서 제공되는 IANA(Internet Assigned Numbers Authority)는 북미 지역의 IP 주소 및 프로토콜 번호 할당을 감독한다. 이 웹사이트는 포트 번호를 조회하고, 최상위 도메인 이름과 관련된 정보를 보고, 제휴 사이트를 탐색해 RFC를 찾고 볼 수 있으며 몇 가지 유용한 참조 도구를 제공한다.

W. Richard Stevens의 TCP/IP Illustrated 시리즈

W. Richard Stevens의 『TCP/IP Illustrated 시리즈』(Addison-Wesley, 1994-1996)는 패킷 레벨에서 사는 사람들의 서가에 필수품이다. 이것들은 내가 가장 좋아하는 TCP/IP 책이며, 이 책을 쓰는 동안 이 책들을 일부 참조했다. Keven R. Fall 박사와 공동 저술한 1권 2판은 2012년에 출판됐다.

TCP/IP 가이드

Charles Kozierok의 『TCP/IP Guide』(No Starch Press, 2005)는 TCP/IP 프로토콜 정보를 위한 또 다른 참고 자료다. 1,600페이지가 넘는 매우 상세한 내용을 제공하며, 시각적인 학습자를 위한 훌륭한 도표가 많이 포함돼 있다.

부록 B
패킷 탐색

부록 B에서는 패킷을 표현하는 방법을 살펴본다. 패킷의 완전한 해석과 16진 표현과 패킷 다이어그램을 사용해 패킷 값을 읽고 참조하는 방법을 살펴본다.

패킷 데이터를 해석할 수 있는 풍부한 소프트웨어를 찾을 수 있어서 부록 B에 포함된 정보를 이해하지 않고도 패킷 스니핑과 분석을 수행할 수 있다. 그러나 패킷 데이터와 패킷 데이터 구조에 대해 배우려면 와이어샤크 같은 도구를 이해하는 것이 훨씬 낫다. 분석하는 데이터와 사용자 사이의 추상화가 적을수록 좋다.

패킷 표현

패킷 해석을 위해 표현할 수 있는 많은 방법이 있다. 원시 패킷 데이터는 다음과 같이 0과 1의 조합인 2진수로 표현할 수 있다.

```
0110000001010011010111000000101011000000100000000000010000000000000010001100000010
1101010110111000000000000000000000000000000000000000010000000100000000000001011
0110100000000000000100000001100000000000000000000000010000000100000000010000000010
```

2진수는 가능하면 가장 하위 레벨의 디지털 정보를 나타내며, 1은 전기 신호의 존재를 나타내고 0은 신호의 부재를 나타낸다. 각 자릿수는 비트고, 8비트는 1바이트다. 그러나 2진 데이터는 사람이 읽고 해석하기가 어렵기 때문에 보통 2진 데이터를 16진수의 문자와 숫자의 조합인 16진수로 변환한다. 16진수의 동일한 패킷은 다음과 같다.

```
4500 0034 40f2 4000 8006 535c ac10 1080
4a7d 5f68 0646 0050 7c23 5ab7 0000 0000
8002 2000 0b30 0000 0204 05b4 0103 0302
0101 0402
```

16진수Hexadecimal(Hex라고도 함)는 0에서 9까지의 숫자와 A에서 F까지의 숫자를 사용해 값을 나타내는 수의 체계로, 패킷이 표현되는 가장 일반적인 방법 중 하나다. 패킷이 간결하고 좀 더 기본적인 2진 해석으로 쉽게 변환될 수 있기 때문이다. 16진수에서는 2개의 문자가 8비트를 포함하는 1바이트를 나타낸다. 한 바이트 내의 각 문자는 니블nibble(4비트)이며, 가장 왼쪽 값은 상위 니블higher-order nibble이고 가장 오른쪽 값은 하위 니블lower-order nibble이다. 예제 패킷을 사용할 경우 첫 번째 바이트가 45라면 상위 니블은 4이며, 하위 니블은 5다.

패킷 내의 바이트 위치는 0부터 시작하는 오프셋 표기법을 사용해 표현한다. 따라서 패킷(45)의 첫 번째 바이트는 0x00 위치에 있고, 두 번째 바이트(00)는 0x01에 있고, 세 번째 바이트(00)는 0x02에 있는 식이다. 0x 부분은 16진수 표기법이 사용되고 있음을 나타낸다. 두 개 이상의 바이트에 걸쳐있는 위치를 참조할 때 추가 바이트 수는 콜론 다음에 숫자로 표시된다. 예를 들어 예제 패킷(4500 0034)에서 처음 4바이트의 위치를 참조하려면 0x00:4를 사용한다. 이 설명은 패킷 다이어그램을 사용해 '미스터리 패킷 탐색' 절에서 알려지지 않은 프로토콜을 분석할 때 중요하다.

> **참고** 패킷을 해독할 때 사람들이 하는 가장 흔한 실수는 0부터 세는 것을 잊어버리는 것이다. 대부분의 사람들은 하나부터 세는 법을 배우기 때문에 익숙하기가 매우 어렵다. 나는 몇 년 동안 패킷을 세밀하게 분석했지만 여전히 이런 실수를 한다. 내가 줄 수 있는 최선의 충고는 당신의 손가락을 세는 것을 두려워하지 말라는 것이다. 멍청한 것처럼 느낄 수도 있지만, 절대 부끄럽지 없다. 특히 정확한 답을 얻는 데 도움이 된다면 더욱 그렇다.

좀 더 높은 수준에서 와이어샤크 같은 도구는 프로토콜 분석기를 사용해 완전히 해석된 방식으로 패킷을 나타낼 수 있다. 우리가 방금 살펴본 것과 같은 패킷이 그림 B-1에 나타나 있는데, 와이어샤크에 의해 완전히 해석된 것이다.

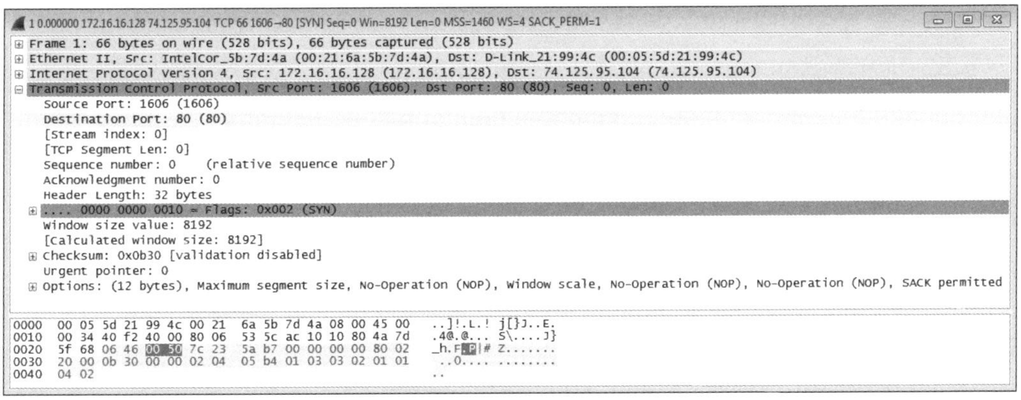

▲ **그림 B-1** 와이어샤크가 해석한 패킷

와이어샤크는 패킷을 설명하는 레이블과 함께 패킷 정보를 보여준다. 패킷에는 레이블이 없지만 데이터는 프로토콜 표준에 지정된 정확한 형식으로 매핑된다. 패킷을 완전히 해석한다는 것은 프로토콜 표준을 기반으로 데이터를 읽고 레이블이 붙은 인간 친화적인 텍스트로 해부하는 것을 의미한다.

와이어샤크와 유사한 도구는 패킷 데이터를 완전히 해석할 수 있다. 프로토콜 분석기가 내장돼 프로토콜 내 각 필드의 위치, 길이와 값을 정의하기 때문이다. 예를 들어 그림 B-1의 패킷은 TCP[Transmission Control Protocol]를 기반으로 섹션을 구분한다. TCP에는 필드와 레이블이 있다. 발신지 포트는 하나의 레이블이고 1606은 10진수 값이다. 이렇게 하면 분석을 수행할 때 찾고 있는 정보를 쉽게 찾을 수 있다. 이 옵션을 사용하는 것이 항상 작업을 완료하는 데 가장 효율적인 방법이다.

와이어샤크에는 수천 개의 분석기가 있지만, 와이어샤크는 분석 방법을 모르는 프로토콜을 접할 수 있다. 널리 사용되지 않는 공급업체 지정 프로토콜과 사용자 정의 멀웨어 프로토콜의 경우가 종종 있다. 이런 일이 발생하면 부분적으로 해석된 패킷만 남게 된다. 이것이 와이어샤크가 기본적으로 화면 하단에 16진수 패킷 데이터를 제공하는 이유다(그림 B-1 참조).

더 일반적으로 16진수 값을 보여주는 tcpdump와 같은 커맨드라인 프로그램은 많은 분석기를 갖고 있지 않다. 특히 복잡한 응용 계층 프로토콜의 경우 더욱 그렇다. 이 프로토콜은 분석하기가 까다롭다. 따라서 부분적으로 해석된 패킷을 만나면 이 도구를 사용할 때 표준이 된다. tcpdump 사용 예는 그림 B-2에 나와 있다.

부분적으로 해석된 패킷으로 작업할 때는 패킷 구조에 대한 지식을 좀 더 근본적인 수준에서 사용해야 한다. 와이어샤크, tcpdump와 대부분의 다른 도구는 원시 패킷 데이터를 16진수 형식으로 표시해 이를 가능하게 한다.

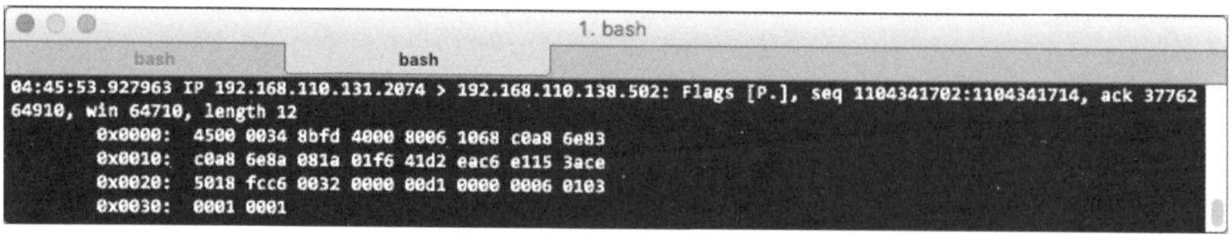

▲ **그림 B-2** tcpdump에서 부분적으로 해석된 패킷

패킷 다이어그램 사용

1장에서 배웠듯이 패킷은 프로토콜 규칙을 기반으로 형식화된 데이터를 나타낸다. 공통 프로토콜은 패킷 데이터를 하드웨어와 소프트웨어가 이 데이터를 해석할 수 있게 특정 형식으로 형식화하므로 패킷은 명시적인 형식 지정 규칙을 따라야 한다. 이 형식을 식별하고 이를 패킷 다이어그램을 사용해 패킷 데이터를 해석하는 데 사용할 수 있다. 패킷 다이어그램은 분석가가 패킷 내의 바이트를 주어진 프로토콜에 사용되는 필드로 매핑할 수 있게 하는 패킷의 그래픽 표현이다. 프로토콜의 RFC 규격 문서에서 파생된 이 프로토콜은 프로토콜 내에 존재하는 필드, 길이와 순서를 보여준다.

7장에서 봤던 IPv4의 예제 패킷 다이어그램을 다시 한 번 살펴보자(그림 B-3과 같은 편의를 위해 여기에 제공).

인터넷 프로토콜 버전4(IPv4)							
오프셋	옥텟	0		1	2		3
옥텟	비트	0-3	4-7	8-15	16-18	19-23	24-31
0	0	버전	헤더 길이	서비스 유형	총 길이		
4	32	식별			플래그	단편 오프셋	
8	64	패킷 수명		프로토콜	헤더 검사합		
12	96	발신지 IP 주소					
16	128	목적지 IP 주소					
20	160	옵션					
24+	192+	데이터					

▲ **그림 B-3** IPv4의 패킷 다이어그램

이 다이어그램에서 가로 축은 0에서 31까지 번호가 매겨진 개별 2진 비트를 나타낸다. 비트는 0에서 3까지 번호가 매겨진 8비트 바이트로 그룹화된다. 또한 세로 축에는 비트와 바이트에 따라 레이블이 지정되며, 각 행은 32비트(또는 4바이트) 섹션으로 나뉜다. 축을 사용해 수직축에서 첫 번째로 읽음으로써 오프셋 표기법을 사용해 필드를 계산하고 필드가 어떤 4바이트 섹션이 있는지 확인한 다음 수평축을 사용해 섹션의 각 바이트를 카운트 다운한다. 첫 번째 행은 0부터 3까지의 첫 번째 4바이트로 구성되며, 가로축에서 그에 따라 레이블이 지정된다. 두 번째 행은 다음 4바이트(4~7)로 구성되며, 가로 축을 사용해 카운트할 수도 있다. 여기서는 가로축에서 바이트 0이고 바이트 5에서 가로축의 바이트 1에 해당하는 바이트 4부터 시작한다.

예를 들어 IPv4의 경우 바이트 0x01이 서비스 유형 필드인 것을 확인할 수 있다. 오프셋 0에서 시작해 바이트 1로 계산하기 때문이다. 수직축에서 첫 번째 4바이트는 첫 번째 행에 있으므로 수평축을 사용하고 0부터 1까지 카운팅을 시작한다. 또 다른 예로, 0x08바이트가 TTL 필드다. 수직축을 사용해 8번 바이트가 8번에서 11번까지의 바이트를 포함하는 세 번째 줄 아래에 있음을 확인한다. 그런 다음 수평축을 사용해 0부터 8번 바이트까지 계산한다. 바이트 8이 섹션의 첫 번째이므로, 수평축

열은 단지 0, 즉 패킷 수명Time to Live 필드다.

발신지 IP 필드와 같은 일부 필드는 0x12:4에서 볼 수 있듯이 여러 바이트로 확장된다. 다른 필드는 니블로 나뉜다. 예를 들어 0x00은 상위 니블의 버전 필드와 하위 니블의 IP 헤더 길이를 포함한다. 0x06바이트는 개별 필드를 표현하는 데 사용되는 개별 비트와 함께 더욱 세분화돼 있다. 필드가 단일 2진 값일 때 이를 흔히 플래그라고 한다. 예를 들어 IPv4 헤더의 예약됨, 단편화되지 않음과 기타 단편 필드가 있다. 플래그는 1(true) 또는 0(false)의 2진 값만 가질 수 있으므로 값이 1일 때 플래그가 '설정'된다. 플래그 설정의 정확한 의미는 프로토콜과 필드에 따라 다르다.

그림 B-4의 다른 예를 보자(이 다이어그램은 8장에서 볼 수 있다).

전송 제어 프로토콜(TCP)							
오프셋	옥텟	0		1	2	3
옥텟	비트	0–3	4–7	8–15	16–23	24–31
0	0	발신지 포트			목적지 포트	
4	32	순서번호				
8	64	확인 응답 번호				
12	96	데이터 오프셋	예약됨	플래그	창 크기	
16	128	검사합			긴급 포인터	
20+	160+	옵션				

▲ **그림 B-4** TCP의 패킷 다이어그램

이 이미지는 TCP 헤더를 보여준다. 이 이미지를 보면 TCP가 무엇을 하는지 정확히 모르는 상태에서 TCP 패킷에 대해 많은 질문에 답할 수 있다. 다음과 같이 16진수로 나타낸 TCP 패킷 헤더 예제를 생각해보자.

```
0646 0050 7c23 5ab7 0000 0000 8002 2000
0b30 0000 0204 05b4 0103 0302 0101 0402
```

패킷 다이어그램을 사용해 특정 필드를 찾아 해석할 수 있다. 예를 들어 다음을 결정할 수 있다.

- 발신지 포트 번호는 0x00:2이고, 16진수 값은 0646(10진수: 1606)이다.

- 목적지 포트 번호는 0x02:2이며, 16진수 값 0050(10진수: 80)이다.
- 헤더 길이는 0x12의 상위 니블에서 데이터 오프셋 필드에 있고 16진수 값은 8이다.

잘 모르는 패킷을 해부해 이 지식을 적용해보자.

미스터리 패킷 탐색

그림 B-2에서는 부분적으로 해석된 패킷을 보여줬다. 데이터의 해석된 부분을 통해 동일한 네트워크의 두 장치 간에 전송된 TCP/IP 패킷이라는 것을 확인할 수 있다. 그러나 전송되는 데이터에 대해서는 많이 알지 못한다. 다음은 패킷의 완전한 16진수 출력이다.

```
4500 0034 8bfd 4000 8006 1068 c0a8 6e83
c0a8 6e8a 081a 01f6 41d2 eac6 e115 3ace
5018 fcc6 0032 0000 00d1 0000 0006 0103
0001 0001
```

빨리 계산하면 이 패킷에 52바이트가 있음을 알 수 있다. IP에 대한 패킷 다이어그램은 IP 헤더의 정상적인 크기가 20바이트임을 나타내며, 이는 0x00의 하위 순서 니블에 있는 헤더 크기 값을 보면 알 수 있다. TCP 헤더 다이어그램은 추가 옵션이 없는 경우에도 20바이트임을 나타낸다(여기서는 없지만 8장에서 더 자세히 설명했다). 이것은 이 출력의 처음 40바이트가 이미 해석된 TCP와 IP 데이터와 관련돼 있음을 의미한다. 나머지 12바이트는 해석되지 않는다.

```
00d1 0000 0006 0103 0001 0001
```

패킷을 탐색하는 방법에 대한 지식이 없으면 사용자를 혼란스럽게 할 수 있지만 이제는 해석되지 않은 바이트에 패킷 다이어그램을 적용하는 방법을 알게 된다. 이 경우 해석된 TCP 데이터는 이 데이터의 목적지 포트가 502임을 알려준다. 트래픽에 사용되는 포트를 살펴보는 것은 해석되지 않은 바이트를 식별하는 절대적인 방법은 아니지만 시작하는 것이 좋다. 빠른 Google 검색을 통해 포트 502가 ICS[Industrial Control System] 네트워크에 사용되는 프로토콜인 Modbus over TCP에 가장 일반적으로 사용됨을 알 수 있다. 이 경우를 확인하고 그림 B-5에 나와 있는 것처럼 Modbus의 16진수 출력을 패킷 다이어그램과 비교해 이 패킷을 탐색할 수 있다.

Modbus over TCP					
오프셋	옥텟	0	1	2	3
옥텟	비트	0-7	8-15	16-23	24-31
0	0	트랜잭션 식별자		프로토콜 식별자	
4	32	길이		단위 식별자	기능 코드
8+	64+	가변 길이			

▲ **그림 B-5** Modbus over TCP의 패킷 다이어그램

이 패킷 다이어그램은 Modbus 구현 안내서(http://www.modbus.org/docs/Modbus_Messaging_Implementation_Guide_V1_0b.pdf)의 정보를 기반으로 작성됐다. 이것은 0x04:2에 길이 필드를 포함하는 7바이트 헤더가 있어야 한다는 것을 알려준다(헤더의 시작을 기준으로 함). 그 위치로 계산하면 16진수 값 0006(또는 10진수 값 6)에 도달한다. 이는 해당 필드 다음에 6바이트가 있어야 함을 나타내며, 정확히 그 경우다. 이것이 실제로 Modbus over TCP 데이터인 것으로 보인다.

패킷 다이어그램을 16진수 출력 전체와 비교해 다음과 같은 정보가 추출된다.

- 트랜잭션 식별자[Transaction Identifier]는 0x00:2이고 16진수 값은 00d1이다. 이 필드는 요청을 응답과 쌍으로 연결하는 데 사용된다.
- 프로토콜 식별자[Protocol Identifier]는 0x02:2이고 16진수 값은 0000이다. 이것은 프로토콜을 Modbus로 식별한다.
- 길이[Length]는 0x04:2이고, 16진수 값은 0006이다. 이 값은 패킷 데이터의 길이를 나타낸다.
- 단위 식별자[Unit Identifier]는 0x06이고, 16진수 값은 01이다. 이것은 시스템 내부 라우팅에 사용된다.

- 기능 코드Function Code는 0x07에 있으며, 16진수 값은 03이다. 이것은 시스템에서 데이터 값을 읽는 Read Holding Registers 기능이다.
- 기능 코드 값 3을 기준으로 두 개의 데이터 필드가 추가로 필요하다. 참조 번호와 단어 수는 0x08:4에서 발견되며, 각각의 16진수 값은 0001이다.

미스터리 패킷은 이제 Modbus 프로토콜의 문맥으로 완전히 설명될 수 있다. 이 패킷에 책임이 있는 시스템의 문제를 해결하려면 이 정보를 계속 진행해야 한다. Modbus를 접하지 못했지만 패킷 다이어그램을 사용해 알려지지 않은 프로토콜과 해석되지 않은 패킷에 어떻게 접근할 수 있는지 보여주는 예다.

분석되는 데이터와 자신의 추상성을 인식하는 것이 항상 최선의 방법이다. 이는 지식이 풍부한 의사 결정을 하게 도와주며, 다양한 상황에서 패킷으로 작업할 수 있게 한다. 나는 많은 시나리오에서 tcpdump 같은 커맨드라인 기반 도구를 사용해 패킷을 분석할 수만 있다는 것을 알고 있다. 이러한 도구의 대부분은 많은 계층 7 프로토콜에 대한 분석이 없으므로 이러한 패킷의 특정 바이트를 수동으로 분석할 수 있는 기능이 중요하다.

참고 한때 보안 수준이 높은 환경에서 동료는 사고 대응을 수행해야 했다. 그는 봐야 할 데이터를 검토했지만 데이터가 저장된 특정 시스템에 접근하지는 않았다. 특정 시간에 할 수 있는 유일한 작업은 특정 대화의 패킷을 인쇄하는 것이다. 패킷 작성 방법과 탐색 방법에 대한 기본적인 지식 덕분에 인쇄된 데이터에 필요한 정보를 찾을 수 있었다. 물론 과정은 속도가 매우 느렸다. 이것은 극단적인 시나리오이지만 보편적인 도구와 관련 없는 지식이 중요한 이유의 주요 예다.

이러한 모든 이유 때문에 여러 해석을 해보는 경험을 얻기 위해 패킷을 분리하는 데 시간을 소비하는 것이 좋다. 나는 몇 가지 일반적인 패킷 다이어그램을 인쇄한 다음 책상 옆에 뒀다. 여행 시 빠른 참조를 위해 노트북과 태블릿에 디지털 버전을 유지한다. 편의상 이 책과 함께 제공되는 패킷 캡처를 포함하는 몇 가지 일반적인 패킷 다이어그램을 ZIP 파일에 포함시켰다(https://www.nostarch.com/packetanalysis3/).

결론

이 부록에서는 다양한 형식의 패킷 데이터 해석 방법과 패킷 다이어그램을 사용해 해석되지 않은 패킷 데이터를 탐색하는 방법을 배웠다. 이 기본 지식을 감안할 때 패킷 데이터를 보는 데 사용하는 도구에 관계없이 패킷을 분석하는 방법을 이해하는 데 문제가 없어야 한다.

찾아보기

ㅇ

ㅈ

ㅊ

ㅎ

A

B

C

G

H

I

J

K

L

M

R

S

T

U

에이콘출판의 기틀을 마련하신 故 정완재 선생님(1935-2004)

와이어샤크를 활용한 실전 패킷 분석 3/e

상황별 시나리오에 따른 해킹 탐지와 네트워크 모니터링

발 행 | 2017년 9월 28일

지은이 | 크리스 샌더즈
옮긴이 | 이 재 광

펴낸이 | 권 성 준
편집장 | 황 영 주
편 집 | 조 유 나
디자인 | 박 주 란

에이콘출판주식회사
서울특별시 양천구 국회대로 287 (목동)
전화 02-2653-7600, 팩스 02-2653-0433
www.acornpub.co.kr / editor@acornpub.co.kr

ISBN 979-11-6175-059-0
ISBN 978-89-6077-329-5 (세트)
http://www.acornpub.co.kr/book/wireshark-packet-analysis-3e

이 도서의 국립중앙도서관 출판시도서목록(CIP)은 서지정보유통지원시스템 홈페이지(http://seoji.nl.go.kr)와
국가자료공동목록시스템(http://www.nl.go.kr/kolisnet)에서 이용하실 수 있습니다.(CIP제어번호: CIP2017024762)

책값은 뒤표지에 있습니다.